U0930915

上海物流年鉴 2024

Shanghai Logistics Yearbook 2024

上海现代服务业联合会　编著

图书在版编目（CIP）数据

上海物流年鉴．2024 / 上海现代服务业联合会编著．
上海 ： 上海社会科学院出版社， 2024. -- ISBN 978-7-5520-4453-9

Ⅰ．F259.275.1-54

中国国家版本馆 CIP 数据核字第 20242DY166 号

上海物流年鉴 2024

编　　著—上海现代服务业联合会

责任编辑—董汉玲

封面设计—白焕耀

出版发行—上海社会科学院出版社

上海顺昌路 622 号　　邮编　200025

电话总机　021-63315947　　销售热线 021-53063725

https://cbs.sass.org.cn　　E-mail: sassp@sassp.cn

印　　刷—上海普顺印刷包装有限公司

开　　本—890 毫米 ×1240 毫米　1/16

印　　张—31

字　　数—926 千

版　　次—2024 年 7 月第 1 版

2024 年 7 月第 1 次印刷

书　　号—978-7-5520-4453-9/F・777

定　　价—399.00 元

《上海物流年鉴》编辑委员会

主　　任 黄有方

委　　员（按姓氏笔划排列）

史文军　史健勇　白焕耀　刘龙昌　刘春景　刘　敏
许培星　孙建平　李关德　李　强　杨　斌　吴伟青
张兆安　陆　琨　陈振鸿　郑　在　郑国杰　郝　皓
胡　斌　殷　飞　韩志雄　程爵浩　储学俭　简大年

主　　编 白焕耀

责任编辑 薛海涌

《上海现代服务业发展报告》编辑委员会 & 编辑部

地址 & 电话 :1、上海浦东新区滨江大道 2525 弄 5 号 A 栋（上海现代服务业联合会办公楼内）
邮编：200120　　电话：50151866（总机）　　传真：50151827
2、北海路 8 号福申大厦 1001 室（上海现代服务业促进中心办公区内）
邮编：200001　　电话：23292214，23292224　　传真：23292238

前　言

2023 年，作为“十四五”规划承上启下的关键一年，国民经济整体好转，物流发展迎来良好发展机遇。据中国物流与采购联合会网站发布的 2023 年物流运行分析：全年全国社会物流总额为 352.4 万亿元，按可比价格计算，同比增长 5.2%，增速比 2022 年全年提高 1.8 个百分点。分季度看，一季度、二季度、三季度、四季度分别增长 3.9%、5.4%、4.7%、5.4%，呈现前低、中高、后稳的恢复态势，全年回升势头总体向好。

物流与供应链是现代服务业的重要组成部分，在国民经济发展和保障人民生活方面处于关键地位。近年来，随着我国经济快速发展，党和国家对现代物流与供应链产业高度重视。习近平总书记在党的二十大报告中强调，加快发展物联网，建设高效顺畅的流通体系，降低物流成本。为物流与供应链行业进一步指明了高质量发展方向，有力推动了这一行业更好更快地发展。

这些年来，上海以高端物流服务为核心，加快物流与供应链业向高效率、高增值、低消耗转变，从追求规模速度增长向追求质量效益提升的转变，以做优行业存量、推动提质增效的要求，使物流服务不断向供应链两端延伸，逐渐与制造业建立深度融合，信息化、智能化、平台化、一体化、自动化成为该行业发展的必然趋势，使上海成为全国物流与供应链行业发展的引领示范高地，初步具有全球物流资源配置功能的国际物流枢纽城市和全球供应链管理中心之一。

《上海物流年鉴》是由上海现代服务业联合会编的物流工具书。自 2011 年创办至今已有 13 年了。《上海物流年鉴》的编纂工作一直得到了行业协会、专家学者和知名企业的鼎力支持，具有真实性、资料性、实用性。今年出版的《上海物流年鉴 2024》，是年鉴创办以来的第十三本，它以大量翔实的信息和准确的数据客观真实地反映上海物流业发展的情况，为社会各界尤其是物流企业了解上海物流业发展现状和动态、分析物流业发展趋势提供了重要的参考依据，是一本具有一定借鉴作用的物流业界的参考书。

我们要坚持以习近平新时代中国特色社会主义思想为指导，全面贯彻落实党的二十大精神，按照《“十四五”现代物流发展规划》部署，认清形势，抓住机遇，守正创新，埋头苦干，为继续推动上海现代物流服务行业可持续高质量发展而努力。

2024 年 7 月 31 日

目　录

第一篇　物流政策

第二篇　物流运行

第三篇　物流统计

第四篇　产业物流

第五篇　行业物流

第六篇　长三角物流

第七篇　物流装备、标准、技术和信息化

第八篇　物流金融与保险

第九篇　物流综合

第一篇 物流政策

一、2023年国务院暨各部委局物流业政策文件选编

（一）2023年物流政策辑要

1月政策辑要

质量标准

中共中央 国务院：《质量强国建设纲要》

绿色低碳

工信部等八部门：《关于组织开展公共领域车辆全面电动化先行区试点工作的通知》

铁路局、工信部等三部门：《关于支持新能源商品汽车铁路运输 服务新能源汽车产业发展的意见》

应急物流

应急管理部等四部门：《关于印发＜“十四五”应急物资保障规划＞的通知》

放管服改革

交通运输部等四部门：《关于进一步提升鲜活农产品运输“绿色通道”政策服务水平的通知》

交通运输部：《关于启用国内水路运输领域行政许可电子文书有关事宜的通知》

商贸物流

商务部办公厅等两部门：《关于印发国家级服务业标准化试点（商贸流通专项）第一批典型经验做法的通知》

保通保畅

国务院联防联控机制春运工作专班：《关于进一步做好2023年综合运输春运后半程疫情防控和运输服务保障工作的通知》

民航局：《航空物流保通保畅工作指南》

危险品物流

民航局：《关于印发＜危险品货物航空运输临时存放管理办法＞的通知》

地方政策：

海南省交通运输厅等两部门：《＜海南省通用航空运行补助资金管理实施细则＞的通知》

山东省人民政府：《关于印发＜中国（山东）自由贸易试验区深化改革创新方案＞的通知》

2月政策辑要

政府工作报告

《政府工作报告》：提出保产业链供应链稳定，完善现代物流体系

乡村振兴

中共中央 国务院：《关于做好 2023 年全面推进乡村振兴重点工作的意见》

数字经济

中共中央 国务院：《数字中国建设整体布局规划》

行业治理

国务院办公厅：《关于深入推进跨部门综合监管的指导意见》

交通运输部运输服务司：《关于通报道路运输车辆达标管理“双随机、一公开”抽查情况的函》

金融支持

人民银行等三部门：《关于进一步做好交通物流领域金融支持与服务的通知》

物流统计

国家发改委办公厅、国家统计局办公室：《关于加强物流统计监测工作的通知》

地方政策：江西省人民政府：《江西省综合立体交通网规划》

上海市交通委、市发展改革委：《上海市交通领域碳达峰实施方案》

山西省人民政府：《关于加快电子商务体系和快递物流配送体系贯通发展行动计划》

3 月政策辑要

财税政策

财政部等两部门：《关于继续实施物流企业大宗商品仓储设施用地城镇土地使用税优惠政策的公告》

国家税务总局：《关于落实落细税费优惠政策推出“便民办税春风行动”第三批措施的通知》

货运物流

交通运输部等四部门：《关于印发＜推进铁水联运高质量发展行动方案（2023—2025 年）＞的通知》

交通运输部等两部门：《关于做好 2023 年国家综合货运枢纽补链强链申报工作的通知》

商贸物流

商务部等 17 部门：《关于服务构建新发展格局 推动边（跨）境经济合作区高质量发展若干措施的通知》

冷链物流

农业农村部：《关于印发＜畜禽屠宰“严规范 促提升 保安全”三年行动方案）＞的通知 》

国家发展改革委等两部门：《关于进一步加强节能标准更新升级和应用实施的通知》

地方政策：

河北省人民政府办公厅：《关于印发河北省加快建设物流强省行动方案（2023-2027 年）的通知》

山西省邮政管理局等四部门：《2023 年农村寄递物流服务全覆盖提质工程实施方案》

安徽省人民政府办公厅：《关于印发以数字化转型推动制造业高端化智能化绿色化发展实施方案及支持政策的通知》

青海省商务厅等六部门：《青海省绿色消费实施方案》

郑州市人民政府：《促进现代物流业高质量发展若干措施》

4 月政策辑要

财税政策

财政部：《关于调整铁路和航空运输企业汇总缴纳增值税分支机构名单的通知》

商贸物流

商务部：《关于开展 2023 年全国商贸物流重点联系企业组织申报工作的通知》

国务院办公厅：《关于推动外贸稳规模优结构的意见》

放管服改革

交通运输部等五部门联合发布通知：加强网约车聚合平台管理

交通运输部：《关于印发 2023 年持续提升适老化无障碍交通出行服务等 5 件更贴近民生实事工作方案的通知》

交通运输部：《关于组织开展交通运输区域执法协作试点示范工作的通知》

地方政策：江苏省交通运输厅：《2023 年江苏数字交通赋能专项行动方案》

湖北省邮政管理局联合多部门：《湖北省农村寄递物流体系建设指引（试行）》

青海省邮政管理局等十三部门：《关于进一步加强全省邮件快件寄递安全管理工作的实施方案》

甘肃省交通运输厅：《全省交通运输行业深化“放管服”改革优化营商环境 3.0 升级方案》

辽宁省邮政管理局：《关于推进县乡村三级寄递物流体系建设 2023 年工作方案》

5 月政策辑要

物流法规

国务院办公厅：《关于印发国务院 2023 年度立法工作计划的通知》

基础设施

中共中央 国务院：《国家水网建设规划纲要》

国家发改委：《关于就中吉乌铁路建设项目（吉境内段）可行性研究三方联合评审达成共识的谅解备忘录》

装备技术

交通运输部：《道路运输车辆技术管理规定》

绿色低碳

国务院常务会议：研究促进新能源汽车产业高质量发展的政策措施

国家发改委、国家能源局：《加快推进充电基础设施建设 更好支持新能源汽车下乡和乡村振兴的实施意见》

生态环境部、工信部等五部门：《关于实施汽车国六排放标准有关事宜的公告》

物流质量

交通运输部：《铁路运输服务质量监督管理办法》

地方政策：广东省发改委等十部门：《广东省全面推行清洁生产实施方案（2023—2025 年）》

绵阳市交通运输局、绵阳市财政局：《绵阳市支持网络货运平台企业发展实施方案》

四川省交通运输厅：《2023 年重点水运项目推进实施方案》

湖北省交通运输厅：《关于印发湖北省数字经济高质量发展若干政策措施的通知》

广西壮族自治区交通运输厅等两部门：《关于开展“平安货运”专项整治行动的通知》

北京市交通运输厅：《2023 年北京市交通综合治理行动计划》

海南省交通运输厅：《2023 年海南省治超“百日行动”工作方案》

6 月政策辑要

物流基建

国务院办公厅：《关于进一步构建高质量充电基础设施体系的指导意见》

国家发改委：《关于做好 2023 年国家骨干冷链物流基地建设工作的通知》

商贸物流

国务院：《关于在有条件的自由贸易试验区和自由贸易港试点对接国际高标准推进制度型开放若干措施的通知》

商务部：《关于印发〈自贸试验区重点工作清单（2023—2025 年）〉的通知》

物流降本

国家发改委等四部门：《关于做好 2023 年降成本重点工作的通知》

绿色物流

财税部等三部门：《关于延续和优化新能源汽车车辆购置税减免政策的公告》

生态环境部办公厅：《关于公开征〈关于推进实施水泥行业超低排放的意见（征求意见稿）〉和〈关于推进实施焦化行业超低排放的意见（征求意见稿）〉意见的通知》

物流人才

交通运输部等三部门：《关于公布 2022 年“最美货车司机”等名单的通知》

地方政策：吉林省人民政府：《关于印发中国（延吉）跨境电子商务综合试验区实施方案的通知》

天津市人民政府办公厅：《天津市促进港产城高质量融合发展的政策措施》

江西省人民政府办公厅：《关于印发江西省制造业数字化转型实施方案的通知》

安徽省委办公厅、省政府办公厅：《安徽省全面加强资源节约工作实施方案》

内蒙古自治区交通运输厅等三部门：《关于进一步推进农村客货邮融合发展的通知》

天津市交通运输厅：《天津市数字交通发展行动方案（2023—2025 年）

7 月政策辑要

商贸物流

国务院办公厅：《国务院办公厅转发国家发展改革委关于恢复和扩大消费措施的通知》

商务部等十三部门：《关于印发〈全面推进城市一刻钟便民生活圈建设三年行动计划（2023—2025）〉的通知》

基础设施

国家发展改革委：《2023 年国家物流枢纽建设名单》

国家发展改革委、自然资源部：《第四批示范物流园区名单》

交通运输部、财政部：《2023 年国家综合货运枢纽补链强链支持城市公示》

交通运输部办公厅等十一部门：《关于加快推进汽车客运站转型发展的通知》

农业农村部办公厅：《关于继续做好农产品产地冷藏保鲜设施建设工作的通知》

民营经济

中共中央、国务院：《关于促进民营经济发展壮大的意见》

国家发展改革委等八部门：《关于实施促进民营经济发展近期若干举措的通知》

简政放权

国务院：《关于做好自由贸易试验区第七批改革试点经验复制推广工作的通知》

交通运输部等两部门：《关于推进道路货物运输驾驶员从业资格管理改革的通知》

强链补链

工业和信息化部等五部门：《关于印发<制造业可靠性提升实施意见>的通知》

地方政策：浙江省委办公厅等两部门：《关于促进平台经济高质量发展的实施意见》

广西壮族自治区交通运输厅：《关于引入政府性融资担保工具支持交通物流保通保畅的通知》

上海市交通委等三部门：《关于印发<上海交通领域氢能推广应用方案（2023-2025 年）>的通知》

中共四川省委、四川省人民政府：《关于支持成都加快打造国际消费中心城市的意见》

广西壮族自治区交通运输厅：《广西壮族自治区推进铁水联运高质量发展 2023 年工作要点》

四川省人民政府：《四川省内河水运发展规划（2023—2035 年）》

武汉市人民政府：《武汉市加快推进物流业高质量发展的若干政策措施》

广州市发展和改革委员会：《广州市促进民营经济发展壮大的若干措施》

上海市浦东新区科技和经济委员会：《关于印发<浦东新区产业数字化跃升计划（GID）三年行动方案（2023—2025 年）>的通知》

8 月政策辑要

营商环境

国务院：《关于进一步优化外商投资环境加大吸引外商投资力度的意见》

财政部等三部门：《关于调整海南自由贸易港交通工具及游艇“零关税” 政策的通知》

商贸物流

国家发展改革委等五部门：《关于布局建设现代流通战略支点城市的通知》

商务部等九部门：《关于印发<县域商业三年行动计划（2023—2025 年）>的通知》

农村物流

中央财办等九部门：《关于推动农村流通高质量发展的指导意见》

交通运输部：《关于拟公布第四批农村物流服务品牌名单的公示》

多式联运

交通运输部等八部门：《关于加快推进多式联运“一单制”“一箱制”发展的意见》

绿色物流

国家发展改革委等十部门：《关于印发<绿色低碳先进技术示范工程实施方案>的通知》

国家标准委等六部门：《氢能产业标准体系建设指南（ 2023 版 ）》

地方政策：

云南省农村工作领导小组办公室等六部门：《关于加快推进农村客货邮融合发展工作的实施意见》

福建省人民政府：《福建省治理公路货物运输车辆超限超载条例》

广西壮族自治区交通运输厅：《关于印发交通运输安全生产违法行为举报奖励办法（试行）》

安徽省交通运输厅：《安徽省 2023 年以来涉交通运输业主要财税金融优惠政策目录清单》（第二期）

河北省交通运输厅：《关于进一步加快道路运输电子证照应用的通知》

西藏自治区人民政府：《中国（拉萨）跨境电子商务综合试验区实施方案》

湖南省人民政府：《长株潭一体化发展三年行动计划（2023—2025 年）》

广东省农业农村厅：《广东省 2023 年乡村建设及农村人居环境整治提升工作要点》

9 月政策辑要

供应链物流

商务部等八单位：《关于开展 2023 年全国供应链创新与应用示范城市和示范企业申报工作的通知》

国务院国资委、工业和信息化部：共同组织实施的中央企业产业链融通发展共链行动

商贸物流

商务部：《关于 2023 年全国商贸物流重点联系企业名单的公示》

智慧物流

交通运输部：《关于征集第二批智能交通先导应用试点项目（自动驾驶和智能建造方向）的通知》

交通运输部：《推进公路数字化转型 加快智慧公路建设发展的意见》

物流基建

中共中央、国务院：《关于支持福建探索海峡两岸融合发展新路 建设两岸融合发展示范区的意见》

物流安全

交通运输部：《关于开展道路运输安全生产突出问题集中整治“百日行动”的通知》

交通运输部办公厅：《道路运输企业和城市客运企业安全生产重大事故隐患判定标准（试行）》

地方政策：辽宁省人民政府办公厅：《辽宁省推进多式联运高质量发展优化调整运输结构行动方案（2022—2025 年）》

山东省人民政府办公厅：《山东省加快邮政快递业高质量发展三年行动方案（2023—2025 年）》

广西壮族自治区交通运输厅：《加大高速公路车辆通行费优惠力度工作的通知》

四川省邮政管理局等五部门：《关于开展“交商邮供”融合发展试点工作的通知》

广东交通运输厅等九部门：《珠江流域及琼州海峡交通运输区域执法协作框架协议》

河南省人民政府办公厅：《关于加快内河航运高质量发展的意见》

四川省交通运输厅等两部门：《四川省扶持内河水运发展“以奖代补”实施方案》

福建省发展和改革委员会：《打造福厦“1 小时生活圈”若干措施》

山西省交通运输厅等两部门：《关于调整高速公路限速值的通知》

10 月政策辑要

基础设施

国务院：《关于印发 < 中国（新疆）自由贸易试验区总体方案 > 的通知》

国务院：《关于推动内蒙古高质量发展奋力书写中国式现代化新篇章的意见》

多式联运

交通运输部、国家发展改革委：《关于命名中欧班列集装箱多式联运信息集成应用示范工程等 19 个项目为“国家多式联运示范工程”的通知》

商贸流通

国务院：《关于在上海市创建“丝路电商”合作先行区方案的批复》

铁路物流

国家铁路局：《铁路货物运输规程（征求意见稿）》

农村物流

交通运输部办公厅等两部门：《关于公布第四批农村物流服务品牌的通知》

物流安全

交通运输部办公厅：《关于印发 < 公路运营领域重大事故隐患判定标准 > 的通知》

地方政策：安徽省人民政府办公厅：《< 关于印发安徽省加快供应链创新应用行动计划（2023—2025 年）> 和 < 安徽省加快供应链创新应用若干政策举措 > 的通知》

云南省商务厅等十部门：《云南省县域商业三年行动计划（2023-2025 年）》

广西壮族自治区交通运输厅等两部门：《第一批广西多式联运服务品牌和重点线路自治区资金补助方案》

福建省交通运输厅：《关于印发服务货运企业发展助力全年经济目标冲刺十条举措的通知》

河南省交通运输厅：《关于印发贯彻落实省优化营商环境 重点任务分工方案的通知》

江西省交通运输执法局：《江西省高速公路车辆救援服务监督实施细则》

上海市交通委：《虹桥国际中央商务区综合交通规划（2021—2035 年）》

11 月政策辑要

绿色物流

国务院：《关于印发 < 空气质量持续改善行动计划 > 的通知》

工信部、交通运输部等八部门：《关于启动第一批公共领域车辆全面电动化先行区试点的通知》

商贸物流

国务院：《关于 < 支持北京深化国家服务业扩大开放综合示范区建设工作方案 > 的批复》

国务院：《关于印发 < 全面对接国际高标准经贸规则推进中国（上海）自由贸易试验区高水平制度型开放总体方案 > 的通知》

营商环境

国务院办公厅转发：国家发展改革委、财政部《关于规范实施政府和社会资本合作新机制的指导意见》的通知

中国人民银行等八部门：《关于强化金融支持举措 助力民营经济发展壮大的通知》

智慧物流

工信部等四部门：《关于开展智能网联汽车准入和上路通行试点工作的通知》

交通运输部办公厅：《关于印发 < 自动驾驶汽车运输安全服务指南（试行）> 的通知》

工信部办公厅：《关于印发 <“5G+ 工业互联网”融合应用先导区试点工作规则（暂行）><“5G+ 工业互联网”融合应用先导区试点建设指南 > 的通知》

地方政策：新疆、甘肃、青海、西藏四省（区）：《四省（区）公路保通保畅合作框架协议》

京津冀三省市交通运输主管部门联合出台《京津冀交通运输区域联勤联动协作办法》

山东省人民政府：《关于印发山东省综合立体交通网规划纲要（2023—2035 年）的通知》

湖北省人民政府办公厅：《关于印发湖北省汽车产业转型发展实施方案（2023—2025 年）的通知》

广西交通运输厅等两部门联合印发：《深化广西交通运输与邮政快递业立体融合发展的指导意见》

重庆市邮政管理局等九部门联合发布：《重庆市推进应急物流体系建设三年行动计划（2023—2025 年）》

12 月政策辑要

营商环境

中央经济工作会议：提升产业链供应链韧性和安全水平；有效降低全社会物流成本。

商贸物流

国务院办公厅：《＜关于加快内外贸一体化发展的若干措施＞的通知》

国家发展改革委：《前海深港现代服务业合作区总体发展规划》

智慧物流

国家数据局、中央网信办等十七部门联合发布《“数据要素 ×”三年行动计划（2024—2026年）》

交通运输部：《关于加快智慧港口和智慧航道建设的意见》

商务部等十二部门：《关于加快生活服务数字化赋能的指导意见》

交通运输部等两部门：《关于延长＜网络平台道路货物运输经营管理暂行办法＞有效期的公告》

制造业物流

工业和信息化部等八部门：《关于加快传统制造业转型升级的指导意见》

航运物流

交通运输部等五部门：《关于加快推进现代航运服务业高质量发展的指导意见》

交通运输部办公厅印发：《＜关于加快推进长江航运信用体系建设的意见＞的通知》

绿色物流

国家发展改革委等八部门：《关于印发＜深入推进快递包装绿色转型行动方案＞的通知》

地方政策：河南省人民政府：《河南省水路交通运输管理办法》

山东省委办公厅等两部门印发：《关于进一步加快县域经济高质量发展的意见》

大连市人民政府办公室：《关于印发＜大连市促进东北亚国际航运中心和国际物流中心全面振兴新突破的若干政策＞的通知》

来源：中国物流与采购联合会

（二）2023 年物流政策大事记

1 月

20 日，交通运输部等四部门发布《关于进一步提升鲜活农产品运输“绿色通道”政策服务水平的通知》，进一步提升鲜活农产品运输“绿色通道”政策服务水平，规范车辆查验及政策落实相关工作，重点解决鲜活农产品具体品种识别问题，进一步细化“新鲜”“深加工”“整车合法”等认定尺度。

30 日，商务部办公厅等两部门印发国家级服务业标准化试点（商贸流通专项）第一批典型经验做法的通知，推广国家级服务业标准化试点（商贸流通专项）第一批典型经验做法，就有关事项通知各地要结合当地实际，学习借鉴有关经验做法。

31 日，国家铁路局、工信部、中国国家铁路集团有限公司发布《关于支持新能源商品汽车铁路运输服务新能源汽车产业发展的意见》，提出积极鼓励铁路运输企业开展新能源商品汽车铁路运输业务，规范铁路运输条件，加强铁路运输管理，强化铁路运输安全监管。充分发挥综合交通运输体系作用和铁路运输绿色低碳优势，不断提升铁路运输服务标准化、规范化、便利化水平，保障新能源商品汽车铁路运输安全畅通，促进降低新能源商品汽车物流成本，助力国家新能源汽车产业发展。

2月

8日，国家发改委办公厅、国家统计局办公室联合印发了《关于加强物流统计监测工作的通知》，通知提到，要加强冷链物流统计监测。“十四五”期间，在全国范围组织一次冷链物流行业调查，全面摸清行业底数。鼓励有条件的地区先行先试，在社会物流统计调查制度基础上，开展冷链物流统计试点。

10日，应急管理部等四部门联合印发《关于“十四五”应急物资保障规划》的通知，提出了“十四五”时期应急物资保障体系建设五个方面主要任务和六个重点建设工程项目。其中主要任务包括：完善应急物资保障体制机制法制、提升应急物资实物储备能力、提高应急物资产能保障能力、强化应急物资调配能力、加强应急物资保障信息化建设。

17日，人民银行等三部门发布《关于进一步做好交通物流领域金融支持与服务的通知》，强调金融部门要把做好交通物流领域金融服务摆在重要位置，用好用足各项政策工具，加大金融支持力度，助力国民经济循环畅通、产业链供应链稳定，促进交通物流与经济社会协调可持续发展。

3月

14日，交通运输部等四部门在联合印发的关于《推进铁水联运高质量发展行动方案（2023—2025年）》的通知里明确，到2025年，长江干线主要港口铁路进港全覆盖，沿海主要港口铁路进港率达到90%左右；京津冀及周边地区、长三角地区、粤港澳大湾区等沿海主要港口利用疏港水路、铁路、封闭式皮带廊道、新能源汽车运输大宗货物的比例达到80%，铁水联运高质量发展步入快车道。

22日，交通运输部、财政部两部门联合印发《关于做好2023年国家综合货运枢纽补链强链申报工作的通知》，要求做好2023年国家综合货运枢纽补链强链申报工作，推动国家综合货运枢纽补链强链城市扩面提质，鼓励产业关联度高、货运物流一体化运行需要明显、通道连接紧密的城市依托国家规划确定的城市群跨省联合申报，注重发挥城市各自比较优势，形成综合货运枢纽体系建设合力。

26日，财政部、国家税务总局两部门联合发布《关于继续实施物流企业大宗商品仓储设施用地城镇土地使用税优惠政策的公告》，要求自2023年1月1日起至2027年12月31日止，对物流企业自有（包括自用和出租）或承租的大宗商品仓储设施用地，减按所属土地等级适用税额标准的50%计征城镇土地使用税。

4月

7日，市场监管总局就《快递电子运单》和《通用寄递地址编码规则》两项国家标准召开专题新闻发布会进行解读。《快递电子运单》规范了快递电子运单的类别、层数及规格尺寸，推荐快递企业使用一联运单，取消了原行业标准中的三联运单，更好地满足寄递用户个人信息保护和快递业绿色环保发展需要。

14日，商务部发布《关于开展2023年全国商贸物流重点联系企业组织申报工作的通知》，要求申报企业应认真填写《制度》中的《商贸物流重点联系企业申报基本情况》，真实、准确提供企业的基本信息、业务规模、仓储能力、运输能力和标准载具应用水平等情况，并提供营业执照、财务报表、审计报告等相关证明文件。

20日，交通运输部发布《关于组织开展交通运输区域执法协作试点示范工作的通知》，要求立足交通运输行业点多、线长、面广，运输工具和从业人员流动性大，监管链条长等特点，通过加强政策协同、完善工作机制、深化信息共享、强化协作联动，着力打造共建共管共治的交通运输一体化治理格局。

5 月

8 日，交通运输部发布《铁路运输服务质量监督管理办法》，该办法于 2023 年 7 月 1 日起执行。目的为切实解决社会关注、旅客关心的焦点难点问题，公平公正地维护广大旅客以及货物、行李、包裹的托运人、收货人的合法权益。

18 日，交通运输部办公厅发布《关于贯彻实施〈道路运输车辆技术管理规定〉的通知》，要求尽快落实《道路运输车辆技术管理规定》，进一步提升道路运输车辆技术管理水平。严格开展道路运输车辆技术审核，规范做好道路运输车辆使用技术管理，严格道路运输车辆退出管理，进一步提升道路运输车辆技术管理服务水平。

25 日，中共中央国务院发布《国家水网建设规划纲要》，要求加快推进列入流域及区域规划、符合国家区域发展战略的控制性调蓄工程和重点水源工程建设，综合考虑航运、发电、生态等功能。推进水网与航运融合发展，结合流域综合规划，科学论证和有序推进内河航运发展。

6 月

12 日，国家发改委发布《关于做好 2023 年国家骨干冷链物流基地建设工作的通知》，公布了新一批 25 个国家骨干冷链物流基地建设名单。通知要求要加强国家骨干冷链物流基地运行监测，建立健全国家骨干冷链物流基地重大项目储备库并动态更新。

19 日，国务院办公厅发布《关于进一步构建高质量充电基础设施体系的指导意见》。该意见指出，要加强充电基础设施发展顶层设计，坚持应建尽建、因地制宜、均衡合理，科学规划建设规模、网络结构、布局功能和发展模式。依据国土空间规划，推动充电基础设施规划与电力、交通等规划一体衔接。结合电动汽车发展趋势，适度超前安排充电基础设施建设，在总量规模、结构功能、建设空间等方面留有裕度，更好满足不同领域、不同场景充电需求。持续完善充电基础设施标准体系，推动中国标准国际化。

29 日，国务院印发《关于在有条件的自由贸易试验区和自由贸易港试点对接国际高标准推进制度型开放若干措施的通知》，指出要在有条件的自由贸易试验区和自由贸易港聚焦若干重点领域试点对接国际高标准经贸规则，统筹开放和安全，构建与高水平制度型开放相衔接的制度体系和监管模式，并提出“推动货物贸易创新发展”“推进服务贸易自由便利”“便利商务人员临时入境”等措施。

7 月

11 日，农业农村部办公厅发布《关于继续做好农产品产地冷藏保鲜设施建设工作的通知》，提出按照“补短板、塑网络、强链条”工作思路，完善产地冷藏保鲜设施网络、推动冷链物流服务网络向乡村下沉等重点任务。聚焦鲜活农产品主产区、特色农产品优势区，强化支持政策衔接，完善设施节点布局，推动冷链物流服务网络向乡村下沉，提升产业链供应链韧性和稳定性，为全面推进乡村振兴、加快建设农业强国提供有力支撑。

是日，商务部等十三部门办公厅（室）印发《全面推进城市一刻钟便民生活圈建设三年行动计划（2023—2025)》，指出到 2025 年，在全国有条件的地级以上城市推动多种类型的一刻钟便民生活圈建设，服务便利化、标准化、智慧化、品质化水平进一步提升，对恢复和扩大消费的支撑作用更加明显，居民综合满意度达到 90% 以上。

是日，江西省交通运输厅印发 《江西省大件运输许可服务与管理实施细则》，用于江西省行政区域内大件运输许可服务与管理工作，对申请受理、审查决定、通行管理、服务保障和监督检查等工作作出规定。

8 月

3 日，福建省交通运输厅公布《福建省治理公路货物运输车辆超限超载条例》，条例分为总则、源头治理、通行治理、法律责任、附则五个章节，对公路货物运输车辆的生产、行驶、作业和货物运输企业与相关部门的责任进行规定。

14 日，中央财办等部门发布《关于推动农村流通高质量发展的指导意见》，围绕未来一段时间我国加快农村现代流通体系建设的发展目标、重点任务、政策支撑等作出部署。指导意见要求，到 2025 年，我国农村现代流通体系建设取得阶段性成效，基本建成设施完善、集约共享、安全高效、双向顺畅的农村现代商贸网络、物流网络、产地冷链网络，流通企业数字化转型稳步推进，新业态新模式加快发展，农村消费环境明显改善。

24 日，交通运输部、商务部、海关总署、国家金融监督管理总局、国家铁路局、中国民用航空局、国家邮政局、中国国家铁路集团有限公司联合发布《关于加快推进多式联运“一单制”“一箱制”发展的意见》。意见指出，力争通过 3 ～ 5 年的努力，多式联运“一单制”“一箱制”法规制度体系进一步完善，多式联运信息加快开放共享，多式联运单证服务功能深化拓展，多式联运龙头骨干企业不断发展壮大，“一单制”服务模式和“一箱制”服务模式加快推广，进一步推动交通物流提质增效升级，更好地服务支撑实现“物畅其流”。

9 月

1 日，交通运输部、国家邮政局发布《关于开展交通强国邮政专项试点工作的通知》，要求围绕邮政业重点领域、优势领域、急需领域或其关键环节，补短板、锻长板，解难点、破难题，分地区、分主题、分批次开展邮政专项试点工作，科学组织实施试点任务，在试点领域率先实现突破，形成一批先进经验和典型成果，打造“一流设施、一流技术、一流管理、一流服务”，为谱写加快建设交通强国邮政新篇章发挥示范引领作用。

20 日，交通运输部发布《关于推进公路数字化转型加快智慧公路建设发展的意见》，要求提升公路设计施工数字化水平，提升公路养护业务数字化水平，提升路网管理服务数字化水平，力争到 2027 年，公路数字化转型取得明显进展；构建公路设计、施工、养护、运营等“一套模型、一套数据”，基本实现全生命期数字化；到 2035 年，全面实现公路数字化转型，建成安全、便捷、高效、绿色、经济的实体公路和数字孪生公路两个体系。

10 月

10 日，交通运输部、国家发改委发布《关于命名中欧班列集装箱多式联运信息集成应用示范工程等 19 个项目为“国家多式联运示范工程”的通知》，希望承担“国家多式联运示范工程”的运作企业，加大探索创新力度，在运输组织模式优化、联运信息互联共享、专业技术装备研发等方面不断取得新突破，为推进我国多式联运高质量发展和交通运输结构调整优化，加快建设交通强国作出新的更大贡献。

30 日，交通运输部办公厅、国家邮政局办公室公布了第四批农村物流服务品牌，全国 23 个省（自治区、直辖市）的 50 个项目被确立为第四批农村物流服务品牌。第四批农村物流服务品牌申报工作于 2022 年由交通运输部会同国家邮政局组织启动，为充分发挥服务品牌引领带动作用，以点带面推动提升农村物流综合服务能力，更好地服务支撑乡村振兴战略实施提供助力。

11 月

16 日，交通运输部办公厅印发《港口服务指南》，为引导港口经营人、港口理货业务经营人进一步提升服务质量，推动提高港口装卸转运效率提供指引。该指南规范了港口经营人、港口理货业务经营人提供港口服务的基本流程，要求港口经营人和港口理货业务经营人实行 365 天、24 小时不间断作业和客户服务，及时发布业务和服务信息，公开并履行服务承诺和作业时限，实施便捷高效的“一站式”业务办理服务，提供便利的无纸化业务服务、安全高效的船舶靠离泊和货物作业服务，提升港内堆场货物转运效率，规范港口经营和收费行为。

17 日，工信部、公安部、住房和城乡建设部、交通运输部发布《关于开展智能网联汽车准入和上路通行试点工作的通知》。提出在智能网联汽车道路测试与示范应用工作基础上，遴选具备量产条件的搭载自动驾驶功能的智能网联汽车产品开展准入试点，对取得准入的智能网联汽车产品，在限定区域内开展上路通行试点。通过开展试点工作，引导智能网联汽车生产企业和使用主体加强能力建设，促进智能网联汽车产品的功能、性能提升和产业生态的迭代优化，推动智能网联汽车产业高质量发展。

12 月

4 日，交通运输部发布了《交通运输部关于修改〈道路货物运输及站场管理规定〉的决定》，对《道路货物运输及站场管理规定》第六十一条、第六十六条作出修改，删去第六十三条第三款。

是日，交通运输部发布了《交通运输部关于修改〈道路危险货物运输管理规定〉的决定》，对《道路危险货物运输管理规定》第三条、第七条第二款、第九条、第十一条等条款作出修改，删去第五十九条。

是日，交通运输部发布了《交通运输部关于修改〈放射性物品道路运输管理规定〉的决定》，对《放射性物品道路运输管理规定》第六条第二款、第三十一条等条款作出修改，删去第四十条。

5 日，交通运输部办公厅公布了《自动驾驶汽车运输安全服务指南（试行）》，将使用自动驾驶汽车从事城市公共汽电车客运、出租汽车客运、道路旅客运输经营、道路货物运输经营统称为自动驾驶运输经营，指出自动驾驶运输经营应坚持依法依规、诚实守信、安全至上、创新驱动的原则；自动驾驶运输经营者应依法办理市场主体登记，经营范围应登记相应经营业务类别；自动驾驶运输经营者应履行安全生产主体责任，建立实施运营安全管理制度。

来源：《现代物流报》

二、2023 年上海市人民政府暨各部门物流业政策文件选编

（一）关于印发《上海市促进产业互联网平台高质量发展行动方案（2023-2025 年）》的通知

沪经信生〔2023〕588 号

各区人民政府，市政府相关委、办、局，有关单位：

为促进产业互联网平台高质量发展，高效赋能实体经济，支撑配套现代化产业体系，更好服务国内国际双循环的发展需求，着力提升产业链供应链韧性和安全水平，市经济信息化委、市商务委、市发展改革委联合制定了《上海市促进产业互联网平台高质量发展行动方案（2023-2025 年）》。经市政府同意，现印发给你们，请认真贯彻执行。

上海市经济和信息化委员会
上海市商务委员会
上海市发展和改革委员会
2023 年 7 月 3 日

上海市促进产业互联网平台高质量发展行动方案（2023—2025 年）

产业互联网平台是通过互联网、大数据、区块链、人工智能等技术，为产业链上下游实体企业提供信息撮合、交易贸易、数字化供应链、物流仓储、专业服务的创新型经济业态，是链接现代化产业链供应链体系的重要节点，是通过平台经济深度服务全国统一大市场、提升长三角制造业企业发展效能的重要支撑。为促进产业互联网平台高质量发展，高效赋能实体经济，支撑配套现代化产业体系，营造规范有序发展环境，更好服务国内国际双循环的发展需求，结合本市实际，现制定本方案。

一、总体要求

（一）指导思想

以习近平新时代中国特色社会主义思想为指导，深入贯彻党的二十大精神，加快建设现代化产业体系，深化要素市场改革，着力提升产业链供应链韧性和安全水平，服务构建全国统一大市场，推进长三角一体化发展。全面落实上海城市数字化转型发展要求，促进数字经济和实体经济深度融合，持续加快制造业绿色化发展进程，发挥产业互联网平台高能级作用，优化现代化产业链分工，掌控产业链话语权，打造强韧、完整、健康的产业生态体系。

（二）基本原则

——产业聚焦，数实融合。提升现代化产业体系服务能力，加速推动产业互联网平台与实体经济深度融合。提升研发、采销、仓储等环节的数字化能力。建设“分领域、全品类、全链路”的产业互联网平台集群，打造“平台运营 + 制造输出”发展模式。

——技术创新，场景驱动。推动产业元宇宙、扩展现实（XR）、大模型、区块链等前沿技术与产业互联网平台深度融合，打造生产场景、采销场景、运维场景，变革生产流程，提高生产库存周转

率，提升生产效率。

——平台赋能，生态提质。发挥平台带动效应，助力多领域、行业级、通用型的产业互联网平台做大做强，打造强韧有力的数字化产业链体系。以功能性平台集聚上下游，形成“上海技术赋能全国，资源要素上海调度”的生态格局。

（三）主要目标

聚焦产业互联网平台重点集群和制造业重点环节，提升实体经济发展效能，推进业态集聚、要素提升，打造协同融合的产业生态。力争到 2025 年，产业互联网平台交易额突破 3.3 万亿元；引育 100 家以上的产业互联网平台企业，其中 30 个以上的头部平台、10 家以上的新上市企业和独角兽企业。

二、主要任务

（一）产业互联网平台“集群”发展行动

1. 深耕重点产业垂直服务平台。面向现代化产业体系发展需求，集聚产业资源和专业服务优势，打造聚焦重点产业的平台服务和创新产品。（责任单位：市经济信息化委、市商务委、市发展改革委）

——提升电子信息全链路数字化水平。推广电子元器件和集成电路在线采购交易模式，构建电子元器件的研发方案、产品、交易等数据库和知识图谱。打造面向集成电路全要素流程的“云采购”“云设计”“云制造”“云服务”的综合服务平台。建设进出口代理、订单执行、仓储配送、维修结算等集成电路一站式数字化供应链平台。

——优化医药全渠道供给能力。推动基于产业互联网的全链协同和高质量创新，促进创新药、医疗设备等产品的应用和服务。面向医药销售，运用制造执行系统（MES）、交易管理系统（TMS）、集成 SaaS（软件即服务）、区块链等技术，整合药企、经销商等上下游供应链要素，打造医药领域数字化平台。面向诊断需求，鼓励平台与公共医疗服务机构联合开发 DTP（直接面向患者）数字化药房、在线诊断服务。

——提高高端装备服务效率。聚焦港机运行维护，构建集成港机设备、备品备件、船舶信息、水文地理系统等多元化模块的数字化平台。聚焦核工业供应商管理，打造工业品集采招标、客户协同互认等服务平台。聚焦智能机器人全渠道需求，打造“自营 + 代理 + 第三方”供需交易商城，构建“专业级采销网络 + 系统集成 + 职业教育”的系统解决方案。

——发展汽车全场景服务。面向汽车产业链前端环节，推动第三方平台基于智能营销技术，应用区块链与隐私计算技术实现数据的可信共享，提供符合客户个性化需求的汽车销售服务、功能选型服务和装配选品服务，助力本土汽车品牌走出去。面向汽车产业链后端环节，鼓励平台运用数字化技术赋能保险机构、整车厂、汽配厂，构建服务汽修门店的综合平台。

——构建先进材料产业链服务体系。面向钢铁全产业链需求，构建贯穿上游钢厂到下游生产终端的智能化平台，形成便捷式交易、网格化配送、智慧化加工的服务体系。面向化工试剂、能源材料应用，开发覆盖实验室需求的产品数据矩阵，提供科研试剂、特种化学品、科研仪器耗材、电子化学品等资源要素的整体解决方案，利用区块链技术服务重要资源要素的过程监管。

——强化时尚消费品供需对接。推动消费互联网和产业互联网融合发展，鼓励 C2M（从消费者到生产者）个性化生产模式和全产业链平台建设。聚焦食品供应链响应能力，推动食品类电商平台自建农产品生产、加工、包装等环节的供应链设施。聚焦中小纺织企业降本增效，推动纺织业数字服务平台面向原料商、纺织厂、印染厂、服装加工厂开展基于生产数据分析的采购对位匹配服务。

2. 推动工业品数字服务平台扩品增量。围绕产业链个性化需求，扩容 1500 万个通用工业品产品品类，提升 MRO（维护、维修和运营）平台在线交易、智能物流、资金结算、供应链金融等一站式供采能力。围绕生产性服务业重点领域，做强 MRO 平台物料管理、供应链管理、运行维护等模块，培育定制化、模块化系统方案服务商。加快 MRO 核心数字产品研发，打造 10 个左右细分领域的工业品模型库，发布 20 款左右基于平台系统的智慧供应链解决方案。（责任单位：市经济信息化委、市商务委）

3. 强化工业互联网平台全链赋能。聚焦现代化产业体系，推动制造业企业基于用户需求开展个性化定制，推进工业互联网平台赋能中小企业设计、制造、采购、销售、服务等全产业链环节，鼓励工业互联网平台供应链金融创新。聚焦“两网贯穿”新业态，加快工业互联网与消费互联网在底层技术侧、业务需求侧的贯通发展和商业合作，支持基于在线交互、订单交付、个性化定制的平台建设，实现数据驱动的规模化产品创新和敏捷制造。（责任单位：市经济信息化委、市商务委）

4. 做强专业服务平台创新能力。聚焦柔性制造和虚拟生产应用，支持平台在产业元宇宙、大模型、增强现实等未来技术上的研发投入，优化基于订单驱动生产要素的专业服务平台。聚焦虚实融合新经济业态，支持平台引入面向电商领域的垂类大模型等关键技术，深化生成式人工智能技术赋能需求分析、精准投放、内容定制、创意设计等环节。聚焦交易效率提升，结合多模态大模型、增强现实（AR）、虚拟现实（VR）等技术，构建商品 3D 模型、虚拟试用、虚拟主播、虚拟货场等智能场景，打造一批数字采购模块，提供多感官交互的沉浸式线上购物体验。聚焦节能降碳需求，基于区块链、物联网、大数据等技术建设碳管理公共服务平台，提供碳核算、降碳技术、产品、金融等服务。（责任单位：市经济信息化委、市发展改革委、市科委、市商务委）

5. 厚植工业原料数字服务平台基础优势。聚焦钢材、煤炭、有色金属等大宗平台模式，构建集在线交易、咨询服务、数字化产品、供应链金融于一体的服务平台，形成基于行业数据的大宗商品产业指数。聚焦大宗材料生产管理，开展基于人工智能、区块链等技术的质量全流程管控与溯源管理，提供价格分析、智能仓储、标准化寄售、集量采购、零单对接等一站式服务。（责任单位：市商务委、市经济信息化委、市发展改革委、市地方金融监管局）

6. 促进跨境产业数字服务平台发展。响应“一带一路”倡议，推动头部“丝路电商”加快国际化战略布局。结合贸易产品特点，打造“小单快返”式柔性供应链生产模式，打通生产、库存、仓储管理等渠道，完善数字营销、数据服务、进出口通关功能，加快企业走出去步伐。鼓励平台布局完善海外物流仓储设施，为上下游企业提供出海配套服务。发挥跨境平台海外购的数字化优势，打通制造业企业核心零部件、备品备件的采购渠道，提升产品集采分销效率。（责任单位：市商务委、市经济信息化委、上海海关）

（二）要素市场创新行动

7. 助力载体招商。依托各区产业基础和优势，打造产业互联网平台总部基地，建设集总部运营、技术创新、场景应用、人才培育、区域招商等功能为一体的服务载体，深度服务长三角一体化发展战略。创新“产业链 + 平台”招引用地模式，以“链主”企业带动上下游企业入驻。依托特色产业园区、生产性服务业功能区，提升园区数字化招商能力，打造“一园一特色一平台”。促进产业互联网平台集群深度服务重点产业，吸引重点产业国内外头部平台在沪设立区域性总部、研发中心、采购分销和财务结算机构。（责任单位：市经济信息化委、市商务委、各区政府）

8. 提升土地利用效率。结合本市与长三角一体化空间规划布局，加快仓储设施向专业园区集聚。盘活现有闲置和低效的仓储用地，合理提升容积率和建筑高度，增加仓储空间。优化土地复合利用方式，引导产业互联网平台将业务总仓、中转仓、前置仓等仓库建设为高层仓库，建立智慧物流管理系统，利用地块内的配套指标完善生产生活设施，实现集约节约用地。鼓励生产性服务业功能区等载体，通过规划完善，按需提升容积率，拓展产业空间。（责任单位：市规划资源局、市经济信息化

委、市商务委、市发展改革委）

9. 推进金融互助协作。加大产业互联网平台与银行、保险等金融机构和融资租赁、商业保理、融资担保等金融组织深度合作，为上下游企业提供多元化服务。推动金融机构与产业互联网平台联合探索基于区块链技术的可信模式，加大供应链金融服务力度。（责任单位：市地方金融监管局、市经济信息化委）

10. 完善政策制度供给。支持产业互联网平台及上下游企业参与数电票试点。支持平台设立研究开发、技术服务等研发型企业，符合条件的研发型企业可按规定享受研究开发费用加计扣除和高新技术企业等优惠政策，鼓励各区根据平台上年度研发经费支出总额给予奖励。探索小剂量科研用品白名单、备案承诺制，提升专业服务平台通关便利度，支持通过长协价、组团价等方式降低平台科研用品运输鉴定成本。（责任单位：各区政府、上海海关、市科委、市税务局、市经济信息化委）

11. 加强专业人才培养。开展产业互联网平台应用人才“订单式”培养，支持高校、行业协会组织工业品数据创新大赛，培养“产业＋互联网”复合型人才，孵化20个左右高质量创新项目。对符合条件的产业互联网平台人才团队创新项目予以支持，支持产业互联网平台研发核心人员申报上海产业菁英高层次人才培养专项，对符合重点产业领域人才专项奖励条件的企业核心研发人员，按规定给予奖励。（责任单位：市经济信息化委、市人力资源社会保障局）

12. 加强数据安全监管。建设安全态势感知、企业安全服务等公共服务平台，开展产业互联网平台领域安全漏洞挖掘、渗透测试、威胁情报分析等工作，形成安全基础知识库。培育基于物联网、区块链等技术的全流程可追溯平台，助力提升监管效率。围绕数据安全合规要求，开展面向平台企业的数据安全风险评估和分类分级管理，推进重要数据和核心数据的识别备案工作。深化数据信息保护，实施数据全生命周期安全管理，加强行业合规建设，加大对违法犯罪行为的追责力度。（责任单位：市网信办、市通信管理局、市公安局、市经济信息化委、市商务委、市发展改革委）

（三）产业链场景赋能行动

13. 开放全链路应用场景。引导央企、国企等大型制造业企业率先开放应用场景。推动大型制造企业通过系统对接方式开放数字化采购场景，运用平台技术，提升货流管理效率。围绕大型制造企业产线物流、厂边物流、厂内物流等场景，改造提升供应链数字化协同能力。深化大型制造企业自有平台和专业化电商全要素合作，共建一批垂直工业品服务平台和专业智能运维平台，打造万物互联的服务场景。（责任单位：市经济信息化委、市国资委）

14. 加快赋能中小企业。发挥平台高效优势，打造中小企业“委托、联合、即时”采购模式，降低采购成本。实施“平台助企”行动，为中小企业提供一批生产管理、智能营销、云端协同等产品，提升生产效率。开展工艺设计、快速原型、模具开发和产品定制等新业务，建设企业研发、生产、销售、运维等全流程数字化服务能力。开展产业互联网平台领域的区块链服务应用，建立基于区块链的数据交换标准和数据交换平台，降低数据共享协同的复杂度，提升中小企业产业链协同效率。（责任单位：市经济信息化委）

15. 推动平台向价值链高端延伸。在数据赋能端，鼓励产业互联网平台结合用户需求，帮助一批供应链上下游企业提升产品性能。在研发设计端，推动产业互联网平台设立企业研发中心、设计创新中心，加快产品和服务升级。在生产制造端，鼓励产业互联网平台向制造延伸，革新产品制造、生产组织和市场服务方式，通过“新技术＋系统集成”模式，打造数字供应链系统，提升平台服务能级。（责任单位：市经济信息化委）

（四）产业生态构筑行动

16. 打响中国（上海）工业品在线交易节品牌。依托行业组织，整合“产学研银媒”等社会资源，举办超百场专场活动，发布产业互联网平台创新榜单和行业白皮书，持续提升交易节品牌影响力。联合头部平台，成立数字化供应链产业联盟，开发、开放100个左右交易节专属的工业数字模块，发布一批互惠互利的生态资源产品和旗舰平台，链接长三角制造业生产需求，深度服务全国统一大市场，全面提升上海平台惠企服务力度。（责任单位：市经济信息化委）

17. 建立健全标准规范。支持头部产业互联网平台与标准化机构、行业组织、科研院所等合作，加快完善通用工业品分类标准和编码规范。推动化工、集成电路、港机装备等垂直产业平台逐步完善专业化备品备件产品分类标准和编码规范。鼓励平台加大对编码技术的研发投入，加快编码自动采集、智能分类编目等技术创新。鼓励工业原料数字服务平台面向风险防范需求，建立专业服务标准体系。（责任单位：市市场监督管理局、市经济信息化委、市商务委）

18. 加速产学研成果孵化。建立产业互联网平台联合创新体系，搭建平台企业、高校、科研院所、产业链上下游企业的产学研合作平台，联合攻关产品核心技术。依托行业组织、科研院所，建立产业互联网平台产学研专家库，定期更新重点平台项目库。（责任单位：市科委、市经济信息化委）

三、保障措施

（一）加强组织保障

争取国家有关部委对上海产业互联网平台发展的支持，强化省际间沟通协作。建立市级多部门协调机制，加强协同配合和统筹推进，积极解决产业互联网平台发展中的重大问题。构建市区联动推进机制，坚持市场导向，支持产业互联网平台服务体系建设。（责任单位：市经济信息化委、市商务委、市发展改革委、各区政府）

（二）强化政策支持

加大对产业互联网平台创新发展的支持力度，鼓励各区因地制宜，出台产业互联网平台配套支持政策。发挥市、区两级政府专项资金的引导作用，对行业级产业互联网平台建设、技术研发攻关、应用转化落地等按规定予以支持。（责任单位：市经济信息化委、市商务委、市发展改革委、市财政局、各区政府）

（三）优化评价监测

探索研究产业互联网平台重点集群分类标准，围绕产业互联网平台深化应用和创新发展，形成产业互联网平台重点企业目录，开展产业互联网平台成熟度评价研究，建立运行监测体系，定期动态反应发展趋势。强化头部、高成长性产业互联网平台的跟踪服务机制。（责任单位：市经济信息化委、市统计局、市商务委）

（二）上海市人民政府办公厅关于印发《上海市落实〈关于在有条件的自由贸易试验区和自由贸易港试点对接国际高标准推进制度型开放的若干措施〉实施方案》的通知

沪府办规［2023］19号

各区人民政府，市政府各委、办、局，各相关单位：

《上海市落实〈关于在有条件的自由贸易试验区和自由贸易港试点对接国际高标准推进制度型开放的若干措施〉实施方案》已经市政府同意，现印发给你们，请认真按照执行。

上海市人民政府办公厅

2023 年 8 月 29 日

上海市落实《关于在有条件的自由贸易试验区和自由贸易港试点对接国际高标准推进制度型开放的若干措施》实施方案

为深入贯彻落实《关于在有条件的自由贸易试验区和自由贸易港试点对接国际高标准推进制度型开放的若干措施》（国发〔2023〕9 号），持续推进中国（上海）自由贸易试验区及临港新片区（以下简称“上海自贸试验区及临港新片区”）改革创新，主动加大压力测试力度，更好承担国家赋予的重大使命，推进高水平制度型开放，结合实际，制订本实施方案。

一、主要目标

上海自贸试验区及临港新片区对标最高标准、最好水平和国家战略需要，稳步扩大规则、规制、管理、标准等制度型开放。除需国家相关部委出台实施细则的试点措施或国家相关部委要求加快落地的试点措施外，用一年时间，着力推动货物贸易、服务贸易、数字贸易、商务人员临时入境、优化营商环境等方面的各项试点措施落地实施。实施过程中，做到有效应对风险，注重挖掘典型案例，总结管用做法和亮点成效，及时提炼形成制度创新成果。到实施一周年评估时，试点工作做到有进展、有创新、有突破、有成果、有项目、有案例，形成一批可复制、可推广的经验做法。

二、推动货物贸易创新发展

（一）上海自贸试验区及临港新片区制订再制造产品进口试点方案，及时报国家商务主管部门批准后实施。试点方案明确再制造进口产品清单、再制造产品适用的标准和要求（包括但不限于质量特性、安全环保性能等方面）、合格评定程序、监管措施等。

（二）自境外暂时进入上海自贸试验区及临港新片区的下列货物，在入境时纳税义务人向海关提供担保后，可以暂不缴纳关税、进口环节增值税和消费税：符合我国法律规定的临时入境人员开展业务、贸易或专业活动所必需的专业设备（包括软件，进行新闻报道或摄制电影、电视节目使用的仪器、设备和用品等）；用于展览或演示的货物；商业样品、广告影片和录音；用于体育竞赛、表演或训练等所必需的体育用品。上述货物应当自入境之日起 6 个月内复运出境，暂时入境期间不得用于出售或租赁等商业目的。需要延长复运出境期限的，应按照规定办理延期手续。

（三）企业办理进口海关申报时，海关对于企业提供的原产地证书，如仅存在印刷错误、打字错误、非关键性信息遗漏等微小差错或文件之间的细微差异，在确认货物原产资格情况下，可给予企业享受优惠关税待遇，企业不必反复修改、递交申请材料。上海海关在总结经验基础上，在上海全域复制推广。

（四）企业在预裁定所依据的法律、事实和情况未发生改变的情况下，向海关提出预裁定展期申请的，海关按照相关要求，完善工作流程，接受预裁定展期申请，在裁定有效期届满前从速作出决定。

（五）在符合我国海关监管要求且完成必要检疫程序的前提下，海关对已提交必要单据的空运快运货物，在抵达后 6 小时内放行。

（六）在符合我国相关规定且完成必要检疫程序的前提下，海关对通过空运、海运方式进口并提交通关所需全部信息的已抵达货物，在 48 小时内予以放行。

（七）如货物抵达前（含抵达时）未确定关税、其他进口环节税和规费，但在其他方面符合放行条件，且已向海关提供担保或已按照要求履行相关程序的，海关应当予以放行。

（八）境外合格评定机构在上海自贸试验区及临港新片区申报合格评定机构资质时，根据市场监管总局对认证资质试点的具体要求，适用对境内合格评定机构相同或等效的程序、标准和其他条件。

（九）企业在上海自贸试验区及临港新片区进口信息技术设备产品的，根据市场监管总局具体工作要求，认证机构接受供应商提供的符合电磁兼容标准自我声明材料，并按照强制性产品认证有关要求考核产品电气安全后，发放强制性产品认证证书，在认证证书上标注电磁兼容部分为符合性声明，明示产品应从上海自贸试验区及临港新片区进口。

（十）企业在上海自贸试验区及临港新片区进口葡萄酒，允许进口标签中包括 chateau（酒庄）、classic（经典的）、clos（葡萄园）、cream（柔滑的）、crusted/crusting（有酒渣的）、fine（精美的）、late bottled vintage（迟装型年份酒）、noble（高贵的）、reserve（珍藏）、ruby（宝石红）、special reserve（特藏）、solera（索莱拉）、superior（级别较高的）、sur lie（酒泥陈酿）、tawny（陈年黄色波特酒）、vintage（年份）或 vintage character（年份特征）等描述词或形容词。

海关、市市场监管部门按照《食品安全法》《进出口食品安全管理办法》《预包装食品标签通则》等有关要求，做好进口葡萄酒标签信息的合规监管。

三、推进服务贸易自由便利

（十一）外资金融机构在上海自贸试验区及临港新片区申请开展中资金融机构已开展的新金融业务的，在沪金融管理部门根据国家金融管理部门明确的外资金融机构开展新金融服务的机构类型、机构性质、许可要求和许可程序，实施外资金融机构开展新金融服务许可，充分给予外资金融机构国民待遇并进行审慎监管。

（十二）对境外金融机构、境外金融机构的投资者、跨境金融业务提供者在上海自贸试验区及临港新片区申请开展金融服务的，在沪金融管理部门可以按照国家相关金融主管部门的指导和要求，进一步细化审批工作流程，优化政务服务，提高行政服务效率，按照内外一致原则，对于境外金融机构、境外金融机构的投资者、跨境金融服务提供者提交的与在上海自贸试验区及临港新片区开展金融服务相关的完整且符合法定形式的申请，在沪金融管理部门应在 120 天内作出决定，并及时通知申请人。如不能在上述期限内作出决定，金融管理部门应立即通知申请人并争取在合理期限内作出决定。

（十三）在国家金融管理部门指导支持下，允许在上海自贸试验区及临港新片区内注册的企业、工作或生活的个人购买跨境保险、投资等金融服务。境外金融服务的具体种类由国家金融管理部门另行规定。

（十四）上海自贸试验区及临港新片区制定鼓励类境外专业人员提供专业服务清单，建立境外职业资格单向认可工作程序，对专业人员取得的境外职业资格实行单向认可，允许符合条件的具有境外职业资格的专业人员经有关部门审批备案后提供专业服务。市人力资源社会保障部门指导上海自贸试验区及临港新片区探索国际职业资格制度和国内专业技术人才评价、培养制度衔接机制。为持有专业领域国际职业资格证书的专业技术人才参加本市职称评审提供便利，研究水平评价类国际职业资格和国内职称评审制度的衔接方式，在重点领域、新兴领域探索引入国际化评价标准。

四、便利商务人员临时入境

（十五）注册在上海自贸试验区及临港新片区的外商投资企业，其内部调动专家的随行家属，可享受口岸签证办理便利，口岸签证机关将为其办理一次入出境、停留期限 30 日的 S2 字签证。随行家属入境后，可在出入境管理部门申请换发与专家本人所持签证入境有效期相同（最长不超过 5 年）、入境停留期限相同（最长不超过 180 天）的 S2 字签证。专家本人在沪长期居留的，其家属可随同办理有效期一致的私人事务类居留许可。

（十六）拟在上海自贸试验区及临港新片区筹建分公司或子公司的外国企业相关高级管理人员及随行家属，可享受口岸签证办理便利。口岸签证机关将根据邀请事由，为高管本人办理一次入出境、停留期限 30 日的 R 字、M 字或 F 字签证，家属随同办理 S2 字签证。入境后，符合条件的外籍高管可在本市公安出入境管理部门申请换发有效期不超过 5 年、入境停留期不超过 180 天、多次往返的 R 字、M 字或 F 字签证，家属随同办理 S2 字签证。对于在公司正式筹建期间拟在沪长期居留的外籍高管，可申请办理有效期不超过 2 年的私人事务类居留许可；公司正式成立后，若高管本人被正式外派至本市工作的，还可根据规定办理有效期不超过 5 年的工作类居留许可，家属随同办理有效期不超过 5 年的私人事务类居留许可。

五、促进数字贸易健康发展

（十七）企业在上海自贸试验区及临港新片区实施进口、分销、销售或使用大众市场软件（不包括用于关键信息基础设施的软件）及含有该软件产品的，转让或获取企业、个人所拥有的相关软件源代码不得被有关部门及其工作人员作为条件要求。

（十八）上海自贸试验区及临港新片区市场监管等部门对数字经济新业态新模式中可能存在的消费风险和对线上消费者存在潜在损害的行为等加强研究，结合执法、司法等实践，探索不断完善消费者权益保护制度。

六、加大优化营商环境力度

（十九）上海自贸试验区及临港新片区应允许真实合规的、与外国投资者投资相关的所有转移可自由汇入、汇出且无迟延。外商投资企业的外籍职工和香港、澳门、台湾职工的工资收入和其他合法收入，可以依法自由汇出。任何单位和个人不得违法对币种、数额和汇入、汇出的频次等进行限制。

（二十）上海自贸试验区及临港新片区采购人如采用单一来源方式进行政府采购，应对供应商的唯一性进行充分论证，并在采购活动开始前，在上海政府采购网进行公示。在公告单一来源采购项目成交结果时，应说明采用单一来源方式的理由。上海自贸试验区及临港新片区财政部门应加强监督检查，对未载明或未规范说明采用单一来源方式理由的，及时予以纠正规范。

（二十一）在国家知识产权局统一指导下，市知识产权部门将国家有关专利信息检索链接接入上海市知识产权“一件事”集成服务平台，公布查询路径；不断升级优化上海市知识产权信息服务平台功能，为上海自贸试验区及临港新片区内企业等经营主体提供更为有效的精准服务，并指导浦东新区和临港新片区知识产权管理部门加大对上海自贸试验区及临港新片区内企业等经营主体的专利信息检索服务工作。

（二十二）上海自贸试验区及临港新片区辖区人民法院对企业等经营主体提出的知识产权相关救济请求，在申请人提供了可合理获得的证据并初步证明其权利正在受到侵害或即将受到侵害后，应不预先听取对方当事人的陈述即依照有关司法规则快速采取相关措施。

（二十三）上海自贸试验区及临港新片区市场监管部门指导经营者加强反不正当竞争内部控制与合规管理，自觉抵制不正当竞争行为，鼓励经营者建立健全反不正当竞争管理制度。在调查不正当竞争行为时，对被调查的经营者给予指导，对于经营者不正当竞争行为情节轻微已及时纠正、没有造成危害后果的，依法不予行政处罚。

（二十四）上海自贸试验区及临港新片区依托相关协会、商会，支持区内企业、商业组织、非政府组织等建立提高环境绩效的自愿性机制（包括自愿审计和报告、实施基于市场的激励措施、自愿分享信息和专门知识、开展政府和社会资本合作等），鼓励其参与制（修）订自愿性机制环境绩效评估标准。

（二十五）上海自贸试验区及临港新片区依托相关协会、商会，支持区内企业自愿遵循环境领域的企业社会责任原则，鼓励其发布年度企业社会责任报告。

（二十六）市人力资源社会保障部门积极探索完善劳动仲裁裁决书公开制度，按照“公布为常态、不公布为例外”的原则，指导浦东新区劳动人事争议仲裁机构将相关裁决书向社会公开。

七、健全完善风险防控制度

（二十七）上海自贸试验区管委会及临港新片区管委会压实主体责任，各相关部门和单位切实履行监管责任，在推进相关改革的同时，建立健全风险防控配套措施，强化对各类风险的分析研判，加强重大风险识别及系统性风险防范，建立安全风险排查、动态监测和实时预警机制。加强事前事中事后监管，严格监管制度、创新监管方式，加强协同监管，健全权责明确、公平公正、公开透明、简约高效的监管体系。细化防控举措，构建制度、管理和技术衔接配套的安全防护体系，落实好外商投资安全审查、出口管制、网络安全审查、文化产品进口内容审查、反垄断审查等各项管理措施。

（二十八）上海自贸试验区管委会及临港新片区管委会、各部门、各单位建立安全评估机制，配合国家相关部委，做好安全评估，结合外部环境变化和国际局势走势，对新情况、新问题进行分析评估，遇有重大事项，及时报告。

八、保障措施

（二十九）建立长效机制。建立由市商务委牵头，市发展改革委、上海自贸试验区管委会及临港新片区管委会和各相关部门各司其职、合力推进的工作机制，定期开展评估，确保政策到位、措施到位、成效到位。在实施过程中，中央和国家部门出台相关法规的，按照相关规定执行。

（三十）强化责任落实。市商务委、市发展改革委、上海自贸试验区管委会及临港新片区管委会、各相关部门要深刻认识对接国际高标准经贸规则推进制度型开放工作的重要性、紧迫性、复杂性，切实扛起责任，加强跨部门协作，及时研究和协调解决推进过程中遇到的困难问题，扎实推进相关工作，确保各项试点措施落地生效。

（三十一）加强培训宣传。市商务委、市发展改革委、上海自贸试验区管委会及临港新片区管委会、各相关部门机制化、常态化开展政策解读和企业宣贯活动，通过网络、电视、新媒体等方式，广泛宣传政策内涵、亮点、应用场景，扩大政策知晓度；加强政策辅导，并根据需要设立咨询电话，帮助企业用好用足政策。

本实施方案自 2023 年 9 月 1 日起施行。

（三）市商务委等关于印发《上海市服务贸易促进指导目录（2023 年版）》的通知

沪商服贸〔2023〕291 号

各有关单位：

为推动传统服务贸易领域提升能级，促进新型服务贸易业态快速增长，现将《上海市服务贸易促进指导目录（2023 年版）》印发给你们，请遵照执行。

上海市商务委员会
中共上海市委宣传部
上海市经济和信息化委员会
上海市司法局
上海市财政局
上海市人力资源和社会保障局
上海市文化和旅游局
上海市卫生健康委员会
上海市市场监督管理局
上海市体育局
上海市中医药管理局
2023 年 11 月 22 日

上海市服务贸易促进指导目录（2023 年版）

一、运输服务贸易

促进目标：打造一批主营业务突出、经营模式先进、海外网络健全、具有较强竞争力、向综合物流业发展的大型国际货代企业，培育一批以专业化为基础、通过创新运营和操作模式扩展服务项目、专项业务优势明显的中小型国际货代企业，逐步形成结构合理、业态多样、服务优质、竞争有序的国际货代市场。

培育重点：

（一）以综合服务为主的国际货代企业，上年度销售额 1 亿元以上（含 1 亿元），其中国际货代及相关辅助业务收入所占比例不低于 70%；具有一定规模的、独立操作功能的物流服务网点，国内外网点数不少于 5 个；以专业化服务为主的国际货代企业，上年度销售额 5000 万元以上（含 5000 万元），如汽车物流、冷链物流、化工物流、多式联运以及为国际贸易服务的跨境电商物流等；

（二）具有较为稳定的长期合作知名客户，至少拥有 1 个协议服务期在一年以上的国内外知名客户。

（三）主要生产设施与设备具有一定先进性，须有自行开发或引进的国际物流（国际货代及其辅助业务）管理信息系统，能与主要客户实现电子数据交换，信息共享，并能实现对物流活动的实时跟踪、信息反馈。

二、旅游服务贸易

促进目标：建设结构合理、多种所有制经营协调发展、日益繁荣的旅游市场，形成一批实力雄厚、业务广泛的重点企业，鼓励企业加强横向联合，积极向集团化、专业化、现代化方向发展，加快世界著名旅游城市建设。

培育重点：

（一）上海市旅游星级酒店

1. 上年度营业额 8000 万元以上。
2. 上年度接待境外客人比例不低于 30%。
3. 获得市级旅游标准化示范单位、绿色饭店称号的优先支持。

（二）经济型酒店连锁集团

1. 集团上年度营业额 20 亿元以上。

2. 品牌直营或加盟的酒店 400 家以上。

3. 以品牌特许经营或品牌代理的模式在境外发展品牌直营店或加盟店，国外酒店上年度营业额 50 万美元以上。

三、电信、计算机和信息服务贸易

促进目标：打造一批技术应用开发水平高、科技创新能力强、服务和产品质量好、行业发展前景佳、影响力强的行业领先企业，夯实产业基础，扩大产业规模，提升电信、计算机和信息服务贸易发展水平和服务竞争力。

培育重点：

（一）软件开发服务

1. 从事软件咨询、设计、开发、测试、培训、维护等服务及信息化规划、信息系统设计、信息技术管理咨询、信息系统工程监理、测试评估认证和信息技术培训服务的企业，具有国际市场开发和营销能力，且具备较高技术及服务水平、具有自主知识产权产品的企业和服务出口类企业优先。

2. 获得 CMM（CMMI）或 ISO 系列等国际质量管理体系标准认证的软件企业。

3. 上年度软件和信息技术出口额（以软件出口合同登记执行金额及银行收汇凭证为准，下同）200 万美元以上。

（二）数据处理服务和信息系统运行维护服务

1. 从事数据录入、数据处理、数据分析、数据整合、数据挖掘、数据管理、数据使用、数据产品加工等服务、数据库管理与维护服务、数据中心基础环境以及各类信息系统的软硬件运行维护服务的企业，具有国际市场开发和营销能力，且具备较高技术及服务水平、具有自主知识产权产品的企业和服务出口类企业优先。

2. 获得 DCMM、DAMA 数据管理体系标准认证的软件企业。

3. 上年度软件和信息技术出口额 500 万美元以上。

（三）新兴互联网信息技术及内容服务

1. 从事基于互联网的新兴电子商务与网络金融信息服务、网络文化娱乐服务、网络媒体服务、基础应用服务、其它软件信息服务类增值电信服务及区块链技术等的软件企业，具有国际市场开发和营销能力，且具备较高技术及服务水平、具有自主知识产权产品的企业和服务出口类企业优先；

2. 获得有关系列质量管理体系标准认证的软件企业。

3. 上年度软件和信息技术出口额 100 万美元以上。

（四）数字内容软件及服务

1. 从事开发数字动漫、游戏设计制作等软件（主要包括数字出版软件、动漫游戏制作引擎软件和开发系统，以及图形制作处理软件、视频制作处理软件、音频制作处理软件等多媒体软件）以及相关服务、智能电视应用等的企业，具有国际市场开发和营销能力，且具备较高技术及服务水平、具有自主知识产权产品的企业和服务出口类企业优先。

2. 获得有关系列质量管理体系标准认证的软件企业。

3. 上年度软件和信息技术出口额 200 万美元以上。

（五）集成电路研发设计及服务

1. 从事集成电路研发设计以及相关技术支持服务（包括为集成电路的开发运用提供测试平台服务）的企业，具有国际市场开发和营销能力，且具备较高技术及服务水平、具有自主知识产权产品的企业和服务出口类企业优先。

2．符合条件的集成电路企业，获得有关系列质量管理体系标准认证。

3．上年度集成电路研发设计及技术服务出口额200万美元以上。

四、工程承包与建筑服务贸易

促进目标：更好利用“两个市场、两种资源”不断创新“走出去”途径和方式，进一步推进境外项目结构调整、市场结构调整和“走出去”主体队伍结构调整，支持企业对境外技术密集型、资本密集型工程项目进行总承包和总集成，树立上海优质工程的品牌形象。

培育重点：

（一）中高端建筑和工程服务

1．承接的境外工程项目是国家支持的大型工程项目。

2．鼓励采用BOT、PPP等模式承接境外工程项目。

3．近两年内没有发生重大工程质量事故和较大事故以上的生产安全事故。

4．按时申报商务部对外承包工程业务统计。

5．上年度承接境外工程单个项目新签合同额达1亿美元以上。

6．带动具有世界先进水平的国产成套机电产品出口的项目优先，带动项目换资源或资源回运的项目优先。

7．按时足额缴纳对外劳务合作备用金。

（二）工程设计

1．拥有专利和专有技术。

2．以设计为龙头带动项目总承包。

3．具有熟悉国际化执业标准和比较优势的专业服务人才。

4．具有创新本土化和国际市场开发潜力，在同行业研发能力成绩突出。

5．已实施具有国际影响力的成功案例，在业内具有较高知名度。

6．按时申报商务部对外承包工程业务统计。

7．上年度承接境外工程单个项目新签合同额3000万美元以上。

8．按时足额缴纳对外劳务合作备用金。

五、专业服务贸易

（一）咨询、会计、法律、广告、人力资源专业服务

促进目标：扩大专业服务业对外开放，提高专业服务水平，提升专业服务质量，通过政策引导扶持，逐步培育管理咨询、会计、法律、广告、人力资源等重点专业服务领域的比较优势；支持本土专业服务企业扩大跨境服务，积极为我国企业海外投资提供专业服务，培育一批具有全球影响力的专业服务品牌。

培育重点：

1．咨询服务

（1）实到注册资本金50万元以上。

（2）专业服务业务上年度营业额350万元以上，出口额5万美元以上。

2．会计服务

（1）取得市财政局颁发的会计师事务所（分所）执业许可，2021年7月1日后在自由贸易试验区所在的浦东新区、奉贤区实行审批改备案改革的会计师事务所分支机构，需已在市财政局完成备案

手续。

（2）专业服务业务上年度营业额500万元人民币以上，出口额3万美元以上。

3．法律服务

（1）取得市司法局颁发的律师事务所执业许可证。

（2）净资产30万元以上；专业服务业务上年度营业额3000万元以上，出口额20万美元以上。

4．广告服务

（1）营业执照经营范围含有广告制作、设计、代理、发布等事项。

（2）专业服务业务上年度营业额1000万元以上，服务出口额3万美元以上。

5．人力资源服务

（1）取得本市人力资源和社会保障部门颁发的人力资源服务许可证。

（2）企业上年度无亏损情况。

（3）专业服务业务上年度营业额1000万元以上，出口额3万美元以上。

（二）会展服务

促进目标：通过扶持、引进、合作等方式打造一批国际化水平较高的专业办展企业和会展项目；支持办展企业积极引进国内外品牌展会，培育一批符合国家产业导向的专业精品展；积极推动企业海外办展，培育一批具有核心竞争力的中小型国际专业展会；大力推进线上会展业发展，打造全国领先、功能齐全、服务水平一流的线上会展平台，努力将上海打造成为国际会展之都。

培育重点：

1．展览主（承）办

（1）展览会业务近三年内年营业额3000万元以上，其中年外汇收入50万美元以上。

（2）连续举办同一主题展览会五届以上，且该展览会已被行业协会认定为上海市国际展览会品牌展，并具有国内行业代表性，且专业性强的项目。

（3）举办的国际展览会境外参展商占参展商总数的20%以上，或境外观众总数占比不低于10%。

2．会议主（承）办

（1）会议业务近三年内年营业额800万元以上，其中年外汇收入10万美元以上。

（2）每年度举办单项国际性会议规模在300人以上或至境外办会一次以上；每年度举办国际性会议3次以上。

（3）连续举办同一主题国际性会议3届以上，且该国际性会议具有发展潜力。

3．展示工程

（1）近三年内年营业额1000万元以上，年外汇收入10万美元以上。

（2）每年度独立承办2个以上展览会主场，或净面积200平方米以上特装展位，或1个以上展示厅、博物馆的设计制作工作。

（3）完成项目的创意设计为原创，且连续两届获得市行业协会授予的优秀展台项目，或被当地政府主管部门授予优秀博物馆、展示厅、陈列室等项目。

4．会展场馆

近三年内年营业额在4000万元以上，外汇收入60万美元以上。

六、文化服务贸易

促进目标：以建设社会主义国际文化大都市为目标，逐步培养一批具备较强国际市场竞争力、守法经营、信誉良好的文化出口重点企业，打造一批弘扬中华民族优秀传统文化、维护国家统一和民族团结、发展中国同世界各国人民友谊、具有比较优势和鲜明民族特色的文化出口重点项目。

培育重点：

（一）新闻出版类

1．出版物输出

（1）传统出版物上年度出口额 20 万美元以上，或版权输出 3 万美元以上，或版权输出种类达到 15 种。

（2）具有国际市场开发和营销能力，产品体现中华文化特色。

2．印刷服务

（1）上年度出口额 80 万美元以上。

（2）独立设计能力较强，印刷技术水平居世界前列。

（3）有成熟的国际合作渠道。

（二）文广影视类

1．电影电视

（1）上年度出口额 40 万美元以上。

（2）具有良好发展潜质，在提升影视文化产品的生产、发行、播映和后产品开发能力等方面成绩突出。

（3）积极与国外广播影视机构合作，拥有较为成熟的境外销售网络，境外宣传和推广活动效果突出。

2．演艺及相关服务

（1）上年度出口额 5 万美元以上，或在海外高端主流演出市场产生巨大影响力的。

（2）体现中华文化特色，拥有自主知识产权，具有较高的艺术水平和国际市场开发前景。

（三）综合服务类

1．游戏动漫

（1）上年度出口额 30 万美元以上，或版权输出金额 10 万美元以上，或游戏动漫衍生产品出口额 100 万美元以上。

（2）拥有自主知识产权的原创游戏动漫形象和内容，或核心技术。

2．境外文化机构的新设、并购和合作

（1）在境外通过新设、收购、合作等方式，成功在境外投资设立分支机构，或成功设立演出剧场、产业园区等实体项目，或依托互联网技术成功在海外市场建立营运服务平台，并经营良好；

（2）境外分支机构上年度营业额 30 万美元以上。

3．工艺美术品、创意设计服务

（1）具有显著民族特色的工艺品或属于经认定的国家级非物质文化遗产上年度出口额 30 万美元以上，或创意设计服务上年度出口额 30 万美元以上。

（2）拥有自主知识产权，体现较高的文化附加值。

（3）保持较高的研发设计、品牌建设投入，具有持续创新和国际营销能力。

4．文化贸易集聚服务

（1）集聚文化贸易企业 50 家以上。

（2）每年组织文化企业参加 2 次以上境外知名国际文化交易类展览推介活动（单次组织参会在 5 家企业以上）。

（3）搭建公共服务平台，帮助文化企业拓展国际市场。

七、医药卫生服务

促进目标：贯彻落实《上海市人民政府关于推进本市健康服务业高质量发展　加快建设一流医学中心城市的若干意见》（沪府发〔2018〕25 号）和《关于促进中医药传承创新发展的实施意见》（沪委发〔2020〕10 号），培育一批在高端医疗、康复医疗、老年医疗护理，中医药保健、教育培训、科研、产业、文化、旅游和中介等方面持续稳定开展服务贸易工作，具有较好工作基础，条件完备、特色突出、具备较强国际市场竞争力的服务贸易企业（机构）。引导企业（机构）积极探索，创新服务模式、拓展海外营销渠道，打造具有国际影响力的医疗服务品牌。

培育重点：

1. 具有相对稳定的业务渠道和需求市场，已与境外相关机构、国际组织或企业签署一年期以上合作协议。

2. 或与国际接轨，具有特色专科和品牌的，年服务境外人士 5000 人次以上且医疗业务收入在 1000 万元以上的医疗机构。

3. 或近三年内稳定持续开展中医药服务贸易工作，提供中医药保健、教育培训、科研、产业、文化、旅游等综合服务，已有出口渠道或海外基地，形成较为稳定服务收入，具有独立法人资格。

4、或在中医药服务标准化、宣传中医药文化、培养中医国际服务人才和海外市场拓展等方面有突出贡献。

八、体育服务贸易

促进目标：结合打造世界一流国际体育赛事之都、国内外重要体育资源配置中心的发展定位，拓宽体育服务贸易领域，扩大体育服务贸易规模，支持与国际体育赛事旅游等服务贸易相关市场主体发展，增强国际知名体育专业公司、国际优质体育知识产权等的吸引力，逐步培育起门类多样、健康有序的体育服务贸易市场，促进全球著名体育城市建设目标的实现。

培育重点：

（一）体育赛事

1. 引进赛事

（1）截至上年度已完成一项或多项国际知名体育赛事引进并进行运营管理的机构或企业。

（2）单项国际赛事交易额 25 万美元以上或运动员奖金设置 10 万美元以上。

（3）单项赛事营业额 250 万元以上。

2. 自主赛事

（1）截至上年度已完成举办一项或多项自主培育的、拥有独立知识产权的国际性赛事并进行运营管理的机构或企业。

（2）单项赛事营业额 250 万元以上。

（二）体育中介

1. 职业体育经纪

（1）上年度在国际转会市场上有转会交易的职业体育俱乐部或机构。

（2）上年度涉及国际球员转会、海外教练员引进资金发生额 35 万美元以上。

（3）上年度涉及海外体能或医疗康复团队引进资金发生额 25 万美元以上。

2. 体育专业咨询

（1）上年度在国际咨询市场有体育咨询专业服务的机构或企业。

（2）实到注册资本金 50 万元以上。

（3）体育专业服务上年度营业额 150 万元以上，出口额 2.5 万美元以上。

（三）体育知识产权服务

1. 体育赛事版权

（1）以国际优质体育赛事版权为投资标的的机构或企业。

（2）单笔赛事版权交易额 100 万美元以上。

2. 体育无形资产

（1）上年度从事国内国际优质体育组织、体育场馆、体育赛事、体育活动名称与标志等无形资产的开发与交易的机构或企业。

（2）实到注册资本金 50 万元以上。

（3）上年度营业额 150 万元以上。

九、服务外包

促进目标：大力发展应用先进数字技术的软件研发、集成电路和电子电路设计、测试、信息技术解决方案、信息技术运营和维护、网络与信息安全、云计算、人工智能等信息技术外包服务，提升交付一体化数字解决方案的能力；大力发展基于数字技术的共享中心以及多语种呼叫中心服务，提升互联网营销推广、供应链管理、金融后台、法律流程、维修维护等业务流程服务外包水平，支持数字化技术在垂直行业的应用；大力发展医药和生物技术研发、大数据、管理咨询、工业设计、工程技术、服务设计、检验检测和新能源技术研发等知识流程外包服务；打造一批技术水平高、创新能力强、服务质量好、发展前景佳、影响力强的服务外包领先企业。

培育重点：

（一）信息技术服务外包（ITO）

1. 从事信息技术外包的企业，上年度提供国际服务外包执行额不低于 50 万美元。

2. 具有较高的市场竞争力和服务能力，与服务外包发包商签订提供中长期服务外包业务合同（一年以上）。

3. 企业大专及以上学历员工占员工总数的 50% 以上，对促进大学生就业有较大贡献。

（二）业务流程服务外包（BPO）

1. 从事业务流程服务外包的企业，上年度提供国际服务外包执行额不低于 50 万美元。

2. 具有较高的市场竞争力和服务能力，与服务外包发包商签订提供中长期服务外包业务合同（一年以上）。

3. 企业大专及以上学历员工占员工总数的 50% 以上，对促进大学生就业有较大贡献。

（三）知识流程服务外包（KPO）

1. 从事知识流程服务外包的企业，上年度提供国际服务外包执行额不低于 50 万美元；从事工业设计、工程技术、服务设计服务的企业，该标准可降至 20 万美元。

2. 具有较高的市场竞争力和服务能力，与服务外包发包商签订中长期提供服务外包业务合同（一年以上）。

3. 企业大专及以上学历员工占员工总数的 50% 以上，对促进大学生就业有较大贡献。

十、数字贸易

促进目标：围绕打造“数字贸易国际枢纽港”，加快推动形成良好的市场主体培育生态环境。扶持和激活数字阅读、网络视听、动漫网游等领域的一批原创内容 IP；聚焦云服务、大数据、物联网、人工智能等领域，重点支持实施一批高端化、国际化和规模化的数字服务重大项目；加快培育一批数字贸易领域成长性好、增长潜力大的独角兽企业。

培育重点：

（一）云服务

1. 从事软件即服务、平台即服务、基础设施即服务等领域跨境业务的企业优先。

2. 上年度服务出口额 100 万美元以上。

3. 在海外设有数据中心。

（二）数字内容

1. 从事动漫游戏、数字演艺、网络视听、数字阅读、电子竞技、搜索引擎、社交媒体等领域跨境业务的企业优先。

2. 上年度服务出口额 30 万美元以上。

3. 拥有一个及以上原创内容 IP。

4. 在海外设有数字内容服务平台或分支机构。

（三）数字服务

1. 提供运输、旅游、专业服务、文化创意、医疗、金融、制造业、建筑业、农业等行业数字化解决方案的跨境服务企业优先。

2. 上年度服务出口额 100 万美元以上。

3. 拥有一个及以上的数字技术应用核心产品。

4. 在海外设有分支机构，具有境外交付能力。

十一、服务贸易示范基地

促进目标：根据《中共中央 国务院关于推进贸易高质量发展的指导意见》和《全面深化服务贸易创新发展试点总体方案》（商服贸发〔2020〕165 号）的要求，培育一批具有较好服务贸易发展基础，并集聚一定数量服务贸易重点领域企业的开发区和园区，不断优化服务贸易重点领域的空间布局，突出重点区域信息集聚、要素集聚和资源集聚的优势，加强贸易和产业的联动发展。

培育重点：

（一）具有完整的发展规划和鲜明的产业特色及定位，具有明显的区位优势，纳入区域产业布局的整体规划和推进方案，在服务贸易方面有较强的竞争力，企业集聚度较高。

（二）集聚 20 家及以上特定领域的服务贸易企业，或实现区域内该特定领域的年度服务贸易进出口总额超过 1 亿美元的行政区域。

（三）集聚 10 家及以上特定领域的服务贸易企业，或实现该领域的服务贸易进出口总额超过 500 万美元的开发区和园区。

（四）关于印发《上海口岸 2023 年深化跨境贸易营商环境改革若干措施》的通知

沪商自贸〔2023〕132 号

各相关单位：

为深入贯彻党的二十大和中央经济工作会议精神，认真落实党中央、国务院关于优化营商环境决策部署，对标世界银行营商环境新评估体系，落实海关总署《2023 年促进跨境贸易便利化专项行动部署动员会会议纪要》（署办岸发〔2023〕2 号）和《上海市加强集成创新持续优化营商环境行动方案》（沪府办规〔2023〕1 号），更大力度提升跨境贸易便利化水平，持续打造市场化、法治化、国际化一流口岸营商环境，市商务委、上海海关、市交通委、市市场监管局、市发展改革委、市税务局、市财政局、上海海事局、中国人民银行上海总部、上海银保监局等单位共同制定了《上海口岸 2023 年深化跨境贸易营商环境改革若干措施》，现印发给你们，请认真做好组织实施工作。

上海市商务委员会
上海海关
上海市交通委员会
上海市市场监督管理局
上海市发展和改革委员会
国家税务总局上海市税务局
上海市财政局
上海海事局
中国人民银行上海总部
中国银行保险监督管理委员会上海监管局
2023 年 6 月 13 日

上海口岸 2023 年深化跨境贸易营商环境改革若干措施

为深入贯彻党的二十大和中央经济工作会议精神，认真落实党中央、国务院关于优化营商环境决策部署，对标世界银行营商环境新评估体系，落实海关总署《2023 年促进跨境贸易便利化专项行动部署动员会会议纪要》（署办岸发〔2023〕2 号）和《上海市加强集成创新持续优化营商环境行动方案》（沪府办规〔2023〕1 号），更大力度提升跨境贸易便利化水平，持续打造市场化、法治化、国际化一流口岸营商环境，现就上海口岸 2023 年深化跨境贸易营商环境改革提出如下措施。

一、进一步提升跨境通关物流链供应链安全畅通水平

1. 进一步压缩口岸整体通关时间。建立跨部门协调机制，对上海口岸进口货物通关物流全流程进行全景扫描，厘清负责主体和对应环节。依托上海国际贸易“单一窗口”和上海跨境贸易大数据平台，加强相关单位系统、数据对接，构建覆盖全环节全流程作业时间监测体系。推广无陪同查验作业改革，推动上海口岸查验无陪同比例达到 70% 以上。进一步压缩海运单证流转时间，鼓励船公司和港口企业等在更大范围开展基于区块链等技术的无纸化放货。提升航空口岸全链条信息化、智能化水平，加快智能货站、进出口货物查验中心等项目建设，推进航空口岸查验委托单线上办理。持续深化进口货物“船边直提”和出口货物“抵港直装”作业模式试点。在浦东国际机场探索试点机坪“直装”“直提”创新模式。（市商务委、市交通委、上海海关、上港集团、机场集团、东航物流、中远海运集运）

2. 进一步创新海关监管模式。在确保安全的基础上，对符合条件的企业和商品，在口岸实施“检查放行 + 风险监测”模式。扩大实施进口商品第三方采信检验模式，允许企业自行委托采信机构实施检验，海关依法采信检验结果。探索优化进口化妆品整改模式，在企业信用承诺及样张审核的基础上，采取合格评定与远程视频验核相结合的方式简化作业流程。（上海海关）

3. 提升出口退税便利度。推动出口退税证明电子化开具和使用，实现全流程无纸化。进一步加快出口退税速度，对出口退税分类管理类别为一类、二类的出口企业，正常出口退（免）税平均办理时间压缩至 3 个工作日内。（市税务局、上海海关、市商务委）

4. 进一步提升集疏运综合服务。推进上海国际集装箱运输服务平台（集运 MaaS）建设。结合本市海铁联运发展实际，鼓励市场主体参与“一次委托、一次付费、一单到底”海铁联运全程管控服务试点，积极推动打造“航港站一体化、高效智慧标准协同”多式联运创新模式。积极拓展海铁联运市场，建立和完善内陆地区对接上海港的海铁联运通道。鼓励港口与铁路、航运等企业加强合作，统筹布局集装箱还箱点，减少空箱调运时间和费用。加强江海联运、河海联运航线对接，稳步提升水水中转比例。（市交通委、市商务委、上海海事局、上港集团、中铁上海局集团）

5. 深化长三角通关一体化改革。充分发挥长三角区域一体化合作机制，推进上海港“同港化”和内陆集装箱枢纽业务模式创新，扩大“联动接卸”模式对接港口范围，实行一次查验、一次放行。进一步扩大进口转关“离港确认”模式应用范围。（上海海关、市交通委、市商务委、上港集团）

6. 促进中欧班列提质增量。完善中欧班列口岸查验配套设施建设。在继续推进稳定运行的基础上，进一步增加中欧班列停靠站点和开行频次。深化上海国际贸易“单一窗口”中欧班列“一站式”服务平台建设，推进与海关、铁路等数据对接，为相关贸易、代理、物流企业提供“一站式”服务。（闵行区、市商务委、市交通委、上海海关、中铁上海局集团、东方国际集团）

7. 推进内外贸货物同船运输改革试点。积极争取国家部委支持，在保证有效监管的前提下，支持上海港试点实施关港智慧管控改革，探索实现海关监管货物和非海关监管货物同步作业，保障内外贸货物同船运输发展，服务“双循环”发展新格局。（市交通委、上海海关、市商务委、上港集团）

8. 推进洋山港外贸集装箱沿海捎带业务试点。优化沿海捎带监管流程，推动更多符合条件的国际班轮公司开展沿海捎带业务试点，进一步提升业务规模，更好发挥政策效应。（市交通委、上海海关、市商务委）

二、进一步深化“智慧口岸”建设和口岸数字化转型

9. 依托国际贸易“单一窗口”推进通关物流相关信息共享。鼓励水运、铁路、航空、公路口岸等相关单位与“单一窗口”共享货物进出场站、作业流转等物流节点信息，为企业提供预约查验、调箱申请、送检查询等全程“一站式”信息服务。加大《入境货物检验检疫证明》与国内监管机构的信息联通。推广电子“集装箱装运危险货物装箱证明书”应用。（市商务委、市交通委、上海海关、上海海事局、中铁上海局集团、上港集团）

10. 推动航空物流公共信息平台试点。依托上海国际贸易“单一窗口”推动航空物流公共信息平台试点，促进航空货运各环节数据信息交互联通，提高航空货物机坪装卸、理货、集疏运等各环节作业时效。（市商务委、市交通委、上海海关、机场集团、东航物流）

11. 打造一批口岸数字化应用重点项目。依托上海国际贸易“单一窗口”，打造集大数据、人工智能、区块链等多种新技术为基础的智慧口岸大数据底座。推进海关口岸通关智能化查验、海事进出港船舶大数据共享与智能应用等建设，传统集装箱码头自动化改造、空运通平台等口岸重点应用场景建设。探索基于电子口岸的跨境商品溯源、跨境电子发票传输、电子提单、离岸贸易等区块链解决方案和应用场景。（市商务委、市交通委、上海海关、上海海事局、上港集团、机场集团、市税务局）

12. 深化跨境通关物流服务。推进中新“单一窗口”互联互通联盟链试点工作，促进国际贸易便利与安全。试点与新加坡等开展合作，针对双、多边的跨境通关服务应用场景，形成“一次申报，双边通关”的“一站式跨境通关解决方案”。（市商务委、上海海关）

三、进一步支持外贸产业升级和新业态健康持续发展

13. 推进对外贸易绿色低碳发展。支持企业开展高质量、高技术、高附加值的绿色低碳贸易，推进低碳绿色供应链建设，依托上海国际贸易“单一窗口”，为长三角区域国际贸易、航运和物流企业提供碳足迹追踪和碳排放测算，助企优化国际贸易运输组织、网络设计等环节。探索发展绿色金融，研究为出口企业绿色转型和管理气候相关风险提供支持。鼓励商协会等行业组织制订外贸产品绿色低碳标准，开展重点行业企业培训，增强企业绿色低碳发展意识和能力。（市商务委、市发改委、市经信委、市生态环境局、市交通委、市金融局、市市场监管局）

14. 推动跨境电商创新发展。支持外贸企业通过跨境电商拓展销售渠道、培育自主品牌。积极争取国家部委支持，推进跨境电商零售出口商品跨关区退货措施试点。探索跨境电商出口前置仓监管创新，优化完善跨境电商出口货物拼箱作业模式，推广出口拼箱货物“先查验、后装运”。鼓励企业设立跨境电商网购保税进口退货中心仓。支持出口商品与退货复出口商品“合包”运输到境外，确保出口跨境电商“出得去、退得回、通得快”。搭建海外仓综合服务平台，为企业提供信息发布、供需对接、数据归集等服务，促进跨境电商海外仓规范健康发展。（市商务委、上海海关、市税务局）

15. 深化生物医药企业（研发机构）进口研发用物品“白名单”制度。根据试点进程和企业需求对“白名单”实施动态调整，纳入“白名单”的物品进口无需办理《进口药品通关单》。（市商务委、上海海关、市药监局、市科创办）

16. 进一步提升保税维修业务发展水平。支持海关特殊监管区域内符合条件的企业按照维修目录开展“两头在外”保税维修业务。在风险可控前提下，支持符合条件的海关特殊监管区域外企业开展高附加值、高技术含量、符合环保要求的保税维修业务。（市商务委、上海海关、市生态环境局）

四、进一步规范和降低进出口环节合规费用

17. 规范口岸收费行为。严格执行运价备案制度，引导船公司合理调整收费结构。进一步规范包括口岸收费在内的进出口各中间环节收费行为，积极引导港口、机场、货站、堆场等各服务收费环节手续全面电子化。完善洗修箱线上管理系统，促进洗修箱“服务留痕、收费透明”。（市交通委、市商务委、市市场监管局、市发改委、上港集团）

18. 优化口岸收费公示制度。持续推广上海国际贸易“单一窗口”口岸收费及服务信息发布系统，引导口岸收费主体通过“单一窗口”及时公示收费标准、服务项目等信息并动态更新。建设“单一窗口”移动版收费查询功能，便利用户随时随地查询比价。扩大船公司主要航线 THC、文件费一站式公示范围。（市商务委、市交通委、上海航交所）

19. 持续加强进出口环节收费价格监督检查。督促口岸收费企业主动公开收费目录，主动接受社会监督，收费目录清单之外一律不得收费。强化口岸收费监督检查，畅通举报渠道，依法查处不执行政府定价和指导价、不按规定明码标价、未落实优惠减免政策等违法违规收费行为。（市市场监管局、市交通委、市发改委、市商务委）

五、进一步提升外贸市场主体获得感和满意度

20. 提升贸易流程可预期性。在上海国际贸易“单一窗口”设立贸易政策专栏，集中发布国际贸易相关政策法规，便利企业查询。公布通关流程，推进通关流程可视化查询，实现海关、海事等部门口岸通关状态查询和通关流程全程可视化。细化公开港口、机场场站作业时限及流程，在上海国际贸易“单一窗口”和口岸经营服务单位业务现场公布。推动空运货栈、分拨仓库公布服务时间，鼓励提供 7×24 小时服务。（市商务委、上海海关、市交通委、上海海事局、上港集团、机场集团、东航物流）

21. 进一步提升跨境贸易专业服务机构、行业组织及专业服务平台的服务能力。鼓励货代、船代、无船承运人、报关等物流服务企业拓宽经营范围，完善优化网络布局，加快构建数字化服务能力，拓展国内外业务，提升物流供应链服务能力。充分发挥货代、船代、无船承运人、报关等行业组织的自律作用，进一步规范行业企业发展。加强集装箱舱位交易平台市场推广，做大平台业务规模。优化中国民用海图服务平台，为船舶跨境运输提供基础航海图书资料和海图数据服务。（责任单位：市商务委、市交通委、上海海关、东海航海保障中心）

22. 进一步完善惠企服务和协调沟通机制。充分利用新闻媒体、政府门户网站、官方微信公众号等渠道，及时宣传惠企政策措施，提高企业参与度，提升企业获得感满意度。做强 RCEP 企业服务咨询站，加强惠企培训咨询，助力企业用好《区域全面经济伙伴关系协定》。推广深化“技术性贸易措施服务企业直通车”平台应用，进一步加强技术性贸易措施帮扶企业应对力度。建立健全口岸营商环境“问题清零”机制，加强与行业协会商会常态化沟通，完善企业反馈意见与协调解决渠道，及时推动解决企业反馈的问题。发挥贸易促进机构作用，加大外贸企业特别是中小微企业开拓市场服务保障，做好信息咨询、企业对接、商事法律等服务，及时发布相关国别风险信息和重点市场信息。（市商务委、上海海关、市贸促会、中国信保上海分公司）

23. 加大海关认证企业培育和服务力度。加强“经认证的经营者”（AEO）制度宣传培训，优化企业协调员机制，帮助引导跨境电商平台企业、外贸综合服务企业、中小微企业等更多市场主体申请并成为高级认证企业。落实好 AEO 互认便利和海关守信激励等措施，试点在浦东新区、闵行区与海关创新联合激励措施。探索集团式、产业链供应链式的海关信用培育认证模式，将符合条件的总部企业优先纳入海关信用培育重点企业名单，优先培育、优先认证，成为高级认证企业后享受 AEO 通关便利。（上海海关、市商务委、浦东新区、闵行区）

24. 持续加强外贸企业信贷支持。鼓励银行机构对暂时受困的外贸企业给予延期付息和无还本续贷支持。推动银行机构针对外贸企业业务特点，提供本外币一体化金融综合服务。创新银行贸易信用结算工具服务，鼓励银行机构提供背对背信用证等信用支持免（减）保证金结算服务，减少贸易链上企业结算资金占用。鼓励银行机构充分运用出口信用保险保单融资增信功能，创新推出更多贸易融资产品。鼓励金融机构在依法合规、风险可控前提下，创新金融产品和服务，加大汽车、大型成套设备等重点进出口产品支持力度。（人行上海总部、上海银保监局、中国信保上海分公司、市商务委、市金融局）

25. 进一步发挥出口信用保险作用。支持政策性出口信用保险机构持续扩大投保覆盖面，加大出运前订单被取消风险保障力度，全年支持外贸企业数不低于 1 万家，承保规模不低于 500 亿美元，限额满足率不低于 90%。继续对符合条件的中小微外贸企业投保信用保险予以支持。支持企业用足用好中小开政策了解买家信息、开发海外市场、提升风控能力。鼓励银行、担保等金融机构加大出口信用保险保单融资合作力度，升级“担保 + 信保 + 银行”融资模式，推出信保融资白名单，并持续优化线上融资服务功能。（中国信保上海分公司、上海银保监局、市财政局、市金融局、市商务委）

26. 优化对中小微外贸企业金融服务。鼓励银行机构对中小微外贸企业收汇、新开户及开具出口信用证等国际贸易业务给予手续费减免。支持银行机构优化客户分层管理机制，将更多有需求的中小微外贸企业纳入跨境人民币便利化试点范围。支持金融机构进一步出台面向中小外贸企业通过上海国际贸易“单一窗口”在线申请进出口业务相关优惠信贷及贸易融资产品。（人行上海总部、市商务委、中国信保上海分公司、上海银保监局、市金融局）

来源：税屋

（五）《上海市关于提升综合服务能力助力企业高水平“走出去”的若干措施》的通知

沪府办规〔2023〕15 号　2023-06-07

各区人民政府，市政府各委、办、局，各相关单位：

《上海市关于提升综合服务能力助力企业高水平“走出去”的若干措施》已经市政府同意，现印发给你们，请认真按照执行。

上海市人民政府办公厅

2023 年 6 月 7 日

上海市关于提升综合服务能力助力企业高水平“走出去”的若干措施

为深入贯彻落实党的二十大精神，以高水平对外开放推动构建新发展格局，发挥上海现代服务业集聚优势，提升城市综合服务能力，为本市率先构建现代化产业体系提供关键支撑，加快建设具有世界影响力的社会主义现代化国际大都市，提出如下措施。

一、总体目标

围绕服务构建新发展格局，打造国内大循环中心节点和国际国内双循环战略链接的目标定位，充分发挥上海“五个中心”建设的功能优势、平台优势和服务优势，以行业龙头和科技创新企业为主体，以国际化、高质量的专业服务为支撑，服务企业深度参与全球产业分工合作新需求，构筑“走出去”良性生态圈，助力企业高水平“走出去”，进一步提升产业链供应链韧性和安全水平，更好地服务本市开放型经济高质量发展。力争到 2025 年，本市专业服务机构跨境服务能力进一步增强，对外投资结构和产业布局进一步优化，知识密集型服务贸易规模迈上新台阶。

二、主要任务

（一）进一步提升专业服务业跨境服务能力

发挥国家和市、区、重点区域的政策合力，支持和鼓励专业服务机构开展全球化布局，拓展跨境服务功能，为企业“走出去”提供市场化、专业化、国际化的服务支撑。

1. 提升金融跨境服务创新能力。持续提升金融服务实体经济质效，以金融资源的高效合理配置推动企业“走出去”高质量发展。加大对“走出去”企业在人民币跨境结算、境外贷款和财务顾问等方面金融服务力度。鼓励中资银行与东道国银行在人民币支付清算、资金拆借等方面开展合作，提升人民币跨境支付清算系统（CIPS）的服务功能和覆盖范围。鼓励金融机构依托自由贸易账户、离岸账户等开展跨境金融服务，支持开展合格境内有限合伙人（QDLP）试点。推动政企银合作，争取政策性、开发性、商业性金融机构和各类股权投资机构为企业“走出去”项目提供中长期信贷、专项优惠贷款、专项建设基金等金融支持。支持符合条件的金融机构扩大海外网点布局，倡导银团贷款、共担风险、共享利益，创新推出更多跨境和离岸金融产品。支持境内金融机构助力企业赴境外上市、发行债券，不断拓宽境内外融资渠道，提升上海金融服务的竞争力。（责任部门、单位：人民银行上海总部、上海银保监局、上海证监局、市地方金融监管局）

2. 加强涉外法律服务能力。支持本市法律服务机构加快全球布局，开展中外律师事务所在上海自贸试验区实行联营工作，提高境内外法律服务能力。鼓励境外知名仲裁及争议解决机构在沪设立业务机构，支持上海仲裁委员会、上海国际经济贸易仲裁委员会（上海国际仲裁中心）在欧洲、香港等境外设立分支机构。发挥上海仲裁委员会、上海国际经济贸易仲裁委员会（上海国际仲裁中心）、中国海事仲裁委员会上海总部等本市仲裁机构作用，探索建立调解、仲裁、诉讼相衔接的涉外商事纠纷一站式解决机制，引导争议当事人优先选择上海作为纠纷解决地。（责任部门、单位：市司法局、市商务委、市贸促会）

3. 加大海外知识产权保护力度。深化国家海外知识产权纠纷应对指导中心上海分中心和浦东分中心建设，推进海外公益服务机构加快布局。推进海外知识产权服务工作站建设，发挥知识产权维权援助工作站（分中心）作用，拓展海外纠纷应对服务网络，完善海外知识产权重大事件快速响应机制。办好"一带一路"知识产权保护论坛，推动国际经贸知识产权合作与交流。完善上海国际贸易知识产权海外维权服务基地平台功能，建立海外知识产权维权案例库、法律法规库、专家库等，持续加大对"走出去"企业海外知识产权维权援助力度，提升服务质量。（责任部门：市知识产权局、市商务委）

4. 增强财务咨询全球服务能力。鼓励会计、税务、咨询等专业服务机构在人才引进、业务培训、海外布点等方面加大力度，为"走出去"企业在绿色转型、碳中和及环境、社会和公司治理（ESG）等领域提供服务支持。发挥好国际知名咨询等专业服务机构作用，支持本土会计、税务、咨询等专业服务机构通过国际并购、加盟合作、联合经营等方式构建国际网络，开展跨境服务。（责任部门、单位：市财政局、市税务局）

5. 推动涉外保险服务优化创新。引导"走出去"企业增强保险意识。进一步发挥政策性出口信用保险机构作用。鼓励商业保险机构开发适合"走出去"企业及市场需求的新险种。加快国际再保险业务平台建设，大力发展专业保险经纪公司。（责任部门、单位：上海银保监局、市地方金融监管局、中国信保上海分公司）

6. 增强跨境物流服务能力。巩固和提升国际海空枢纽能级，进一步提升港口设施能力，推进浦东国际机场打造世界一流的航空枢纽，建立高效现代的航空货运体系。加强本市交通运输物流企业国际化能力建设，通过推进物流行业数字化和智能研发应用，为"走出去"企业提供全球物流解决方案，打造安全可靠高效的全球服务网络。加强物流服务保障，推动中欧班列"上海号"增加停靠站点和开行频次。加强国际货运能力建设，鼓励有条件的物流企业优化海外布局，积极开展海外仓建设。（责任部门：市交通委、市商务委）

7. 支持检验检测认证机构国际化。支持本市检验检测认证等专业机构、企业参与国际合格评定标准规则制定，开展技术交流，推进中外标准互认，提高服务水平和公信力，打造国际知名的合格评定机构品牌。鼓励国际知名检验检测认证机构在沪投资，提供服务。推动检验检测认证服务与"走出去"项目紧密对接，助力提升产品和服务的质量。（责任部门：市市场监管局）

8. 促进工程领域标准国际化。鼓励工程技术、工程建设领域中国标准走向国际，促进轨道交通、超高层建筑和自动化码头等工程建设领域的标准、技术、装备和各类设计咨询企业"走出去"。聚焦绿色低碳和安全发展理念，支持工程建设标准化、环境评估、合规运营、安全运营等各类国际工程咨询服务机构加快发展，促进本市建设工程企业实现"走出去"高质量发展。（责任部门：市住房城乡建设管理委、市生态环境局、市应急局、市市场监管局、市商务委）

（二）进一步完善公共服务平台功能和作用

发挥各行业主管部门、投资促进机构和商协会等作用，通过搭建平台、整合资源、信息共享等方式，发挥公共服务平台的基础性功能作用，为"走出去"企业提供基础性、常态化的服务支撑。

9. 完善公共服务机构职能。发挥市海外救援服务中心、市对外投资促进中心等“走出去”服务机构作用，完善“走出去服务港”“外经服务平台”“丝路E启行”等公共平台功能，搭建本市专业服务机构矩阵。发挥市“一带一路”综合服务中心和市企业“走出去”综合服务中心功能，设立包括法律仲裁、知识产权、财务会计等领域专业委员会，集聚一批优质服务机构。依托长三角区域对外投资合作联盟，加强三省一市在“走出去”综合服务领域的信息共享、资源整合。（责任部门、单位：市商务委、市发展改革委、市司法局、市贸促会）

10. 构建全球投资服务网络。充分发挥上海友城资源丰富优势，用好市外国投资促进中心（对外投资促进中心）驻外代表处功能，为企业“走出去”提供政策咨询、投资决策等服务，搭建双向投资促进网络。加快推进市“一带一路”综合服务平台海外联络点建设。密切与我驻外使领馆和外国驻沪领馆商务机构的联系，为企业“走出去”提供在地响应和服务支持。支持本市商协会、贸易投资促进机构和各类公共服务平台与境外相应机构开展合作交流，为“走出去”企业提供各类公共服务。推动境外经贸合作区有序发展，支持在园区内建立一站式服务机构。（责任部门、单位：市商务委、市发展改革委、市政府外办、市贸促会、市工商联）

11. 丰富“走出去”投资促进服务渠道。建立海外服务点动态地图，动态更新各类服务机构信息，提供信息查询、网点导航、项目案例等服务。举办“一带一路”企业家论坛、“走出去”企业战略合作联盟例会、“走出去沙龙”等专项活动，为“走出去”企业搭建沟通交流、信息共享、国际合作的平台。（责任部门、单位：市商务委、市发展改革委、市贸促会）

12. 搭建第三方市场合作交流平台。发挥上海跨国公司众多、各类总部集聚优势，通过举办第三方市场合作交流对接等活动，搭建业务交流和经验分享的平台。按照“多方共商共建共享、所在地受益”的原则，支持本市中资企业和机构与在沪外资企业和机构强强联合，通过产品服务、工程合作、投资合作、产融结合、战略合作等方式，共享资源、优势互补，共同为第三方市场客户提供整体服务解决方案。（责任部门：市发展改革委、市商务委）

13. 构建“走出去”专家智库。加强“走出去”专家库建设，集聚一批高水平的“走出去”专家人才队伍，为本市企业“走出去”提供政策解读、业务培训、投资咨询等公共服务。引导和鼓励高校、智库及各类社会组织开展跨领域、跨部门研究和学术交流，为“走出去”企业提供国别研究、决策咨询等服务。（责任部门、单位：市商务委、市教委、上海社科院等）

（三）进一步优化对外投资合作营商环境

着力提升上海综合服务质量和水平，持续优化对外投资合作营商环境，打造便利高效的服务体系，为企业“走出去”构建一个覆盖面广、资源集聚、高效便捷的全球综合服务网络。

14. 优化境外投资管理服务。加强跨部门会商，优化行政许可流程，提高工作效率。推进浦东新区、上海自贸试验区、临港新片区开展境外投资便利化工作，积极探索在虹桥国际中央商务区开展境外投资综合服务试点。进一步提高外汇登记效率，简化展业流程。（责任部门、单位：市商务委、市发展改革委、外汇管理局上海市分局、浦东新区政府（上海自贸区试验区管委会）、临港新片区管委会、虹桥国际中央商务区管委会）

15. 推动服务业领域扩大开放。争取国家层面支持，推动科技服务、物流运输、金融服务等服务业重点行业领域深化改革、扩大开放，吸引集聚一批国际影响力大、服务能力强的专业服务机构和国际组织落户上海，积累可复制、可推广的试点经验。争创“丝路电商”合作先行区，率先与“丝路电商”伙伴国试点国际高标准电子商务规则。（责任部门：市商务委、市发展改革委）

16. 促进专业服务机构开展跨境合作。鼓励本市专业服务机构与国际专业服务机构加强合作，助力提升上海专业服务的整体水平。支持境内外专业机构组成服务联合体，为企业“走出去”提供跨领域、多资质、高水平的综合性专业服务，共同开拓海外市场。依托沪港澳合作机制，积极落实《内地与香港关于建立更紧密经贸关系的安排》(CEPA) 项下合作协议，推进服务业职业资格、服务标准、认证认可等领域规则对接。（责任部门、单位：市政府外办（市政府港澳办）、市商务委、市发展改革委、各行业主管部门）

17. 打造专业服务业承载区。发挥浦东社会主义现代化建设引领区的示范效应，对标更高标准国际规则，聚焦贸易和投资自由化便利化、知识产权保护、公平竞争、商事争端解决等领域，加快建立与国际通行规则相衔接的制度体系。发挥临港新片区“试验田”作用，实行更大程度的压力测试，探索建立与更大力度改革开放相匹配的政策支持体系。发挥虹桥国际中央商务区功能优势，大力发展生产性服务业，为各类企业“走出去”提供专业服务支撑，力争成为本市乃至长三角地区企业拓展海外市场的重要通道和平台基地。（责任部门、单位：浦东新区政府、临港新片区管委会、虹桥国际中央商务区管委会）

18. 加强财税政策支持。发挥国家和市、区级政策合力，加强对专业服务机构支持力度。加大对企业境外所得税收抵免政策宣传和落实力度，加强涉外税收政策相关辅导。鼓励各区及重点区域结合自身发展定位和功能集聚，出台相应支持政策。（责任部门、单位：市商务委、市发展改革委、市经济信息化委、市财政局、市税务局、各区政府、临港新片区管委会、虹桥国际中央商务区管委会）

19. 加快人才培养与引进。以国家人力资源服务出口基地为载体，拓展境内外专业人才服务网络。支持高校院所结合自身办学实际，鼓励开设“走出去”企业亟需的跨国经营相关课程。搭建校企国际人才信息交流渠道，鼓励来华留学生服务本市“走出去”企业。鼓励各区及重点区域对区域内专业服务企业引进的高端人才给予相应支持。（责任部门、单位：市人力资源社会保障局、市商务委、市教委、各区政府、临港新片区管委会、虹桥国际中央商务区管委会）

20. 加强境外安全风险防范。统筹安全与发展，以高水平安全保障高质量发展。强化部门间合作，组织开展境外安全防范专题培训，指导和帮助企业建立健全海外安全风险防范和应对处置机制，提升企业海外风险应对和突发事件处置工作能力。（责任部门、单位：市政府外办、市商务委、市发展改革委、市国资委、市市场监管局、市公安局、各区政府）

三、工作保障

（一）加强组织领导

各牵头部门要加强统筹协调，定期总结部署推进工作；各相关部门要结合自身职能，切实抓好落实。加强跨部门协作，及时研究和协调解决工作推进中的困难和问题，确保各项政策落地生效。（责任部门、单位：市发展改革委、市商务委、各相关单位）

（二）引导合规经营

支持“走出去”企业和服务机构建立合规经营体系，引导企业和机构遵守东道国相关法律法规和投资规范，尊重当地风俗习惯，重视安全质量、知识产权和环境保护等，履行社会责任。（责任部门、单位：市商务委、市发展改革委、市政府外办、市国资委、各行业主管部门）

本措施自 2023 年 6 月 15 日起施行，有效期至 2026 年 6 月 14 日。

来源：税屋

第二篇 物流运行

一、2023 年中国物流业运行情况分析

（一）中华人民共和国 2023 年国民经济和社会发展统计公报

《交通运输、仓储和邮政快递业部分（节录）》

2023 年是全面贯彻党的二十大精神的开局之年，是疫情后经济恢复发展的一年。面对复杂严峻的国际环境和艰巨繁重的国内改革发展稳定任务，在以习近平同志为核心的党中央坚强领导下，各地区各部门坚持以习近平新时代中国特色社会主义思想为指导，全面贯彻落实党的二十大和二十届二中全会精神，按照党中央、国务院决策部署，坚持稳中求进工作总基调，完整、准确、全面贯彻新发展理念，加快构建新发展格局，着力推动高质量发展，全面深化改革开放，加大宏观调控力度，着力扩大内需、优化结构、提振信心、防范化解风险，国民经济回升向好，高质量发展扎实推进，现代化产业体系建设取得重要进展，科技创新实现新的突破，改革开放向纵深推进，安全发展基础巩固夯实，民生保障有力有效，社会大局和谐稳定，全面建设社会主义现代化国家迈出坚实步伐。

一、综合

初步核算，全年国内生产总值 1260582 亿元，比上年增长 5.2%。其中，第一产业增加值 89755 亿元，比上年增长 4.1%；第二产业增加值 482589 亿元，增长 4.7%；第三产业增加值 688238 亿元，增长 5.8%。第一产业增加值占国内生产总值比重为 7.1%，第二产业增加值比重为 38.3%，第三产业增加值比重为 54.6%。最终消费支出拉动国内生产总值增长 4.3 个百分点，资本形成总额拉动国内生产总值增长 1.5 个百分点，货物和服务净出口向下拉动国内生产总值 0.6 个百分点。分季度看，一季度国内生产总值同比增长 4.5%，二季度增长 6.3%，三季度增长 4.9%，四季度增长 5.2%。全年人均国内生产总值 89358 元，比上年增长 5.4%。国民总收入 1251297 亿元，比上年增长 5.6%。全员劳动生产率为 161615 元 / 人，比上年提高 5.7%。

年末全国人口 140967 万人，比上年末减少 208 万人，其中城镇常住人口 93267 万人。全年出生人口 902 万人，出生率为 6.39‰；死亡人口 1110 万人，死亡率为 7.87‰；自然增长率为 -1.48‰。

表 2-1 2023 年年末人口数及其构成

指标	年末数（万人）	比重（%）
全国人口	140967	100.0
其中：城镇	93267	66.2
乡村	47700	33.8

续表

指标	年末数（万人）	比重（%）
其中：男性	72032	51.1
女性	68935	48.9
其中：0—15 岁（含不满 16 周岁）	24789	17.6
16—59 岁（含不满 60 周岁）	86481	61.3
60 周岁及以上	29697	21.1
其中：65 周岁及以上	21676	15.4

年末全国就业人员 74041 万人，其中城镇就业人员 47032 万人，占全国就业人员比重 63.5%。全年城镇新增就业 1244 万人，比上年多增 38 万人。全年全国城镇调查失业率平均值为 5.2%。年末全国城镇调查失业率为 5.1%。全国农民工总量 29753 万人，比上年增长 0.6%。其中，外出农民工 17658 万人，增长 2.7%；本地农民工 12095 万人，下降 2.2%。

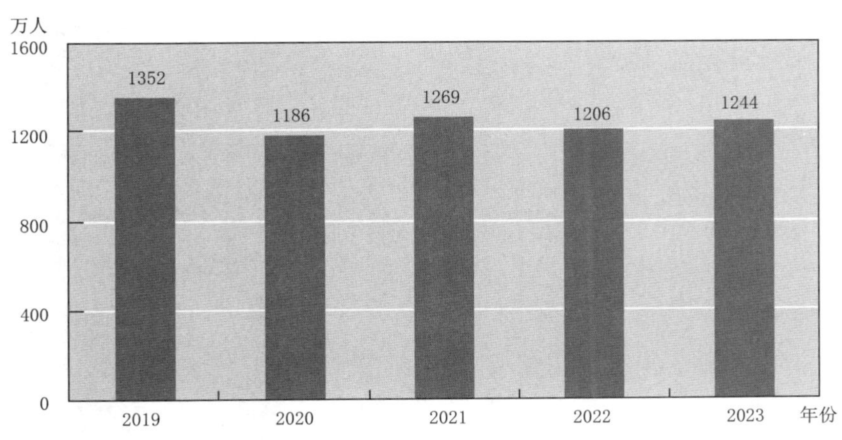

图 2-1 2019—2023 年城镇新增就业人数

全年居民消费价格比上年上涨 0.2%。工业生产者出厂价格下降 3.0%。工业生产者购进价格下降 3.6%。农产品生产者价格下降 2.3%。12 月，70 个大中城市中，新建商品住宅销售价格同比上涨的城市个数为 20 个，持平的为 2 个，下降的为 48 个；二手住宅销售价格同比上涨的城市个数为 1 个，下降的为 69 个。

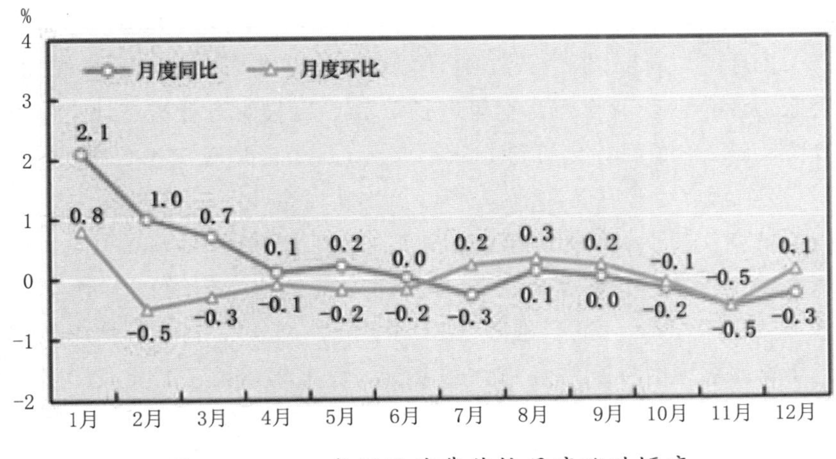

图 2-2 2023 年居民消费价格月度涨跌幅度

表 2-2　2023 年居民消费价格比上年涨跌幅度

单位：%

指标	全国	城市	农村
居民消费价格	0.2	0.3	0.1
其中：食品烟酒	0.3	0.4	0.1
衣着	1.0	1.1	0.6
居住	0.0	0.0	0.0
生活用品及服务	0.1	0.1	-0.1
交通通信	-2.3	-2.3	-2.4
教育文化娱乐	2.0	2.1	1.5
医疗保健	1.1	1.1	1.3
其他用品及服务	3.2	3.4	2.5

年末国家外汇储备 32380 亿美元，比上年末增加 1103 亿美元。全年人民币平均汇率为 1 美元兑 7.0467 元人民币，比上年贬值 4.5%。

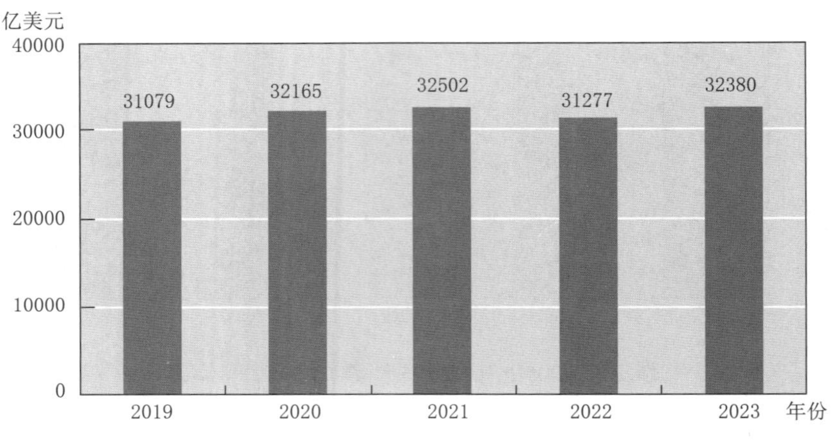

图 2-3　2019—2023 年国家外汇储备

新动能成长壮大。全年规模以上工业中，装备制造业增加值比上年增长 6.8%，占规模以上工业增加值比重为 33.6%；高技术制造业增加值增长 2.7%，占规模以上工业增加值比重为 15.7%。新能源汽车产量 944.3 万辆，比上年增长 30.3%；太阳能电池（光伏电池）产量 5.4 亿千瓦，增长 54.0%；服务机器人产量 783.3 万套，增长 23.3%；3D 打印设备产量 278.9 万台，增长 36.2%。规模以上服务业中，战略性新兴服务业企业营业收入比上年增长 7.7%。高技术产业投资比上年增长 10.3%，制造业技术改造投资增长 3.8%。电子商务交易额 468273 亿元，比上年增长 9.4%。网上零售额 154264 亿元，比上年增长 11.0%。全年新设经营主体 3273 万户，日均新设企业 2.7 万户。

城乡融合和区域协调发展步伐稳健。年末全国常住人口城镇化率为 66.16%，比上年末提高 0.94 个百分点。分区域看，全年东部地区生产总值 652084 亿元，比上年增长 5.4%；中部地区生产总值 269898 亿元，增长 4.9%；西部地区生产总值 269325 亿元，增长 5.5%；东北地区生产总值 59624 亿元，增长 4.8%。全年京津冀地区生产总值 104442 亿元，比上年增长 5.1%；长江经济带地区生产总值 584274 亿元，增长 5.5%；长江三角洲地区生产总值 305045 亿元，增长 5.7%。粤港澳大湾区建设、黄河流域生态保护和高质量发展等区域重大战略深入推进。

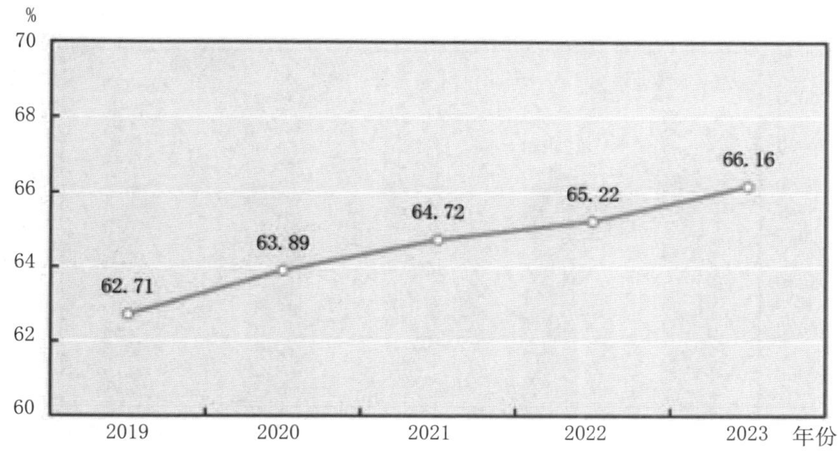

图 2-4 2019-2023 年常住人口城镇化率

绿色低碳转型深入推进。全年全国万元国内生产总值二氧化碳排放与上年持平。水电、核电、风电、太阳能发电等清洁能源发电量 31906 亿千瓦时，比上年增长 7.8%。在监测的 339 个地级及以上城市中，空气质量达标的城市占 59.9%，未达标的城市占 40.1%。3641 个国家地表水考核断面中，水质优良（Ⅰ—Ⅲ类）断面比例为 89.4%，Ⅳ类断面比例为 8.4%，Ⅴ类断面比例为 1.5%，劣Ⅴ类断面比例为 0.7%。

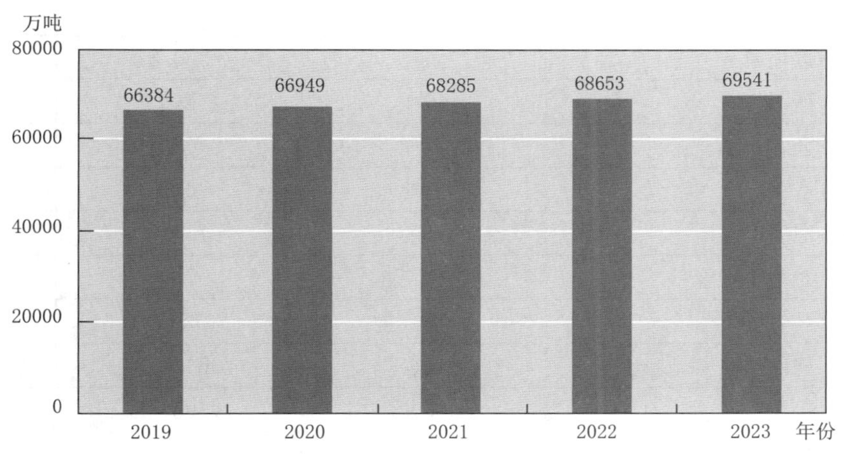

图 2-5 2019-2023 年粮食产量

注：（节选二、三略）

四、服务业

全年批发和零售业增加值 123072 亿元，比上年增长 6.2%；交通运输、仓储和邮政业增加值 57820 亿元，增长 8.0%；住宿和餐饮业增加值 21024 亿元，增长 14.5%；金融业增加值 100677 亿元，增长 6.8%；房地产业增加值 73723 亿元，下降 1.3%；信息传输、软件和信息技术服务业增加值 55194 亿元，增长 11.9%；租赁和商务服务业增加值 44347 亿元，增长 9.3%。规模以上服务业企业营业收入比上年增长 8.3%，利润总额增长 26.8%。

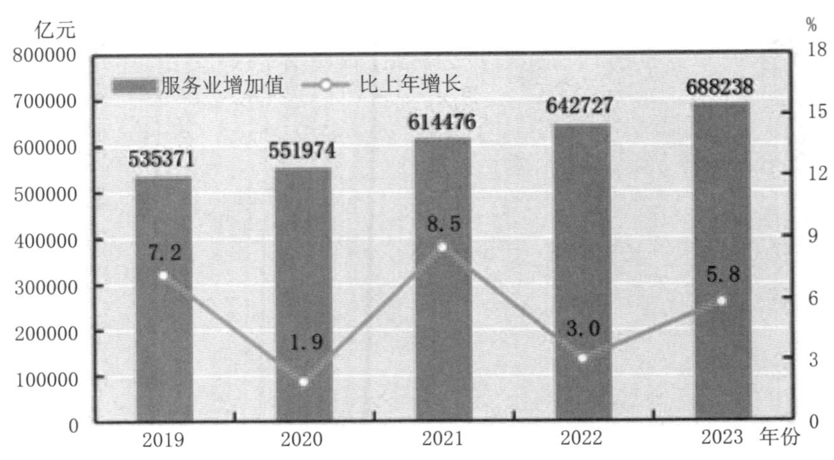

图 2-6 2019—2023 年服务业增加值及其增速

全年货物运输总量 557 亿吨，比上年增长 8.1%。货物运输周转量 247713 亿吨公里，增长 6.3%。港口完成货物吞吐量 170 亿吨，比上年增长 8.2%，其中外贸货物吞吐量 50 亿吨，增长 9.5%。港口集装箱吞吐量 31034 万标准箱，增长 4.9%。

表 2-3 2023 年各种运输方式完成货物运输量及其增速

指 标	单 位	绝对数	比上年增长（%）
货物运输总量	亿吨	556.8	8.1
铁路	亿吨	50.1	1.5
公路	亿吨	403.4	8.7
水路	亿吨	93.7	9.5
民航	万吨	735.4	21.0
管道	亿吨	9.5	7.5
货物运输周转量	亿吨公里	247712.7	6.3
铁路	亿吨公里	36437.6	1.5
公路	亿吨公里	73950.2	6.9
水路	亿吨公里	129951.5	7.4
民航	亿吨公里	283.6	11.6
管道	亿吨公里	7089.8	3.8

全年旅客运输总量 93 亿人次，比上年增长 66.5%。旅客运输周转量 28610 亿人公里，增长 121.4%。

表 2-4 2023 年各种运输方式完成旅客运输量及其增速

指标	单位	绝对数	比上年增长（%）
旅客运输总量	亿人次	93.0	66.5
铁路	亿人次	38.5	130.4
公路	亿人次	45.7	28.9

续表

指标	单位	绝对数	比上年增长（%）
水路	亿人次	2.6	121.6
民航	亿人次	6.2	146.1
旅客运输周转量	亿人公里	28609.6	121.4
铁路	亿人公里	14729.4	123.9
公路	亿人公里	3517.6	46.1
水路	亿人公里	53.8	137.9
民航	亿人公里	10308.8	163.4

年末全国民用汽车保有量 33618 万辆（包括三轮汽车和低速货车 706 万辆），比上年末增加 1714 万辆，其中私人汽车保有量 29427 万辆，增加 1553 万辆。民用轿车保有量 18668 万辆，增加 928 万辆，其中私人轿车保有量 17541 万辆，增加 856 万辆。

全年完成邮政行业寄递业务总量 1625 亿件，比上年增长 16.8%。邮政业完成邮政函件业务 9.7 亿件，包裹业务 0.2 亿件，快递业务量 1320.7 亿件，快递业务收入 12074 亿元。全年完成电信业务总量 18327 亿元，比上年增长 16.8%。年末移动电话基站数 1162 万个，其中 4G 基站 629 万个，5G 基站 338 万个。全国电话用户总数 189992 万户，其中移动电话用户 172660 万户。移动电话普及率为 122.5 部 / 百人。固定互联网宽带接入用户 63631 万户，比上年末增加 4666 万户，其中 100M 速率及以上的宽带接入用户 60136 万户，增加 4756 万户。蜂窝物联网终端用户 23.32 亿户，增加 4.88 亿户。互联网上网人数 10.92 亿人，其中手机上网人数 10.91 亿人。互联网普及率为 77.5%，其中农村地区互联网普及率为 66.5%。全年移动互联网用户接入流量 3015 亿 GB，比上年增长 15.2%。软件和信息技术服务业完成软件业务收入 123258 亿元，比上年增长 13.4%。

五、国内贸易

全年社会消费品零售总额 471495 亿元，比上年增长 7.2%。按经营地分，城镇消费品零售额 407490 亿元，增长 7.1%；乡村消费品零售额 64005 亿元，增长 8.0%。按消费类型分，商品零售额 418605 亿元，增长 5.8%；餐饮收入 52890 亿元，增长 20.4%。服务零售额比上年增长 20.0%。

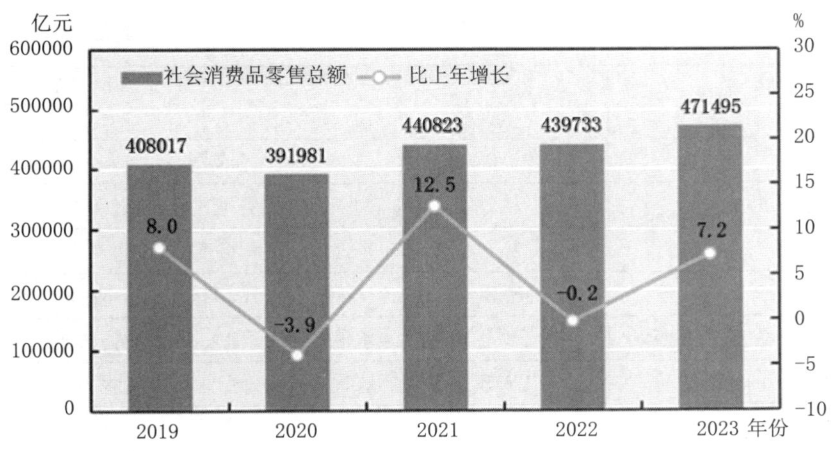

图 2-7 2019—2023 年社会消费品零售总额及其增速

全年限额以上单位商品零售额中，粮油、食品类零售额比上年增长 5.2%，饮料类增长 3.2%，烟酒类增长 10.6%，服装、鞋帽、针纺织品类增长 12.9%，化妆品类增长 5.1%，金银珠宝类增长 13.3%，日用品类增长 2.7%，家用电器和音像器材类增长 0.5%，中西药品类增长 5.1%，文化办公用品类下降 6.1%，家具类增长 2.8%，通信器材类增长 7.0%，石油及制品类增长 6.6%，汽车类增长 5.9%，建筑及装潢材料类下降 7.8%。

全年实物商品网上零售额 130174 亿元，按可比口径计算，比上年增长 8.4%，占社会消费品零售总额比重为 27.6%。

六、固定资产投资

全年全社会固定资产投资 509708 亿元，比上年增长 2.8%。固定资产投资（不含农户）503036 亿元，增长 3.0%。在固定资产投资（不含农户）中，分区域看，东部地区投资增长 4.4%，中部地区投资增长 0.3%，西部地区投资增长 0.1%，东北地区投资下降 1.8%。

在固定资产投资（不含农户）中，第一产业投资 10085 亿元，比上年下降 0.1%；第二产业投资 162136 亿元，增长 9.0%；第三产业投资 330815 亿元，增长 0.4%。基础设施投资增长 5.9%。社会领域投资增长 0.5%。民间固定资产投资 253544 亿元，下降 0.4%；其中制造业民间投资增长 9.4%，基础设施民间投资增长 14.2%。

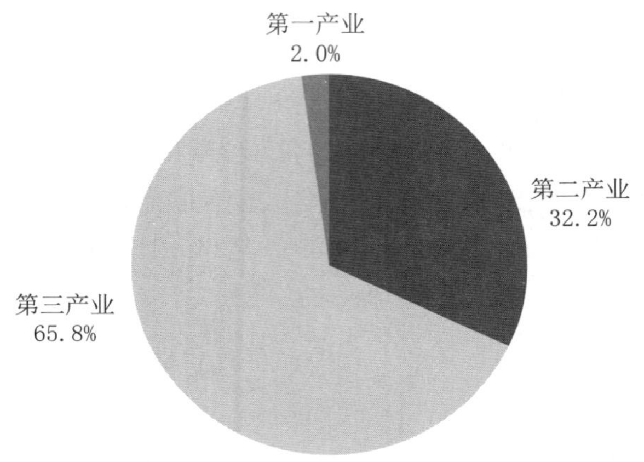

图 2-8 2023 年三次产业投资占固定资产投资（不含农户）比重

表 2-5 2023 年分行业固定资产投资（不含农户）增速

行　业	比上年增长（%）	行　业	比上年增长（%）
总计	3.0	金融业	-11.9
农、林、牧、渔业	1.2	房地产业	-8.1
采矿业	2.1	租赁和商务服务业	9.9
制造业	6.5	科学研究和技术服务业	18.1
电力、热力、燃气及水生产和供应业	23.0	水利、环境和公共设施管理业	0.1
建筑业	22.5	居民服务、修理和其他服务业	15.8
批发和零售业	-0.4	教育	2.8
交通运输、仓储和邮政业	10.5	卫生和社会工作	-3.8
住宿和餐饮业	8.2	文化、体育和娱乐业	2.6
信息传输、软件和信息技术服务业	13.8	公共管理、社会保障和社会组织	-37.0

表 2-6 2023 年固定资产投资新增主要生产与运营能力

指　标	单位	绝对数
新增 220 千伏及以上交流变电设备容量	万千伏安	25656
新建铁路投产里程	公里	3637
其中：高速铁路	公里	2776
增、新建铁路复线投产里程	公里	3351
电气化铁路投产里程	公里	4463
新改建高速公路里程	公里	7498
港口万吨级及以上码头泊位新增通过能力	万吨 / 年	32529
新增民用运输机场	个	5
新增光缆线路长度	万公里	474

全年房地产开发投资 110913 亿元，比上年下降 9.6%。其中住宅投资 83820 亿元，下降 9.3%；办公楼投资 4531 亿元，下降 9.4%；商业营业用房投资 8055 亿元，下降 16.9%。全年新建商品房销售面积 111735 万平方米。二手房交易网签面积 70882 万平方米。年末新建商品房待售面积 67295 万平方米，其中商品住宅待售面积 33119 万平方米。

表 2-7 2023 年房地产开发和销售主要指标及其增速

指标	单位	绝对数	比上年增长（%）
房地产开发投资	亿元	110913	-9.6
其中：住宅	亿元	83820	-9.3
房屋施工面积	万平方米	838364	-7.2
其中：住宅	万平方米	589884	-7.7
房屋新开工面积	万平方米	95376	-20.4
其中：住宅	万平方米	69286	-20.9
房屋竣工面积	万平方米	99831	17.0
其中：住宅	万平方米	72433	17.2
新建商品房销售面积	万平方米	111735	-8.5
其中：住宅	万平方米	94796	-8.2
房地产开发企业本年到位资金	亿元	127459	-13.6
其中：国内贷款	亿元	15595	-9.9
个人按揭贷款	亿元	21489	-9.1

全年全国各类棚户区改造开工 159 万套，基本建成 193 万套；保障性租赁住房开工建设和筹集 213 万套（间）。新开工改造城镇老旧小区 5.37 万个，涉及居民 897 万户。

七、对外经济

全年货物进出口总额 417568 亿元，比上年增长 0.2%。其中，出口 237726 亿元，增长 0.6%；进口 179842 亿元，下降 0.3%。货物进出口顺差 57883 亿元，比上年增加 1938 亿元。对共建“一带一路”国家进出口额 194719 亿元，比上年增长 2.8%。其中，出口 107314 亿元，增长 6.9%；进口 87405

亿元，下降 1.9%。对《区域全面经济伙伴关系协定》（RCEP）其他成员国进出口额 125967 亿元，比上年下降 1.6%。民营企业进出口额 223601 亿元，比上年增长 6.3%，占进出口总额比重为 53.5%。

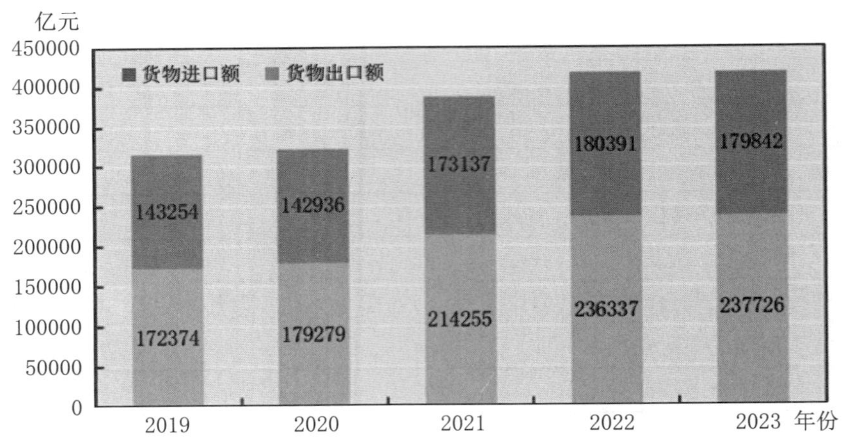

图 2-9　2019—2023 年货物进出口总额

表 2-8　2023 年货物进出口总额及其增速

指　标	金额（亿元）	比上年增长（%）
货物进出口总额	417568	0.2
货物出口额	237726	0.6
其中：一般贸易	153530	2.5
加工贸易	49062	-9.0
其中：机电产品	139196	2.9
高新技术产品	59279	-5.8
货物进口额	179842	-0.3
其中：一般贸易	117042	1.3
加工贸易	27061	-11.3
其中：机电产品	65363	-5.5
高新技术产品	47916	-5.2
货物进出口顺差	57883	3.5

表 2-9　2023 年主要商品出口数量、金额及其增速

商品名称	单位	数量	比上年增长（%）	金额（亿元）	比上年增长（%）
钢材	万吨	9026	36.2	5929	-3.4
纺织纱线、织物及其制品	—	—	—	9454	-3.1
服装及衣着附件	—	—	—	11206	-2.8
鞋靴	万双	891424	-2.5	3470	-8.0

续表

商品名称	单位	数量	比上年增长（%）	金额（亿元）	比上年增长（%）
家具及其零件	—	—	—	4517	0.2
箱包及类似容器	万吨	331	13.5	2512	9.3
玩具	—	—	—	2858	-7.4
塑料制品	—	—	—	7090	1.4
集成电路	亿个	2678	-1.8	9568	-5.0
自动数据处理设备及其零部件	—	—	—	13187	-15.8
手机	万台	80213	-2.0	9797	2.9
集装箱	万个	231	-27.9	581	-39.8
液晶平板显示模组	万个	168929	2.9	1873	3.8
汽车（包括底盘）	万辆	522	57.4	7165	76.8

表 2-10 2023 年主要商品进口数量、金额及其增速

商品名称	单位	数量	比上年增长（%）	金额（亿元）	比上年增长（%）
大豆	万吨	9941	11.4	4199	4.8
食用植物油	万吨	981	51.4	734	21.1
铁矿砂及其精矿	万吨	117906	6.6	9418	11.2
煤及褐煤	万吨	47442	61.8	3723	30.2
原油	万吨	56399	11.0	23733	-2.6
成品油	万吨	4769	80.3	1965	50.0
天然气	万吨	11997	9.9	4523	-3.4
初级形状的塑料	万吨	2960	-3.2	3182	-14.8
纸浆	万吨	3666	25.7	1665	11.6
钢材	万吨	765	-27.6	891	-21.5
未锻轧铜及铜材	万吨	550	-6.3	3356	-6.9
集成电路	亿个	4796	-10.8	24591	-10.6
汽车（包括底盘）	万辆	80	-8.9	3321	-5.8

表 2-11 2023 年对主要国家和地区货物进出口金额、增速及其比重

国家和地区	出口额（亿元）	比上年增长（%）	占全部出口比重（%）	进口额（亿元）	比上年增长（%）	占全部进口比重（%）
东盟	36817	0.0	15.5	27309	0.4	15.2
欧盟	35226	-5.3	14.8	19833	4.6	11.0
美国	35198	-8.1	14.8	11528	-1.8	6.4

续表

国家和地区	出口额（亿元）	比上年增长（%）	占全部出口比重（%）	进口额（亿元）	比上年增长（%）	占全部进口比重（%）
日本	11076	-3.5	4.7	11309	-7.9	6.3
韩国	10467	-2.2	4.4	11381	-13.9	6.3
中国香港	19333	-1.3	8.1	958	84.3	0.5
中国台湾	4819	-11.1	2.0	14033	-10.5	7.8
俄罗斯	7823	53.9	3.3	9093	18.6	5.1
巴西	4159	1.0	1.7	8625	18.4	4.8
印度	8279	6.5	3.5	1301	12.2	0.7
南非	1661	4.4	0.7	2245	3.7	1.2

全年服务进出口总额 65754 亿元，比上年增长 10.0%。其中，出口 26857 亿元，下降 5.8%；进口 38898 亿元，增长 24.4%。服务进出口逆差 12041 亿元。

全年外商直接投资新设立企业 53766 家，比上年增长 39.7%。实际使用外商直接投资额 11339 亿元，下降 8.0%，折 1633 亿美元，下降 13.7%。其中，共建“一带一路”国家对华直接投资（含通过部分自由港对华投资）新设立企业 13649 家，增长 82.7%；对华直接投资额 1221 亿元，下降 11.4%，折 176 亿美元，下降 16.7%。高技术产业实际使用外资额 4233 亿元，下降 4.9%，折 610 亿美元，下降 10.8%。

表 2-12 2023 年外商直接投资额及其增速

行　业	企业数（家）	比上年增长（%）	实际使用金额（亿元）	比上年增长（%）
总计	53766	39.7	11339	-8.0
其中：农、林、牧、渔业	418	-0.5	51	-36.8
制造业	3624	1.5	3179	-1.8
电力、热力、燃气及水生产和供应业	568	8.6	319	15.6
交通运输、仓储和邮政业	867	44.0	149	-57.2
信息传输、软件和信息技术服务业	3764	23.0	1134	-26.7
批发和零售业	18010	65.3	690	-28.2
房地产业	684	17.7	810	-11.4
租赁和商务服务业	10673	42.8	1819	-15.4
居民服务、修理和其他服务业	726	76.6	34	77.7

全年对外非金融类直接投资额 9170 亿元，比上年增长 16.7%，折 1301 亿美元，增长 11.4%。其中，对共建“一带一路”国家非金融类直接投资额 2241 亿元，增长 28.4%，折 318 亿美元，增长 22.6%。

表 2-13 2023 年对外非金融类直接投资额及其增速

行　业	金额（亿美元）	比上年增长（%）
总计	1301	11.4
其中：农、林、牧、渔业	8	-3.6
采矿业	70	39.0
制造业	279	29.0
电力、热力、燃气及水生产和供应业	31	-12.5
建筑业	67	5.1
批发和零售业	292	38.6
交通运输、仓储和邮政业	65	42.3
信息传输、软件和信息技术服务业	49	-10.9
房地产业	10	-57.4
租赁和商务服务业	337	-13.0

全年对外承包工程完成营业额 11339 亿元，比上年增长 8.8%，折 1609 亿美元，增长 3.8%。其中，对共建“一带一路”国家完成营业额 1321 亿美元，增长 4.8%，占对外承包工程完成营业额比重为 82.1%。对外劳务合作派出各类劳务人员 35 万人。

（二）2023 年全国物流业综合报告

2023 年，我国经济实现恢复发展，物流需求稳步复苏，物流业在国民经济中的地位持续提升，物流供给质量稳步提高，物流运行环境持续改善，现代物流发展模式稳步转换，企业竞争力持续增强，全行业正在进入新的阶段。主要表现在八个方面：一是物流市场实现恢复增长；二是提质增效降本稳步推进；三是供应链物流引领转型发展；四是一流企业提升产业竞争力；五是创新驱动打造新质生产力；六是物流网络布局均衡发展；七是绿色低碳物流影响提升；八是制度保障优化营商环境。但是，我国物流业也面临一系列比较紧迫的问题，结构调整叠加有效需求偏弱，物流需求仍处于恢复期，需求不足企业占比较高，企业经营普遍承压，社会物流总额增速低于 GDP 增速，短期内行业新动能难以撬动存量大市场，现代物流正进入温和增长阶段，需要妥善应对。我国高度重视现代物流发展，建设现代物流体系是建设物流强国、构建新发展格局的重要支撑和保障。2023 年底的中央经济工作会议强调，要有效降低全社会物流成本。尽管经过多年持续推进物流降本工作，但是无论从经济结构、货物结构、产业布局等宏观层面看，还是从市场主体、方式手段、主要环节、政策措施等微观方面看，我国未来一段时期进一步推动降本的难度仍然较大。为进一步提升物流业竞争力、有效降低全社会物流成本、助力实体经济高质量发展，必须改变我国传统物流低价格、低效率、低效益的现实，通过激发物流需求侧变革动力、再造物流全链条组织方式、用好物流新质生产力、发力现代化基础设施、支撑供应链韧性安全，打造我国现代物流发展新模式，激发产业升级新活力。可以预计，2024 年及未来一段时期，我国物流业将呈现出一系列新趋势：一是大盘稳定，市场保持温和增长；二是结构调整，需求贡献持续分化；三是提质增效，物流降本仍有空间；四是产业融合，全链条系统化整合；五是市场导向，规模化集约化发展；六是韧性安全，保供稳链更为迫切；七是设施联通，物流网络高效畅通；八是创新驱动，数字化转型提速；九是绿色低碳，物流社会价值提升；十是多方合力，行业共治统筹协调。

回顾2023年，我国告别疫情，经济实现恢复发展，物流需求稳步复苏，仍是全球需求规模最大的物流市场。现代物流在国民经济中的产业地位持续提升，制度保障更加完善，发展模式稳步转换，企业竞争力持续增强，正在进入新的阶段。

2024年是中华人民共和国成立75周年，也是“十四五”规划的关键一年。面对复杂多变的外部挑战和内部转型压力，2023年12月中央经济工作会议强调，要坚持稳中求进、以进促稳、先立后破，显示了我国推进经济高质量发展的决心和魄力。现代物流将坚定走高质量发展道路，积极打造发展新模式，提升企业竞争力，推动物流强国建设，助力构建新发展格局。

一、2023年我国物流业发展回顾

2023年，我国物流市场需求稳步复苏，行业整体恢复向好，供给质量稳步提升，运行环境持续改善，全行业正在进入新的阶段。

一是物流市场实现恢复增长。2023年全年社会物流总额为352.4万亿元，按可比价格计算，同比增长5.2%，增速比上年提高1.8个百分点，社会物流需求稳步复苏。分季度看，一季度、二季度、三季度、四季度分别增长3.9%、5.4%、4.7%、5.4%，呈现前低、中高、后稳的恢复态势，全年回升势头总体向好。全年物流业总收入为13.2万亿元，同比增长3.9%，物流收入规模延续扩张态势。中国物流业景气指数全年平均为51.8%，比上年高出3.2个百分点，多数月份处于51%以上的较高景气区间。全年中国仓储指数中的业务量指数平均为52.4%，整体处于较高景气区间。全年电商物流业务量指数平均为120.3点，连续多月呈回升态势。全年快递业务量达1320亿件，连续10年稳居世界第一，全年快递物流收入增长14.3%。国家铁路完成货物发送量39.1亿吨，再创历史新高。民航货邮运输量735.4万吨，同比增长21.0%，基本恢复至2019年水平。总体来看，我国物流市场实现恢复增长，但要保持中高速增长仍然面临较大压力。

二是提质增效降本稳步推进。2023年，我国社会物流总费用与GDP的比率为14.4%，比2022年下降0.3个百分点，全年呈连续回落走势。主要环节物流费用比率均有所下降，运输费用与GDP比率7.8%，保管费用与GDP比率4.8%，管理费用与GDP比率1.8%，比上年各下降0.1个百分点。经济结构调整是有力外部条件。随着新冠疫情防控平稳转段，服务业增加值占GDP比重回升至54.6%，比上年提高1.2个百分点。全年单位GDP物流需求系数降至2.8，为近年来较低水平，带动物流成本占比下降。物流组织优化是重要动力源泉。随着物流堵点打通，社会库存流转加速，物流运行效率得到提升。中国仓储指数中的周转效率指数逐月提高，助力社会库存水平降低。同时，也可以看到，社会物流需求仍处在恢复期，供大于求的局面有所加剧，公路货运、航空航运价格低迷。物流景气指数中的服务价格指数各月均位于50%以下，全年平均为48.3%。长期来看，依靠单一物流企业、单一物流方式、单一物流环节的降本空间缩小。2022年5月国务院办公厅印发的《“十四五”现代物流发展规划》要求推动物流提质增效降本，就是要通过引导效率提升、质量升级来创造降本新空间。

三是供应链物流引领转型发展。首届中国国际供应链促进博览会在北京开幕，作为全球首个以供应链为主题的国家级展会，广泛凝聚供应链协同发展共识。商务部等8单位审核公布的全国供应链创新与应用示范企业达250家，示范城市达33个。国务院国有资产监督管理委员会、工业和信息化部共同组织实施中央企业产业链融通发展共链行动，打造供应链上互利共赢共同体。国家发展和改革委员会继续推进物流业制造业融合创新发展。一批大型制造企业、流通企业以物流资源整合为切入口，以供应链思维统筹开展物流流程优化、组织协同、价值创造，以物流自主可控增强供应链韧性和安全。

四是一流企业提升产业竞争力。《“十四五”现代物流发展规划》提出，到 2025 年，形成一批具有较强国际竞争力的骨干物流企业和知名服务品牌。截至 2023 年底，我国 A 级物流企业达到 9640 家。2023 年中国物流 50 强企业物流业务收入合计超过 2.3 万亿元，千亿级规模企业已经达到 5 家。国务院国有资产监督管理委员会开展推动创建世界一流示范企业和世界一流专业领军示范企业“双示范”行动，一批物流企业被纳入名单。大型国有企业积极推动打造世界一流供应链管理体系，一批物流与供应链服务企业在世界 500 强企业中的排名进一步提升。面对需求不振压力，一流物流企业夯实价值创造力、网络联通力、产业融合力、创新驱动力、应急响应力，逆势保持稳定增长，有力发挥示范引领作用。

五是创新驱动打造新质生产力。新一轮科技革命和产业变革深入推进，大数据、物联网、云计算、区块链、人工智能等新技术与传统物流要素紧密结合，催生新产业、新模式、新业态。物流企业数字化转型提速，探索应用大数据模型、数字孪生、智能算法等数字化手段，助力供应链体系逐步提效。数字物流平台创新发展，持续赋能中小微企业走上“数字高速公路”。2023 年，全国网络货运企业（含分公司）已达 3069 家，接入社会运力 798.9 万辆，全年共上传运单 1.3 亿单。智慧港口、数字仓库、物流大脑等物流新型基础设施建设加快推进。无人驾驶、无人配送、无人飞机、物流机器人等无人物流技术加快商业化应用。我国承担的国际标准化组织（International Organization for Standardization，ISO）创新物流技术委员会正式获批，助力我国创新发展标准与国际接轨。

六是物流网络布局均衡发展。2023 年全年交通运输、仓储和邮政业等物流相关固定资产投资额同比增长超过 10%，物流基础设施保障体系进一步完善。截至 2023 年底，全国高铁里程达 4.5 万公里，高速公路通车总里程达 17.7 万公里，均居全球第一。中国物流与采购联合会组织的第六次全国物流园区（基地）调查发现，全国规模以上物流园区超过 2500 个。截至 2023 年底，国家物流枢纽达到 125 个，示范物流园区达到 100 个，25 个城市推动国家综合货运枢纽建设，物流资源集聚提质，助力区域产业升级。农村物流网络日益健全，全年建成县级公共寄递配送中心超 1000 个、村级寄递物流综合服务站 28.9 万个。冷链物流受到重视，骨干冷链物流基地 66 个，冷库总库容量 2.28 亿立方米。跨境物流设施布局加快，截至 2023 年底，我国跨境电商海外仓数量已达 1800 个，比 2022 年增加 200 多个。物流大通道建设稳步推进，中欧班列累计开行超 8.2 万列，通达欧洲 25 个国家 217 个城市。国内高铁货运班列正式开行，为支撑扩大消费送上物流“加速度”。

七是绿色低碳物流影响提升。欧盟碳边境调节机制开始试运行，物流领域受到关注。2023 年 11 月，国务院印发《空气质量持续改善行动计划》，提出要大力发展绿色运输体系。1—11 月港口“散改集”作业量、集装箱铁水联运量分别同比增长 19.6% 和 15.7%，铁水联运占比同比提高 0.3 个百分点。2023 年 12 月，中国物流与采购联合会正式推出物流行业公共碳排计算器，标志着国际国内碳排放互认工作启动。新能源物流车持续增长，邮政快递车、城市配送车等公共领域车辆全面电动化开展试点，新能源中重型货车特定场景应用启动。绿色包装在电商物流与快递等领域得到广泛推广。物流行业领先企业发布环境、社会及治理（Environment，Social and Governance，ESG）报告，绿色减碳被纳入企业发展战略目标，展现社会责任和使命担当。

八是制度保障优化营商环境。物流降本工作积极推进，大宗商品仓储用地的土地使用税和挂车购置税享受减半征收优惠，交通物流领域金融支持政策延续实施，鲜活农产品运输“绿色通道”政策实现优化。高速公路差异化收费长效机制优化完善，估计 2023 年全年高速公路优惠减免车辆通行费超 1400 亿元。新能源商品汽车铁路运输获得支持，一批便利通关、便利通行政策得到推广，智能网联汽车准入和上路通行试点工作启动。综合运输结构进一步优化，跨运输方式一体化整合持续提升。随着全国物流统一大市场建设的推进，各部门政策合力成效明显，物流制度保障更加完善，营商环境更加优化，激发企业活力和信心。2023 年我们取得了丰硕的成果，也要直面紧迫的问题。2023 年以来，结构调整叠加有效需求偏弱，社会物流总额增速低于 GDP 增速，显示物流需求仍处于恢复期。面向会员企业的调研显示，反映需求不足的企业占比较高，企业经营普遍承压。行业新动能短期内难以撬动存量大市场，我国现代物流正进入温和增长阶段。需要高度重视，妥善应对。

二、2024 年及未来一段时期我国物流业发展形势及路径

（一）发展形势

我国高度重视现代物流发展。2022 年 5 月，国务院办公厅印发《“十四五”现代物流发展规划》，要求推动构建现代物流体系，为物流业营造有利发展环境；2023 年 12 月，中央经济工作会议召开，强调要有效降低全社会物流成本；2024 年 2 月，中央财经委员会第四次会议再次强调，降低全社会物流成本是提高经济运行效率的重要举措，物流降成本的出发点和落脚点是服务实体经济和人民群众。这对现代物流发展提出了新的更高要求。然而，经过多年来持续推进物流降本工作，进一步推动降本的难度加大。

从宏观层面看，我国与社会物流成本密切相关的经济结构、货物结构、产业布局的变化调整加大了降本的难度。一是经济结构调整对物流降本的影响减弱。我国服务业占比总体有所回调，经济结构调整对物流降本的带动作用减弱。二是货物结构变化在一定程度上推高物流成本。随着最终消费支出对经济增长贡献度增加，少批量多批次的居民消费服务需求增加，推高配送成本，对物流降本带来压力。三是产业布局转移对物流降本带来挑战。随着我国产业逐步向中西部等内陆地区转移，偏高的物流成本成为产业顺利转移和有效承接的重要障碍，部分产业不得不转移到境外成本低的地区。

从市场主体看，物流企业降本的空间缩小。总体来看，物流企业普遍微利运行。重点企业调研显示，物流企业盈利水平仍处于历史低位。继续依靠不合理让渡物流企业收益降低社会物流成本的方式难以为继。当前，工商企业内部大量物流活动成本耗费偏高，从原材料供应到产成品销售的供应链物流缺乏深化融合与有效协同，制约工商企业供应链全链条成本降低。下一步物流降本的重点要逐步从降低物流企业成本转向降低供应链全链条物流成本。从方式手段看，靠拉低物流服务费用降本的空间缩小。总体来看，各类要素成本持续上涨，物流服务价格持续低迷，靠拉低物流服务价格降低社会物流成本压力较大。当前，供应链上的物流环节存在大量的库存浪费、无效运输现象，通过转变组织方式降本的空间巨大，需要进行资源整合、流程优化、模式创新、组织协同，企业应通过效率提升、质量升级来降低综合物流成本。下一步物流降本的重点要逐步从数量型规模型降本转向集约化的效率型质量型降本。

从主要环节看，单一物流环节降本的空间不大。总体来看，铁路、公路、水路、航空、仓储、配送等单一环节的降本潜力不大，但供应链各环节之间、流程之间、体系之间还存在不衔接、不协调、不适应的问题，会导致大量的时间耗费、资源闲置、周转延迟问题，大大降低物流系统的运行效率，有降本的空间和潜力。下一步物流降本的重点是优化运输结构、创新业务模式、强化“公转铁”和“公转水”，要逐步从单一环节、单一流程、单一体系降本转向系统性结构性降本。

从政策措施看，降低制度性交易成本的难度增加。近年来，随着“放管服”改革全面开展，单个部门出台政策措施的降本难度加大，政策措施方向逐步从简单易行的政策调整向改革深水区攻坚转移，需要通过进一步深化体制机制改革降成本。一方面，需要寻找制约行业发展的“老大难”问题，深化综合交通运输体系改革，强化现代物流体系建设，打通堵点卡点，形成统一高效、竞争有序的物流市场；另一方面，需要通过多部门协同发展、政策联动、体制改革，从单一部门单一措施降成本向

协同化联动化降低制度性交易成本转变。

（二）发展路径

总体来看，我国传统物流低价格、低效率、低效益的问题制约了全社会物流成本的有效降低，已经无法适应实体经济高质量发展和人民群众对美好生活的需要。面对物流市场增速放缓和降本压力难以传导，亟待打造现代物流发展新模式，探寻新时期发展战略路径。

第一，打造现代物流发展新模式，要激发物流需求侧变革动力。充分发掘大型制造企业、流通企业物流改造升级潜力，引导物流需求侧以高质量发展为引领，深度整合资源，切实优化流程，主动对接供给。培育现代物流发展新模式，由重在降低物流成本转向重在提升综合竞争力，通过物流服务创造新价值，在服务中挖掘企业新的利润源。

第二，打造现代物流发展新模式，要再造物流全链条组织方式。引领物流企业从单一环节竞争向综合物流竞争转变，强化服务补链、延链、强链，提供供应链一体化物流解决方案。壮大现代物流发展新模式，增强专业化、集约化、网络化物流服务能力，逐步从低附加值服务转向高附加值服务，形成物流企业新的增长点。

第三，打造现代物流发展新模式，要用好物流新质生产力。充分发挥新一代信息技术，特别是人工智能、自动导航等前沿技术在物流与供应链领域的应用，大力发展自动化、数字化、智能化物流，构建数字共享、协同共生的智慧物流生态体系。创新与现代技术相结合的物流新模式，推动物流以新技术、新模式实现“弯道超车”，以新业态实现“换道超车”。

第四，打造现代物流发展新模式，要发力现代化基础设施。推进国家物流枢纽、国家骨干冷链物流基地、示范物流园区等重大物流基础设施和骨干物流通道布局建设与调整优化，推动传统物流基础设施数字化转型、智能化改造、生态化赋能，更好支撑区域经济发展和转型，深化完善“通道 + 枢纽 + 网络”运行体系。夯实现代物流发展新模式，打造内外联通、智慧绿色的物流网络，构建区域经济转型的战略支点。

第五，打造现代物流发展新模式，要支撑供应链韧性安全。从成本导向逐步向兼顾效率与安全转变，推动物流服务链与产业供应链协同发展，深化战略合作、优化流程工序、强化共建共享，推进物流区域化、全链化、国际化布局，主动调整供应链物流服务体系。变革现代物流发展新模式，增强物流可靠性和灵活性，提升产业供应链韧性和安全水平。

现代物流发展新模式追求高效率、优服务、高质量的可持续发展，是提高经济运行效率、有效降低全社会物流成本的重要抓手，有望打开新时代物流市场广阔空间。必须坚定走高质量发展道路，积极打造发展新模式，提升企业竞争力，推进物流强国建设，助力构建新发展格局。

三、2024 年及未来一段时期我国物流业发展展望

展望 2024 年及未来一段时期，我国现代物流发展将呈现一系列新趋势。

一是大盘稳定，市场保持温和增长。随着财政政策适度加力、货币政策灵活适度，物流需求总体保持稳定，最终消费持续复苏，带动生产、进口需求稳步回升，市场温和增长将成为常态。

二是结构调整，需求贡献持续分化。依托超大规模市场优势，消费端对物流需求的贡献将稳步增长，物流服务体验、履约能力将更为重要。制造业向中高端迈进，精益制造物流、供应链服务将成为主要增长点，钢铁、汽车、机械电子、石油化工等支柱型产业物流加速升级。电动载人汽车、锂离子蓄电池、太阳能电池“新三样”及相关领域成为物流需求增长新引擎。

三是提质增效，物流降本仍有空间。全社会物流降本工作将深入推进，但我们也要认识到，降低全社会物流成本不是简单降低物流价格，也不是挤压各方利润，而是强化协同合作，聚焦提质增效，

进一步通过资源整合、流程优化和信息对接减少浪费，系统性结构性降本空间巨大。

四是产业融合，全链条系统化整合。物流业与制造业、商贸业、农业深化融合，构建有专业特色的供应链物流体系，串联产业供应链和物流服务链，实现联动融合、协同发展，有望带来供应链新的利润源。支撑产业带、产业集聚区与物流枢纽、物流集聚区更紧密融合，形成产业供应链中心，将成为产业融合的新舞台。

五是市场导向，规模化集约化发展。市场增速放缓期往往是规模企业快速发展期。骨干物流企业和平台企业竞争力将持续提升，预计在兼并重组、联盟整合、平台建设、海外布局等方面持续发力，构建协同共生的产业生态，市场集中度将稳步提升。领军物流企业不断完善服务能力，打造更具国际竞争力的现代物流企业。

六是韧性安全，保供稳链更为迫切。我国经济加快深度融入国际市场，属地生产、全球流通有望成为趋势，需要提升国际供应链韧性和安全水平。部分关键矿产品、能源、粮食及高科技产品的对外高依存度仍难以得到根本改变，国际物流的保供稳链价值将更加突出。

七是设施联通，物流网络高效畅通。国家物流枢纽、示范物流园区等基础设施深化互联互通，国际物流大通道不断延伸拓宽，将带来经贸发展的新机会。综合交通运输体系日益完善，物流基础设施加强资源集聚，支撑推进区域重大生产力布局，有望带动区域经济进一步转型升级。共建“一带一路”国际交通物流基础设施持续推进，重大国际项目合作将取得新进展。

八是创新驱动，数字化转型提速。数字经济正在成为改造传统产业的抓手，国家重视发展新质生产力，有望发挥数字经济、平台企业的比较优势，推进数字科技与实体经济融合，引导传统产业全面拥抱互联网，助力中小企业数字化转型，重构现代物流发展新生态。

九是绿色低碳，物流社会价值提升。物流行业是移动源排放的重要领域。随着“美丽中国”建设全面推进、空气质量持续改善行动深入开展、全国温室气体自愿减排交易市场重启，物流减排成本将逐步转变为社会价值，助力物流行业全面实现绿色低碳转型发展。

十是多方合力，行业共治统筹协调。现代物流领域政府协同、政策合力，政策措施将更加有效，有助于增强行业政策获得感。政府、协会、企业将多方合力，政府部门规制、企业平台自治、行业协会自律，推进协同共治已成共识。

未来一段时期，为激发产业升级新活力，更好服务实体经济和人民群众，应积极转换物流发展模式，着力推动我国由物流大国迈向物流强国。广大物流企业和上下游制造企业、流通企业要深化物流链供应链战略合作与协同发展，共创我国现代物流发展新模式，夯实物流高质量发展基本盘，助力物流强国建设。

来源：中国物流与采购联合会会长何黎明

（三）2023 年物流运行情况分析

2023 年，我国经济在波动中恢复，稳定因素有所累积，物流运行环境持续改善，行业整体恢复向好。市场需求规模恢复加快，高端制造、线上消费等新动能领域回升明显。物流供给质量稳步提升，多式联运、航空货运等协同高效物流服务全面发展。单位物流成本稳中有降，产业链循环基本通畅。物流企业降本增效内驱力增强，头部企业战略转型步伐加快，引领行业向规范化、精细化和数字化方向发展。

一、经济结构转型进程加速，物流需求协同发力

（一）物流需求规模稳定恢复，基础领域巩固夯实

全年全国社会物流总额为352.4万亿元，按可比价格计算，同比增长5.2%，增速比2022年全年提高1.8个百分点。分季度看，一季度、二季度、三季度、四季度分别增长3.9%、5.4%、4.7%、5.4%，呈现前低、中高、后稳的恢复态势，全年回升势头总体向好。

从结构看，农产品、工业、消费、进口领域物流需求稳定增长，恢复力度好于上年。其中，农产品物流需求保持良好发展态势。全年粮食总产量6.95亿吨，猪牛羊禽肉产量0.96亿吨，创历史新高，同比增长1.3%和4.5%。农产品物流总额5.3万亿元，同比增长4.1%，保持良好发展态势。工业品物流需求稳步回升。全年原煤生产46亿吨，冶金制造超33亿吨，汽车生产超3000万辆，化工类产量近10亿吨，工业生产规模增速回升。全年工业品物流总额312.6万亿元，同比增长4.6%，增速比上年提高1个百分点。各季度呈连续回升态势，特别是四季度回升明显，11、12月两个月增长均超过6%，创年内增速新高。民生消费物流需求稳中向好。全年单位与居民物品物流总额13万亿元，同比增长8.2%，增速比上年提高4.8个百分点。餐饮、零售等领域回升力度明显提升，餐饮、百货店零售相关物流需求实现由降转升，同比分别增长20%、8.8%；便利店零售相关物流需求增长7.5%，增速有所回升。进口物流需求规模保持较快扩张。全年进口物流总额18万亿元，增速由降转升同比增长13%，各季度增速均保持在10%以上。其中，大宗商品进口物流量进一步扩大。原油、天然气、煤炭等能源产品进口11.6亿吨，同比增长27.2%；铁、铝等金属矿砂进口14.6亿吨，同比增长7.6%。

（二）产业转型升级扎实推进，新动能领域物流加快回升

物流需求结构调整加快，增长动力向高端化、智能化、绿色化方向转换。从产业领域看，全年装备制造物流保持良好回升态势，增速高于全部工业物流2个百分点，特别是汽车、智能设备等领域物流总额增速超过10%，比上年有所加快。从产业业态来看，电商物流、线上服务等新业态仍保持较快增长。全年电商物流指数均值为110.1点，实物商品网上零售额同比增长8.4%，均比上年有所加快。从产业循环来看，绿色生产方式正在加快形成，再生资源的回收、分拣、集散等循环体系正在逐步完善，相关产业物流需求规模持续扩张，全年再生资源物流总额同比增长超过17%。

二、物流发展环境优化，产业升级步伐加快

物流基础设施网络体系进一步完善，现代物流加快向高质量发展转型，为产业链循环畅通提供了坚实基础。

（一）物流基础设施网络日趋完备，达到世界先进水平

物流基础设施建设稳步推进，短板领域不断补强。全年交通运输、仓储和邮政业等物流相关固定资产投资额同比增长超过10%，物流基础设施保障体系进一步完善。全年新增建设国家物流枢纽30个，累计形成125个覆盖全国、类型丰富的物流枢纽体系，为产业与物流聚集融合发展提供有力支撑。全年建成1000余个县级寄递配送中心和30.3万个村级寄递物流综合服务站，农村物流网络日益健全，短板领域逐步加强。全年冷藏车保有量43.1万辆，冷库总量2.28亿立方米，专业领域物流基础设施保持稳定增长。

世界银行最新发布的《2023年全球物流绩效指数报告》显示，我国物流绩效综合排名由2018年的26位升至20位。其中物流基础设施、国际货运能力两方面排名位于全球前10%，达到国际先进水平，基础设施排名超越美国、法国等发达经济体，比2018年提高6位；国际货运能力比2018年提高4位，我国船队规模达到2.5亿吨，同比增长10%左右。但也要看到，在国际物流通关管理、货运追踪能力等方面依然存在一定差距，是未来提升我国国际物流绩效的着力方向。

（二）物流业收入规模平稳增长，行业运行稳健性提升

全年物流业总收入为13.2万亿，同比增长3.9%，物流收入规模延续扩张态势。运输、仓储装卸等基础物流收入同比增速在3%左右，支撑物流市场稳定增长。

航空运输、多式联运、快递等细分领域回升势头向好。其中，在上游产业升级、跨境电商回升支撑下，全年航空物流收入由降转升，同比增长超过20%；随着政策推动、港口适配能力增强，全年多式联运收入增长超过15%；快递市场进入稳定增长阶段，全年快递物流收入增长14%左右。高端物流市场拉动作用增强，带动物流业总收入增长约1个百分点。

全年景气水平提高，行业运行稳定恢复。全年中国物流业景气指数平均为51.8%，高于上年3.2个百分点，多数月份处于51%以上的较高景气区间，各月业务量、新订单指数平均波动幅度较上年有所收窄，显示行业运行向好，稳健性提升，物流供给对需求变化适配、响应能力有所增强。

仓储物流业务活跃，周转持续高效。全年中国仓储指数中的业务量指数平均为52.4%，2月份以来各月均位于较高景气区间，设施利用率、仓储周转效率逐月提高，显示仓储业务活跃度提升，行业运行较为高效，助力降低社会库存水平，支撑产业链上下游循环畅通。

电商物流业务向好，农村电商蓬勃发展。全年电商物流业务量指数平均为120.3点，连续多月呈回升态势。其中，农村电商物流业务量指数平均为124.2点，同比2022年提高8.7点，呈现出蓬勃发展态势。

三、物流运行效率持续改善，单位物流成本稳中有降

社会物流总费用与GDP的比率为14.4%，比上年下降0.3个百分点，一季度、上半年、前三季度分别为14.6%、14.5%、14.3%，呈连续回落走势。从结构看，主要环节物流费用比率均有所下降，运输费用与GDP比率7.8%，保管费用与GDP比率4.8%，管理费用与GDP比率1.8%，比上年各下降0.1个百分点。显示全年各环节物流运行效率全面改善，仓储保管等静态环节占比稳步下降，资金流、物流向动态环节转移，物流要素流动趋于活跃。

经济结构升级为降本增效提供有力的外部条件。从产业看，经济结构优化升级，服务业增长动力明显回升，服务业占比回升至54.6%，比上年提高1.2个百分点。从产品来看，物流实物量附加价值稳步提升，占社会物流总额近90%的工业产品持续向高端化转变，单位GDP物流量、单位GDP货运量均有所下降，全年单位GDP物流需求系数、单位 GDP货运量系数分别降至2.8和4.3，均为近年来较低水平，产业物流成本随之下降。

组织管理升级是物流降本增效的重要动力。储运匹配明显改善，产销衔接水平提升。年末工业企业产品销售率升至98.4%，产成品存货周转天数较10月末减少0.1天。运输组织管理向高效、协同迈进。航空货运规模加快恢复，全年货邮运输量735万吨，同比增长21%；1—11月港口“散改集”作业量、集装箱铁水联运量同比分别增长19.6%和15.7%，铁水联运占比同比提高0.3个百分点；全年平均运距总体有所下降，长距离运输逐步向铁路、水上运输转移，公路平均运距183千米，同比下降1.7%，运输结构有所优化。

物流政策体系优化为降本增效提供制度保障。全年出台多项物流提质增效降本政策。如高速公路差异化收费长效机制不断优化完善，预计全年高速公路优惠减免车辆通行费超1400亿元；大宗商品仓储设施用地城镇土地使用税优惠政策继续实施，原材料和初级产品仓储物流用地成本稳中有降，物流降本增效制度保障更加完善。

总体来看，物流成本水平回落是经济高质量发展的必然结果，也是物流组织管理模式优化和宏观产业政策等综合效力的集中体现。

四、物流市场竞争格局加剧，企业降本增效内驱力增强

物流市场竞争格局加剧。从市场主体数量来看，我国交通运输、仓储和邮政业法人单位近 60 万家，个体经营户 580 多万个，物流相关市场主体超过 600 万，部分领域市场准入门槛较低，企业数量总体较大。从市场集中度来看，物流企业规模相对较小，部分领域小微企业数量庞大，市场集中度依然较低，2023 年 50 强物流企业物流业务收入占物流业总收入的比重虽有所提高，但仍不足 20%。从企业订单需求看，物流宏观主要指标虽有不同程度回升，但阶段性、结构性矛盾依然存在，物流市场主体中个体企业感受差异明显。调研数据显示，企业对市场需求偏弱感受较为强烈，反映市场订单需求偏弱的物流企业占比超过 30%，中小企业占比近 50%。从价格竞争来看，部分领域低价竞争现象较为突出，“以价换量”仍是部分功能性物流服务行业竞争的主要手段。物流景气指数中的服务价格指数各月均位于 50% 以下，全年平均为 48.3%，反映出物流业服务价格整体低位徘徊。水运方面，上海航运交易所发布的沿海（散货）综合运价指数年平均值为 1014.9 点，同比下降 9.7%；中国出口集装箱运价指数年平均值为 937.3 点，同比下降 66.4%；快递方面，价格年内平均值同比降幅也在 4% 左右。在此背景下，微观企业盈利明显承压。年度重点调查初步汇总数据显示，近 30% 的物流企业全年亏损，平均收入利润率在 3% 左右低位徘徊，明显低于正常年份 5% 的平均水平。

面对日趋激烈的市场竞争格局，物流企业创新发展、降本增效内驱力持续增强。

服务升级态势明显，产业融合进程加速。物流企业积极推进服务向综合供应链转型，加速产业融合进程，加码新兴领域布局，拓展业务空间。年度重点调查初步汇总数据显示，重点物流企业供应链合同订单数量同比增长 24%，一体化物流业务收入增长近 30%，供应链物流管理、一体化等综合类物流业务占比稳步提升，生鲜、服装等专业细分领域一体化供应链服务具有良好增长潜力。调研显示，中外运等头部物流企业正在加速产业融合，稳固合作关系，延伸服务范围，增加服务粘性，助力客户实现成本优化，上游工商企业物流费用率水平稳步下降。

数字化转型加快，助力供应链体系逐步提效。物流企业积极推进产业协同共生，助力信息共享，优化资源配置。调研显示，近年京东物流、顺丰速递等头部企业在数字化相关领域投入增长超过 50%。探索应用大数据模型、智能算法分析等数字化手段，基于企业内部管理、面向客户服务，实现全流程物流监控调度，助力效率提升、服务优化。

协同发展水平提升，企业管理向规范化迈进。在政策引领、行业共识等因素影响下，物流各细分领域发展进一步规范，跨领域协同水平有所提升。快递物流领域密集出台国家标准，聚焦服务质量、绿色包装等方面；民航货运领域制定信息化标准与技术规范，加快建立信息系统对接标准体系；物流单元标准化进程加快，年度重点调查初步汇总数据显示，企业自有标准化托盘比例升至 70% 以上，头部物流企业达到 85%。各领域物流企业积极推进标准化进程，推动行业规范化发展，促进行业服务质量升级，实现企业经营降本提效，全年重点企业每百元营业收入中的成本总体稳中趋缓，比上年下降 0.3 元。

总体来看，当前我国超大规模市场优势依然明显，物流市场潜力较大。随着政策逐步落地见效，微观主体投资意愿稳中趋增，对市场预期基本向好，未来物流运行有望延续企稳向好的发展态势。但也要看到我国经济仍需面对国内结构调整和国际需求偏弱等挑战，物流需求也将由规模扩张向存量结构调整转型，物流市场有待优化升级，物流企业要坚持创新发展理念，深刻融入实体经济供应链服务环节，以高效能物流服务助力经济高质量发展。

来源：中国物流与采购网

（四）2023 年物流仓储行业发展现状及发展趋势

物流仓储是国民经济的重要组成部分，也是现代物流的核心环节。随着我国经济社会的快速发展，物流仓储行业也面临着新的机遇和挑战。在此背景下，本文将从以下几个方面对 2023 年物流仓储行业的发展现状及未来展望进行分析。

一、发展现状

（一）行业规模持续扩大

根据国家统计局的数据，2022 年全国社会物流总额达到了 348.6 万亿元，同比增长 3.6%。其中，工业品物流总额为 309.8 万亿元，同比增长 4.1%；进口货物物流总额为 12.5 万亿元，同比下降 5.2%；单位与居民物品物流总额为 8.1 万亿元，同比增长 3.5%；农产品物流总额为 3.1 万亿元，同比增长 5.5%；再生资源物流总额为 3.1 万亿元，同比增长 22.6%。

预计 2023 年全年全国社会物流总额将达到 360 万亿元左右，同比增长 3.2% 左右。其中，工业品物流总额将达到 320 万亿元左右，同比增长 3.3% 左右；进口货物物流总额将达到 13 万亿元左右，同比增长 4% 左右；单位与居民物品物流总额将达到 8.5 万亿元左右，同比增长 5% 左右；农产品物流总额将达到 3.2 万亿元左右，同比增长 3% 左右；再生资源物流总额将达到 3.4 万亿元左右，同比增长 9.7% 左右。

尚普咨询集团的数据显示，2022 年中国仓储市场规模达到了 1,356.9 亿元，同比增长 12.6%。其中，智能仓储市场规模为 642.8 亿元，占比 47.4%，同比增长 17.1%。预计 2023 年全年中国仓储市场规模将达到 1,500 亿元左右，同比增长 10.6% 左右。其中，智能仓储市场规模将达到 750 亿元左右，占比 50%，同比增长 16.7% 左右。

（二）行业结构不断优化

随着电子商务、跨境贸易、冷链、医药等新兴领域的快速发展，以及制造业、零售业等传统领域的转型升级，物流仓储行业的需求结构和供给结构都发生了显著变化。

从需求结构来看，电子商务已经成为拉动物流仓储需求的主要动力。根据尚普咨询集团的数据显示，2022 年中国电子商务交易规模达到了 46.8 万亿元，同比增长 14.8%。其中，在线零售交易规模为 15.9 万亿元，占比 34%，同比增长 16.9%。预计 2023 年全年中国电子商务交易规模将达到 52 万亿元左右，同比增长 11% 左右。其中，在线零售交易规模将达到 18 万亿元左右，占比 34.6%，同比增长 13% 左右。

电子商务的高速发展，带动了对高效、灵活、智能的物流仓储服务的需求。根据尚普咨询集团的数据显示，2022 年中国电商仓储市场规模达到了 1,055.6 亿元，同比增长 18.8%。其中，第三方电商仓储市场规模为 654.6 亿元，占比 62%，同比增长 20.5%。预计 2023 年全年中国电商仓储市场规模将达到 1,250 亿元左右，同比增长 18.4% 左右。其中，第三方电商仓储市场规模将达到 800 亿元左右，占比 64%，同比增长 22.2% 左右。

除了电子商务外，跨境贸易、冷链、医药等新兴领域也对物流仓储提出了更高的要求。根据尚普咨询集团的数据显示，2022 年中国进出口总值为 35.65 万亿元，同比增长 14.8%。其中，出口为 19.39 万亿元，同比增长 15.9%；进口为 16.26 万亿元，同比增长 13.5%。预计 2023 年全年中国进出口总值将达到 38 万亿元左右，同比增长 6.6% 左右。其中，出口为 21 万亿元左右，同比增长 8.3% 左右；进口为 17 万亿元左右，同比增长 4.6% 左右。

跨境贸易的快速增长，带动了对跨境物流仓储的需求。根据尚普咨询集团的数据显示，2022 年中国跨境物流仓储市场规模达到了 136.7 亿元，同比增长 22.7%。其中，第三方跨境物流仓储市场规模为 84.1 亿元，占比 61.5%，同比增长 24.8%。预计 2023 年全年中国跨境物流仓储市场规模将达到 160 亿元左右，同比增长 17% 左右。其中，第三方跨境物流仓储市场规模将达到 100 亿元左右，占比 62.5%，同比增长 19% 左右。

冷链、医药等领域也对物流仓储提出了更高的品质、安全、效率等要求。根据尚普咨询集团的数据显示，2022 年中国冷链物流市场规模达到了 4 200 亿元，同比增长 15%。其中，冷链仓储市场规模为 1 260 亿元，占比 30%，同比增长 12%。预计 2023 年全年中国冷链物流市场规模将达到 4 800 亿元左右，同比增长 14.3% 左右。其中，冷链仓储市场规模将达到 1 440 亿元左右，占比 30%，同比增长 14.3% 左右。

根据尚普咨询集团的数据显示，2022 年中国医药物流市场规模达到了 1 500 亿元，同比增长 10%。其中，医药仓储市场规模为 450 亿元，占比 30%，同比增长 9%。预计 2023 年全年中国医药物流市场规模将达到 1 650 亿元左右，同比增长 10% 左右。其中，医药仓储市场规模将达到 495 亿元左右，占比 30%，同比增长 10% 左右。

从供给结构来看，物流仓储行业的供给能力和供给质量都有所提升。尚普咨询集团的数据显示，2022 年全国营业性通用仓库面积达到了 10.5 亿平方米，同比增长 5.3%。其中，智能仓库面积为 2.1 亿平方米，占比 20%，同比增长 15%。预计 2023 年全年全国营业性通用仓库面积将达到 11 亿平方米左右，同比增长 4.8% 左右。其中，智能仓库面积将达到 2.4 亿平方米左右，占比 21.8%，同比增长 14.3% 左右。

物流仓储行业的供给能力的提升，主要得益于物流仓储设施的建设和改造。根据尚普咨询集团的数据显示，2022 年全国物流园区建设规划面积达到了 6 000 平方公里，同比增长 10%。其中，国家级物流园区建设规划面积为 1 200 平方公里，占比 20%，同比增长 12%。预计 2023 年全年全国物流园区建设规划面积将达到 6 600 平方公里左右，同比增长 10% 左右。其中，国家级物流园区建设规划面积为 1 320 平方公里左右，占比 20%，同比增长 10% 左右。

物流仓储行业的供给质量的提升，主要得益于物流仓储技术的创新和应用。根据尚普咨询集团的数据显示，2022 年全国物流仓储技术创新投入达到了 300 亿元，同比增长 15%。其中，智能物流仓储技术创新投入为 180 亿元，占比 60%，同比增长 18%。预计 2023 年全年全国物流仓储技术创新投入将达到 330 亿元左右，同比增长 10% 左右。其中，智能物流仓储技术创新投入为 198 亿元左右，占比 60%，同比增长 10% 左右。

智能物流仓储技术主要包括以下几个方面：

无人化：通过无人机、无人车、无人叉车等设备实现仓库内外的自动化运输、搬运、分拣、装卸等作业。

机器人化：通过机器人臂、机器人手、机器人眼等设备实现仓库内的自动化拣货、包装、上架、下架等作业。

信息化：通过条码、RFID、二维码等技术实现仓库内外的信息采集、传输、识别、追踪等功能。

云化：通过云计算、云存储、云服务等技术实现仓库管理系统、仓库控制系统、仓库执行系统等系统的集成、优化、升级等功能。

智能化：通过人工智能、大数据、物联网等技术实现仓库内外的数据分析、决策支持、异常处理、风险预警等功能。

二、发展趋势

根据以上分析，可以看出，物流仓储行业对 2023 年展望以下几个发展趋势：

（一）行业规模将保持稳定增长

随着我国经济社会的持续发展，以及消费结构和产业结构的不断优化，物流仓储行业将继续保持稳定增长的态势。尤其是在电子商务、跨境贸易、冷链、医药等新兴领域的快速发展的推动下，物流仓储行业的需求将进一步扩大。同时，随着物流仓储行业的供给能力和供给质量的提升，物流仓储行业的服务水平和效率将进一步提高。因此，尚普咨询预计 2023 年全年物流仓储行业的规模将达到 1 500 亿元左右，同比增长 10.6% 左右。

（二）行业结构将进一步优化

随着物流仓储行业的需求结构和供给结构的变化，物流仓储行业的内部结构也将进一步优化。从需求结构来看，电子商务、跨境贸易、冷链、医药等新兴领域将成为物流仓储行业的主要增长点，对高效、灵活、智能的物流仓储服务的需求将持续增加。从供给结构来看，智能仓储将成为物流仓储行业的主要发展方向，无人化、机器人化、信息化、云化、智能化等技术的创新和应用将不断推进。因此，尚普咨询预计 2023 年全年智能仓储市场规模将达到 750 亿元左右，占比 50%，同比增长 16.7% 左右。

（三）行业竞争将更加激烈

随着物流仓储行业的规模扩大和结构优化，物流仓储行业的竞争也将更加激烈。从市场主体来看，物流仓储行业将呈现多元化的格局，包括传统的物流企业、电商平台、跨境电商平台、冷链企业、医药企业等。这些市场主体之间将在服务范围、服务质量、服务价格等方面展开竞争。从市场模式来看，物流仓储行业将呈现多样化的格局，包括自建仓库、租赁仓库、共享仓库、联合仓库等。这些市场模式之间将在成本效益、灵活性、可靠性等方面展开竞争。因此，物流仓储行业的市场主体和市场模式都需要不断创新和优化，以适应市场变化和客户需求。

（四）行业发展将面临新的机遇和挑战

随着物流仓储行业的发展，也将面临新的机遇和挑战。从机遇来看，物流仓储行业将受益于以下几个方面：

国家政策的支持：国家将继续加大对物流仓储行业的政策支持力度，包括加快建设国家级物流园区、推进智能物流示范项目、降低物流税费负担等。

技术创新的驱动：技术创新将继续为物流仓储行业提供动力，包括无人化、机器人化、信息化、云化、智能化等技术的不断发展和应用。

市场需求的拉动：市场需求将继续为物流仓储行业提供动力，包括电子商务、跨境贸易、冷链、医药等新兴领域的快速发展和对高效、灵活、智能的物流仓储服务的不断增加。

从挑战来看，物流仓储行业也将面临以下几个方面的挑战：

环境保护的压力：环境保护将对物流仓储行业提出更高的要求，包括减少物流仓储设施的占地、排放、噪音等对环境的影响，以及提高物流仓储设施的节能、节水、节材等方面的效率。

人才培养的缺乏：人才培养将对物流仓储行业提出更高的要求，包括培养适应智能物流仓储技术的专业人才，以及提高物流仓储人员的素质、技能、创新等方面的能力。

安全风险的增加：安全风险将对物流仓储行业提出更高的要求，包括防范和应对物流仓储设施的火灾、爆炸、坍塌等事故，以及保障物流仓储设施和货物的安全、完整、质量等方面的水平。

综上所述，2023 年物流仓储行业将呈现出规模增长、结构优化、竞争激烈、机遇挑战并存的发展态势。物流仓储行业的市场主体和市场模式都需要不断创新和优化，以适应市场变化和客户需求，实现物流仓储行业的可持续发展。

来源：尚普咨询集团

（五）物流供需状况改善，市场恢复态势稳健——2023 年 1-11 月物流运行分析

2023 年 11 月，需求端工业、消费等基础领域延续恢复态势，物流需求保持同步扩张，物流行业景气水平企稳向好。产业转型升级不断深化，物流供给逐步向结构性优化迈进，企业效益延续改善势头，全年物流运行稳中向好的发展基础得到进一步巩固。

一、物流需求持续企稳向好，转型升级势头不减

1—11 月，全国社会物流总额 305.9 万亿元，按可比价格计算，同比增长 5.0%，增速比 1—10 月提高 0.1 个百分点；11 月当月增长 6.7%，环比提高 1.6 个百分点。从物流需求指标情况来看，随着政策效力的持续发挥和产业创新动能的不断增强，9 月以来社会物流总额增速连续回升，物流需求总体保持稳定增长，为全年物流运行持续恢复和企稳向好的发展态势提供了支撑。

从需求结构看，各领域物流需求基本面进一步巩固，多数行业、产品增速均比上月回升；创新和升级类的物流需求持续发挥拉动作用，成为推动物流高质量发展的重要力量。

一是基础物流需求稳步回升，增势稳健。工业、进口、消费领域物流需求，11 月均保持较好增长，合计贡献率超过八成，显示社会物流总额基本面进一步稳定，恢复增长态势进一步延续。工业领域物流有所加快。1—11 月工业品物流总额同比增长 4.3%，增速比 1—10 月提高 0.2 个百分点；11 月同比增长 6.6%，增速较上月加快 2.0 个百分点。进口领域物流延续良好增势。1—11 月进口物流总额同比增长 12.8%，增速比 1—10 月回落 0.7 个百分点，环比虽略有回落但仍维持 10% 以上的较高增速。其中，铁矿砂及其精矿、原油等大宗商品 11 月进口物流量增速环比略有放缓，但依然保持平稳增长。旺季消费物流稳步增长。1—11 月单位与居民物品物流总额同比增长 8.0%，增速与 1—10 月基本持平（提高 0.02 个百分点）。其中 11 月商品零售物流需求同比增长 8.0%，增速比 10 月加快 1.5 个百分点。

二是创新升级物流需求回升较快，发挥引领带动作用。在产业升级方面，生产端的装备制造和高技术制造等产业的物流需求持续快速增长。11 月，装备制造和高技术制造相关的物流需求分别增长了 9.8% 和 6.2%，增速较上月分别加快了 3.6 和 4.4 个百分点，升级产业物流需求贡献率持续提升。在技术创新方面，随着智能技术的深入应用，流通端的物流需求范围不断扩大，特别是直播电商和新零售等新兴平台领域的物流需求增量明显。据 2023 年双十一数据显示，直播电商的物流需求同比增长超过 18%，1—11 月，全国实物商品网上零售额同比增长 8.3%，占社会消费品零售总额的比重为 27.5%，占比较 1—10 月提升 0.8 个百分点，为消费流通领域物流总额增长的提供了重要支撑。在绿色发展方面，随着可持续发展理念的普及，资源利用效率得到不断提高，1—11 月再生资源物流总额的同比增速超过 18%，并维持了较高的增长水平。同时绿色能源的应用也在加速推进，11 月新能源汽车和太阳能电池等绿色领域的物流需求保持高速增长，增速均达到了 35% 以上。

二、物流供给灵活匹配，产业服务品质优化

1—11 月，物流业总收入为 12.0 万亿元，同比增长 5.0%，增速较 1—10 月回升 1 个百分点。物流市场规模增速在连续两个月趋缓后快速回升，显示物流服务供给应对灵活快速，市场整体供需维持适度平衡状态。具体来看：

一是物流基础设施环境进一步巩固，固定资产投资增长较快。1—11 月交通运输、仓储和邮政业相关固定资产投资同比增长 10.8%，环比小幅回落 0.3 个百分点，但增速仍明显高于全国固定资产投资平均水平。其中，部分区域物流相关基础设施项目施工进度有所加快，如京津冀、东北地区的公路

重建、管网修复等物流基础设施行业投资保持较快增长。

二是行业景气水平总体向好，高端服务领域增势明显。11 月，中国物流业景气指数中的业务总量指数为 53.3%，环比回升 0.4 个百分点。行业景气水平 4 月以来总体呈现波动中恢复的态势，本月回升至近期较高水平，显示接近年末物流活动趋于活跃、市场发展较为稳健。

从运输环节看，快递、航空等行业景气水平均位于高景气区间，物流活动恢复态势良好。相关的业务量数据显示，截至 12 月初快递业务量首次突破 1200 亿件大关，11 月快递业务量同比增长 31.9%；11 月民航完成货邮运输量 71.9 万吨，恢复至 2019 年同期的 102.8%，连续 4 个月超过疫情前水平，规模创历史新高。快递、航空等物流服务与当前经济整体处于转型升级关键期密切相关，产业向高技术、高附加值方向发展，终端消费结构持续升级优化，均对物流服务的时效、精准度提出更高要求。

从仓储保管环节看，仓储物流行业景气持续向好，支撑供应链循环稳定恢复。11 月中国仓储新订单指数、平均库存周转次数指数为 53% 和 52.2%，较上月回升 1.3 和 1.8 个百分点，显示仓储业务活动活跃，周转速度加快。重点调研来看，仓储物流企业在装备智能化、信息数字化等方面积极推进，仓储设备利用率持续改善，助力各环节物流、信息流周转顺畅高效。11 月生产端数据显示工业企业产品销售率为 97.4%，同比上升 0.5 个百分点，供应链协同运行水平仍在稳步恢复中。

三是物流供需关系优化，服务价格稳中有升。11 月，物流供需延续恢复改善的基本态势，服务价格总体稳中有升。水运方面，市场信心有所提振，沿海散货方面下游煤炭、金属矿石等采购运输积极运价指数整体涨幅较大，集装箱方面港口吞吐量增长多数远洋航线运价有所上涨。11 月，中国沿海散货运价指数月平均值为 1014.63 点，环比上涨 6.4%；中国出口集装箱综合运价指数平均值为 855.11 点，环比上涨 4.8%。公路方面，指数保持基本稳定，总体略高于同期水平。11 月，中国公路物流运价指数为 103.8 点，与上月基本持平，比上年同期提高 0.44%。航空方面，在需求较快恢复带动下，价格有所上涨。11 月国内航线货物平均运价环比上涨 0.6%；国际航线货物平均运价环比上涨 16.6%。

四是企业营收增速小幅回升，业务规模回暖带动成本趋缓。从重点调查数据来看，在业务量回暖和价格企稳的带动下，物流企业的业务收入增速小幅回升。1—11 月，重点调查的物流企业物流业务收入同比增长 7.6%，环比提高 0.2 个百分点。随着业务量规模增速回暖，相关物流设备利用效率同步改善、资金周转时效有所加快，企业单位成本水平延续小幅回落走势。1—11 月重点企业的每百元物流业务收入中的成本同比减少 0.1 元，环比减少 0.04 元。

综合来看，11 月物流需求延续回升向好的态势，转型升级带来的创新动能增势较为强劲。在供给侧，物流市场结构进一步优化，助力供应链衔接匹配更为流畅，推动产业向高质量发展迈进。但也要看到，当前物流运行整体仍处于恢复期，11 月部分指标回升也存在同期基数偏低等因素影响，物流需求、物流市场规模的累计增速依然偏低。展望全年，随着扩内需、促消费等政策的逐步落实见效，经济运行中有效需求不足的问题有望逐步缓解，物流领域新订单环比回升，微观企业业务预期指数仍位于较高景气区间，未来物流运行有望保持企稳向好的发展态势。

来源：中国物流与采购联合会、中国物流信息中心

（六）2023 年值得关注的九大物流政策盘点

对于物流运输行业来说，2023 年无疑是充满挑战与机遇的一年。在这一年，随着我国经济逐步回归常态运行，物流运输需求也在持续恢复，国家层面出台的各类政策也在推动着行业的高质量发展。2023 年国家都发布了哪些具有影响力的新规呢？

一、持 A2、B2 驾照可直接申领从业资格证，无需再次考试

也就是说，司机获得了 A2 或 B2 的驾驶证之后，可以直接申领相应车型的从业资格证，无需再次考试。

二、货运车辆检验检测周期调整，异地可检

交通运输部新修订《道路运输车辆技术管理规定》，自 2023 年 6 月 1 日起施行。根据改革要求，将货运车辆的检验检测周期和频次统一为 10 年内每年检测 1 次、10 年后每半年检测 1 次，并实行普货车辆异地检验检测。

三、全国范围全面实施国六 6b

公告还明确，针对部分实际行驶污染物排放试验报告结果为“仅监测”等轻型汽车国六 b 车型，给予半年销售过渡期，允许销售至 2023 年 12 月 31 日。

四、继续对挂车减征车辆购置税

为促进甩挂运输发展，提高物流效率和降低物流成本，财政部、税务总局、工业和信息化部联合发布《关于继续对挂车减征车辆购置税的公告》，继续对挂车减征车辆购置税，该公告执行至 2027 年 12 月 31 日。

五、“百吨王”正式入刑

该标准明确规定，道路普通货运企业存在以下情形之一，应判定为重大事故隐患—

一是所属货运车辆故意夹带危险货物或违规运输禁运、限运物品，且运输过程中未及时提醒纠正、运输行为结束后一个月内未严肃处理的。

二是所属货运车辆运输过程中违法装载导致车货总质量超过 100 吨的。

六、《道路危险货物运输管理规定》修改：取消罚款

国务院发布《关于修改和废止部分行政法规的决定》，对《中华人民共和国道路运输条例》作出修改，下调了“对未取得道路运输经营许可擅自从事道路旅客运输（含国际道路旅客运输）经营行为中轻微行为的罚款”“对客运班车不按照批准的配客站点停靠或者不按照规定的线路、日发班次下限行驶等行为的罚款”数额，取消了“对道路客运经营者不按照规定随车携带道路运输证行为的罚款”。

为落实《决定》要求，交通运输部对《道路旅客运输及客运站管理规定》进行了相应修改，

其中下调 2 项事项的罚款数额，取消 1 项罚款事项。

七、国务院：推广新能源中重卡

该计划重点关注—1、重点区域公共领域新增或更新公交、出租、城市物流配送、轻型环卫等车辆中，新能源汽车比例不低于 80%；加快淘汰采用稀薄燃烧技术的燃气货车；2、推动山西省、内蒙古自治区、陕西省打造清洁运输先行引领区，培育一批清洁运输企业。在火电、钢铁、煤炭、焦化、有色、水泥等行业和物流园区推广新能源中重型货车，发展零排放货运车队。

八、三部门：延续和优化新能源汽车车辆购置税减免政策

公告明确，对购置日期在 2024 年 1 月 1 日至 2025 年 12 月 31 日的新能源汽车免征车辆购置税；对购置日期在 2026 年 1 月 1 日至 2027 年 12 月 31 日的新能源汽车减半征收车辆购置税。购置日期按照机动车销售统一发票或海关关税专用缴款书等有效凭证的开具日期确定。

九、货车 3C 认证有变

试点措施：

1. 明确整车企业为责任主体：对整车企业委托不同改装企业生产的四类车，由整车企业作为认证委托人向认证机构提出认证申请，改装企业不能单独申请 CCC 认证。整车企业应同时将 CCC 证书涉及的改装企业名单向认证机构备案。

2. 四类车开展自检自证：整车企业在申请四类车 CCC 认证时，可以采用自有实验室出具的检测报告替代第三方检测报告，可以在作出相关承诺的前提下，免于提交生产能力、技术力量、质量保证体系方面的申请材料。

来源：物流新观察万小易

二、2023年上海物流业运行情况分析

（一）2023年上海市现代物流产业链全景图谱

现代物流产业发展现状及价值链分布

——全国现代物流产业发展规模。物流这一概念首次引入我国是在20世纪70—80年代，2006年3月颁布的《中华人民共和国国民经济和社会发展第十一个五年规划纲要》首次提出了要大力发展现代物流业。根据中国物流与采购联合会披露的信息，2018—2022年，我国社会物流总额和物流业总收入逐年缓慢上升，2020年社会物流总额首次突破300万亿元，达到300.1万亿元。2022年，我国社会物流总额为347.6万亿元、物流业总收入12.7万亿元，分别同比增长3.4%和4.7%。

——现代物流产业价值链分布。现代物流产业链的上游环节涉及基础设施供应和物流设备及软件的供应商；中游环节是物流服务商，主要提供运输服务、仓储服务和邮政服务；下游环节是对物流服务存在需求的角色，包括来自各行各业的生产性企业、商家平台以及消费者。

总体来看，上游环节内基础设施供应商的毛利率水平相对较高；中游环节内仓储服务产生的毛利率一般在20%以上、比运输服务和邮政服务较高；下游环节的毛利率主要被生产性企业获得，由于企业来自各行各业，相互之间的毛利水平差异较大。

上海市现代物流产业政策环境

近年来，上海市针对现代物流产业发展，从信息系统建设、冷链物流、航运物流、快递物流等多方位提出明确的发展意见和目标。2014—2023年，上海市出台现代物流产业相关政策共累计333条，总体来看政策数量呈现波动增长趋势，其中2021年的数量最多、达到86条。截至2023年9月中旬，已累计出台40条相关政策。

上海市现代物流产业链现状图谱

——上海市现代物流产业链图谱。目前，现代物流产业链中游环节有大量企业在上海市分布，提供运输服务、仓储服务和邮政服务的企业分别有41626家、13385家和5828家，其中提供道路运输服务的企业数量最多、达37669家。

——上海市现代物流产业链企业地图。从现代物流产业链各环节的代表性企业分布地图来看，浦东新区的布局相对完善、涵盖上游和中游环节的企业，青浦区集聚提供快递服务的物流公司，长宁区、闵行区、黄浦区和杨浦区的代表性企业相对较多。

——上海市现代物流产业发展载体图谱。目前，上海市分布着五大重点物流园区，其中3家分布在浦东新区、1家在普陀区、1家在松江区。其中，浦东新区的3家物流园区主要对接国际，强化临港和临空产业与现代物流的联动效应；分布在西部地区的2家综合物流园区突出物流与城市功能、产业优势的融合，推动传统物流转型升级。

上海市现代物流产业发展现状

——现代物流产业发展指标名列前茅。根据交通运输部以及上海市人民政府披露的数据，2022年上海市的港口货运吞吐量达到66832万吨，其中集装箱吞吐量突破4730万标准箱、连续13年蝉联全球第一。在航空货邮方面，上海浦东机场吞吐量排名全国第一、达311.72万吨，与上海虹桥机场合

计吞吐量达到 330.18 万吨。在邮政业务方面，上海市 2022 年共实现 1849.85 亿元的业务总量、同比增长 9.3，排名全国城市第一。总体来看，虽然 2022 年上海市现代物流产业因新冠疫情影响出现小幅波动，但各项发展指标依然排在全国前列。

——新增注册企业数量小幅波动下降。企查猫查询数据显示，截至 2023 年 8 月 31 日，上海市现代物流产业相关的注册企业超过 10 万家，其中 2021 年新注册汽车数量创历史高峰，达 6918 家。2023 年 1—8 月，上海市现代物流产业注册企业数量为 3477 家。总体来看，上海市近十年来现代物流产业注册企业数量呈现小幅波动下降趋势。

——产业配套设施运作率高。根据中国物流与采购联合会发布的《第六次全国物流园区（基地）调查报告》(2022)，上海市共建有物流园区总数 16 座，其中运营园区数量 16 座，全国 31 个省市里目前只有上海和天津达到 100% 的运作率。

上海市现代物流产业发展前景及规划（量化政策目标 / 定性发展规划内容）

——上海市现代物流产业发展前景。2021 年 1 月上海市人民政府出台的《上海市国民经济和社会发展第十四个五年规划和二〇三五年远景目标纲要》，提出“十四五”规划期间上海市要大力发展现代物流产业，并对物流仓储、物流中心、货运量等多方位提供了发展建议和预期目标。

——上海市现代物流产业发展规划。“十四五”期间，上海市将从六项重点任务发展现代物流产业。

来源：前瞻产业研究院

（二）上海出台政策促进外贸稳规模提质量“快递出海”获支持

近日，上海市政府印发《上海市促进外贸稳规模提质量的若干政策措施》（以下简称《政策措施》），从促进外贸规模稳定增长、促进外贸创新发展、支持开拓多元市场、优化跨境贸易营商环境等 4 方面，提出 21 条措施，“快递出海”获多项政策支持。

《政策措施》要求：一是要发挥上海自贸试验区创新引领作用。加快推进洋山特殊综合保税区三期扩区，研究扩大洋山特殊综合保税区径予放行口岸。支持临港新片区设立国际转运集拼监管中心，开展国际中转集拼业务。持续推进外贸集装箱沿海捎带业务试点，争取试点实施更开放包容的沿海捎带政策。支持外高桥 (8.950, 0.05, 0.56%) 保税区开展内外贸一体化试点，深化发展全球营运管理、全球贸易结算、全球分拨配送、全球研发维修等功能。二是要推动跨境电商创新发展。深化跨境电商综合试验区建设，围绕跨境电商平台、物流、支付等环节，培育一批标杆企业。支持上海自贸试验区内企业开展跨境电商零售进口部分非处方药品及家庭常用医疗器械业务。推动跨境电商 B2B 出口海运清单模式落地。便利跨境电商退货，允许跨境电商进口退货商品与出口商品合并同一总单申报出口。三是要发挥海外仓带动作用。建设海外仓综合服务平台，加快推进跨境电商海外仓数据归集，为跨境电商出口海外仓收结汇和办理退税提供便利。鼓励传统外贸企业、跨境电商和物流企业等积极布局海外仓，加快推进公共海外仓建设，支持中小微企业通过海外仓“抱团出海”。优化跨境电商特殊区域包裹零售出口业务模式。

上海局表示，下一步，将把政策红利转化为发展动力，支持快递企业与制造企业加强国际发展战略对接，聚焦集成电路、生物医药、人工智能三大先导产业在内的“3+6”新型产业体系，打造“伴随出海、协同发展”新模式，畅通国内国际“双循环”大通道，深入推进“两进一出”工程，助力行业高质量发展。

来源：上海市邮政管理局

（三）上海空港型国家物流枢纽获批 纳入国家发改委 2023 年重点建设名单

近日，国家发展改革委发布 2023 年国家物流枢纽建设名单，上海空港型国家物流枢纽获批。

此前，上海市发改委、浦东新区人民政府联合上海机场集团启动 2023 年国家物流枢纽申报工作，形成并上报了《上海空港型国家物流枢纽建设方案》。

上海航空枢纽是我国境内出入境货运量最大的航空枢纽。根据该方案，上海空港型国家物流枢纽依托上海浦东和虹桥机场，加强与上海自贸区、洋山特殊综保区、虹桥国际开放枢纽、大飞机总装产业集群、进博会平台的联动，聚焦服务长三角及全国的产业集群和航空物流需求，通过建设链接全球的国际航空货运枢纽、空陆海一体的国际多式联运组织中心以及服务世界级产业集群的全球高端产业供应链组织中心，积极打造提升我国生产消费组织服务水平的现代流通体系战略支点。

上海空港型国家物流枢纽分为浦东、虹桥两大片区进行建设，其中，浦东片区为复合型国际航空货运枢纽，包括机场红线内主要物流设施和西侧的浦东综合交通枢纽、浦东机场综合保税区及南侧的洋山特殊综保区部分区域，设置机场货运区、空铁联运功能区、保税功能区、海关监管区、货物暂存区等五大功能区；虹桥片区为国内干线航空快件枢纽，包括机场红线内主要物流基础设施和西侧的保税功能区，设置国内货运区、国际货运区、保税展贸区等三大功能区。

上海机场集团作为上海空港型国家物流枢纽的建设主体和牵头单位，将联合航空公司、国际航空物流集成商、货代企业、物流功能区开发企业等市场主体，合力推动上海空港型国家物流枢纽的建设和发展，充分利用国家物流枢纽的政策赋能，突破政策瓶颈，扩大业务规模、提高运行效率；加强与国内其他物流枢纽的交流，通过服务延伸、信息共享增进业务往来，增强上海航空货运枢纽的辐射服务能级，进一步巩牢上海空港型物流枢纽的优势、提升国际竞争力；充分发挥空港物流枢纽的作用，提高上海航运产业和物流枢纽经济的能级，促进先进制造业、国际商贸业等发展，打造供应链、产业链、价值链中心，成为区域和城市经济社会发展的重要引擎。

来源：《新民晚报》

（四）推动上海国际航空货运枢纽高质量发展行动方案（2023—2025）

10 月 17 日，上海市推进上海国际航空中心建设领导小组正式印发《推动上海国际航空货运枢纽高质量发展行动方案（2023—2025）》（以下简称《行动方案》），邮政快递业多项内容被纳入其中，邮政快递企业航空快递业务发展有了新方向。

《行动方案》明确，一是拓展航空货运细分领域。鼓励航空物流企业加强与快递、跨境电商、生产制造、贸易流通等企业合作，推动航空货运从普货向跨境电商、冷链物流、快件业务等高附加值产品的转型。促进航空邮政业务发展，助力上海邮政快递国际枢纽中心建设。二是提升口岸通关便利化水平。整合机场地区监管资源，推进监管配套设施建设。持续优化查验监管模式，提升通关效率。建立航空邮件快件绿色通道。三是提升航空货运智慧化水平。推进货站设施智慧化改造，提高航空货运设施自动化水平，推进分拣、装载和仓储等设施智能化。四是推动航空货运绿色低碳发展。鼓励航空物流企业提升设施设备共享共用和循环利用水平，积极参与碳交易。

上海局表示，下一步将坚持推动邮政业高质量发展为主线，强化部门联动和政企沟通，做好《上海邮政快递国际枢纽中心建设实施意见》政策衔接，形成国际航空货运枢纽高质量发展政策合力，认真抓好《行动方案》的贯彻落实，坚持“量质齐升、市场主导、智慧赋能、创新驱动”的基本原则，鼓励引导邮政快递企业发展航空快递业务，提升航空物流服务整体效能，助力上海国际航空货运枢纽建设，促进上海国际航运中心能级提升，加快推进上海邮政快递业实现高质量发展。

第三篇 物流统计

一、2023 年中国物流业景气指数

2023 年 1 月中国物流业景气指数为 44.7%

中国物流与采购联合会发布的 2023 年 1 月中国物流业景气指数为 44.7%，较上月回落 1.3 个百分点；中国仓储业指数为 43.2%，较上月回落 5.5 个百分点。

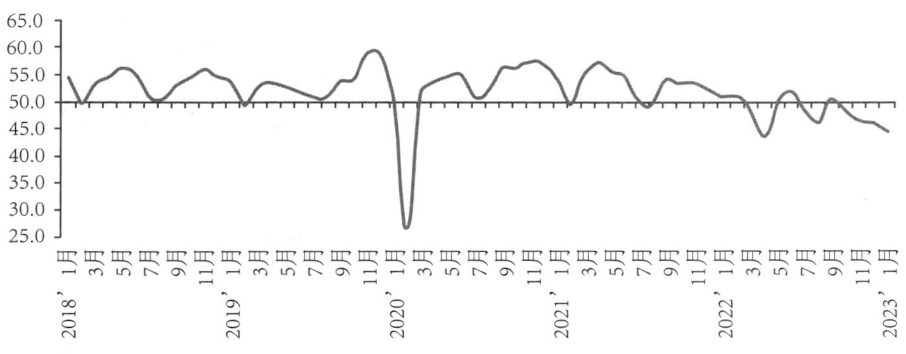

图 3-1 2018—2023 年 LPI 走势图（%）

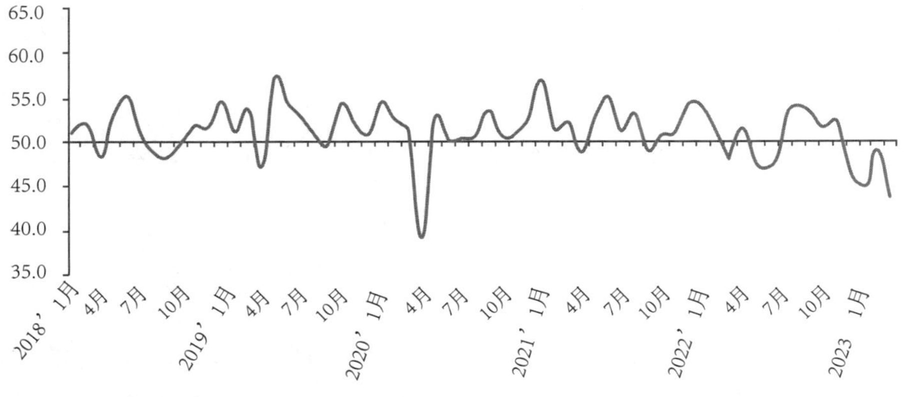

图 3-2 2018—2023 年中国仓储指数走势图（%）

中国物流与采购联合会总经济师何辉认为：1 月，受节日因素影响，物流业景气指数较上月继续回落。从指数上看，业务量规模缩减、库存指数下降，但新订单数量企稳、业务活动预期大幅回升。从区域看，东中西部地区均位于收缩区间。从企业规模看，大中小微型物流企业仍位于收缩区间。节后开工复工进度加快，防控政策持续优化调整，企业信心明显增强，供应链上下游将快速复苏，物流

业景气指数有望重返扩张区间。

业务总量指数回落。1 月，业务总量指数为 44.7%，环比回落 1.3 个百分点，显示因节日因素物流业务规模有所缩减。

平均库存量指数和库存周转次数指数回落。1 月，平均库存量指数和库存周转次数指数分别为 48.4% 和 43.5%，环比分别回落 0.8 和 1.7 个百分点，显示出物流库存量降低，货物周转有所减缓。

从后期走势看，业务活动预期指数为 55.6%，较上月回升 7 个百分点。显示出企业对行业发展信心增强、预期乐观。

2023 年 2 月中国物流业景气指数为 50.1%

中国物流与采购联合会发布的 2023 年 2 月中国物流业景气指数为 50.1%，较上月回升 5.4 个百分点；中国仓储业指数为 56.3%，较上月回升 13.1 个百分点。

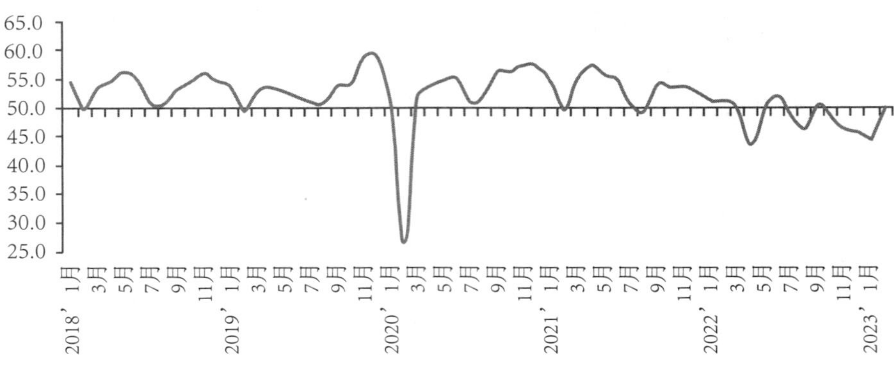

图 3-3 2018—2023 年 LPI 走势图（%）

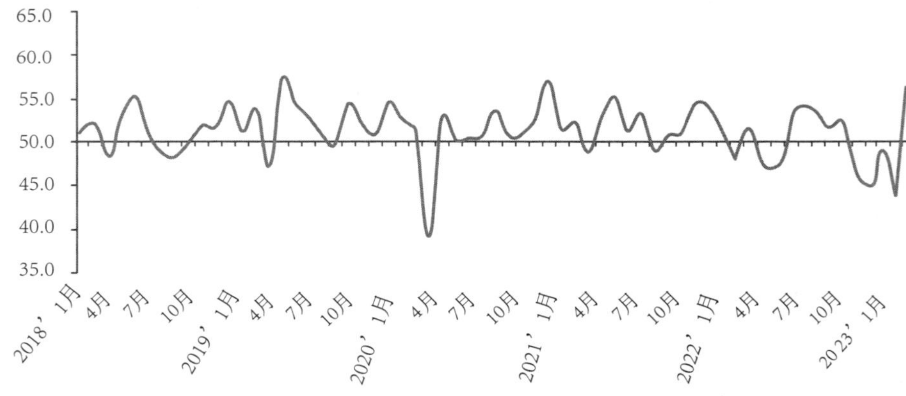

图 3-4 2018—2023 年中国仓储指数走势图（%）

中国物流与采购联合会总经济师何辉认为：2 月，受供需两端回暖，产能增加影响，物流业景气指数较上月有所回升。从指数上看，业务量增加、库存量回升、库存周转加快、资金周转率提高、从业人员增多、新订单和业务活动预期指数继续保持回升。从区域看，东中西部地区均较上月有所回升，其中东部地区回升幅度更大。从企业规模看，大中小型物流企业业务量增加，微型物流企业业务量回升速度较缓。随着稳经济政策措施效应进一步显现，企业复工复产加快，企业对来恢复发展预期向好，物流业景气指数有望继续保持稳步回升。

业务总量指数回升。2 月，业务总量指数为 50.1%，环比回升 5.4 个百分点，显示物流行业业务规模恢复较快。

设备利用率指数回升。2 月，设备利用率指数环比回升 6.9 个百分点，显示出随着业务量规模的扩大，物流相关设备利用率有所提高。

从后期走势看，业务活动预期指数为 57.6%，较上月回升 1.9 个百分点。显示出企业对行业恢复发展预期向好。

2023 年 3 月中国物流业景气指数为 55.5%

中国物流与采购联合会发布的 2023 年 3 月中国物流业景气指数为 55.5%，较上月回升 5.4 个百分点，连续两个月回升超过 5 个百分点；中国仓储业指数为 50.2%，较上月下降 6.1 个百分点。

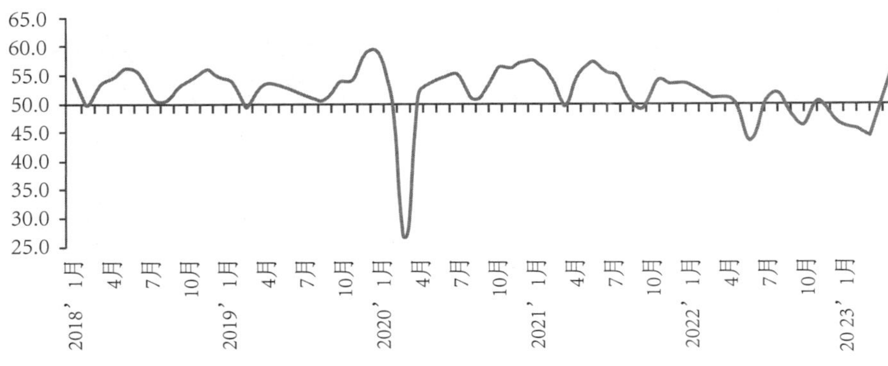

图 3-5 2018—2023 年 LPI 走势图（%）

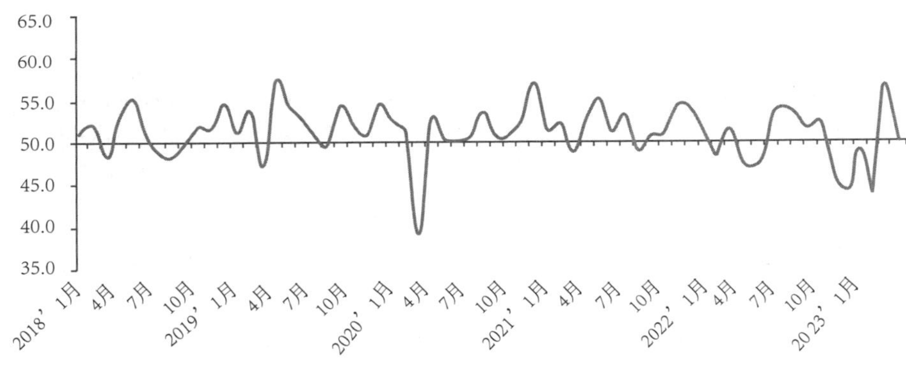

图 3-6 2018—2023 年中国仓储指数走势图（%）

中国物流与采购联合会总经济师何辉认为：3 月，伴随各地稳需求、促销费等政策措施落地，物流业景气指数呈现强劲复苏态势。其中，业务量和新订单指数持续增长，库存周转次数和资金周转率指数加快，投资指数、主营业务利润指数、从业人员指数、业务活动预期指数均继续保持回升。从区域看，东中西部地区均较上月有所回升。从企业规模看，大中小微型物流企业业务量均有增加。随着经济活动趋于活跃，物流业运行有望继续回升。

业务总量指数回升。3 月，业务总量指数为 55.5%，环比回升 5.4 个百分点，显示物流行业业务规模在扩张区间，继续保持较快增速。

新订单指数回升。3 月，新订单指数环比回升 4.4 分点，显示物流需求继续改善，商品流通需求增多，订单数量明显增加，为行业景气后期回升提供基础保障。

库存指数保持双升。3 月，平均库存量指数和库存周转次数指数回升到 50% 以上，环比分别回升

2.2 和 3.9 个百分点，显示出生产和消费两端均趋于活跃，库存和周转次数均有增加。

从后期走势看，3 月业务活动预期指数为 58.1%，连续 4 个月回升，显示出随着经济持续复苏，企业对物流行业将继续快速增长的信心较强。

2023 年 4 月中国物流业景气指数为 53.8%

中国物流与采购联合会发布的 2023 年 4 月中国物流业景气指数为 53.8%，较上月回落 1.7 个百分点；中国仓储业指数为 53.7%，较上月上升 3.5 个百分点。

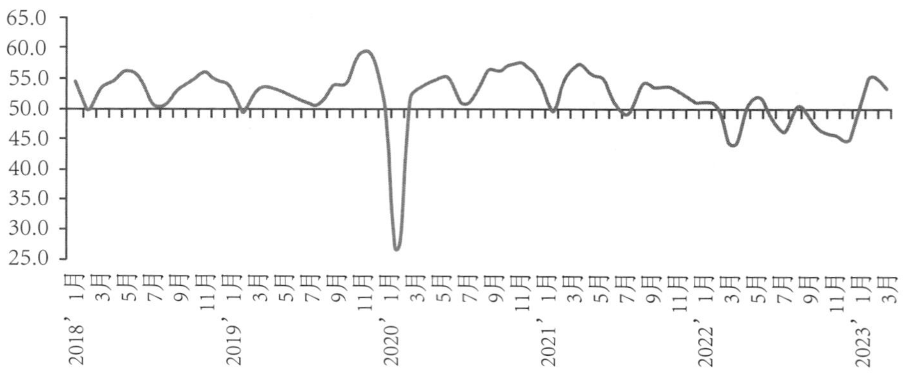

图 3-7 2018—2023 年 LPI 走势图（%）

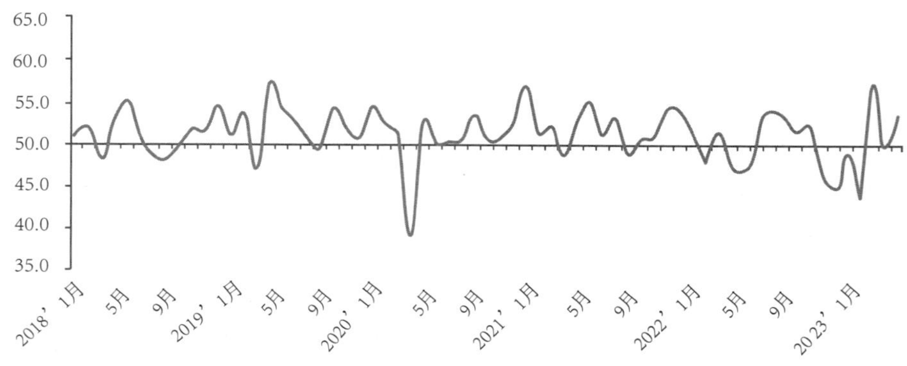

图 3-8 2018—2023 年中国仓储指数走势图（%）

中国物流与采购联合会总经济师何辉认为：4 月，物流业景气指数在扩张区间内较上月有所回落主要由于前期物流业复苏较快，形成较高基数，呈季节性波动。从区域看，东中西部地区均位于扩张区间。从企业规模看，大中型物流企业物流业务需求较好，小微型物流企业物流需求较上月有所减少。后期需关注供需两端的适应性与可持续性，保持内需稳步复苏，增强内生动力活性。

业务总量指数回落。4 月，业务总量指数为 53.8%，环比回落 1.7 个百分点，显示物流行业业务需求在前期快速增长的基础上，略有减少。

新订单指数回落。4 月，新订单指数为 52.3%，环比回落 1.4 个百分点，显示出物流行业新订单数量增速有所放缓。

资金周转率指数回升。4 月，资金周转率指数为 52% 左右，显示出在相关政策扶植下，物流企业经营中资金流动性情况较好。

从后期走势看，业务活动预期指数保持在 55% 以上高位运行。显示出随着经济持续复苏和节日相关消费需求继续释放，物流企业对短期行业景气度仍保持乐观。

2023 年 5 月中国物流业景气指数为 51.5%

中国物流与采购联合会发布的 2023 年 5 月中国物流业景气指数为 51.5%，较上月回落 2.3 个百分点；中国仓储业指数为 51.3%，较上月下降 2.4 个百分点。

图 3-9 2018—2023 年 LPI 走势图（%）

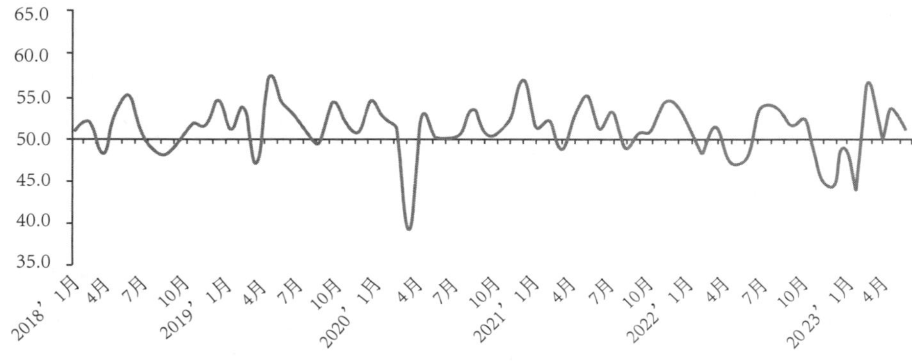

图 3-10 2018—2023 年中国仓储指数走势图（%）

中国物流与采购联合会总经济师何辉认为：5 月，物流业景气指数继续保持扩张，但景气水平略有回落，显示出新增需求尚有不足，内生动力仍需增强。从指数上看，“九降二升”，其中库存周转次数指数和固定资产投资完成额指数较上月回升。从区域看，东中西部地区均位于扩张区间。从企业规模看，大中型物流企业物流业务需求保持稳定，小微型物流企业物流需求较上月仍有减少。后期仍需继续关注稳投资、促消费和稳就业相关政策效果，加快物流行业恢复发展。

业务总量指数和新订单指数回落。5 月，业务总量指数为 51.5%，环比回落 2.3 个百分点；新订单指数为 49.7%，环比回落 2.6 个百分点。显示出市场需求不足，业务量相应有所放缓。

固定资产投资完成额指数回升。5 月，固定资产投资完成额指数环比回升 1.4 个百分点，显示出物流行业相关固定资产投资完成效率保持增长。

从后期走势看，业务活动预期指数保持在 55% 左右高位区间，企业依然看好铁路运输业、航空运输业和邮政快递业和多式联运领域。显示出物流市场信心总体保持稳定。

2023 年 6 月中国物流业景气指数为 51.7%

中国物流与采购联合会发布的 2023 年 6 月中国物流业景气指数为 51.7%，较上月回升 0.2 个百分点；中国仓储业指数为 50.7%，较上月下降 0.6 个百分点。

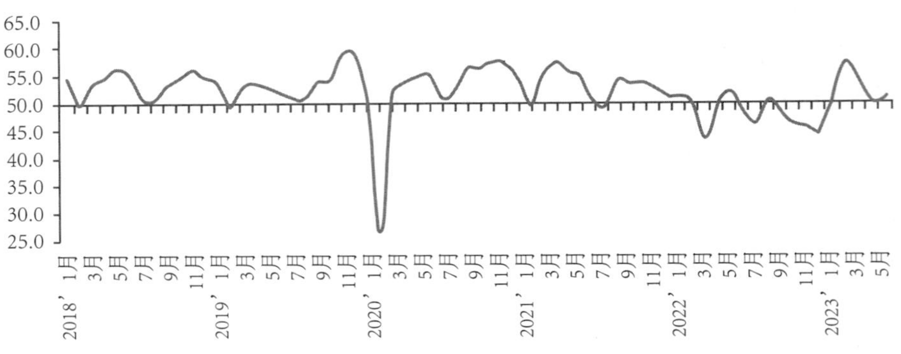

图 3-11 2018—2023 年 LPI 走势图（%）

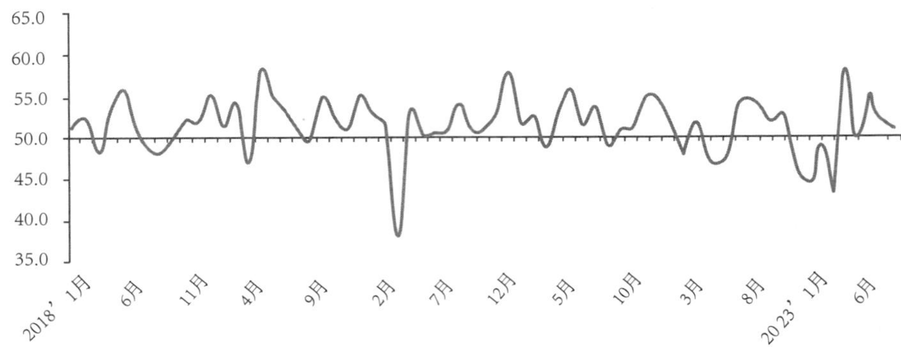

图 3-12 2018—2023 年中国仓储指数走势图（%）

中国物流与采购联合会总经济师何辉认为：6 月，物流业景气指数环比小幅回升，各分项指标均有所改善，显示出市场业务量和订单需求增加，就业形势好转，企业信心稳定。从区域看，东西部地区较上月有所回升，中部地区持平。从企业规模看，大中型企业物流需求保持稳定，小微型企业需求偏弱。综合二季度景气指数运行情况，物流业总体保持恢复，但恢复势头不稳，物流业恢复向好势头仍需巩固。

业务总量指数和新订单指数双升。6 月，业务总量指数和新订单指数分别为 51.7% 和 50.4%，环比分别回升 0.2 和 0.7 个百分点。

从业人员指数回升。6 月，从业人员指数为 51.2%，环比回升 2.3 个百分点，显示出物流岗位需求增加，企业用工压力较之前缓解。

从后期走势看，业务活动预期指数较上月回升，继续保持在 55% 高位，显示出物流市场信心继续保持稳定。

2023 年 7 月中国物流业景气指数为 50.9%

中国物流与采购联合会 5 日发布数据显示，7 月中国物流业景气指数为 50.9%，较上月回落 0.8 个百分点。中国物流信息中心物流统计处处长胡焓分析认为，受供应链上下游需求放缓叠加部分地区高温酷暑等因素影响，本月物流景气指数有所回落。但当前物流需求总体趋稳，企业运作效率较高，人员岗位供需稳定，物流保持较好运行态势。

分项指数中，7 月业务总量指数为 50.9%，环比回落 0.8 个百分点，保持扩张态势。分行业来看，除水上运输和装卸搬运业外，铁路运输、航空运输、仓储物流、邮政快递等业务总量指数均在景气区间，其中道路运输业业务总量指数为 53.9%，5 月以来连续回升。

7 月，物流企业新订单指数为 50.6%，环比回升 0.2 个百分点，但回升幅度比上月有所回落。分行业来看，铁路运输、道路运输、航空运输、仓储物流和邮政快递等主要行业新订单指数保持在景气区间。

7 月，业务活动预期指数保持在 55% 左右高景气区间，其中航空运输业、仓储业和多式联运活动预期指数在 58% 以上。7 月，物流业固定资产投资完成额指数保持扩张区间，但环比有所回落，反映出企业投资仍保持增长，但增长势头有所放缓。

胡焓表示，总体来看，7 月物流需求总量和新增订单保持平稳，东部地区压舱石作用明显，设备利用率和库存周转较好，企业运营效率保持较高水平。但从指数变化来看，本月业务总量指数小幅回落，新订单指数增速放缓，增长动力出现放缓的迹象，同时企业微观经营指标继续波动，对企业扩大投资和经营预期带来一定影响，需要进一步关注。

中国物流与采购联合会总经济师何辉认为，7 月，受高温多雨和淡季效应影响，物流业景气指数较上月有所回落，但仍保持在景气区间，物流行业整体运行平稳。从后期走势看，业务活动预期指数保持在扩张区间，显示出物流市场信心总体保持稳定。

2023 年 8 月中国物流业景气指数为 50.3%

中国物流与采购联合会发布的 2023 年 8 月中国物流业景气指数为 50.3%，较上月回落 0.6 个百分点；中国仓储业指数为 52%，较上月下降 0.2 个百分点。

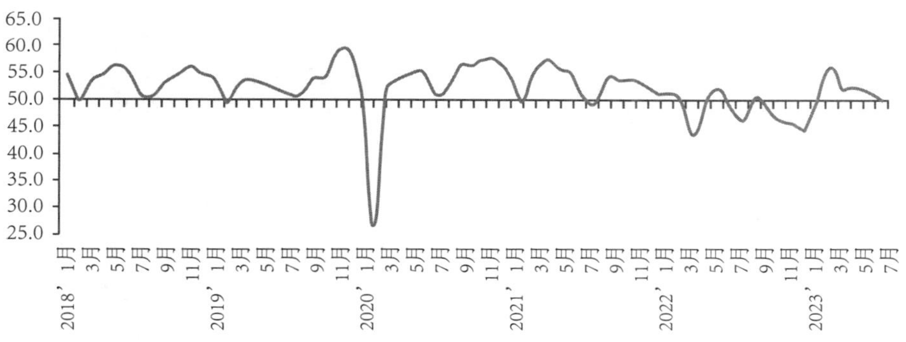

图 3-13 2018—2023 年 LPI 走势图（%）

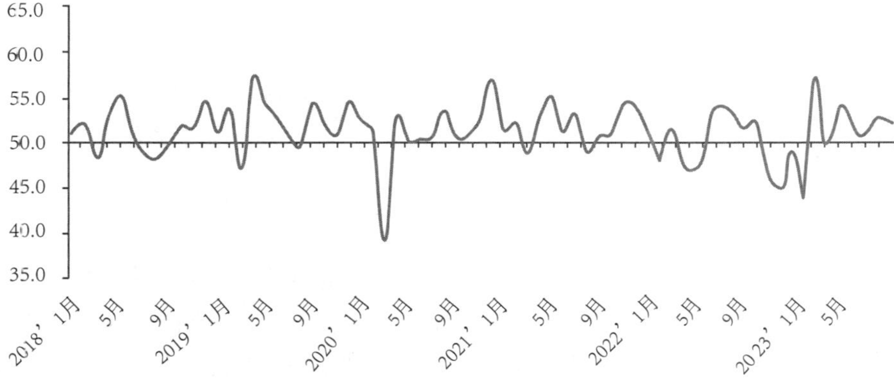

图 3-14 2018—2023 年中国仓储指数走势图（%）

中国物流与采购联合会总经济师何辉认为：8 月，物流业景气指数较上月虽略有回落，但仍保持在景气区间，物流行业整体运行稳定。从分析指数看，平均库存量指数、物流服务价格指数、主营业务成本指数和业务活动预期指数较上月回升，其他分项指数较上月有不同程度回落。从区域看，东部和西部地区业务需求保持增长。从企业规模看，大中型物流企业保持增长，小微型物流企业经营状况有所改善。在政策稳步实施的基础上，连续复苏的趋势在形成，市场预期总体向好。

业务总量指数回落，业务保持稳定。8 月，业务总量指数为 50.3%，环比回落 0.6 个百分点，尽管保持在 50% 以上但仍有较大增长空间。

新订单指数回落，需求有待提振。8 月新订单指数回落至 50% 以下，且连续 7 个月弱于业务总量指数，反映出新增需求不稳有待提振。

从后期走势看，业务活动预期指数环比回升并保持在扩张区间，企业保持积极预期。

2023 年 9 月中国物流业景气指数为 53.5%

中国物流与采购联合会发布的 2023 年 9 月中国物流业景气指数为 53.5%，较上月回升 3.2 个百分点；中国仓储业指数为 53.5%，较上月上升 1.5 个百分点。

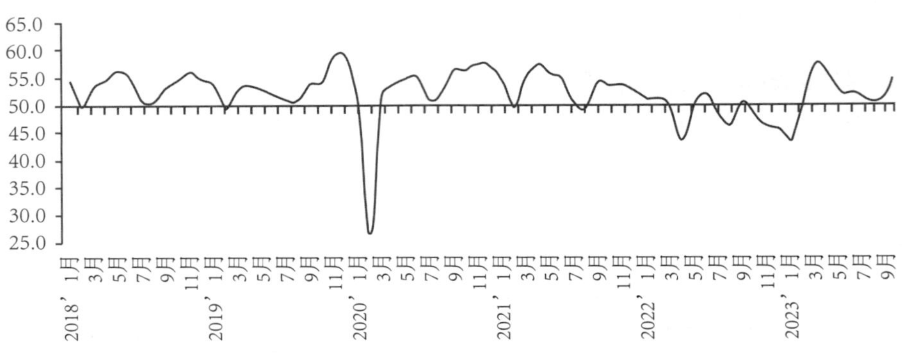

图 3-15 2018—2023 年 LPI 走势图（%）

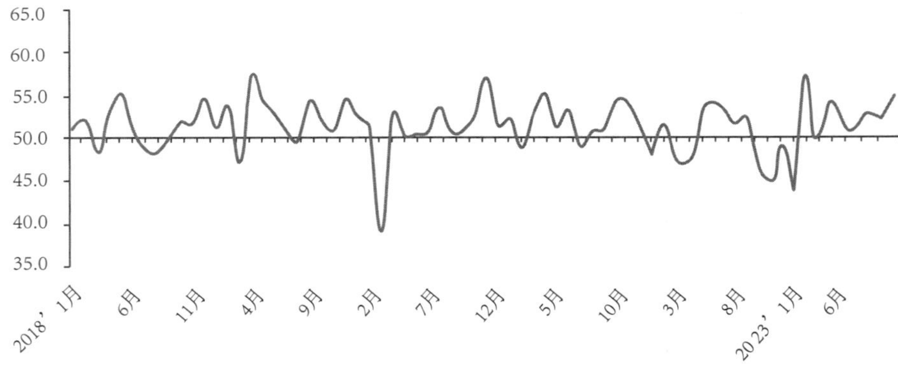

图 3-16 2018—2023 年中国仓储指数走势图（%）

中国物流与采购联合会总经济师何辉认为：9 月，受政策显效、需求逐步恢复和市场预期向好等因素影响，物流业景气指数较上月明显回升。各分项指数均有不同程度回升，其中业务总量指数、新订单指数、库存周转次数指数和从业人员指数环比回升超过 3 个百分点。从区域看，东中西部地区业务需求均衡增长。后期，随着稳需求、稳增长、提信心等政策持续发力，经济和物流运行具备企稳回升基础。

业务总量指数和新订单指数回升，供需两端继续改善。9 月，业务总量指数和新订单指数分别为 53.5% 和 53.3%，环比分别回升 3.2 和 3.8 个百分点。显示出受政策推动，市场供需均有所改善。

从业人员指数回升，物流从业人员就业形势稳定。9 月，从业人员指数环比回升 3.1 个百分点，三季度环比二季度回升 0.2 个百分点，显示出物流岗位就业形势保持稳定。

固定资产投资完成额指数回升。9 月，固定资产投资完成额指数环比回升 1.9 个百分点。显示出物流相关投资增加，且相关固定资产投资完成情况稳定。

从后期走势看，本月业务活动预期指数为 58.8%，较上月回升 2.8 个百分点，保持在较高运行区间，物流行业信心保持积极乐观。

2023 年 10 月中国物流业景气指数为 52.9%

中国物流与采购联合会发布的 2023 年 10 月中国物流业景气指数为 52.9%，较上月回落 0.6 个百分点；中国仓储业指数为 50.9%，较上月回落 2.6 个百分点。

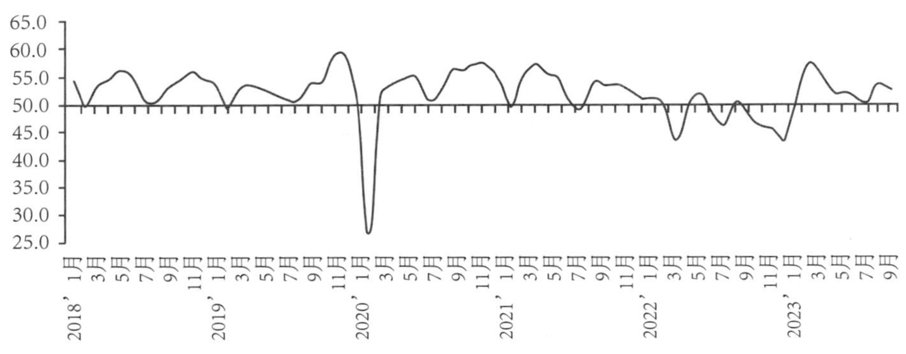

图 3-17 2018—2023 年 LPI 走势图（%）

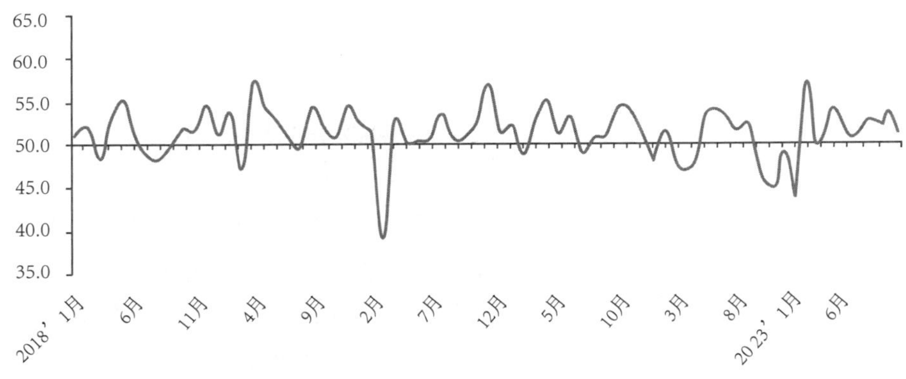

图 3-18 2018—2023 年中国仓储指数走势图（%）

中国物流与采购联合会总经济师何辉认为：10 月，物流业景气指数较上月小幅回落，但仍保持扩张趋势。其中业务总量指数、新订单指数均处于扩张区间，三大区域呈现均衡增长，各区域物流活动仍保持较好活跃度。后期来看，宏观经济具备发展韧性，经济增长内生动力将稳步释放，物流运行具备企稳基础。

业务总量指数回落，业务量保持稳定。10 月，业务总量指数为 52.9%，较上月回落 0.6 个百分点，继续保持在 50% 以上扩张区间。

新订单指数有所回落，新增需求稳定。10 月，新订单指数为 52.8%，较上月回落 0.5 个百分点，反映出新增需求保持向好趋势。

从后期走势看，本月业务活动预期指数为 57.4%，较上月回落 1.4 个百分点，反映出物流行业继续保持乐观预期。

2023 年 11 月中国物流业景气指数为 53.3%

中国物流与采购联合会发布的 2023 年 11 月中国物流业景气指数为 53.3%，较上月回升 0.4 个百分点；中国仓储业指数为 52.2%，较上月回升 1.3 个百分点。

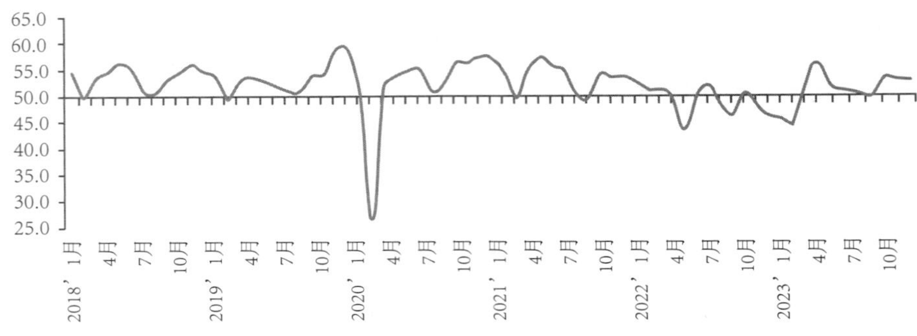

图 3-19 2018—2023 年 LPI 走势图（%）

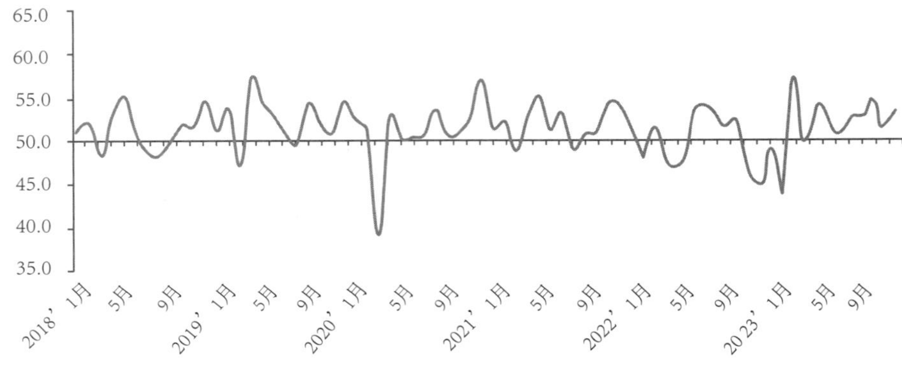

图 3-20 2018—2023 年中国仓储指数走势图（%）

中国物流与采购联合会总经济师何辉认为：11 月，物流业景气指数继续保持扩张趋势，三大地区呈现均衡增长。物流活跃度有所提升，业务总量指数、新订单指数均处于扩张区间。后期来看，企业投资势头较稳，预期需求保持稳定增长，企业盈利水平有所改善，物流运行企稳基础进一步巩固。

业务总量指数回升。11 月，业务总量指数为 53.3%，较上月回升 0.4 个百分点，继续保持在 50% 以上扩张区间。

新增需求稳定，新订单指数回升。11 月，新订单指数为 53.4%，较上月回升 0.6 个百分点，反映出新增需求保持向好趋势。

从后期走势看，业务活动预期指数连续多个月保持在 55% 以上高位，反映出物流行业继续保持稳定预期。

2023 年 12 月中国物流业景气指数为 53.5%

中国物流与采购联合会发布的 2023 年 12 月中国物流业景气指数为 53.5%，较上月回升 0.2 个百分点；中国仓储指数为 51.6%，较上月回落 0.6 个百分点。

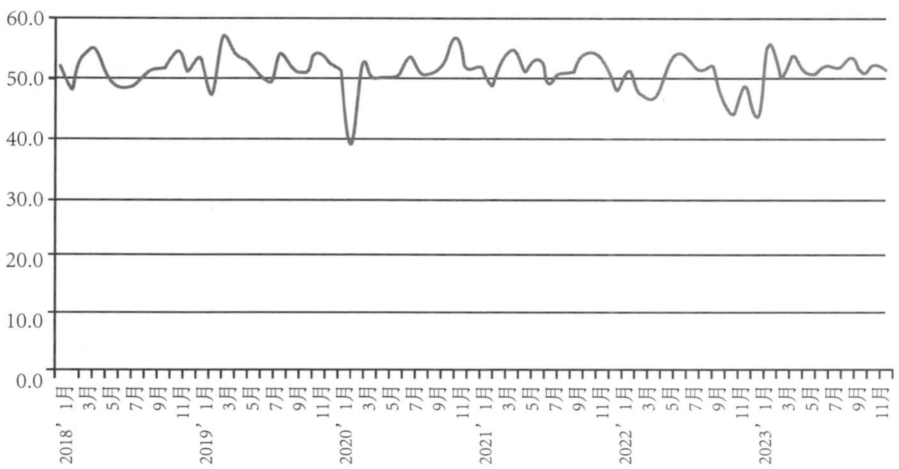

图 3-21 2018—2023 年中国物流业景气指数 LPI

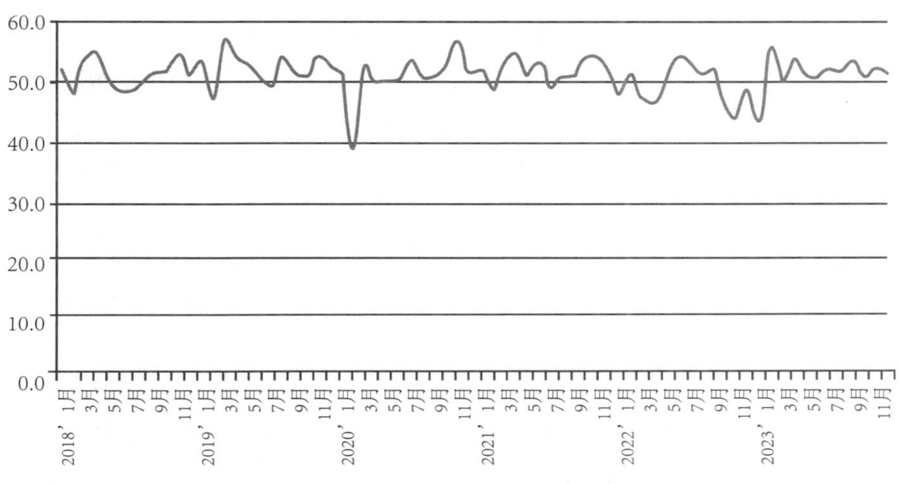

图 3-22 2018—2023 年中国仓储指数

中国物流与采购联合会总经济师何辉认为：12 月，物流业景气指数继续回升，主要指标中业务总量指数、新订单指数、资金周转率指数、固定资产投资完成额指数、从业人员指数、业务活动预期指数均处于扩张区间，年末物流运行保持向好基本面。全年物流业景气指数稳中有升，大部分分项指标年度均值高于上年同期，稳中有进发展态势进一步稳固。

业务总量指数回升。12 月，业务总量指数为 53.5%，较上月回升 0.2 个百分点。

需求稳定，新订单指数保持扩张区间。12 月，新订单指数为 52.8%，较上月回落 0.6 个百分点。

发展预期趋稳。12 月，业务活动预期指数为 54.8%，连续多个月保持在 55% 左右高位，反映出物流行业继续保持稳定预期。

二、2023 年中国电商物流指数

2023 年 1 月电商物流指数为 104.6 点

中国物流与采购联合会和京东集团联合调查的 2023 年 1 月中国电商物流指数为 104.6 点，比上月提高 1.8 个点。从 9 个分项指数看，八升一降，总业务量指数、农村业务量指数、实载率指数、履约率指数、人员指数、成本指数、库存周转指数、物流时效指数有所上升，满意率指数有所回落。

在防疫政策优化和春节假期的双重刺激下，1 月电商物流指数结束连续 3 个月回落，较上月提高 1.8 个点。需求端实现止跌回升，电商物流总业务量和农村业务量均有所上涨，供给端恢复态势良好，除满意率指数因春节假期等因素影响继续回落外，其他各项指数随着各地有序复工复产，均有不同程度回升。与此同时，相关数据显示我国 1 月采购经理人指数（PMI）为 50.1%，结束三个月收缩，重回扩张区间，经济景气水平明显回升，预期普遍向好，预计 2 月电商物流指数将保持上涨态势。

电商物流总业务量小幅回升。1 月，电商物流总业务量指数为 112.3 点，比上月提高 2.1 个点。分地区来看，东部和西部地区有所回升，西部地区回升幅度最大且高于全国平均水平，中部和东北部地区有所回落。

农村电商物流业务量有所提高。1 月，农村电商物流业务量指数为 112.5 点，比上月回升 2.6 个点。分地区来看，东部和西部地区有所回升，东部地区高于全国平均水平，中部和东北部地区有所回落。

1 月，库存周转指数、物流时效指数、人员指数结束连续三个月回落，实现止跌回升，其中库存周转指数大幅回升 4.3 个点，基本收复前期跌幅。实载率指数和履约率指数也有小幅回升，分别较上月提高 1.5 个点和 0.9 个点。成本指数相比上月提高 1.7 个点。满意率指数下降 2.1 个点，连续两个月回落。

2023 年 2 月电商物流指数为 107.2 点

中国物流与采购联合会和京东集团联合调查的 2023 年 2 月中国电商物流指数为 107.2 点，比上月提高 2.6 个点。9 个分项指数全面回升，总业务量指数、农村业务量指数、实载率指数、履约率指数、人员指数、成本指数、库存周转指数、物流时效指数和满意率指数均有所提高。

随着稳经济政策措施效应进一步显现，企业复工复产、复商复市进程加快，电商物流运行呈加快恢复态势，总指数在 1 月回升 1.8 个点之后，本月继续回升 2.6 个点，涨幅有所扩大。需求端全面上涨，三大地区电商物流业务总量和农村电商业务量均有所提升。供给端 7 个分项指数全面回升，在春节后复工复产的带动下，人员指数创 3 年新高，但物流时效、履约率和满意率指数仍处于 100 以下，有待进一步修复。后期来看，需求端各项指数虽实现连续上涨，但与往年相比，整体还处于低位，仍有较大增长空间，预计 3 月电商物流指数将在需求带动下继续回升。

电商物流总业务量继续回升。2 月，电商物流总业务量指数为 114.9 点，比上月提高 2.6 个点。分地区来看，全国所有地区电商业务量均有所增长，东北部地区增幅最大，东部地区高于全国平均水平。

农村电商物流业务量连续增长。2 月，农村电商物流业务量指数为 114.3 点，比上月增长 1.8 个点。分地区来看，全国所有地区农村电商业务量均有所增长，东北部地区增幅最大，东部地区高于全国平均水平。

2 月，供给端各分项指数延续 1 月上涨态势，其中物流时效指数、履约率指数、人员指数增幅有所扩大，人员指数大幅上涨 4.2 个点，超过 2021 年最高值，创近三年新高。实载率指数和成本指数增幅较上月有所收窄，但均已超过去年最高值，满意率指数提高 0.4 个点，实现止跌回升。成本指数在 2 月随油价小幅上涨 0.8 个点，但相比去年同期已累计上涨 11.3 个点，达到指数发布以来的新高，

2023 年 3 月电商物流指数为 108.3 点

中国物流与采购联合会和京东集团联合调查的 2023 年 3 月中国电商物流指数为 108.3 点，比上月提高 1.1 个点。9 个分项指数中，除人员指数有所回落外，总业务量指数、农村业务量指数、实载率指数、履约率指数、成本指数、库存周转指数、物流时效指数和满意率指数均有所上涨。

随着我国国内经济加快恢复，3 月电商物流运行与 2 月预期一致，保持连续上涨态势，供求两端稳步回升。总指数 3 月提高 1.1 个点，已回升至 108 点以上，接近 2022 年最高值 108.9 点。需求端继续保持强劲复苏，所有地区电商物流总业务量和农村电商业务量均有所提升，农村电商业务量指数本月涨幅较上月扩大一倍。供给端除人员指数在上月大幅上涨后有所回落外，其余各分项指数继续回升，实载率指数已超过 2019 年水平。后期来看，在经济复苏力度不断加大的情形下，需求端各项指数增长势头将有望继续保持，供给端各项指数也有较大增长空间，预计 4 月电商物流指数或将呈现回升趋稳态势。

电商物流总业务量继续上升。3 月，电商物流总业务量指数为 116.6 点，比上月提高 1.7 个点。分地区来看，全国所有地区电商业务量均继续回升，中部地区增幅最大，东部和中部地区高于全国平均水平。

农村电商物流业务量快速增长。3 月，农村电商物流业务量指数为 118.7 点，比上月增长 4.4 个点。分地区来看，全国所有地区农村电商业务量均有所增长，东部地区增幅最大，且高于全国平均水平。

3 月，供给端各分项指数继续保持整体上升趋势。实载率指数、库存周转指数、物流时效指数和满意率指数继续回升，但幅度较上月有所收窄，其中实载率指数继续创出自去年以来的新高。履约率指数增幅较上月扩大 0.4 个点，人员指数在 2 月创三年新高后，本月小幅回落 0.9 个点。成本指数受人员工资、燃油价格上涨等因素影响，3 月大幅上涨 2.6 个点，继续创出指数发布以来的新高。

2023 年 4 月电商物流指数为 109 点

中国物流与采购联合会和京东集团联合调查的 2023 年 4 月中国电商物流指数为 109 点，比上月提高 0.7 个点。9 个分项指数中，除成本指数有所回落外，总业务量指数、农村业务量指数、实载率指数、履约率指数、人员指数、库存周转指数、物流时效指数和满意率指数均有所上涨。

与上月预期一致，本月随着清明和五一假期来临，国内消费进一步恢复，电商物流指数呈现连续上涨态势，总指数 4 月提高 0.7 个点，已超过 2022 年全年最高值。供需两端表现良好，需求端继续保持强劲复苏，电商物流总业务量和农村电商业务量实现连续 4 个月上涨，电商物流总业务量增幅扩大，农村电商总业务量增速重回 20% 以上。供给端方面，成本指数结束连续 7 个月上涨，企业成本压力有所缓解。其他各项指数继续保持上涨，多项指数已超过 2022 年最高值，物流时效指数重返 100 点以上。后期来看，电商物流指数供求两端离疫情前均值仍有一段距离，加速恢复态势将有望保持，在国内消费活力不断提升的带动下，5 月电商物流指数有望重返 110 点以上。

电商物流总业务量增幅扩大。4 月，电商物流总业务量指数为 118.9 点，比上月提高 2.3 个点，

增速加快。分地区来看，除东部地区小幅回落 0.5 个点外，其他地区电商业务量继续回升，且均超过全国平均水平，东北部地区增幅最大。

农村电商物流业务量继续增长。4 月，农村电商物流业务量指数为 120.5 点，比上月增长 1.8 个点。分地区来看，除东部地区与上月持平外，其他地区农村电商业务量均有所增长，西部和东北部地区增幅较大，分别较上月增长 8.3 和 8.7 个百分点。

4 月，供给端各分项指数继续保持整体上升趋势。人员指数实现止跌回升，物流时效指数提高 2.4 个点，在实现连续 4 个月上涨后于本月重返 100 点以上。库存周转指数、履约率指数和满意率指数继续回升，且回升幅度较上月有所扩大。履约率指数、满意率指数和实载率指数均创出自 2021 年 11 月以来的最高值。成本指数本月回落 1.2 个点，结束连续 7 个月的上涨趋势，但整体依然偏高。

2023 年 5 月电商物流指数为 109.5 点

中国物流与采购联合会和京东集团联合调查的 2023 年 5 月中国电商物流指数为 109.5 点，比上月提高 0.5 个点，实现五连升，为 2022 年以来新高。9 个分项指数中，除库存周转率指数有所回落外，总业务量指数、农村业务量指数、实载率指数、履约率指数、人员指数、成本指数、物流时效指数和满意率指数均有所上涨。

电商物流总业务量继续增长。5 月，电商物流总业务量指数为 120.4 点，比上月提高 1.5 个点。分地区来看，东部地区提升幅度最大，中部地区高于全国平均水平，西部和东北部地区小幅回落。

农村电商物流业务量大幅增长。5 月，农村电商物流业务量指数为 125.1 点，比上月增长 4.6 个点。分地区来看，东部和中部地区农村电商业务量增长较快，分别较上月上升 5.3 和 6.1 个点，中部地区高于全国平均水平。

物流时效指数连续上涨。5 月，物流时效指数录得 101.6 点，较上月提高 0.9 个点，涨幅虽较上月有所收窄，但已实现连续 5 个月上涨，累计涨幅超过 13 点，继续保持在 100 点以上。

满意率指数再创新高。5 月，满意率指数录得 99.1 点，较上月提高 0.4 个点，实现连续 4 个月回升，累计涨幅 3.8 个点，继续创出 2021 年 11 月以来的新高。

人员指数维持高位。5 月，人员指数录得 108.3 点，较上月提高 0.4 个点，涨幅较上月扩大 0.1 个点，实现连续两个月上涨，自 2023 年 2 月以来维持在 107 点以上的高位。

5 月，电商物流指数继续回升，供需两端均保持稳定增长。从需求端来看，电商物流总业务量增速时隔 7 个月后再次超过 20%，农村业务量增幅较上月扩大 1.5 倍。供给端主要指标继续向好。物流时效指数、满意率指数和履约率指数连续回升。库存周转指数出现回落，主要由于电商物流企业在旺季促销前积极备货、主动增加库存。实载率指数和人员指数涨幅较上月有所扩大，其中实载率指数为近 5 年来的最高值，大幅超过 2019 年疫情前的均值。成本指数继上月回落后，本月小幅提升 0.3 个点，企业成本缓解趋势暂未形成，压力仍然较大。后期，随着“6·18”传统电商购物节的临近，6 月电商物流总业务量指数将有望保持企稳走势。

2023 年 6 月电商物流指数为 110.6 点

中国物流与采购联合会和京东集团联合调查的 2023 年 6 月中国电商物流指数为 110.6 点，比上月提高 1.1 个点。分项中 8 个指数连续两个月回升，其中总业务量指数、农村业务量指数自年初以来连续 6 个月回升，物流时效指数、履约率指数、实载率指数和物流服务满意度指数稳定提高。

电商物流总业务量增幅扩大。6 月，电商物流总业务量指数为 122.7 点，比上月提高 2.3 个点。分地区来看，全国所有地区该项指数均有所上涨，西部和中部地区提升幅度较大，且高于全国平均水平。

农村电商物流业务量连续上涨。6 月，农村电商物流业务量指数为 128.4 点，比上月上升 3.3 个点。分地区来看，全国所有地区该项指数均有所上涨，西部地区涨幅最高，中部地区高于全国平均水平。

履约率指数重回 100 点以上。6 月，履约率指数为 100.4 点，较上月提高 0.5 个点，在实现连续半年回升的基础上，已基本恢复到疫情前水平。

实载率指数维持高位。6 月，实载率指数为 115.7 点，较上月提高 0.9 个点，实现连续 6 个月上涨，该项指数不仅已大幅超过疫情前水平，并且已逼近 2016 年指数发布以来的最高值 117 点。

库存周转指数止跌回升，物流时效指数再创新高。6 月，库存周转指数为 105.9 点，较上月提高 0.7 个点，回落态势有所缓解。物流时效指数为 101.9 点，较上月提高 0.3 个点，为 2023 年以来新高。

2023 年上半年以来，电商物流总指数连续回升，一季度和二季度分别累计回升 5.5 和 2.3 个点，并且在时隔 20 个月重回 110 点以上，反映出当前网络购物消费复苏趋势进一步巩固。从 6 月当月来看，在相关促消费政策和企业促销活动基础上，回稳趋势更为明显，当月涨幅较上月扩大 0.6 个点，供需两端均保持稳定增长。需求端，各地借力端午出台惠民生、促消费活动，激发居民网购消费意愿，促进线上线下消费潜力有效释放。电商物流总业务量指数涨幅较上月有所扩大，农村电商业务量增速超过 25%，已基本恢复到疫情前水平。主要电商平台数据显示，6 月民俗食品、户外产品和体育用品同比增长 10%—20%，各大平台直播电商销售较快增长提升电商业务量需求，农副食品、休闲食品、酒水饮料和预制菜呈现较快增长。供给端总体向好。物流时效指数、满意率指数和人员指数连续回升，库存周转指数实现止跌回升，履约率指数重回 100 点以上。实载率指数保持高位，接近指数发布以来的最高值。成本指数本月提升 0.8 个点，涨幅较上月有所扩大，企业面临较大的成本上升压力。后期来看，在节后效应的影响下，电商物流需求或将小幅回落，但电商物流向好趋势还将继续巩固。

2023 年 7 月电商物流指数为 110.9 点

中国物流与采购联合会和京东集团联合发布的 2023 年 7 月中国电商物流指数为 110.9 点，比上月小幅提高 0.3 个点。分项指数中，物流时效指数、履约率指数、满意率指数、人员指数和成本指数继续保持回升，库存周转指数和实载率指数有所回落，总业务量、农村业务量增速有所放缓但仍保持 20% 以上增长。

电商物流总业务量有所回调。7 月，电商物流总业务量指数为 121.8 点，比上月回落 0.8 个点。分地区来看，全国各地区总业务量指数均有所回落，中部地区回落幅度较大。

农村电商物流业务量小幅回落。7 月，农村电商物流业务量指数为 127.8 点，比上月下降 0.6 个点。分地区来看，西部和东北部地区指数上涨，中部和东部地区指数回落。

履约率指数连续上涨。7 月，履约率指数环比上涨 0.5 个点，涨幅与上月保持一致，实现连续 7 个月回升，电商物流企业供给能力持续增强。

满意率指数突破百点。7 月，满意率指数为 101.2 点，较上月大幅提高 1.5 个点，结束了自 2020 年以来一直在 100 点以下运行的态势，恢复到疫情前水平。

物流时效指数、人员指数再创新高。7 月，物流时效指数较上月提高 0.3 个点，连续 7 个月保持上升，为近两年新高。人员指数较上月提高 1.4 个点，是自 2019 年 1 月之后首次突破 110 点的高位。

受益于供给端各项指数稳步上涨，电商物流总指数较上月提高 0.3 个点，保持连续上升态势。7 月供给端各项指数表现良好，物流时效指数、满意率指数、履约率指数和人员指数连续回升。其中，满意率指数时隔 43 个月重回 100 点以上。物流时效指数、人员指数创出近两年新高。成本指数本月提升 0.2 个点，达到 124.4 点，涨幅虽有所回落，但本月创出自指数发布以来的新高，企业运营成本压力依然较大。7 月，随着前期电商购物促销活动退出，反映需求的电商物流总业务量指数和农村电商业务量指数小幅回落，但需求潜力仍然较大、增速动能较强，分别保持 20% 和 25% 以上的高速增长，国家统计局数据显示上半年全国实物商品网上零售额为 6.1 万亿元，同比增长 10.8%，占社会消费品零售总额的比重为 26.6%，电商物流需求稳步上升的态势没有改变。后期来看，随着下半年各项促销费政策的逐步发力，电商物流指数将继续保持增长态势。

2023 年 8 月电商物流指数为 111.1 点

中国物流与采购联合会和京东集团联合发布的 2023 年 8 月中国电商物流指数为 111.1 点，比上月小幅提高 0.2 个点。分项指数中，库存周转指数、实载率指数、履约率指数、满意率指数、人员指数和成本指数继续保持回升，物流时效指数小幅回落，总业务量、农村业务量增速有所回落但仍保持 20% 以上增长。

电商物流总业务量增速小幅下降。8 月，电商物流总业务量指数为 121.4 点，比上月回落 0.4 个点。分地区来看，中部、西部地区总业务量指数止跌回升，东部和东北部地区总业务量指数继续回落。

农村电商物流业务量增速有所放缓。8 月，农村电商物流业务量指数为 127.2 点，比上月下降 0.6 个点。分地区来看，中部、西部地区总业务量指数止跌回升，东部和东北部地区总业务量指数继续回落。

履约率指数连续上涨。8 月，履约率指数环比上涨 0.2 个点，突破 101 点，连续 8 个月回升，电商物流企业供给能力继续保持上升。

满意率指数继续回升。8 月，满意率指数为 101.3 点，较上月提高 0.1 个点，连续 3 个月上升，保持在 100 点以上运行。

实载率率指数、人员指数创新高。8 月，实载率指数较上月大幅提高 0.7 个点，达到 116.1 点。今年以来，从业岗位需求保持平稳增长，人员指数升至 111 点以上。

8 月供给端各项指数表现良好，满意率指数、履约率指数和人员指数连续回升，实载率指数、库存周转指数实现止跌回升，其中，人员指数为 2019 年以来高位、实载率指数创历史新高。成本指数本月上升 0.4 个点，达到 124.8 点，企业运营成本压力增大。需求端恢复态势有所趋缓，国家统计局数据显示 1—7 月全国实物商品网上零售额为 7 万亿元，同比增长 10%，增速较上半年回落 0.8 个百分点。8 月，在局部地区极端天气冲击下，电商物流总业务量指数和农村电商业务量指数小幅回落，但仍然保持 20% 以上高速增长，其中暑期旅游、探亲、餐饮、住宿和开学季到来等带动快消品和生鲜食品等品类电商物流需求快速增长。总体来看，电商物流需求小幅下降，同时保持较强供给韧性，服务质量较好、物流时效平稳，多项指标为历史高位，8 月电商物流总指数较上月提高 0.2 个点，连续 8 个月回升。后期来看，随着国家在促消费、稳就业、惠民生等领域相关政策的出台，电商物流指数继续保持稳步增长态势。

2023 年 9 月电商物流指数为 112.3 点

中国物流与采购联合会和京东集团联合发布的 2023 年 9 月中国电商物流指数为 112.3 点，比上月环比提高 1.2 个点。分项指数中，总业务量、农村业务量指数止跌回升，库存周转指数、实载率指数、履约率指数、满意率指数、人员指数和成本指数继续保持增长，物流时效指数有所回落。

电商物流总业务量增速由降转升。9 月，电商物流总业务量指数为 123.9 点，比上月提高 2.5 个点。分地区来看，东部、中部和东北部地区总业务量指数有所提高，西部地区总业务量指数有所回落。

农村电商物流业务量增速止跌回升。9月，农村电商物流业务量指数为129.4点，比上月提高2.2个点。分地区来看，东部、中部和东北部地区农村电商物流业务量指数有所提高，西部地区农村电商物流业务量指数有所回落。

实载率指数创历年新高。9月，实载率指数环比上涨0.8个点，达到116.9点，为该项指数发布以来的最高水平。电商物流企业供给效率稳步提升。

满意率指数、人员指数继续回升。9月，满意率指数为101.5点，较上月提高0.2个点，连续4个月上升。人员指数为112.8点，较上月提高1.4个点，连续6个月上升。

履约率指数、库存周转率指数涨幅扩大。9月，履约率指数和库存周转率指数分别较上月提高0.7、1.3个点，涨幅较上月扩大0.5和1个点。电商物流企业供给能力快速提高。

三季度，电商物流在波动中回升，9月电商物流回升更为明显，供需两侧相关指标涨幅进一步扩大。从需求端看，在开学季和双节临近等多重因素作用下，电商物流总业务量指数和农村业务量指数实现大幅上涨，结束连续两个月下降走势，9月总业务量指数和农村业务量指数分别达到123.9点和129.4点，创年内新高，农村业务量指数已恢复至疫情前水平。从供给端看，库存周转指数、履约率指数、满意率指数、实载率指数连续上升，实载率指数创出历史最高值。成本指数环比上升1.6个点，涨幅有所扩大，企业运营成本继续上升。总体来看，电商物流需求明显改善，电商物流企业供给能力和效率稳步提高，多项指标位于历史高位。后期，随着国庆中秋假期圆满收官，旅游、户外、礼品等电商物流需求继续上涨，将带动电商物流平稳运行。

2023年10月电商物流指数为111.9点

中国物流与采购联合会和京东集团联合发布的2023年10月中国电商物流指数为111.9点，比上月环比下降0.4点。分项指数中，总业务量指数、农村业务量指数、物流时效指数、实载率指数、成本指数有所回落，库存周转指数、履约率指数、满意率指数、人员指数继续保持增长。

电商物流总业务量增速小幅回落。10月，电商物流总业务量指数为122.4点，比上月回落1.5点。分地区来看，全国所有地区总业务量指数均有所回落，中部和西部地区回落幅度相对较大，中部地区高于全国平均水平。

农村电商物流业务量增速有所下降。10月，农村电商物流业务量指数为128.6点，比上月下降0.8点。分地区来看，全国所有地区总业务量指数均有所回落，西部地区回落幅度相对较大，中部地区高于全国平均水平。

物流时效指数环比回落。10月，物流时效指数较上月下降0.6点，连续3个月回落，但仍然维持在100点以上。电商物流企业供给效率有待进一步提升。

满意率指数、人员指数继续回升。10月，满意率指数为101.9点，较上月提高0.4点，连续5个月上升。人员指数为113.1点，较上月提高0.3点，连续7个月上升。

履约率指数、库存周转率指数维持上涨。10月，履约率指数和库存周转率指数均较上月提高0.5点，履约率指数连续5个月维持在100点以上，在需求回落的背景下，电商物流企业供给能力保持稳定。

10月，电商物流总指数小幅回落，但仍保持在110点以上较好水平。从需求端看，电商物流总业务量指数和农村业务量指数均有小幅下降，与历年10月指数走势基本一致，而且农村电商业务量指数保持在全年次高水平，整体反映出需求依然运行平稳向好。从供给端看，受国庆假期影响，快递配送时长有所增加，物流时效指数环比回落，但订单履约水平较好，履约率指数有所回升。为应对“双11”，企业积极补充库存和做好人力储备，库存周转速率加快，人员指数保持上升，实载率为

116 点，全年保持在 110 点以上高位。成本指数小幅下降 0.3 点，但仍处于高位，企业成本压力依然较大。后期，电商物流企业供给能力保持稳定增长，物流需求有望在“双 11”带动下回升。

2023 年 11 月电商物流指数为 113.1 点

中国物流与采购联合会和京东集团联合发布的 2023 年 11 月中国电商物流指数为 113.1 点，比上月环比提高 1.2 点。分项指数中，总业务量指数、农村业务量指数、人员指数、实载率指数、成本指数有所增长，物流时效指数、库存周转指数、履约率指数、满意率指数小幅回落。

电商物流总业务量指数创年内新高。11 月，电商物流总业务量指数为 124.1 点，比上月提高 1.7 点。分地区来看，东部、中部和西部地区总业务量指数均有所上升，东北部地区有小幅回落，中部地区高于全国平均水平。

农村电商物流业务量指数止跌回升。11 月，农村电商物流业务量指数为 129.5 点，比上月提高 0.9 点。分地区来看，东部、中部和西部地区总业务量指数均有所上升，东北部地区有小幅回落，中部地区高于全国平均水平。

人员指数明显上涨，实载率指数止跌回升。11 月，人员指数为 116.3 点，环比上涨 3.2 点，在连续 8 个月上升的基础上，涨幅进一步扩大。实载率指数由降转升，环比上涨 0.7 点，保持 115 点以上。

物流时效指数连续回落。11 月，物流时效指数为 100.7 点，较上月下降 0.5 点，连续 4 个月回落，但仍然维持在 100 点以上。电商物流企业供给效率有待进一步提升。

满意率指数、履约率指数、库存周转率指数环比回落。11 月，满意率和履约率指数分别较上月回落 0.7 和 0.2 点，库存周转指数较上月回落 1.7 点，但三项指数均保持在 100 点以上。

11 月，电商物流总指数显著提升，环比上月提高 1.2 点。在“双 11”电商购物节的带动下，本月需求明显回升，总业务量指数和农村业务量指数均创出年内新高，两项指数分别比上月提高 1.7 和 0.9 点，农村业务量指数达到 129.5 点，农村业务量同比增速已接近 30%。据国家邮政局数据，今年“双 11”期间，全网保障快递包裹约 75.1 亿件，同比增速超过 30%。从供给端看，电商快递企业加快一线基层配送人员和干线运力投入，人员指数和运输实载率指数明显上涨，成本指数随之上涨，但受本月订单高峰及部分地区严寒到来等因素影响，履约率和满意率指数小幅回落，库存周转速率有所下降，物流时效指数连续 4 个月下降。总体来看，2023 年前 11 个月，电商物流总体运行稳中有进，供需两端均有明显改善，总指数已恢复到近 5 年高位。在居民消费方式转变、国货品牌崛起和电商领域新业态不断涌现的背景下，预计这一走势将有望继续保持。

2023 年 12 月电商物流指数为 112.4 点

中国物流与采购联合会和京东集团联合发布的 2023 年 12 月中国电商物流指数为 112.4 点，环比下降 0.7 点。分项指数中，库存周转率指数和满意率指数环比提高，总业务量指数、农村业务量指数、人员指数、实载率指数、成本指数、物流时效指数、履约率指数有所下降。

电商物流总业务量指数小幅下降。12 月，电商物流总业务量指数为 123.6 点，比上月下降 0.5 点。分地区来看，全国所有地区总业务量指数均有所下降，东北部地区下降幅度最大，中部地区高于全国平均水平。

农村电商物流业务量指数环比下降。12 月，农村电商物流业务量指数为 127.8 点，比上月下降 1.7 点。全国所有地区总业务量指数均有所下降，东北部地区下降幅度最大，中部地区高于全国平均水平。

满意率指数、库存周转率指数止跌回升。12 月，库存周转率指数和满意率指数分别为 105.5 点和 101.5 点，均比上月提高 0.3 点。电商购物节之后，物流企业供给压力有所缓解，两项指数均保持在 100 点以上，并实现由降转升。

履约率指数继续下降，人员指数、实载率指数由升转降。12 月，履约率指数为 101.8 点，环比下降 0.3 点。人员指数和实载率指数在上月明显上涨后，本月有所下降，分别下降 1.7 点和 0.2 点，三项指数均保持在 100 点以上。

物流时效指数继续下降。12 月，物流时效指数为 99.8 点，较上月下降 0.9 点，降幅有所扩大，且再次下降至 100 点以下。成本指数明显下降，较上月下降 1.8 点，企业成本压力有所缓解。

随着电商平台主要购物促销活动陆续结束，12 月电商物流指数有所下降，环比 11 月下降 0.7 点。从需求端看，继 11 月需求集中释放后，12 月总业务量指数和农村业务量指数分别比上月下降 0.5 点和 1.7 点，但下降幅度相较往年明显收窄，电商物流需求仍维持高位。冬季保暖服饰、冰雪旅游装备等商品成为 12 月电商物流需求的重要增长点。从供给端看，在需求下降影响下，电商快递企业运力投入有所放缓，人员指数和实载率指数小幅下降，成本指数明显下降，满意率和库存周转率指数有所好转，但受低温雨雪等因素影响，履约率指数和物流时效指数有所下降。总体来看，2023 年全年电商物流指数均值为 110.1 点，比上年同期提高 4.2 点，电商物流总体运行稳中有进。后期来看，节日消费热度有望继续保持，各大电商平台“年货节”促销活动陆续展开，“体育 + 文旅 + 消费”的冰雪经济链条加快形成，多种因素将推动 2024 年 1 月电商物流指数保持高位运行。

三、2023 年中国仓储物流指数

2023 年 1 月中国仓储指数显示：春节因素影响 指数继续下探

中国物流与采购联合会和中储发展股份有限公司联合调查的中国仓储指数，2023 年 1 月为 43.2%，较上月下降 5.5 个百分点。指数连续 4 个月位于荣枯线下，本月降幅继续扩大，表明仓储行业继续呈现探底运行态势。新订单、业务量、设施利用率、业务利润、平均库存周转次数等主要分项指数均有明显回落，回落幅度在 9.7—14.3 个百分点之间，反映出受春节假期影响，仓储业务活动明显放缓。具体来看，本月指数有以下几个特点：

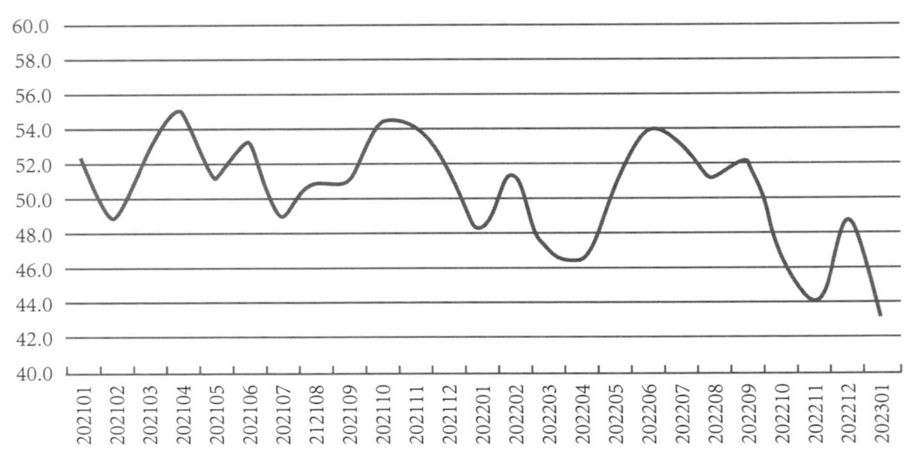

图 3-23 2021-2023 年中国仓储指数走势图

新订单与业务量均有大幅下降。1 月，新订单指数为业务量指数为 37.0%，较上月下降 13.9 个百分点，再次落入荣枯线下，且降幅较为显著；业务量指数为 36.3%，较上月下降 14.3 个百分点，同样大幅下降至荣枯线下。两项指数双双大幅下滑反映出春节假期因素影响，企业生产经营活动临近停滞，市场需求大幅收缩，仓储业务活动与前期相比较为低迷。与此相应，设施利用率指数也有明显下降，本月为 41.6%，较上月下降 8.4 个百分点。

业务利润与成本支出均有明显下滑。1 月，业务利润指数为 38.2%，较上月下降 13.8 个百分点，落入荣枯线以下；主营业务成本指数为 44.7%，较上月下降 11.9 个百分点，是 2020 年 2 月以来首次降至荣枯线以下。两项指数变化情况反映出，在业务量大幅下降的背景下，企业成本支出也有明显收缩，盈利情况也较前期有明显下滑。

周转速度大幅减慢，库存水平继续下降。1 月，平均库存周转次数指数为 38.8%，较上月下降 9.7 个百分点，连续 4 个月保持在荣枯线下，本月指数降至 40% 以下，创 2020 年 2 月以来新低；期末库存指数为 48.0%，虽然较上月上升 0.1 个百分点，但仍位于荣枯线下，表明库存水平继续下降。两项指数变化情况反映出，受春节假期因素拖累，企业开工率和人员到岗率下降，上游生产放缓，市场需求低迷，物流运输及货品周转速度大幅减慢，库存水平继续下降。

预期指数回升，后市信心转强。1 月，业务活动预期指数为 55.0%，较上月上升 3.3 个百分点，反映企业信心明显增强。综合来看，国内经济开始展现较强的底部回升态势，企业生产经营活动恢复势头强劲，仓储行业恢复平稳向好发展前景可期。

2023 年 2 月中国仓储指数显示：指数大幅回升 行业回暖向好

中国物流与采购联合会和中储发展股份有限公司联合调查的中国仓储指数，2023 年 2 月为 56. 3%，较上月上升 13. 1 个百分点，升幅显著，创两年多来新高。业务量、业务利润、期末库存、平均库存周转次数等主要分项指数均有显著回升，反映出仓储业务活动明显活跃，行业回暖向好运行。具体来看，本月指数有以下几个特点：

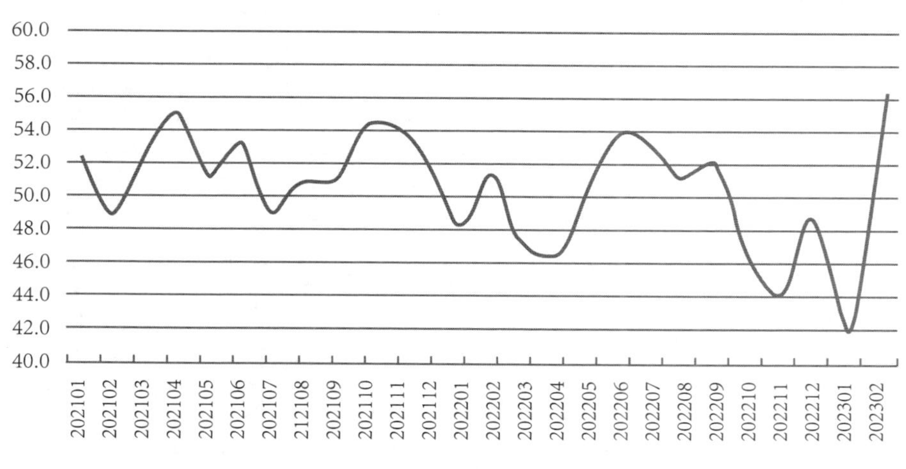

图 3-24 2021-2023 年中国仓储指数走势图

业务量与延伸业务量均有大幅回升。2 月，业务量指数为 59. 1%，较上月上升 22. 8 个百分点。指数重回荣枯线上，升幅显著，反映出随着春节假期因素影响的消退，企业生产经营活动复苏，市场需求快速释放，仓储业务活动表现活跃。分品种来看，由于天气转暖，工地陆续复工，加上多地集中开工重大项目建设，大宗商品业务活动的表现明显优于消费品，钢材、有色金属、煤炭等品种业务量有较大幅度回升。与此同时，延伸业务量指数也有大幅回升，为 55. 2%，较上月上升 13. 2 个百分点，反映出为满足用户个性化需求而开展的加工、包装、配送、质押等增值业务也恢复活跃，行业运行全面向好。

业务利润转好，成本支出增加。2 月，业务利润指数为 53. 7%，较上月上升 15. 5 个百分点，重回荣枯线上，表明在业务量大幅回升的背景下，仓储企业盈利情况较前期有所好转，但利润指数的回升幅度与业务量指数相比仍有差距，同时主营业务成本指数回升 10. 7 个百分点达到 55. 4% 的较高水平，企业仍要注意降本增效。

周转速度加快，库存水平上升。2 月，平均库存周转次数指数为 55. 3%，较上月上升 16. 5 个百分点，时隔 4 个月再次回到荣枯线上，且本月升幅显著，反映出在需求回升、物流通畅、仓储业务活动活跃的背景下，商品周转效率大幅提高。期末库存指数为 60. 4%，较上月上升 12. 4 个百分点，创近年来新高，反映出企业预期向好，备货积极性高涨，仓储环节入库量明显高于出库量，库存水平显著上升。

员工及预期指数回升，后市信心向好。2 月，企业员工指数为 50. 4%，较上月上升 3. 1 个百分点，回到荣枯线上，表明市场供需回升拉动了企业的用工需求，仓储从业人员数量有所增加，也反映出企业扩大业务活动的动力有所提升。后期来看，业务活动预期指数为 57. 9%，较上月上升 2. 9 个百分点，达到较高水平，反映企业信心继续增强，在经济运行全面回升向好的背景下，仓储行业也将保持向好发展态势。

2023 年 3 月中国仓储指数显示：行业保持恢复态势 后市预期继续向好

中国物流与采购联合会和中储发展股份有限公司联合调查的中国仓储指数，2023 年 3 月为 50.2%，较上月下降 6.1 个百分点，仍位于 50% 以上的扩张区间，表明仓储行业保持向好恢复态势，只是步伐与前期相比有所放缓。新订单、业务量、设施利用率、业务利润、平均库存周转次数等主要分项指数虽然普遍出现不同程度回落，但均位于荣枯线之上，同时业务活动预期指数继续回升至高位水平，反映出仓储业务活动保持活跃，商品流通趋于顺畅，企业信心显著增强。具体来看，本月指数有以下几个特点：

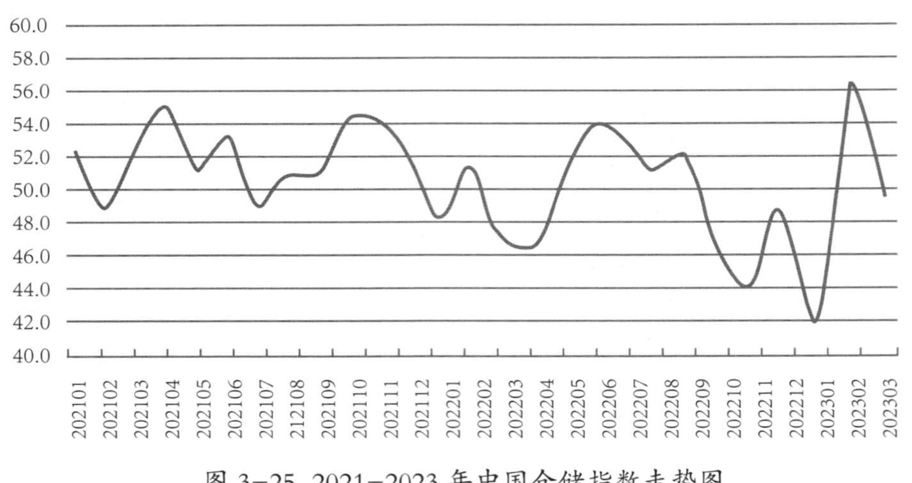

图 3-25 2021-2023 年中国仓储指数走势图

业务活动保持活跃，设施利用率继续提高。3 月，业务量指数为 53.9%，较上月下降 5.2 个百分点；设施利用率指数为 51.1%，较上月下降 8.4 个百分点。由于上月基数较高，两项指数环比均有回落，但仍保持在荣枯线之上，整体来看仓储业务量保持增长，设施设备利用程度继续提高。各品种走势有所分化，大宗商品中的有色金属、化工产品等品种业务量回升较快，但钢材市场由于需求恢复力度不及预期，短期市场向上动力减弱，仓储业务量也随之有所下降。进入 3 月，线下消费相关活动加快恢复，加之季节转换等因素的影响，消费品中的服装、纺织品、棉麻等品种仓储业务量增长明显。

业务利润继续增长，成本增速放缓。3 月，业务利润指数为 52%，较上月下降 1.7 个百分点，连续两个月运行在荣枯线以上，表明在业务活动持续活跃的背景下，仓储企业盈利情况有明显好转。同时，主营业务成本指数为 52.5%，虽然仍在扩张区间，但较上月下降 2.9 百分点，表明企业成本增速有所放缓。两项指数变化情况显示行业整体经营状况向好发展。

周转速度加快，库存水平下降。3 月，平均库存周转次数指数为 51.2%，较上月下降 4.1 个百分点，仍保持在荣枯线之上，表明货品周转效率继续提高。期末库存指数为 49.1%，较上月下降 11.3 个百分点，落入荣枯线下收缩区间，表明库存较前期有所下降。指数变化情况反映出经济有序回稳向上，市场需求较快增长，生产活动稳定恢复，流通环节趋于顺畅，库存去化速度加快。

需求保持回升，后市信心向好。3 月，新订单指数为 52.5%，较上月下降 5.4 个百分点，仍在荣枯线上，反映出新增需求仍在增长，企业扩大业务活动的动力有所提升。业务活动预期指数为 59%，较上月上升 1.1 个百分点，达到扩张区间高位水平，企业对未来市场运行保持乐观预期。后期来看，随着经济继续复苏回暖，提振投资、扩大消费的政策效果进一步显现，仓储行业将继续平稳向好运行。

2023 年 4 月中国仓储指数显示：需求回升 备货积极 后市预期向好

中国物流与采购联合会和中储发展股份有限公司联合调查的中国仓储指数，2023 年 4 月为 53.7%，较上月上升 3.5 个百分点，连续 3 个月位于荣枯线之上，表明仓储行业保持较好复苏节奏。新订单、延伸业务量、期末库存、平均库存周转次数、企业员工等主要分项指数均有不同程度回升，且均位于荣枯线之上，同时业务活动预期指数继续保持高位水平，反映出行业需求回升，业务活动活跃，商品流通更加顺畅，企业信心继续增强，补库备货积极。具体来看，本月指数有以下几个特点：

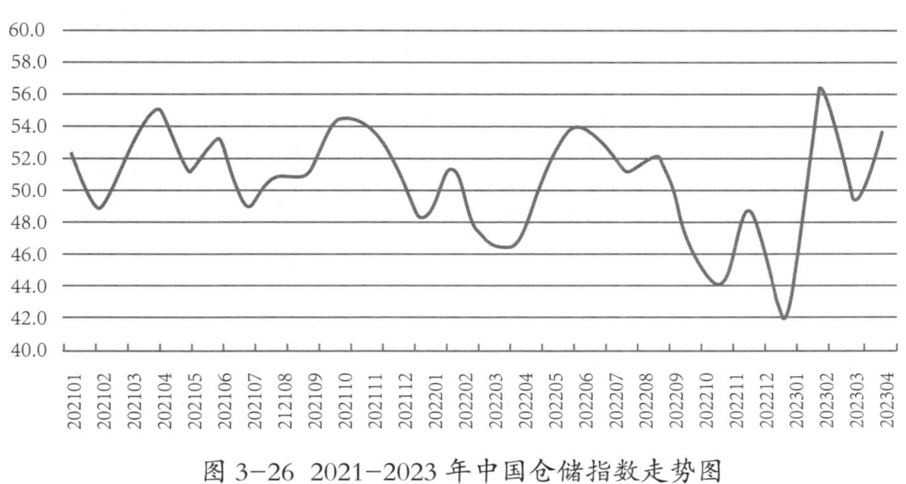

图 3-26 2021-2023 年中国仓储指数走势图

市场需求回升，延伸业务增长。4 月，新订单指数为 56.1%，较上月上升 3.6 个百分点，连续 3 个月运行在荣枯线之上，表明随着经济企稳回升，市场需求不断复苏，仓储业务活动更加活跃，新增订单量呈现明显增长态势。分品种来看，消费品新订单增长情况好于大宗商品，食品、日用品、家电、医药等品种的新订单指数均有明显上升。与此同时，延伸业务量也有明显增长，指数大幅回升 7.1 个百分点，至 51.7%，表明行业增值服务的发展速度也有所恢复。

周转速度加快，库存水平回升。4 月，平均库存周转次数指数为 51.6%，较上月上升 0.4 个百分点，在荣枯线上继续增长，表明货品周转效率继续提高。期末库存指数为 54.2%，较上月上升 5.1 个百分点，重回荣枯线上，表明库存较前期有所上升。指数变化情况反映出经济有序回稳向上，市场需求较快增长，流通环节更加顺畅，企业对后市信心增强，补库备货积极。

企业员工人数增加。4 月，企业员工指数为 52.5%，较上月上升 3.9 个百分点，达到 7 个月以来新高，表明随着市场需求好转、业务活动恢复，企业吸纳就业能力也有所增强。

后市预期保持向好。4 月，业务活动预期指数为 55.9%，虽然较上月下降 3.1 个百分点，但仍保持在荣枯线以上较高水平，表明企业对未来市场运行仍保持乐观预期。后期来看，随着经济稳定恢复，扩大内需持续发力，市场需求在各项稳投资促消费政策的贯彻落实下仍有增长空间，预计后期仓储行业仍将保持平稳向好运行态势。

2023 年 5 月中国仓储指数显示：行业整体运行平稳 新增需求力度减弱

中国物流与采购联合会和中储发展股份有限公司联合调查的中国仓储指数，2023年5月为51.3%，较上月下降2.4个百分点，连续4个月位于50%以上的扩张区间，表明仓储行业仍保持平稳恢复态势，只是步伐略有放缓。新订单、期末库存环比有所回落，但仍位于扩张区间。平均库存周转次数和业务活动预期指数继续回升，反映出商品流通继续保持高效，企业信心继续增强，对行业发展保持乐观。具体来看，本月指数有以下几个特点：

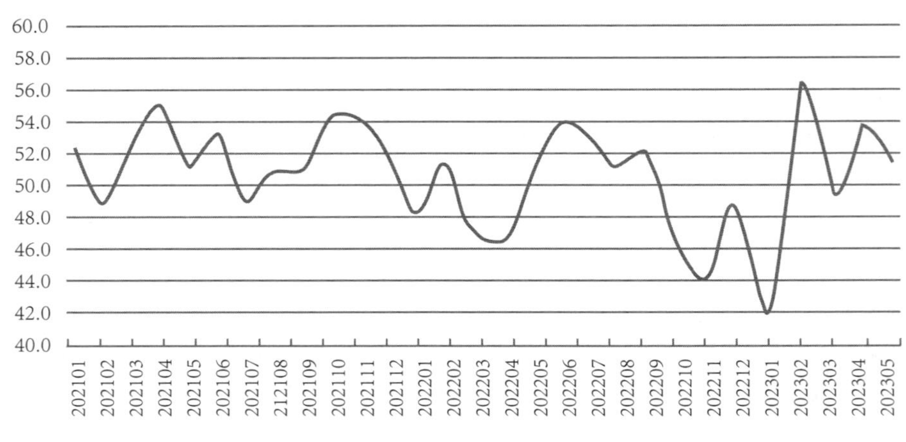

图 3-27 2021-2023 年中国仓储指数走势图

需求增长力度不足，价格连续小幅回落。2023年2月以来，新订单指数连续4个月运行在扩张区间，特别是2月和4月，指数分别达到57.9%和56.1%的高位水平，表明前期积压的需求得到集中释放，因此5月短期市场需求动能有所转弱，指数下降5.2个百分点至50.9%。同时，需求不足导致价格上涨动力不足，收费价格指数连续3个月运行在50%以下的收缩区间，5月为48.4%，较上月下降0.7个百分点。

周转速度加快，库存水平稳定。5月，平均库存周转次数指数为52.4%，较上月上升0.8个百分点，在扩张区间继续增长，表明货品周转效率继续提高。期末库存指数为50.0%，较上月下降4.2个百分点，位于荣枯线上临界点，表明库存水平较为稳定。指数变化情况反映出流通环节较为顺畅，商品进出库保持高效，企业补库备货平稳有序。

就业人数增加，后市预期向好。5月，企业员工指数为52.2%，较上月下降0.3个百分点，仍保持在扩张区间，表明企业员工人数较前期继续增加，人力资源较为充足。业务活动预期指数上升1.4个百分点，至57.3%的高位景气区间，企业信心增强，对未来市场运行保持乐观预期。后期来看，随着经济活力继续提高，稳增长、扩内需、稳外贸等工作进一步落实，仓储行业需求增长潜力仍有提升空间。

2023年6月中国仓储指数显示：需求稳中有增 行业保持良好运行态势

中国物流与采购联合会和中储发展股份有限公司联合调查的中国仓储指数，2023年6月为50.7%，较上月下降0.6个百分点，连续5个月位于50%以上的扩张区间，显示仓储行业仍保持良好运行态势。新订单指数和平均库存周转次数指数有所回升，显示仓储需求稳中有增，业务活动更加活跃，带动库存消耗速度有所加快。企业员工指数和业务活动预期指数虽然有所回落，但仍位于扩张区间，反映出企业仍有发展潜力，信心较为充足，对行业运行保持乐观。

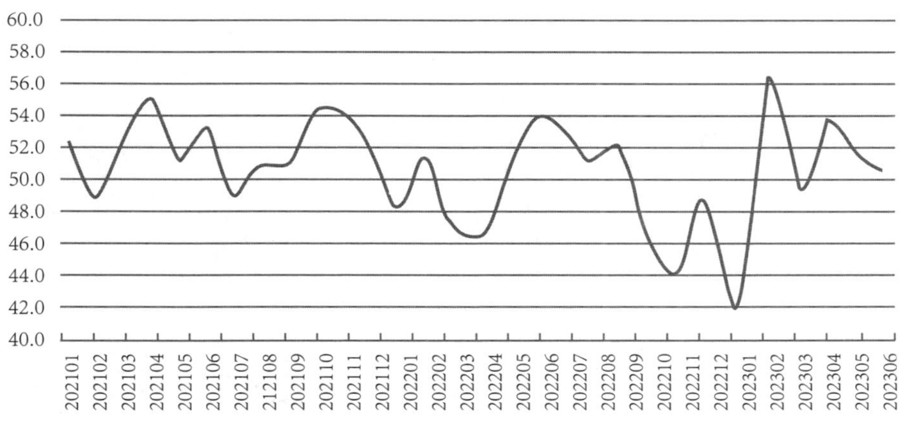

图 3-28 2021-2023 年中国仓储指数走势图

新订单加快增长，消费品表现突出。6 月，新订单指数为 51.7%，较上月上升 0.8 个百分点，连续 5 个月运行在扩张区间，本月增长势头较为突出，表明仓储业务需求在各大电商平台的促销活动提振下加快增长。分品种来看，消费品的新订单增长幅度高于大宗商品，特别是服装、纺织品、棉麻等商品的新订单指数涨幅较为显著。

周转速度加快，去库存效果显现。6 月，平均库存周转次数指数为 54.1%，较上月上升 1.7 个百分点，连续 4 个月在扩张区间保持增长，且本月增幅有所扩大，表明商品周转效率明显提高。期末库存指数为 46.9%，较上月下降 3.1 个百分点，落入收缩区间，表明库存水平有所下降。指数变化情况显示，电商促销活动带动物流仓储业务趋于活跃，消费品流通加快，库存消耗速度提高，去库存工作持续推进，仓储企业库存量有所下降。

员工人数保持增长，后市预期仍然向好。6 月，企业员工指数为 51.7%，较上月下降 0.5 个百分点，仍保持在扩张区间，表明企业员工人数较前期继续增加，人力资源较为充足，企业发展具备潜力。业务活动预期指数为 53.7%，较上月下降 3.6 个百分点，仍位于扩张区间较好水平，表明企业信心仍然较为充足，对未来市场运行保持乐观预期。近期，政府在降税、改善营商环境等方面出台了相关政策，货币政策环境也较为宽松。宏观经济进入平稳恢复阶段，基建投资稳步推进，这些因素都有利于提振企业信心。预计后期仓储行业仍将保持良好运行态势。

2023 年 7 月中国仓储指数显示：指数小幅上升 行业持续向好运行

中国物流与采购联合会和中储发展股份有限公司联合调查的中国仓储指数，2023 年 7 月为 52.2%，较上月上升 1.5 个百分点，连续 6 个月位于 50% 以上的扩张区间，显示仓储行业持续保持良好运行态势。本月各主要分项指数均保持在扩张区间，业务量、设施利用率、期末库存、业务活动预期等指数均有明显回升，平均库存周转次数指数保持较高水平，显示仓储企业生产经营活动活跃，业务量有明显增长，商品周转效率保持高效，供应链上下游衔接顺畅，企业对市场前景保持乐观，补库积极性提高，期末库存水平有所上升。

业务量增加，设施利用率提高。7 月，业务量指数为 54.7%，较上月上升 3.7 个百分点，连续六个月运行在扩张区间，本月增幅有所扩大，显示仓储业务量增长势头较为突出。分品种来看，大宗商品和消费品的业务量普遍有所增长，特别是有色金属、矿产品、服装、纺织品等商品的业务量指数涨幅较为显著。在业务量明显增长的背景下，企业的仓储设施设备利用率也有明显提高，本月设施利用率指数为 55.6%，较上月上升 5.3 个百分点。

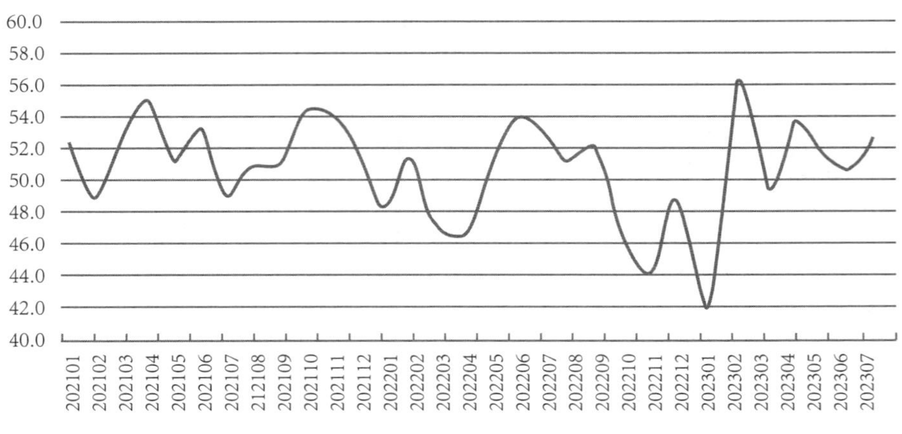

图 3-29 2021-2023 年中国仓储指数走势图

周转保持高效，库存水平上升。7 月，平均库存周转次数指数为 54%，虽然较上月回落 0.1 个百分点，但仍在扩张区间保持较高景气水平，显示商品周转效率继续保持高效，供应链上下游衔接顺畅。期末库存指数为 51.7%，较上月上升 4.8 个百分点，时隔两个月再次回到 50% 以上的扩张区间，显示库存水平有所上升，反映出企业采购意愿增强，补库积极性提高。

企业信心充足，预期保持向好。7 月，业务活动预期指数为 56.4%，较上月上升 2.7 个百分点，在扩张区间继续提高，达到较高景气水平，显示企业信心较为充足，对未来市场运行保持乐观预期。今年以来，国民经济持续恢复、总体回升向好，近期中央提出要加大宏观政策调控力度，着力扩大内需，提出促消费 20 条措施，加快地方政府专项债券发行和使用，因城施策调整优化房地产政策，促进民营经济发展壮大，随着各项措施加快落地，政策效应释放，仓储业务需求仍有增长空间，预计后期仓储行业仍将保持向好运行态势。

2023 年 8 月中国仓储指数显示：指数连续保持扩张态势 行业继续向好运行

中国物流与采购联合会和中储发展股份有限公司联合调查的中国仓储指数，2023 年 8 月为 52%，较上月下降 0.2 个百分点，仍位于 50% 以上，连续 7 个月保持在扩张区间，显示仓储行业继续保持平稳向好运行态势。新订单、收费价格、平均库存周转次数等指数均有回升，业务量、业务活动预期等指数也保持在荣枯线以上，显示仓储业务需求持续回暖，商品周转效率继续提高，企业生产经营状况良好，对未来预期较为乐观。具体来看，本月指数有以下几个特点：

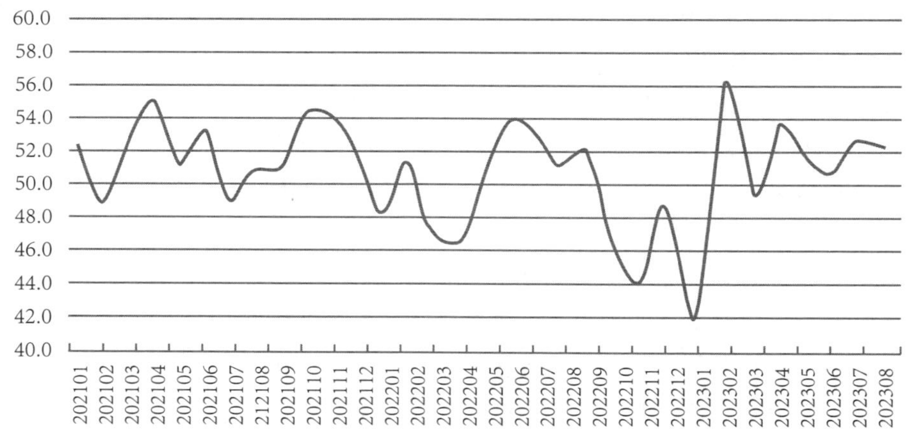

图 3-30 2021-2023 年中国仓储指数走势图

业务需求保持增长，企业经营状况良好。8 月，新订单指数为 53.7%，较上月上升 1.2 个百分点；业务量指数为 52.5%，较上月下降 2.2 个百分点。两项指数均位于扩张区间，显示仓储业务新增需求稳步上升，业务活动保持活跃。收费价格指数为 51.2%，较上月上升 2.4 个百分点，时隔 8 个月重回荣枯线以上，显示业务需求增长对收费价格的支撑作用增强，企业经营状况在一定程度上有所改善。

周转保持高效，库存稳中有升。8 月，平均库存周转次数指数为 54.3%，较上月上升 0.3 个百分点，在扩张区间保持较高景气水平，显示商品周转效率继续提高，供应链上下游衔接顺畅。期末库存指数为 50.3%，虽然较上月下降 1.4 个百分点，但仍位于扩张区间，显示商品库存水平略有上升。周转保持高效，库存稳中有升，两项指数反映出行业保持良好运行态势。此外，从市场情况来看，8 月由于高温多雨天气逐步消退，加之暑期出行活动增加，消费品需求表现出较好活力，消费品仓储周转效率明显高于大宗商品。

企业预期较为乐观，行业向好势头可期。8 月，业务活动预期指数为 51.5%，虽然较上月有所下降，但仍保持在扩张区间，显示企业预期较为乐观。8 月，经济保持稳定恢复态势，供需两端向好回升，政府陆续推出调降利率、优化外资投资环境、恢复和扩大消费等一系列政策。后期来看，随着各项政策协同发力，加之国庆、中秋假日消费接续带动行业需求增长，仓储行业有望继续保持平稳向好发展态势。

2023 年 9 月中国仓储指数显示：需求增势良好 库存大幅回升 行业保持较快发展水平

中国物流与采购联合会和中储发展股份有限公司联合调查的中国仓储指数，2023 年 9 月为 53.5%，较上月上升 1.5 个百分点，连续 8 个月保持在扩张区间，本月升幅较为明显，并达到近 5 个月内的高点，显示仓储行业保持较快发展水平。新订单、业务量、设施利用率、业务利润、期末库存、业务活动预期等指数均有回升，表明仓储业务需求增势较好，企业盈利状况有所改善，补库积极性提高，对未来预期较为乐观。具体来看，本月指数有以下几个特点：

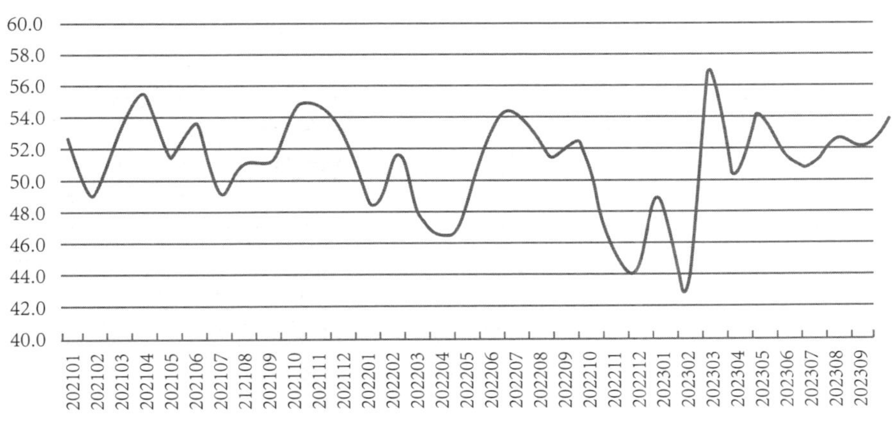

图 3-31 2021—2023 年中国仓储指数走势图

业务需求增长良好，设施利用率明显提高。9 月，业务量指数为 56.2%，较上月上升 3.7 个百分点，达到近 5 个月内的高点；新订单指数为 55.2%，较上月上升 1.5 个百分点；设施利用率指数为 56.2%，较上月上升 5.3 个百分点，达到近 7 个月内的高点。三项反映业务需求的指数均位于扩张区间较高水平，显示仓储市场运行良好，业务需求呈现明显增长态势。分品种来看，受中秋、国庆假期临近影响，居民购物意愿增强，消费品业务量及设施利用率均有大幅提高，特别是食品、服装、纺织品和日用品增幅显著；大宗商品由于施工旺季到来，钢材、建材、机械设备等品种的业务量较前期也有明显回暖。

业务利润回升，企业经营情况改善。9 月，收费价格指数为 50.6%，虽然较上月回落 0.6 个百分点，但仍位于扩张区间，表明仓储业务收费价格继续小幅增长；业务利润指数为 51.9%，较上月上升 2.2 个百分点，重回扩张区间，表明业务需求和收费价格的增长对利润的支撑作用增强，企业经营状况在一定程度上有所改善。

周转保持高效，库存水平回升。9 月，平均库存周转次数指数为 53.8%，虽然较上月下降 0.5 个百分点，但仍在扩张区间保持较高景气水平，显示商品周转效率继续提高，供应链上下游衔接顺畅。期末库存指数为 54.2%，较上月上升 3.9 个百分点，显示商品库存水平明显上升。节日临近拉动消费需求快速增长，大宗商品市场也时值旺季需求回暖，企业备货积极性大幅提高，整体库存较前期低位水平有明显提高。

从仓储指数季度均值来看，前三季度整体处在上升趋势中，三季度均值达到 52.6%，且季末回升速度有所加快，行业持续向好发展。四季度，随着经济保持稳定恢复态势，供需两端向好回升，各项政策效果进一步显现，加之电商促销等活动对仓储需求的拉动，仓储行业有望继续保持向好发展态势。

2023 年 10 月中国仓储指数显示：业务增长短期波动 后市预期仍然向好

中国物流与采购联合会和中储发展股份有限公司联合调查的中国仓储指数，2023 年 10 月为 50.9%，较上月下降 2.6 个百分点，连续 9 个月保持在扩张区间。指数回落主要受前期基数较高影响，但运行在扩张区间，表明行业仍保持平稳发展态势。业务量、设施利用率、期末库存、平均库存周转次数、业务活动预期等分项指数均在扩张区间有所回落。具体来看，本月指数有以下几个特点：

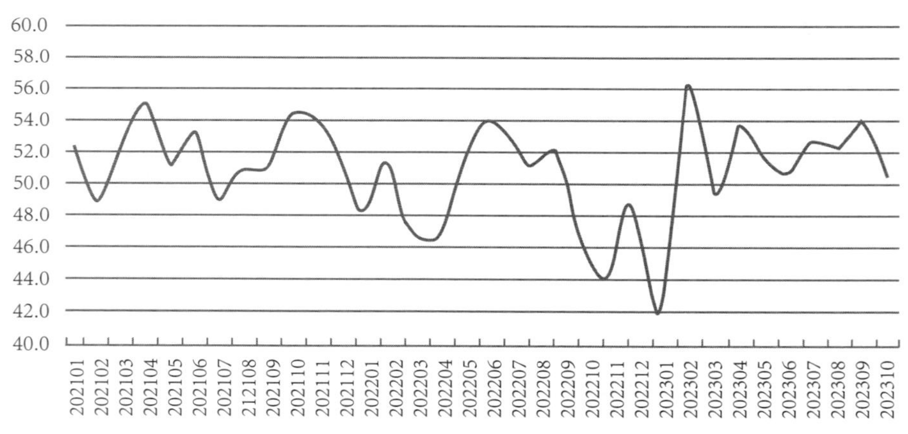

图 3-32 2021—2023 年中国仓储指数走势图

业务量及设施利用率增速回落。10 月，业务量指数为 51%，较上月回落 5.2 个百分点；设施利用率指数为 53%，较上月回落 3.2 个百分点。两项指数均在扩张区间有所回落。市场前期受电商促销提前备货及大宗商品旺季提振，仓储业务需求集中释放，本月增速回落，属于正常短期调整。各品种中，机械设备、家电、棉麻等品种表现突出，业务量仍保持较高增长速度。

周转效率相对平稳，库存增速有所放缓。10 月，平均库存周转次数指数为 50.4%，虽然较上月下降 3.4 个百分点，但仍处于扩张区间略高于临界点的位置，表明商品周转效率整体保持平稳。期末库存指数为 51.8%，较上月下降 2.4 个百分点，同样在扩张区间小幅回落，显示市场回归常态后，企业补库积极性有所下降，期末库存量增速有所放缓。

企业预期乐观，行业保持向好发展。10 月，企业员工指数为 51.7%，较上月上升 1.1 个百分点，达到 4 个月来高点，显示仓储企业员工人数增加，解决就业能力增强。业务活动预期指数为 56.6%，较上月下降 0.5 个百分点，仍在高景气区间运行，显示企业预期较为乐观。后期来看，随着一系列稳增长政策逐步落实到位，投资和消费需求继续释放，仓储业务需求仍有增长空间，预计仓储行业将保持韧性，延续平稳向好发展态势。

2023 年 11 月中国仓储指数显示：指数连续扩张 行业持续向好运行

中国物流与采购联合会和中储发展股份有限公司联合调查的中国仓储指数，2023 年 11 月为 52.2%，较上月上升 1.3 个百分点，连续 10 个月保持在扩张区间，显示仓储行业持续保持良好运行态势。本月各主要分项指数均保持在扩张区间，其中新订单、业务利润、平均库存周转次数、企业员工等分项指数回升幅度较为明显，显示仓储企业生产经营活动活跃，业务需求有所回暖，商品周转效率保持高效，后期发展动力较强。具体来看，本月指数有以下几个特点：

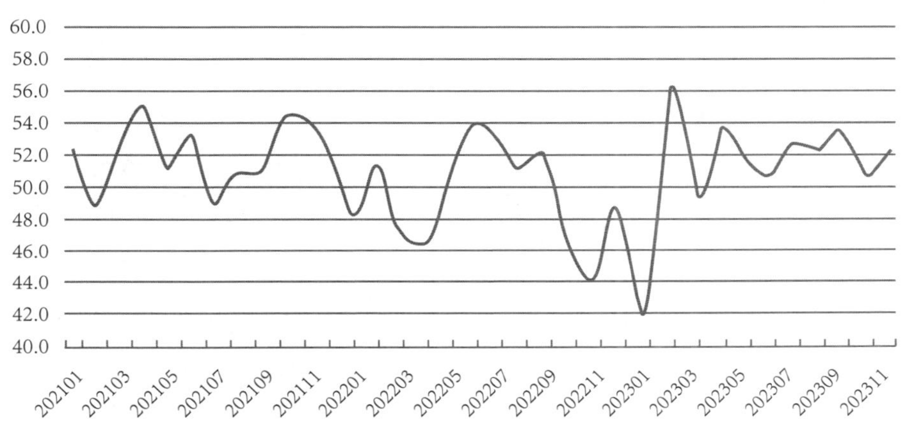

图 3-33 2021—2023 年中国仓储指数走势图

业务需求回升，员工人数增加。11 月，新订单指数为 53%，较上月回升 3.3 个百分点，重回扩张区间，表明随着市场需求有所恢复，仓储业务活动也更加活跃，新增订单量呈现明显增长态势。分品种来看，大宗商品中，由于新一轮保交楼工作推进力度加强，建材市场交易有所复苏，新订单指数上升显著；消费品中，受电商促销带动，食品、服装、纺织品等品种新订单指数表现突出。此外，企业员工指数为 53%，较上月上升 1.3 个百分点，连续 8 个月位于扩张区间，本月达到新高，表明随着市场需求好转、业务活动增长，企业员工人数稳步增加，吸纳就业能力增强，为未来进一步发展夯实基础。

成本增速放缓，利润有所改善。11 月，主营业务成本指数为 52.7%，较上月下降 2.3 个百分点，表明企业成本支出仍在增长，但是增速有明显放缓；业务利润指数为 50.3%，较上月回升 2 个百分点，重回扩张区间，表明由于业务量增长、成本增速放缓，企业利润有所改善，行业整体经营状况有所好转。

周转速度加快，库存水平回升。11 月，平均库存周转次数指数为 52.2%，较上月回升 1.8 个百分点，在扩张区间继续增长，表明商品周转效率继续提高。期末库存指数为 50.6%，较上月下降 1.2 个百分点，虽然有小幅回落，但仍保持在扩张区间，表明期末库存量继续增长，企业补库有一定积极性。

企业信心充足，预期保持向好。11 月，业务活动预期指数为 55.2%，较上月下降 1.4 个百分点，但仍保持在 55% 以上的较好水平，显示企业对后市保持较好预期。宏观经济运行整体相对稳定，各项扩需求、促增长以及支持实体经济、壮大民营经济的政策继续发力，仓储业务需求仍有增长空间，预计仓储行业将延续平稳向好发展态势。

2023 年 12 月中国仓储指数显示：业务持续增长 行业运行平稳

中国物流与采购联合会和中储发展股份有限公司联合调查的中国仓储指数，2023 年 12 月为 51.6%，较上月回落 0.6 个百分点，仍保持在扩张区间，显示仓储行业整体保持良好运行态势。业务量、设施利用率、业务利润、平均库存周转次数等分项指数均有回升，表明仓储业务量进一步增长，商品周转效率继续提高，企业经营情况有所改善。具体来看，本月指数有以下几个特点：

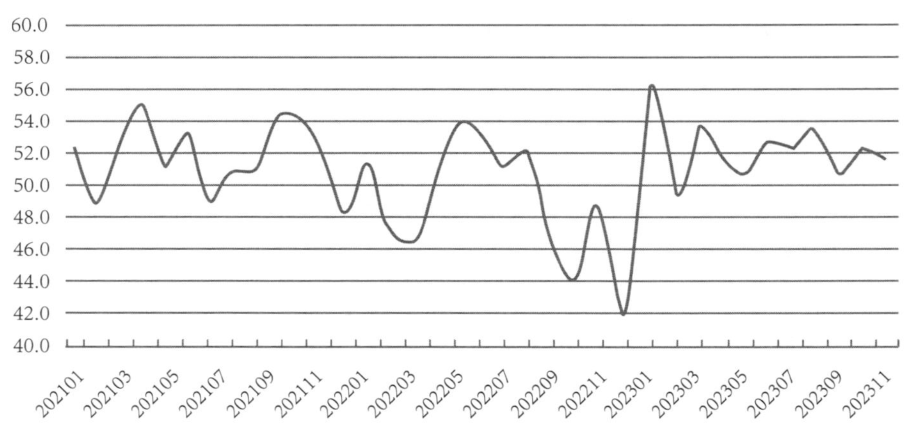

图 3-34 2021—2023 年中国仓储指数走势图

业务量继续增长，设施利用率提高。12 月，业务量指数为 52.9%，较上月回升 1.1 个百分点，在扩张区间继续增长，表明随着市场需求恢复，仓储业务活动更加活跃，业务量呈现持续增长态势。分品种来看，大宗商品中的建材和消费品中的食品、棉麻、医药等品种业务量增长更加明显，表现较为突出。在业务量增长的带动下，企业仓储设施利用率也有所提高，本月设施利用率指数为 52.5%，较上月回升 1 个百分点。

价格稳中有增，利润有所改善。12 月，收费价格指数为 50.6%，较上月回落 0.3 个百分点，虽然指数有所回落，但仍位于扩张区间，表明仓库租金小幅增长；业务利润指数为 52.2%，较上月回升 1.9 个百分点，达到 2023 年 2 月以来新高。两项指数变化显示，由于业务量增长、租金价格稳中有增，企业利润有所改善，行业整体经营状况有所好转。

周转速度加快，库存由升转平。12 月，平均库存周转次数指数为 53.3%，较上月回升 1.1 个百分点，在扩张区间继续增长，表明商品周转效率继续提高。期末库存指数为 50%，较上月下降 0.6 个百分点，位于临界点，表明库存整体水平较为稳定。指数变化情况反映出流通环节较为顺畅，商品进出库保持高效，企业补库备货平稳有序。

企业预期谨慎乐观，短期或将季节性波动。12 月，企业员工指数为 51.6%，较上月下降 1.4 个百分点；业务活动预期指数为 51.6%，较上月下降 3.6 个百分点。两项指数均出现回落，但仍位于扩张区间，显示企业对后市保持谨慎乐观的预期。进入 2024 年 1 月，天气严寒加之假期临近，仓储业务及人员将会呈现一定程度收缩的季节性规律，预计指数短期或将面临波动调整。但长期来看，宏观经济运行整体相对稳定，各项稳经济、促增长、优结构的政策措施不断取得成效，预计仓储行业将延续平稳向好发展态势。

2023 年，仓储指数全年均值为 51.5%，较 2022 年提高 2.1 个百分点，增幅显著。分季度来看，四个季度均值分别为 49.9%、51.9%、52.6%、51.6%，前三季度呈持续回升走势，第四季度略有回落，但均值仍位于扩张区间，向好态势未有改变。显示出在我国经济保持相对稳定运行的背景下，仓储需求不断扩大，仓储行业呈现持续向好的发展态势。展望 2024 年，我国经济向好运行的基础较为坚实，仓储需求有望保持温和增长，行业发展动力将持续夯实。

四、2023年中国公路物流运价指数

2023年1月中国公路物流运价指数为104点

2023年1月，由中国物流与采购联合会和林安物流集团联合调查的中国公路物流运价指数为104点，比上月回升0.92%，比去年同期增长3.5%。从周指数看，第一、二、三周运价指数环比回升，第四周运价指数环比回落。

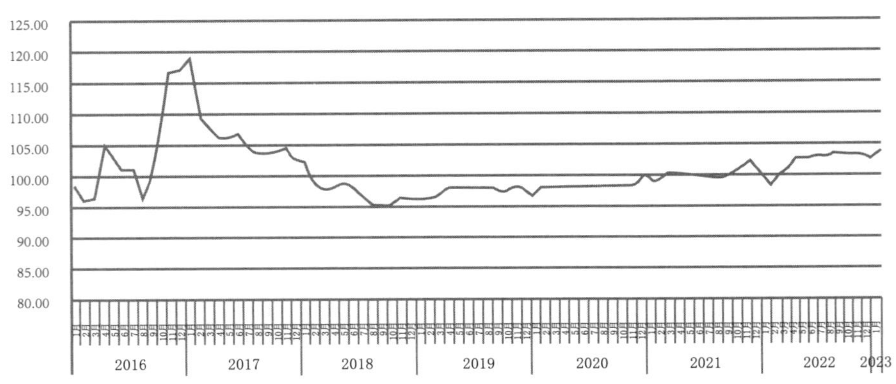

图3-35 2016年以来各月中国公路物流运价指数

表3-1 2023年1月中国公路物流运价指数

	2022年	2023年1月	与上月比（%）
中国公路物流运价指数	102.1	104	0.92
整车指数	102	103.7	0.99
零担轻货指数	102	105.5	0.62
零担重货指数	102.2	103.6	0.98

分车型指数看，各车型指数环比小幅回升，同比去年较快增长。以大宗商品及区域运输为主的整车指数为103.7点，比上月回升0.99%，比上年同期增长2.6%。零担指数中，零担轻货指数为105.5点，比上月回升0.62%，比上年同期增长7.4%；零担重货指数为103.6点，比上月回升0.98%，比上年同期增长2.6%。

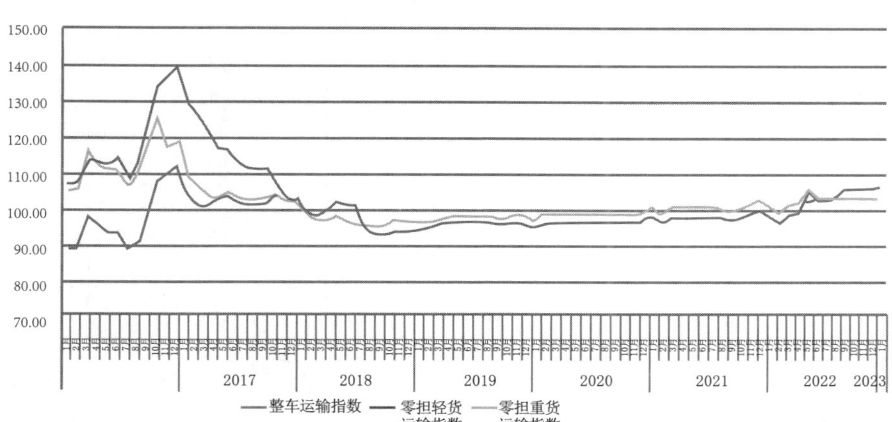

图 3-36 2016 年以来各月中国公路物流运价分车型指数

从需求看，本月经济恢复动力有所增强，生产建设和企业经营均有明显改善，市场需求呈现较快回升态势。从 PMI 数据看，1 月制造业 PMI 指数为 50.1%，重回扩张区间；新订单指数为 50.9%，比上月回升 7 个百分点。从供给看，随着各地疫情防控政策不断优化和逐步放开，人员流动相较前期愈趋频繁，运力供给较快恢复。综合来看，年初新冠疫情短期因素得到缓解，叠加节假日消费需求旺盛，供需两端有所改善，企业生产预期不断向好，经济实现良好开局，经济恢复持续夯实基础下，公路运输价格震荡回升且回升至近 3 年来最高水平。分区域看，9 个区域运价指数均有所回升。

从后期走势看，当前经济复苏具备较好基础，稳经济一揽子政策持续发力，经济企稳回升态势逐步显现，预计公路运输市场有望延续旺盛态势，运价指数或将延续高位震荡走势。

2023 年 2 月中国公路物流运价指数为 103.4 点

2023 年 2 月，由中国物流与采购联合会和林安物流集团联合调查的中国公路物流运价指数为 103.4 点，比上月回落 0.58%，比上年同期增长 5.2%。从周指数看，第一、三周运价指数环比回升，第二、四周运价指数环比回落。

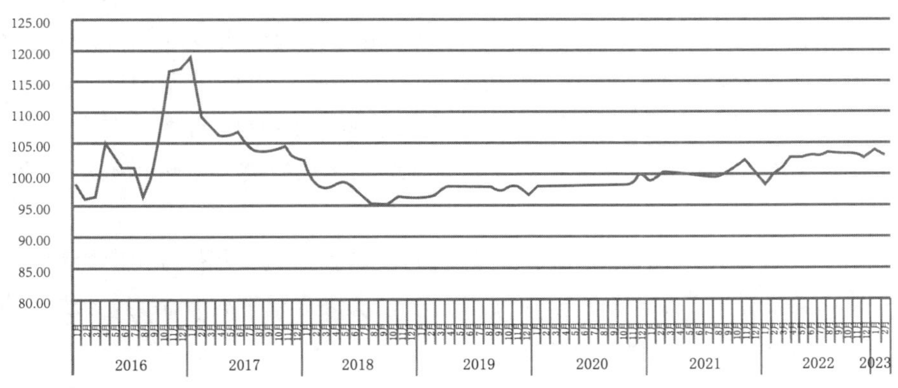

图 3-37 2016 年以来各月中国公路物流运价指数

表 3-2 2023 年 2 月中国公路物流运价指数

	2022 年	2023 年 2 月	与上月比（%）
中国公路物流运价指数	102.1	103.4	-0.58
整车指数	102	103.3	-0.33
零担轻货指数	102	103.8	-1.66
零担重货指数	102.2	103.3	-0.28

分车型指数看，各车型指数环比均有回落，同比去年保持增长。以大宗商品及区域运输为主的整车指数为 103.3 点，比上月回落 0.33%，比上年同期增长 4.5%。零担指数中，零担轻货指数为 103.8 点，比上月回落 1.66%，比上年同期增长 7.9%；零担重货指数为 103.3 点，比上月回落 0.28%，比上年同期增长 4.6%。

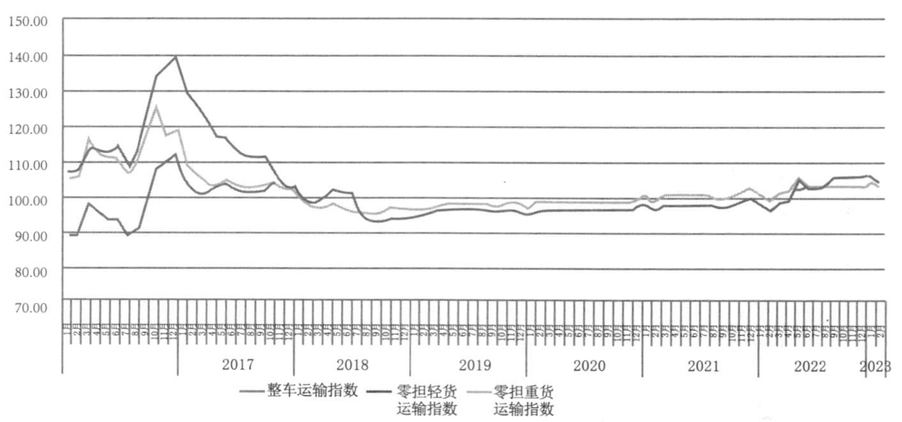

图 3-38 2016 年以来各月中国公路物流运价分车型指数

从需求看，本月经济运行回升态势良好，市场需求较快回升，从 PMI 数据看，2 月制造业 PMI 指数为 52.6%，比上月回升 2.5 个百分点，为近年来最高水平。从供给看，随着疫情带来的短期影响逐步减弱，企业开工和各地人员流动恢复常态，运力供给总体较快恢复。综合来看，本月疫情短期影响逐渐退散，经济运行不断向好，市场主体活力进一步增强，市场供需均有所改善，在较强回升动力带动下，运输市场总体呈现较好恢复势头。本月运价指数虽有所回落，主要是受今年春节假期提前，一月部分订单加急导致运价上涨，2 月企业经营迎来全面好转，运价指数总体仍达到近两年第二高水平。

从后期走势看，当前经济呈现较强复苏态势，预计保持当前消费潜力和市场预期下，稳经济、扩内需，助企纾困等政策落实效果不断加强，国内需求有望保持稳中有升态势，公路运输环境持续改善，运价指数可能呈现小幅震荡走势。

2023 年 3 月中国公路物流运价指数为 103.4 点

2023 年 3 月，由中国物流与采购联合会和林安物流集团联合调查的中国公路物流运价指数为 103.4 点，与上周基本持平，比去年同期增长 3.1%。从周指数看，第一、二周运价指数环比回升，第三周运价指数环比回落，第四、五周运价指数总体平稳。

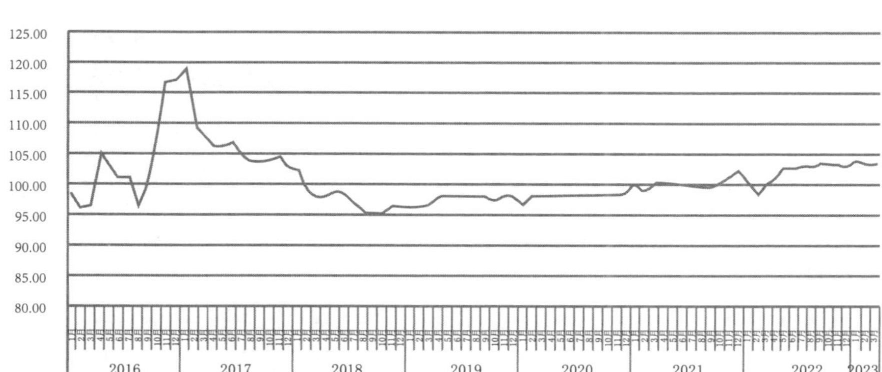

图 3-39 2016 年以来各月中国公路物流运价指数

表 3-3 2023 年 3 月中国公路物流运价指数

	2022 年	2023 年 3 月	与上月比（%）
中国公路物流运价指数	102.1	103.4	0
整车指数	102	103.5	0.19
零担轻货指数	102	102.9	-0.87
零担重货指数	102.2	103.5	0.24

分车型指数看，各车型指数环比涨跌互现，同比上年保持增长。以大宗商品及区域运输为主的整车指数为 103.5 点，比上月回升 0.19%，比上年同期增长 2.7%。零担指数中，零担轻货指数为 102.9 点，比上月回落 0.87%，比上年同期增长 4.6%；零担重货指数为 103.5 点，比上月回升 0.24%，比上年同期增长 2.9%。

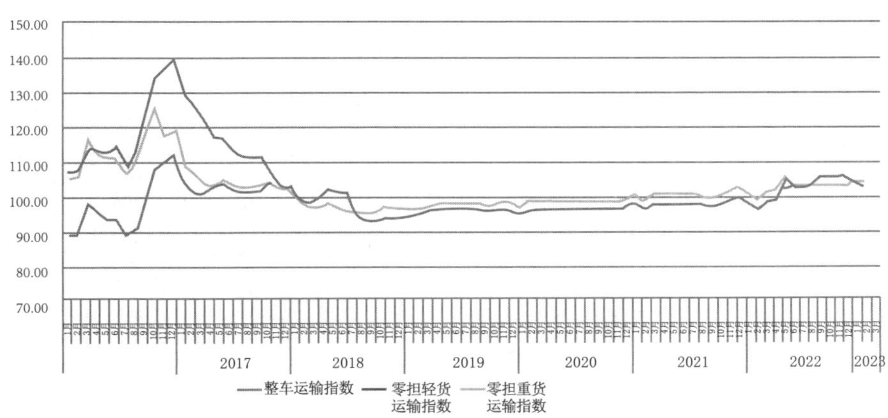

图 3-40 2016 年以来各月中国公路物流运价分车型指数

从需求看，本月经济延续平稳运行态势，生产经营稳步扩张，市场需求持续释放，从 PMI 数据看，3 月制造业 PMI 指数为 51.9%，连续 3 个月运行在扩张区间，新订单指数为 53.6%，保持在较高景气区间。从供给看，社会面流动性显著恢复，运力供给较为充足，环比小幅增长。综合来看，一季度经济稳中向好的趋势有所稳定，市场供需持续改善，产业链供应链全面恢复、交通物流通行畅通，市场环境优化带动企业经营预期转好，综合作用下，3 月运价指数环比较为稳定，同比继续保持较快增长。分区域看，东北、华南区域运价指数有所回落，其余区域运价指数总体平稳。

从后期走势看，一季度经济实现良好开局，企业生产经营加快扩张，公路运输市场呈现较为景气运行态势，随着短期影响因素明显减弱，经济恢复常态化运行，运价指数有望呈现较好维稳态势。

2023 年 4 月中国公路物流运价指数为 103.2 点

2023 年 4 月，由中国物流与采购联合会和林安物流集团联合调查的中国公路物流运价指数为 103.2 点，比上月回落 0.18%，比去年同期增长 2.18%。从周指数看，第一、三周运价指数环比回落，第二、四周运价指数环比回升。

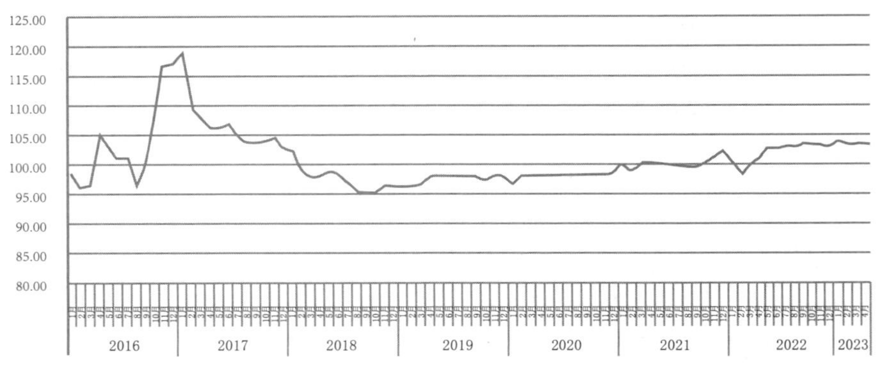

图 3-41 2016 年以来各月中国公路物流运价指数

表 3-4 2023 年 4 月中国公路物流运价指数

	2022 年	2023 年 4 月	与上月比（%）
中国公路物流运价指数	102.1	103.2	-0.18
整车指数	102	103.4	-0.18
零担轻货指数	102	102.7	-0.15
零担重货指数	102.2	103.3	-0.18

分车型指数看，各车型指数环比有所回落，同比上年小幅增长。以大宗商品及区域运输为主的整车指数为 103.4 点，比上月回落 0.18%，比上年同期增长 1.91%。零担指数中，零担轻货指数为 102.7 点，比上月回落 0.15%，比上年同期增长 3.26%；零担重货指数为 103.3 点，比上月回落 0.18%，比上年同期增长 1.96%。

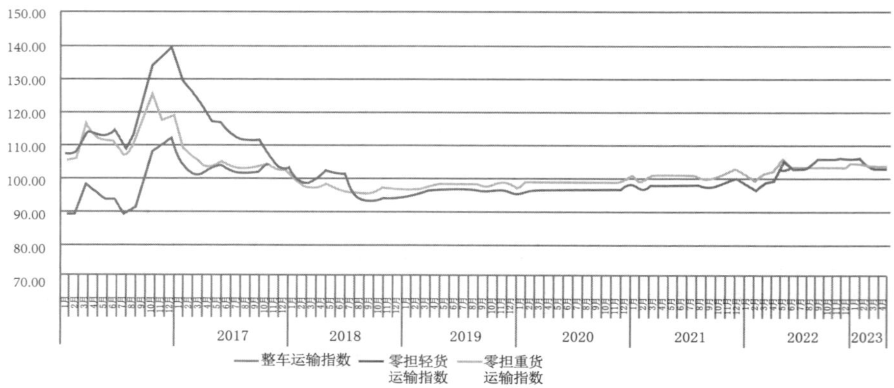

图 3-42 2016 年以来各月中国公路物流运价分车型指数

从需求看，本月经济运行趋于常态化，企业生产扩张有所放缓，市场需求在前期较快恢复背景下有所回缩，从先行指数看，4 月制造业 PMI 指数为 49.2%，比上月回落 2.7 个百分点，降至 50% 以下区间。从供给看，社会流动性较好，司机出工意愿较强，运力供给仍较为充足。综合来看，本月运价指数相较前期有所回落，主要基于前期市场需求超预期回升动力减弱，运力供给总体供大于求，公路市场供需短期失衡加剧，加之季节性因素，带动运价指数小幅回落，但综合近期和指数波动幅度，运价指数整体仍运行在维稳区间。分区域看，东南沿海、山东半岛区域运价指数环比有所回升，其余区域运价指数均有不同程度回落。

从后期走势看，我国经济平稳向好的趋势没有改变，随着市场积极因素逐步累积，企业生产经营环境在持续改善，当前企业对后期市场预期较好，预计进入二季度运价指数有望呈现稳中向好、小幅波动的运行态势。

2023 年 5 月中国公路物流运价指数为 102.6 点

2023 年 5 月，由中国物流与采购联合会和林安物流集团联合调查的中国公路物流运价指数为 102.6 点，比上月回落 0.64%，与去年同期基本持平。从周指数看，第一、三周运价指数环比回落，第二、四周运价指数环比回升。

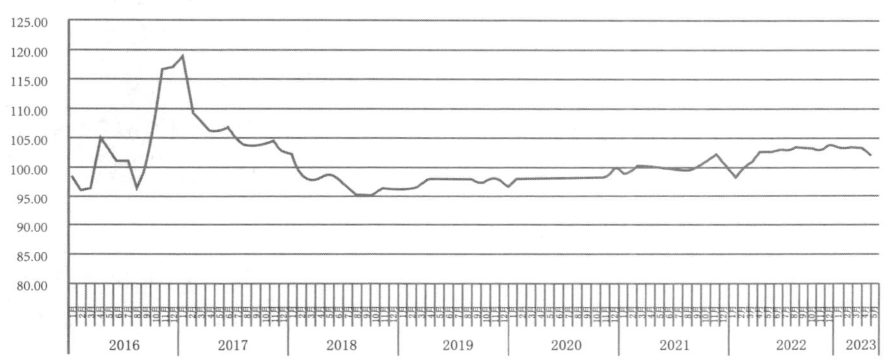

图 3-43 2016 年以来各月中国公路物流运价指数

表 3-5 2023 年 5 月中国公路物流运价指数

	2022 年	2023 年 5 月	与上月比（%）
中国公路物流运价指数	102.1	103.6	-0.64
整车指数	102	102.7	-0.65
零担轻货指数	102	102.1	-0.62
零担重货指数	102.2	102.7	-0.63

分车型指数看，各车型指数环比小幅回落，同比上年涨跌互现。以大宗商品及区域运输为主的整车指数为 102.7 点，比上月回落 0.65%，比上年同期增长 1.25%。零担指数中，零担轻货指数为 102.1 点，比上月回落 0.62%，比上年同期下降 1.9%；零担重货指数为 102.7 点，比上月回落 0.63%，比上年同期下降 2%。

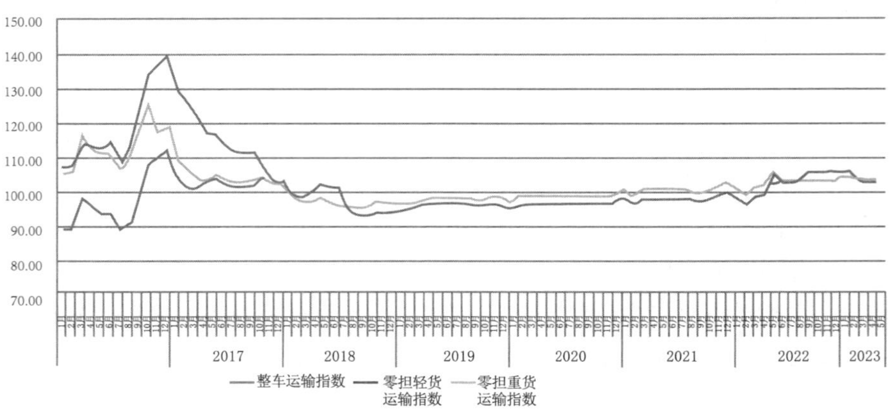

图 3-44 2016 年以来各月中国公路物流运价分车型指数

从需求看，本月经济运行恢复态势有所放缓，相关指数数据显示，5 月制造业 PMI 指数和物流业景气指数均连续 2 个月下降，反映国内市场需求不足，公路物流需求同步收窄。从供给看，五一节后运力较快恢复，运力供给总体较为充足。综合来看，国内市场需求从前期 集中释放转为常态化，增速持续放缓，整体需求表现不足。加之二季度季节性因素企业生产活动放缓，多重因素对供大于求的公路运输市场造成短期波动，价格震荡下行，运价指数连续 2 个月环比回落且回落幅度有所扩大，与去年同期相比较明显回升动力不足。分区域看，九大区域运价指数均有不同程度回落。

从后期走势看，内生动力不足、市场需求放缓仍是影响公路运输市场价格的主要因素，当前反映需求不足的企业增多，经营预期愈发趋于谨慎，预计运价指数仍将保持低位震荡。

2023 年 6 月中国公路物流运价指数为 102.4 点

2023 年 6 月，由中国物流与采购联合会和林安物流集团联合调查的中国公路物流运价指数为 102.4 点，比上月回落 0.17%，比去年同期下降 0.32%。从周指数看，第一、四周运价指数环比回落，第二、三周运价指数环比回升。

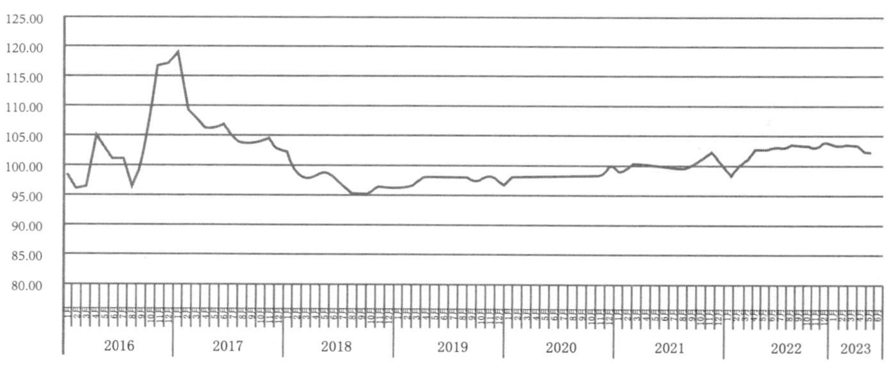

图 3-45 2016 年以来各月中国公路物流运价指数

表 3-6 2023 年 6 月中国公路物流运价指数

	2022 年	2023 年 6 月	与上月比（%）
中国公路物流运价指数	102.1	102.4	-0.17
整车指数	102	102.5	-0.19
零担轻货指数	102	102	-0.04
零担重货指数	102.2	102.5	-0.21

分车型指数看，各车型指数环比小幅回落，同比上年有所下降。以大宗商品及区域运输为主的整车指数为 102.5 点，比上月回落 0.19%，比上年同期下降 0.33%。零担指数中，零担轻货指数为 102 点，比上月回落 0.04%，比上年同期下降 0.26%；零担重货指数为 102.5 点，比上月回落 0.21%，比上年同期下降 0.33%。

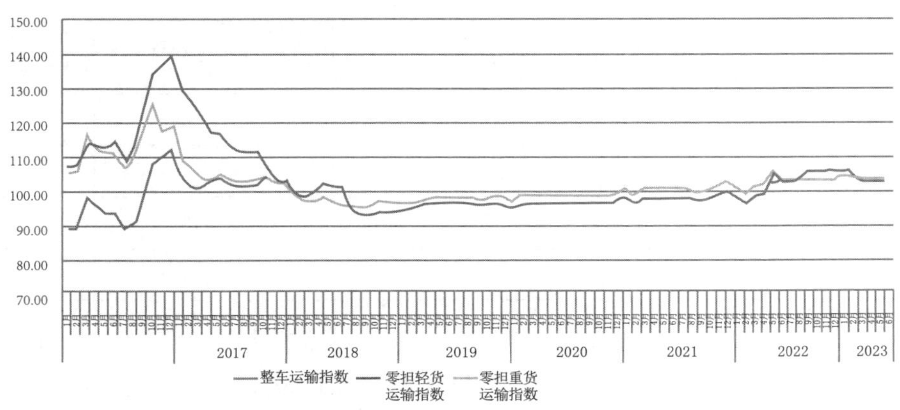

图 3-46 2016 年以来各月中国公路物流运价分车型指数

从需求看，本月经济运行稳中向好，生产市场需求有所恢复，相关指数数据显示，6 月制造业 PMI 指数和新订单指数分别回升 0.2 和 0.3 个百分点，但整体仍位于 50% 以下。从供给看，运力供给相较前期仍较为充足，未见明显变化。综合来看，国内市场供需两端加快改善，但反映公路市场需求增长仍表现不足，传统淡季、前期需求集中释放等因素叠加，市场供大于求形势较为明显，且二季度以来下游市场利润持续压缩，运价指数延续了小幅回落，且低于去年同期水平。分区域看，华中、山东半岛区域运价指数环比回升，其余区域运价指数有不同程度回落。

从后期走势看，当前国内市场需求回升幅度有限，多数地区高温恶劣天气对公路运输造成一定影响，整体需求不足形势下，企业经营成本进一步承压，预计运价指数将继续低位震荡。

2023 年 7 月中国公路物流运价指数为 102.5 点

2023 年 7 月，由中国物流与采购联合会和林安物流集团联合调查的中国公路物流运价指数为 102.5 点，比上月回升 0.1%，比去年同期下降 0.68%。从周指数看，第一、二、三周运价指数环比回升，第四周运价指数环比回落。

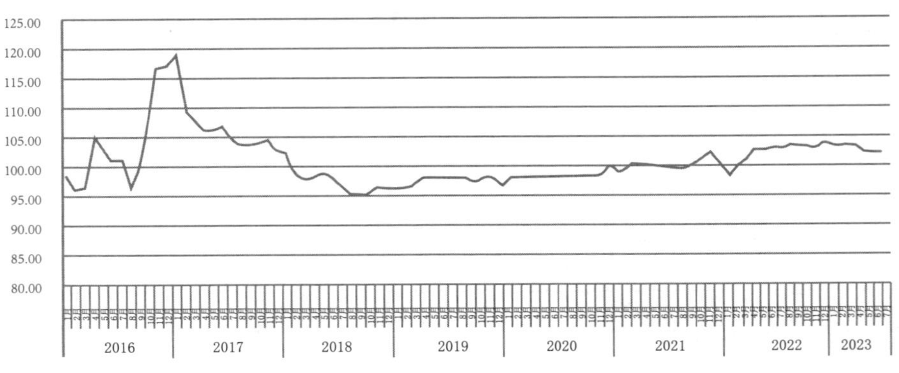

图 3-47 2016 年以来各月中国公路物流运价指数

表 3-7 2023 年 7 月中国公路物流运价指数

	2022 年	2023 年 7 月	与上月比（%）
中国公路物流运价指数	102.1	102.5	0.1
整车指数	102	102.6	0.15
零担轻货指数	102	102	-0.01
零担重货指数	102.2	102.5	0.08

分车型指数看，各车型指数环比涨跌互现，同比上年小幅下降。以大宗商品及区域运输为主的整车指数为 102.6 点，比上月回升 0.15%，比上年同期下降 0.68%。零担指数中，零担轻货指数为 102 点，比上月回落 0.01%，比上年同期下降 0.6%；零担重货指数为 102.5 点，比上月回升 0.08%，比上年同期下降 0.77%。

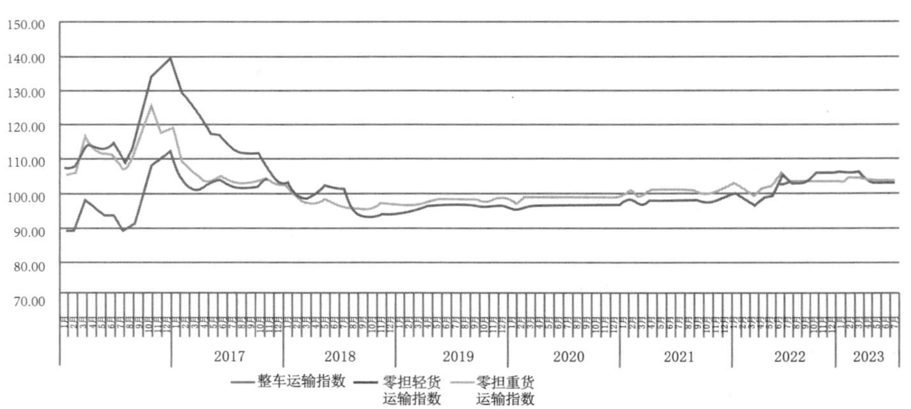

图 3-48 2016 年以来各月中国公路物流运价分车型指数

从需求看，本月经济回升动力进一步增强，市场需求小幅回暖，先行数据显示，7 月制造业 PMI 连续两个月回升，新订单指数比上月回升 0.9 个百分点，接近 50% 水平。从供给看，运力供给仍呈现较充足态势，部分地区受高温雨季天气影响，运力有所受限。综合来看，随着国内市场需求逐步回稳释放，一系列稳经济促增长政策逐步落实，市场供需两端有所改善，本月运价指数短期迎来小幅回升。但从长期看，运价指数仍处于低位，相较去年水平呈现下降态势，市场需求仍需补强，进一步稳定行业信心。分区域看，西北、珠三角区域运价指数环比有所回落，其余区域运价指数有不同程度回升。

从后期走势看，当前国内市场积极信号有所增加，国内经济运行基础持续夯实，市场主体活力有所趋增，但高温雨季天气和传统生产淡季因素影响，预计在此基础下，运价指数整体仍可能低位小幅震荡。

2023 年 8 月中国公路物流运价指数为 102.5 点

2023 年 8 月，由中国物流与采购联合会和林安物流集团联合调查的中国公路物流运价指数为 102.5 点，比上月回升 0.05%，比去年同期下降 0.5%。从周指数看，第一、二、四周运价指数环比回升，第三、五周运价指数环比回落。

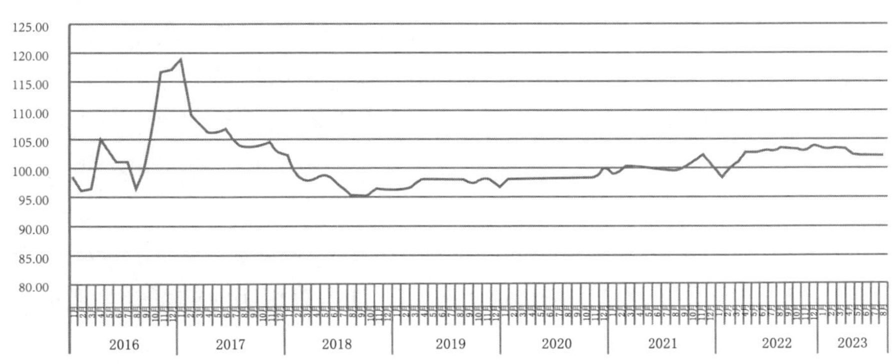

图 3-49 2016 年以来各月中国公路物流运价指数

表 3-8 2023 年 8 月中国公路物流运价指数

	2022 年	2023 年 8 月	与上月比（%）
中国公路物流运价指数	102.1	102.5	0.05
整车指数	102	102.7	0.05
零担轻货指数	102	102	0.02
零担重货指数	102.2	102.6	0.05

分车型指数看，各车型指数环比略有回升，同比上年持续低位。以大宗商品及区域运输为主的整车指数为 102.7 点，比上月回升 0.05%，比上年同期下降 0.4%。零担指数中，零担轻货指数为 102 点，比上月回升 0.02%，比上年同期下降 0.6%；零担重货指数为 102.6 点，比上月回升 0.05%，比上年同期下降 0.5%。

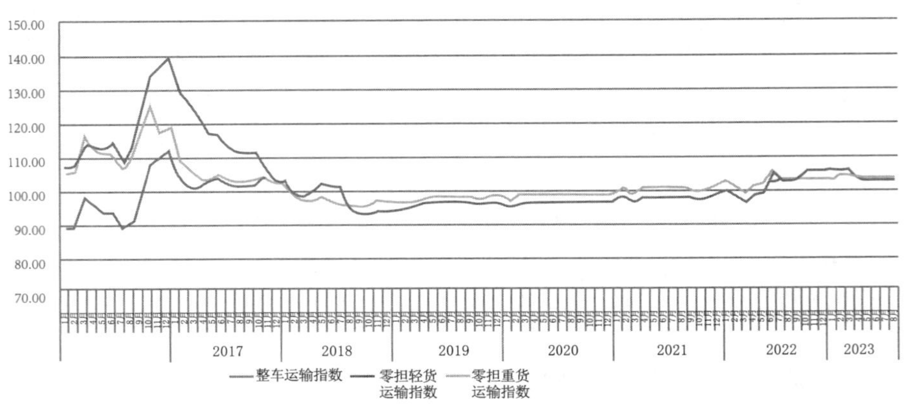

图 3-50 2016 年以来各月中国公路物流运价分车型指数

从需求看，本月经济运行内生动力持续增强，市场需求呈现稳中向好恢复态势。从先行指数看，制造业 PMI 连续 3 个月回升，其中，8 月制造业新订单指数回升至 50% 以上，拉动公路运输市场平稳运行。从供给看，随着传统旺季临近和恶劣气候影响减弱，运力供给逐步恢复，呈现小幅回升态势。综合来看，得益于需求持续释放，公路运输市场供需持续改善，运价指数总体稳定并略有趋升，但纵观历史数据，当前公路运输价格水平相较去年仍处于较低位，在需求常态化下，公路运输价格回落后较难回升，行业发展趋势仍偏弱。分区域看，东北、华北、山东半岛、珠三角、西北区域运价指数环比有所回升，其余区域运价指数有不同程度回落。

从后期走势看，当前经济运行趋势持续向好，积极因素不断累积，为市场需求回升提供有力支撑，预计随着传统生产建设旺季临近和消费市场扩张，运价指数相比前期可能呈现小幅震荡回升。

2023 年 9 月中国公路物流运价指数为 102.9 点

2023 年 9 月，由中国物流与采购联合会和林安物流集团联合调查的中国公路物流运价指数为 102.9 点，比上月回升 0.36%，比去年同期下降 0.5%。从周指数看，第二、四、五周运价指数环比回升，第一、三周运价指数环比回落。

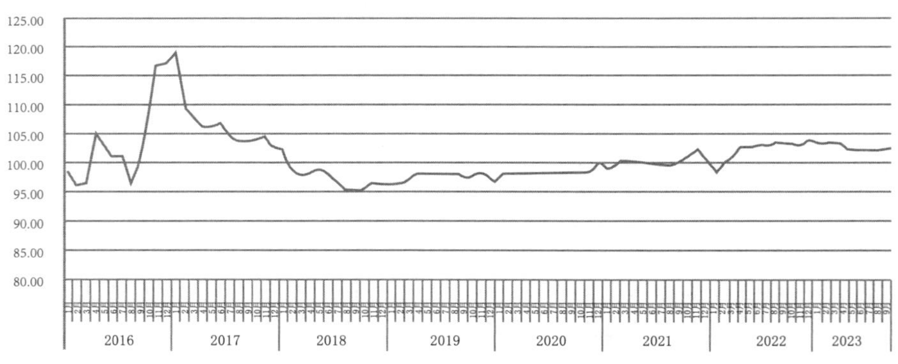

图 3-51 2016 年以来各月中国公路物流运价指数

表 3-9 2023 年 9 月中国公路物流运价指数

	2022 年	2023 年 9 月	与上月比（%）
中国公路物流运价指数	102.1	102.9	0.36
整车指数	102	103.1	0.36
零担轻货指数	102	102.4	0.33
零担重货指数	102.2	103	0.38

分车型指数看，各车型指数环比小幅回升，同比上年降幅收窄。以大宗商品及区域运输为主的整车指数为 103.1 点，比上月回升 0.36%，比上年同期下降 0.02%。零担指数中，零担轻货指数为 102.4 点，比上月回升 0.33%，比上年同期下降 2.6%；零担重货指数为 103 点，比上月回升 0.38%，比上年同期下降 0.06%。

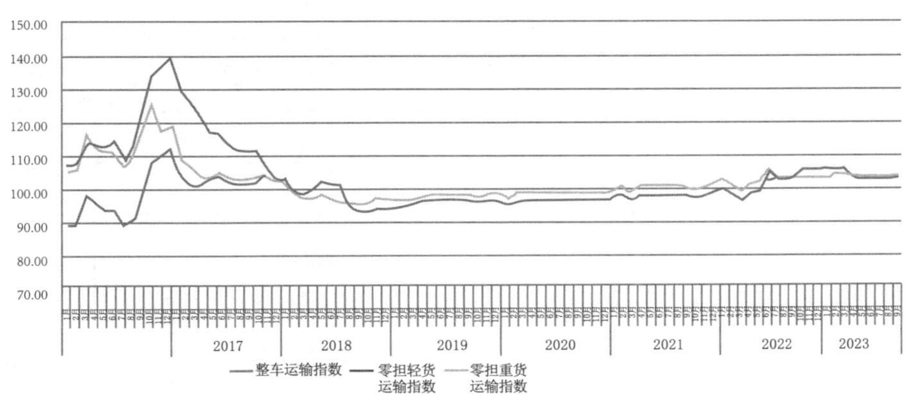

图 3-52 2016 年以来各月中国公路物流运价分车型指数

从需求看，本月经济恢复动力增强，市场需求持续回暖。从先行指数看，9 月制造业 PMI 为 50.2%，重回扩张区间；同时消费品制造业 PMI 和电商业务指数均保持较快增长。从供给看，随着市场主体活力不断增强、极端天气消散，供给端持续回升，运力供给稳步增长。综合来看，三季度以来经济运行持续向好、动能不断增强，稳经济促发展政策效果逐步显现，市场供需两端连续改善，运价指数连续 3 个月回升且本月回升幅度进一步扩大，公路运输市场运行有所回暖。但也看到，指数水平仍低于去年同期和年初，市场运行仍需加强巩固，进一步落实稳增长扩内需等政策举措。分区域看，仅华中区域运价指数有所回落，其他区域运价指数有所回升。

从后期走势看，三季度经济基础进一步夯实，经济运行积极变化增加，为企业预期和后续发展向好提供较好支撑，四季度迎来传统生产建设旺季，预计公路运输市场将保持良好恢复态势，运价指数可能震荡回升。

2023 年 10 月中国公路物流运价指数为 103.8 点

2023 年 10 月，由中国物流与采购联合会和林安物流集团联合调查的中国公路物流运价指数为 103.8 点，比上月回升 0.86%，比去年同期增长 0.49%。从周指数看，第一、四周运价指数环比回落，第二、三周运价指数环比回升。

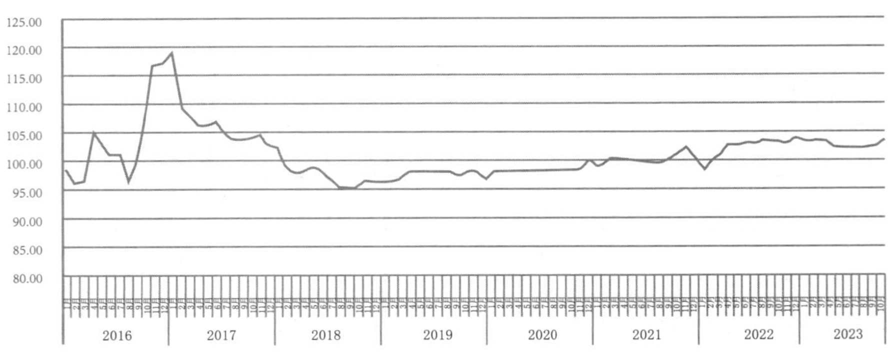

图 3-53 2016 年以来各月中国公路物流运价指数

表 3-10 2023 年 10 月中国公路物流运价指数

	2022 年	2023 年 10 月	与上月比（%）
中国公路物流运价指数	102.1	103.8	0.86
整车指数	102	103.9	0.84
零担轻货指数	102	103.4	0.97
零担重货指数	102.2	103.8	0.83

分车型指数看，各车型指数环比小幅回升，同比上年涨跌互现。以大宗商品及区域运输为主的整车指数为 103.9 点，比上月回升 0.84%，比上年同期增长 1.05%。零担指数中，零担轻货指数为 103.4 点，比上月回升 0.97%，比上年同期下降 1.83%；零担重货指数为 103.8 点，比上月回升 0.83%，比上年同期增长 1.03%。

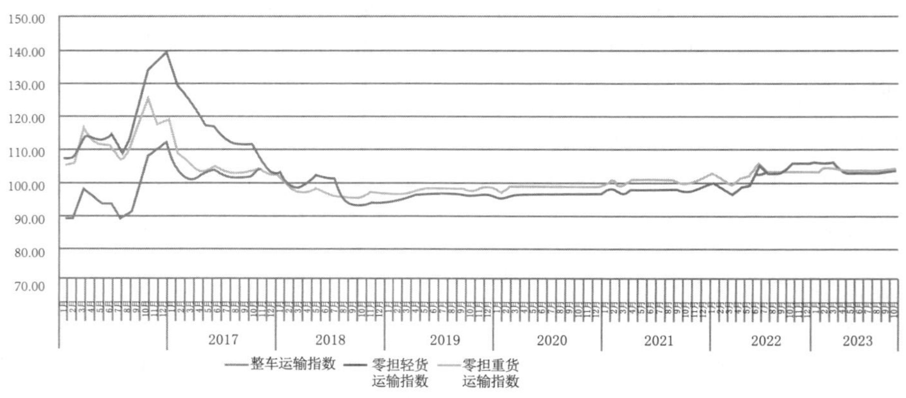

图 3-54 2016 年以来各月中国公路物流运价分车型指数

从需求看，本月经济运行有所波动，国内市场需求相较前期小幅收窄，需求端整体仍然偏紧，先行指数显示，10 月制造业 PMI 为 49.5%，小幅回落至 50% 以下，但相关的装备制造业和消费品制造业增势保持较好。从供给看，运力供给总体较为充足，在“十一”假期和电商活动带动下，部分区域提前备货、加快调度频率，本月运力供给总体更趋活跃、有所趋升。综合来看，在前期积极因素不断叠加和需求提前释放的基础上，本月运价指数有所回升且接近年初较高水平，反映公路市场供需总体改善，但在季节性因素影响下，本月运价水平呈现中高后低，节后需求逐步放缓，第四周运价指数回落超 1 个百分点，公路市场运行态势和价格回升动力仍不稳定。分区域看，九大区域运价指数均有所回升。

从后期走势看，当前经济运行波动尚处在合理区间，长期向好的趋势没有改变，进入四季度一系列稳经济促增长政策持续加码，企业经营预期较好，国内市场具备一定扩张潜力，预计运价指数可能在当前区间维稳，或将小幅波动。

2023 年 11 月中国公路物流运价指数为 103.8 点

2023 年 11 月，由中国物流与采购联合会和林安物流集团联合调查的中国公路物流运价指数为 103.8 点，与上周基本持平，比上年同期增长 0.44%。从周指数看，第一、二周运价指数环比回落，第三、四周运价指数环比回升。

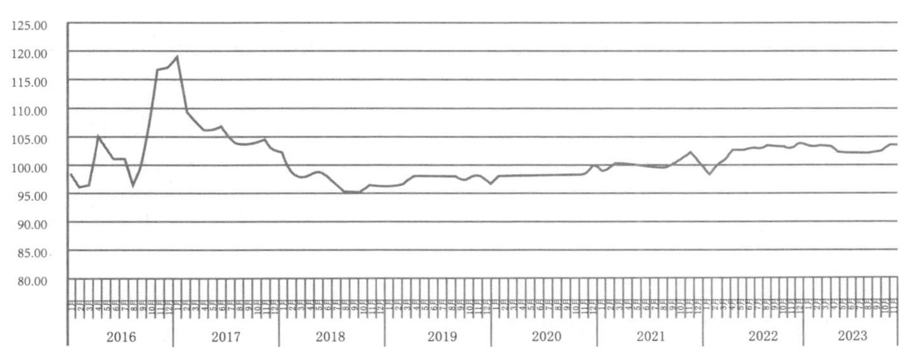

图 3-55 2016 年以来各月中国公路物流运价指数

表 3-11 2023 年 11 月中国公路物流运价指数

	2022 年	2023 年 11 月	与上月比（%）
中国公路物流运价指数	102.1	103.8	-0.01
整车指数	102	103.9	-0.01
零担轻货指数	102	103.3	-0.02
零担重货指数	102.2	103.8	-0.02

分车型指数看，各车型指数环比总体持平，同比上年涨跌互现。以大宗商品及区域运输为主的整车指数为 103.9 点，比上月回落 0.01%，比上年同期增长 0.97%。零担指数中，零担轻货指数为 103.3 点，比上月回落 0.02%，比上年同期下降 1.75%；零担重货指数为 103.8 点，比上月回落 0.02%，比上年同期增长 0.96%。

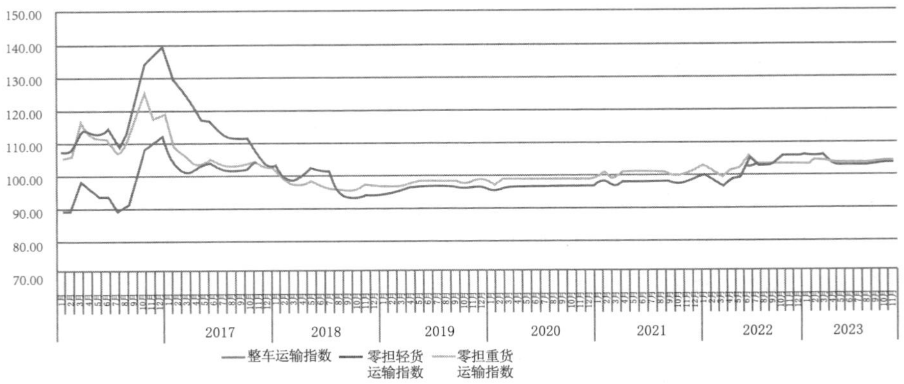

图 3-56 2016 年以来各月中国公路物流运价分车型指数

综合来看，本月运价指数延续上月水平，总体变化不大，一方面，经济运行总体平稳，物流市场需求相对稳定，其中制造业生产物流需求小幅趋缓，部分地区电商物流货物运输需求回升；另一方面，公路市场仍供大于求，运价水平上升压力较大，区域运价指数有所分化，东北、华中、东南沿海、山东半岛、西南区域运价指数有所回落，华北、长三角、西北、珠三角区域运价指数有所回升。

下半年以来，在市场环境、运输成本等因素影响下，运价指数出现波动且有所回升，近期运价水平已接近年内较高点，随着市场逐步稳定，指数波动或将减轻。值得注意的是，当前国际国内市场总体反映需求不足，供需趋稳趋缓压力依然存在，需要加快扩内需政策落实、推动新动能增长，为市场平稳运行提供基础保障。

2023 年 12 月中国公路物流运价指数为 104 点

2023 年 12 月，由中国物流与采购联合会和林安物流集团联合调查的中国公路物流运价指数为 104 点，比上月回升 0.2%，比去年同期回升 0.9%。从周指数看，第一、四周运价指数环比回落，第二、三、五周运价指数环比回升。

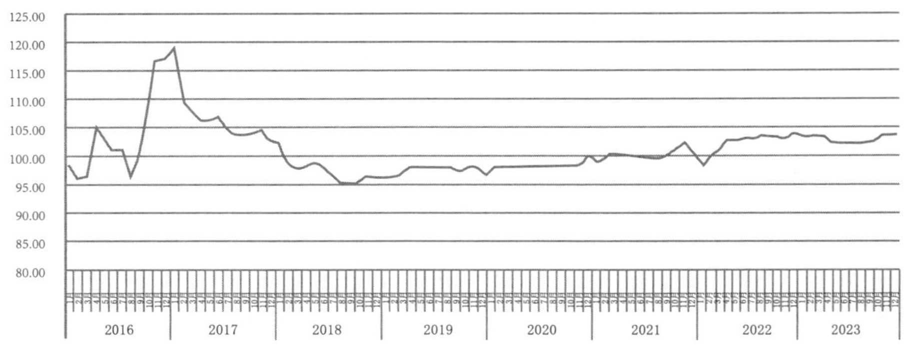

图 3-57 2016 年以来各月中国公路物流运价指数

表 3-12 2023 年 12 月中国公路物流运价指数

	2022 年	2023 年 12 月	与上月比（%）
中国公路物流运价指数	102.1	104	0.20
整车指数	102	104.2	0.24
零担轻货指数	102	103.3	0
零担重货指数	102.2	104.1	0.28

分车型指数看，各车型指数环比总体回升，同比上年涨跌互现。以大宗商品及区域运输为主的整车指数为 104.2 点，比上月回升 0.24%，比上年同期回升 1.45%。零担指数中，零担轻货指数为 103.3 点，与上月基本持平，比上年同期回落 1.45%；零担重货指数为 104.1 点，比上月回升 0. 28%，比上年同期回升 1.52%。

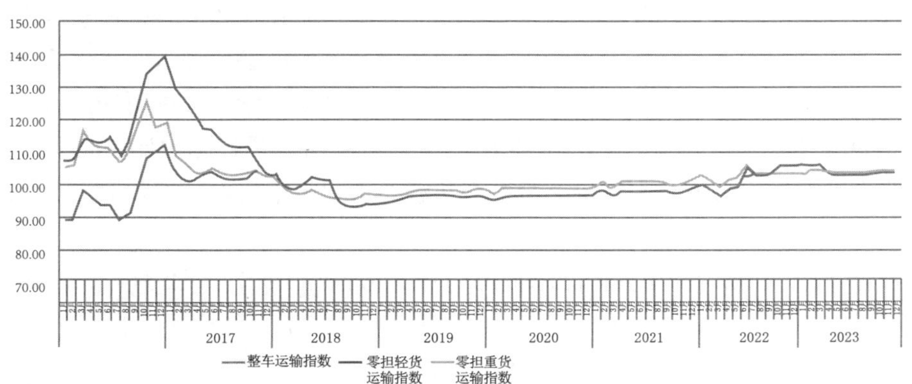

图 3-58 2016 年以来各月中国公路物流运价分车型指数

从供需看，本月市场需求总体趋稳，企业生产经营扩张有所放缓，年末市场供给较为充足，随着前期需求释放运力供给同步增长。综合来看，本月经济保持平稳运行趋势，伴随年末积压订单逐步释放和消费相关物流增势较好，公路运输市场总体较为活跃，运价指数呈现小幅回升态势，且回升至年内第二高水平。但综合四季度看，当前国内市场大环境需求偏紧，运价指数回升主要是年末季节性因素和短期因素影响，运输效益和公路市场活力仍需进一步提升。分区域看，山东半岛区域运价指数有所回落，其余区域运价指数呈现稳中有升、稳中趋升的运行态势。

从后期走势看，纵观全年运价指数经历了一季度疫情消散较快回升，二、三季度回落后平稳运行，四季度季节性回升，当前我国经济下行压力犹存，面临的市场需求不足、回升动力偏弱的问题仍然突出，宏观政策发力、市场调节机制等仍需要时间落实。在此基础下，预计后期运价指数将小幅回落。

五、2023 年中国大宗商品指数

2023 年 1 月中国大宗商品指数（CBMI）为 100.4%

由中国物流与采购联合会调查、发布的 2023 年 1 月中国大宗商品指数（CBMI）为 100.4%，较上月回落 0.6 个百分点。各分项指数中，供应指数回落明显，销售指数均微幅下跌，库存指数则持续明显上升。从本月指数的变化情况来看，国内大宗商品市场受春节因素影响较为明显，特别是终端需求一度停滞，供需失衡的格局继续显现，商品库存仍在积压，市场运行压力较大。我们认为本月指数回落无需太过悲观，兔年春节较往年偏早，企业提早放假对消费端的影响明显高于往年，而本月消费指数跌幅极为有限，显示市场需求已处于筑底过程中。另外本月库存继续上升，主要是流通环节增长较多，后期随着需求和物流的逐渐恢复，市场库存压力也将会得到缓解。进入 2 月以后，预计下游需求将会逐渐迎来复苏，市场供需矛盾，特别是库存压力将会得到明显缓解，进而支撑价格上涨。不过随着生产企业相继恢复生产和之前持续困扰企业的用工荒得到明显缓解，预计供给端压力也会明显增加，特别是近期成品油价格有所上涨，将会给生产和流通企业带来成本压力，价格上行或存在一定的阻碍。

商品供应明显减少。2023 年 1 月，大宗商品供应指数跌至 2021 年 12 月以来的最低，本月较上月回落 1.9 个百分点，至 99.6%，显示受春节因素的影响，大部分生产企业提早进入假期模式，导致商品产量下降，市场供应出现明显减少。从各主要商品来看，本月钢铁和汽车供应量止跌回升，成品油供应量增速减缓，铁矿石、煤炭、有色金属和化工供应量均出现不同程度的减少。本月钢铁和汽车供应量止跌回升，当月较上月分别增加 1.6% 和 0.6%；成品油供应量较上月增加 1.5%，增速较上月减缓 2.7 个百分点；铁矿石、煤炭、有色金属和化工供应量较上月分别减少 1.6%、1.7%、1.4% 和 0.9%。

终端需求弱势筑底。2023 年 1 月，大宗商品销售指数为 99.8%，较上月回落 0.1 个百分点，显示受寒冷天气以及春节长假因素的影响，特别是随着疫情管控政策全面优化，大部分企业春节假期提前，转入减产或者停产状态，导致本月大宗商品市场终端需求一度处于停滞状态，加之为应对春节假期终端企业备货较为充足，1 月下旬以来，市场订货积极性明显降低，商品供应企业订单组织压力明显加大。不过本月消费指数跌幅极为有限，指数水平和上月基本持平，我们认为这显示市场需求基本已处在筑底过程中。从各主要商品来看，本月铁矿石和成品油消费量受各自终端需求的提振而持续增加，且增速加快，其他品种均呈现不同程度的减少。本月铁矿石和成品油消费量较上月分别增加 2.8% 和 3.0%，增速较上月分别加快 1.9 和 1.2 个百分点；钢铁、煤炭、有色金属、化工和汽车销售量较上月分别减少 1.1%、2.5%、2.4%、2.0% 和 1.4%，其中钢铁销售量降幅较上月收窄 0.1 个百分点，煤炭和有色金属销售量降幅较上月分别扩大 0.9 和 1.5 个百分点，化工和汽车销售量则呈现由升转降的态势。

商品库存持续积压。2023 年 1 月，大宗商品库存指数四连升至 2021 年 3 月以来的最高点，为 103.4%，库存量增速较上月加快 1.6 个百分点，显示当前国内大宗商品市场在供需双弱的背景下，供需失衡进一步加剧，整体库存仍在积压，商品去库存的难度较高。不过对当前的高库存我们认为无需太过忧虑，这主要是受春节假期因素的影响，大部分商品库存处于流通环节中，随着需求启动，库存压力必将有效缓解。从各主要商品来看，本月各商品库存全面增加，特别是铁矿石库存量止跌回升，除成品油外，其余品种库存量增速均有所加快。本月铁矿石库存量较上月增加 2.5%；成品油库存量较上月增加 0.6%，增速较上月减缓 2.0 个百分点；钢铁、煤炭、有色金属、化工和汽车库存量较上月分别增加 3.4%、6.2%、3.8%、4.1% 和 3.3%，增速较上月分别加快 1.9、1.6、0.5、1.3 和 2.9 个百分点。

2023 年 2 月中国大宗商品指数（CBMI）为 102.8%

由中国物流与采购联合会调查、发布的 2023 年 2 月中国大宗商品指数（CBMI）为 102.8%，升至近 5 个月以来的最高，较上月回升 2.4 个百分点，表明国内大宗商品市场运行形势开始回暖，行业经营状况有所好转，基本符合我们上月“大宗商品市场正在转向强势格局转化”的判断。各分项指数中，供应指数和销售指数止均止跌回升，库存指数自高点回落。从指数的变化情况来看，当前国内大宗商品市场需求开始恢复，行业预期持续向好，终端行业采购、生产等经营活动积极，市场库存压力有所减缓。不过值得注意的是，销售指数的回升力度略低于供应指数，综合指数继续上升则主要还是因为受到供应端的拉动更大，销售端对市场支持力度偏小，市场供需仍存在一定的失衡状态。纵观后市，虽供应端压力依然存在，但随着需求的进一步发力以及宏观经济环境持续好转，我们认为国内大宗商品市场持续回暖的基础良好，市场运行将会继续向好。

商品供应触底回升。2023 年 2 月，大宗商品供应指数止跌回升，指数升至 2021 年 3 月以来的最高，当月较上月回升 3.8 个百分点，至 103.4%，显示随着商品价格的回升，企业利润得到修复，生产积极性高涨，同时，随着疫情影响基本消退以及春节结束，人员流动回归正常，正常生产生活得到保障。另外，随着春节假期的结束，物流运行明显通畅，较好地保障了生产企业原材料采购和生产活动的稳定开展。此外，需求的复苏令生产端预期后市，提高了生产热情。各主要商品中，铁矿石、煤炭、有色金属和化工供应量触底回升，钢铁、成品油和汽车供应量继续增加，且增速加快。本月铁矿石、煤炭、有色金属和化工供应量较上月分别增长 1.9%、3.5%、2.6% 和 3.3%；钢铁、成品油和汽车供应量较上月分别增长 5.8%、2.2% 和 2.7%，增速较上月分别加快 4.2、0.7 和 2.1 个百分点。

市场需求修复反弹。2023 年 2 月，大宗商品销售指数止跌回升，至 102.7%，指数反弹至近 5 个月以来的最高点，表明 2 月随着全国各地新冠病毒感染疫情的影响基本消退，春节过后社会面流动性全面恢复，市场需求正在修复，商品销售局面活跃，企业订单组织逐步顺畅。各主要商品中，本月各商品销售量全部上升，其中钢铁、煤炭、有色金属、化工和汽车销售量均为止跌回升，铁矿石和成品油销售量继续增加，且增速加快。本月钢铁、煤炭、有色金属、化工和汽车销售量较上月分别增长 0.3%、0.7%、1.4%、0.9% 和 1.7%；铁矿石和成品油销售量较上月分别增长 5.2% 和 1.8%，增速较上月分别加快 1.5 和 0.4 个百分点。

商品库存增速减缓。2023 年 2 月，大宗商品库存指数为 102.2%，较上月回落 1.2 个百分点，显示随着需求端修复性反弹，国内大宗商品市场库存增速有所减缓，商品库存压力出现缓解。不过，整体来看，国内大宗商品市场库存量已连续 4 个月呈现上升态势，只是各月增速有所变化，显示当前国内大宗商品市场整体供库存仍在积压，商品去库存的难度较大。特别是本月商品库存增速减缓，也和春节后物流尚未完全恢复有关，生产企业库存量仍然较高，后期随着物流的全面恢复，一旦需求不及预期，预计市场库存压力将会加大。各主要商品中，本月各商品库存均呈现增加态势，但铁矿石、煤炭、有色金属、化工和汽车库存增速均有所减缓，钢铁和成品油库存增速则呈现加快态势。本月铁矿石、煤炭、有色金属、化工和汽车库存量较上月分别增长 1.8%、0.3%、1.8%、2.2% 和 1.2%，增速较上月分别减缓 0.7、5.9、2.0、1.9 和 2.1 个百分点；本月钢铁和成品油库存量较上月分别增长 4.0% 和 1.6%，增速较上月分别加快 0.6 和 1.0 个百分点。

2023 年 3 月中国大宗商品指数（CBMI）为 103.4%

由中国物流与采购联合会调查、发布的 2023 年 3 月中国大宗商品指数（CBMI）为 103.4%，指数两连升至 2020 年 8 月以来的最高点，当月较上月上升 0.6 个百分点。各分项指数中，供应指数和销售指数联动上升，库存指数则出现回落。从指数的变化情况来看，3 月 CBMI 继续上升，且升至近 32 个月以来的最高点，表明随着疫情因素明显消退和传统消费旺季的来临，行业预期持续向好，采购、生产等经营活动积极，当前国内大宗商品市场稳中向好的特点进一步显现。本月供应指数继续上升，显示国内商品供应增长平稳；销售指数持续上升，预示国内市场需求良好；库存指数回落，表明市场供求关系开始趋于平衡，生产经营活动趋于平稳。综合来看，供需双侧联动上升，特别是商品库存压力得到缓解，显示国内大宗商品相关企业生产经营活动正在显露积极的迹象，行业稳中向好的态势继续深入发展。不过，值得关注的是，本月供应指数虽上升幅度弱于销售指数，但仍高于销售指数，且升至 2020 年 8 月以来的最高水平，显示随着旺季来临，供应端预期好于需求侧，一旦后期消费端不能持续上升，大宗商品市场将会再度面临下行压力。进入 4 月，考虑到国内经济运行继续保持恢复态势，制造业和基建将会继续带动需求增长，我们认为短期内大宗商品市场供需基本平衡，仍处于去库存化阶段，但当前外需不足导致整体出口形势不佳或将对市场产生一定的影响。基于此，我们预计 4 月国内大宗商品市场仍将维持稳中向好的态势，商品价格整体仍有一定的上行空间。

商品供应增速加快。2023 年 3 月，大宗商品供应指数两连升至 2020 年 8 月以来的最高点，为 104.6%，较上月上升 1.2 个百分点，显示随着国内经济和制造业的复苏，市场需求持续回暖，生产企业对后市预期良好，生产热情高涨，国内大宗商品市场供应量持续增加，增速有所加快。从各主要商品来看，本月各商品供应量继续呈现全部上升的局面，且除成品油外，其余品种供应增速均有所加快。本月钢铁、铁矿石、煤炭、有色金属、化工和汽车供应量较上月分别增加 6.4%、3.8%、5.3%、4.1%、4.8% 和 4.8%，增速较上月分别加快 0.6、1.9、1.8、1.5、1.5 和 2.1 个百分点，成品油供应量较上月增加 1.8%，受炼厂检修的影响，本月供应增速较上月减缓 0.4 个百分点。

销售增速有所加快。2023 年 3 月，大宗商品销售指数较上月上升 1.5 个百分点，至 104.2%，指数升至近 6 个月以来的最高点，显示随着传统旺季的来临，终端用户备货积极，市场销售情况向好，企业订单组织逐步顺畅，本月国内大宗商品销售量增速较上月有所加快。各主要商品中，本月除汽车外，其余各商品销售量继续呈现全部上升的局面，且除煤炭外，其余品种销售增速均有所加快。本月钢铁、铁矿石、成品油、有色金属和化工销售量较上月分别增加 4.7%、6.5%、3.1%、3.5% 和 3.3%，增速较上月分别加快 3.2、2.1、1.2、0.7 和 1.4 个百分点，煤炭销售量较上月增加 1.7%，增速较上月减缓 0.8 个百分点，汽车销售量则再度回落，当月较上月减少 1.1%。

商品库存开始下降。2023 年 3 月，大宗商品库存指数两连跌至 99.6%，指数跌至近 5 个月以来的最低点，显示前期持续处于积压态势的商品库存开始减少，国内大宗商品库存压力有所缓解。各主要商品中，钢铁、铁矿石和成品油因供需状况明显好转，由升转降，有色金属和化工库存量虽有增加，但增速减缓，煤炭和汽车库存量受需求下降的影响，增速加快。本月钢铁、铁矿石和成品油库存量较上月分别减少 1.4%、2.5% 和 1.3%，其中钢铁和铁矿石库存分别时隔 3 个月和 2 个月后再现下降格局，成品油库存更是时隔 5 个月后再现降幅；有色金属和化工库存量较上月分别增加 0.9% 和 1.0%，增速较上月分别减缓 0.9 和 1.2 个百分点；煤炭和汽车库存量较上月分别增加 3.2% 和 4.3%，增速较上月分别加快 2.9 和 3.1 个百分点，显示库存压力有所加大。

2023 年 4 月中国大宗商品指数（CBMI）为 100.3%

由中国物流与采购联合会调查、发布的 2023 年 4 月中国大宗商品指数（CBMI）为 100.3%，较上月回落 3.1 个百分点，指数在连续两个月上升后出现回落。各分项指数中，供应指数、销售指数双双回落，且供应指数跌幅更大，库存指数触底回升。从本月指数的变化情况来看，历来 3 至 4 月都是传统消费旺季，而今年在“金三”强势出现后，“银四”跟随的步伐明显放缓，显示当前国内经济仍处于恢复进程，在存量需求释放后新增需求不足，市场需求并未如预期般继续恢复。但从指数变化来看，反映当前市场需求是扩张态势回落，这主要是前几个月持续回升带来的高基数效应，国内需求在各项稳投资促消费政策的贯彻落实下仍有稳定基础。与此同时，随着商品价格整体下挫，生产企业利润收缩，产品产量减少，市场供应增速放缓，供需衔接仍显均衡，所以本月市场库存整体仍呈现下降趋势，仅是降幅收窄。从各项经济数据情况来看，我国宏观经济运行开局良好，经济恢复趋势明确，以消费和投资为代表的内需仍有进一步恢复的空间。随着居民收入反弹和消费者信心逐渐修复，预计与经济重启相关的消费活动价格将进一步上升，包括餐饮、外出、旅行、娱乐和居民服务等等。同时，随着房地产市场企稳和金融支持效果进一步显现，消费需求有望进一步回暖，预计 5 月国内大宗商品市场将迎来稳中回升的态势，整体商品价格或将温和反弹。

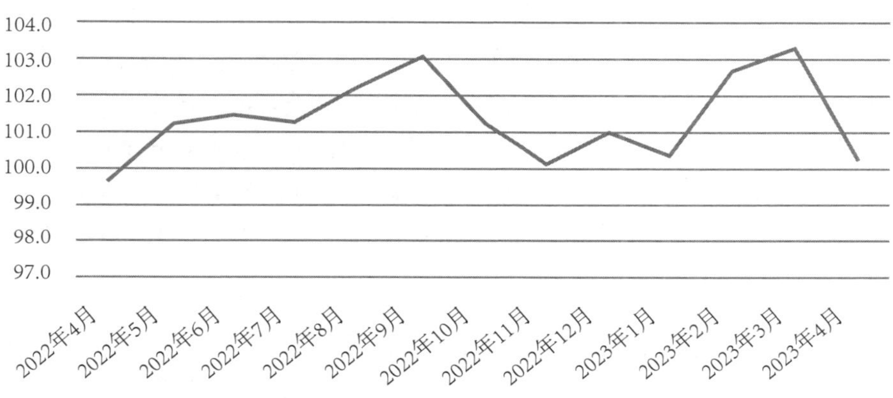

图 3-59 2022 年 4 月—2023 年 4 月中国大宗商品指数

商品供应增速减缓。2023 年 4 月，大宗商品供应指数较上月回落 4.1 个百分点，至 100.5%。从各主要商品情况来看，生产利润仍是左右商品生产和供应的重要因素，与此同时，部分行业需求未如预期般恢复，企业生产虽有一定的积极性，但受制于利润、原料、订单等因素影响，部分商品生产企业逐渐下调生产计划，本月商品整体产量有所减少，市场供应增速减缓。其中，钢铁和铁矿石供应量受生产利润和到港下降的影响，出现明显的降幅，煤炭、有色金属、化工和汽车供应量虽有增加，但增速有所减缓，成品油供应量受利润推动以及基数较大的影响，本月供应量继续增加，且增速略有加快。本月钢铁和铁矿石供应量较上月分别减少 1.3% 和 1.6%，其中钢铁供应量时隔 3 个月后再现下降趋势，铁矿石供应量则时隔 2 个月后再现降幅；本月煤炭、有色金属、化工和汽车供应量较上月分别增加 4.6%、2.3%、1.7% 和 1.6%，增速较上月分别减缓 0.7、1.8、3.1 和 3.2 个百分点，其中煤炭、有色金属和化工供应量已连续 3 个月增加，汽车供应量则连续 4 个月增加，虽本月增速有所减缓，但整体供应量规模较大，且本月增速减缓也和基础较高有关，从数据走势来看，这几个商品的供应压力依然较大；本月成品油供应量较上月增加 2.4%，增速较上月加快 0.6 个百分点，显示近期成品油冶炼利润较高，炼厂虽有停产检修，但整体开工率尚可，市场供应充足。

销售增速有所减缓。2023 年 4 月，大宗商品销售指数为 100.4%，较上月回落 3.8 个百分点，为近 3 个月以来的最低，显示国内大宗商品市场在“金三”表现良好之后，“银四”超预期走弱，本月市场旺季不旺，销售增速出现减缓。这主要是：首先，虽然一季度国民经济温和复苏，但投资和房地产行业拉动作用减弱，需求未能呈现爆发性增长，地方债发行量环比下降导致基建项目推进有所放缓，特别是房地产消费市场陷入冰点，市场信心略显不足。其次，市场价格单边走低，也抑制了投机需求的释放，终端需求企业也已消耗库存为主，备货需求不高。最后，随着近 2 个月市场销售量持续增加，基数较高，本月增速减缓也属正常回归。从各主要商品的情况来看，钢铁和煤炭销售量均时隔 2 个月后再现减少格局，铁矿石、成品油、有色金属和化工销售量虽继续增加，但增速分别出现减缓，汽车销售量受政策和基数影响，本月小幅回升。本月钢铁和煤炭销售量较上月分别减少 1.9% 和 1.1%；铁矿石、成品油、有色金属和化工销售量较上月分别增加 2.1%、2.9%、0.5% 和 1.5%，增速较上月分别减缓 4.4、0.2、3.0 和 1.8 个百分点；本月汽车销售量较上月增加 0.9%，再度呈现回升态势。

商品库存降幅收窄。2023 年 4 月，大宗商品库存指数较上月回升 0.1 个百分点，至 99.7%。从指数的变化情况来看，本月供需两端均出现增速减缓的格局，但旺季需求仍有一定的支撑，加之商品价格下挫，生产利润收缩，产品产量下降，导致市场库存整体继续减少。从月中的情况来看，上中旬因局部需求低迷，库存去化速度较慢；进入下旬后，随着部分产品压减产量，库存去化有所提速，所以本月库存降幅较上月有所收窄。各主要商品中，钢铁和铁矿石库存量继续下降，且降幅进一步扩大；汽车库存量在需求整体回升的带动下，本月库存量虽有增加，但增速有所减缓；煤炭、有色金属和化工库存量继续增加，且增速有所加快；成品油库存量则由降转升，库存压力有所加大。本月钢铁和铁矿石库存量较上月分别减少 2.6% 和 3.1%，降幅较上月分别扩大 0.8 和 0.6 个百分点；汽车库存量较上月增加 2.8%，增速较上月减缓 1.5 个百分点；本月煤炭、有色金属和化工库存量较上月分别增加 4.1%、1.9% 和 3.1%，增速较上月分别加快 0/9、1.0 和 2.1 个百分点；本月成品油库存量则由降转升，当月库存量较上月增加 0.6%。

2023 年 5 月中国大宗商品指数（CBMI）为 100.7%

由中国物流与采购联合会调查、发布的 2023 年 5 月中国大宗商品指数（CBMI）为 100.7%，较上月回升 0.4 个百分点。各分项指数中，供应指数、库存指数止跌回升，销售指数则继续回落。从本月指数的变化情况来看，本月指数止跌回升，主要是受到代表供应端的供应指数和库存指数止跌回升拉动所致，而销售指数持续回落，特别是供应指数连续 4 个月高于销售指数，显示需求收缩连续快于供应，供需矛盾有所显现，当前国内大宗商品市场供大于求的压力继续显现，商品库存仍在积压。展望 6 月，国内大宗商品市场将处于内外交困的状况中，整体运行压力加大，特别是当前国内经济尚处于弱复苏状态，民营经济仍然偏弱，经济回升的内生动力依然不足，我国外贸出口也可能面临较大不确定性。从国外环境来看，当前全球经济复苏仍面临着制造业景气度下滑的制约，也增加了全球经济复苏的不确定性。另外，进入 6 月，随着北方高温和南方雨季的到来，天气对于项目施工的影响逐步增大，将对需求产生明显的影响；制造业订单类指数继续小幅回落，反映市场需求收缩的问题仍然突出，市场需求或面临较大的下滑压力。若商品产量仍高位释放，市场供需矛盾将仍然偏大。综合来看，6 月国内大宗商品市场将会呈现淡季需求不足、供应高位下滑、国内政策提振有限、外部风险依然较高的局面，商品价格整体仍将处于弱势盘整的阶段，部分商品的价格存在一定的下行空间。

商品供应持续增加。2023 年 5 月，大宗商品供应指数仍处上涨通道，为 102.1%，较上月上升 1.6 个百分点，显示随着商品价格不断修复，生产企业开工率逐步回升，商品产量整体增加，国内大宗商品整体供应量仍在增长，但在需求低迷的背景下，供方对后市预期不高，所以供应量增长有限。从各主要商品来看，本月除钢铁供应量下降外，其余品种均呈现增长态势，特别是铁矿石供应量止跌回升。本月铁矿石供应量较上月增加 2.7%；煤炭、成品油、化工供应量较上月分别增长 5.9%、4.4%、2.6%，增速较上月分别加快 1.3、2.0 和 0.9 个百分点；有色金属和化工供应量较上月分别增长 2.0% 和 0.8%，增速较上月分别减缓 0.3 和 0.8 个百分点；本月因检修减产企业增加，前期钢铁行业整体生产能力不足，导致供应量继续下降，但随着利润逐步回升，企业生产积极性提高，导致本月供应量降幅有所收窄，本月钢铁供应量较上月减少 0.7%，降幅较上月收窄 0.6 个百分点。

商品销售压力加大。2023 年 5 月，大宗商品销售指数为 99.9%。从销售指数的变化情况来看，销售量在连续 3 个月呈现增长态势以后，本月出现回落，一方面说明本月市场需求减弱，特别是随着商品价格出现震荡回调，市场恐慌情绪加重，终端企业采购越发趋于谨慎，市场订货积极性明显降低，成交明显减弱，商品生产供应企业订单组织压力加大；另一方面，我们认为也和前期基数较高有关，特别是部分商品是在持续高增长后出现回落，本月有色金属、化工和汽车等商品销售量仍呈现增长态势，后期市场需求是否会随着夏季高温多雨的出现而全面转弱，仍需观察。各主要商品中，有色金属、化工和汽车销售量继续增长，当月较上月分别增长 2.1%、2.4% 和 3.3%，增速较上月分别加快 1.2、0.9 和 2.4 个百分点；本月成品油销售量较上月增加 1.8%，增速较上月减缓 1.1 个百分点；本月铁矿石销售量由升转降，当月较上月下降 0.7%；钢铁和煤炭销售量则继续下滑，当月较上月分别减少 2.4% 和 1.5%，跌幅较上月分别扩大 0.5 和 0.4 个百分点。

商品库存止降回升。2023 年 5 月，大宗商品库存指数止降回升至 100.1%，较上月回升 0.4 个百分点，整体商品库存量在连续 2 个月减少的情况下，本月出现增加，显示由于供应端整体回升，但终端需求明显转弱，商品库存再度积压，库存压力开始加大。从各主要商品库存情况来看，钢铁和铁矿石库存量继续减少，但降幅有所收窄，煤炭、成品油库存量继续增加，且增速加快，有色金属、化工和汽车库存受需求提振，库存量虽继续增加，但增速有所减缓。本月煤炭和成品油库存量较上月分别增加 4.8% 和 3.1%，增速较上月分别加快 0.7 和 2.5 个百分点；有色金属、化工和汽车库存量较上月分别增加 0.7%、1.9% 和 1.0%，增速较上月分别减缓 1.2、1.2 和 1.8 个百分点；钢铁和铁矿石库存量较上月分别减少 1.8% 和 1.9%，降幅较上月分别收窄 0.8 和 1.2 个百分点。

2023 年 6 月中国大宗商品指数（CBMI）为 102.8%

由中国物流与采购联合会调查、发布的 2023 年 6 月中国大宗商品指数（CBMI）为 102.8%，指数连续 2 个月上升，本月较上月上升 2.1 个百分点。各分项指数中，供应指数连续 2 个月上升，销售指数止跌反弹，库存指数有所回落。从指数的变化情况来看，本月指数继续上升，且供需双侧联动上扬，特别是需求端回升力度强于供应端，令市场库存压力有所缓解，显示随着国内经济运行保持恢复发展态势，以及稳增长政策预期的增强，大宗商品市场需求恢复，市场人气有所积聚，采购、生产等经营活动积极，6 月国内大宗商品市场呈现 “供需双旺、稳中向好”的特征。进入 7 月，随着高温和多雨天气的来临，区域需求将进入传统淡季，市场格局或由“供需双旺”逐步向“供强需弱”转化，加之美联储继续加息的概率较大，美元指数也将继续居于高位运行，中长线来看仍将利好美元，利空大宗商品市场。不过，当前国内经济复苏较为温和，预计后期政策仍有加码空间，将对市场信心带来提振。

商品供应继续增加。2023 年 6 月，大宗商品供应指数两连升至 107.0%，较上月上升 1.8 个百分点，显示随着国内经济温和复苏，加之需求恢复以及生产利润有所修复，生产企业对后市预期良好，生产热情高涨，国内大宗商品市场供应量持续增加，供应压力不断加大。从各主要商品来看，本月煤炭供应指数升至 2020 年 8 月以来的最高，各类商品供应量较上月均有所增加，其中钢铁供应量时隔两个月后再现增长态势，且除成品油供应量增速略有减缓外，其余品种均呈现增速加快的格局。本月钢铁供应量较上月增加 3.2%；铁矿石、煤炭、有色金属、化工和汽车供应量较上月分别增加 4.8%、6.2%、3.3%、2.9% 和 3.5%，增速较上月分别加快 2.1、0.3、1.3、0.3 和 2.7 个百分点；成品油供应量较上月增加 2.8%，增速较上月减缓 1.6 个百分点。

终端需求有所恢复。2023 年 6 月，大宗商品销售指数止跌反弹，当月较上月回升 3.8 个百分点，至 103.7%，显示下游行业复苏迹象明显，市场订货积极性高涨，企业订单组织顺畅。本月国内大宗市场需求呈现恢复性释放状态。主要原因：一是宏观经济恢复势头经过连续 2 个月的放缓后，逐步进入平稳阶段，带动大宗商品市场趋稳运行；二是基建仍在稳步推进，对大宗商品需求有所支撑；三是市场对于稳增长政策预期增强，也在一定程度上带动大宗商品市场预期向好，投机需求有所回升。不过，值得注意的是，本月指数明显回升，是建立在前期基数较低的基础上，实际上需求回升仍较为温和，特别是 6 月下旬以来，受高温多雨天气影响，需求淡季效应显现，市场情绪再度趋于谨慎。从各主要商品的情况来看，本月各商品销售量较上月均有增加，其中，钢铁、铁矿石和煤炭销售量止跌回升，有色金属、化工和汽车销售量继续增加，且增速加快，成品油销售量虽连续 7 个月增加，但本月受柴油需求下滑以及基数较高的影响，销售增速略有减缓。本月钢铁、铁矿石和煤炭销售量较上月分别增加 4.3%、3.9% 和 2.4%，其中，钢铁和煤炭销售均时隔 2 个月后再现增长态势；本月有色金属、化工和汽车销售量较上月分别增加 4.1%、3.5% 和 6.1%，增速较上月分别加快 2.0、1.1 和 2.8 个百分点；本月成品油销售量较上月增加 0.9%，但增加较上月减缓 0.9 个百分点。

商品库存再度下降。2023 年 6 月，大宗商品库存指数为 99.0%，指数在上月回升后，再度下跌，且跌至 2021 年 6 月以来的最低，显示由于近期国内大宗商品市场供需两旺，供求关系明显改善，商品库存持续减少，市场库存压力继续缓解。各主要商品中，钢铁、铁矿石库存量继续下降，有色金属库存量由升转降，化工和汽车库存量虽有增加，但增速有所放缓，煤炭和成品油受生产企业持续复产的影响，库存量继续增加，且增速继续加快。本月钢铁和铁矿石库存量较上月分别减少 3.4% 和 2.7%，降幅较上月分别扩大 1.6 和 0.8 个百分点；有色金属库存在需求端回升的影响下，本月库存量较上月减少 1.4%，时隔 7 个月后再现下降格局；本月化工和汽车库存量较上月分别增加 0.3% 和 0.1%，增速较上月分别减缓 1.6 和 0.9 个百分点；本月煤炭和成品油库存量较上月分别增加 5.3% 和 3.9%，增速较上月分别加快 0.5 和 0.8 个百分点。

2023 年 7 月中国大宗商品指数（CBMI）为 102.3%

由中国物流与采购联合会调查、发布的 2023 年 7 月中国大宗商品指数（CBMI）为 102.3%，较上月回落 0.5 个百分点，指数在连续 2 个月上升后出现回落。各分项指数中，供应指数、销售指数双双回落，且供应指数跌幅更大，库存指数触底回升。从本月指数的变化情况来看，历来 6—7 月都是传统消费淡季，而今年淡季市场运行状况明显较好，显示随着上半年的宏观压力的消退，国内政策预期较强，市场情绪正在转变。特别是国内需求在各项促消费、扩投资的政策推动下较为稳定，本月大宗商品市场供需两端更趋均衡。进入 8 月以后，随着国内政策预期回暖，宏观经济持续向好，加之美国经济增速略显强韧，银行业增强资本风险管控，经济衰退的影响或被逐渐弱化，我们认为国内大宗商品市场稳定复苏的趋势将会继续保持。但 8 月初各地仍处于高温多雨天气，大宗商品市场需求短期将会有所抑制，市场整体涨势或有所放缓，特别是供给回升较快的产品存在下跌可能。中旬以后，由于临近“金九银十”的传统消费旺季，市场存在备货需求，届时部分商品的价格不乏有再次冲高的可能。

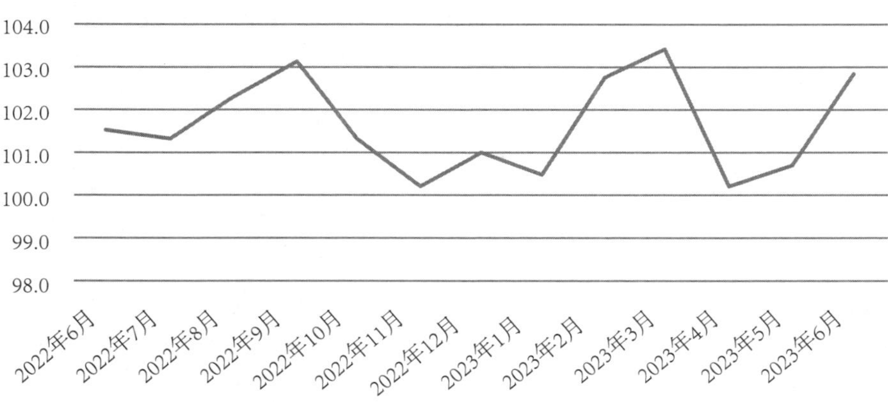

图 3-60 2022 年 6 月—2023 年 6 月中国大宗商品指数

商品供应增速减缓。2023 年 7 月，大宗商品供应指数较上月回落 1.4 个百分点，至 102.5%，商品供应压力有所缓解，但该指数连续 6 个月处于景气区间，显示大宗商品市场供应压力依然较大。从各主要商品情况来看，生产利润仍是左右商品生产和供应的重要因素，与此同时，部分行业需求未如预期般恢复，企业生产虽有一定的积极性，但受制于利润、原料、订单等因素影响，部分商品生产企业逐渐下调生产计划，本月商品整体产量有所减少，市场供应增速减缓。特别是铁矿石供应量受国内生产受限和到港下降的影响，出现明显的降幅，有色金属、化工和汽车供应量虽有增加，但增速有所减缓，钢铁、煤炭和成品油供应量受利润修复、政策效应和开工回升的影响，本月供应量继续增加，且增速有所加快。本月铁矿石供应量较上月减少 1.1%，时隔 2 个月后再现下降趋势；有色金属、化工和汽车供应量较上月分别增加 1.7%、1.4% 和 1.8%，但增速较上月分别减缓 1.6、1.5 和 1.7 个百分点；本月钢铁、煤炭和成品油供应量较上月分别增加 4.6%、7.3% 和 4.1%，增速较上月分别加快 1.4、1.1 和 1.3 个百分点。

销售增速有所减缓。2023 年 7 月，大宗商品销售指数为 103.4%，较上月微幅回落 0.3 个百分点，显示虽处传统消费淡季，但在宏观预期向好背景下，大宗商品需求仍存韧性。7 月，全国罕见高温以及局部暴雨，严重干扰户外施工和运输，大宗商品市场仍处于消费淡季，但随着上半年的宏观压力有所消退，国内政策预期较强，加之美联储加息进入尾声，市场情绪有所转变。特别是 7·24 会议后出台的一系列刺激房地产及消费复苏的政策进一步为市场注入信心，所以本月市场需求底部支撑强烈。从各主要商品的消费情况来看，本月除汽车消费量有所减少外，其余品种均呈现继续增加的态势，只是增速变化略有不同，特别是随着需高温天气蔓延，一定程度上提振用电需求，煤炭旺季消费特征凸显。本月铁矿石、煤炭和成品油销售量较上月分别增加 5.7%、5.8% 和 1.4%，增速较上月分别加快 1.8、3.4 和 0.5 个百分点；本月钢铁、有色金属和化工销售量较上月分别增加 2.8%、1.9% 和 2.6%，增速较上月分别减缓 1.5、2.2 和 0.9 个百分点；本月汽车销售量时隔 3 个月后再现减少格局，当月较上月减少 1.1%。

商品库存降幅收窄。2023 年 7 月，大宗商品库存指数较上月回升 0.4 个百分点，至 99.4%。从指数的变化情况来看，本月供需两端均出现增速减缓的格局，但在宏观预期向好的支撑下需求仍有一定的支撑，加之铁矿石供应量减少以及部分商品供应增速放缓，导致市场库存整体继续减少，但降幅较上月有所收窄。各主要商品中，铁矿石库存量持续下降，煤炭库存量开始减少，成品油库存量受需求回升的影响，增速放缓，钢铁和有色金属库存量止跌回升，化工和汽车库存量增速加快。本月铁矿石库存量较上月减少 4.6%，连续 5 个月下降，且连续两个月降幅扩大；煤炭库存量受需求提振，时隔 8

个月后再度下降，本月较上月减少 1.2%；成品油库存量较上月增加 2.9%，增速较上月减缓 1.0%；钢铁和有色金属库存量止跌回升，本月较上月均增加 0.7%；本月化工和汽车库存量较上月分别增加 1.1% 和 3.1%，增速较上月分别加快 0.8% 和 3.0%。

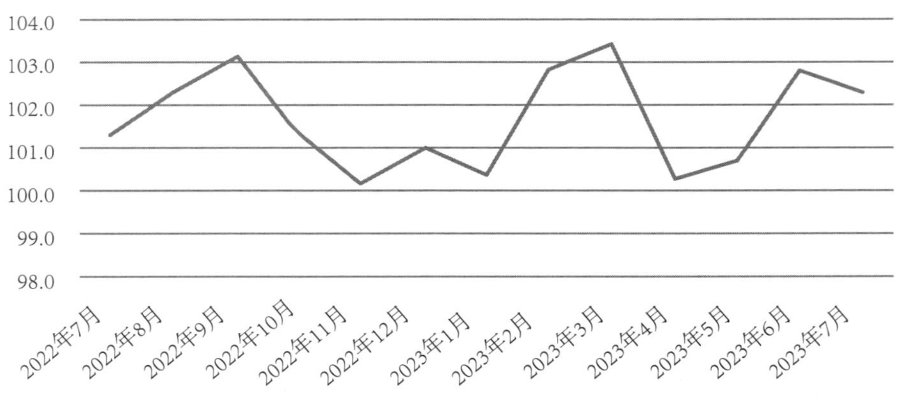

图 3-61 2022 年 7 月—2023 年 7 月中国大宗商品指数

2023 年 8 月中国大宗商品指数（CBMI）为 102.7%

由中国物流与采购联合会调查、发布的 2023 年 8 月中国大宗商品指数（CBMI）为 102.7%，较上月回升 0.4 个百分点。各分项指数中，供应指数、销售指数和库存指数均有所回升，销售指数仍高于供应指数。从指数的变化情况来看，本月 CBMI 回升，显示 8 月大宗商品市场供需基本面综合表现为供需双强的局面，旺季预期向好，市场供应增速加快，商品需求持续回暖，虽库存指数出现回升，但整体库存量仍处于下降通道，仅是降幅出现收窄，之前供需错配的矛盾正在持续缓和，国内大宗商品市场正在出现积极的变化。从市场运行的情况来看，8 月，全国大部高温及局部强降雨，严重干扰户外施工进展，房地产投资持续下滑，营商坏账风险增加，大宗商品市场投机需求谨慎，现货交易平淡，市场运行压力一度较大。但在各项政策进一步加码出台、发力落实的背景下，市场人气不断提升，需求预期明显好转，大宗商品市场持续向好发展。展望 9 月，当前经济运行中不乏结构亮点，服务业快速恢复，高技术产业投资保持高速增长。8 月 16 日召开的国务院第二次全体会议提出“确保完成全年目标任务”，凸显出对稳增长的决心。随着扩内需举措落地见效，经济有望在三季度末企稳回升，全年可以实现 5% 的增长目标。9 月，在宏观政策利多的护航下，同时进入季节性施工旺季，市场供需结构将会更加合理，供需衔接将会更加顺畅，大宗商品市场将会进一步向好发展运行。整体来看，一轮新的政策周期已经启动，政策逆周期的特征在逐步强化，将有效地拉动大宗商品反弹，而在持续反弹的背后，我们认为库存周期底部或将逐步确认，预计年内大宗商品整体仍以反弹为主。

商品供应增速加快。2023 年 8 月，大宗商品供应指数止跌回升，较上月回升 0.8 个百分点，显示随着国内经济持续稳定恢复，加之旺季即将来临，特别是在部分商品行业生产利润仍旧偏低甚至亏损的情况下，生产企业对后市预期良好，开工率持续回升，商品产量整体增加，导致国内大宗商品市场供应量有所增加，且增速加快，商品供应压力开始加大，如果后期需求恢复不如预期，预计高企的供应压力将会明显打压市场。从各主要商品来看，本月除汽车供应量有所减少外，其余品种均呈现增加的态势，且多数商品供应增速加快。本月铁矿石供应量受到港量增加的影响，止跌回升，当月较上月增加 2.4%；本月钢铁、成品油和有色金属供应量较上月分别增加 5.2%、4.2% 和 3.8%，增速较上月分别加快 0.6、0.1 和 2.1 个百分点；本月煤炭和化工供应量较上月分别增加 2.3% 和 0.6%，增速较上月分别减缓 5.0 和 0.8 个百分点；本月汽车供应量较上月减少 1.3%，时隔 7 个月后再现降幅。

市场需求整体向好。2023 年 8 月，大宗商品销售指数反弹至 103.5%，较上月回升 0.1 个百分点，显示市场淡季不淡，终端及贸易商的采购意愿有所增强，市场需求整体向好，企业订单组织情况良好。从各主要商品情况来看，本月各主要监测商品销售量除化工外，其余商品均呈现增长态势。本月钢铁、成品油和有色金属销售量较上月分别增加 3.8%、4.4% 和 3.6%，增速较上月分别加快 1.0、3.0 和 1.7 个百分点；本月汽车销售量止跌回升，当月较上月增加 3.7%；本月铁矿石和煤炭销售量较上月分别增加 4.8% 和 1.1%，增速较上月分别减缓 0.9 和 4.7 个百分点；本月化工销售量较上月减少 0.8%，时隔 6 个月后再现下降趋势。

商品库存降幅收窄。2023 年 8 月，大宗商品库存指数继续较上月上升 0.4 个百分点，至 99.8%。从指数的变化情况来看，本月供需两端均出现增速加快的格局，市场供需衔接仍较为顺畅，供需仍显均衡，所以商品库存量继续呈现下降趋势。不过，销售指数仍高于供应指数，但增速明显弱于供应指数，供应端增速快于需求端，导致本月商品库存量降幅收窄。各主要商品中，本月铁矿石和煤炭库存量继续下降，其余品种仍有不同程度的增长。本月铁矿石和煤炭库存量较上月分别减少 2.1% 和 1.9%；本月钢铁、成品油和汽车库存量较上月分别增加 0.4%、1.0% 和 0.1%，增速较上月分别减缓 0.3、1.9 和 3.0 个百分点；本月有色金属和化工库存量较上月分别增加 1.1% 和 1.8%，增速较上月分别加快 0.4 和 0.7 个百分点。

2023 年 9 月中国大宗商品指数（CBMI）为 103.6%

由中国物流与采购联合会调查、发布的 2023 年 9 月中国大宗商品指数（CBMI）为 103.6%，指数两连升至 2020 年 8 月以来的最高点，当月较上月上升 0.9 个百分点。各分项指数中，供应指数和销售指数继续上升，库存指数出现回落。从指数的变化情况来看，9 月 CBMI 继续上升，表明当前国内大宗商品市场稳中向好的特点进一步显现。供应指数略有回升，显示国内商品供应增长平稳；销售指数持续上升，预示国内市场需求良好；库存指数回落，表明市场供求关系更加趋于平衡，生产经营活动趋于平稳。综合来看，供需双侧联动上升，特别是需求端上升力度明显强于供应端，令商品库存压力得到持续缓解，国内大宗商品相关企业生产经营环境进一步改善，行业稳中向好的态势继续深入发展。进入 10 月，随着政策效应持续显现，经济回升力量将会进一步增强，制造业生产活动持续加快，市场需求有望继续恢复，加之钢铁等行业平控限产的落地概率越来越大，且较高的原料价格也会对产能释放起到抑制作用，我们认为短期内大宗商品市场供需基本平衡，仍处于去库存化阶段，但出口形势不佳以及美元强势将对市场产生一定的影响。基于此，我们预计 10 月大宗商品市场仍将维持稳中向好的态势，商品价格整体仍有一定的上行空间。

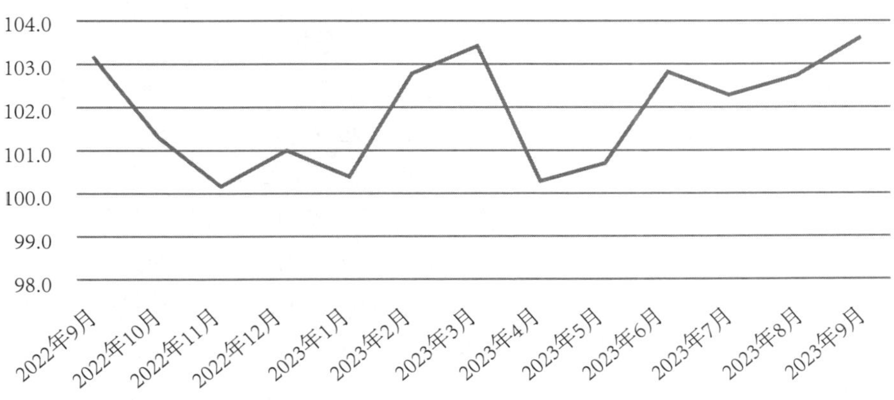

图 3-62 2022 年 9 月—2023 年 9 月中国大宗商品指数

商品供应增速加快。2023 年 9 月，大宗商品供应指数两连升至 102.6%，较上月上升 0.1 个百分点，显示随着国内经济和制造业的复苏，市场需求持续回暖，商品生产企业对后市预期良好，生产热情高涨，国内大宗商品市场供应量不断增加，增速继续加快。从各主要商品来看，本月汽车供应量止跌回升，煤炭、有色金属和化工供应量继续增加，且增速加快，钢铁、铁矿石和成品油供应量虽继续增加，但增速有所放缓。本月汽车供应量较上月增加 4.6%；煤炭、有色金属和化工供应量较上月分别增加 4.8%、4.8% 和 3.5%，增速较上月分别加快 2.5、1.0 和 2.9 个百分点；本月钢铁、铁矿石和成品油供应量较上月分别增加 3.2%、1.7% 和 3.8%，增速较上月分别减缓 2.0、0.7 和 0.4 个百分点。

销售增速持续加快。2023 年 9 月，大宗商品销售指数较上月上升 1.9 个百分点，至 105.4%，指数两连升至 2022 年 10 月以来的最高点，显示在宏观政策利多的护航下，以及传统需求旺季的来临，终端用户备货更显积极，市场销售情况向好，企业订单组织更为顺畅，本月国内大宗商品销售增速较上月有所加快。各主要商品中，本月各商品销售量呈现全面增加的局面，化工销售量止跌回升。本月钢铁、铁矿石、成品油、有色金属和汽车销售量较上月分别增加 4.1%、6.9%、6.6%、6.9% 和 5.9%，增速较上月分别加快 0.3、2.1、2.2、3.3 和 2.1 个百分点；本月化工销售量止跌回升，当月较上月增加 5.8%；本月煤炭销售量较上月增加 0.6%，增速较上月减缓 0.5 个百分点。

商品库存持续下降。2023 年 9 月，大宗商品库存指数为 99.6%，较上月小幅下跌 0.2 个百分点。从指数的变化情况来看，国内大宗商品库存量已连续 4 个月下降，仅是各月降幅变化情况略有不同，显示国内大宗商品库存压力正在持续缓解，对市场稳定向好运行起到了良好的提振作用。各主要商品中，钢铁出现下降，铁矿石库存量已连续 7 个月减少，成品油、有色金属和化工库存量虽有增加，但增速出现放缓，汽车库存量继续增加，且增速加快，煤炭库存量则由降转升，时隔两个月后再现升势，显示供需开始错配。本月钢铁库存量较上月减少 0.6%，时隔两个月后再现下降格局；铁矿石库存量较上月减少 2.7%，降幅较上月加大 0.6 个百分点；成品油、有色金属和化工库存量较上月分别增加 0.2%、0.4% 和 0.3%，增速较上月分别减缓 0.8、0.7 和 1.5 个百分点；本月汽车库存量较上月增加 2.4%，增速较上月加快 2.3 个百分点；煤炭库存量时隔两个月后再现增势，本月较上月增加 2.5%。

2023 年 10 月中国大宗商品指数（CBMI）为 102.8%

由中国物流与采购联合会调查、发布的 2023 年 10 月中国大宗商品指数（CBMI）为 102.8%，较上月回落 0.8 个百分点，指数在连续 2 个月上升后出现回落。各分项指数中，供应指数、库存指数双双上升，供应指数连续 3 个月上升，且本月升幅加大，销售指数则自一年来的高位回落。从本月指数的变化情况来看，历来 9—10 月都是传统消费旺季，而今年在“金九”强势出现后，“银十”跟随的步伐有所放缓，显示当前国内经济仍处于恢复进程，在存量需求释放后新增需求不足，市场需求并未如预期般继续恢复。但从指数变化来看，反映当前市场需求是扩张态势回落，这主要是前几个月持续回升带来的高基数效应，国内需求在各项稳投资促消费政策的贯彻落实下仍有稳定的基础。不过，随着商品价格整体下挫，生产企业利润收缩，但产品产量未见减少，市场供应增速仍在加快，供需两端显露失衡的状况，所以本月市场库存量时隔 4 个月后开始出现上升态势。本月指数回落，既有基数偏高和季节性因素的影响，但也表明当前国内大宗商品市场，特别是需求回升动能仍显不足。进入 11 月，行业基本面难有实质性的改善，虽然基建投资持续发力，但房地产行业仍然没有走出颓势，随着气温下降，北方地区施工将会减少，后期需求将会继续收缩，供需矛盾将会进一步加剧，预计 11 月，国内大宗商品市场运行压力将明显加大，整体商品价格重心仍将下移。不过，如果商品价格整体继续走弱，生产企业利润将会进一步被削弱，届时将会对商品生产产生一定的影响。另外，四季度在市场内生动力稳定释放以及稳经济政策进一步发力的情况下，国内经济回稳向好运行仍具备基础。在宏观政策利多的护航以及商品供应预期下降的背景下，我们认为大宗商品市场底部支撑较为强烈，价格整体回落的空间有限，而煤炭、成品油及和石油相关的部分产品，受其特殊基本面的情况影响，价格有望延续涨势或出现反弹的情况。

供应增速持续加快。2023 年 10 月，大宗商品供应指数继续上升，当月较上月上升 0.5 个百分点，至 103.9%，指数三连升至近 4 个月以来的最高。从目前商品供应端的情况来看，利润、需求和预期是企业生产的主要推手，导致各商品供应状况略有不同。从 8 月开始，随着传统消费旺季的来临，加之国内经济和制造业的复苏，市场需求持续回暖，商品生产企业对后市预期良好，生产热情高涨，与此同时，物流行业整体平稳运行，也令生产企业原材料的供应得到有效保障，给生产企业生产提供支撑，商品产量开始回升，本月大部分商品产量继续回升，特别是生产企业对后市预期良好，生产热情高涨，整体商品供应增速持续加快。各主要商品中，铁矿石、煤炭、有色金属和汽车供应量继续增加，且增速加快，钢铁和化工供应量虽有增加，但受企业生产利润收缩的影响，增速有所减缓，本月成品油受主营及地方炼厂开工率整体走低的影响，市场供应量自 2022 年 6 月以来，首次出现下降的格局。本月铁矿石、煤炭、有色金属和汽车供应量较上月分别增加 4.7%、7.1%、6.7% 和 6.5%，增速较上月分别加快 3.0、2.3、1.9 和 1.9 个百分点；钢铁和化工供应量较上月分别增加 1.8% 和 2.6%，增速较上月分别减缓 1.4 和 0.9 个百分点；本月成品油供应量较上月减少 3.1%。

销售增速开始减缓。2023 年 10 月，大宗商品销售指数结束之前的两连升，出现回调，当月较上月回落 2.6 个百分点，至 102.8%，显示国内大宗商品市场在“金九”表现良好之后，“银十”有所走弱，本月市场销售增速出现减缓。这主要是：首先，虽然国内经济仍在温和复苏，但房地产行业的拉动作用在减弱，需求未能呈现爆发性增长，基建项目推进也有所放缓，特别是房地产消费市场陷入冰点，市场信心略显不足。其次，市场价格高位下行，也抑制了投机需求的释放，终端需求企业也以消耗库存为主，备货需求不高。最后，随着三季度以来，市场销售量持续增加，基数较高，本月增速减缓也属正常回归。各主要商品中，除煤炭销售量有所减少外，其余品种仍呈现增加态势，但除钢铁外，其他品种销售增速均有所放缓。本月钢铁销售量较上月增加 6.3%，增速较上月加快 2.2 个百分点；铁矿石、成品油、有色金属、化工和汽车销售量较上月分别增加 2.9%、1.6%、0.5%、2.9% 和 3.7%，增速较上月分别减缓 4.0、5.0、6.4、2.9 和 2.2 个百分点；本月煤炭受季节性因素的影响，销售量时隔四个月后再现下降格局，当月较上月减少 0.2%。

商品库存止降回升。2023 年 10 月，大宗商品库存指数止降回升至 101.0%，较上月回升 1.4 个百分点，升至近 8 个月以来的最高点，整体商品库存量在连续 4 个月减少的情况下，本月出现增加，显示由于供应端增速持续加快，但终端需求有所减弱，市场供需出现失衡的局面，商品库存开始积压，库存压力有所显现。从各主要商品库存情况来看，钢铁和铁矿石库存量继续减少，其余品种库存量继续增加，且增速加快。本月钢铁库存量较上月减少 2.5%，降幅较上月扩大 1.9 个百分点；铁矿石库存量较上月减少 0.9%，在供应恢复增加的情况下，本月降幅较上月收窄 1.8 个百分点；本月煤炭、成品油、有色金属、化工和汽车库存量较上月分别增加 4.4%、3.2%、3.8%、4.1% 和 4.2%，增速较上月分别加快 1.9、3.0、3.4、3.8 和 2.8 个百分点。

2023 年 11 月中国大宗商品指数（CBMI）为 101.3%

由中国物流与采购联合会调查、发布的 2023 年 11 月中国大宗商品指数（CBMI）为 101.3%，较上月下跌 1.5 个百分点。各分项指数中，供应指数、销售指数继续下跌，库存指数连续 2 个月上升，并升至近 9 个月以来的最高点。从本月指数的变化情况来看，指数连续 2 个月下跌，大宗商品市场淡季特征显现。但从销售指数的变化来看，虽然有所回落，但仍然处在扩张区间，显示国内需求在各项稳投资促消费政策的贯彻落实下仍有稳定基础。进入 12 月，随着气温快速降低，下游施工将受到限制，特别是北方地区停工范围还会扩大，需求仍会受到一定影响，市场供需矛盾将阶段性有所加剧，库存压力也会有所加大。但在宏观经济保持恢复向好，政策利多持续加持，以及供应预期下降背景下，大宗商品市场底部支撑较为强烈，价格整体回落的空间有限。

商品供应增速减缓。2023 年 11 月，大宗商品供应指数结束之前的连升，出现回调，当月较上月回落 2.8 个百分点，至 101.1%，为近 7 个月最低点。从各主要商品情况来看，生产利润仍是左右商品生产和供应的重要因素，同时受制于利润、原料、订单等因素影响，部分商品生产企业逐渐下调生产计划，市场供应增速减缓。各主要商品中，钢铁供应量继续增加，较上月增加 2.4%，增速较上月提高 0.6 个百分点；原煤、有色、化工和汽车供应量均有所增加，较上月分别增加 2.6%、3.3%、1.7% 和 3.7%，增速较上月分别减缓 4.5、3.4、0.9 和 2.8 个百分点；铁矿石由于高炉检修数量增多，钢厂需求同步减弱；成品油受国家油价震荡下行影响，市场供应量均出现下降，较上月分别减少 1.3% 和 4.2%。销售增速继续减缓。2023 年 11 月，大宗商品销售指数较上月回落 1.5 个百分点，至 101.3%，连续两个月出现回调，显示国内大宗商品市场需求进入淡季，销售量虽继续保持回升，但增速继续减缓。从市场来看，基建和地产方面，一万亿特别国债的落地实施以及“三大工程”的稳步推进，加之国家层面出台了系列措施推进新一轮的保交楼工作，对大宗的市场需求有所支撑。同时，10 月人民币贷款和社会融资规模增量均较去年同期大幅增加，资金状况有所改善，支持市场交投较前期更为活跃。销售增速回落，一方面是受需求淡季影响，另一方面，市场价格的回落抑制了投机需求的释放，终端需求企业也以消耗库存为主，备货需求不高。各主要商品中，有色金属和汽车销售量继续增加，增速继续加快，较上月分别增加 2.4% 和 5.3%，增速较上月分别增加 1.9 和 1.6 个百分点；钢铁、成品油和化工销售量均有所增加，但受企业生产利润收缩的影响，增速有所减缓，较上月分别增加 3.5%、0.9% 和 1.2%，增速较上月分别减缓 2.8、0.7 和 1.7 个百分点；原煤受港口库存持续高位、下游采购不及预期的影响，铁矿石受到高炉检修数量增多的影响，钢厂对铁矿石需求同步减弱，市场销售量均出现下降，较上月分别减少 0.9% 和 1.6%。

商品库存保持回升。2023 年 11 月，大宗商品库存指数较上月回升 0.7 个百分点，升至 101.7%，连续 2 月回升至近 9 个月以来的最高点，显示因需求进入传统淡季，商品供应难以被快速消化，开始以库存的形式进入仓储环节，市场库存压力有所加大。从各主要商品库存情况来看，钢铁库存量继续减少，铁矿石库存量止跌回升，其余品种库存量继续增加，但增速较上月均有所减缓。本月钢铁库存量较上月减少 1.1%，降幅较上月收缩 1.4 个百分点；铁矿石库存量较上月增加 3.3%，在供应减少的情况下，本月库存量止跌回升；本月煤炭、成品油、有色金属、化工和汽车库存量较上月分别增加 2.9%、2.1%、1.9%、3.5% 和 2.8%，增速较上月分别减缓 1.5、1.1、1.9、0.6 和 1.4 个百分点。

2023 年 12 月中国大宗商品指数（CBMI）为 100.7%

由中国物流与采购联合会调查、发布的 2023 年 12 月中国大宗商品指数（CBMI）为 100.7%，较上月回落 0.6 个百分点，指数连续 3 个月出现回落。分项指数显示，销售量、供应量均呈上升走势，供应量升幅有所收窄，库存量呈下降走势。从市场来看，对一些大宗商品的冬储需求拉动了销售指数的上涨，但反弹动力仍显不足，后续虽仍有补库空间，但幅度不及往年正常年份。从供应端来看，由于新冠疫情的反复、全球产业链的中断和极端天气的频发，大宗商品的供应受到影响，导致能源市场供应偏紧及工业品供过于求。综合来看，当前国内大宗商品市场供应宽松，市场情绪谨慎。后期来看，进入 1 月，随着前期宏观利好消息被市场逐步消化，叠加多地天气将处于一年中最冷的时候，市场需求将继续下降，加之春节临近，终端企业需求将有所放缓，贸易商也将逐步季节性离市，整体交易活跃度下降。同时由于资金压力趋于加大，供方为了回笼资金，会有意加快出货速度，大宗商品价格走势趋于走低。

商品供应增速继续减缓。2023 年 12 月，大宗商品供应指数连续两个月出现回调，当月较上月回落 0.8 个百分点，至 100.3%，为 2023 年仅高于 1 月的第二低点。从各主要商品情况来看，随着预期节前消费端备货增加，部分商品生产企业生产热情依然高涨，本月商品整体产量有所增加，但受制于利润、原料、限产、检修等因素影响，部分商品生产企业逐渐下调生产计划，市场供应增速减缓。各主要商品中，受市场需求走弱利润降低的影响，钢铁企业生产意愿下降，导致钢铁供应量下降，铁矿石、原煤、成品油和汽车供应量均有所增加，其中铁矿石、原煤因为冬储行为导致需求增加，供应量有所增加，成品油受 12 月的炼油利润较前期有所上涨，供应量增加，化工方面受到开工负荷率下滑及红海事件的影响，供应量有所减少。本月铁矿石、成品油、汽车供应量较上月分别增加 2.3%、0.7%、4.8%，增速较上月分别增加 3.6、4.9、1.1 个百分点；原煤供应量较上月增加 1.2%，增速较上月减缓 1.4 个百分点；本月钢铁、有色金属和化工供应量较上月分别减少 1.5%、1.1% 和 0.4%。

销售增速小幅回升。2023 年 12 月，大宗商品销售指数小幅回升 0.1 个百分点，至 101.4%，显示企业的冬储行为及节前消费端备货为大宗市场需求端提供支撑，销售指数上涨，但受制于大宗市场行情低迷，企业冬储的热情不及往年，且加之部分地区疫情反复，持续降雪，又进一步影响了市场需求，终端企业采购越发趋于谨慎，本月销售指数增速仅表现为小幅回升。各主要商品中，铁矿石、原煤、有色金属和汽车销售量继续增加，增速继续加快；化工销售量均有所增加，但前期石化产品价格上涨主要在于成本和供给层面的驱动，随着驱动力的边际弱化，以及价格上涨之后的传导逐步出现阻力，后期价格上涨恐难持续，故销售增速有所减缓；钢铁方面，12 月是钢铁行业的传统淡季，2023 年大范围暴雪寒潮天气使得多地气温骤降，也加快了钢市需求衰减的步伐，整体需求进入了季节性衰退期，市场销售量出现下降；成品油方面，进入 12 月，需求依旧平淡，且出口量受阻，对炼厂开工仍有制约，导致成品油销售量下降。本月铁矿石、原煤、有色金属和汽车销售量较上月分别增加 2.8%、1.6%、2.6% 和 7.1%，增速较上月分别增加 3.7、3.2、1.2 和 1.8 个百分点；化工销售量较上月增加 0.4%，增速较上月减缓 0.8 个百分点；本月钢铁和成品油销售量较上月减少 0.7% 和 1.1%。

商品库存出现回落。2023 年 12 月，大宗商品库存指数为 99.8%，较上月回落 1.9 个百分点，整体商品库存量在连续 2 个月增加后出现回落，从指数的变化情况看，本月销售指数大于供应指数，库存压力减缓，加之多重因素影响下的限产检修，商品供应增速减缓，导致市场库存整体减少。从各主要商品库存情况来看，钢铁、铁矿石、有色金属库存量减少，其余品种库存量继续增加，但增速较上月均有所减缓。本月钢铁库存量较上月减少 0.4%，降幅较上月扩大 0.7 个百分点；铁矿石、有色金属库存量较上月分别减少 0.7% 和 0.6%；煤炭、成品油、化工和汽车库存量较上月分别增加 0.1%、1.8%、1.1% 和 0.4%，增速较上月分别减缓 2.8、0.3、2.4 和 2.4 个百分点。

第四篇　产业物流

一、交通运输业

（一）2023 年上半年上海市交通行业经济运行分析报告

上半年，面对复杂严峻的国际环境和艰巨繁重的改革发展任务，本市上下认真贯彻落实党中央、国务院决策部署和市委、市政府工作要求，牢牢把握高质量发展首要任务，全力以赴提信心、扩需求、稳增长、促发展。全市交通运输经济呈现持续恢复、整体向好的态势，主要指标同比实现较快增长，旅客运输大幅增加，货运规模持续增长，重大交通投资高位运行，为推动本市经济回升向好提供有力保障。

1、上半年交通经济运行情况

（1）客运方面

因 2022 年二季度同期全域静态管控低基数影响，上半年对外旅客发送量和公共交通客运总量同比显著增长。6 月，对外旅客发送量和公共交通客运总量已分别恢复至 2019 年同期的 87% 和 82%。

公共交通较快恢复。随着本市疫情防控平稳转段，居民通勤需求快速回归，非通勤出行加快恢复，本市上半年公共交通客运量快速回升至较高水平。上半年，公共交通客运量完成 22. 7 亿人次，同比增长 94. 2%，为 2019 年同期的 77%。分运输方式来看，上半年城市轨道交通完成客运量完成 17. 3 亿人次，同比增长 106%；金山铁路完成客运量 388 万人次，同比增长 97. 8%；公共汽电车完成客运量 5. 3 亿人，同比增长 62. 2%；黄浦江轮渡完成客运量 1253 万人次，同比增长 164%；三岛轮渡完成客运量 129. 4 万人，同比增长 93. 2%。各运输方式从恢复情况来看，6 月轨道交通、金山铁路、公共汽电车、三岛轮渡分别恢复至 2019 年同期的 96%、74%、54%、55%，黄浦江轮渡已超 2019 年同期水平。

（2）货运方面

上半年，随着全国以及本市提信心扩需求稳增长促发展相关措施效果的逐步显现，交通运输生产活动逐步恢复，货运需求持续增加。

货物运输稳步恢复。上半年，全社会货物运输量完成 7. 46 亿吨，同比增长 12. 6%，为 2019 年同期的 97%。分运输方式来看，上半年铁路完成 239. 7 万吨，同比增长 5. 1%；公路完成 24081. 7 万吨，同比增长 26. 2%；水路完成 50200. 2 万吨，同比增长 7. 1%；航空完成 69. 6 万吨，同比增长 16. 4%。各运输方式从恢复情况来看，上半年铁路货运量已超过 2019 年同期水平，公路、水路、航空货运量分别为 2019 年同期的 95. 9%、97. 4%、99. 2%。货运周转量上半年累计完成 16520. 1 亿吨公里，同比增长 5. 6%。分运输方式来看，铁路完成 10. 7 亿吨公里，同比增长 10. 6%；公路完成 422. 6 亿吨公里，同比增长 14. 1%；水路完成 16052 亿吨公里，同比增长 5. 5%；航空完成 34. 8 亿吨公里，同比增长 8. 9%。各运输方式从恢复情况来看，除水路为 2019 年同期的 99. 3%，其他运输方式货运周转量较 2019 年同期实现不同幅度增长。

港口持续高位运行。上半年，上海港港口货物吞吐量完成4.1亿吨，同比增长21%。其中，集装箱吞吐量自3月起单月完成量均保持在400万标准箱以上，持续高位运行，上半年累计完成2373.7万标准箱，同比增长5.3%，主要为结构性增长。上半年集装箱水水中转比例达56.9%，较去年全年水水中转比例增长3个百分点；海铁联运快速发展，上半年完成33万标准箱，同比增长21.4%。从内外贸运输结构情况看，全港外贸完成2.1亿吨，同比增长6.5%；内贸完成2亿吨，同比增长40.9%。其中，集装箱国际航线完成1637.8万标准箱，同比增速1.1%；内贸线完成365.1万标准箱，同比增长9.7%。

2、趋势预判

目前外部环境依旧复杂严峻，中国与欧美等发达经济体之间的贸易走弱，但东盟与中国贸易规模日渐扩大，尤其是RCEP全面生效之后，亚太经济圈的发展可能会进入到加速期。因此国内经济在面临需求收缩、供给冲击、预期减弱三重压力的同时，也伴随促进发展的积极因素，交通运输活动有望继续恢复。从本市下半年交通各领域指标来看，由于外贸集装箱市场需求明显转弱，对本市水运和港口集装箱运输将带来不利影响，尤其是下半年基数效应消退，增速预计明显放缓。

客运市场。随着暑期到来，伴随商贸、旅游等出行需求的进一步释放，预计国内客运将持续增长。而航空国际客运预计也将稳步增长，但较2019年水平预计还存在较大差距。

货运市场。水运方面，集装箱运价整体位于下行通道，同时大量新造船舶的订单陆续投入集运市场，据克拉克森预测，2023年全球集运需求增速0.8%，运力增速6.8%，运力增长速度超过需求增速。因此，下半年即使将迎来传统旺季，但集运市场仍将面临运力过剩的考验，市场复苏存在较大不确定性。航空方面，全球航空货运下行趋势明显，货物周转量连续15个月同比下降；5月中国国际航线航空货邮运输量同比减少3.8%，航空货运市场预计波动中发展。

上海市交通委员

2023年7月25日

来源：上海市交通委员会

（二）2023年上海交通运行三季度报告

三季度快速路网、国省干道、省界流量略有下降，高速公路流量趋于稳定。

1、快速路运行情况

三季度本市快速路网日均流量206.8万辆次，环比下降1%，恢复至2019年95%。其中7月流量最高，日均流量209.1万辆次。

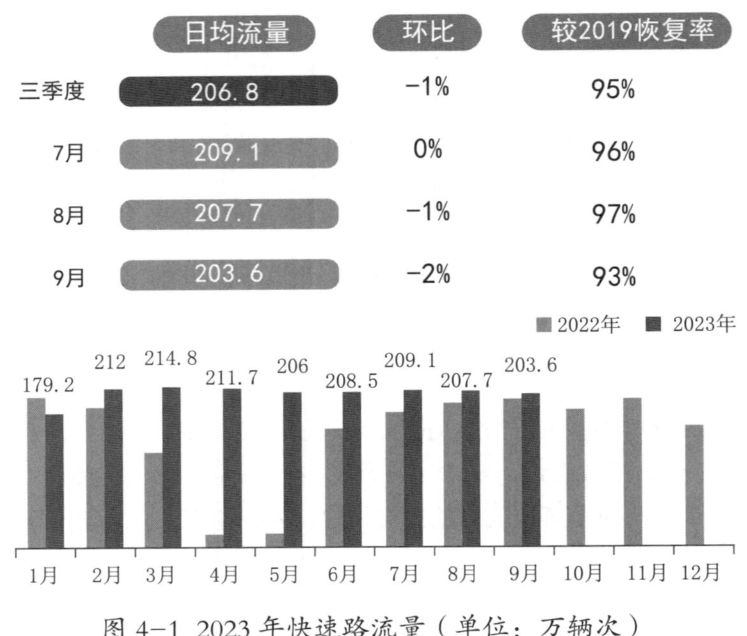

图 4-1 2023 年快速路流量（单位：万辆次）

三季度南北西侧（共和—鲁班）、南北东侧（鲁班—共和）、内环外侧（延西—鲁班）拥堵时长排名前三，其中南北西侧（共和—鲁班）日均最长拥堵累计时间为 14 小时，较二季度增加 0.1 个小时。

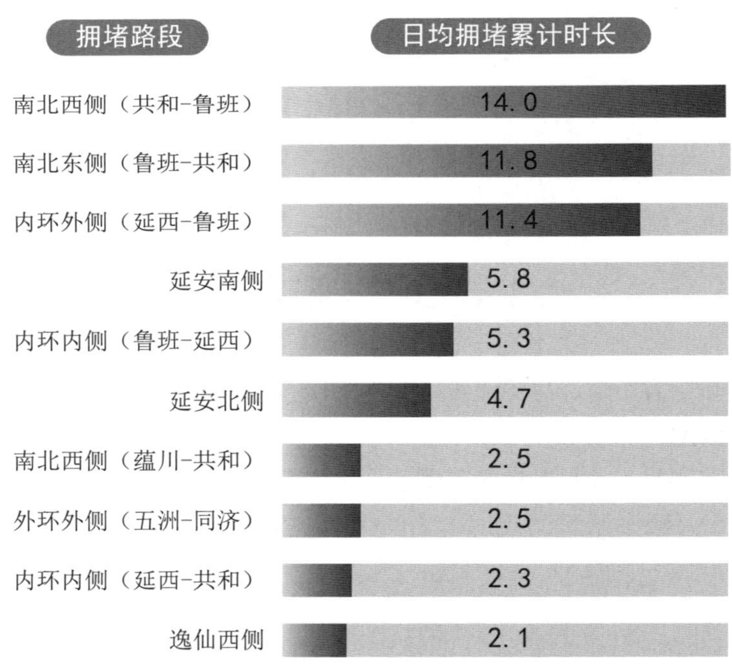

图 4-2 2023 年三季度快速路拥堵路段时长前十（单位：小时）

2、高速公路运行情况

三季度本市高速公路网日均流量 145.5 万辆次，环比持平，较 2019 年增加 18%。其中 8 月流量最高，日均流量 147.7 万辆次。

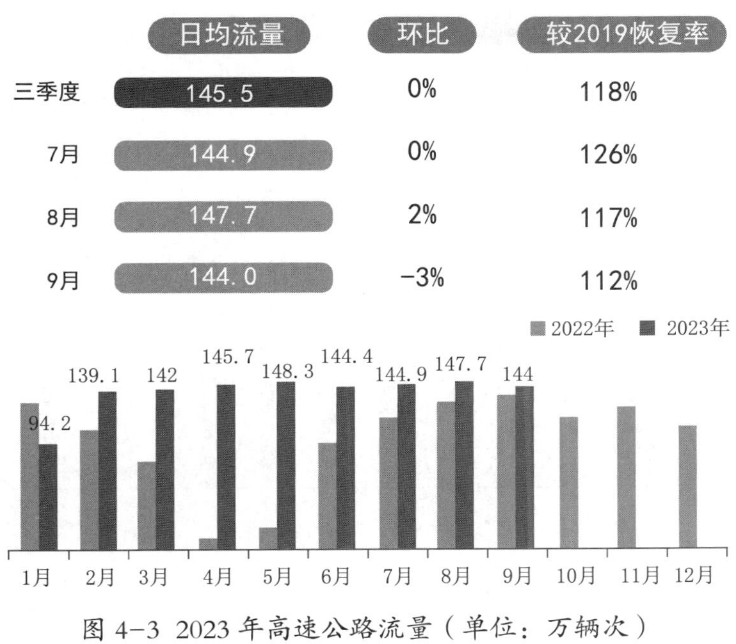

图 4-3 2023 年高速公路流量（单位：万辆次）

三季度 G1503 高东入口、S2 临港入口、S2 康桥入口拥堵时长排名前三，其中 G1503 高东入口日均拥堵累计时间为 1.81 小时，较二季度减少 0.31 小时。

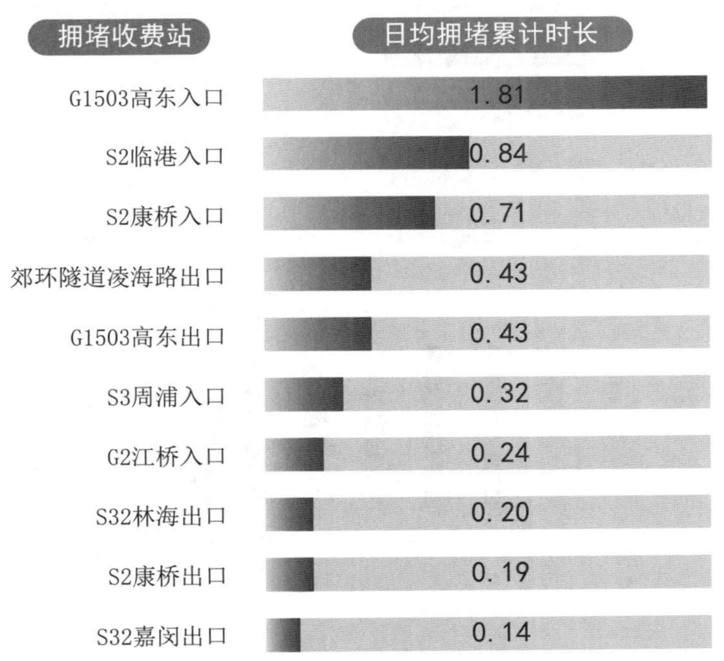

图 4-4 2023 年三季度高速收费站拥堵路段时长前十（单位：小时）

3、普通国省干道运行情况

三季度普通国省干道日均流量 35.3 万辆次，环比下降 1%，其中国道日均流量 9.1 万辆次，省道流量 26.2 万辆次。7 月流量最高，日均流量为 35.9 万辆次。

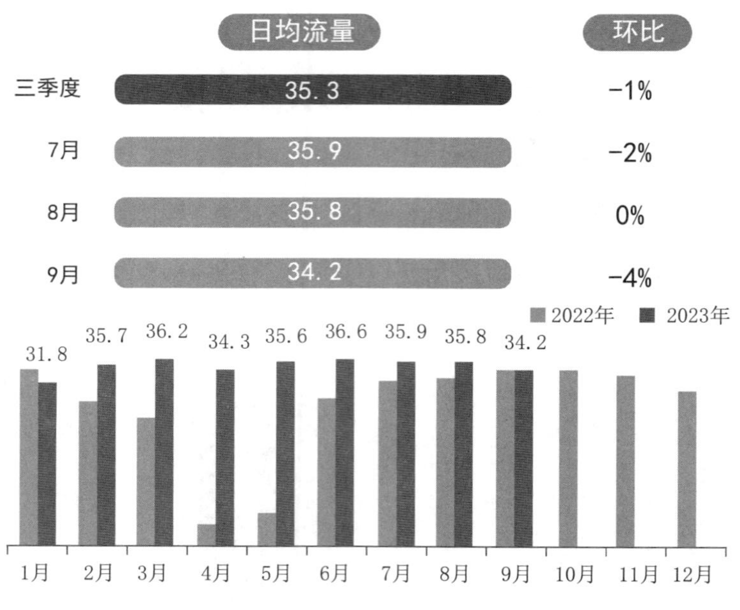

图 4-5 2023 年国省干道流量（单位：万辆次）

4、省界运行情况

三季度省界出入沪日均流量 70.4 万辆次，环比下降 1%，较 2019 年增加 6%。其中出沪 35.5 万辆次，入沪 34.9 万辆次。8 月流量最高，日均流量为 72.1 万辆次。

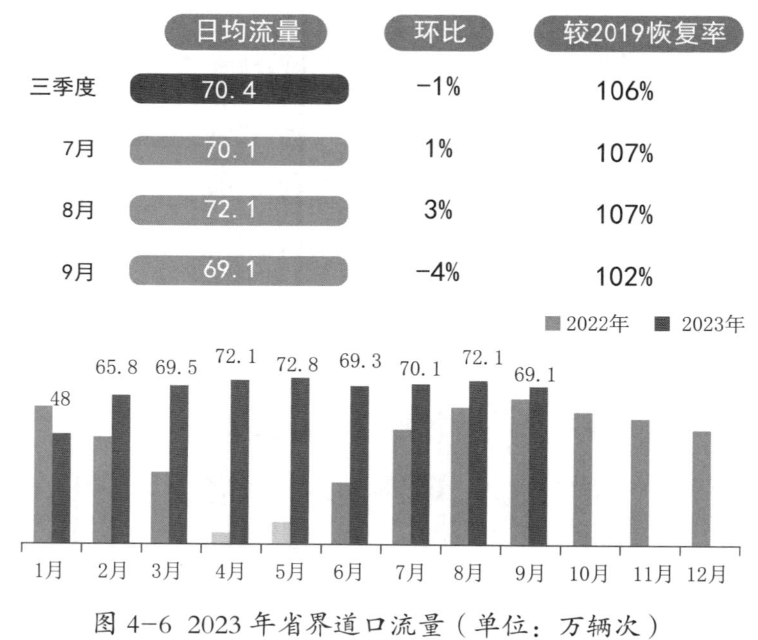

图 4-6 2023 年省界道口流量（单位：万辆次）

注：三季度环比二季度数据，当月环比前一个月数据

来源：市交通委交通指挥中心

（三）2023 年上海交通工作“划重点” 涉及航运、公交等多方面

2023 年上海交通工作会议明确，今年上海交通工作将以交通强市建设为统领，坚持新一轮交通白皮书确定的政策导向，以落实“十四五”规划任务为重点，扎实推进上海交通高质量发展。

2023 年，上海交通工作有哪些重点目标任务？

会议指出，推进上海国际航运中心能级提升。提升国际海空枢纽能级。全力打造新时代国际开放门户枢纽新标杆，推进小洋山北作业区开工建设，有序推进罗泾港区集装箱改造、浦东机场四期扩建工程等项目建设。增强航运服务功能，做好国际航运公会等国际组织引进服务工作，创新上海国际集装箱舱位交易平台功能。精心策划组织第三届北外滩国际航运论坛等活动。推进智慧绿色航运发展，全力搭建国际集装箱运输服务 MaaS 平台。以推进“上海港 - 洛杉矶港绿色航运走廊”建设为契机，支持和推广绿色低碳先进技术和管理措施先行先试。

深化长三角交通一体化发展。以深化协同工作机制为牵引，推进交通设施、服务、管理全方位一体化。以打造“轨道上的长三角”为重点，有序推进沪苏湖铁路、沪渝蓉高铁、上海示范区线等项目建设，加快推进市域铁路嘉闵线北延伸、金山至平湖线等项目前期工作。加快推进机场联络线运营筹备。以线路发展规划等为抓手，推进毗邻公交高质量发展。制定出台长三角区域国三柴油货车限行指导方案。认真做好第六届进博会等重大活动交通保障。

完善一体化综合交通体系。重点是推进重大规划编制和重大交通工程项目建设。开工建设 G15 公路嘉金段改造、S16 蕴川高速、13 号线东延伸、外环东段改造等项目；继续推进机场联络线、北横通道东段、G318 公路方厅水院段等项目建设；建成 G15 嘉浏段扩建（不含省界桥）、S3 公路主线、杨高路改建等项目；加快推进 19 号线、沪松公路快速化、外环西段交通功能提升、南北通道等一批预备项目前期工作。

此外，会议指出要推进更高水平“公交都市”建设。公共交通方面，持续推进轨道交通增能提效，进一步优化延时运营，更好满足市民出行需求。继续提升地面公交服务水平。道路设施方面，创建 120 条精品道路和 16 个精品区域，完成农村公路提档升级改造 200 公里及示范镇（路）创建。实施 100 处道路交通拥堵点改善工程。民心工程和民生实事方面，创建 40 个停车治理示范项目，开工建设 6000 个公共泊位，新增 2000 个错峰共享泊位。更新投运 500 辆无障碍低地板新能源公交车。

值得一提的是，在推进交通智慧绿色发展方面。2023 年上海将建设“交通联盟链”，推动一批区块链技术创新应用和标准落地。推进洋山港智能重卡“减人化”测试运营，力争完成 20 万标准箱。持续推进 G15、G60 等智慧高速建设。加快运输结构调整。海铁联运完成 61 万标准箱。持续优化能源结构。新增或更新新能源公交车 1500 辆、出租车 3000 辆、燃料电池公交车 60 辆。支持临港、金山打造氢能公交示范区。推进纯电动、燃料电池重卡应用。新增公共（专用）充电桩 1 万个。

来源：中国新闻网

（四）上海市交通委员会关于开展2023年国内水路运输及其辅助业和国际船舶运输业核查工作的通知

沪交港〔2023〕129 号

各区交通主管部门、市港航中心、各有关单位：

根据《交通运输部办公厅关于开展2023年国内水路运输及其辅助业、国际船舶运输业和内地与港澳间水路运输业核查工作的通知》（交办水函〔2023〕192号）要求，决定自本通知发布之日起至2023年5月31日，集中开展本市2023年国内水路运输、国际船舶运输业和内地与港澳间水路运输业核查工作。现就有关事项通知如下：

1、核查工作安排

（1）国内水路运输及其辅助业核查工作

核查依据：《国内水路运输管理条例》《国内水路运输管理规定》（交通运输部令2020年第4号）、《国内水路运输辅助业管理规定》（交通运输部令2014年第3号）、《老旧运输船舶管理规定》（交通运输部令2021年第13号）、《交通运输部关于实施国内水路运输及辅助业管理规定有关事项的通知》（交水发〔2014〕141号）、《交通运输部关于做好＜国内水路运输管理规定＞实施有关工作的通知》（交水规〔2020〕6号）等有关法规和文件规定。国内普通货船、仅从事海上试采油作业平台原油污油水运输企业的自有船舶运力标准继续按照以往规定执行。

核查对象：截至2022年12月31日取得经营资格或进行备案的水路运输及其辅助业务经营者（包括水路运输、船舶管理、船舶代理、水路旅客运输代理、水路货物运输代理业务经营者）、水路运输经营者经营船舶的营运资格。

核查内容：水路运输、船舶管理业务经营者的经营资质保持情况，以及营运船舶的营运资格保持情况；船舶代理、水路旅客运输代理、水路货物运输代理业务经营者备案情况；外商投资国内水路运输企业情况（包括外商直接投资、境外上市发行外资股、引进境外战略投资者以及母公司通过前述三种方式引入外资等情况）；上次核查以来经营者及其经营、管理的船舶生产经营状况，以及是否存在违法违规经营，重点是超经营范围经营问题；经营者对于行业管理工作的意见和建议。

核查工作流程：

①水路运输及其辅助业经营者填写《国内水路运输（辅助业）经营者2023年度核查报告书》（附件1，填写说明见附件2，以下简称《国内核查报告书》）及相关附表（见附件11），经法定代表人签名并加盖公章后，提交至各区交通主管部门和市港航中心（一式两份，个体工商户不涉及加盖公章）。水路运输及船舶管理业务经营者还应根据上述核查内容提交其他有关材料（原件或复印件）。

②各区交通主管部门应当组织对辖区内经营者上门现场核查，市港航中心应加强对各区年度核查工作的指导和督查，重点对从事客运和散装液体危险货物船舶运输的企业进行抽查，对重点监管对象原则上应做到全覆盖。

③对难以取得联系的水路运输（船舶管理业务）经营者，各区交通主管部门和市港航中心要通过与海事管理机构、市场监管部门信息共享等方式积极取得联系并纳入核查；对确实联系不上的水路运输（船舶管理业务）经营者，要立即按照规定向其下达限期整改通知书（限期整改通知书可采用公告送达方式；已下达限期整改通知书尚在整改期或整改到期尚未复查处理的不得重复下达，下同）。对失联经营者下达限期整改通知书并依规进行后续处理的，计入已核查数。

对拒不接受核查的经营者，按照《国内水路运输管理规定》第五十二条、《国内水路运输辅助业管理规定》第三十七条进行处理，并按《水路运输市场信用信息管理办法（试行）》（交办水〔2017〕128 号）要求，纳入“严重失信名单”进行管理。

④各区交通主管部门和市港航中心应当对接受核查的水路运输（船舶管理业务）经营者出具核查结果。对符合经营资质条件的，在《国内核查报告书》“核查结果”栏签署“合格”，并加盖公章。

对不符合经营资质条件或有营运船舶不符合经营资格条件的水路运输（船舶管理业务）经营者，以及有营运船舶未参加年度核查的水路运输经营者，各区交通主管部门和市港航中心应在《国内核查报告书》“核查结果”栏签署“限期整改”、加盖公章，并在《国内核查报告书》附表 4 中如实记录存在的问题并按照规定书面责令经营者限期整改（海务机务管理人员配备、与企业订立一年以上劳动合同的高级船员比例等条件不能满足要求的，整改期限不超过 3 个月）。

对整改到期后复查仍不合格的水路运输（船舶管理业务）经营者，各区交通主管部门和市港航中心应当立即报有许可权限的部门按规定撤销其经营许可；对整改到期后仍不符合营运资质条件的船舶，应当报有证书配发权限的部门撤销其船舶营运证件。

各区交通主管部门和市港航中心应当在接受核查的船舶代理、水路旅客运输代理、水路货物运输代理业务经营者的《国内核查报告书》“核查结果”栏签署“已核查”。

⑤各区交通主管部门和市港航中心在核查工作中应会同海事管理机构等有关部门加大对辖区内水路运输经营者所属船舶无证经营、超范围经营、“挂靠”经营以及内河船非法从事海上运输等违法违规行为的打击力度，发现经营者涉嫌存在违法违规行为的，应按照职责依法依规严格调查处理。

⑥核查工作结束后，一份《国内核查报告书》返还经营者，一份《国内核查报告书》由负责核查的水路运输管理部门存档。各区交通主管部门和市港航中心要切实抓好核查中发现问题的整改工作，对经营资质、资格存在问题的经营者、船舶实施清单管理、建立台账，督促其在整改期积极做好整改工作，并在整改到期后认真开展复查，逐一销号管理。

⑦市港航中心要组织各区交通主管部门按照经营者提交的材料和核查结果等，认真汇总辖区内经营者及其营运船舶的相关信息，做好本地区《辖区内经营者情况汇总表》（附件 3）、《辖区内所属营运船舶情况汇总表》（附件 4）、《2023 年度核查情况汇总表》（附件 5）和《辖区内外商投资国内水路运输企业汇总表》（附件 6）的汇总工作，并形成本市上述表格的汇总表。

（2）国际、内地与港澳间船舶运输业核查工作

核查依据：《国际海运条例》《国际海运条例实施细则》（交通运输部令 2019 年第 21 号）、《交通运输部办公厅关于国际船舶运输及内地与港澳间海上运输业务相关审批备案的通知》（交办水函〔2019〕681 号）等有关法规和文件规定。

核查对象：截至 2022 年 12 月 31 日取得经营资格或已备案的国际船舶运输经营者、内地与港澳间水路运输经营者（各省级交通运输主管部门可在“水路运输建设综合管理信息系统”查询本省国际船舶运输经营者、内地与港澳间水路运输经营者及其运营船舶信息）。

核查内容：国际船舶运输经营者、内地与港澳间水路运输经营者是否满足相应的从业条件要求；经营者自有和控制船舶运力情况（包括自有和控制的五星红旗船舶和方便旗船舶）；2022 年度经营者及其营运船舶的经营状况以及违规违章记录；国际船舶运输企业是否已根据《中华人民共和国统计法》要求，通过水路运输建设综合管理信息系统（国际及港澳航运业务—国际统计业务上报—海上国际运输业统计调查制度）填报相关统计信息；了解、收集经营者的意见和建议。

核查工作流程：

①国际船舶运输经营者、内地与港澳间水路运输经营者（中央航运企业应通知各子公司按要求在子公司注册地参加核查工作）应在规定时间内，向市港航中心提交经法定代表人签名并加盖公章的《国际船舶运输经营者 / 内地与港澳间水路运输经营者年度核查报告书》（以下简称《国际核查报告书》一式两份，附件 7）、《国际船舶运输经营者 / 内地与港澳间水路运输经营者营运船舶情况表》（自有、控股和光租的方便旗船应纳入船舶统计口径，不统计期租船舶，附件 8）及相应的电子版材料。国际船舶运输经营者、内地与港澳间水路运输经营者还应提交相应的经营资格证明材料或备案记录材料，提单和自有船舶配备情况（国际普通货船、集装箱船运输经营者应至少自有一艘船舶；国际客船、散装液体危险品船运输经营者，内地与港澳间水路运输经营者应至少有一艘中国籍船舶）的证明材料。国际以及内地与港澳间的客船、散装液体危险品船运输经营者还应提交公司安全与防污染能力符合证明（委托管理的，提供船舶管理公司的安全与防污染能力符合证明及委托管理合同）、与经营国际海上运输业务、内地与港澳间水路运输业务相适应的高级业务管理人员资格材料（提供与本公司签订的劳动合同、公司出具的海务机务管理人员三年以上国际海上运输或海务机务工作经历或任职资历证明材料）。上述材料可为加盖企业公章的复印件。

②市交通委组织市港航中心对辖区内经营者进行上门现场核查，并出具核查意见，实现对辖区国际船舶运输经营者、内地与港澳间水路运输经营者核查全覆盖。通过进行座谈、检查工作日志，检查自有船舶资料等方式，重点检查企业海务机务管理人员配备、履职情况和自有运力配备情况。对符合从业条件的，在《国际核查报告书》“核查结果”栏签署“合格”，并加盖公章。对不符合从业条件的，在《国际核查报告书》“核查结果”栏签署“限期整改”、加盖公章，并书面责令经营者限期整改（整改期最长不超过 3 个月）。《核查报告书》一份留企业存档。对核查工作中发现的违法违规行为，应当按照有关规定进行调查处理。

③市港航中心应根据核查情况，填写《国际船舶运输经营者 / 内地与港澳间水路运输经营者核查情况表》（附件 9）、《国际船舶运输经营者 / 内地与港澳间水路运输经营者营运船舶汇总分析表》（附件 10），并连同经营者提交的材料和一份核查报告书报所在省级水路运输管理部门汇总。

④市港航中心应对本省的核查情况进行现场抽查，抽查率原则上不低于 20%。

⑤对辖区内不符合有关法律法规等规定的资质要求、责令限期整改的国际以及内地与港澳间的客船、散装液体危险品船运输经营者，市港航中心应跟踪整改落实情况。

2、核查职责分工

市交通委负责统筹本市核查工作，市港航中心具体负责组织实施核查工作，各区交通主管部门或其委托的航运管理机构负责本辖区国内水路运输及其辅助业核查工作。

3、有关工作要求

（1）各区交通主管部门、市港航中心要高度重视年度核查工作，通过多种渠道加强宣传，工作中严格遵守各项纪律，对在核查中知悉的经营者商业和个人信息应当妥善保存。

（2）各区交通主管部门要建立年度核查档案，加强信息收集整理，并于 2023 年 5 月 19 日前将核查工作总结（一式两份，应包括年度核查工作开展情况、抽查情况、工作成效、发现问题整改、处罚情况等内容，有关汇总数据较上一年变化率超 3% 的应说明原因）报市港航中心。

（3）市港航中心要认真做好年度核查基础信息的收集汇总工作，逐步建立健全行业诚信体系，并于 2023 年 6 月 2 日前以电子版形式将核查相关报告与表格上报市交通委。

（4）各区交通主管部门、市港航中心在核查过程中，注意提醒辖区内国际船舶运输经营者按照《中华人民共和国统计法》要求，在水路运输建设综合管理信息系统按时报送《海上国际运输业统计报表制度》的相关统计信息。

（5）要统筹安排检查计划，对兼营国际、国内船舶运输业务的经营者原则上要安排同一天上门核查，减轻企业负担，提高核查效率。

（五）上海市交通委员会2023年度行政许可实施情况年度报告

根据《中华人民共和国行政许可法》《上海市优化营商环境条例》等有关规定，现将本部门2023年度行政许可实施情况报告如下：

1、行政许可事项情况

根据《上海市人民政府办公厅关于公布上海市行政许可事项清单（2023年版）的通知》（沪府办发〔2023〕15号）规定，2023年度，市交通委共有行政许可事项64项，其中市交通委为主体的43项，原市道路运输局为主体的21项。

2、行政许可办理情况

2023年度，市交通委共收到行政许可申请885620件，受理883448件、不予受理2172件；准予行政许可883154件，不予行政许可294件；已办结件中，网办件比例95.25%；共依法收取道路运输管理证照工本费6840元。

3、批后监管开展情况

2023年，市交通委不断健全行政许可事中事后监管制度，主动加强批后监管工作。在年度“放管服”改革工作要点中，编制强化事中事后监管任务表，按照“谁审批、谁监管，谁主管、谁监管”的原则，厘清部门监管职责，明确监管任务和时间节点要求。出台《上海市道路运输市场严重失信主体管理实施细则》《上海市交通领域综合安全生产行政处罚裁量基准》等规范性文件，为批后监管工作提供坚实的制度支撑。2023年，市交通委开展行政许可批后监管共计193680次，依法处理有关投诉举报3239件，查处有关违法违规行为为12667起。

4、改革创新情况

（1）持续深化简政放权

会同市公安局，推进大件运输许可“一件事”改革，10月底正式上线运行；对一般项目挖掘道路施工和船舶开航两个“一件事”进行优化扩容，实现改革提速增效。做好行政许可实施规范工作，组织认领国家层面设定行政许可事项子项和业务办理项、确认地方层面设定行政许可事项，编制市、区两级行政许可实施规范，同步推进办事指南编制与系统升级改造工作。

（2）不断加强事中事后监管

推进网络预约出租汽车、互联网租赁自行车两个综合监管“一件事”常态化实施，协调相关监管执法疑难问题，并做好综合监管“一件事”持续拓展工作。加强交通领域信用监管，道路运输领域2023年新增失信名单涉及法人894家，从业人员36名；水路运输领域对B级及以下企业开展重点监管105家次，共出动人员225人次，发现问题隐患17项，限期完成整改17项。持续推进“双随机、一公开”监管工作，印发《上海市交通委员会“双随机”抽查事项和跨部门联合抽查事项目录（2023年版）》，明确抽查事项清单，并配套制定相关制度模板，进一步提升监管效能；2023年，共对837家市场主体开展随机抽查，其中，对47家市场主体涉嫌违法行为进行立案调查，抽查结果通过“市交通门户网站”对外公示。

（3）切实优化政务服务

推进落实“双 100”工作，完成 2023 年市交通委纳入全市“双 100”目录的 15 个事项（30 个业务情形）改革工作，实现“申报数据免填、材料免交比例不低于 70%，表单预审、材料预审比例不低于 90%”的改革目标。对“道路货物运输道路运输证新增、变更（车辆注销）”事项，进行“无人干预自动办理”改革；当事人可 7×24 小时申请办理，符合条件的，系统自动审批，当场办结，极大缩短办事时间，提升办事效率。推进交通领域电子证照应用工作，《道路运输经营许可证》《道路运输证》等 3 类 9 证上线制发，《国内水路运输经营许可证》《船舶营运证》于 2023 年 7 月正式上线。

2023 年，市交通委在依法规范实施行政许可、全面开展批后监管、持续推进改革创新方面取得一定成效，但是对标国家和本市关于转变政府职能、优化营商环境的最新要求，相关工作还需要进一步深化。2024 年，市交通委将进一步提升政治站位，不断转变政府职能，持续发力，做好放权赋能、审批流程再造、综合监管改革、政务服务优化等工作，不断提升企业群众满意度和获得感，优化行业营商环境。

来源：上海市交通委员会

（六）上海交通全面推进数字化转型的进展与方向

数字化越来越成为推动经济社会发展的核心驱动力，重新定义生产力和生产关系，重塑了城市的治理模式和生活方式。

上海作为全球化的大都市，中国的经济中心之一，交通行业面临巨大压力，交通基建设施全生命周期难打通、公共交通运营难监管等问题亟需解决。为应对这些问题，上海交通行业通过引入数字化技术来改善管理现状，提高建设运营系统的效率和便捷性；同时提高资源利用效率，推动交通运输可持续发展。

10 月 27 日，上海市交通委员会副主任刘斌做客“中国上海”门户网站在线访谈，为广大市民和网友介绍近期上海市交通行业城市数字化转型的情况，并解答一些与上海交通相关的问题。

贯彻落实“数字中国”战略　打造数字化转型标杆

全面推进城市数字化转型，是上海贯彻落实党中央、国务院“数字中国”战略，面向未来塑造城市核心竞争力的关键之举。

刘斌介绍，上海交通行业城市数字化转型的总体发展方向是围绕数据要素采集、协同、共享、应用全周期，面向“规建管用”全流程，形成“云—网—边—端—安全—应用”协同一体的数字交通基本框架。推进以“数字感知，智慧底座”为核心的交通经济新转型，形成以“数字大脑，协同治理”为内涵的行业治理新模式，创新以“数字服务，一体衔接”为目标的交通生活新场景，实现交通基础设施全要素、全周期智能化，全链条、一体化交通服务广泛应用，数字孪生型交通治理体系全面赋能行业效能提升，力争将交通行业打造成为上海市数字化转型建设标杆。具化为五方面目标如下：

一是加快推动交通领域“新基建”。建设交通领域 “云网边端”数字底座，打造数字孪生系统，加快智能交通产业应用。

二是大力发展航运中心“新格局”。建设智慧高效、服务完备、品质领先的国际集装箱枢纽、世界级航空枢纽，构建开放融合、安全便捷、智慧绿色的枢纽集疏运体系，提升多式联运服务水平，打造高品质航运服务流程网络。

三是全力支撑五大新城“新布局”。深入布局和优化嘉定、青浦、松江、奉贤、南汇等五大新城交通基础设施，推动新城综合交通枢纽建设，加快轨道交通的延伸发展。

四是持续推进交通两网“新融合”。稳步推进交通行业一网通办，夯实交通综合业务平台建设，实现流程再造、业务重塑；有序推进交通行业一网统管，通过场景驱动、治理协同，实现跨部门、跨行业的数据共享和业务应用。

五是全面构建数字交通“新场景”。推进政企融合新模式，聚焦高品质出行服务，高效率物流服务，建立健全统筹协调和推进机制，打造一批综合面强、应用面广的试点示范场景。

强化数字赋能　建设智慧交通多场景

刘斌介绍，为推进上海国际航运中心建设，交通行业立足国际集装箱运输全链路各业务节点，探索上海国际集装箱运输服务平台（货运 MaaS）建设。利用区块链、数据分布式存储计算等先进技术，破解数据共享与交互难题，最终实现“一门式信息查询”和“一站式公共服务”的“1+1”。同时加快智慧港口建设：洋山四期超大型自动化集装箱码头关键技术研究成果已在国内外 14 个码头应用，2022 年实现 635.8 万标准箱；沪东码头自动化改造工作已完成 5 台岸桥和 9 台轮胎吊自动化改造、30 台 AIV 的联调。

在经济建设领域，交通行业以带动设施产业发展为基础，推进经济数字化转型。一方面加快智慧高速公路建设，2022 年已启动 S32、G15 嘉浏段、G60 等多个示范项目，高速公路收费站智能发卡系统也在 2023 年 2 月启用；另一方面不断完善智慧机场及配套设施，推动数字孪生建设，打造机场“超级大脑”；同时重点围绕智能出租、智能公交、智慧车列、智能重卡、智能转运、智能零售、智能配送、智能清扫等多个应用场景，组织 12 家企业 13 个创新试点项目投入 548 辆智能网联汽车（含无人驾驶装备），加强智慧网联应用，推动行业经济发展。

除此之外，交通行业已实现危险货物道路运输数字化全流程监管，大大提升了对危险货物运输的管理力度。智慧工地建设也正逐步推进，目前已覆盖 169 个市级重大交通建设工地，实现了视频监控前端处置，自动监测智能预警，数据共享各方联动，有效降低事故的发生率。

坚持人本导向　数字化融入日常出行

交通出行与市民的日常生活息息相关。刘斌表示，行业数字化转型坚持人本导向，加快形成一批生活数字化应用，让市民切身感受到城市数字化转型带来的实际成效。

便民服务：在便民服务方面，上海交通建设了随申行 App 数字化应用。通过完成道路客运、网约车、共享单车等数据对接，并结合 2022 年底已完成的随申码、公交码、地铁码的三码整合工作，实现随申码“一码通行”，稳步推进一站式的数智出行服务，方便市民出行。在此基础上，积极开展与支付宝、随申办等平台之间的合作与共享，研究制定优惠票制方案。同时，结合进博会、临港、嘉定等区域试点，不断迭代升级 APP 服务，推出了一批独家功能，包括进博会服务专区、临港“文旅 + 出行”一票联程、嘉定自动驾驶出行服务等。其中，第六届进博会出行服务专区已正式上线，欢迎市民前往使用体验。

停车服务：在停车服务方面，主要依托市级公共停车信息平台数字底座，并通过“上海停车”App 这一聚合服务窗口提供便捷停车服务。目前，“上海停车”App 可提供 4700 个公共停车场（库）和道路停车场、超过 100 万个公共车位的停车服务信息查询和在线支付服务；停车预约服务已覆盖全市 97 家医院。

“强基础、深突破”　持续优化数字化转型

刘斌表示，交通行业积极推进数字化转型工作，总体上有了较大提升，取得了一系列有显示度的成果。但这一阶段的转型以场景建设为牵引，在整体推进工作中，一方面，存在整体性不够、碎片化的问题，大量的业务系统还相对独立，统一而强大的数据底座尚未建立；另一方面，数据安全、网络安全、软件安全等方面还亟需强化。

在未来的交通行业发展规划中，交通行业将从“强基础、深突破”两端发力，一方面将优化顶层设计，开展新一轮数字化转型实施意见、新一轮交通领域“一网统管”实施意见、区块链发展实施意见等方案的编制，在战略性、系统性、协同性方面深化工作机制；另一方面优化保障机制，从提高统揽度、融合度、开放度、显示度、安全度五个“度”上下功夫，进一步推动交通领域数字化转型工作迈上新台阶。

（七）上海交通 2023 年以来的“成绩单”，你满意吗？

推动交通智慧绿色转型，切实提升市民出行的幸福感、获得感和安全感。2023 年 7 月 7 日上午，市建设交通工作党委副书记，市交通委员会党组书记、主任于福林走进新民晚报夏令热线，接听市民来电并接受专访。于福林表示，上海交通将深入践行本市交通发展白皮书提出的公共交通和慢行交通优先发展理念，推进“公交都市”建设各项举措落实落地，加快交通数字化转型步伐，进一步提高交通服务品质。

市建设交通工作党委副书记，市交通委员会党组书记、主任于福林接听市民来电。

1. 公共交通保障市民出行

开通运营三十载，上海地铁从 1 条线扩大到 20 条线，从最初的 5 座车站到 508 座车站遍布上海甚至直通邻省；从开通首年全年累计客流 106 万人次，到如今单日最高客运量超 1329 万人次。如今，上海地铁客运量已接近全市公共交通总量的 76%，地铁已成为上海居民出行的主要公共交通工具。

2023 年以来，上海轨道交通客运量呈现快速增长态势。随着本市会展、商业、文娱赛事活动全面恢复举办，市民夜间出行需求也明显增加。为进一步提升公共交通服务水平，助力经济发展，市交通委会同申通地铁集团专题研究轨道交通周末延时运营安排，从 2023 年 4 月 28 日起，轨道交通 1、7、8、9、10、13 号线共 6 条线路每逢周末（周五、周六）及法定节假日假前最后一个工作日实施延时运营，实现地铁末班车时间跨“零点”，充分满足市民游客节假日出行需求。

2023 年 3 月 30 日起，互联互通朋友圈再添一城，上海地铁与成都轨道交通乘车二维码实现异地通用。至此，上海地铁乘车二维码与全国包括长三角区域，以及青岛、兰州、北京、广州、重庆、天津、呼和浩特、武汉、南昌、成都等在内的 20 座城市轨道交通实现互联互通，范围覆盖国内超过 1/3 的地铁城市。

2. 提升慢行交通品质

2023 年是慢行交通品质提升三年行动计划的开局之年，于福林介绍，市交通委将继续围绕完善慢行网络、打造慢行空间、提升设施品质和创建慢行示范区域等，有效提升城市慢行交通系统的连续性和安全性。

于福林表示，一方面，深化研究典型禁非道路优化恢复工作正持续进行；另一方面，市交通委也在试点慢行交通标志标线设置优化工作。在经过充分选点论证和交警沟通基础上，部分路段和交叉口已开展了试点。如中山北路广中路北进口、桂林路沪闵路南进口，试点了非机动车待行区；在花园港路苗江路交叉口进口道，试点了非机动车地面标识贴；在富民路巨鹿路，试点了禁非道路指引图，力求通过试点发现问题及时调整改进。

此外，本市还重点聚焦了人行道专项品质提升，上半年部分项目已初显成效。例如，长宁区新虹桥中心花园桥下空间通过完善高架桥下慢行通行功能，串联起桥下空间的休闲、运动、宣传、文化娱乐设施，美化提升桥下景观，为周边市民提供更多休闲锻炼的好去处。杨浦区内环四平路滨水慢行空间充分考虑步行的通达性，保证了滨水岸线和市政道路的连通，同时突出城市“森林”的特性，利用周边资源为居民提供多元化的休闲功能性服务。

3. 推动智慧绿色交通

近年来，市交通委持续推动交通智慧绿色转型，在民生方面，重点推进服务数字化。2022 年 10 月，上海市绿色出行一体化平台“随申行”App 正式上线，这标志着上海城市级出行即服务（Mobility as a Service，MaaS）系统建设再上新台阶。“随申行”整合了相对孤立的各交通行业数据，串联多种便捷出行场景，实现了从单一乘坐公共交通到“出行即服务”的理念转变。

目前，“随申行”已整合市域内的公共交通、出租车、网约车、共享单车以及私家车相关的停车、维修、救援等七大出行场景。公共交通方面已覆盖全市 1560 多条公交线路，全线 20 条轨交线路（含磁悬浮），17 条过江轮渡及 9 条三岛客运。出租车依托于上海市出租车统一平台“申程出行”，整合全市 5 万多名优质的出租车司机资源。停车服务覆盖全市 4300 多个公共停车场（库）和收费道路停车场、89 万个公共泊位。“车生活”平台推出“一键拖车”服务功能，汇集了近 100 家道路救援公司，推出在线拖车救援客服热线和在线救援，快速响应地就近拖车服务网，还陆续上线了 ETC 无感支付、医院停车预约等功能。

来源：新民晚报

二、水路运输业

（一）2023 年航运市场走势如何？交通运输部发布年度市场报告

1. 2022 年水路运输市场发展情况

2022 年，我国统筹国内国际两个大局，统筹疫情防控和经济社会发展，统筹发展和安全，加大宏观调控力度，应对超预期因素冲击，发展质量稳步提升，带动我国水路运输市场整体稳定向好发展，不同细分市场呈现出不同特点。

（1）国内沿海航运市场总体平稳

干散货运输市场：市场运行总体平稳，运价波动下行。

截至 2022 年底，全国共拥有沿海省际万吨以上干散货船 2427 艘、7982.4 万载重吨，吨位同比增加 6.5%。

2022 年，沿海散货运输市场行情总体平稳。春节前后，暖冬气温偏高，工业和居民用电量均低于预期水平，运输市场供需两弱，运价低位震荡。2 月下旬开始，国内一系列稳价保供政策出台，煤炭供给趋于稳定，煤炭价格维持在合理区间，运价出现短期跳涨，但随着国际能源价格快速上涨，沿海散货需求回落，市场运价在 3—4 月重回下行通道。5 月开始，运输需求逐步回升，随着夏季到来，超高温天气一度拉升民用电需求，但在保供稳价政策下，长协保供协议扎实落地，下游煤炭库存长期保持在较好区间，沿海运价 8 月后总体较为平缓。上海航运交易所发布的中国沿海（散货）综合运价指数全年平均值为 1124.52 点，较去年下跌 13.5%。全年指数最高值为 3 月 18 日的 1254.16 点，较去年高点回落 22.7%。

液货危险品运输市场：运输需求总体平稳，运力供给相对稳定。

截至 2022 年底，全国共拥有沿海省际运输油船 1194 艘、1142.2 万载重吨，吨位同比增长 2.5%。

原油运输方面，国内二程中转原油上半年特别是 3 月起受国际油价暴涨、新冠疫情和炼油厂传统检修季等因素影响，运输需求减弱，下半年随着油价企稳、炼厂总体负荷逐步回升，运输需求陆续恢复，全年运输量有所增加；海洋油在油田产量提升的拉动下，全年运输量有所增加；管道油因航线、用户单一，运输量总体保持稳定。全年沿海省际原油运输量完成 9100 万吨，同比增长 18.2%。成品油运输方面，上半年受疫情影响成品油社会库存上涨，运输市场需求整体偏弱；下半年受传统消费旺季及国际原油价格宽幅走高影响，市场活跃度提升，运输需求企稳回升。全年沿海成品油运量完成约 8500 万吨，同比增长约 4.9%。总体上，2022 年，沿海省际原油运输市场平稳，成品油运价先抑后扬。沿海省际原油运价指数平均值为 1578 点，同比上涨 2.3%；沿海成品油运价指数平均值为 1058 点，同比上涨 0.4%。

截至 2022 年底，沿海省际化学品船（含油品、化学品两用船）287 艘、139.9 万载重吨，吨位同比增长 8.5%。由于我国化工品生产和消费仍处于稳健增长期，沿海散装液体化学品船水运市场需求持续增长，全年沿海省际化学品运输量约 4000 万吨，同比增长约 9.6%。沿海省际化学品船运价整体稳定，市场供需处于紧平衡状态，部分航线运价略有上涨。

截至2022年底，沿海省际液化气船共80艘、28.8万载重吨，吨位同比增长8.2%。液化气船运输需求总体保持稳定，全年完成沿海液化气运量528万吨，同比增长0.06%。沿海省际液化气船运输价格水平回升，供需关系总体平衡。

集装箱运输市场：运力小幅提升，运价同比上涨。

截至2022年底，沿海省际运输700TEU以上集装箱船共计350艘、箱位数83.0万TEU，箱位数同比增长5.4%。受国际集装箱海运市场运价高位回落影响，部分内外兼营船舶由国际市场转移至国内市场，国内市场供给相对充足。全年内贸集装箱运价指数总体震荡下行，上半年国内市场延续高涨需求，市场运价保持强劲态势，下半年受国际市场需求低迷影响，沿海集装箱市场运价回落，由于年末我国防疫政策出现优化调整，12月沿海集装箱运价回暖。2022年，新华•泛亚航运中国内贸集装箱运价指数平均值为1661点，同比增长13.1%。

旅客运输市场：水路客运有待恢复。

截至2022年底，渤海湾省际客滚船舶共22艘、32961客位、3156车位，琼州海峡省际客滚船舶共57艘、51612客位、2778车位。

2022年，渤海湾省际客滚运输完成旅客和车辆运输量212万人次、114万台次，同比分别下降20.5%和增长12.9%；琼州海峡省际客滚运输完成旅客和车辆运输量1187万人次、372万台次，同比分别下降6.3%和1.3%。

（2）内河航运市场：货运量稳中有升，客运量有待恢复

2022年，内河水路运输需求总体较为稳定，增速有所放缓。从细分市场看，干散货运输市场平稳增长，船舶运力仍供大于求，全年运价总体低位运行；集装箱运输市场呈现较快增长态势，集装箱铁水联运量同比增长超过六成；散装液体危险货物运输市场相对稳定；省际客运市场受疫情影响严重，省际旅游客船大部分时间停航，仅三季度有所恢复。

2022年，长江水系省市完成水路货运量61.7亿吨，同比增长4.5%；长江干线港口货物吞吐量35.9亿吨，同比增长1.7%；三峡枢纽通过量1.6亿吨，同比增长6.1%。全年，长江干散货运价指数均值728.4点，同比下降4.1%；集装箱运价指数均值1012.1点，同比上升1.9%。

2022年，珠江水系完成水路货运量13.90亿吨，同比下降4.8%；长洲枢纽过闸货运量1.55亿吨，同比增长2.0%。全年，珠江航运散货运价指数均值为1023点，同比下降3.2%；集装箱运价指数均值为894点，同比增长1.3%。

（3）海峡两岸间航运市场基本稳定

2022年，两岸海上直航完成货运量4723万吨，同比下降9.9%。散杂货、液体化学品、液化气运量分别为1478万吨、360万吨、71万吨，同比分别下降12.6%、下降18.4%、增长8.2%。集装箱运量完成229.8万标准箱，同比下降4.8%。2022年两岸客运仍暂停运营。

（4）国际航运市场：受疫情影响明显，市场波动剧烈

干散货运输：需求转弱，运力过剩，运价下滑。

2022年，受俄乌冲突、疫情反复、通胀压力攀升等因素影响，国际干散货运输市场海运需求总体疲软。第三方机构数据显示，2022年全球干散货海运量下降2.7%，增速为2010年以来最低。运力增速进一步放缓，截至2022年底，全球干散货船舶运力9.72亿载重吨，较2021年增长2.8%；由于境外港口拥堵状况改善，且需求增速低于运力增速，干散货运力总体过剩，运价大幅下滑。

2022年，远东干散货（FDI）综合指数平均值为1522点，同比下滑21.5%，运价指数1362.95点，同比下降7.3%，租金指数1760.69点，同比下降33.4%；波罗的海干散货指数BDI平均值为1934点，同比下滑34.3%。

原油市场：运输需求改善，运价底部反弹。

据第三方机构统计，2022年全球原油海运量约19.53亿吨，同比上升5.1%。运力方面，2022年底全球油轮（万吨以上）共5574艘、6.34亿载重吨，较年初增长3.5%；其中，VLCC为2.73亿载重吨，较年初增长4.3%。俄乌冲突导致石油贸易流向改变，美国墨西哥湾沿岸地区、巴西和西非至欧洲的原油运输里程增加，同时苏伊士和阿芙拉型船的运价上涨也带来VLCC市场需求上涨；随着全球石油供应风险的增加，同时受部分国家控制油价上涨以抗通胀有关政策影响，VLCC油轮美国墨西哥湾沿岸地区东向需求大幅受益。2022年原油现货运输市场运价上涨明显并创两年以来新高。

2022年，中国进口原油运价指数（CTFI）年平均值为1132点，同比上涨93.6%。沙特拉斯坦努拉至中国宁波（CT1）航线运价年平均12.66美元/吨，同比上涨96.8%。

集装箱市场：需求逐步回落，运价由高位运行到逐步恢复常态。

据第三方机构2022年12月统计，全球集装箱船舶达到5690艘、2591万TEU，运力规模同比增长4.15%。在全球集装箱运输需求总体下滑、有效运力持续增长等因素影响下，2022年国际集装箱运价从高位持续回落。一季度，因境外港口拥堵和补库存需求，市场运价保持强劲态势，中国出口集装箱运价指数一季度均值为3444.33点，同比上涨75.6%，在2月11日达3587.91点，创下历史新高。此后随着境外港口拥堵缓解，有效运力持续释放，运价震荡下行。从三季度开始，欧美主干航线进口需求疲软，同时境外港口拥堵持续缓解，运价开始加速下行。

2022年，中国出口集装箱运价指数年平均值为2792.14点，同比上涨6.8%。

国际邮轮：因疫情影响，2022年进出我国境内港口的邮轮运输继续暂停。

2. 2023年航运市场展望

（1）国内航运市场

沿海干散货不确定性增多，预计运价波动进一步放大。

2023年，世界经济下行压力增大，国际市场需求不确定性增多。预计沿海煤炭运输市场整体船货较为平衡，随着“双碳”政策逐步推进，船舶更新换代可能提速，新老船舶能耗差异显现，对运价接受程度也逐渐异化，运价波动幅度将有所放大。

沿海原油运输需求和运价水平有望企稳，成品油运输市场需求复苏势头明显。

2023年，原油市场外部不确定性继续增强，预计油价维持高位运行，主营炼厂开工积极性较高，沿海原油运输市场稳中向好，供需总体保持平衡、运价稳定。成品油运输方面，由于炼化产业转型升级加快，民众出行需求加速释放，汽油、煤油需求呈现稳步回暖态势，运价随供需情况预计有所上升。

沿海化学品和液化气运输需求持续增长，运力结构进一步优化。

2023年，在沿海炼化新增项目投产带动下，散装液体化学品、液化气运输需求预计持续增加，但随着国内化工产业链布局日趋合理，区域内航线明显增加，使得船舶整体运距呈现缩短趋势，后续随着新增运力逐步投放市场，市场供需有望保持动态平衡，运力结构将进一步优化，运价保持基本稳定或总体需求带动运价温和上涨。

沿海集装箱运价将有所回落。

随着国内经济的恢复增长，“散改集”“陆转水”持续推进和多式联运的发展，预计沿海集装箱运输需求将保持稳定增长，与国际市场的需求放缓形成对比。预计2023年国际市场对于国内沿海集装箱运输的外溢作用有所降低，部分运力从国际市场回归国内沿海市场，沿海集装箱船舶运力供给总体有所增长，运价将有所回落。

内河运输市场预计继续保持稳定运行。

2023年，长江、珠江等内河水路运输预计恢复性增长，随着国内经济总体回升，对煤炭、矿石、建材等大宗商品运输需求构成稳定支撑；同时，生产和消费的逐步恢复，预计将进一步提振集装箱运输需求。长江干线旅游客运有望恢复到疫情前水平。

（2）两岸航运市场。

2023年，预计台湾海峡两岸间集装箱、散杂货、散货液体危险品运输量基本持平。

（3）国际航运市场。

1. 干散货运输市场需求低速增长，运价或低位震荡。

2023年，预计全球干散货海运量低速增长。其中，铁矿石海运量相对稳定，煤炭和粮食海运量增速有所上升。运力继续保持低速增长态势，但境外港口拥堵可能进一步改善，市场总体运力过剩，市场行情谨慎乐观。通胀压力、地缘政治风险、疫情等仍会对全球经济带来下行风险，市场仍存在一定不确定性。

2. 油轮运输需求继续回暖，外部不确定因素可能导致运价波动加剧。

2023年，全球油轮运输需求继续反弹，运力订单及交付状况仍处于相对较低水平，运力过剩程度较2022年进一步下降3个百分点，预计市场运价平均水平好于2022年。同时，全球经济放缓、“欧佩克+”减产政策、地缘政治形势以及国际环保新规等，都将给油轮运输市场带来较大的不确定性。

3. 集装箱运输市场总体上将呈现降幅趋缓。

在世界经济增长开始放缓和地缘政治影响下，预计2023年集装箱运输市场供需基本面转弱，市场运价面临下行压力。综合多家机构预测，运力增速高于需求增速，供过于求的态势相对明显，2023年集装箱运输市场运价可能呈现下降，但降幅趋缓。

4. 国际邮轮：适时开展国际邮轮运输试点复航。

来源：交通运输部

（二）2023年内河水运行业运行现状与发展趋势

内河水运是我国重要的交通运输方式之一，承担着大量的货物和旅客的运输任务。根据咨询公司集团的数据显示，2022年我国内河水路完成货运量76.7亿吨，同比增长4.5%，占全国水路货运量的99.6%；完成旅客运输量1.9亿人次，同比增长8.2%，占全国水路旅客运输量的98.9%。内河水运在促进区域经济社会发展、服务国家战略实施、保障国家能源安全等方面发挥了重要作用。

2023年是“十四五”规划的第三个年度，也是我国实现第一个百年奋斗目标的关键之年。在新发展阶段、新发展理念和新发展格局的指引下，内河水运行业将面临新的形势和任务，需要把握好发展机遇，应对好发展挑战，推动高质量发展。本文从以下几个方面分析了2023年内河水运行业的运行现状和发展趋势。

1. 供需方面：稳中有升

2023年，随着国内经济总体回升，对煤炭、矿石、建材等大宗商品的运输需求构成稳定支撑；同时，生产和消费的逐步恢复，预计将进一步提振集装箱运输需求。咨询公司认为，2023年全年内河水路货运量将达到80亿吨左右，同比增长4.3%；旅客运输量将达到2.1亿人次左右，同比增长10.5%。

其中，长江水系作为我国最大的内河航道之一，将继续保持稳定增长。据咨询公司集团数据显示，2023年全年长江水系省市完成水路货运量将达到64.5亿吨左右，同比增长4.6%；长江干线港口货物吞吐量将达到37.5亿吨左右，同比增长4.5%；三峡枢纽通过量将达到1.7亿吨左右，同比增长6.3%。集装箱铁水联运将继续保持较快增长态势，预计完成集装箱铁水联运量300万标准箱左右，同比增长20%。

珠江水系作为我国南方重要的内河航道之一，也将呈现恢复性增长。咨询公司集团数据显示，2023 年全年珠江水系完成水路货运量将达到 14.5 亿吨左右，同比增长 4.3%；长洲枢纽过闸货运量将达到 1.6 亿吨左右，同比增长 3.2%。珠江水系的集装箱运输将受益于粤港澳大湾区建设的推动，预计完成集装箱运输量 2500 万标准箱左右，同比增长 10%。

2. 运价方面：平稳回升

2023 年，内河水运市场运价将受到供需、成本、政策等多方面因素的影响，总体呈现平稳回升的态势。咨询公司认为，2023 年全年内河干散货运价指数将达到 750 点左右，同比上涨 3%；内河集装箱运价指数将达到 1050 点左右，同比上涨 3.7%。

其中，长江干散货运价指数将受到煤炭、矿石等大宗商品价格波动的影响，预计在 700—800 点之间波动，全年平均值为 750 点左右，同比上涨 3%。长江集装箱运价指数将受到集装箱铁水联运的拉动，预计在 1000—1100 点之间波动，全年平均值为 1050 点左右，同比上涨 3.8%。

珠江干散货运价指数将受到粤港澳大湾区建设的刺激，预计在 1000—1100 点之间波动，全年平均值为 1050 点左右，同比上涨 2.6%。珠江集装箱运价指数将受到国际航线运价下滑的影响，预计在 850-950 点之间波动，全年平均值为 900 点左右，同比上涨 0.7%。

3. 运力方面：供大于求

2023 年，内河水运市场运力将继续保持过剩状态，但供需矛盾有所缓解。咨询公司认为，2023 年全年内河船舶总吨位将达到 2.5 亿载重吨左右，同比增长 2%；内河船舶总数量将达到 23 万艘左右，同比下降 1%。内河船舶结构将进一步优化，高效节能、环保安全的船舶比例将提高。

其中，长江水系内河船舶总吨位将达到 1.5 亿载重吨左右，同比增长 2.5%；内河船舶总数量将达到 14 万艘左右，同比下降 1.5%。长江水系内河船舶结构优化程度较高，高等级船舶占比超过 30%，LNG 动力船舶占比超过 10%。

珠江水系内河船舶总吨位将达到 6000 万载重吨左右，同比增长 1.5%；内河船舶总数量将达到 6 万艘左右，同比下降 0.5%。珠江水系内河船舶结构优化程度较低，高等级船舶占比不足 20%，LNG 动力船舶占比不足 5%。

4. 设施方面：改善提升

2023 年，内河水运基础设施建设将继续推进，重点突破一些关键节点和瓶颈环节。咨询公司认为，2023 年全年新增及改善内河航道里程将达到 1000 公里左右；新建及改造内河港口码头将达到 100 个左右；新建及改造内河船舶制造、维修、拆解等配套设施将达到 50 个左右。

其中，长江水系内河航道建设将重点推进长江干线航道整治、长江支流航道改善、长江经济带沿线港口集疏运体系建设等项目。据咨询公司集团数据显示，2023 年全年长江水系新增及改善内河航道里程将达到 600 公里左右；新建及改造长江干线港口码头将达到 50 个左右；新建及改造长江支流港口码头将达到 30 个左右。

珠江水系内河航道建设将重点推进珠江干流航道整治、珠江三角洲航道改善、粤港澳大湾区沿线港口集疏运体系建设等项目。据咨询公司集团数据显示，2023 年全年珠江水系新增及改善内河航道里程将达到 400 公里左右；新建及改造珠江干流港口码头将达到 30 个左右；新建及改造珠江三角洲港口码头将达到 20 个左右。

5. 环境方面：绿色转型

2023 年，内河水运行业将加快绿色转型，积极应对气候变化和环境保护的挑战。咨询公司认为，2023 年全年内河水运能耗总量将控制在 1.5 亿吨标准煤以下，同比下降 2%；内河水运二氧化碳排放总量将控制在3亿吨以下，同比下降2.5%；内河水运其他污染物排放总量将控制在10万吨以下，同比下降3%。

其中，长江水系内河水运能耗总量将控制在9000万吨标准煤以下，同比下降2.5%；内河水运二氧化碳排放总量将控制在1.8亿吨以下，同比下降3%；内河水运其他污染物排放总量将控制在6万吨以下，同比下降3.5%。长江水系内河水运的绿色转型程度较高，LNG动力船舶、电动船舶等清洁能源船舶的使用率和推广率较高。

珠江水系内河水运能耗总量将控制在5000万吨标准煤以下，同比下降1.5%；内河水运二氧化碳排放总量将控制在1亿吨以下，同比下降2%；内河水运其他污染物排放总量将控制在3万吨以下，同比下降2.5%。珠江水系内河水运的绿色转型程度较低，LNG动力船舶、电动船舶等清洁能源船舶的使用率和推广率较低。

6. 建议与展望：创新驱动

2023年是"十四五"规划的第三个年度，也是我国实现第一个百年奋斗目标的关键之年。面对新的形势和任务，内河水运行业需要加强创新驱动，提高发展质量和效益。本文提出以下几点建议和展望：

（1）加强内河水运的协同发展，打造内河水运大通道。内河水运应与铁路、公路、航空等其他交通运输方式形成有效衔接，实现多式联运、无缝对接，提高运输效率和服务水平。同时，内河水运应与沿线地区的产业发展、城市建设、生态保护等形成良性互动，实现共建共享、共赢共荣，促进区域协调发展。

（2）加强内河水运的绿色发展，打造内河水运绿色通道。内河水运应加快推进船舶节能减排、航道生态修复、港口环境治理等工作，实现内河水运的低碳化、清洁化、循环化，减少对环境的负面影响。同时，内河水运应加强应对气候变化的能力建设，提高抵御极端天气事件的能力和水灾防治的水平，保障内河水运的安全可靠。

（3）加强内河水运的智能发展，打造内河水运智慧通道。内河水运应充分利用信息技术、大数据、云计算、人工智能等新技术新手段，实现船舶智能化、航道智能化、港口智能化、管理智能化，提高内河水运的自动化、数字化、网络化。同时，内河水运应加强数据资源的整合和共享，提高数据的质量和价值，为决策支持和服务创新提供数据支撑。

（4）加强内河水运的开放发展，打造内河水运国际通道。内河水运应积极参与"一带一路"建设，加强与国际组织和国际同行的交流合作，推动内河航道互联互通和标准规范对接，提高内河水运的国际影响力和竞争力。同时，内河水运应积极引进国外先进技术和管理经验，加快自主创新和自主品牌的建设，提高内河水运的国际地位和国际声誉。

来源：尚普咨询集团

（三）2023年水运产业现状及未来发展趋势分析报告

据统计，2023年前11个月，水路货运量同比增长9.0%；完成港口货物吞吐量155.1亿吨，同比增长8.4%，完成港口集装箱吞吐量2.8亿标准箱，同比增长4.9%。

水运是使用船舶运送客货的一种运输方式。 水运主要承担大数量、长距离的运输，是在干线运输中起主力作用的运输形式。在内河及沿海，水运也常作为小型运输工具使用，担任补充及衔接大批量干线运输的任务。截至2022年底，全国共拥有沿海省际万吨以上干散货船2427艘、7982.4万载重吨，吨位同比增加 6.5%。

2023 年，我国经济运行呈现回升向好态势，产业链、供应链保持了稳定和韧性。在此拉动下，水运经济运行实现量稳质升。

1. 水运产业现状

据统计，2023 年前 11 个月，水路货运量同比增长 9.0%；完成港口货物吞吐量 155.1 亿吨，同比增长 8.4%，完成港口集装箱吞吐量 2.8 亿标准箱，同比增长 4.9%。

最新数据显示，2023 年，我国水利建设全面提速，全年完成水利建设投资 11996 亿元，比 2022 年增长 10.1%，创历史最高纪录。

据介绍，11996 亿元投资是通过实施 41014 个水利工程项目完成的。其中，防洪工程 13083 个，完成投资 3282 亿元；供水工程 14749 个，完成投资 5013 亿元；灌溉工程 5143 个，完成投资 1497 亿元；水生态保护和治理工程 8039 个，完成投资 2204 亿元。

中国水运产业的上游包括船舶与集装箱等运输设备的设计、制造、维修，大宗商品的生产，以及运输所需的物料备件的制造；中游包括船舶和港口的运营、航次管理与航线开拓、安全管理、船员管理、相关设施租赁等领域；下游则主要是有贸易与运输需求的企业。

据中研产业研究院《2024—2029 年水运产业现状及未来发展趋势分析报告》，从中国水运产业链区域分布来看，水运相关企业主要分布在我国东部地区。其中，广东、上海、江苏的水运产业链较为完整，涵盖船舶与集装箱制造、水路运输等环节。

作为联通全球经济的重要基础性行业，航运业承担着全世界 90% 以上的贸易运输。近年来，数字化程度已成为衡量港航企业竞争力的重要指标。

2. 水运产业未来发展趋势

党的二十大报告提出，加快建设制造强国、质量强国、航天强国、交通强国、网络强国、数字中国。中共中央、国务院印发了《数字中国建设整体布局规划》，明确建设数字中国是数字时代推进中国式现代化的重要引擎，是构筑国家竞争新优势的有力支撑。

为夯实水运业数字化、智能化发展基础，不断提升可持续健康发展水平，交通运输部先后出台《数字交通发展规划纲要》《数字交通“十四五”发展规划》《“十四五”交通领域科技创新规划》等政策，数字技术发展速度之快、辐射范围之广、影响程度之深前所未有，数字化、网络化、智能化已经成为推进交通运输提效能、扩功能、增动能的重要手段。

数字技术应用让我国水运行业，特别是智慧港口建设逐步由跟跑、并跑迈入到领跑。在新基建方面，大力发展智慧港口、数字航道、智能船舶、智慧海事等工程建设，水运行业基础设施数字化程度发展发展迅速；在运营方面，港口智能化水平显著提高，有效提升作业效率，降低物流成本。

（四）2023 年中国水运行业市场现状、竞争格局及发展趋势

1. 水运行业概况

水运行业又名水路运输或水上运输业，是使用船舶运送客货的一种运输方式。水运主要承担大数量、长距离的运输，是在干线运输中起主力作用的运输形式。在内河及沿海，水运也常作为小型运输工具使用，担任补充及衔接大批量干线运输的任务。

与铁路、公路、航空、管道等其他运输方式相比，水上运输主要有运量大、成本低、效率高、能耗少等优点，但同时也存在速度慢、环节多、自然条件影响大、机动灵活性差等缺点。

我国水运行业可以按贸易种类、航行区域、运输对象、船舶营运组织四大方式分类：

表 4-1 中国水运行业具体分类情况

分类方式	具体分类情况
按贸易种类划分	可分为外贸运输和内贸运输。外实运输是指本国同其他国家和地区之间的贸易运输：内贸运输是指本国内部各地区之间的贸易运输
按航行区域划分	可分为远洋运输、沿海运输、内河运输和湖泊（包括水库）运输。远洋运输是指国际之间的运输，以外贸运输居多：沿海运输是指几个邻近海区间或本海区内的运输，以内贸运输为主；内河运输是指在一条河流（包括运河）上或通过几条河流的运输，一般为国内运输：湖泊运输是指一个湖区内的运输，一般为国内运输
按运输对象划分	可分为旅客运输和货物运输。旅客运输是指以旅客和部分货物为载运对象的运输，有单一客运（包括旅游）和客货兼运之分。货物运输是指以货物为载运对象的运输，按货类分有散货运输和杂货运输两类，其中散货运输指无包装的大宗货物如石油、煤炭、矿砂等的运输：杂货运输则指批量小，件数多或较零星的货物运输
按船舶营运组织形式划分	可分为定期船运输（即班轮运输）、不定期船运输和专用船运输。定期船运输是选配适合具体营运条件的船舶，在规定航线上，定期停靠若于因定港口的运输：不定期船运输指船舶的运行没有固定的航线，而是按照运输任务或按租船合同所组织的运输：专用船运输是指企业自置或租赁船舶从事企业自有物资的运输

水运行业产业链剖析：上游为运输设备制造，中游为船舶和港口运营。

中国水运产业的上游包括船舶与集装箱等运输设备的设计、制造、维修，大宗商品的生产，以及运输所需的物料备件的制造；中游包括船舶和港口的运营、航次管理与航线开拓、安全管理、船员管理、相关设施租赁等领域；下游则主要有贸易与运输需求的企业。

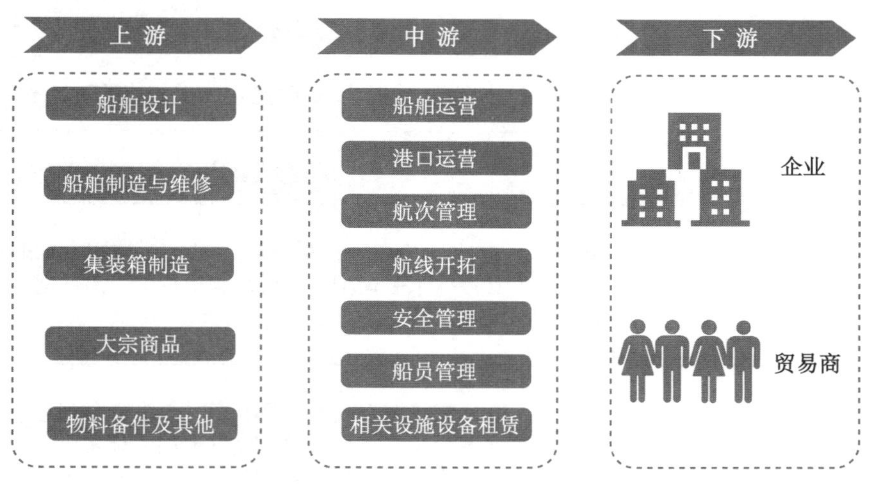

图 4-7 中国水运行业产业链

中国水运产业上游的企业包括中远海运重工有限公司、中国船舶集团有限公司、中船海洋与防务装备股份有限公司、江南造船（集团）有限责任公司、江苏扬子江船厂有限公司、武汉船用机械有限责任公司、大连船舶重工集团有限公司等船舶及相关设施设备制造企业，以及中集集团等集装箱制造企业；中国水运产业中游的企业则有中远海运特种运输股份有限公司、招商局能源运输股份有限公司、南京盛航海运股份有限公司、长航凤凰股份有限公司等。

2. 中国水运行业发展历程：行业处于成熟期

中国水运行业发展可大致分为四个阶段。第一阶段是1954—1978年的导入期，1978—2000年中国水运行业由导入期进入成长期，2000—2017年为高速成长期，2017年至今则进入了成熟期。

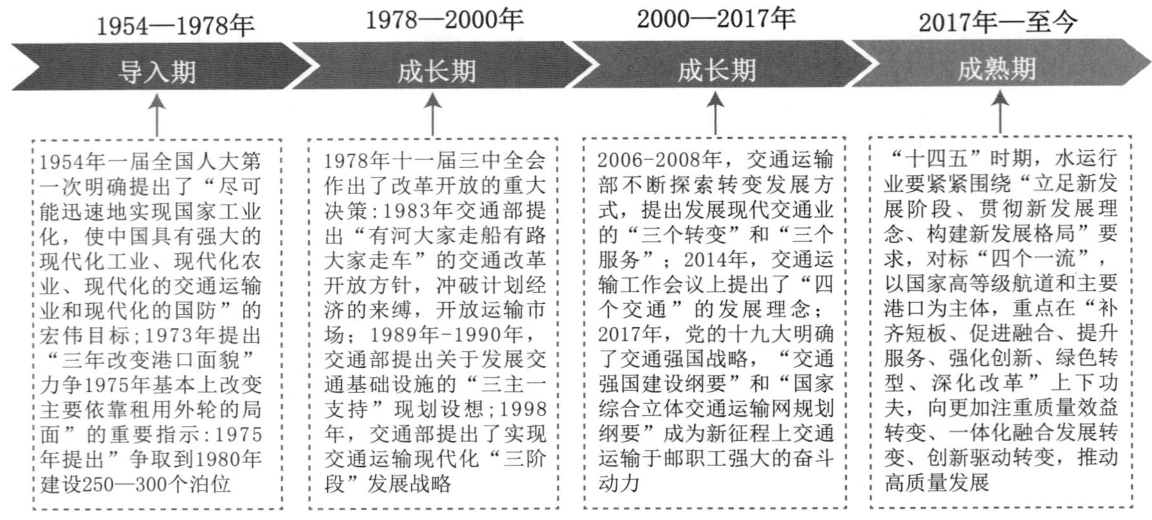

图4-8 中国水运行业发展历程

3. 中国水运行业政策背景：重视货运枢纽补链强链和“放管服”改革

我国水运行业发展已步入成熟期，近年来，国家对于水运在货运枢纽补链强链、“放管服”改革等方面的重视程度不断提升，先后出台了《公路水运工程监理企业资质管理规定》《关于修改〈中华人民共和国高速客船安全管理规则〉的决定》《关于支持国家综合货运枢纽补链强链的通知》等政策，优先支持铁水联运型、空铁联运型枢纽建设；进一步深化“放管服”和“证照分离”改革，压减和下放部分资质等级分类。

表4-2 截至2022年中国水运行业国家层面重点相关政策汇总

发布日期	政策名称	主要内容
2022年7月	《关于支持国家综合货运枢纽补链强链的通知》	用3年左右时间择优支持30个左右城市实施国家综合货运枢纽补链强链，优先支持铁水联运型、空铁联运型枢纽，西部地区可优先支持陆空联运型、公铁联运型枢纽
2022年7月	《关于修改〈中华人民共和国高速客船安全管理规则〉的决定》	为持续深化“放管服”改革，保障高速客船安全营运和群众安全出行，取消“高速客船操作安全证书”核发事项，对高速客船增加备案管理和安全承诺等要求；加强高速客船靠泊安全管理；对有关高速客船发生水上险情的报告制度予以了优化调整
2022年7月	《港口基础设施维护管理规定》	将港口基础设施的范围限定在码头及其同步立项的配套设施、防波堤、锚地以及护岸等基础设施；明确港口基础设施维护管理由部和省级交通运输主管部门负责指导，港口所在地的港口行政管理部门具体实施监管工作；明确维护计划、检查和检测评估、设施维修等方面制度；明确港口行政管理部门原则上应当采取“双随机一公开”方式进行监督检查

续表

发布日期	政策名称	主要内容
2022 年 7 月	《关于调整国际转国内航线船舶疫情防控工作有关事项的通知》	调整国际航行船舶在入境口岸的停泊隔离时间；优化核酸检测频次及方式；调整办理改营手续后的国际航行船舶船员健康监测时间
2022 年 4 月	《公路水运工程监理企业资质管理规定》	为进一步深化“放管服”和“证照分离”改革，压减和下放部分资质等级分类，取消了水运工程丙级资质，调整后水运工程分为甲级、乙级和机电专项资质；适当调整许可条件；优化政务审批服务；强化事中事后监管
2021 年 10 月	《液化天然气码头设计规范》	为促进长江等内河液化天然气码头建设发展，提高液化天然气码头设计质量，推动水运行业应用液化天然气，对码头选址、设计环境条件、平面设计、泊位通过能力、水工建筑物、接收站陆域形成及地基处理和码头安全设施等技术内容进行了修订和规范
2021 年 9 月	《关于修改〈船舶 引航 管 理 规定〉的决定》	依据《海安法》和《内河交通安全管理条例》分别对海上、内河需要强制引航的船舶类型予以了明确，并相应增加了不按规定申请引航的法律责任；要求引航机构落实安全主体责任，建立、实施引航安全管理体系，并加强对引航员的培训和职业保障；落实“放管服”改革要求，将船舶引航方案由批准管理改为备案管理，并明确由长江航务管理局、省级交通运输主管部门制定并公开拖轮配备要求
2021 年 9 月	《中华人民共和国水上水下作业和活动通航安全管理规定》	依据《海安法》，调整了海上施工作业许可的种类；依据《海安法》和《内河交通安全管理条例》，对海上和内河的许可条件作出了统一规定；明确作业或者活动的许可申请材料，并就作业或者活动方案、保障措施方案和应急预案编制提出了引导性要求；依据《海安法》增加了部分法律责任条款，强化了处罚力度等
2021 年 9 月	《关于修改〈水上交通事故统计办法〉的决定》	进一步明确事故等级；进一步完善事故等级划分标准；优化事故统计规则
2021 年 4 月	《中华人民共和国海上交通安全法》(2021 修正）	为加强海上交通管理，保障船舶、设施和人命、财产安全，维护国家权益而制定。本法共十章，除总则、附则外，还包括船舶、海上设施和船员；海上交通条件和航行保障；航行、停泊、作业；海上客货运输安全；海上搜寻救助；海上交通事故调查处理；监督管理以及法律责任。

4. 中国水运行业发展现状分析

—中国水运行业供给情况：中国干散货船运力增幅最大，集装箱船运力下滑。

2021 年，中国沿海省际运输干散货船（万吨以上，不含重大件船、多用途船等普通货船）共计 2235 艘，较 2020 年底增加 262 艘；油船（含原油船、成品油船，不含油品、化学品两用船）共计 1224 艘，同比增加 3 艘；化学品船（含油品、化学品两用船）共计 284 艘，同比增加 4 艘；液化气船共计 77 艘，同比艘数增加 3 艘。

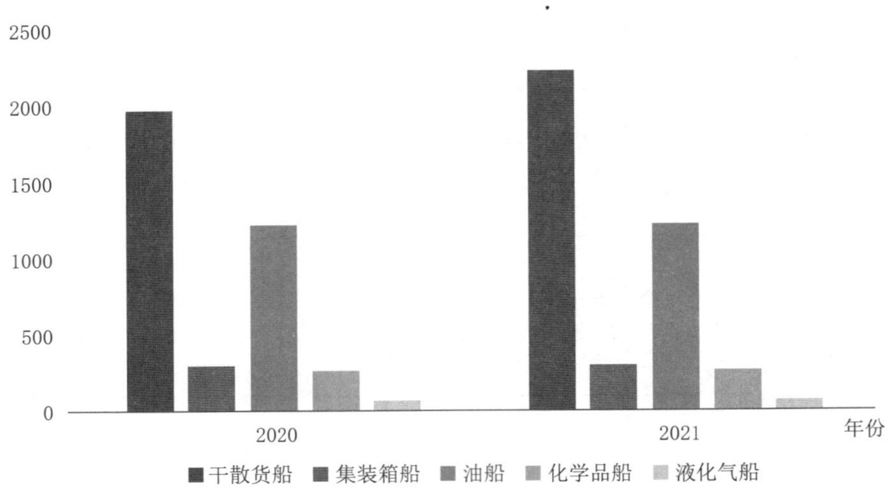

图 4-9 2020—2021 年中国水运行业不同船舶数量分板（单位：艘）

2021 年，我国沿海省际干散货船队总运力达 7494.0 万载重吨，较 2020 年底增加 699.6 万载重吨，吨位增幅 10.3%；油船总运力达 1114.1 万载重吨，同比增加 26.8 万载重吨，吨位增幅 2.5%；化学品船总运力达 128.9 万载重吨，同比增加 7.24 万载重吨，吨位增幅 6.0%；液化气船总运力达 26.7 万载重吨，同比增加 1.3 万载重吨，吨位增幅 5.1%。

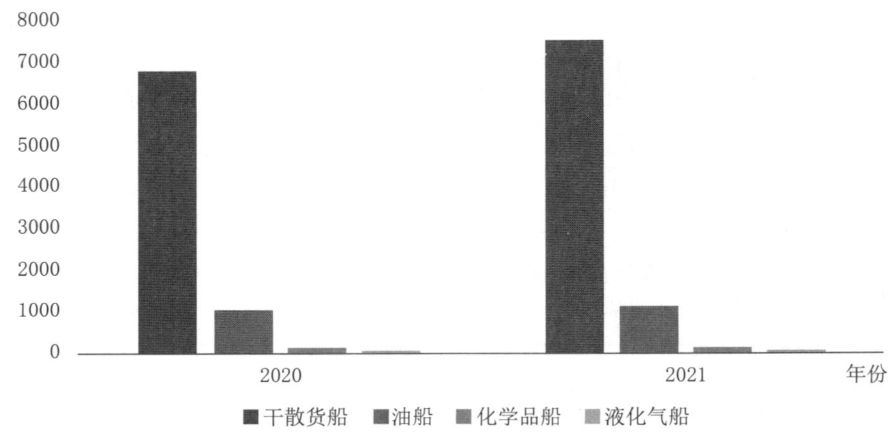

图 4-10 2020—2021 年中国水运行业干散货船与液货危险品舶船运力分析（单位：万载重吨）

2021 年，中国沿海省际运输集装箱船（700 标箱以上，不含多用途船）共计 322 艘，较 2020 年底增加 14 艘；箱位数 78.8 万 TEU，较 2020 年箱位数减少 1.0 万 TEU，箱位数降幅 1.2%。

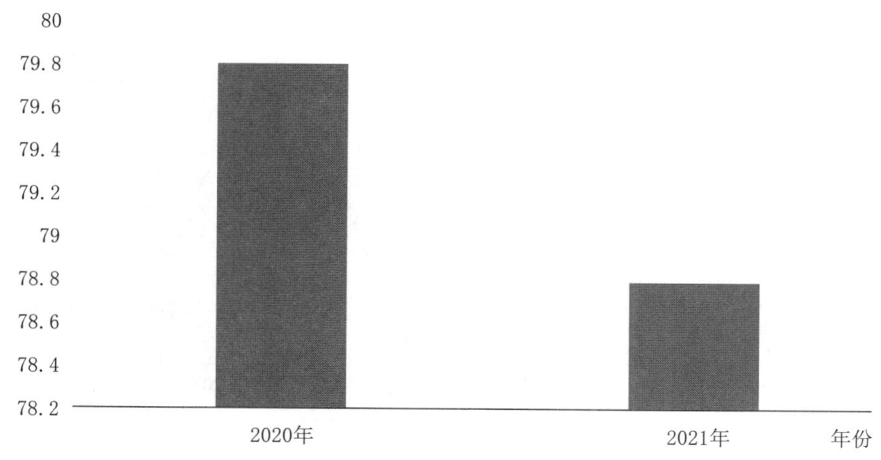

图 4-11 2020-2021 年中国水运行业集装箱舶船运力分析（单位：万 TEU）

中国水运行业需求前景：中国水运货运量增长超 8%，客运量增长达 9%。

2017-2021 年，中国水运行业货运量不断上升。2020 年受新冠疫情影响，水运行业货运量增速下滑至近 5 年低点，增速为 1.9%，随后得益于我国有效的疫情防控政策，经济快速恢复，2021 年中国水运货运量为 82.40 亿吨，同比增速达 8.2%。2022 年 1—9 月，中国水运货运量为 62.91 亿吨，同比增速达 4.7%。

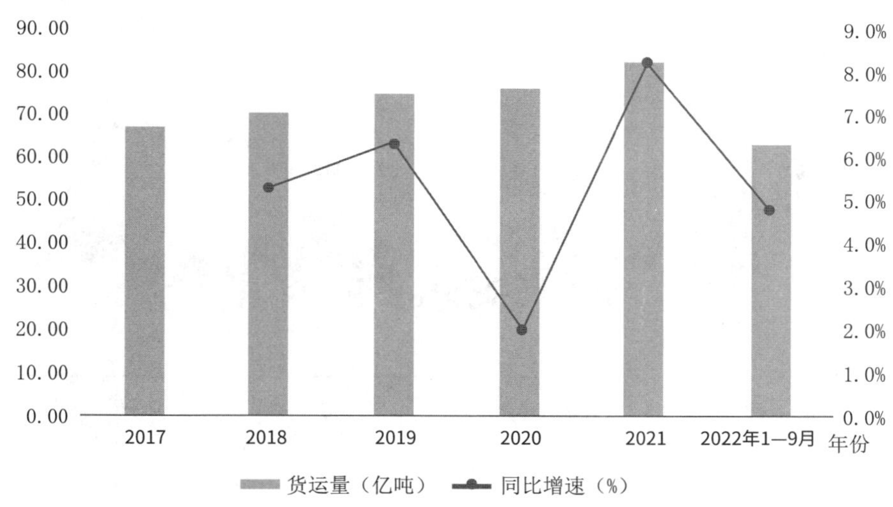

图 4-12 2017-2022 年中国水运行业货运量及同比变化（单位：亿吨，%）

2017-2021 年，中国水运行业客运量呈下降趋势。2019-2020 年，中国旅游业受疫情及各地封控措施影响较大，2020 年水运客运量仅 1.5 亿人，同比减少 45%;2021 年有所回升，全年客运量为 1.63 亿人，同比增长 9%，仍未恢复至疫情前水平。2022 年 1-9 月，中国水运客运量为 0.92 亿人，同比下滑 28.5%。

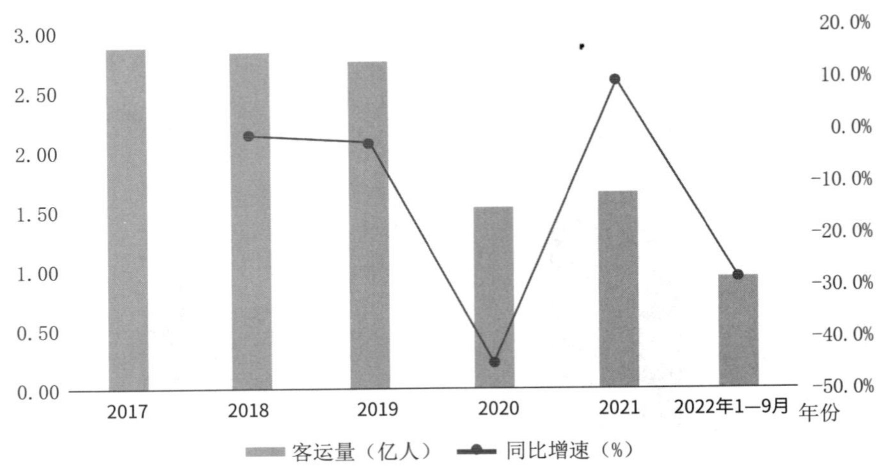

图 4-13 2017—2022 年中国水运行业客运量及同比变化（单位：亿人，%）

中国水运行业价格：中国粮食运价涨幅最高，集装箱运价仍处高位。

2010—2022 年，中国煤炭运价指数、金属矿石运价指数和粮食运价指数的走势大致相同，从 2010-2011 年的高峰波动下降，在 2014 年、2018 年和 2021 年回升至近 2000 点水平的小高峰，随后回落。

2021 年前三季度，受煤炭供给持续紧张、库存下降、煤价上升等因素影响，运输需求高涨，而受天气、局部疫情散发等因素影响，船舶周转效率普遍偏低，加之外贸市场需求突增吸引部分内外贸兼营船转入外贸市场，沿海散货运力有效供给持续偏紧，运价震荡上行；2021 年第四季度，煤炭保供政策成效显现，煤炭市场供需两旺，但受后期电厂库存增加和船舶周转效率提升影响，沿海散货运价迎来高点之后回调。中国煤炭、矿石和粮食运价指数同比分别上涨 32.7%、18.8% 和 78.0%。

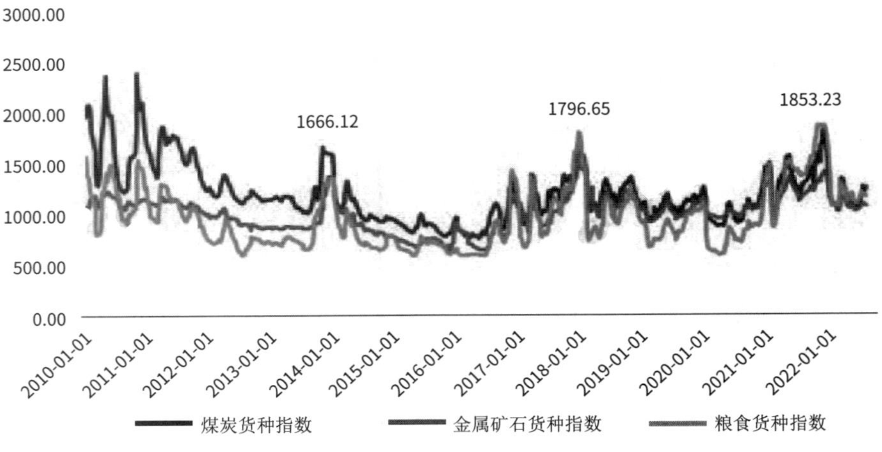

图 4-14 2010-2022 年中国沿海省际主要干散货运运价指数

中国集装箱运价走势与全球水运市场紧密相连。2021 年，由于境外疫情反复，美欧一些国家港口拥堵加剧，导致物流供应链梗阻和船舶运力严重损耗，运力供需严重失衡、全球运价普遍上涨。2021 年第一季度，中国出口集装箱运输市场行情总体有所回调，自第二季度开始，集装箱运输市场渐趋活跃，运价开始逐步上行；第四季度，舱位紧张状况依然存在，多数航线现货市场运价维持高位。2021 年中国出口集装箱运价综合指数最高升至 3555.24 的高点，随后回落。

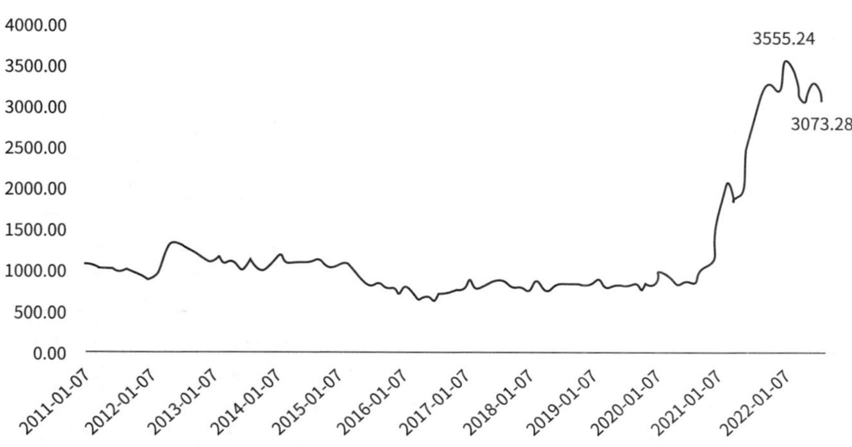

图 4-15 2011—2022 年中国出口集装箱运价综合指数

5. 中国水运行业竞争格局分析

—中国水运行业区域竞争格局：中国水运企业主要分布在广东和陕西

根据中国企业数据库企查猫，目前中国水运企业主要分布在广东省。截至 2022 年 11 月，广东共有相关水运企业数 3690 家，陕西有 2660 家，江苏有 2237 家。

中国水运行业企业竞争格局：竞争格局稳定。

国内水运行业体量巨大，呈现参与者众多、单个参与者规模大、产业集中度较高的特征。

水运行业依据企业的船队运力划分，可分为 3 个竞争梯队。其中，船队运力大于 1000 万载重吨的企业有中国远洋海运集团、招商局集团；船队运力在 200—1000 万载重吨之间的企业有山东海运、福建国航远洋集团、国能远海航云、中谷物流等；其余企业的船队运力在 200 万载重吨以下。

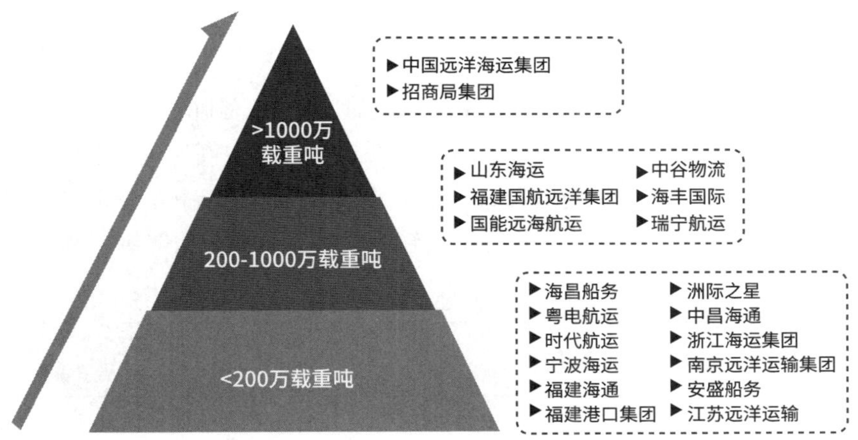

图 4-16 2022 年中国水运三大竞争梯队（按船队运力）

6. 中国水运行业发展前景及趋势预测

—中国水运行业发展趋势：三大类型水运企业不断发展

展望未来，海上风电港口改扩建需求增长、物联网在航运物流和港口中的应用程度提升、智能船舶快速发展、航运数字化发展将成为我国水运行业的四大发展趋势。

表 4-3　中国水运行业发展趋势预测

趋势	具体内容
海上风电港口改扩建需求增长	目前，我国已有多个省份开始了海上风电港口建设，山东、浙江、广东、江苏等沿海省份均发布了相关规划。从长期来看，建设海上风电港口将在整体绿色低碳能源系统中都起到重要的服务作用，不仅能够完善海上风电产业供应链，也能够为电解水制氢项目提供必要的条件。港口附近通常也有炼化等多种工业体系，理想情况下，风、光制得的氢气既能够储存于当地，也能够实现就地消纳。此外，随着港口建设的持续发展，港口也能够用作液氨等低碳燃料的储存地点。因此，建设海上风电港口势在必行
物联网在航运物流和港口中的应用程度提升	互联网技术的建立能够帮助航运物流港口提高信息安全，促进港口信息数据传输的高效性，有效降低航运物流港口管理成本的重要举措。随着物联网技术的不断成熟，航运物流港口也加大了物联网技术的引入进度。就目前物联网技术在航运物流港口中的发展状况来看，该技术能够有效地提高航运物流信息的管理，在整个港口信息管理方面提供了重要的传输和处理作用，为航运物流港口的高效发展提供了技术支持。因此，物联网在航运物流和港口中的应用，也是行业热门的发展趋势之一
智能船舶快速发展	近年来，各国均在“智能航运”，即″智能船舶”领域投入了大量资源，同时各国的智能船舶发展方向也存在一定差异，如韩国依托信息技术产业优势，致力于船舶智能化和建造技术的智能化研究并关注对岸基资源的充分利用；日本基于先进科技优势，主要关注船舶智能与环保的标准化研究实现标准化和科研的协同推进；欧洲致力于研究智能船舶的无人自动航行和远程控制技术；我国智能船舶研究则主要围绕顶层设计与相应研究开展，同时遵循制造强国战略的行动纲领
航运数字化发展	目前，全球港口、航运企业的数字化转型正在加快，范围也从企业内部的数据链整合和自身的数字化转型，向从上下游业务协同角度拓展新的业务和竞争机会点推进。港口方面，由过去更多关注码头自动化升级，到现在更多关注如何通过数字化手段形成产业生态，打造更强的影响力和辐射力 以上海港、大连港、广州港为代表，区块链在港口的应用从进口小提单业务开始切入。如上海港研发的“基于区块链技术的口岸电子提单平台”已经为货主（特斯拉、上汽通用、3M）实现 99% 的签发率，并通过发起“长江港航区块链联盟”大力推进基于区块链的单证无纸化方案进长江；宁波港易港通公司启动海铁箱预驳无纸化项目，基于出口无纸化的业务基础，专门针对海铁箱设计业务流程

中国水运行业发展前景：预计 2025 年中国水运货运量将达 85 亿吨。

“十四五”时期，预计我国水运等求将总体保持增长态势，呈现高增速、中低速增长的特点。预测 2025 年水路货运量达到 85 亿吨，年均增长 2%—3%。货类结构以集装箱、煤炭、铁矿石、石油及制品、矿建材料为主，其中集装箱、原油、LNG 等增长较快，洪炭、铁矿石等维持高位。

表 4-4 2025 年中国水运货运量与客运量预测（单位：亿吨，万人次，%）

指标	2020 年	2025 年	增速
水路货运量	76	85	2.2%
其中：海洋运输量	38	40	1.1%
内河运输量	38	45	3.3%
邮轮旅客吞吐量	/	600	/

来源：前瞻产业研究院

三、铁路运输业

（一）2023 年铁路运输行业市场现状及前景分析

2023 年铁路运输行业是世界范围内一个具有广泛发展前景的未来业态，由于其高效的运输和低碳排放的优势，其将在未来的行业发展中发挥着至关重要的作用。因此，探讨 2023 年铁路运输行业市场现状及前景分析，对于我们了解这一行业发展动态和把握未来趋势具有重要意义。

1. 铁路运输行业增长前景

由于铁路运输的高效性、低碳排放性以及旅客及货物的大容量运输能力，铁路运输行业已服务全球经济正在快速发展。预计到 2023 年，全球经济结构的改变将给铁路运输行业带来更大的机遇，全球铁路运输投资将增长，全球铁路运输业务规模将进一步扩大。同时，随着 2023 年政府投资于高铁的不断增加，以及航空公司的燃油成本不断攀升，高铁运输将成为全球旅客和货物运输的首选，从而给铁路运输行业带来可观的发展。

2. 跨境贸易机会分析

随着国家在产能推出和全球一体化的发展深入，跨境贸易将成为铁路运输的一个重要市场。铁路运输具有大容量、全程控制、低污染等优势，使得铁路运输成为连接国内外市场的有力纽带，为国家公共利益提供支撑。

因此，2023 年出口市场的不断发展，将为铁路运输行业提供新的应用空间，并将催生大量就业机会，推动铁路运输业务的持续增长。

3. 技术创新前景分析

2023 年，铁路运输行业将继续技术创新，推进无人化、智能化、安全化建设。技术创新方面将重点突破大数据分析、绿色智能移动互联网，推动高效电子化铁路交易，实现自动化物流和快速通关，充分挖掘边境铁路运输的巨大价值。

此外，2023 年铁路运输行业还将重点加强智慧交通建设，开发智慧铁路，主要发展方向包括智能路线、智能站点、信息化负荷管理等，有效实现铁路运输资源的有效配置和高效率规划，让物流网内的乘客和货物拥有更多的优质服务。

4. 未来发展策略

面对未来行业机遇，国家及相关企业从四个方面抓住机遇，以实现铁路运输行业的良性发展。

首先，国家应继续加大投资，加强对铁路基础设备、管理法规、智能化、超限监测系统及安全预警系统的发展，构建更高效的铁路运输结构，为更多企业及广大用户提供全面便捷的铁路运输服务。

其次，各企业也要从技术方面加强改造，不断提高路网的完善程度，突破电子化技术、智能化建设。

来料：C–C1210

（二）2023 年中欧班列：第一梯队城市与最热口岸大揭秘

历经 13 年发展，中欧班列如同一条巨龙般横跨欧亚大陆，连接着远隔万里的城市与口岸。它不仅是货物交流的纽带，更是文化与经济合作的桥梁。哪些城市与口岸在过去一年的中欧班列中脱颖而出，成为最受瞩目的交通枢纽，本文将带您一探究竟。从繁忙的铁路线到忙碌的装卸场景，让我们走进这些让中欧班列故事更加精彩的地方。

2023 年中欧班列开行数量城市排名

统计 2023 年开行中欧班列超 100 列的 22 个国内城市，其中西安、重庆、成都、郑州四个城市的开行列数位居前四，占据了中欧班列开行城市的第一梯队（全年开行 1000 列以上）。这四个城市共计开行了 9309 列中欧班列，占 2023 年开行总数的 53.12%，这四个城市在中欧班列的运营中发挥了重要的作用。

值得一提的是，乌鲁木齐是丝绸之路经济带核心区的重要节点城市，也是中欧和中亚班列的必经之地。为了更好地发挥乌鲁木齐在中欧班列运输中的集结作用，我国已将其列为五大中欧班列集结中心之一，与第一梯队的西安、重庆、成都、郑州并列。然而 2023 年乌鲁木齐仅开行了 27 列中欧班列，与其他四个集结中心相比，数量相差甚远。这主要是受到新冠疫情的影响，以及乌鲁木齐国际陆港区建设和中欧班列集结中心示范工程的推进还不够完善。

而处于第二梯队（全年开行 500 至 1000 列）的有长沙、武汉、广州、义乌、沈阳、济南、合肥这 7 个城市，这 7 城市共计开行列数为 4759 列，占中欧班列开行总数的 27.16%。这些城市的共同特点是都有较强的外向型经济和制造业基础，能够提供丰富的货源和需求，同时也有较完善的物流设施和服务，能够保障中欧班列的顺畅运行。

第一和第二梯队的 11 个城市，合计开行中欧班列 14068 列，占中欧班列开行总数的 80.28%。

第三梯队（全年开行 100 至 500 列）的城市共 11 个，分别是青岛、苏州、石家庄、金华、徐州、南京、临沂、深圳、大连、长春、哈尔滨，多为东部地区省会或副省会城市，具有较高的经贸合作潜力和辐射带动效应。

剩余城市均为第四梯队（全年开行 100 列以下），其中包括天津、北京、上海等经济强市，这些城市离港口较近，中欧班列面临海运的直接冲击。

中国与 14 个邻国接壤，其中有 6 个国家通过铁路与中国相连，这些国家包括朝鲜、俄罗斯、蒙古、哈萨克斯坦、老挝和越南。我国经国务院批准的正式的铁路开放口岸有 21 个，其中陆上边境铁路口岸有 13 个。

2023 年，中欧班列再添新通道，开通同江口岸，形成“六大口岸”发展的基本格局。2023 年 7 月 28 日，同江铁路口岸首趟中欧班列顺利开行。这是在共建“一带一路”倡议提出 10 周年之际，我国开通的第六座中欧班列通行口岸。同江铁路口岸开通中欧班列运输通道后，经该口岸至欧洲腹地的铁路运距较绥芬河铁路口岸缩短 809 公里，运输时间节省 10 小时。

2023 年，霍尔果斯、阿拉山口、满洲里、二连浩特、绥芬河、同江口岸分别开行中欧班列 3238、5040、5007、3317、886、35 列，同比增长 2.8%、-2.0%、3.5%、30.1%、0.2%（同江口岸 2023 年之前未开行中欧班列）。其中二连浩特增长最为显著，增速超过 30%，表现亮眼。

西通道口岸站（阿拉山口 + 霍尔果斯）班列数为 8278 列，占中欧班列总数的 47.24%；中通道口岸站（二连浩特）班列数为 3317 列，占中欧班列总数的 18.93%；东通道口岸站（满洲里 + 绥芬河 + 同江）班列数为 5928 列，占中欧班列总数的 33.83%。总体来看，这三个通道的合理分布和协同作用，确保了中欧班列的高效运作和对外贸易的稳定性。

中智认为，中欧班列以其高度的稳定性成为了国际产业链供应链的重要支撑。通过开通数条全程时刻表线路，设立固定的车次、线路、班期和运行时间，以及在口岸站进行有效的换装和交接控制，中欧班列为客户提供了可预测的运输时间，确保了物流贸易的顺畅。在当前全球经济面临多重风险和挑战的情况下，欧洲多国增加了对中欧班列的依赖，寻求陆路运输作为海运的有效替代。这不仅体现了“一带一路”倡议在促进世界经济稳定与繁荣中的战略价值，也凸显了灵活多样的物流路线对于全球经济运转的重要性。

来源：中智物流咨询

（三）2023 年国家铁路客货运量均创新高

记者 9 日从中国国家铁路集团有限公司获悉，2023 年，国家铁路完成旅客发送量 36.8 亿人次，高峰日发送旅客突破 2000 万人次，日均发送旅客突破 1000 万人次，全年和高峰日旅客发送量均创历史新高。

货物运输方面，国铁集团全力保障电煤、粮食、化肥等重点物资运输，加大集疏港运输和“公转铁”力度，不断提升货运服务质量。全年国家铁路完成货物发送量 39.1 亿吨，再创历史新高。全年国家铁路完成运输总收入 9641 亿元，同比增长 39%，利润总额创历史最好水平。

铁路建设方面，2023 年，全国铁路完成固定资产投资 7645 亿元、同比增长 7.5%；投产新线 3637 公里，其中高铁 2776 公里。“十四五”规划纲要确定的 102 项重大工程中的铁路项目有序推进，铁路建设投资拉动作用显著。截至 2023 年底，全国铁路营业里程达 15.9 万公里，其中高铁 4.5 万公里。

铁路服务保障国家重大战略成效显著。中欧班列全年开行 1.7 万列、发送 190 万标箱，同比分别增长 6%、18%。西部陆海新通道班列全年发送 86 万标箱，同比增长 14%。（记者 姚亚奇）

来源：《光明日报》

四、航空运输业

（一）2023 年航空机场行业发展现状评价与趋势预测

1. 航空机场行业发展现状

尚普咨询集团的数据显示，2022 年，中国民航行业在抗击新冠疫情的同时，积极恢复生产，实现了运输周转量、旅客运输量、货邮运输量、飞行小时等主要指标的正增长。其中，运输周转量达到 1.23 亿吨公里，同比增长 11.9%；旅客运输量达到 5.9 亿人次，同比增长 16.6%；货邮运输量达到 740 万吨，同比增长 12.4%；飞行小时达到 627.56 万小时，同比下降 32.7%。与 2019 年相比，运输周转量、旅客运输量、货邮运输量均恢复到了 90% 以上的水平，飞行小时恢复到了 70% 以上的水平。

2023 年上半年，中国民航行业继续保持稳步恢复的态势，全行业完成运输周转量 7.4 亿吨公里，同比增长 36.5%，其中国内航线完成 6.8 亿吨公里，同比增长 38.9%，国际航线完成 0.6 亿吨公里，同比增长 14.7%；完成旅客运输量 3.8 亿人次，同比增长 45.1%，其中国内航线完成 3.7 亿人次，同比增长 46.8%，国际航线完成 0.1 亿人次，同比增长 19.4%；完成货邮运输量 420 万吨，同比增长 23.5%，其中国内航线完成 320 万吨，同比增长 22%，国际航线完成 100 万吨，同比增长 28%；完成飞行小时 410 万小时，同比增长 35%，其中国内航线完成 380 万小时，同比增长 37%，国际航线完成 30 万小时，同比增长 15%。与 2019 年相比，上半年的运输周转量、旅客运输量、货邮运输量均超过了 2019 年同期的水平，分别达到了 102.5%、101.7% 和 103.4%，飞行小时达到了 88.8%。

从市场结构来看，国内市场是中国民航行业恢复的主力军。受疫情影响，国际市场仍然低迷，国际客座率仅为 51.5%，而国内客座率达到了 81.6%。从区域分布来看，东部地区是中国民航行业的主要市场，占全国旅客运输量的 54%，其次是中部地区，占 22%，西部地区占 19%，东北地区占 5%。从航空公司来看，国有航空公司仍然占据主导地位，占全国旅客运输量的 75%，其次是民营航空公司，占 18%，外资航空公司占 7%。

从运输效率和经济效益来看，中国民航行业也取得了一定的进步。尚普咨询集团的数据显示，2022 年，全行业平均每架飞机每日飞行小时达到 6.4 小时，比上年提高 1.1 小时；平均每架飞机每日起飞架次达到 5.6 架次，比上年提高 0.8 架次；平均每架飞机每日运输周转量达到 1.26 万吨公里，比上年提高 0.18 万吨公里；平均每架飞机每日旅客运输量达到 605 人次，比上年提高 86 人次；平均每架飞机每日货邮运输量达到 9.5 吨，比上年提高 1.3 吨。2022 年，全行业实现营业收入 1.3 万亿元，同比增长 10.9%；实现利润总额 -28 亿元，同比增长 93.8%；实现净利润 -55 亿元，同比增长 91.4%。2023 年上半年，全行业实现营业收入 0.7 万亿元，同比增长 36.8%；实现利润总额 120 亿元，实现净利润 90 亿元。

从航空安全和服务质量来看，中国民航行业也表现出了较高的水平。尚普咨询集团的数据显示，2022 年，全行业未发生重大及以上事故，安全指数为 100 分；完成了抗击新冠疫情、保障北京冬奥会筹备、支援防汛救灾等重大任务；实现了国际航班“五个一”政策的有序执行和国内航班的正常运行。2022 年，全行业航班正常率为 87.4%，同比提高 3.6 个百分点；旅客满意度为 80 分，同比提高

1分；货邮满意度为79分，同比提高1分。2023年上半年，全行业未发生重大及以上事故，安全指数为100分；完成了抗击新冠肺炎疫情、保障北京冬奥会筹备、支援防汛救灾等重大任务；实现了国际航班“五个一”政策的有序执行和国内航班的正常运行。上半年，全行业航班正常率为88.7%，同比提高1.3个百分点；旅客满意度为81分，同比提高1分；货邮满意度为80分，同比提高1分。

从航线网络和机队规模来看，中国民航行业也展现出了较强的发展潜力。尚普咨询集团的数据显示，2022年底，全国共有运输机场241个，其中新增运输机场7个；全国共有通用机场281个，其中新增通用机场24个。2022年底，全国共有运输航空公司44家（含港澳台），其中新增运输航空公司3家；全国共有通用航空公司281家，其中新增通用航空公司28家。2022年底，全国运输航空公司共拥有运输飞机3970架，其中新增运输飞机211架；全国通用航空公司共拥有通用飞机3820架，其中新增通用飞机320架。2022年，全国共开通运输航线1.4万条，其中新增运输航线900条；全国共开通通用航线1.1万条，其中新增通用航线800条。2023年上半年，全国运输航空公司共拥有运输飞机4100架，其中新增运输飞机130架；全国通用航空公司共拥有通用飞机4000架，其中新增通用飞机180架。上半年，全国共开通运输航线1.5万条，其中新增运输航线500条；全国共开通通用航线1.2万条，其中新增通用航线400条。

综上所述，2022年和2023年上半年，中国民航行业在疫情防控和复工复产的双重考验下，展现出了较强的韧性和活力，实现了主要指标的稳步恢复和提升，提高了运输效率和经济效益，保障了航空安全和服务质量，拓展了航线网络和机队规模。

2. 航空机场行业发展趋势

据尚普咨询集团数据显示，未来几年，中国民航行业将面临以下几个方面的发展趋势：

（1）国内市场将继续保持较快增长，国际市场将逐步恢复

随着疫苗接种的普及和疫情防控的有效控制，中国民众的出行需求将持续释放，尤其是对于国内旅游、探亲访友、商务出差等方面的需求。根据中国民航局发布的《中国民航发展中长期规划（2021—2035）》，到2035年，中国民航旅客运输量将达到26亿人次，其中国内旅客运输量将达到23亿人次。同时，在国际社会合作下，国际市场也将逐步恢复正常水平。到2035年，全球旅客运输量将达到96亿人次，其中亚太地区旅客运输量将达到35亿人次。作为亚太地区最大的民航市场之一，中国将在国际市场上发挥更大的作用。

（2）低碳环保将成为民航行业的重要课题

随着全球气候变化问题日益突出，低碳环保已经成为各国政府和社会各界的共同关注点。作为一个高能耗、高排放的行业，民航行业也面临着转型升级的压力和责任。根据中国民航局发布的《中国民航发展中长期规划（2021—2035）》，到2035年，中国民航行业将实现碳排放峰值，并力争实现碳中和。为此，中国民航行业将采取以下措施：一是推进新能源飞机的研发和应用，如使用生物燃料、电动飞机、氢能飞机等；二是提高飞机的能效水平，如使用更先进的发动机、机身、机翼等；三是优化航线网络和运行管理，如使用更精准的航路、航班、空域等；四是加强国际合作和交流，如参与国际碳市场、碳补偿、碳税等。

（3）智能化和数字化将提升民航行业的竞争力

随着科技的不断进步和创新，智能化和数字化已经成为各行各业的发展方向。民航行业也将借助智能化和数字化的技术手段，提升自身的竞争力和服务水平。根据中国民航局发布的《中国民航发展中长期规划（2021—2035）》，到2035年，中国民航行业将建设一个智能化、数字化、网络化、安全可靠的综合运输体系。为此，中国民航行业将采取以下措施：一是推进智能飞机的研发和应用，如使用人工智能、大数据、云计算等技术提高飞机的自主性、安全性、效率性等；二是推进智能机场的建设和运营，如使用物联网、5G、人脸识别等技术提高机场的通行能力、服务质量、安全保障等；三是推进智能空管的建设和管理，如使用卫星导航、遥感监测、自动驾驶等技术提高空管的容量、灵活性、协同性等；四是推进智能服务的创新和提供，如使用移动互联网、虚拟现实、区块链等技术提高旅客的出行体验、满意度、忠诚度等。

（4）创新转型将成为民航行业的核心驱动力

面对复杂多变的国内外环境，民航行业要想保持持续健康发展，就必须坚持以创新为第一动力，不断进行转型升级。根据中国民航局发布的《中国民航发展中长期规划（2021-2035）》，到2035年，中国民航行业将建设一个具有国际竞争力和影响力的综合运输体系。为此，中国民航行业将采取以下措施：一是加强基础研究和应用研究，突破关键核心技术，提升自主创新能力；二是加强产学研用合作，构建创新生态系统，促进创新成果转化；三是加强市场开拓和品牌建设，拓展国内外市场空间，提升国际市场份额；四是加强人才培养和引进，构建人才梯队结构，提升人才素质水平。

3. 结论

总之，2022年和2023年上半年，中国民航行业在抗击新冠疫情的同时，积极恢复生产，实现了主要指标的稳步恢复和提升。未来几年，中国民航行业将面临国内市场增长、国际市场恢复、低碳环保、智能化数字化、创新转型等方面的发展趋势，需要进一步提高运输效率和经济效益，保障航空安全和服务质量，拓展航线网络和机队规模，加强基础研究和应用研究，突破关键核心技术，提升自主创新能力，加强产学研用合作，构建创新生态系统，促进创新成果转化，加强市场开拓和品牌建设，拓展国内外市场空间，提升国际市场份额，加强人才培养和引进，构建人才梯队结构，提升人才素质水平。尚普咨询集团将持续关注中国民航行业的发展动态和前景展望，为民航行业的相关企业和机构提供专业的咨询服务和解决方案。

来源：尚普咨询集团

（二）航空市场稳步恢复，枢纽建设有序推进

2023年上海两机场旅客吞吐量9675万人次、货邮吞吐量380万吨。

2023年，是航空市场稳步恢复的一年。记者从上海机场集团获悉，2023年，上海浦东、虹桥机场航班起降量70万架次，其中，浦东机场43万架次，虹桥机场27万架次，日均航班1919架次，同比增长114%；旅客吞吐量9675万人次，其中，浦东机场5425万人次，虹桥机场4250万人次，日均27万人次，同比增长235%；货邮吞吐量380万吨，同比增长15%。与此同时，机场商业持续向好，枢纽建设也得到了有序推进。

据悉，2023年，共有101家航空公司在上海浦东、虹桥两场开通定期航班，通达全球47个国家和地区的278个航点。其中，国内（含港澳台）通航点175个，国际通航点103个，分别恢复至2019年的102%和73%。英国伦敦、意大利罗马、阿联酋阿布扎比、澳大利亚悉尼等20余个国际航点的航班频次已恢复至2019年同期水平。

随着航班恢复，机场商业持续向好。以“国潮四季，美好申活”为主线，上海机场集团开展了贯穿全年的系列商业促销推广，带动消费加速回暖。上海浦东、虹桥两场全年引进国际国内知名商业餐饮品牌130余家，其中有26家分别是全球或全国机场首店。

上海国际航空枢纽的一系列建设项目，也在2023年稳步推进。浦东机场四期扩建工程南区地下

交通枢纽工程已基本完成基坑围护，进入轨道交通区域底板施工建设阶段，西货运区智能货站工程于10月底提前完成了主体结构封顶。

上海机场城市航站楼改造项目结构改造和新建工程基本完工，浦东机场 e、f 滑行道和二跑道完成 56 天不停航局部换板工程，比原计划提前 14 天，于 5 月 21 日重新投入运行。服务浦东机场四期扩建工程建设者的“机场建设者小镇”于 7 月 19 日启用。接下来，上海机场还将携手上海空港社区成员单位，积极推动在 2035 年实现减碳 100 万吨目标。

在长三角协同发展中，上海机场也在发挥着作用。7 月 28 日，上海空港型国家物流枢纽获批。上海机场集团作为建设主体和牵头单位，将聚焦服务长三角及全国产业集群的航空物流需求，联合航空货运上下游企业，根据浦东、虹桥两大片区不同定位，积极打造现代流通体系战略支点和供应链产业链价值中心，成为推动长三角区域和城市经济社会发展的重要引擎。

此外，“上海航空物流公共信息平台—空运通 aviport”发布并开通，通过整合机场、海关、货站等航空货运全链路信息，实现货物进出港流程数字化、可视化，进一步优化口岸营商环境，显著提升上海空港口岸货物处理和通关效率、降低货运企业通关物流成本。上海机场集团还与苏浙皖相关单位和企业签署战略合作协议，携手推进异地城市航站楼、数字货站等方面合作，为长三角地区旅客和企业提供更高效、便捷、经济的航空客货运服务。

来源：百度

（三）《推动上海国际航空货运枢纽高质量发展行动方案（2023—2025）》印发，邮政快递业、航空快递业发展频获利好

10 月 17 日，上海市推进上海国际航空中心建设领导小组正式印发《推动上海国际航空货运枢纽高质量发展行动方案（2023—2025）》（以下简称《行动方案》），邮政快递业多项内容被纳入其中，邮政快递企业航空快递业务发展有了新方向。

《行动方案》明确：一是拓展航空货运细分领域。鼓励航空物流企业加强与快递、跨境电商、生产制造、贸易流通等企业合作，推动航空货运从普货向跨境电商、冷链物流、快件业务等高附加值产品的转型。促进航空邮政业务发展，助力上海邮政快递国际枢纽中心建设。二是提升口岸通关便利化水平。整合机场地区监管资源，推进监管配套设施建设。持续优化查验监管模式，提升通关效率。建立航空邮件快件绿色通道。三是提升航空货运智慧化水平。推进货站设施智慧化改造，提高航空货运设施自动化水平，推进分拣、装载和仓储等设施智能化。四是推动航空货运绿色低碳发展。鼓励航空物流企业提升设施设备共享共用和循环利用水平，积极参与碳交易。

上海局表示，下一步将坚持推动邮政业高质量发展为主线，强化部门联动和政企沟通，做好《上海邮政快递国际枢纽中心建设实施意见》政策衔接，形成国际航空货运枢纽高质量发展政策合力，认真抓好《行动方案》的贯彻落实，坚持“量质齐升、市场主导、智慧赋能、创新驱动”的基本原则，鼓励引导邮政快递企业发展航空快递业务，提升航空物流服务整体效能，助力上海国际航空货运枢纽建设，促进上海国际航运中心能级提升，加快推进上海邮政快递业实现高质量发展。

来源：东方网 选稿：曾炟

（四）2023年境内机场货邮吞吐量排名预测

2023年境内机场货邮吞吐量排名预测，上海浦东+虹桥两场巩固全球第3排名，成都反超郑州排名第6，武汉天河机场受鄂州机场影响下降5位，宁波栎社机场前进5位。部分其他机场数据预测：福州长乐机场全年预计完成9万吨左右，兰州中川机场预计全年货邮吞吐量可达7.5万吨。

随着2023年的结束，近日部分机场纷纷公布了2023年的相关业务数据，笔者基于最新数据，对境内机场2023年货邮吞吐量前30名排名进行了初步预测，上海、北京、成都均为两个机场，为了便于计算进行两场合并参与排名。

第1，上海浦东+虹桥两场，2023年货邮吞吐量达380万吨，继续巩固上海的航空货量全球第3排名，浦东机场单独排名也是全国第1。

第2，广州白云机场，2023年货邮吞吐量达203.11万吨。

第3，深圳宝安机场，2023年货邮吞吐量突破160万吨，创历史新高。

第4，北京首都+大兴两场，2023年货邮吞吐量预计128万吨左右。首都机场2023年1—11月，货邮吞吐量为 99.56万吨，全年预计110万吨左右；大兴机场全年预计18万吨左右（首都机场集团旗下54个机场，2023年货邮吞吐量完成190万吨，同比增长24%，恢复至2019年的71%）。

第5，杭州萧山机场，2023年前11个月为74.7万吨，全年预计80万吨左右。公开的数据显示，浙江全省机场2023年货邮吞吐量预计达107万吨，而宁波机场预计达13.8万吨、温州货邮吞吐量突破10万吨。

第6，成都天府+双流两场，2023年货邮吞吐量达77.1万吨，同比增长26.1%。

第7，郑州新郑机场，2023年完成货邮吞吐量60.8万吨。

第8，重庆江北机场，2022年货邮吞吐量达41.48万吨，当年第8位。2023年上半年17.66万吨，预计全年完成40万吨左右。

第9，南京禄口机场，2023前11月货邮吞吐量34.1万吨，预计全年完成38万吨。

第10，昆明长水机场，2022年完成货邮吞吐量31.01万吨。2023年第一季度7.83万吨，预计全年突破35万吨。

说明：Top10较2022年排名变化不大，前5名排名不变，虽然北京两场数据尚未公布，不过不影响排名，成都反超郑州排名第6，郑州排名下滑1位排名第7，目前重庆、南京、昆明排名有待确认。

第11，厦门高崎机场，2023年货邮行吞吐量达28.35万吨（前11个月），预计全年完成31万吨左右。

第12，青岛胶东机场，2023年货邮行吞吐量达26.08万吨，超过2019年全年货量，创青岛机场历年货运量最高纪录。累计完成国际货量12.65万吨，与2019年相比增长42.1%。

第13，西安咸阳机场，2023年前5个月9.77万吨，预计2023年完成24万吨。

第14，鄂州花湖机场，2023年货邮吞吐量超23万吨，其中国际货邮吞吐量4.47万吨。

第15，三亚凤凰机场，2023年货邮吞吐量22.9万吨、同比增长71.9%。

第16，武汉天河机场，2023年货邮吞吐量完成20.64万吨，受鄂州开航的影响，直接较上年下滑了5位，成为了湖北第二。

第17，沈阳桃仙机场，2023年实现货邮吞吐量19.85万吨，与2019年相比增长3.1%。

第18，南宁吴圩机场，2023年货邮吞吐量达18.9万吨，国际货邮吞吐量达8.6万吨。

第19，海口美兰机场，2023年货邮吞吐量达14.17万吨（截至10月），全年预计完成超17万吨，国际货邮吞吐量达 8696 吨。

第 20，长沙黄花机场，2023 年前 11 个月货邮吞吐量为 15.98 万吨，预计全年完成 17 万吨左右。

说明：Top11-20 较 2022 年排名情况发生了较大的变化，受半路杀出来的程咬金鄂州天河机场的影响，对武汉天河机场影响最大、直接下降 5 位，厦门、青岛、西安受益前进一位，三亚机场较上年排名前进 17 位，成为增长最快的机场之一，沈阳机场较去年前进 2 位，南宁机场下滑 1 位，美兰机场上升 4 位，长沙机场下降 4 位。

乌鲁木齐地窝堡机场，截至 10 月 9 日货邮吞吐量达 11.6 万吨，预计全年完成超 15 万吨。

大连周水子机场，2023 年货邮吞吐量达 15 万吨。

宁波栎社机场，2023 年货邮吞吐量预计达 13.8 万吨。

济南遥墙机场，2023 年上半年完成 6.73 万吨，预计全年完成 13.5 万吨左右。

天津滨海机场，2023 年前三季度完成 9.53 万吨，预计全年完成 13.5 万吨左右。

哈尔滨太平机场，2023 年货邮吞吐量超 13 万吨，国际货邮吞吐量达 9000 吨，创历史新高。

苏南硕放机场，预计 2023 年货邮吞吐量超 12 万吨。

合肥新桥机场，2023 年货邮吞吐量 10.5 万吨。

温州龙湾机场，2023 年货邮吞吐量突破 10 万吨。

贵阳龙洞堡机场，2023 年货邮吞吐量达 9.13 万吨

说明：Top21-30 较 2022 年排名情况，乌鲁木齐、济南、天津尚未公布数据，具体排名有待确认，大连机场持平，宁波机场前进 5 位，哈尔滨机场下滑 1 位，苏南硕放机场排名下降 3 位，合肥机场前进 3 位，温州机场前进 5 位，贵州机场持平。

部分其他机场数据：

福州长乐机场，预计 2023 年全年完成 9 万吨左右。（测算依据：福建全省 1-11 月货邮吞吐量累计完成 42.57 万吨，预计全年 46.4 万吨，扣减厦门 31 万吨和泉州 6.2 万吨，再减去其他几个小机场）

兰州中川机场，预计 2023 年全年货邮吞吐量可达 7.5 万吨。（甘肃机场集团 2023 年完成货邮吞吐量 7.88 万吨）

南昌昌北机场，2023 年前三季度货邮吞吐量为 4.53 万吨，预计全年超过 6 万吨。

泉州晋江机场，2023 年货邮吞吐量达 5.73 万吨（截至 11 月），预计全年完成 6.2 万吨。

南通兴东机场，2023 年前 8 个月累计完成货邮吞吐量 3.19 万吨，预计全年 5 万吨左右，随着京东航空的业务的持续深入，未来将呈现较快增长。

烟台蓬莱机场，2022 年完成货邮吞吐量 6.22 万吨。2023 年前三季度完成 3.33 万吨，预计全年完成 5 万吨左右。

呼和浩特机场，预计 2023 年全年货邮吞吐量可超过 4.78 万吨。截至 2023 年 12 月 28 日货邮吞吐量突破 4.63 万吨，已超过 2019 年全年货邮吞吐量水平。

鄂尔多斯机场，2023 年完成货邮吞吐量 1.19 万吨。

来源：靠谱空运

（五）上海机场 2023 年货邮吞吐预计同比增长 14.6%

2023 年以来，上海机场已保障跨境电商货物运输 35 万吨，同比增长 260%；2023 全年，上海浦东、虹桥两大机场预计完成货邮吞吐量 380 万吨，同比增长 14.6%，继续巩固上海的航空货量全球第 3 排名。

目前共有 40 家全货运航司在上海机场运营。据悉，随着 2023 年航空市场的有序恢复，上海机场积极复航加密欧美市场洲际干线、构建亚洲空中快线、拓展“一带一路”国家地区航线，新引进了货运航司 3 家，新增全货机航点 3 个，目前共有 40 家全货运航司在上海机场运营，全货运航线网络覆盖全球 58 个航点。在优化营商环境方面，上海机场联合海关优化进口货物通关时间，通关时间已从 2022 年的 66 小时压缩至 45 小时以下。上海机场还开发上线数字化运行平台“空运通”，首次在国内机场实现了空运信息全链路贯通，并同步推进智能货站建设等重点项目，加大多式联运分析研究和协调推进力度，开展两场航空货物地面安保驳运业务，提升航空货物中转时效。

来源：百度

第五篇 行业物流

一、汽车物流

汽车物流是物流领域的重要组成部分，具有与其他物流种类所不同的特点，是一种复杂程度极高的物流活动。随着中国汽车工业的飞速发展，在成本控制变得越来越重要的今天，汽车物流的成本控制也日益成为人们关注的焦点，通过资源概述整合来降低物流成本已经成为汽车企业所必须面对和亟待解决的问题。

汽车物流是集现代运输、仓储、保管、搬运、包装、产品流通及物流信息于一体的综合性管理，是沟通原材料供应商、生产厂商、批发商、零售商、物流公司及最终用户的桥梁，是商品从生产到消费各个流通环节的有机结合。

2023 年中国专用汽车行业市场情况：物流运输领域车辆比重不断提升。

2022 年我国专用汽车产量约为 309.52 万辆，同比增长 11.5%；需求量约为 307.14 万辆，同比增长 11.4%。从产量结构方面来看，半挂车产量占比最高的细分品种，为 36.2%，其次为厢式车，产量占比为 22.6%。

概述

专用汽车是相对于普通汽车而言，一般是指是为了承担专门的运输（货物或人员）或作业任务，装有专用设备或经过特殊改装，从事专门运输或专门作业的具备专用功能的车辆。根据国家标准，专用汽车可分为厢式汽车、罐式汽车、专用自卸车、仓栅式汽车、起重举升汽车、特种结构汽车。

表 5–1 专用汽车的分类及相关介绍

种类	相关介绍
厢式汽车	装备有专用设备，具有独立的封闭结构车厢（可与驾驶室联成一体）的专用汽车。厢式汽车分为厢式专用运输汽车、厢式专用作业汽车
罐式汽车	装备有罐状容器，用于运输或完成特定作业任务的专用汽车。罐式汽车分为罐式专用运输汽车、罐式专用作业汽车
专用自卸车	装备有液压举升机构，能将车箱（罐体）卸下或使车箱（罐体）倾斜一定角度，货物依靠自重能自行卸下或者水平推挤卸料的专用汽车。专用自卸汽车分为专用自卸运输汽车、专用自卸作业汽车
仓栅式汽车	装备有专用装置，具有仓笼式或栅栏式结构车厢的专用汽车。仓栅式汽车分为仓栅式专用运输汽车、仓棚式专用作业汽车
起重举升汽车	装备有起重设备或可升降作业台（斗）的专用汽车。起重举升汽车分为起重举升专用运输汽车，起重举升专用作业汽车
特种结构汽车	装备有专用装置，具有桁架形结构、平板结构等各种特殊结构，用于承担专项运输或专项作业的专用汽车。特种结构汽车分为特种结构专用运输汽车、特种结构专用作业汽车

行业政策

近来，国家持续加大对专用车行业支持力度，推动专用车制造产业升级和结构调整。例如，2021年发布的《免征车辆购置税的设有固定装置的非运输专用作业车辆目录》，达到了提升税收治理能力和服务市场主体的目的，一定程度上推动了专用车及相关行业进行高水平高效率发展和升级。

表 5-2 中国专用汽车行业部分相关政策

时间	政策	重点内容
2021 年	《免征车辆购置税的设有固定装置的非运输专用作业车辆目录》（第二批）	规定了设有固定装置的非运输专用作业车辆的管理新机制：税务总局、工业和信息化部委托工业和信息化部装备工业发展中心对申请人提交的列入《免征车辆购置税的设有固定装置的非运输专用作业车辆目录》的申请组织技术审查，并将通过审查的车型列入目录
2021 年	《道路运输达标车辆核查工作规范》	调整了适用范围，增加了挂车这一项核查要求并且明确了城市公共汽电车、出租汽车、机动车驾驶培训教练车、从事普通货物经营的总质量 4500 千克及以下普通货运车辆这几类车型不需进行核查
2020 年	《专用汽车行业"十四五"专项发展规划》	主要围绕专用汽车行业高质量发展展开，以推动行业技术进步，促进行业产品升级为目标，充分利用中国汽车工业体系完整、综合实力持续增长的优势，围绕数字化与智能化主题思路，在产业发展新格局下，重点规划行业发展方向及路径，以实现专用汽车行业高质量、健康可持续发展
2020 年	《关于设有固定装置的非运输专用作业车辆免征车辆购置税有关政策的公告》	规定免征车辆购置税的设有固定装置的非运输专用作业车辆，通过发布《免征车辆购置税的设有固定装置的非运输专用作业车辆目录》实施管理

产业链

专用汽车行业产业链上游为原材料及零部件供应环节，主要包括钢材、铝材、橡胶、玻璃等原材料及发动机、变速箱、仪表盘、轮胎等零部件；中游为专用车生产供应环节；下游主要应用于物流运输、工程建设、城市养护、医疗救护、抗险救灾、牲畜运输等领域。

表 5-3 专用汽车行业产业链

	相关内容
上游	原材料：钢材、铝材、橡胶、玻璃等；零部件：发动机、变速箱、仪表盘、轮胎等
中游	用汽车生产供应
下游	物流运输、工程建设、城市养护、医疗救护、抗险救灾、牲畜运输等

钢铁是国民经济的中流砥柱，是国家的命脉，是国家生存和发展的物质保障。钢铁工业是国民经济的重要基础产业，是国家经济水平和综合国力的重要标志，而钢材是我国钢铁行业主要产品之一。随着国际产业的转移和我国国民经济的快速发展，我国钢铁工业取得了巨大成就，钢材产量也随之不断增加。据资料显示，2022 年我国钢材产量达 134033.5 万吨，同比增长 0.3%。

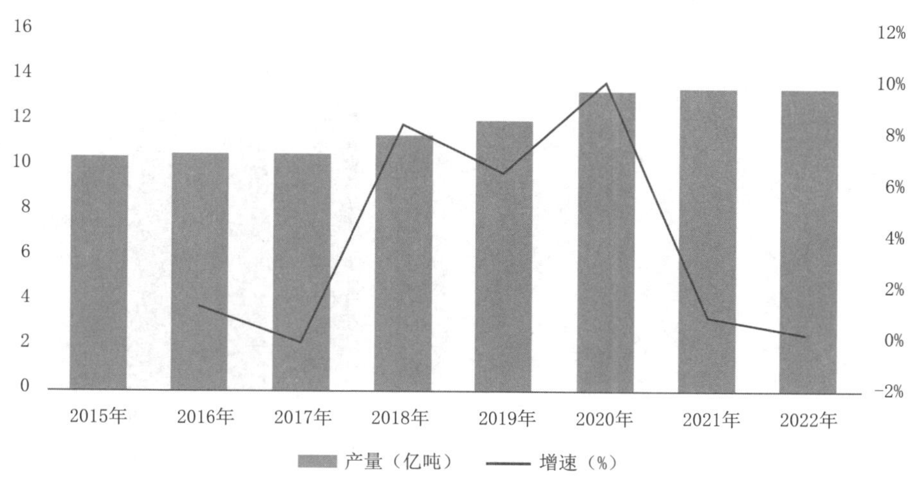

图 5-1 2015-2022 年中国钢材产量及增速情况

发展现状

专用汽车作业能有效地提高汽车运输效率、减少劳动消耗、降低作业成本，同时，高技术和高附加值的专用汽车在提高产值、利润和节约外汇方面都有着极其重要的作用。随着我国经济不断发展，城镇化进程不断加快，我国运输、基建等行业得到快速发展，其对相关专用车的需求也不断增加，带动了我国专用车行业的发展。据资料显示，2022 年我国专用汽车产量约为 309. 52 万辆，同比增长 11. 5%；需求量约为 307. 14 万辆，同比增长 11. 4%。从产量结构方面来看，半挂车产量占比最高的细分品种，为 36. 2%，其次为厢式车，产量占比为 22. 6%。

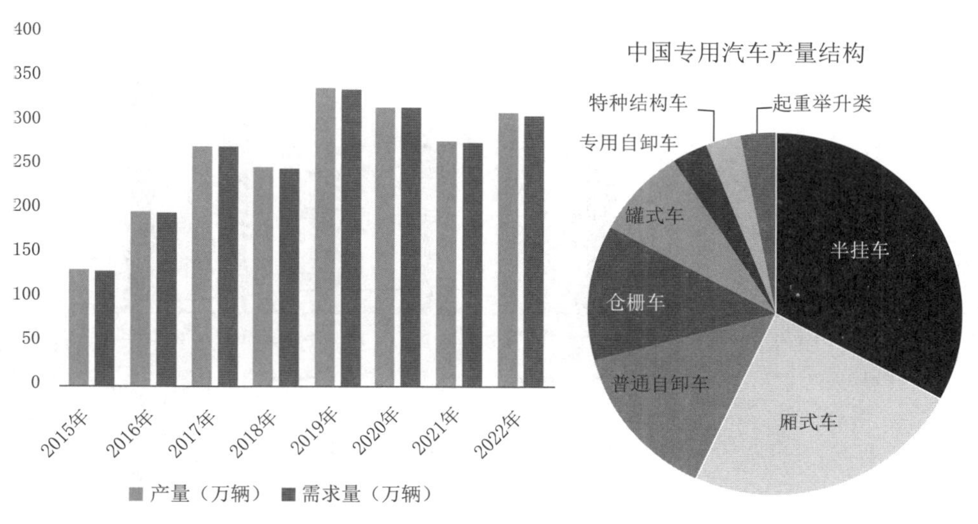

图 5-2 2015-2022 年中国专用汽车行业供需情况

从行业市场规模方面来看，随着我国专用汽车行业的快速发展和下游需求的增长，近年来我国专用汽车行业市场规模呈波动上升的趋势。相关资料显示，2022 年我国专用汽车行业市场规模约为 4170. 96 亿元，同比增长 10. 9%。

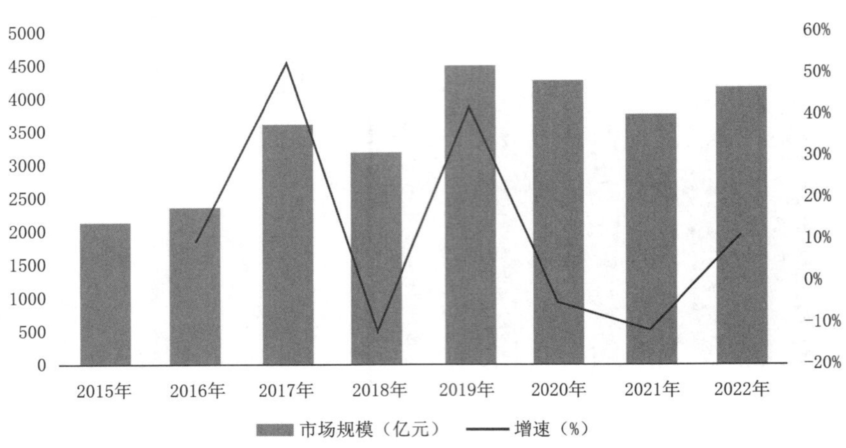

图 5-3 2015-2022 年中国专用汽车行业市场规模情况

相关报告：智研咨询发布的《中国专用汽车行业竞争格局分析及投资发展研究报告》。

我国专用汽车行业主要以出口贸易为主，出口规模远大于进口规模。随着我国专用汽车行业的发展，近年来我国专用汽车出口规模整体呈波动上升的趋势。据资料显示，2022 年我国专用汽车出口量为 23914 辆，同比增长 36.6%，出口金额为 20.19 亿美元，同比增长 51.6%；进口量为 152 辆，同比下降 19.6%，进口金额为 0.82 亿美元，同比下降 40.1%。

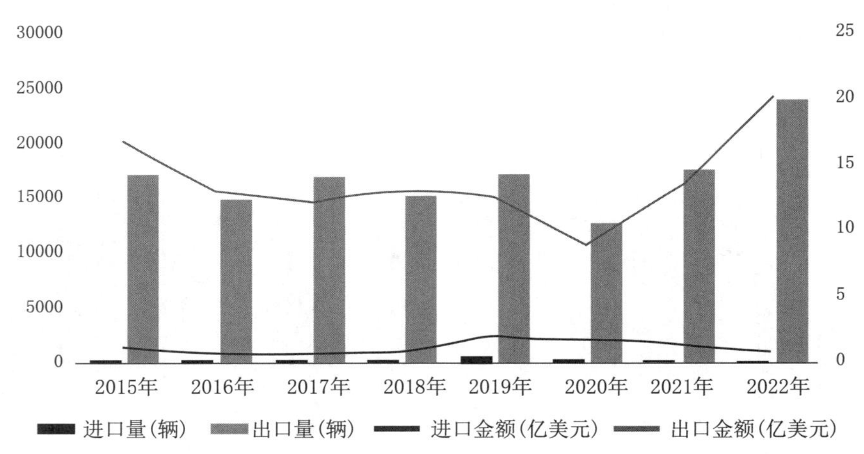

图 5-4 2015-2022 年中国专用汽车进出口贸易情况

重点企业

中集车辆是全球领先的半挂车与专用车高端制造企业，中国道路运输装备高质量发展的先行者，新能源专用车领域的探索创新者，持续深化“跨洋经营，当地制造”的经营理念，建设渗透全球四大市场的六大业务或集团，旗下的混凝土搅拌车连续 6 年在中国销量第一，罐式半挂车保持市场领先地位，在新能源专用车领域，本公司顺应电动化与智能化的趋势，开启探索创新之路，生产与销售新能源轻量化城市渣土车、纯电动矿卡、充电与换电型混凝土搅拌车、新能源冷藏厢式车等创新产品，开拓新能源和自动驾驶场景下的创新商业模式，占据在新能源专用车市场上的发展先机。资料显示，2022 年中集车辆业务营收为 236.21 亿元，同比下降 14.57%，毛利率为 13.28%。

发展趋势

智能制造转型步伐加快。目前，全球制造业已经进入转型升级、变革重构的新时代。而在本轮变革过程中，作为制造业的集大成者，汽车制造产业首当其冲。汽车制造业将加快推动新一代信息技术与制造技术融合发展，把智能制造作为工业化、信息化两化深度融合的主攻方向，充分利用智能装备和智能产品，推进生产过程智能化，培育新型生产方式，全面提升企业研发、生产、管理和服务的智能化水平。虽然专用车制造行业相较于乘用车制造业起步较晚，但新一轮制造业革命将驱动行业快速升级，缩短与乘用车先进制造水平的差距。

物流运输领域车辆比重不断提升。伴随国家战略转型专用车行业产品类型占比也随之变化，公路运输类专用车产品伴随物流业的发展及城镇化建设的需求呈稳步增长态势，其中占比较大的厢式车产品仍保持逐年上升态势，冷链物流厢式车，复合板厢式车成为行业新星。而作业服务类产品随着国家经济总量的提升，国民生活水平的逐步提高对市政环卫产品产生了极大的促进发展动力，环卫清扫车，垃圾车和其他市政环卫产品得到了很大的发展。物流类专用车产品近年来随着电商平台的带动作用已经成为行业的主力。

来源：智研咨询

（一）2023 年上海市集装箱运输行业企业市场现状及竞争格局分析

目前，上海市集装箱运输企业总数超过 200 家。

1. 近几年上海新注册集装箱运输企业数量较少

根据中国企业数据库企查猫，目前上海市集装箱运输行业的注册企业超过 200 家，近几年新注册企业数量较少，2022 年上海市集装箱运输企业注册数量仅有 7 家。

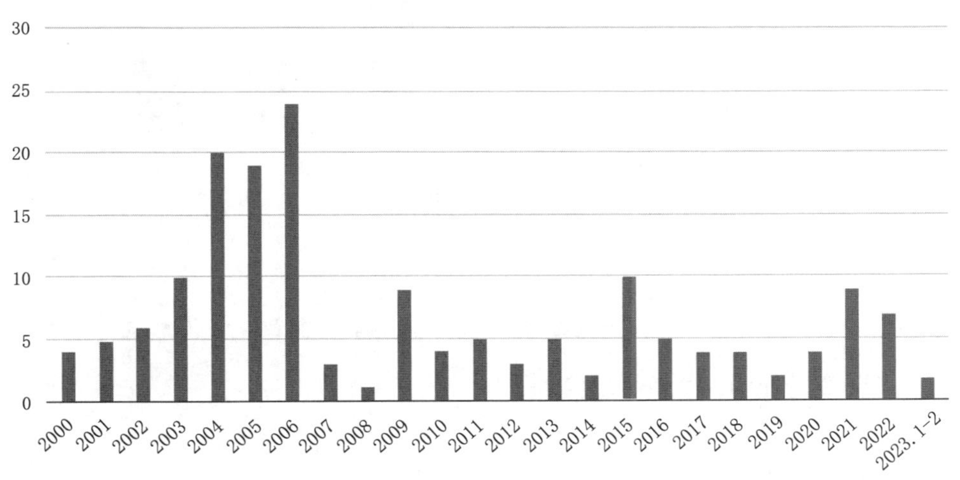

图 5-5 2000—2023 年上海集装箱运输企业注册数量（单位：家）

2. 上海市集装箱运输行业注销企业占比 20% 以上

根据中国企业数据库企查猫，目前上海市集装箱运输行业的存续企业超过 140 家，占总企业数的 70% 以上；注销企业数量占企业总数的 20% 以上；吊销企业数占比在 10% 以下。

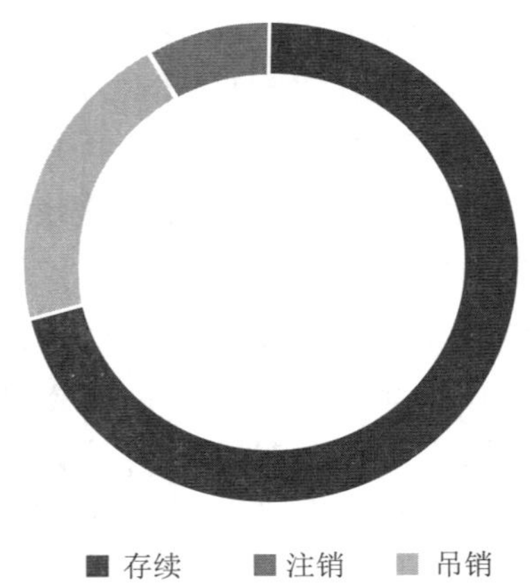

图 5-6 截至 2023 年 2 月上海集装箱运输企业经营状态分布（单位：家，%）

3. 上海市集装箱运输企业注册资本在 500 万以上的数量占比超 70%

根据中国企业数据库企查猫，目前上海集装箱运输企业的注册资本主要分布在 500 万—1000 万之间，相关企业数量超过 80 家；其次为 5000 万以上的企业，相关企业数量超过 30 家。从整体来看，中国集装箱运输企业注册资本在 500 万以上的企业超过 70%。

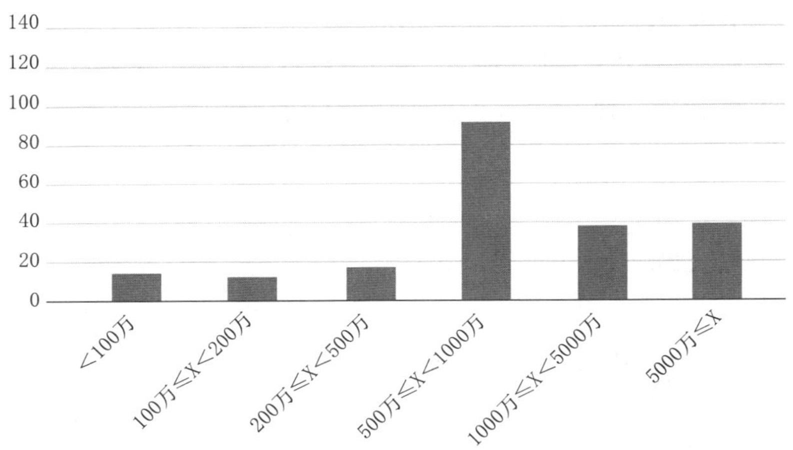

图 5-7 截至 2023 年 2 月上海集装箱运输企业注册资本分布（单位：家）

注：已将以美元和港元的注册资本转换为人民币。

4. 上海市集装箱运输企业主要注册在浦东新区等地

根据中国企业数据库企查猫，目前上海集装箱运输企业主要分布在浦东新区、虹口区等地，截至 2023 年 2 月，浦东新区注册的集装箱运输相关企业数量超过 50 家，虹口区超过 40 家，黄浦区超过 110 家，徐汇区 4 家，长宁区 10 家，普陀区 1 家，静安区 12 家，杨浦区 4 家，闵行区 11 家，嘉定区 5 家，宝山区 12 家，奉贤区 16 家，金山区 3 家，松江区 2 家，青浦区 3 家，崇明区 7 家（数据来源：企查猫 前瞻产业研究院）。

5. 上海市集装箱运输企业平均注册资本区域分布：

浦东新区的集装箱运输企业平均注册资本最高。

根据中国企业数据库企查猫，目前在上海集装箱运输企业的平均注册资本区域分布中，浦东新区相关企业的平均注册资本最高，超过6亿元，其次是虹口区集装箱运输企业平均注册资金超过5亿元。

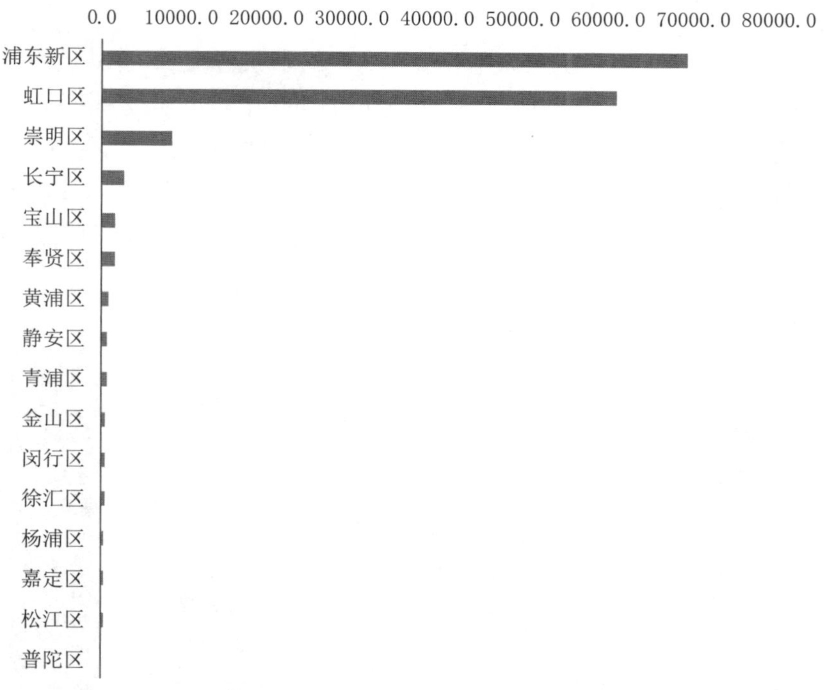

图 5-8 截至 2023 年 2 月上海集装箱运输企业平均注册资本区域分布（单位：万元）

6. 上海市集装箱运输企业主要为有限责任企业等

根据中国企业数据库企查猫，目前上海市存续和在业的集装箱运输企业超过140家，以有限责任公司类型为主，目前共有超过120家，其次为独资企业超过60家。

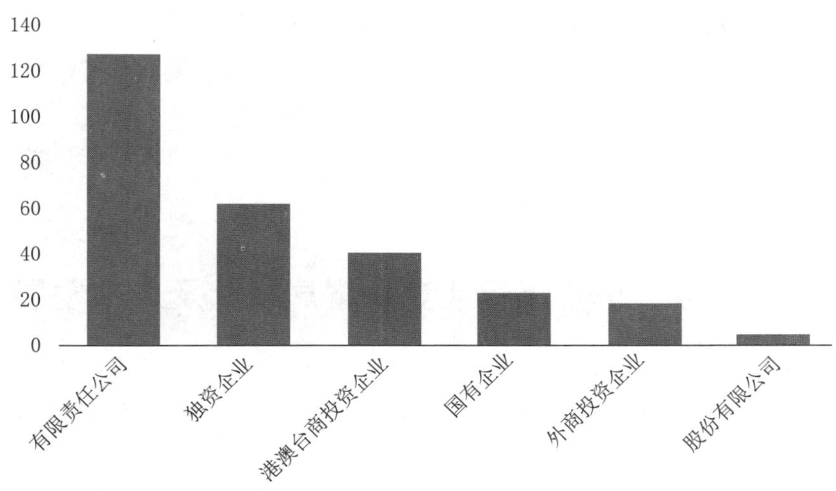

图 5-9 截至 2023 年 2 月上海集装箱运输企业类型分布（单位：家）

注：上述企业为存续和在业企业；上述统计未剔除重复值，同一个企业可以同为有限责任公司

和独资企业。

7. 上海市集装箱运输企业融资信息较少

根据中国企业数据库企查猫，目前上海市集装箱运输行业存续和在业的企业超过140家，其中仅有1家企业有定向增发融资信息。

8. 上海市集装箱运输企业主要在A股和港股上市

根据中国企业数据库企查猫，目前上海市存续和在业的企业超过140家，其中绝大部分未上市，总体来看，集装箱运输企业的上市率不超过3%。在上市的企业中，以A股和港股企业为主。

9. 上海市集装箱运输企业中拥有实用新型专利的企业相对较多

根据中国企业数据库企查猫，目前上海市存续和在业的集装箱运输企业中，共有9家企业有专利信息，5家企业有软件著作权。在专利信息中，集装箱运输企业以实用新型专利为主。

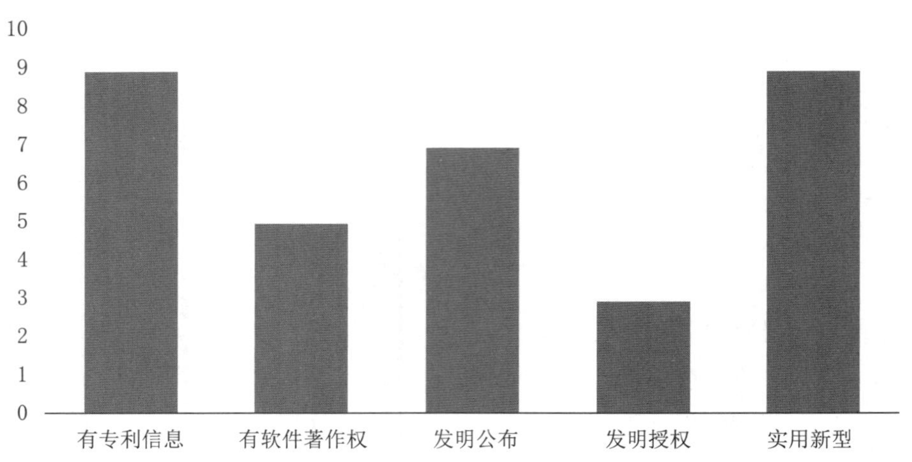

图5-10 截至2023年2月上海集装箱运输企业专利信息情况（单位：家）

注：上述企业为存续和在业的企业；上述统计未剔除重复值，同一个企业可以同时拥有多种专利信息和软件著作权。

10. 上海市集装箱运输企业中风险以裁判文书和行政处罚为主

根据中国企业数据库企查猫，目前上海市存续和在业的集装箱运输企业中，超过70家企业有裁判文书，20家企业有行政处罚等。

来源：企查猫 前瞻产业研究院

（二）2023年中国汽车物流行业竞争格局现状及未来发展趋势分析

1. 物流行业竞争格局分析：物流行业属于充分竞争行业，不存在行业准入制度及行政审批障碍，整体市场化程度较高。为满足客户供应链管理需求而提供综合物流服务的第三方合同物流市场竞争格局较为分散。

同时，由于物流企业自身定位不同，竞争的差异化也较为显著。国内物流市场上，绝大多数企业目前只能提供仓储、运输等较为传统的物流服务，该类业务的市场进入门槛低，市场竞争较为激烈。而能够提供综合一体化物流的企业能够整合传统物流企业具备的运力资源、仓储资源、港口服务资源等基础服务功能，为特定行业的客户提供与其生产环节配合度高，具有一定的资源规划、整合和物流综合管理能力，为客户创造更大的价值，因而这类企业的竞争门槛较高。

根据中物联的划分标准，从服务对象的行业角度来看，合同物流可以被大致分为制造业物流、钢铁行业物流、汽车行业物流、冷链物流、电子商务物流、医药行业物流、粮食物流、危化品物流等。由于制造业物流具有一般性，故把制造业物流视作通用型物流，而把其他各类视作专用型。

2. 行业竞争现状分析：物流业与制造业的两业联动是实现第三方物流企业实施全程供应链一体化管理的有效途径。两业联动是指制造业企业和物流企业相互介入对方企业的管理、组织、计划、运作和控制等过程，共同追求资源集约化经营和企业整体优化的协同合作。实践中主要体现为制造业企业物流业务的整体分离外包、物流企业参与制造业企业业务流程改造等形式。上述过程需要物流企业能够深入制造业企业除研发和生产以外的业务流程的各环节，主要包括原材料物流、生产物流、成品物流和逆向物流等环节，进行上下游供应链一体化管理，通过整体规划发挥供应链各环节的集成、协同作用，利用信息化工具保证制造业企业产、供、销各环节物资调配实现 JIT，从而压缩了供应链各环节各种不必要的资源占用，减少物流成本，优化制造业企业库存管理，实现制造业和物流业的效益共赢。

通过供应链一体化管理，能够大大减少产品在各工艺阶段、工序间的停滞和流动时间，使生产系统环节衔接流畅，可以保证生产制造的连续性，缩短生产周期；通过电子数据交换（EDI）、准时生产制（JIT）、配送需求计划（DRP）等先进物流技术，可降低库存量，直接减少流动资金占用；通过优质物流服务，可降低物料流转损耗，保证产品质量。通过物流改造、整合降低企业综合成本，增加企业利润。因此，产业联动是制造业和物流业发展的必然趋势。

制造业物流对于物流企业整合资源的能力要求较高，需要满足更为复杂的物流要求，竞争门槛相对较高，同时由于制造业物流尚处于发展上升期，需求增量很大，制造业物流企业主要共同争取市场增量空间，存量竞争情况相对缓和。

目前，汽车物流的市场参与者主要包括以下三类。

其一，表现为汽车主机厂下属的汽车物流企业。包括上汽集团旗下的安吉物流，一汽集团旗下的一汽物流，长安汽车旗下的长安民生、北汽集团旗下的中都物流等。该类物流公司主要以承运其主机厂内部业务为主，该类市场由于依托主机厂的订单优势，外部进入壁垒非常高。

其二，表现为独立的汽车综合型物流企业，该类型物流企业不依附于汽车主机厂，依托其物流网络服务于多家汽车主机厂，为其提供第三方物流服务。该类市场由于其服务网络，进入壁垒比较高。

其三，表现为大量的汽车运输型物流企业。该类型企业数量庞大主要依托于前两类大型汽车物流企业，为其提供运输型物流服务。该类市场进入壁垒较低，属于竞争市场。汽车行业物流主要企业如表 5-4 所示。

表 5-4 汽车行业物流主要企业

模式	代表企业	所属集团	客户业源
汽车主机厂下属物流企业	安吉物流	上汽集团	以承运上汽集团内部业务为主
	一汽物流	一汽集团	以承运一汽集团内部业务为主
	长安民生	长安汽车	以承运长安汽车内部业务为主
	中都物流	北汽集团	以承接北汽集团内部业务为主

续表

模式	代表企业	所属集团	客户业源
独立汽车综合型物流企业	长久物流	长久集团	服务多家汽车主机厂，为其提供第三方整车物流服务
	原尚股份	/	服务多家汽车主机厂，为其提供第三方零部件物流服务
	世盟股份	/	服务奔驰系客户及北京现代，为其提供第三方零部件物流服务
汽车运输型物流企业	中小运输企业，以整车运输为主	/	为上述两类汽车物流企业提供运输型物流服务

前述三类物流企业中，第一类属于汽车制造企业背景物流企业在获取业务资源方面有先天优势。这类物流企业依附于所属主机厂，并因此肩负该主机厂物流任务的责任，能够获得稳定的订单来源且形成规模。但鉴于与主机厂的依存关系，对外扩展客户能力有限。第二类属于第三方物流企业，进入行业较早，在长期的竞争发展中，形成具有成本优势的运输路线和服务区域，具有一定的资源整合和物流综合管理能力。既可以直接承接主机厂的物流服务，还可以承接其下属物流企业的外包服务，发行人属于此类物流企业。第三类一般规模较小，绝大多数仅能提供单一的仓储、运输等较为传统的物流服务，与前两类物流企业不构成较大的竞争，主要承接前两类物流企业的业务，提供相应的物流辅助服务。

3. 物流行业未来发展趋势

（1）物流企业向高质量发展转型：随着我国经济发展进入新常态，物流业作为重要的服务产业，将面临从追求规模增长向追求质量效益提升的转变，目前，物流行业经过改革开放以来的发展，已具备了一定的规模与现代化基础，但与美国、日本等物流发展较为成熟的国家相比，仍存在着不小的差距，未来提升与发展的空间较大。未来，做优存量、推动行业提质增效的要求使得信息化、智能化、平台化、一体化、自动化成为现代物流行业发展的主要趋势。物流企业如想在未来仍能够维持足够的利润水平及市场竞争力，不仅要保证基本的物流运输能力，更要提高服务质量，未来物流企业竞争力的体现将从运输能力转向更高质的服务。

（2）第三方物流市场空间持续释放：在需求端，对于制造企业来讲，其核心业务为产品的生产加工及新产品研发等，物流业务属于非核心业务。为将更多资源集中于核心业务，避免因设备、仓库、人员等物流要素的投入而降低管理运作效率和资源利用效益，越来越多的制造企业将其物流业务外包给专业的物流公司，给物流行业带来了更大的发展空间。

在物流业快速发展之际，我国主要物流基础设施取得了显著的进步，公路铁路和民用航空交通网络呈逐渐延展之势，物流业基础设施的不断完善，为第三方物流行业发展提供了充足动力，《交通强国建设纲要》出台后，对于建设发达的快速网、完善的干线网、广泛的基础网，城乡区域交通协调发展提出了更高的要求。同时，物流行业政策支持力度不减，《关于进一步降低物流成本的实施意见》《交通运输部关于服务构建新发展格局的指导意见》等政策文件对于推动物流组织模式创新、规范网络货运发展提供了指导和支持，为第三方物流的发展提供动力。

（3）物流服务向供应链两端延伸成为趋势：随着物流行业发展，物流服务不断向供应链两端延伸，逐渐与制造业建立深度合作。物流企业从最初只承担单一的第三方物流，到承担客户物流供应链的整体组织，进一步逐步拓展到全面介入企业的生产、销售阶段，并通过整合供应链上下游信息，优化企业各阶段的产销决策，物流企业专业化服务水平和效益显著提高。在国家政策的鼓励和引导下，更多物流企业向提供供应链服务的方向延伸发展。

（4）物流企业间的资源整合和战略合作需求凸显：同时，近年来受到日益上升的劳动力、土地租金等方面压力的影响，以制造业企业为主的各类企业纷纷向西部地区及东南亚地区转移，企业布局更加分散。

这种趋势导致企业生产环节物流供应链加长，销售环节中物流配送复杂度增加。生产基地与消费市场的分散将使目前多数企业采用的“多点对多点”式运输返程空车行驶情况更加严重，造成极大的效率损失，未来大范围物流资源整合成为必然趋势。目前部分有实力的大型企业已经开始建设枢纽性基地，逐渐向“干线运输，支线分拨”的模式转型，即通过建设区域物流运营中心，扩展业务规模和服务范围，加强区域间的联动，构建与地区区域经济、产业体系、物流需求以及区位交通优势相适应的物流服务体系；在基地之间配合生产厂商的需求，通过干线运输集中转移，区域内再分别配送，显著提高物流效率。

（5）行业信息化管理水平继续提升：随着通信、计算机软件等信息技术的发展和广泛应用，以及物联网、互联网，特别是移动互联网的日益普及，信息化成为推动物流业发展的力量。通过信息化，形 成有效的供应链作业，增强企业对市场的快速反应能力和竞争力。现代物流业必须依托于信息技术的支撑，才能实现业务经营模式的优化创新以及提升行业服务水平。因此，通过搭建功能层次分明与高效协同的信息技术系统为客户提供多层次的、快捷的现代物流服务，是行业发展的必然趋势。

来源：中金企信咨询中心

二、医药物流

（一）2023 年医药物流行业发展趋势及市场现状分析

目前，我国医药物流产业链上游药品供应的代表性企业有云南白药、哈药集团、北京同仁堂等；产业链中游药品物流代表性企业有国药集团、上海医药、九州通等；产业链下游药品消费终端主要有海王星辰、老百姓大药房以及北京协和医院等。从企业配送范围来看，大部分企业配送范围较小，可大范围全国配送的企业数量占比较小，占比仅有 2.7%；自运配送范围在省级及以下的企业占比达 81.5%。

数据显示，全国医药物流直报企业（452 家）配送货值 17459 亿元，共拥有 1170 个物流中心，仓库面积约 1222 万平方米，其中常温库占 40.3%、阴凉库占 57.8%、冷库占 1.9%；拥有专业运输车辆 16148 辆，其中冷藏车占 16.8%、特殊药品专用车占 1.6%。自运配送范围在省级及以下的企业数量占 81.5%。

此外，我国大健康市场早已跃居成为全球第二大市场。有数据预计，今年我国大健康市场规模可达 8 万亿元，增长幅度为 8.1%。到 2023 年，我国大健康产业规模将超过 14 万亿元。

全国七大类医药商品的销售总额达到了 2.4 万亿元。预计 2025 年，中国医药市场行业规模将超过 5.3 万亿元。与此同时，医药物流总费用逐年上升，增速也在 10% 以上。2020 年我国医药物流总费用为 795 亿元。

我国医药物流行业仍处于发展初期，但人口老龄化程度加深、民众健康意识的提升以及疫情下催生的大量疫苗需求将驱动医药冷链需求增长。另外温控技术的提升及行业政策规范有望增强冷链物流的标准化程度，提升医药物流行业发展水平。

国家统计局数据显示，2019 年前三季度，医药制造业营业收入为 18184.2 亿元，同比增长 8.4%。医药物流市场方面 2016 年我国医药物流费用超 2963 亿元，到 2020 年将达到 4100 亿元。

流通领域行业集中度持续提高，数据显示，2018 年国药、上药、华润、九州通 4 家全国龙头企业主营业务收入占同期全国医药市场总规模的 39.1%，较 2017 年增长将近 5 个百分点。随着医药物流市场的逐步开放，市场竞争会持续加剧，药企物流（资源优势）、全网物流（网络及运营能力出色）及电商物流（流量优势）将会是未来市场的主要参与者。

中国医药物流行业发展时间不长，尽管行业集成度较高，但在技术应用、运输效率等方面仍存在很多不足，在物流自动化及信息化技术方面，仅有 51.7% 的企业具有仓库管理系统，34.9% 的企业具有电子标签拣选系统，29.1% 的企业具有射频识别设备。

中国医药电商直报企业销售总额自 2015 年开始迅速增长，2019 年中国医药电商直报企业销售总额突破 1000 亿元，2021 年将接近 1400 亿元。行业人士分析，中国医药电商直报企业销售额将以约 17% 的年均复合增长率保持增长，医药电商物流需求随之水涨船高。由于药品的特殊性，大部分医药电商对于物流配送环节望而却步。专业医药物流公司九州通透露：公司的物流配送方式有三种，一是商城配送，二是平台自有物流团队配送，三是第三方专业物流。

2021 年 7 月 30 日，商务部发布的《2020 年全国药品流通行业运行统计分析报告》显示，2020

年全国医药物流直报企业（452家）配送货值17459亿元，共拥有1170个物流中心，仓库面积约1222万平方米，其中常温库占40.3%、阴凉库占57.8%、冷库占1.9%；拥有专业运输车辆16148辆，其中冷藏车占16.8%、特殊药品专用车占1.6%。自运配送范围在省级及以下的企业数量占81.5%。

2020年全国七大类医药商品的销售总额达到了2.4万亿元。预计2025年，中国医药市场行业规模将超过5.3万亿元。与此同时，医药物流总费用逐年上升，增速也在10%以上。2020年我国医药物流总费用为795亿元。此外，我国大健康市场早已跃居成为全球第二大市场。有数据预计，2023年我国大健康市场规模可达8万亿元，增长幅度为8.1%。到2023年，我国大健康产业规模将超过14万亿元。

目前，中国的医药物流企业主要包括大型药企的下属物流公司、专攻医药行业的物流公司、传统综合物流公司，以及电商平台的物流公司，准入门槛相对较高。

从企业配送范围来看，大部分企业配送范围较小，可大范围全国配送的企业数量占比较小，占比仅有2.7%；自运配送范围在省级及以下的企业占比达81.5%。

中国医药物流行业发展时间不长，尽管行业集成度较高，但在技术应用、运输效率等方面仍存在很多不足，在物流自动化及信息化技术方面，仅有51.7%的企业具有仓库管理系统，34.9%的企业具有电子标签拣选系统，29.1%的企业具有射频识别设备。

目前，中国的医药物流企业主要包括大型药企的下属物流公司、专攻医药行业的物流公司、传统综合物流公司，以及电商平台的物流公司，准入门槛相对较高。

随着医改和医药流通体制改革的不断深入，我国药品流通行业发展势头良好，市场规模稳步增长，流通模式正在逐步变革。在此过程中，物流之于医药流通的重要性逐渐凸显：一方面，各大医药生产、流通企业纷纷加大物流网络的布局和物流现代化建设力度；另一方面，物流行业跨界融合重构的趋势愈来愈明显，诸如铁路、航空、邮政、顺丰等社会运输和物流企业纷纷参与医药物流和分销业务。尤其是国务院取消从事第三方药品物流业务的行政审批，加速了社会化第三方物流企业进入医药物流领域。政策及产业层面的变化给传统医药物流行业带来巨大的挑战和机遇。

随着医药物流行业竞争的不断加剧，大型企业间并购整合与资本运作日趋频繁，国内外优秀的医药物流企业愈来愈重视对行业市场的分析研究，特别是对当前市场环境和客户需求趋势变化的深入研究，以期提前占领市场，取得先发优势。正因为如此，一大批优秀品牌迅速崛起，逐渐成为行业中的翘楚。中研普华利用多种独创的信息处理技术，对医药物流行业市场海量的数据进行采集、整理、加工、分析、传递，为客户提供一揽子信息解决方案和咨询服务，最大限度地降低客户投资风险与经营成本，把握投资机遇，提高企业竞争力。

本报告利用中研普华长期对医药物流行业市场跟踪搜集的一手市场数据，同时依据国家统计局、国家商务部、国家发改委、国务院发展研究中心、行业协会、中国行业研究网、全国及海外专业研究机构提供的大量权威资料，采用与国际同步的科学分析模型，有助于读者全面、准确地把握整个医药物流行业的市场走向和发展趋势。

来源：互联网

（二）2023年医药物流行业现状与发展趋势

1.医药物流模式

医药物流依托一定的物流设备、信息技术和营销管理系统有效整合药品生产、销售网络中的上下游资源，通过优化药品供销配送环节的验收、储存、分拣、配送等作业过程，提高订单处理能力，减少库存和缩短配送时间，降低流通成本，提高服务水平和资金使用效益，实现的自动化、信息化和效益化。在医药物流产业链上，主要涉及行业供应企业、医药物流企业和药品消费终端。其中上游环节主要包括药品生产以及商贸企业；中游环节为药品的流通环节，主要为药品物流企业，可以分为附属于药品集团的内部子公司和第三方物流企业；医药消费终端是指药品的使用者，主要包括全国各级医院、基层医疗机构、零售药店等。

医药物流模式可分为终端医院主导型、商贸企业主导型与第三方物流主导型三种。终端医院主导型是指由终端医院直接与生产企业或者商贸企业签订采购合同，并由其自身或者委托第三方物流企业进行配送服务。这种模式可以减少中间环节，降低成本，提高效率，但也需要医院具备较强的采购能力和物流管理能力。商贸企业主导型是指由商贸企业作为中间商，在生产企业和终端医院之间进行货权转移，并提供配送服务。这种模式可以利用商贸企业的规模优势和专业能力，提高服务水平和市场占有率，但也会增加中间环节，提高成本。第三方物流主导型是指由专业的第三方物流企业作为服务商，在生产企业和终端医院之间进行无货权转移的配送服务。这种模式可以充分发挥第三方物流企业的专业优势和技术优势，提供定制化和多元化的服务，但也需要第三方物流企业具备较强的资金实力和风险承担能力。

2. 医药物流行业竞争格局

国内医药物流企业主要分为制药企业物流子公司、医药商贸企业物流子公司、专业第三方医药物流企业和其他社会物流企业。医药“两票制”（即指药品生产企业到流通企业开一次发票，药品流通企业到医疗机构开一次发票，压缩流通环节）的推行使得医药供应链链条缩短，链条节点上的医药生产、医药流通、终端结合更加紧密，规模性生产企业拥有更强优势，部分传统流通配送企业向供应链服务商转型，产业园区聚集效应更加明显，药品配送效率大大提高，医疗服务水平得到提升，供应链扁平化趋势显著，医药物流呈现去中心化的发展趋势。

目前，我国医药物流企业基本形成辐射全国、辐射部分省市和辐射单一省市三大梯度。其中，上海医药、华润医药、国药控股、瑞康医药、九州通的物流配送网络基本辐射全国大部分地区，行业竞争优势明显。根据尚普咨询集团的数据显示，2022 年，我国医药物流市场规模达到 2795.3 亿元，其中五大龙头企业的市场占有率接近 60%。这五大龙头企业分别是中国医药、上海医药、华润医药、九州通和国药控股。

3. 医药物流市场需求及预测

随着“两票制”、税收改革、一致性评价等重大医药改革的逐步实施，国家对医药物流行业的规范性和规模也愈加重视，不断出台政策加大监管力度，推动行业规模发展；医药流通行业发展也对医药物流行业提出了更多的需求，医药物流行业处于持续增长阶段。根据尚普咨询集团的数据显示，2021 年中国医药物流总额约为 2795.1 亿元，2022 年中国医药物流总额将到 2988.3 亿元，预计 2023 年全年中国医药物流总额将达到 3195.7 亿元。

4. 医药物流行业发展趋势

医药物流行业的发展趋势主要体现在以下几个方面：

（1）信息化水平不断提高。随着互联网、物联网、大数据、云计算等技术的广泛应用，医药物流行业的信息化水平不断提高，实现了药品的全程可追溯、可监控、可调度，提高了药品的安全性和质量。同时，信息化也促进了医药物流行业的供应链协同，实现了上下游企业的信息共享和资源整合，提高了供应链的效率和效益。

（2）智慧物流模式逐渐成熟。智慧物流是指利用人工智能、机器学习、区块链等技术，通过智能设备、智能仓储、智能配送等方式，实现医药物流的自动化、智能化和优化。智慧物流模式可以降低人力成本，提高运营效率，增强服务质量，满足客户的个性化需求。

（3）绿色物流理念日益深入。绿色物流是指在医药物流过程中，尽可能减少对环境的污染和资源的消耗，实现医药物流的可持续发展。绿色物流理念日益深入，主要体现在以下几个方面：一是采用环保材料和包装方式，减少废弃物的产生；二是优化运输路线和方式，减少能源消耗和排放；三是推广循环利用和回收利用，提高资源利用率。

（4）跨境医药电商迅速发展。跨境医药电商是指通过互联网平台，实现跨国或跨地区的医药产品的在线销售和配送。跨境医药电商迅速发展，主要受益于以下几个因素：一是国家政策的支持和引导，为跨境医药电商提供了法律保障和税收优惠；二是消费者需求的多样化和个性化，为跨境医药电商提供了市场空间和潜力；三是技术创新的推动和驱动，为跨境医药电商提供了技术支撑和服务保障。

5. 建议与展望

医药物流行业作为我国医药产业链中不可或缺的一环，对于保障我国人民群众的健康安全具有重要意义。面对复杂多变的市场环境和日益增长的客户需求，医药物流企业应该抓住机遇，迎接挑战，不断创新发展，提升竞争力。具体而言，建议从以下几个方面着手：

（1）加强规范管理，提高行业标准。医药物流涉及到人民生命健康问题，必须严格遵守相关法律法规和标准规范，确保药品在运输、储存、配送等过程中不受到污染、变质、损坏等影响。同时，也要不断完善和提高医药物流行业的标准体系，建立统一的质量监管和评价机制，提高行业的信誉和形象。

（2）加快信息化建设，提高运营效率。信息化是医药物流行业的核心竞争力，医药物流企业应该加快信息化建设，利用先进的技术手段，实现药品的全程可视化、可追溯、可控制，提高药品的安全性和质量。同时，也要加强与上下游企业的信息交流和协同，实现供应链的优化和整合，提高运营效率和效益。

（3）加大创新投入，提高服务水平。创新是医药物流行业的灵魂，医药物流企业应该加大创新投入，开发新的产品和服务，满足客户的多样化和个性化需求。同时，也要借鉴国内外先进的经验和模式，推广智慧物流、绿色物流、跨境医药电商等新兴领域，提高服务水平和市场占有率。

（4）加强人才培养，提高核心竞争力。人才是医药物流行业的根本，医药物流企业应该加强人才培养，引进和培养一批具有专业知识、技能和素质的医药物流人才，提高核心竞争力。同时，也要建立健全的激励机制和保障机制，激发人才的积极性和创造性，促进人才的成长和发展。

总之，医药物流行业是一个充满机遇和挑战的行业，尚普咨询认为，在未来几年内，医药物流行业将保持稳定增长的态势，并呈现出多元化、智能化、绿色化、国际化等特征。据尚普咨询集团数据显示，预计到2028年，中国医药物流市场规模将达到5000亿元左右。医药物流企业应该抓住发展机遇，迎接市场挑战，不断创新进取，为我国医药产业链的健康发展做出贡献。

来源：尚普咨询集团

（三）上海市药品监督管理局关于印发《上海市药品现代物流指导意见》的通知

沪药监规〔2023〕1 号

各区市场监督管理局、临港新片区市场监督管理局，市药品监督管理局机关各处、稽查局、药审中心：

《上海市药品现代物流指导意见》已经市药品监督管理局 2023 年 3 月 23 日第 6 次局长办公会审议通过，现印发给你们，请遵照执行。

特此通知。

上海市药品监督管理局

2023 年 4 月 6 日

上海市药品现代物流指导意见

第一章 总 则

第一条【目的和依据】为加快上海市药品现代物流发展，优化资源配置，促进药品经营企业规模化、规范化发展，形成高效专业的药品现代物流体系，确保药品供应保障和流通环节药品质量，根据《中华人民共和国药品管理法》《中华人民共和国疫苗管理法》和《药品经营质量管理规范》等法律法规规章，结合本市实际，制订本意见。

第二条【适用范围】本市新开办的药品批发企业和开展受托储存、运输药品业务的药品批发企业，应当符合本意见要求。

从事药品批发活动的境外药品上市许可持有人境内授权代理人委托储存、运输的，受托的药品经营企业应当符合本意见关于受托储存、运输药品的要求。

鼓励本市已开办的药品批发企业逐步实现本意见规定的药品现代物流要求。

第三条【鼓励发展药品现代物流】鼓励药品批发企业配备适合药品储存和实现药品入库验收、传送（分拣）、上架、出库装置等设施设备和独立的计算机信息化管理的物流系统，覆盖企业药品的购进、储存运输、销售各环节经营管理全过程的质量控制和信息追溯，通过降低药品物流运营成本，提高服务能力和水平，实现药品物流管理和作业的规模化、集约化、规范化、信息化、智能化。

第四条【药品追溯责任】新开办的药品批发企业和开展受托储存、运输药品业务的药品批发企业应当按照国家药品监督管理局制定的统一药品追溯标准和规范，建立并实施药品追溯制度，配合上市许可持有人落实药品追溯主体责任。确保经营的药品来源可查，去向可追，责任可究。

第二章　机构与人员

第五条【机构人员总体要求】新开办的药品批发企业（以下简称企业）应当设置与其业务相适应的质量管理、验收养护、物流管理、信息管理等机构或人员，建立完整的符合《药品经营质量管理规范》的管理体系，质量负责人应当充分行使质量管理职能，在企业内部对药品质量具有裁决权，保证药品经营全过程持续符合法定要求。

第六条【主要管理人员从业规定】企业的法定代表人、主要负责人对本企业的药品经营活动全面负责。企业法定代表人、主要负责人和从事药品经营和质量管理工作的人员应当符合《药品经营质量管理规范》规定的资格要求，不得有《中华人民共和国药品管理法》《中华人民共和国疫苗管理法》规定的禁止从事药品生产经营活动的情形。

第七条【人员要求】企业法定代表人、企业负责人、药品质量负责人、质量部门负责人及其他从事药品经营管理的工作人员应当符合《药品经营质量管理规范》，以及下列要求：

（一）企业负责人应当具有大学专科以上学历或者中级以上专业技术职称，经过基本的药学专业知识培训，熟悉有关药品管理的法律法规及本意见；

（二）药品质量负责人应当具有大学本科以上学历、执业药师资格和3年以上药品经营质量管理工作经历，在质量管理工作中具备正确判断和保障实施的能力；

（三）质量部门负责人应当具有执业药师资格和3年以上药品经营质量管理工作经历，能独立解决经营过程中的质量问题；

（四）企业应当对各岗位人员进行与其职责和工作内容相关的岗前培训和继续培训，熟悉《药品管理法》《药品管理法实施条例》等法律法规规章的要求，熟悉药品知识，掌握相应专业技术，符合岗位技能要求；

（五）企业应组织质量管理、验收、养护、储存等直接接触药品岗位的人员进行岗前及年度健康检查，并建立健康档案。

第三章　设施与设备

第八条【设施设备总体要求】企业应当具有符合《药品经营质量管理规范》要求，且与经营范围和药品物流规模相适应的仓储库房、设备及运输车辆，并按要求开展验证和校准，具备承接药品现代物流业务的储存、配送能力。

第九条【仓储设施】企业仓储应当能满足物流规模和作业流程的需要，按照需要设置符合药品质量管理和物流操作的功能区域，具体要求如下：

（一）企业有与药品物流规模相适应的储存条件，仓库储存区整体建筑面积不少于1万平方米或容积不少于5万立方米。其中整件储存区应当设有自动化仓库，容积不得少于2.5万立方米。专营生物制品的，其仓库整体建筑面积不少于3000平方米或容积不少于1万立方米。专营药品类体外诊断试剂的，仓库建筑面积不少于60平方米。

（二）仓库按药品储存要求，可分为常温库、阴凉库和冷库等库区。其中常温库以外的温控库面积应当达到50%以上。开展冷链药品物流业务的，应当配备2个（含2个）以上独立冷库（柜），总容积不少于1000立方米，专营药品类体外诊断试剂的企业从事冷链药品业务的，冷库容积不少于20立方米。如果经营特殊储存温度要求的药品，还需配备与经营品种和规模相适应的仓库和设施。具有疫苗配送业务的企业应当符合《疫苗管理法》的相关要求。

（三）企业应当配备与物流规模相适应的托盘货位。

（四）具有能覆盖储存、拣选、集货配送、作业控制等功能区域，与分拣量相匹配的药品自动输送设备，配备与业务模式和业务规模相适应的零货及整箱拣选、自动输送、在线扫描复核、自动分拣等设施设备，出库零拣复核滑道、出库分拣机滑道，实现作业自动化。

（五）拣选作业区内开展拆零拣选作业的，应当选用识别管理设备实现药品入库验收、上架、分拣、养护、出库复核、药品运输、配送等作业管理。配备与物流规模相适应的条形码编制、打印扫描设备、无线射频终端、“可识别”标签辅助拣货系统等设备。设置零货储存区的，应当配置与物流规模相适应的货架、货位，货位间必须有效隔离。

第十条【运输车辆】企业应当配备与药品配送规模相适应的密闭式自有运输车辆不少于5辆，开展冷链药品物流业务的，还应当配备可自动监测、显示、记录温度的冷藏车不少于2辆。专营生物制品的，应当按开展冷链药品物流业务要求配备冷藏车。专营药品类体外诊断试剂的企业，应当至少配备 1 辆自有运输车辆，如从事冷链药品业务，至少配备 1 辆冷藏车。

企业运输车辆、冷藏箱（保温箱）应当编号管理，并统一标识。冷藏车和运输麻醉药品、精神药品、医疗用毒性药品等特殊管理药品的车辆应当配备定位追踪系统。

第十一条【设备监控和控制】企业应当建立具备仓库温湿度监控、冷藏车温度监控以及异常状况报警等功能的控制室（区），并能实现远程监控。冷库、冷藏车应当能自动监测、显示、记录温度状况，温度出现异常情况能自动报警。

第十二条【供电保障】冷库供电应当采用双回路或配备相匹配的备用发电机组。备用发电机组功率应当至少能保障冷库设备、温湿度监控设备、计算机服务器数据中心及控制室（区）正常运行。

第十三条【特殊药品储运】麻醉药品、精神药品、医疗用毒性药品等特殊管理药品存放保存应当按国家相关规定执行。

第十四条【疫苗配送】企业从事疫苗配送的，还应当符合国家疫苗配送的有关要求。

第四章 信息管理系统

第十五条【信息管理总体要求】企业应当具有独立的信息管理系统。系统的数据库软件、网络安全与应用安全管理软件、操作系统软件等应当与药品物流规模相适应，符合《药品经营质量管理规范》相关要求，满足药品现代物流运营、药品质量管理和信息安全的需要。

第十六条【信息管理具体要求】企业的信息管理系统应当具备仓储管理、运输管理、温湿度监测等功能。具体要求如下：

（一）仓储管理系统应当与业务管理信息系统的数据进行实时对接，实现药品入库、出库、储存、退回等仓储全过程质量管理和控制，并具备全程货物查询、追溯功能。

（二）运输管理系统应当具备对运输药品的品种、数量、批号、工具、人员、发货时间、到货时间、签收，以及冷链药品温度等进行全程跟踪、记录、调度的功能。

（三）温湿度监测系统应当对药品所有仓库温度、湿度，以及冷藏车温度实时监测及记录。

第十七条【信息追溯系统】 企业应当配置信息追溯系统，保证经营过程中数据的真实、准确、完整、可追溯，企业应当采用信息化手段实现数据共享、信息互通，按要求实现对药品最小包装单位可追溯、可核查。

第十八条【计算机硬件和网络条件】企业应当配置与药品物流规模相适应的计算机硬件系统和网络环境，并符合以下要求：

（一）企业计算机信息系统应具备系统持续性运行能力和数据完整性能力，可以有效规避因单一服务器系统异常导致的服务中止和数据不完整性，实现持续提供服务。

（二）计算机管理系统应当有固定接入互联网的方式和可靠的信息安全平台；企业网络出口带宽应当与业务规模相适应。

（三）数据按日备份，采用安全、可靠的方式（异地服务器或云储存等）存储和追溯管理。数据记录应当至少保存 5 年。

第五章 制度与管理

第十九条【管理制度】企业应当制定符合业务管理要求，能够保证药品质量的管理体系文件，应当包括《药品经营质量管理规范》规定的制度，以及下列管理制度：

（一）物流、信息部门或人员的药品质量岗位职责；

（二）药品物流配送管理制度；

（三）设施设备的标准操作规程和维护保养管理制度。

第二十条【质量管理记录】企业应当按要求建立药品质量管理记录。包括：药品收货和验收、药品退回、仓库温湿度、药品养护检查、药品出库复核、药品送货、销售退回药品验收、不合格药品控制和销毁、存在质量安全隐患药品的处理等记录。质量管理记录保存不少于 5 年。

第二十一条【药品销毁】销毁药品应根据法律法规的要求，由企业自行监督销毁或由监管部门监督销毁，销毁方式应采取符合环保要求的无害化处理方式，并对销毁的过程和环节进行记录。

第六章 受托储存、运输药品的要求

第二十二条【受托储存、运输药品总体要求】开展受托储存、运输药品业务的药品批发企业，应当按照《药品经营质量管理规范》的要求开展储存、运输活动，配合委托方开展质量评估，按照委托协议履行义务，并且承担相应的法律责任和合同责任。药品批发企业开展受托储存、运输药品业务在符合本意见以上条款之外，还应当符合本意见第六章的要求。

第二十三条【仓储设施】开展受托储存、运输药品业务的药品批发企业，仓储面积不少于 1.5 万平方米或容积不少于 7.5 万立方米。

第二十四条【运输车辆】开展受托储存、运输药品业务的药品批发企业，应当配备与药品配送规模相适应的密闭式自有运输车辆不少于 8 辆，开展冷链药品物流业务的，还应当配备自动调控和显示温度状况的冷藏车不少于 3 辆。

第二十五条【委托储运信息交换】开展受托储存、运输药品业务的药品批发企业，应当配置电子数据交换平台，支持物流作业数据与委托储存配送的进行信息交换，具备对委托方药品收货、验收、入库、储存、养护、出库、运输、退回等指令的处理功能，实现药品委托储存全过程质量管理和控制，并具备全程货物查询、追溯功能，确保实现药品信息的有效追溯。

第二十六条【质量管理制度和记录】开展受托储存、运输药品业务的药品批发企业，应当制定药品委托储存配送的管理制度，与委托方进行指令和信息交换以及对委托方审核的管理制度。建立的质量管理记录应当包括委托方的收货指令、委托方的发货指令记录等。

第二十七条【委托协议】开展受托储存、运输药品业务的药品批发企业，应当与委托方签订包括委托业务范围、记录和数据管理、票据管理、质量责任和违约责任、重大问题报告、评估要求等内容在内的委托协议。

第七章 附则

第二十八条 【名词解释】自动化仓库是指借助机械设施（如高层货架、巷道堆垛机、自动分拣系统、出入库自动输送系统、以及周边设施设备等）计算机管理控制系统实现存入和取出物料的系统。

第二十九条 【实施期限】本规定自 2023 年 4 月 6 日起施行，有效期 5 年。

三、冷链物流

（一）2023 年中国冷链物流行业市场现状、产业链及发展趋势分析

1. 行业概述

（1）定义

冷链物流一般指冷藏冷冻类食品在生产、贮藏运输、销售，到消费前的各个环节中始终处于规定的低温环境下，以保证食品质量，减少食品损耗的一项系统工程。它是随着科学技术的进步、制冷技术的发展而建立起来的，是以冷冻工艺学为基础、以制冷技术为手段的低温物流过程。为了适应中国农产品冷链物流业的快速发展，国家必须尽早制定和实施科学、有效的宏观政策。冷链物流的要求比较高，相应的管理和资金方面的投入也比普通的常温物流要大。

（2）行业发展历程

我国冷链物流大致经历三个阶段，主要是从第一阶段的萌芽到第二阶段的迅速扩张，再到如今将冷链物流体系日益完善。

第一阶段：1998—2007 年	第二阶段：2008—2017 年	第三阶段：2018 年至今
冷链行业处于刚刚萌芽阶段，资源非常匮乏。很多企业尚没有“冷链物流”的概念，进入冷链市场纯粹凭借自我判断。冷链设施设备普遍缺失和落后，多数企业仅依靠几台二手改装的冷藏车跑运输起家，冷库设施陈旧且大部分在国营企业手里，城市配送都在经销商手里。1992 年夏晖物流进入国内市场，冷藏车供给量极少，但那时候冷链企业利润却非常丰厚，属于资源短缺阶段。	进入冷链物流 2.0 时代，有几个标志事件：2007 年荣庆拿到今日资本投资；2008 年北京奥运会；2010 年国家发改委出台首个冷链规划；中物联冷链委和央视合作推出《断裂的冷链》《冷链的冷遇》等多期节目等，这些因素逐步使得冷链理念开始普及，带动了冷链意识的萌芽，搅动了市场的一池春水，同时，2008 到 2017 这 10 年也是中国冷冻食品产业快速发展，也是冷链快速发展的十年，中外运、招商局等央企布局冷链，全球知名的美冷、普菲斯、太古等外资冷链公司纷纷进入，双汇、光明等食品上游成立独立物流公司，麦德龙、沃尔玛以及国内的永辉、步步高等陆续建立生鲜配送中心，连锁餐厅的快速发展带动中餐标准化和中央厨房的遍地开花，京东、易果、天猫都试水生鲜电商。	进入 2018 年以来，冷链市场进一步蜕变，全民冷链需求爆发，基础设施体系日益完善、新技术对产业驱动强劲，这些都是进入冷链物流 3.0 时代的印证，行业将迎来蝶变升维的新格局。3.0 时代特点主要体现在五个方面的升级，即产业环境升级、冷链意识升级、技术装备升级、人员管理升级和经营理念升级。

资料来源：观知海内咨询整理（观知海内信息网）

2. 产业链

从整个冷链物流的产业链来看，冷链物流的上游包括冷藏车制造、冷库建设和冷机等设备制造等

环节；冷链物流的中游包括运输环节（包括干线运输和配送）、仓储环节（包括仓储费用和装卸费用等）和其他环节（包装、分拣、贴标等增值服务）；冷链物流的下游应用包括食品行业、花卉行业、化工行业 、医药行业。

3. 行业现状

（1）行业发展背景

2016—2021 年，我国社会物流总额稳定上涨，2021 年增长至 335.2 万亿元，较上一年度同期增长了 11.7%。2022 年，2022 年全国社会物流总额 347.6 万亿元，同比增长 3.4%。冷链物流是一种特殊的物流方式，是经济发展的产物。随着社会经济的发展，人们的需求的多样性增强，因此，为了更全面、更细致的满足消费者的不同需求，物流行业也逐渐转向多元化发展，而冷链物流就在物流行业的多元化发展中应运而生。

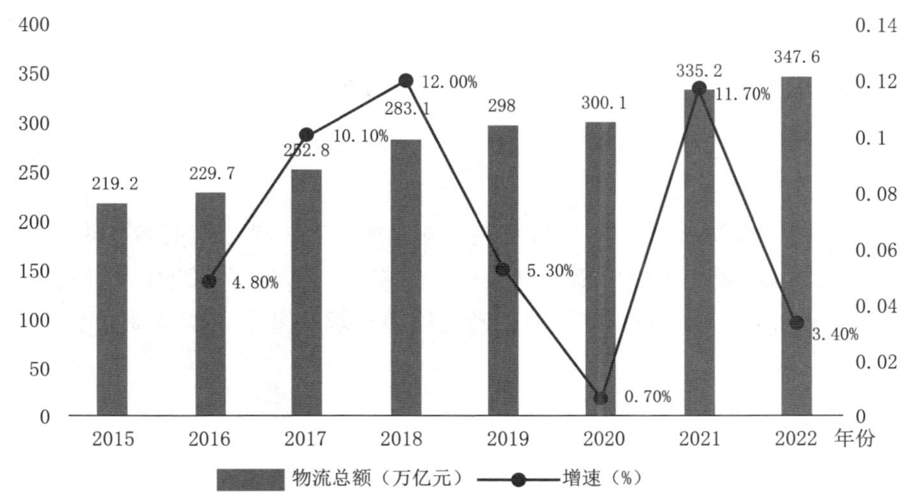

图 5-11 2015-2022 年中国社会物流总额及增速情况

资料来源：中国物流与采购协会 观知海内咨询整理（观知海内信息网）

2021 年 12 月 12 日，国务院办公厅正式印发《“十四五”冷链物流发展规划》，明确到 2025 年，我国将布局建设 100 个国家骨干冷链物流基地，2035 年全面建成现代冷链物流体系，设施网络、技术装备、服务质量达世界先进水平。从政策角度进行分析，冷链物流被提升到了国家战略的高度，冷链基地建设已经成为物流新基建的重要内核。

观知海内信息网发布的《2023 年中国冷链物流行业市场运行及未来五年发展前景研究报告》涵盖行业最新数据、市场热点、政策规划、竞争情报、市场前景预测、投资策略等内容；报告针对冷链物流行业产品分类、应用、行业政策、产业链、生产模式、商业模式、行业发展有利因素、不利因素和进入壁垒做了详细分析。

生鲜电商的发展带动了食品消费市场的重塑，国内冷链需求正在快速增加。在旺盛的消费需求驱动之下，我国冷链物流行业正步入高速发展阶段，2021 年中国冷链物流市场规模达 4773 亿元，同比增长 15.01%。2022 年预计中国冷链物流市场规模达 5515 亿元，同比增长 15.55%。2023 年冷链物流市场规模将达 6486 亿元。

（2）行业市场现状

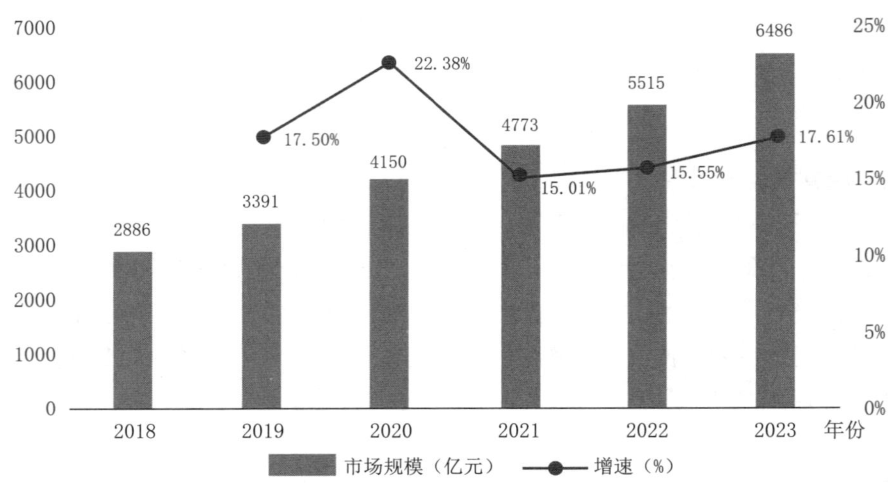

图 5-12 2018—2023 年中国冷链物流市场规模预测及增速

资料来源：中物联冷链委 观知海内咨询

2020 年，我国冷链物流需求总量为 2.65 亿吨，同比增长 13.69%。随着城乡居民消费水平和消费能力不断提高，冷链物流的需求持续旺盛。在疫情防控常态化形势下，2021 年冷链物流发展势头强劲，市场需求总量突破 2.7 亿吨。2022 年，我国冷链物流需求总量为 3.24 亿吨。预计 2023 年冷链物流需求总量将超 3.6 亿吨。

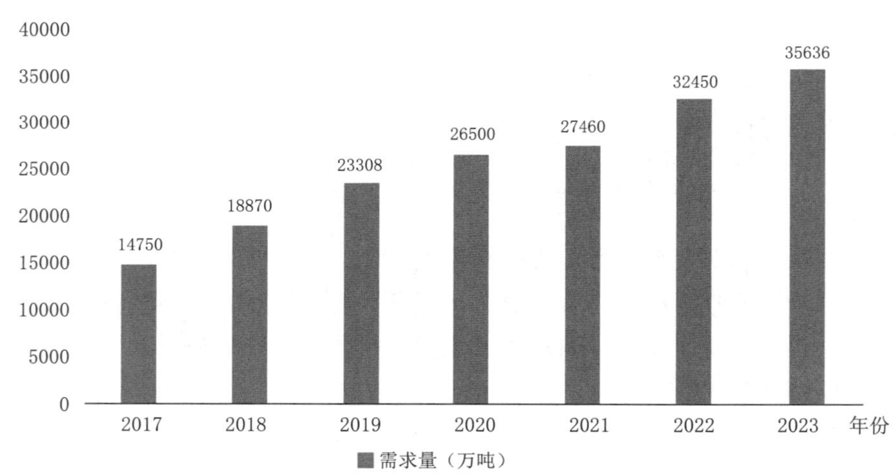

图 5-13 2017—2023 年中国冷链物流行业市场需求量统计

资料来源：中物联冷链委 观知海内咨询整理（观知海内信息网）

冷库是较普通仓库多了冷藏功能的仓库，冷链物流离不开冷库，冷库为冷链物流而服务，冷库具有冷藏、保鲜、恒温的作用，能有效延长生鲜食品、特殊药物的保存时间。2017—2021 年，我国冷库的容量连年上涨，2021 年上涨至 8205 万吨，较上一年度同期增长了 15.89%。经济的发展，人们的消费水平和生活水平的提高，使人们对新鲜食品的新鲜度和丰富度需求不断上升。2022 年，我国冷库容量为 9726 万吨，同比增长 18.54%。因此，为满足消费者的需要，我国冷库容量逐渐扩大。

对比我国与部分发达国家的人均冷库容量，我国的人均冷库容量仅 0.13 平方米，远低于发达国家，我国的冷库容量还有极大的发展空间。冷库容量的增多，能储存更多的生鲜产品及特殊医药用品，满足更大规模的冷链物流需要。

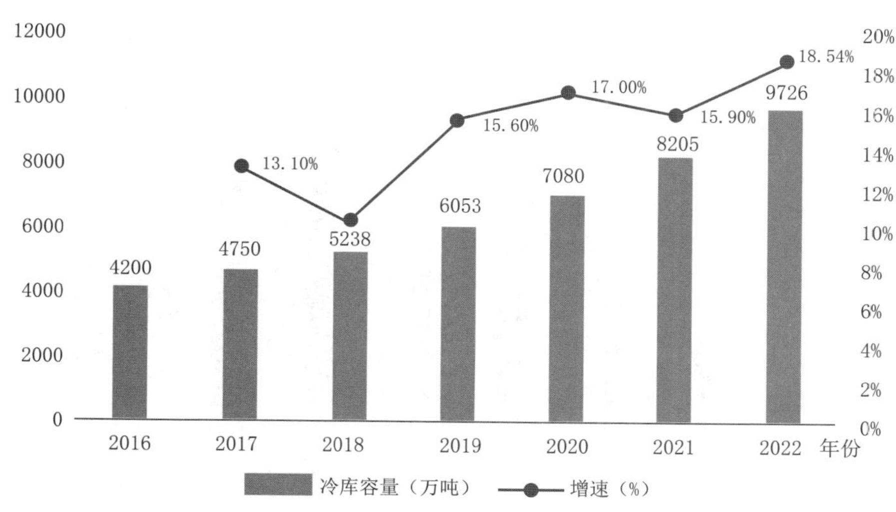

图 5-14 2016-2022 年中国冷库容量及增速情况

资料来源：中物联冷链委 观知海内咨询整理（观知海内信息网）

4. 下游端分析

冷链物流的下游应用以生鲜食品的运输为主，占比约为 90%，生鲜食品大多保鲜期短、易腐败，因此在长距离运输中，冷链物流对于生鲜食品的运输就必不可少。其次是医疗产品，占比约为 9%。

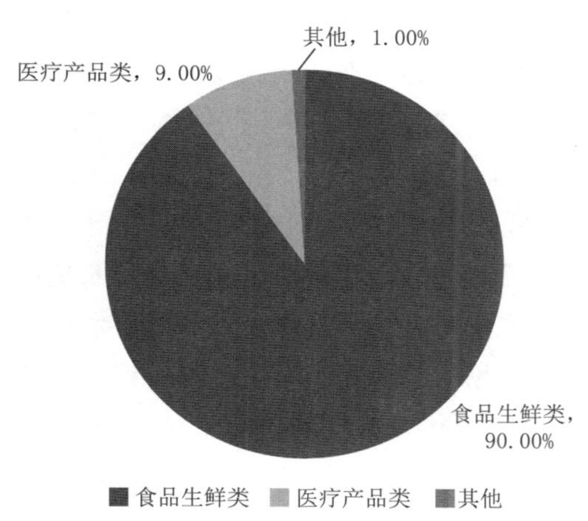

图 5-15 中国冷链物流行业下游应用市场占比

资料来源：中物联冷链委 观知海内咨询整理（观知海内信息网）

根据网经社电商大数据库统计，2016—2022 年，我国生鲜电商行业交易规模连年增长，其增长速度整体有所放缓。2021 年，我国生鲜电商行业交易规模为 4658 亿元，同比增长 27.92%；2022 年，我国生鲜电商行业交易规模为 5601 亿元，同比增长 20.25%。近年来，我国信息技术发展迅速，为网络购物、线上支付、电商平台等行业的发展提供了坚实的技术基础，且自 2020 年以来，我国新冠疫情反复扰动，全国多地实行防疫管控，居民出行受限，线下购物艰难，进一步拉动了线上电商行业的发展，改变了人们的消费习惯。同时，生鲜电商行业井喷式发展也将进一步扩大对冷库以及冷链物流的需求。

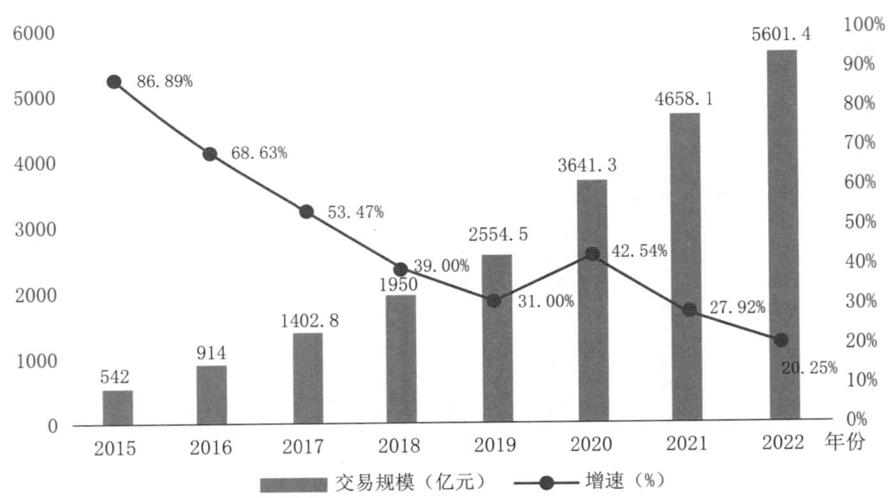

图 5-16 2015-2022 年中国生鲜电商行业交易规模及增速

资料来源：网经社电商大数据库 观知海内咨询整理（观知海内信息网）

5. 行业发展趋势

经济社会的发展，人们生活水平改善，消费者对生活品质的需求逐渐提升，各种农产品的跨区域流通越来越频繁。为解决农产品长距离运输的问题，冷链物流应运而生，冷链物流是社会经济发展的产物。随着网络进入千家万户，线上线下渠道融合发展，人们的生活习惯、消费习惯都在逐渐发生变化，生鲜电商快速发展，推动了冷链物流行业加速发展。目前，我国生鲜电商市场加快向下沉市场布局，发展潜力大。生鲜电商的持续扩张，必将推动冷链物流的需求量快速增长。另外，在医药产品领域，人们的健康意识增强，我国医药冷链的市场规模也将引来一波增长，继而拉动冷链物流的需求量增多。

由于冷链物流的技术壁垒较高，目前我国冷链物流行业还处于企业规模小、竞争较分散的阶段。但随着生鲜电商的发展和医药冷链需求增多，我国冷链物流的增长空间巨大，可能吸引来大量的资本入驻。资本入局，冷链物流市场的竞争可能有所加剧。激烈的市场竞争或将加快产业整合，推动产业向高质量发展。另一方面，由于冷链物流的主要运输产品是生鲜食品和药品，与居民的日常生活和健康息息相关，因此国家和社会都十分重视对冷链物流行业的监管，国家有关部门陆续出台相关政策规范指引冷链物流行业的发展。2021 年 12 月，国务院办公厅就发布了《“十四五”冷链物流发展规划》，为我国冷链物流行业的高质量发展指明方向。

近年来，随着城乡居民消费水平和消费能力不断提高及生鲜电商市场的迅速发展，冷链物流的需求持续旺盛，市场规模快速增长。2021 年 12 月，国务院办公厅关于印发《“十四五”冷链物流发展规划》，提出加强国家骨干冷链物流基地、产销冷链集配中心等大型冷链物流设施建设，有望推动我国冷链物流进入高质量发展新阶段。但同时，冷链物流行业正在发生复杂深刻的变化，遭遇一系列严峻挑战。经济下行压力依然较大，消费者信心不足，消费降级预期上升，对冷链需求形成一定抑制，冷链物流需求碎片化、时空分化加剧，冷库出租率和租金水平难以维持，人工成本越来越高，企业稳定经营和成本控制的不确定性风险攀升，运营难度增加，导致冷链物流行业进行转型升级。

来源：观知海内信息网

（二）2023年冷链行业整体运行情况

2023年冷链行业整体运行情况呈现出市场需求持续增长、基础设施建设持续加强、技术创新推动行业发展、绿色发展成为行业趋势、市场竞争日益激烈等特点。

随着人们对食品安全、新鲜度和质量的要求不断提高，冷链行业的需求也在不断增长。特别是在食品、医药、化工等领域，对冷链服务的需求尤为突出。同时，大量农产品冷链进口也刺激了农产品冷链行业需求增长。其次，政府和企业对冷链基础设施的投入也在不断增加。冷链建设、冷藏车辆和冷藏设备的更新和增加，都为冷链行业的发展提供了更好的条件。此外，随着互联网、物联网、大数据等技术的推动，冷链行业也在不断创新和发展。例如，通过物联网技术实现对冷链物流的实时监控和温度控制，通过大数据技术实现对冷链运营的数据分析和优化，这些技术创新都为冷链行业的发展提供了新的动力。

冷链行业在2023年整体运行情况可以总结为以下几点：

一是，市场需求持续增长：随着人们对食品安全、新鲜度和质量的要求不断提高，冷链行业的需求也在不断增长。特别是在食品、医药、化工等领域，对冷链服务的需求尤为突出。

二是，基础设施建设持续加强：随着冷链市场的不断扩大，政府和企业对冷链基础设施的投入也在不断增加。冷库建设、冷藏车辆和冷藏设备的更新和增加，都为冷链行业的发展提供了更好的条件。

三是，技术创新推动行业发展：在互联网、物联网、大数据等技术的推动下，冷链行业也在不断创新和发展。例如，通过物联网技术实现对冷链物流的实时监控和温度控制，通过大数据技术实现对冷链运营的数据分析和优化，这些技术创新都为冷链行业的发展提供了新的动力。

四是，绿色发展成为行业趋势：随着环保意识的提高，冷链行业也开始注重绿色发展。例如，通过采用环保材料和节能技术，降低冷链物流的能耗和排放；通过合理规划冷链物流路线，减少运输成本和碳排放。这些绿色发展措施将成为冷链行业的重要发展方向。

五是，市场竞争日益激烈：随着冷链市场的不断扩大，越来越多的企业开始进入这个领域。这使得市场竞争日益激烈，企业之间的竞争不仅在于价格和服务质量，更在于技术创新和品牌影响力。

环保意识的提高使得冷链行业开始注重绿色发展，例如通过采用环保材料和节能技术降低能耗和排放，通过合理规划冷链物流路线减少运输成本和碳排放。然而，这需要企业在技术和服务上进行持续创新和改进。此外，随着冷链市场的不断扩大，越来越多的企业开始进入这个领域，使得市场竞争日益激烈。企业之间的竞争不仅在于价格和服务质量，更在于技术创新和品牌影响力。因此，企业需要不断提高自身实力和服务质量，以适应市场的变化和需求。

总的来说，2023年冷链行业整体运行情况呈现出市场需求持续增长、基础设施建设持续加强、技术创新推动行业发展、绿色发展成为行业趋势、市场竞争日益激烈等特点。这些特点预示着冷链行业将继续保持快速发展的态势，同时也需要企业在竞争中不断提升自身实力和服务质量，以适应市场的变化和需求。

来源：威士达冷链物流研究院

（三）2023—2025我国冷链物流发展现状、挑战与趋势

随着科学技术进步及制冷技术的发展，我国冷链物流行业发展迅速。以冷冻工艺学为基础、以制冷技术为手段的低温物流过程，其相应的管理和资金方面的投入也比普通的常温物流要大。

从 2017 年到 2021 年，我国生鲜电商市场规模已经从 1097 亿元增长至 6861 亿元，国内生鲜电商市场规模的不断扩大，推动着我国食品领域对冷链物流需求量不断增加，到 2025 年，我国将初步形成衔接产地销地、覆盖城市乡村、联通国内国际的冷链物流网络，基本建成符合我国国情和产业结构特点、适应经济社会发展需要的冷链物流体系。

1. 我国冷链物流行业发展现状

目前我国冷链主要分布在华东、华北、华中等发达地区，尤其是上海、广东等沿海地区的冷链设施比较完善，发展水平较高。而对于中西部地区冷库则比较短缺，关键物流节点缺少冷冻冷藏设施。总结为以下特点：民营企业较为活跃；龙头企业快速增长；市场集中度进一步提升；东部地区市场竞争激烈。

我国的冷链物流市场处于发展阶段，提供了相当大的发展机会，但同时参与其中的企业也面临风险和挑战。这种风险主要来自较大的投资和对冷链物流市场特性的把握。

中国现阶段还属于重资产的市场竞争环境，从事冷链物流需要冷库或冷藏车辆的资金投入，相对于其他行业，从事冷链物流的投资要大得多。建冷库，买冷藏车的投入相对于一般干货物流要增加 2—3 倍，所以投入与回报的风险也较大。冷链物流又是包含较多制冷与保温技术和管理知识的领域，对冷链技术的掌握和现代的物流管理手段和方法的运用是从事冷链物流必不可少的基本条件。不具备冷链运作的基本条件和没有掌握冷链市场的基本特性而贸然进入冷链物流领域也会面临较大的风险。

一些企业因为没有适当的控制手段，并用可信赖的依据选择合理控制标准，只能以超标准高成本来满足客户的要求，所以经营成本居高不下。冷链物流的运营成本和所承载的货物成本相对其他行业也较高，所以错误和失败所造成的损失也相应增加。

目前，我国尚未形成完整独立的冷链物流体系，冷链物流的发展还仅仅停留在运输与冷藏环节，运用先进信息技术的冷链物流管理体系还明显不足，技术装备相对落后；冷链物流的成本相对比较昂贵，主要是由运输成本、仓储成本、库存成本和管理成本组成，其中运输成本与仓储成本所占比例较大，存在监控不到位、行业标准不统一等诸多问题。比如：运输过程中关掉制冷机以节省成本；搬运装车过程中操作不到位导致温度过高。

2. 我国冷链物流行业发展面临的挑战

（1）全程冷链率较低

长期以来，我国初级农产品冷链运输率一直低于欧美发达国家。国外果蔬、肉类、水产品的 80%-90% 为冷链运输，而国内冷链运输率仅为 15%、30% 和 40%；国内冷链过程断链比例高达 67%、50% 和 42%，远远高于发达国家冷链断链比例。这是由于国内普遍缺乏冷链意识，消费者对生鲜品是否需要冷链保鲜尚没有严格要求，同时我国冷库分布区域性不均衡也导致大量产品的冷链环节出现“断链”现象。在不具备充分冷链流通的情况下，果蔬类食品损耗量高达 15%（发达国家的损耗量约为 5%），损耗价值超过 500 亿元，造成了巨大的浪费。

另外，我国冷冻食品年人均消费量仅为 10 千克，低于日本的 20 千克，远远低于美国的 60 千克。这是由于中国居民对于冷冻食品依赖性较弱以及冷链食品供给端尚未产业化、规模化所致。

（2）人均冷库容量偏低、分布不均

根据全球冷链联盟（GCCA）的统计数据，2016 年全球人均冷库容量为 0.2 立方米，印度冷库容量为 1.41 亿立方米，位列全球第一，第二、三名分别为美国与我国，冷库容量分别为 1.10 亿立方米和 1.07 亿立方米，但人均冷库容积不到发达国家的 1/2。由于我国经济发展的地域性特点，我国冷库分布不均匀，华东地区冷库容量已占到全国冷库总容量近 46%，其中山东、上海、江苏发展速度较快，冷库容量居前列；而我国果蔬产地的内陆各省市市场冷库容量仍旧偏低，造成冷链物流在生产源头缺乏预冷，产生源头“断链”。

此外，局部供需的不匹配和冷链运输能力不足导致企业仓储能力未充分发挥，与人口、经济发展并不匹配，这也决定了冷链物流未来成长的空间依然较大。

（3）行业集中度低，利润率低

从竞争格局看，中国冷链物流行业处于较早期阶段，集中度低，企业规模小。中冷联盟发布的《2021 年度冷链物流综合能力 50 家重点企业发展报告》显示，冷链物流综合能力 50 家重点企业 2020 年总营业收入达到 312 亿元，同比增长 10.2%，50 家企业总营业收入仅占市场总额的 6.4%，龙头企业市场份额偏低，行业小、散、乱现象没有太大改变。

目前看来，预冷环节缺失、经营分散、运输网络落后、缺乏有效的信息管理是我国冷链成本较高的主要原因。我国常温利润率是为 10%，冷链利润率为 8%，而发达国家冷链的利润率可以达到 20% ～ 30%。未来如何做到控制成本，降低商品损耗率是各企业需要思考的问题，相信这将伴着冷链物流的长期发展逐步得到解决。

3. 我国冷链物流行业发展趋势

2023—2025 年是“十四五”的后半程，冷链物流高质量发展将加速实施，行业发展将呈现出新的特点。

（1）政策环境为冷链行业发展筑强基础

《“十四五”冷链物流发展规划》作为冷链物流行业的首个五年规划，从 2021 年底发布到如今全面落地实施，掀起了我国冷链物流高质量发展的新高潮。加之中央各部门以及各级地方政策纷纷出台鼓励扶持冷链物流发展的政策举措，行业顶层设计日趋完善。此外，构建全国统一大市场、实施乡村振兴战略、发布稳经济大盘一揽子政策、出台扩大内需战略规划、实施质量强国战略等，为冷链物流行业发展营造了绝佳的政策环境。

（2）冷链市场多元共生

根据天眼查最新数据显示，我国目前有超过 67000 家企业从事冷链相关业务。在多业态、多模式、多元化的需求下，冷链物流企业也在形成与之对应的多种服务类型共存的行业生态。冷链需求市场也呈现出多样化特征。传统连锁餐饮商超冷链需求稳中有进；食品生产加工、中央厨房后劲充足，已经形成更为成熟的冷链市场；生鲜电商虽有降温，但距离成功模式却越来越近；新兴预制菜、直播带货潜力巨大，未来有可能培育出新的增长点。

（3）冷链技术创新应用

随着大数据、物联网、人工智能等新兴科技的发展，相关技术在冷链物流的应用落地越来越频繁，自动搬运、无人设备、远程监控、智慧管理都取得了可惜的成果。但我国冷链物流行业数字化、智能化之路却不算顺畅，信息壁垒、数据孤岛、数据价值成为制约行业向智数化发展的“绊脚石”。未来还需要建立更加科学有效的机制，促进数据共建、信息共享，打通数据链，创造更大价值。

（4）绿色冷链转型升级

在绿色发展理念下，冷链物流行业将加快淘汰高排放冷藏车，鼓励新增或更新的冷藏车采用新能源车型；鼓励企业对在用冷库及低温加工装备设施开展节能改造；逐步淘汰老旧高能耗冷库和制冷设施设备，新建冷库等设施要严格执行国家节能标准要求；鼓励使用绿色低碳高效制冷剂和保温耗材。此外，绿色设备、绿色材料、绿色包装、绿色管理都成为行业值得关注的方向，未来冷链物流行业绿色发展还有很多道路需要探索。

来源：洛递通平台

（四）2023 年的“潜力股”，冷链物流行业分析与预测

1. 冷链物流介绍

冷链物流一般指冷藏冷冻类食品在生产、贮藏运输、销售，到消费前的各个环节中始终处于规定的低温环境下，以保证食品质量，减少食品损耗的一项系统工程 。它是随着科学技术的进步、制冷技术的发展而建立起来的，是以冷冻工艺学为基础、以制冷技术为手段的低温物流过程。中国农产品冷链物流业的快速发展，国家必须尽早制定和实施科学、有效的宏观政策。冷链物流的要求比较高，相应的管理和资金方面的投入也比普通的常温物流要大。通常专业的冷链物流报价是按照库存容量，即每平方米储物重量和运输路途公里数计费。一平方米 150 元左右，不同的季节、不同的路程、其运输的价格不同。

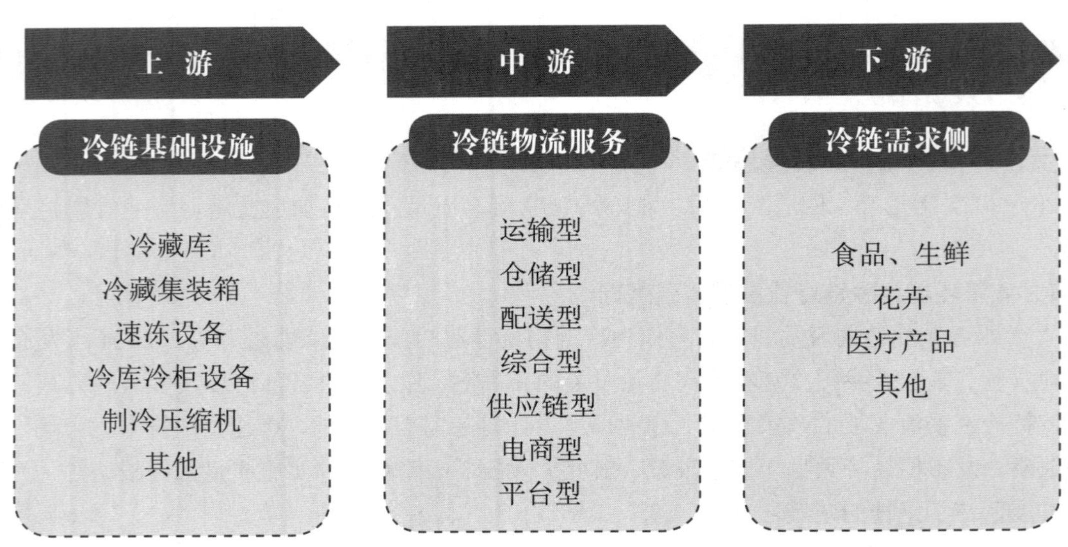

图 5-17　我国冷链物流产业链简示图

在我国，冷链物流产业链上游主要是冷链基础设施，包括冷藏库、冷藏集装箱、速冻设备、冷库冷柜设备、制冷压缩机等等；中游则是冷链物流服务，这一部分又可以分解为仓储、运输、配送等环节，且每个环节都涌现出了一些特色代表企业，当前我国冷链物流服务商中一共有仓储型、运输型、城市配送型、综合型、供应链型、电商型和平台型等七种模式；下游方面，冷链物流的需求侧则主要包括食品生鲜如蔬菜、水果，肉、禽、蛋、水产品，花卉产品以及医疗药品等领域。

2. 环境友好有利于行业发展

(1) 政策环境

物流作为国民经济的动脉系统，其发展联结着社会生产各个部分，并使之成为一个整体，对于我国经济发展有着不可替代的作用。近年来，为了促进冷链物流行业发展，我国陆续发布了许多政策，鼓励支持我国冷链物流行业的发展。

为了响应国家号召，各省市积极推动冷链物流行业发展，如浙江省发布的《浙江省人民政府办公厅关于支持冷链物流高质量发展的若干意见》完善冷链物流基础设施网络，对新认定并挂牌管理的省级冷链物流骨干基地和冷链物流园区，给予省发展与改革专项资金支持。鼓励省级冷链物流骨干基地和冷链物流园区承担相关国家应急物资储备功能。支持打造公、铁、水、空综合立体冷链物流网络

(2) 经济环境

冷链物流与一般物流相比其要求比较高，相应的管理和资金方面的投入也比普通的常温物流要大，因此冷链物流的价格也相对偏高。近些年来，我国经济稳步增长，人均可支配收入快速增长推动了我国冷链物流行业的发展。根据国家统计司数据显示，截至2021年，全年全国居民人均可支配收入35128元，比上年增长9.1%，扣除价格因素，实际增长8.1%：全国居民人均可支配收入中位数29975元，增长8.8%。

另外，随着我国经济的发展，居民人均可支配收入的不断增长，我国现代物流业的发展也迎来了崭新的发展时期，社会物流总额也星现逐年向增态势。根据观研报告网发布的《中国冷链物流行业现状深度调研与投资趋势分析报告》显示，2016年我国社会物流总额约为229.7万亿元；截至2021年，我国社会物流总额增长至335.2万亿元。我国社会物流总额的逐年增长，可以看出近几年来我国冷链物流行业发展经济环境较为良好。

(3) 社会环境

当前我国城市化进程步伐的加快正在不断改变着我国社会结构及消费格局。居民们的食品安全意识逐渐升级，对食品的质量、新鲜程度愈发关注。而冷链物流行业的发展为保障食品质量安全、提高居民生活水平、降低物流损耗、提高食物存储期限、实现食物跨地域输送和社会资源浪费都具有巨大的促进作用。因此，我国城市化率的提高、居民消费的升级为我国冷链物流行业发展提供了较好的社会环境。

提高食物存储期限

冷链物流可以提高食品的保鲜能力，不会影响到食物的营养和味道，同时大大提高了食物的存储期限

实现食物跨地域输送

冷链物流具有非常高的效率，不同地域之间的食物输送非常的方便，食物在运送到目的地时仍然很新鲜

为食品安全输送提供保证

冷链物流为食品的安全输送提供了保证，冷藏和冷冻食品需要一个完整的冷链物流对货物进行全程的温度控制，以确保食品的安全，而冷链物流可实现装卸货物时的封闭环境储存和运输等

图5-18 冷链物流行业优势

总的来说，近几年来我国冷链物流行业不管是经济环境，还是政策、社会环境均呈现较为利好的局面，未来随着我国经济的稳步发展，城市化率的提高，冷链物流行业发展的经济政策社会环境或将持续利好，同时行业政策监管或将逐渐趋于严格。

3. 上游基础设施不断完善

从我国冷链物流行业产业链上游端来看，尽管我国冷链物流行业发展起步较晚，其上游基础设施落后于发达国家，但是近些年来随着行业经济、政策、社会环境的利好，行业上游基础设施正在不断完善．以堪称冷链物流的“根据地”的冷库情况来看，近6年来我国冷库建设取得明显成绩。数据显

示，2016—2021 年我国冷库容量逐年递增，且每年同比增速均维持在 10% 以上，2016 年我国冷库容量约为 4200 万吨；到 2021 年我国冷库容量达 8205 万吨，较 2020 年同比增长 15.9%。

冷餐车情况来看，近 6 年来我国冷餐车销量及保有量也均呈现逐年递增态势。数据显示，2016 年我国冷藏车销售量约为 22406 辆；到 2021 年底便增长至 79865 辆。冷藏车保有量来看，2016 年其保有量约为 11.5 万辆；到 2020 年底便增长至 28.67 万辆，初步测算，预计 2021 年其保有量将增长至 36.5 万辆。

4. 下游需求将持续旺盛

我国冷链物流行业下游端来看，近些年来，随着我国居民收入水平的稳步增长，消费水平的提高，人们对于食品的多样性、营养性、新鲜度、口感需求也大幅提升。同时，随着国内电商的发展，生鲜电商、蔬果宅配等业务不断扩大。我国生鲜电商市场来看，2017—2021 年我国生鲜电商市场规模已经从 1097 亿元增长至 6861 亿元。国内生鲜电商市场规模的扩大推动着我国食品领域对冷链物流需求量的不断增加。

除了生鲜食品之外，近年来我国医药冷链需求也日益增长，医药冷链市场销售额也准递增。经中物联医药分会不完全统计，2018 年我国医药冷链市场销售额约我 2827.07 亿元，到 2020 年，我国医药冷链市场销售额达 3903.4 亿元，同比增长 14.97%。中物联医药物流分会的初步统计数据显示，2021 年市场规模约达到 5500 亿元，预计未来几年我国医药冷链的市场规模将进一步扩大。

另外，在全球新冠疫情的持续频发背景下，国内国外新冠疫苗冷链运输需求持续释放，中物联医药物流分会数据显示，2021 年我国疫苗冷链市场规模为 481.4 亿元，同比增长 23.3%。可以看出当前我国医药冷链物流需求也较为旺盛．随着中国生鲜电商整体市场规模稳步增长和居民消费能力、食品安全意识的不断提高，以及新冠疫苗产业的发展等，未来我国冷链物流行业下游应用市场的需求潜力将不断释放。

5. 行业或将迎来黄金期发展期

总结来看，当前我国冷链物流行业发展经济、政策、社会环境持续利好，上游基础设施不断完善，下游需求持续旺盛可以看出我国冷链物流发展时机已经成熟，行业发展前景十分明朗，或将迎来黄金期发展期。目前，我国大部分的生鲜供应损耗率居高不下，生鲜产品腐损率明显高于发达国家生鲜平均腐损率。

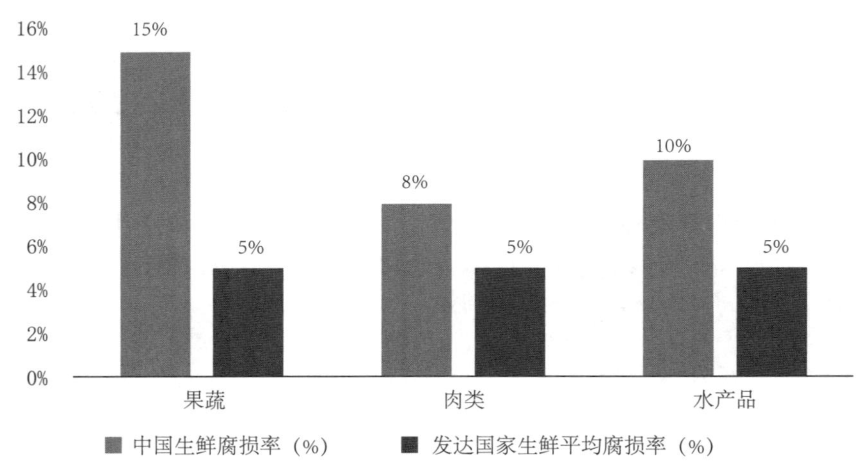

图 5-19　中国与发达国家生鲜产品平均腐损率情况对比

其中我国果蔬腐损率是发达国家的3倍左右；水产品则有2倍左右。对比我国与发达国家生鲜产品冷链运输率来看，我国果蔬、肉类和水产品冷链运输率分别为35%、57%和69%，相比之下发达国家果蔬、肉类和水产品平均冷链运输率分别高达90%、80%和95%。

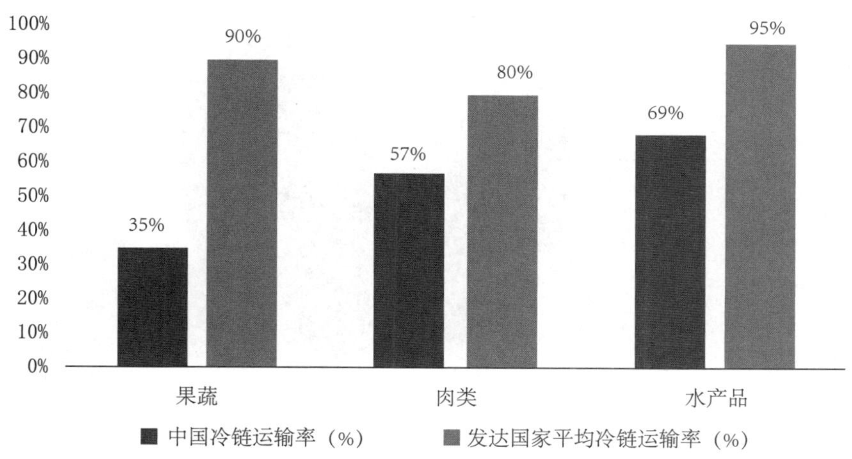

图5-20 中国与发达国家生鲜产品平均冷链运输率情况对比

从上述我国与发达国家生鲜产品腐损率和冷链运输率对比中可以看出，我国冷链物流行业发展潜力巨大。近年来，我国冷链物流行业快速发展，如今行业发展时机愈发成熟，未来我国冷链行业市场将是一片蓝海。

来源：铱云

（五）2023年中国冷藏车行业发展现状及政策发展情况分析

2023年一季度冷藏车市场有所回暖。根据中物联冷链委终端上牌数据，2022年冷藏车累计销售5.2万辆，同比下降34.9%，是近年来冷藏车市场的首次下降。2023年一季度我国冷藏车累计销售13445辆，相比2022年一季度增长10.3%，冷藏车市场有所回暖。

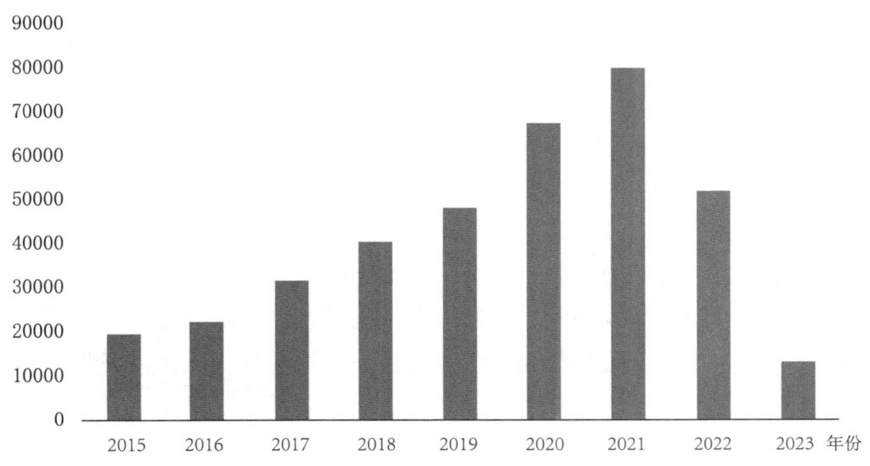

图5-21 2015—2023年全国冷藏车销量（单位：辆）

轻型冷藏车占比最高。根据中物联冷链委终端上牌信息数据，2023 年一季度冷藏车销量中，轻型车最受欢迎，占 66% 的市场份额；重型冷藏车其次，市场占比达 23%；微型冷藏车占比 9%。

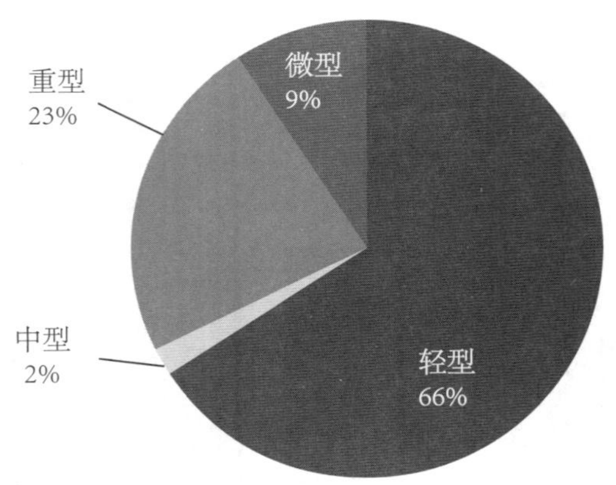

图 5-22 2023 年冷藏车按车型销量占比（单位：%）

柴油冷藏车仍为市场主体。冷藏车根据动力来源主要分为柴油型、汽油型、纯电动型、混合动力型等。根据中物联冷链委数据， 2022 年热销冷藏车各动力来源占比中，柴油冷藏车占比超过 83%，汽油型占比为 11%。

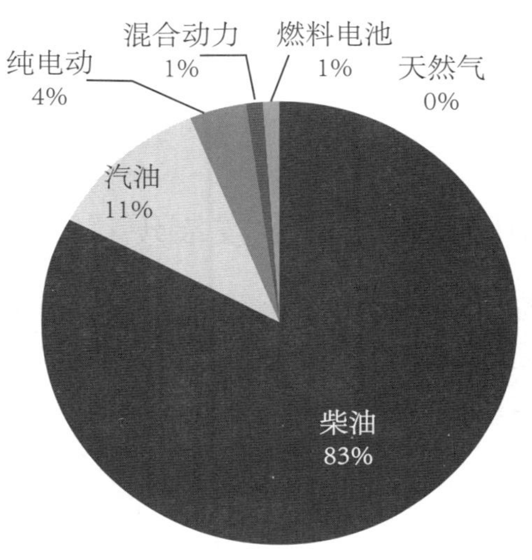

图 5-23 2022 年新能源冷藏车各动力来源占比（单位：%）

政策发展分析

——冷链物流政策促进冷藏车行业发展。从国家层面的政策出台进程来看，我国国家层面的冷藏车相关指导性政策的出台时间相对较晚。随着我国现代化农业的不断发展，“十二五”以来，我国出台了冷链物流相关指导性政策，冷藏车作为冷链物流体系中的关键一环，其发展受到重视。

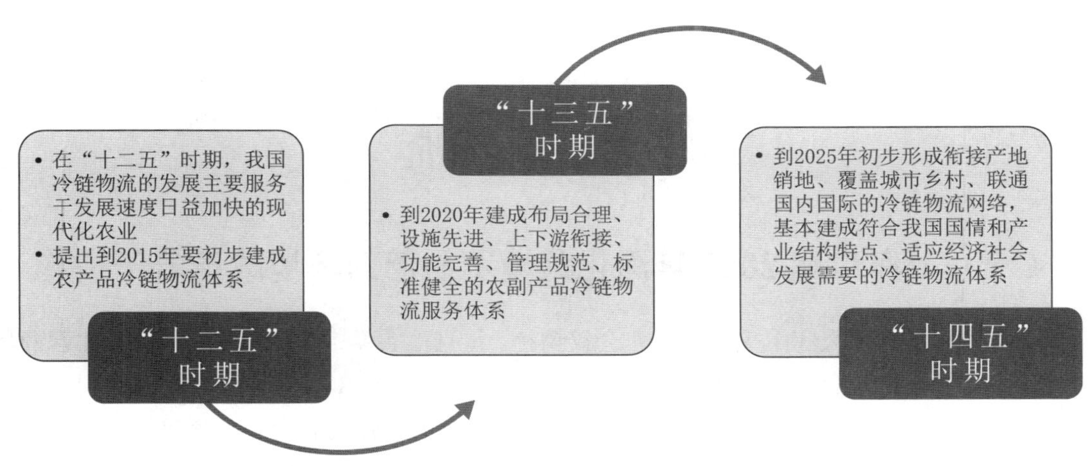

图 5-24 冷藏车行业政策历程图

——冷藏车行业政策数量于 2017 年达到顶峰。冷藏车作为冷链物流体系中的关键一环，其发展受到政策的重视。根据前瞻政策大数据系统，我国冷藏车行业相关中央与地方政策数量于 2017 年达到顶峰，为 86 条，随后有所下降。2022 年发布的冷藏车行业相关政策达 43 条。截至 2023 年 7 月 11 日，冷藏车行业相关政策共有 8 条。

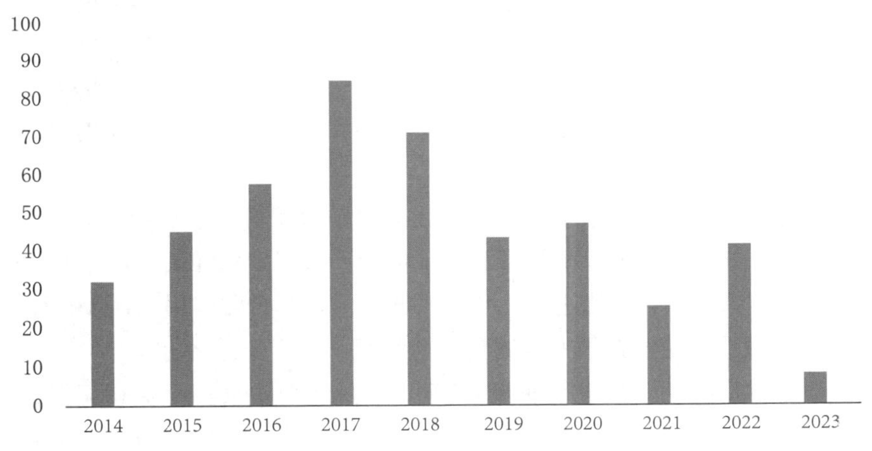

图 5-25 2013-2023 年冷藏车行业相关政策数量变化趋势（单位：条）

——冷藏车行业政策集于东部省份。截至 2023 年 6 月 30 日，中国冷藏车相关政策省份分布来看，上海市最多，相关政策达 24 条。其次为广东、河南、甘肃省，为 15 条。从区域分布来看，冷藏车行业政策集于东部省份。

来源：前瞻产业研究院

四、口岸物流

（一）上海口岸2023年深化跨境贸易营商环境改革若干措施

为深入贯彻党的二十大和中央经济工作会议精神，认真落实党中央、国务院关于优化营商环境决策部署，对标世界银行营商环境新评估体系，落实海关总署《2023年促进跨境贸易便利化专项行动部署动员会会议纪要》（署办岸发〔2023〕2号）和《上海市加强集成创新持续优化营商环境行动方案》（沪府办规〔2023〕1号），更大力度提升跨境贸易便利化水平，持续打造市场化、法治化、国际化一流口岸营商环境，现就上海口岸2023年深化跨境贸易营商环境改革提出如下措施。

1. 进一步提升跨境通关物流链供应链安全畅通水平

进一步压缩口岸整体通关时间。建立跨部门协调机制，对上海口岸进口货物通关物流全流程进行全景扫描，厘清负责主体和对应环节。依托上海国际贸易“单一窗口”和上海跨境贸易大数据平台，加强相关单位系统、数据对接，构建覆盖全环节全流程作业时间监测体系。推广无陪同查验作业改革，推动上海口岸查验无陪同比例达到70%以上。进一步压缩海运单证流转时间，鼓励船公司和港口企业等在更大范围开展基于区块链等技术的无纸化放货。提升航空口岸全链条信息化、智能化水平，加快智能货站、进出口货物查验中心等项目建设，推进航空口岸查验委托单线上办理。持续深化进口货物“船边直提”和出口货物“抵港直装”作业模式试点。在浦东国际机场探索试点机坪“直装”“直提”创新模式。（市商务委、市交通委、上海海关、上港集团、机场集团、东航物流、中远海运集运）

进一步创新海关监管模式。在确保安全的基础上，对符合条件的企业和商品，在口岸实施“检查放行＋风险监测”模式。扩大实施进口商品第三方采信检验模式，允许企业自行委托采信机构实施检验，海关依法采信检验结果。探索优化进口化妆品整改模式，在企业信用承诺及样张审核的基础上，采取合格评定与远程视频验核相结合的方式简化作业流程。（上海海关）

提升出口退税便利度。推动出口退税证明电子化开具和使用，实现全流程无纸化。进一步加快出口退税速度，对出口退税分类管理类别为一类、二类的出口企业，正常出口退（免）税平均办理时间压缩至3个工作日内。（市税务局、上海海关、市商务委）

进一步提升集疏运综合服务。推进上海国际集装箱运输服务平台（集运MaaS）建设。结合本市海铁联运发展实际，鼓励市场主体参与“一次委托、一次付费、一单到底”海铁联运全程管控服务试点，积极推动打造“航港站一体化、高效智慧标准协同”多式联运创新模式。积极拓展海铁联运市场，建立和完善内陆地区对接上海港的海铁联运通道。鼓励港口与铁路、航运等企业加强合作，统筹布局集装箱还箱点，减少空箱调运时间和费用。加强江海联运、河海联运航线对接，稳步提升水水中转比例。（市交通委、市商务委、上海海事局、上港集团、中铁上海局集团）

深化长三角通关一体化改革。充分发挥长三角区域一体化合作机制，推进上海港“同港化”和内陆集装箱枢纽业务模式创新，扩大“联动接卸”模式对接港口范围，实行一次查验、一次放行。进一步扩大进口转关“离港确认”模式应用范围。（上海海关、市交通委、市商务委、上港集团）

促进中欧班列提质增量。完善中欧班列口岸查验配套设施建设。在继续推进稳定运行的基础上，进一步增加中欧班列停靠站点和开行频次。深化上海国际贸易“单一窗口”中欧班列“一站式”服务平台建设，推进与海关、铁路等数据对接，为相关贸易、代理、物流企业提供“一站式”服务。（闵行区、市商务委、市交通委、上海海关、中铁上海局集团、东方国际集团）

推进内外贸货物同船运输改革试点。积极争取国家部委支持，在保证有效监管的前提下，支持上海港试点实施关港智慧管控改革，探索实现海关监管货物和非海关监管货物同步作业，保障内外贸货物同船运输发展，服务“双循环”发展新格局。（市交通委、上海海关、市商务委、上港集团）

推进洋山港外贸集装箱沿海捎带业务试点。优化沿海捎带监管流程，推动更多符合条件的国际班轮公司开展沿海捎带业务试点，进一步提升业务规模，更好发挥政策效应。（市交通委、上海海关、市商务委）

2. 进一步深化“智慧口岸”建设和口岸数字化转型

依托国际贸易“单一窗口”推进通关物流相关信息共享。鼓励水运、铁路、航空、公路口岸等相关单位与“单一窗口”共享货物进出场站、作业流转等物流节点信息，为企业提供预约查验、调箱申请、送检查询等全程“一站式”信息服务。加大《入境货物检验检疫证明》与国内监管机构的信息联通。推广电子“集装箱装运危险货物装箱证明书”应用。（市商务委、市交通委、上海海关、上海海事局、中铁上海局集团、上港集团）

推动航空物流公共信息平台试点。依托上海国际贸易“单一窗口”推动航空物流公共信息平台试点，促进航空货运各环节数据信息交互联通，提高航空货物机坪装卸、理货、集疏运等各环节作业时效。（市商务委、市交通委、上海海关、机场集团、东航物流）

打造一批口岸数字化应用重点项目。依托上海国际贸易“单一窗口”，打造集大数据、人工智能、区块链等多种新技术为基础的智慧口岸大数据底座。推进海关口岸通关智能化查验、海事进出港船舶大数据共享与智能应用等建设，传统集装箱码头自动化改造、空运通平台等口岸重点应用场景建设。探索基于电子口岸的跨境商品溯源、跨境电子发票传输、电子提单、离岸贸易等区块链解决方案和应用场景。（市商务委、市交通委、上海海关、上海海事局、上港集团、机场集团、市税务局）

深化跨境通关物流服务。推进中新“单一窗口”互联互通联盟链试点工作，促进国际贸易便利与安全。试点与新加坡等开展合作，针对双、多边的跨境通关服务应用场景，形成“一次申报，双边通关”的“一站式跨境通关解决方案”。（市商务委、上海海关）

3. 进一步支持外贸产业升级和新业态健康持续发展

推进对外贸易绿色低碳发展。支持企业开展高质量、高技术、高附加值的绿色低碳贸易，推进低碳绿色供应链建设，依托上海国际贸易“单一窗口”，为长三角区域国际贸易、航运和物流企业提供碳足迹追踪和碳排放测算，助企优化国际贸易运输组织、网络设计等环节。探索发展绿色金融，研究为出口企业绿色转型和管理气候相关风险提供支持。鼓励商协会等行业组织制订外贸产品绿色低碳标准，开展重点行业企业培训，增强企业绿色低碳发展意识和能力。（市商务委、市发改委、市经信委、市生态环境局、市交通委、市金融局、市市场监管局）

推动跨境电商创新发展。支持外贸企业通过跨境电商拓展销售渠道、培育自主品牌。积极争取国家部委支持，推进跨境电商零售出口商品跨关区退货措施试点。探索跨境电商出口前置仓监管创新，优化完善跨境电商出口货物拼箱作业模式，推广出口拼箱货物“先查验、后装运”。鼓励企业设立跨境电商网购保税进口退货中心仓。支持出口商品与退货复出口商品“合包”运输到境外，确保出口跨境电商“出得去、退得回、通得快”。搭建海外仓综合服务平台，为企业提供信息发布、供需对接、

数据归集等服务，促进跨境电商海外仓规范健康发展。（市商务委、上海海关、市税务局）

深化生物医药企业（研发机构）进口研发用物品“白名单”制度。根据试点进程和企业需求对“白名单”实施动态调整，纳入“白名单”的物品进口无需办理《进口药品通关单》。（市商务委、上海海关、市药监局、市科创办）

进一步提升保税维修业务发展水平。支持海关特殊监管区域内符合条件的企业按照维修目录开展“两头在外”保税维修业务。在风险可控前提下，支持符合条件的海关特殊监管区域外企业开展高附加值、高技术含量、符合环保要求的保税维修业务。（市商务委、上海海关、市生态环境局）

4. 进一步规范和降低进出口环节合规费用

规范口岸收费行为。严格执行运价备案制度，引导船公司合理调整收费结构。进一步规范包括口岸收费在内的进出口各中间环节收费行为，积极引导港口、机场、货站、堆场等各服务收费环节手续全面电子化。完善洗修箱线上管理系统，促进洗修箱“服务留痕、收费透明”。（市交通委、市商务委、市市场监管局、市发改委、上港集团）

优化口岸收费公示制度。持续推广上海国际贸易“单一窗口”口岸收费及服务信息发布系统，引导口岸收费主体通过“单一窗口”及时公示收费标准、服务项目等信息并动态更新。建设“单一窗口”移动版收费查询功能，便利用户随时随地查询比价。扩大船公司主要航线 THC、文件费一站式公示范围。（市商务委、市交通委、上海航交所）

持续加强进出口环节收费价格监督检查。督促口岸收费企业主动公开收费目录，主动接受社会监督，收费目录清单之外一律不得收费。强化口岸收费监督检查，畅通举报渠道，依法查处不执行政府定价和指导价、不按规定明码标价、未落实优惠减免政策等违法违规收费行为。（市市场监管局、市交通委、市发改委、市商务委）

5. 进一步提升外贸市场主体获得感和满意度

提升贸易流程可预期性。在上海国际贸易“单一窗口”设立贸易政策专栏，集中发布国际贸易相关政策法规，便利企业查询。公布通关流程，推进通关流程可视化查询，实现海关、海事等部门口岸通关状态查询和通关流程全程可视化。细化公开港口、机场场站作业时限及流程，在上海国际贸易“单一窗口”和口岸经营服务单位业务现场公布。推动空运货栈、分拨仓库公布服务时间，鼓励提供 7×24 小时服务。（市商务委、上海海关、市交通委、上海海事局、上港集团、机场集团、东航物流）

进一步提升跨境贸易专业服务机构、行业组织及专业服务平台的服务能力。鼓励货代、船代、无船承运人、报关等物流服务企业拓宽经营范围，完善优化网络布局，加快构建数字化服务能力，拓展国内外业务，提升物流供应链服务能力。充分发挥货代、船代、无船承运人、报关等行业组织的自律作用，进一步规范行业企业发展。加强集装箱舱位交易平台市场推广，做大平台业务规模。优化中国民用海图服务平台，为船舶跨境运输提供基础航海图书资料和海图数据服务。（市商务委、市交通委、上海海关、东海航海保障中心）

进一步完善惠企服务和协调沟通机制。充分利用新闻媒体、政府门户网站、官方微信公众号等渠道，及时宣传惠企政策措施，提高企业参与度，提升企业获得感满意度。做强 RCEP 企业服务咨询站，加强惠企培训咨询，助力企业用好《区域全面经济伙伴关系协定》。推广深化“技术性贸易措施服务企业直通车”平台应用，进一步加强技术性贸易措施帮扶企业应对力度。建立健全口岸营商环境“问题清零”机制，加强与行业协会商会常态化沟通，完善企业反馈意见与协调解决渠道，及时推动解决企业反馈的问题。发挥贸易促进机构作用，加大外贸企业特别是中小微企业开拓市场服务保障，做好信息咨询、企业对接、商事法律等服务，及时发布相关国别风险信息和重点市场信息。（市商务委、上海海关、市贸促会、中国信保上海分公司）

加大海关认证企业培育和服务力度。加强“经认证的经营者”（AEO）制度宣传培训，优化企业协调员机制，帮助引导跨境电商平台企业、外贸综合服务企业、中小微企业等更多市场主体申请并成为高级认证企业。落实好 AEO 互认便利和海关守信激励等措施，试点在浦东新区、闵行区与海关创新联合激励措施。探索集团式、产业链供应链式的海关信用培育认证模式，将符合条件的总部企业优先纳入海关信用培育重点企业名单，优先培育、优先认证，成为高级认证企业后享受 AEO 通关便利。（上海海关、市商务委、浦东新区、闵行区）

持续加强外贸企业信贷支持。鼓励银行机构对暂时受困的外贸企业给予延期付息和无还本续贷支持。推动银行机构针对外贸企业业务特点，提供本外币一体化金融综合服务。创新银行贸易信用结算工具服务，鼓励银行机构提供背对背信用证等信用支持免（减）保证金结算服务，减少贸易链上企业结算资金占用。鼓励银行机构充分运用出口信用保险保单融资增信功能，创新推出更多贸易融资产品。鼓励金融机构在依法合规、风险可控前提下，创新金融产品和服务，加大汽车、大型成套设备等重点进出口产品支持力度。（人行上海总部、上海银保监局、中国信保上海分公司、市商务委、市金融局）

进一步发挥出口信用保险作用。支持政策性出口信用保险机构持续扩大投保覆盖面，加大出运前订单被取消风险保障力度，全年支持外贸企业数不低于 1 万家，承保规模不低于 500 亿美元，限额满足率不低于 90%。继续对符合条件的中小微外贸企业投保信用保险予以支持。支持企业用足用好中小开政策了解买家信息、开发海外市场、提升风控能力。鼓励银行、担保等金融机构加大出口信用保险保单融资合作力度，升级“担保 + 信保 + 银行”融资模式，推出信保融资白名单，并持续优化线上融资服务功能。（中国信保上海分公司、上海银保监局、市财政局、市金融局、市商务委）

优化对中小微外贸企业金融服务。鼓励银行机构对中小微外贸企业收汇、新开户及开具出口信用证等国际贸易业务给予手续费减免。支持银行机构优化客户分层管理机制，将更多有需求的中小微外贸企业纳入跨境人民币便利化试点范围。支持金融机构进一步出台面向中小外贸企业通过上海国际贸易“单一窗口”在线申请进出口业务相关优惠信贷及贸易融资产品。（人行上海总部、市商务委、中国信保上海分公司、上海银保监局、市金融局）

来源：上海市商务委员会

（二）2023 年上海进出口总值 4.21 万亿元创新高，“新三样”增长 42.2%

1 月 19 日，澎湃新闻（www.theaper.cn）记者从上海海关获悉，据上海海关统计，2023 年上海市进出口总值 4.21 万亿元人民币，创历史新高，较 2022 年同期（下同）增长 0.7%。其中，出口 1.74 万亿元，增长 1.6%；进口 2.47 万亿元，增长 0.1%；贸易逆差 7365.7 亿元，收窄 3.2%。

一般贸易延续增势。2023 年，一般贸易作为外贸基本盘表现稳定，上海市以一般贸易方式进出口 2.5 万亿元，增长 1.8%，占同期进出口总值的 59.4%。其中，出口 9428.1 亿元，增长 1.5%；进口 1.56 万亿元，增长 1.9%。同时，保税物流方式增长较快，进出口 1.09 万亿元，增长 10.2%，占比提升 2.2 个百分点至 26%。此外，加工贸易方式进出口 5834.6 亿元，下降 16.6%，占 13.9%。

民营企业份额提升。2023 年，上海市民营企业进出口 1.31 万亿元，增长 6.2%，较本市同期进出口整体增速高出 5.5 个百分点，占本市同期进出口总值的 31%，比重提升 1.6 个百分点。同期，外商投资企业进出口2.47万亿元，下降3.3%，占58.7%；国有企业进出口4281.5亿元，增长9.1%，占10.2%。经营主体活力充足，全年有进出口记录的企业数量达5.9万家，增加6.3%，其中民营企业4.2万家，增加8.8%。

对欧贸易规模扩大。2023年，上海市对最大贸易伙伴欧盟进出口8445.7亿元，增长2.7%，占同期进出口总值的20.1%，比重提升0.4个百分点。同期，对东盟进出口5452.6亿元，下降3.7%；对美国进出口4795.6亿元，下降8.1%；对澳大利亚和巴西分别进出口2228.6亿元和1049.1亿元，分别增长15.8%、9.4%。此外，对共建"一带一路"国家进出口1.46万亿元，微降0.3%，其中出口表现较好，出口值达5847.9亿元，增长6.5%。

"新三样"出口保持强劲动能。2023年，上海市出口"新三样"产品1677.9亿元，增长42.2%，占同期出口总值的9.7%，拉高出口整体增速2.9个百分点。其中，电动载人汽车年度出口值首超千亿元大关，达1208.9亿元，增长43.9%；锂离子蓄电池382.4亿元，增长50.5%；太阳能电池86.6亿元，增长0.9%。此外，出口船舶445亿元，增长48.8%，全年增长规模近150亿元。

消费品进口枢纽地位增强。2023年，上海市进口消费品5618.3 亿元，增长7.3%，占同期进口总值的22.7%，拉高进口整体增速1.6个百分点；占全国同类商品进口总值的28.8%，提升1.6个百分点。其中，进口乘用车765.3亿元，增长7.5%；箱包及类似容器346.2亿元，增长16.5%。

另外，铁矿砂及其精矿、煤及褐煤等大宗资源类商品分别进口1355.5亿元、195.6亿元，分别增长13%、21%。

来源：澎湃新闻

（三）2023年上海空港口岸跨境电商出口总值超850亿元人民币

上海海关发布统计数据显示，2023年上海空港口岸出口跨境电商申报量达4.4亿票，同比增长近2倍，创历史新高；出口总值超850亿元人民币。2023年以来，上海空港口岸出口跨境电商单日峰值已突破200万单。

作为促进外贸增长的重要动能，跨境电商以适应世界贸易形态进一步包裹化和碎片化趋势的优势，将大量货物通过跨境小包裹形式运往更多的国家和地区，实现消费者直接"买全球"，商家直接"卖全球"。

火热的市场形势吸引国内知名电商平台纷纷在上海空港口岸开展跨境电商业务。上海空港口岸已成为跨境电商推动国货出海的重要通道。凭借低价策略，希音、拼多多、TikTok等新兴电商平台迅速崛起，占据了国外电商市场的较大份额。

据上海浦东机场海关统计，上述三家电商平台2023年出口申报量同比增长超10倍，申报出口量已占到口岸跨境电商出口申报总量的三成以上，迎来了爆发式增长。

在口岸的头部平台中，速卖通、希音、拼多多单日订单峰值合计超40万单，成为跨境贸易中一支异军突起的"军团"。2022年9月，拼多多电商平台推出的"多多跨境"业务及旗下电商平台Temu，在浦东国际机场上海空港口岸开展业务2023年12月单月出口已达469万单。

据"多多跨境"业务经理刘航介绍，截至目前，平台推动广东、浙江、山东、安徽等地的优质制造产品进入北美、澳洲、欧洲、亚洲等40多个国家和地区，每天出口包裹量超过40万个。Temu平台自成立至今，在美国市场上线SKU数已增至近400万个品类。

面对近年来跨境电商出口迅猛发展的形势，浦东机场海关不断推进出口跨境电商监管业务改革。

“我们启动出口电子放行，让数据‘多跑路’，让企业‘少跑腿’。跨境电商物流企业申报一票电商货物，数据匹配成功后 5 分钟就能收到海关放行信息，货物也能尽快搭乘航班出运。我们注重强化政策宣讲，定期召开关企例会，向企业解答海关最新监管规定要求，营造诚信守法便利信用的环境。”浦东机场海关快件一处副处长宋革说。

“针对监管场所面积有限与货运量激增导致物流不畅问题，落实货运现场全天候作业机制，提升货物清关速度和库容周转效率，避免出现货物滞仓情况。加强跨关区协调，持续优化完善、迭代升级全流程监管体系，大力支持跨境电商出口‘陆空转关’‘空空转关’业务。”浦东机场海关快件二处处长徐枫说。

为支持上海空港口岸跨境电商高质量发展，浦东机场海关积极解决新业态发展中出现的新问题、新瓶颈。随着出口业务量的快速增长，部分物流企业在舱位成本、操作时长、航线选择等方面遇到了瓶颈问题，需要开通包机加以解决。浦东机场海关坚持主动作为，为物流企业定制监管方案，靠前协调指导，确保服务零延迟、通关零等待。2023 年，以义达、捷利、中外运速递等为代表的跨境电商物流企业已实现包机出口 580 架次，成为支撑口岸跨境电商出口运力的重要支柱。

来源：新民晚报讯

（四）邮轮旅游“热”起来了！上海北外滩和吴淞口两大邮轮港如何提升美誉度

4 月 7 日，皇家加勒比集团成员之一的银海邮轮“幻影号”缓缓停靠北外滩国际客运中心码头，这是继 2023 年 3 月下旬“三船同靠”北外滩后的再度停靠，象征着上海北外滩已迎来大规模邮轮入境旅游团。

4 月 9 日，上海吴淞口国际邮轮港零点大道旁的邻江壹号邮轮餐厅内座无虚席。拖着大包小包的游客用完餐，便进入航站楼办理登船手续开启“爱达•魔都号”之旅。

2023 年 3 月 26 日，时隔 1152 天，我国自主运营的高端邮轮“招商伊敦号”从北外滩国际客运中心启航开启国内航线。两个月后，搭载近 300 名旅客的“蓝梦之星”号邮轮从吴淞口国际邮轮港启航驶往日本，响起我国国际邮轮复航的第一声汽笛，上海的两大邮轮港逐渐繁忙起来。

2023 年一季度，上海进出境国际邮轮 69 艘次、邮轮旅客 21 万人次，环比分别增长 3.3 倍、15.1 倍。

作为面向世界的窗口，邮轮港的建设与发展，对上海的意义远不止旅游。

“招商伊敦号”从北外滩国际客运中心启航。

两大邮轮港的前世今生

很多乘坐邮轮的游客或许并不了解这两大邮轮港的前世今生。

北外滩位于上海“一江一河”交汇处，被誉为“中国大陆地区现代邮轮产业的发源地”。

19 世纪中后期至 20 世纪前期，外商、轮船招商局等沿江抢滩，建码头，盖仓库，造堆栈，开船厂。北外滩成为上海面向世界的重要水路港口。

从此，汽笛声声划破江水，巨轮穿梭水运兴盛。上海近代第一家船舶修造厂“老船坞”，即为北外滩国际客运中心所在地。

如今的北外滩，从“老码头”摇身变成航运服务总部基地，世界航运巨头在此聚集，超过 4000 家航运企业“落户”。

2003 年 10 月，北外滩国际客运中心拉开了国际邮轮旅游在大陆地区的序幕。中国大陆首个邮轮母港、第一条母港邮轮航线、国内首个“国际邮轮经济人才基地”、首家外商独资邮轮船务公司等都启航于此。

不过随着邮轮的吨位越来越大，特别是杨浦大桥的限高，位于中心城区的北外滩渐渐无法满足 7 万吨以上大型邮轮的需求。

抓住国际邮轮产业东移先机，地处黄浦江、蕰藻浜与长江三江交汇之处的吴淞口国际邮轮港，于 2012 年正式开港运营。

它在运营的第三年超过新加坡成为亚洲最大邮轮母港，并于 2016 年超越西班牙巴塞罗那成为全球第四大邮轮母港。

2018 年 7 月 13 日，三艘大型邮轮同时靠泊吴淞口国际邮轮港，当天出入境游客超过 2 万人次，刷新亚洲国际邮轮港口单日接待游客数量之最。

“这三年，吴淞口国际邮轮港在外塑形象、内练苦功方面做了大量准备，调整优化港口功能布局，不仅能应对大客流，也能提供有温度的升级版港口服务。”吴淞口国际邮轮港发展有限公司党委副书记徐红说。

上海近代第一家船舶修造厂“老船坞”，即为北外滩国际客运中心所在地。

3 月 15 日，“亚洲旗舰”MSC 荣耀号驾临上海吴淞口国际邮轮港，3 月 16 日正式开启首航。

水岸联动还有潜力可挖

由于地理位置的不同，两大邮轮港的资源禀赋也不同。

4 月 24 日中午，记者来到北外滩国客中心，发现这里的热闹超乎想象。原来，当天虽然没有邮轮靠泊，但恰逢人民海军成立 75 周年之际，东部战区海军某基地在北外滩举办舰艇开放活动，停靠的是我国自行设计建造的万吨级“和平方舟”医院船和淄博舰。

除了手持预约券登舰的游客，岸边大多是打卡、拍照的围观群众。人们围观舰艇之余，顺便漫步北外滩滨江，无论是北外滩航海公园、彩虹桥，还是滨江雕塑前，都有老老小小在拍照。

还有不少人走到边上世界会客厅前的大平台上，眺望着对岸陆家嘴的美景；或者走到附近的宝莱纳餐厅、白玉兰广场去用个餐，喝杯咖啡。

这个时候会发现，除却邮轮港的工具属性，北外滩更具备了 CAZ（中央活动区）的商业、文化、休闲社交属性。

这得益于上海“一江一河”的规划发展，也得益于北外滩近几年对硬件的不断提升。比如，引入多家景观餐厅、服务驿站和魔都矩阵等配套商业、文体设施；根据节庆等时间，打造滨江市集、潮流快闪、时尚体育等活动，进一步聚集人气等。

上港集团相关负责人表示，作为全国唯一的可融合“精品邮轮码头 + 外籍游艇基地 + 内河游轮母港”联动发展的客运码头，国际客运中心将构建包含国际邮轮、沿海邮轮、内河游轮及运河游轮等多层次产品矩阵，形成国内外游客集聚、商贸交流、文化旅游发展的枢纽。

作为国际精品邮轮喜爱选择的入境访问港，国际客运中心更是承担了中国式现代化的展示窗口功能。不过，正由于地处市中心，它也面临发展空间受限问题。如何在有限空间内，提供更高效、更优质的服务，是北外滩邮轮港面对的课题。

相比北外滩，当下宝山吴淞口的“码头功能”更为突出。

由于吴淞口周边交通配套还不够便捷，地铁无法直达港口；周边的商业配套也有待完善，缺乏主题酒店、观光、购物、餐饮、娱乐等设施，人们来到这里，更多是为了乘坐邮轮。

如何将“过路经济”转变为“过夜经济”？宝山区滨江委负责人介绍，经过近年的规划建设，

2023年，宝山将推出多处邮轮旅游配套文旅设施——

180米地标、上海长滩观光塔2023年底有望开放运营，内部已规划网红餐厅、纪念品商店等。观光塔下的长滩音乐厅，预计国庆前将对公众开放。

此外，中国首家以邮轮为主题的商业综合体和城市微度假目的地——“上海·海上世界”，位于港区外的康得思酒店、壹棠亲子公寓以及欧洲最大旅游集团国内首家度假体验酒店——途易蓝酒店均将在年内开业。

可以预见，当这些商业、文体设施陆续开放后，吴淞口国际邮轮港的功能将会更加丰富多元。不过，未来的人气和商业效果究竟怎样，依然考验各方的招商运营能力。

邮轮产业链可进一步延伸

上海对两大邮轮港有明确的顶层设计。《推进国际邮轮经济高质量发展上海行动方案（2023—2025年）》明确，到2025年，形成由“枢纽港+总部港+制造港”构成的邮轮经济发展上海模式。实现上海国际邮轮经济一体化、差异化、协同化。

其中，宝山吴淞口着力打造具有全球资源配置能力的邮轮运营总部基地和以“邮轮、游船、游艇”为主题的上海国际邮轮旅游度假区。

虹口北外滩重点发展“精品邮轮、内河游轮、休闲游艇”联动运营的航运总部经济。

作为备用码头，浦东外高桥以邮轮制造基地建设为重点，拓展邮轮贸易服务、商务服务和研发服务。

上海发展邮轮经济，重要原因之一是邮轮产业链长，除了带来广泛的旅游消费，还可撬动制造、建筑、能源、就业、交通运输、农业等上下游关联产业；附加值高，汇集大量客流、资金流、信息流。

虹口区航运办主任郝立国介绍，自2006年起，全球四大邮轮集团（嘉年华、皇家加勒比、云顶、诺唯真）旗下均有公司先后落户虹口。2022年，维京游轮国内的全资子公司维京悠旅邮轮（上海）有限公司选址北外滩。

围绕邮轮总部需求，虹口区将大力培育船舶管理、教育培训、劳务输出、船舶供应、市场营销、信息咨询、协会组织、检测认证机构、交易服务、邮轮会展等邮轮综合配套的现代服务业。

此外，依托金融业集聚、上海创新创意设计研究院等平台优势，虹口区在邮轮设计、邮轮金融、邮轮票务体系、邮轮人才体系培养方面，也将有一系列动作。

2023年1月，华夏国际邮轮有限公司注册落户宝山，将打造“我国邮轮产业运营发展的引领者”。依托于此，宝山区将大力拓展邮轮产业，落地更多邮轮配套，延伸拓展邮轮产业链，发挥总部企业的集聚效应。

建设邮轮船供中心，为国际大型邮轮提供便利的船供服务很重要。资料显示，一艘13万吨级大型邮轮，每航次仅食品、酒店用品等船供物料采购金额就达近100万美元。随着年内华夏邮轮运营形成一定规模，宝山区将大力支持邮轮船供中心建设，为全球邮轮公司提供多种港口补给方案。

从总体看，上海的邮轮船供、市场拓展、港口开发运营方面，还存在较大提升空间。虽然多家国际邮轮公司已开始采购本地物资，但经综合测算，在上海的采购价值仅占所有船供价值的8%，主要集中于新鲜食材、软饮料等，对于船舶配件与设备、奢侈品、技术与娱乐系统等高附加值产品还无法满足。

建设亚洲邮轮船供中心是一个长期而艰巨的任务，需要政府、企业和相关机构的共同努力。通过加强合作、优化供应链、提高产品质量等措施，降低采购成本，提高竞争力。

两个邮轮港均设免税店，由于目前邮轮班次还不够多，人气都不够旺。建议未来可进一步扩大邮轮港免税店商品种类、强化特色，打造成全国邮轮港进出境免税店的示范样板，从而打响邮轮母港购物品牌。

上海·海上世界紧邻吴淞口国际邮轮港，定位为中国首家以邮轮为主题的商业综合体和城市微旅圣地。

2024 年邮轮经济有望全面发力

在上海工程技术大学管理学院副院长叶欣梁看来，2023 年中国邮轮经济景气指数大幅提高，超出预期。2024 年有望成为中国邮轮经济全面发力的关键年。

国际邮轮协会的《2023 年邮轮行业现状报告》显示，邮轮旅游市场恢复速度快于全球出境旅游市场复苏速度，且年轻人将是邮轮市场的消费主力。目前，北美仍是最大的客源市场，同时地中海地区的其他市场也在加快发展，加勒比海依旧是邮轮游客的首选目的地。

叶欣梁认为，北外滩和吴淞口两大邮轮港可以在品牌推广、市场营销等方面合作共赢，共同提升上海邮轮港的知名度和美誉度。

放眼国际，迈阿密邮轮母港，以其完善的交通网络、丰富的娱乐设施和高效的服务而闻名，其贴心的交通服务包括私人汽车看管、汽车出租等。由于地理位置和规模优势，吴淞口国际邮轮港可以更多地借鉴迈阿密邮轮母港的发展经验，提供更便利的交通和完善的商业配套设施。

巴塞罗那邮轮港，通过旧码头改造和精致的候船厅管理，实现了高效的运营和优质的服务。由于位于市中心，发展空间有限，北外滩国际客运中心可以更多借鉴巴塞罗那邮轮港的经验，进一步提升自身的运营效率和服务质量。

比如，推动港口信息化发展，开发移动应用或电子平台，方便游客查询邮轮信息、办理登船手续等；与外语类院校合作，提供更多语种服务，满足不同国家邮轮游客的入境需求；与上海市内旅游景点合作，为邮轮游客提供丰富的岸上旅游线路和活动选择；与文旅部门一起进行更多海外推广，吸引更多访问港邮轮来上海。

数据显示，当前全球邮轮游客平均年龄为 46.5 岁，而未来搭乘邮轮意愿最强的是“90 后”和“千禧一代”。亚洲地区邮轮游客平均年龄在 40 岁左右，邮轮航线的平均天数在 4 天以内；游客年龄最小，航线时长最短。

此外，国际上发布的邮轮航线已突破原有想象：游客甚至能到达北极、南极、格陵兰岛和冰岛等目的地。在相关政策支持下，以上海为母港，未来能否开发层次丰富、特色鲜明的邮轮航线——不仅包括长三角以及中国沿海港口航线，还包括东南亚、欧美和环球等中远程邮轮航线，让邮轮经济发挥出更大价值。

2024 年 3 月 5 日，复航以来吴淞口国际邮轮港首迎“四船同靠”盛景。

来源：周楠 吴越

五、生鲜物流

（一）2023 年生鲜行业发展趋势分析

生鲜行业发展前景趋势是一个引起业内广泛关注的话题。2023 年来临之际，生鲜行业的布局将出现新的变化。以下将从几个方面剖析生鲜行业发展前景趋势，以期能有助于行业发展。

生鲜行业的发展将会推动更多的零售商投资，以便提供更多高质量的生鲜食品。2023 年，零售商将会继续寻求投资机会，以建立其在生鲜食品领域的厂商、品牌、营销和供应链网络。其中，面对进入市场的新品牌的压力，零售商需要依靠投资和市场广度来增长，以保持自身的竞争力。

新的渠道将成为生鲜行业的发展重点。2023 年，流通渠道将成为商家自身发展的重要渠道。随着消费者和零售商之间的流通越来越简单，移动支付、云计算等新技术也将支持快速的进入和转型。这将有助于行业精准投放和智能化管理，提高消费者的购买体验，并有助于供应链的长远发展。

物联网技术将成为生鲜行业发展的重要变量。未来十年，物联网技术将在数据获取、跟踪系统和质量监管等方面发挥重要作用，以帮助企业提升运营效率和完善质量控制。例如，通过物联网技术，企业可以获得稳定的质量保证，如实时监测温度，以保持货物的新鲜度，以及新鲜度指标的回传更新。

有效的互联网 + 模式将是影响市场和消费者的最终因素。2023 年，市场密度日趋稠密，建立拥抱技术发展的有效投资机制将大大提高行业效率，提高消费者购买体验，便利消费者购物，同时降低商品成本，增加投资者收益。例如，互联网 + 模式可以实现全国范围内的供应链合作，省去物流的繁复过程，加快货品配送速度，提升消费者体验。

未来，随着农业和食品行业的发展，生鲜行业竞争也将不断升级，制定合理的发展规划，对消费者和投资者，都是划时代的财富机会。2023 年的生鲜行业发展前景将成为行业发展中的一些重要组成部分。在未来，生鲜行业将如何发展，仍以战略投资者的眼光进行留意，来获取捷径，助力行业的发展。

近年来，随着信息技术的发展及消费者消费观念的变化，生鲜行业正持续进入新一轮发展高潮，分析 2023 年生鲜行业发展前景的趋势事关行业未来发展的重要性无可限量。

第一，数字化技术将在 2023 年持续发展，改变生鲜行业发展现状。伴随着数字化技术的不断发展，企业将更容易洞察顾客的需要，生成准确的需求预测，快速增长营销效率。同时，数字化信息化将更好地为生鲜行业带来精准营销的机遇。

第二，2023 年生鲜行业的供应链服务将得到加强。在线销售和实体销售的结合成为一种新兴模式，传统的供应链服务也得到了不断的完善。随着市场的不断变化，数字化供应链服务的普及势必会改变生鲜行业，并为公司提供更加轻松、高效、精准的服务。

第三，生鲜行业的营销行为也会受到越来越多的关注。随着生鲜行业结合数字化技术的不断推进，2023 年消费者在购买生鲜产品时更倾向于受科技驱动的购买动机，这将产生更多消费者忠诚度。一方面，传统的营销行为也将进一步向网络营销行业的发展转换，有助于更好地捕捉消费趋势，增强消费者的体验；另一方面，新的营销方式也将大大提升企业的品牌宣传和市场营销效果，提升企业的整体竞争力。

第四，2023年的生鲜行业将会出现新的发展机会，物流配送将发挥重要作用。随着互联网物流时代的到来，新型的物流供应链和系统的完善将拉开新的物流配送时代的帷幕，解决消费者在运输距离、运输时间和物流价格等方面的痛点，充分满足消费者的普遍需求。同时，引入第三方物流配送服务将有助于更好地实现生鲜行业的快速物流配送能力，特别是在远程和乡村物流配送服务中，带动了生鲜行业的快速发展，有利于扩大产品市场份额，将以更新的模式和更快的速度发展。

针对2023年生鲜行业发展的前景和趋势，上述具有一定的代表性，未来会有更多新的变化出现，未来生鲜行业将会发生更大、更快的变化，可以预期生鲜行业的发展速度将比以往任何时候都更快，以更高效地发展满足消费者更新潮流的需求。

来源：云闲1127

（二）《上海商业发展报告（2023）》发布，消费者青睐国潮品牌，未来几年生鲜价格维持较低水平

新民晚报讯（记者 王蔚）由上海商业发展研究院与上海商务发展研究中心通力合作完成的《上海商业发展报告（2023）》昨天在上海商学院发布。报告以详实的数据勾勒出上海市“买买买、吃吃吃、用用用”的消费水准，记录下海派商业的发展轨迹。

“现在的消费需求跟过去不一样。过去是东西短缺，现在是东西太多了。市民从原来满足基本消费转向了享受型消费，没尝过的东西都想尝一尝。”在昨天的发布会论坛上，光明食品集团上海蔬菜（集团）有限公司副总裁李光集介绍了2023年本市生鲜农产品消费情况。从供应端看，供过于求的态势已经形成，而且价格会较长时间维持比较低的水平，这是肯定的。从2023年的数据看，受益于高速公路网的发达，现在单个省份供应上海蔬菜的占比在降低，像云南、甘肃等地都成了上海蔬菜的供应地，宁夏小青菜在上海已是家喻户晓。2023年本市的猪肉零售价格更低了，甚至可以说“猪肉可以躺平了”。再来看水产品，也是供应充足，尤其是2023年国庆节那几天，帝王蟹出现极端的低价，每公斤200元不到，这在以前是不可想象的。未来生鲜农产品供求关系总体稳定，价格会较长时间维持比较低的水平，未来两三年不会有大的变化。短期来看，即便到2024年2月份生鲜价格可能会阶段性上涨，但也很有限的。

上海商学院工商管理学院副院长曹静教授在发布《上海商业发展报告（2023）》时说，上海经济总量继续保持全国首位，2022年全市GDP为44652.80亿元，总体延续了回稳向好的积极趋势。社会消费品零售总额全国居首，其中批发零售业实现15312.6亿元，占比93.13%，是社会消费品零售总额的主体；住宿餐饮业实现1129.54亿元，占比6.87%；新能源汽车消费增长最快，达到了59.4%；其次是体育娱乐用品、粮油食品和饮料，分别上升了4.7%、3.2%和1.9%。直播电商规模居全国首位，全年电子商务交易额3.33万亿元，比上年增长2.7%；直播电商交易额2066亿元，占全国总量的11.8%，居全国城市首位。消费业态消费总额较高的市级商业中心主要集中于上海黄浦江沿岸的中心城区，呈由中心城区向外围城区逐渐递减的格局，且中心城区的市级商业中心与外围城区的消费总额差异较大。消费排名前三的消费业态集中于零售、生活服务、房地产服务、保险金融服务、餐饮、休闲娱乐和批发业等七类消费类型。

曹静介绍，2023年的商业报告中对上海商业品牌特别是国潮品牌做了专门调研，发现大多数消费

者在心目中认定的国潮品牌，是那些有中国元素、潮流特色且有传播力的品牌。上海市民对国潮品牌消费认知有明显提升，约七成的上海消费者都会选择国潮品牌，而且男性和女性购买比例基本一致，年龄越大的消费者对国潮品牌的购买比例越高。国潮产品中，服饰鞋帽类是消费最多的，其次是生活日用、美妆护肤、文化创意产品和食品。以生活用品为例，六神、云南白药、蜂花、蓝月亮、上海硫磺皂等国潮品牌，十分受上海消费者的青睐。

2023 年的商业报告还提示，未来上海应进一步优化商业空间布局，积极为消费者打造元宇宙应用场景，加速业态创新转型，将高端、多元、国潮、时尚和国际化等，作为上海国际贸易中心能级提升的主攻方向。

来源：《新民晚报》

（三）2023 年中国及 31 省市生鲜电商行业政策汇总及解读生鲜电商物流体系逐步完善

1. 政策历程图

“十一五”规划时，我国生鲜电商尚未得到发展，行业处于萌芽期。主要政策围绕打造物流体系展开。“十二五”规划中，电子商务逐步得到发展和壮大，主要目标为积极发展电子商务，推动面向全社会的信用服务、网上支付、物流配送等支撑体系建设。2016—2020 年，我国农村现代化进程加速，生鲜电商主要以农产品为主。“十三五”规划中对于农产品生鲜电商布局及完善物流体系做出了相应的规划。“十四五”时期，随着技术的进步，生鲜电商的物流体系将进一步得到完善。具体政策演变历程如下：

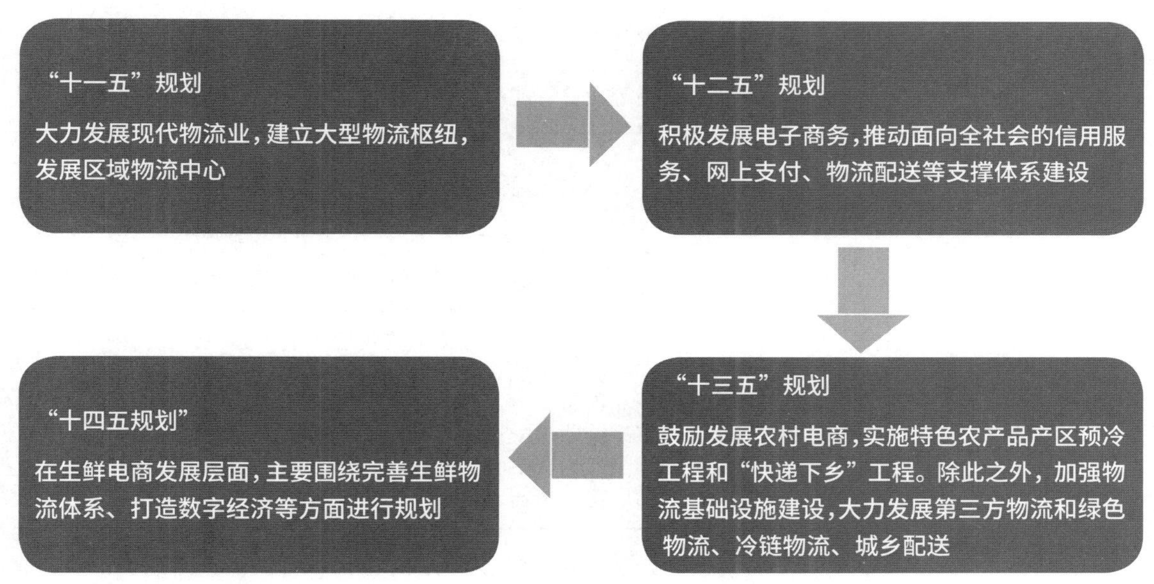

图 5-26 中国生鲜电商产业政策演变历程

2. 国家层面政策汇总及解读

——国家层面生鲜电商行业政策汇总。当前国家层面的生鲜电商行业政策主要以鼓励类为主，国家大力发展农村生鲜电商布局、生鲜电商运输、生鲜冷链前置仓布局等措施，均是对发展生鲜电商提供有力的保障。

表 5-5　截至 2023 年国家层面有关生鲜电商行业的政策重点内容解读（一）

发布时间	发布部门	政策名称	重点内容解读	政策性质
2023 年 3 月	农业农村部	《关于加快推进农产品初加工机械化高质量发展的意见》	加强生鲜乳预冷、冷藏成套装备与冷链运输设备推广应用，鼓励有条件的奶农、合作社开展养殖、加工、配送、销售一体化经营，为保障生鲜乳品质量提供有力支撑	鼓励类
2022 年 5 月	国务院	《“十四五”现代物流发展规划》	大力发展铁路冷链运输和集装箱公铁水联运，对接主要农产品产区和集散地，创新冷链物流干支衔接模式。发展“生鲜电商 + 产地直发”等冷链物流新业态新模式。推广蓄冷箱、保温箱等单元化冷链载器具和标准化冷藏车，促进冷链物流信息互联互通，提高冷链物流规模化、标准化水平。依托国家骨干冷链物流基地、产销冷链集配中心等大型冷链物流设施，加强生鲜农产品检验检疫、农兽药残留及防腐剂、保鲜剂、添加剂合规使用等质量监管	鼓励类
2022 年 4 月	国务院	《关于进一步释放消费潜力促进消费持续恢复的意见》	进一步完善电子商务体系和快递物流配送体系，加强疫情防控措施跨区域相互衔接，畅通物流大通道，加快构建覆盖全球、安全可靠、高效畅通的流通网络。支持智能快件箱（信包箱）、快递服务站进社区，加强末端环节及配套设施建设。加快发展冷链物流，完善国家骨干冷链物流基地设施条件，培育一批专业化生鲜冷链物流龙头企业	鼓励类
2022 年 4 月	交通运输部、铁路局等	《关于加快推进冷链物流运输高质量发展的实施意见》	鼓励生鲜电商、寄递物流企业加大城市冷链前置仓等“最后一公里”设施建设力度，在社区、商业楼宇等设置智能冷链自提柜等，提升便民服务水平	规范类

表 5-6　截至 2023 年国家层面有关生鲜电商行业的政策重点内容解读（二）

发布时间	发布部门	政策名称	重点内容解读	政策性质
2021 年 11 月	国务院	《“十四五”冷链物流发展规划》	支持快递企业加强冷链物流服务能力建设，支持农产品流通企业、连锁商业、电商企业等拓展生鲜农产品销售渠道，扩大辐射范围和消费规模。加强城市冷链即时配送体系建设，支持生鲜零售、餐饮、体验式消费融合创新发展，满足城市居民个性化、品质化消费需求	鼓励类
2021 年 9 月	农业农村部	《”十四五”全国农产品仓储保鲜冷链物流建设规划》	鼓励发展生鲜电商、蔬果宅配、前置仓、产地仓等新型流通业态，推动形成集中仓储、共同配送、仓配一体等新机制，满足城乡居民个性化、高品质生活需要	鼓励类
2021 年 6 月	商务部等	《关于加强县域商业体系建设促进农村消费的意见》	引导生鲜电商、邮政、快递企业建设前置仓、分拨仓，配备冷藏和低温配送设备，推动农产品冷链技术装备标准化，推广可循环标准化周转箱，促进农产品冷链各环节有序衔接	鼓励类

续表

发布时间	发布部门	政策名称	重点内容解读	政策性质
2021 年 5 月	中华全国供销合作总社	《关于促进巩固拓展脱贫攻坚成果同乡村振兴有效衔接的实施意见的通知》	强化冷链物流业务模式创新，探索“供应链 + 服务”、生鲜电商、社区团购、网红带货等业务模式；深化与农产品供应链龙头企业合作，实现冷链物流向全产业链延伸。鼓励有条件的供销合作社积极参与国家“农产品仓储保鲜冷链物流设施建设工程”	鼓励类
2021 年 3 月	国务院	《中共中央关于制定国民经济和社会发展第十四个五年规划和二〇三五年远景目标的建议》	加快完善县乡村三级农村物流体系，改造提升农村寄递物流基础设施，加快实施农产品仓储保鲜冷链物流设施建设工程，推进田头小型仓储保鲜冷链设施、产地低温直销配送中心、国家骨干冷链物流基地建设	鼓励类

表 5-7 截至 2023 年国家层面有关生鲜电商行业的政策重点内容解读（三）

发布时间	发布部门	政策名称	重点内容解读	政策性质
2020 年 9 月	国务院	《国务院关于以新业态新模式引领新型消费加快发展的意见》	提出了 21 条具体措施，在常态化疫情防控条件下，着力补齐新型消费短板、以新业态新模式为引领加快新型消费发展。加快推广农产品“生鲜电子商务 + 冷链宅配”“中央厨房 + 食材冷链配送”等服务新模式	规范类
2020 年 6 月	发改委、交通运输部	《关于进一步降低物流成本的实施意见》	推动降低物流制度、要素、税费、信息、联运、综合成本	鼓励类
2020 年 6 月	财政部、商务部、国务院扶贫办	《关于做好 2020 年电子商务进农村综合示范工作的通知》	促进形成农产品进城和工业品下乡畅通、线上线下融合涉农商品和服务消费双升级的农产品流通体系和现代农村市场体系，培育一批各具特色、经验可复制推广的示范县	鼓励类
2020 年 5 月	发改委等	《关于进一步优化发展环境促进生鲜农产品流通的实施意见》	鼓励社区因地制宜留出服务生鲜农产品终端配送的公共充电设施建设空间，推动生鲜电商等新零售业态的发展	鼓励类

表 5-8 截至 2023 年国家层面有关生鲜电商行业的政策重点内容解读（四）

发布时间	发布部门	政策名称	重点内容解读	政策性质
2020 年 4 月	农村农业部	《关于加快农产品仓储保鲜冷链设施建设的实施意见》	以鲜活农产品主产区、特色农产品优势区和贫困地区为重点，到 2020 年底在村镇支持一批新型农业经营主体加强仓储保鲜冷链设施建设，推动完善一批由新型农业经营主体运营的田头市场，实现鲜活农产品产地仓储保鲜冷链能力明显提升，产后损失率显著下降；商品化处理能力普遍提升，产品附加值大幅增长；仓储保鲜冷链信息化与品牌化水平全面提升，产销对接更加顺畅；主体服务带动能力明显增强；“互联网 +”农产品出村进城能力大幅提升	鼓励类

续表

发布时间	发布部门	政策名称	重点内容解读	政策性质
2020 年 2 月	国务院	《关于抓好“三农”领域重点工作确保如期实现全面小康的意见》	启动农产品仓储保鲜冷链物流设施建设工程。加强农产品冷链物流统筹规划、分级布局和标准制定。安排中央预算内投资，支持建设一批骨干冷链物流基地。支持供销合作社、邮政快递企业等延伸乡村物流服务网络，加强村级电商服务站点建设，推动农产品进城、工业品下乡双向流通	鼓励类
2020 年 1 月	农业农村部等	《数字农业农村发展规划（2019—2025）》	有利支撑数字乡村战略实施，数字技术与农业产业体系生产体系、经营体系加快融合	鼓励类
2020 年 1 月	中共中央办公厅、国务院	《中共中央国务院关于抓好“三农”领城重点工作确保如期实现全面小康》	电商扶贫受到社会重视，提升农民收入和奔小康是农业产业升级和转型的必然要求	鼓励类

——《“十四五”冷链物流发展规划》解读，推动冷链物流高质量发展是健全“从农田到餐桌、从枝头到舌尖”的生鲜农产品质量安全体系。2021 年 11 月，国务院发布《“十四五”冷链物流发展规划》，其中围绕生鲜电商全产业链进行规划，提出畅通高品质农产品上行通道、完善高品质生鲜消费品下行通道等内容。

表 5-9 《“十四五”冷链物流发展规划》解读

重点任务	主要内容
畅通高品质农产品上行通道	按照“一村一品”“一县一品”“多品聚集”，发展“平台企业 + 农业基地”“生鲜电商 + 产地直发”等新业态新模式，推动形成产销密切衔接、成本低、效率高的农产品出村进城新通道，促进冷链惠农、品牌兴农、特色富农
完善高品质生鲜消费品下行通道	结合新型城镇化建设，促进消费品下乡进村通道升级，推动冷链物流服务网络向中小城镇和具备条件的农村地区下沉，加快推进“快递进村”工程，鼓励供销、邮政快递、交通运输、电商等企业共建共用冷链物流设施，打通高品质生鲜消费品下乡进村新通道，扩大生鲜等高品质消费品供给
推动城乡冷链网络双向融合	鼓励大型生鲜电商、连锁商超等企业统筹建设城乡一体冷链物流网络，加大对中小城镇和农村冷链物流设施建设投入力度，加强城乡冷链设施对接，打造“上行下行一张网”，提高设施利用效率促进城乡冷链物流双向均衡发展。建立城乡冷链网络协同机制，提高资源共享与优化配置效率

——《中共中央关于制定国民经济和社会发展第十四个五年规划和二〇三五年远景目标的建议》解读，“十四五”期间，深化流通体制改革，畅通商品服务流通渠道，提升流通效率，降低全社会交易成本。在生鲜电商发展层面，主要围绕完善生鲜物流体系、打造数字经济等方面进行规划。

表 5-10 《中共中央关于制定国民经济和社会发展第十四个五年规划和二〇三五年远景目标的建议》生鲜电商发展重点

重点任务	主要内容
强化流通体系支撑作用	建设现代物流体系，加快发展冷链物流，统筹物流枢纽设施、骨干线路、区域分拨中心和末端配送节点建设，完善国家物流枢纽、骨干冷链物流基地设施条件，健全县乡村三级物流配送体系，发展高铁快运等铁路快捷货运产品，加强国际航空货运能力建设，提升国际海运竞争力
打造数字经济新优势	构建基于 5G 的应用场景和产业生态，在智能交通、智慧物流、智慧能源、智慧医疗等重点领域开展试点示范。鼓励企业开放搜索、电商、社交等数据，发展第三方大数据服务产业
丰富乡村经济业态	加强农产品仓储保鲜和冷链物流设施建设，健全农村产权交易、商贸流通、检验检测认证等平台和智能标准厂房等设施，引导农村二、三产业集聚发展

3. 各省市层面的政策汇总及解读

——31 省市生鲜电商行业政策汇总，2020 年前后，全国各地相继出台生鲜电商及相关产业相关政策，政策围绕金融管理中心建设、金融风险管理、金融服务能力等领域展开。

表 5-11 中国各省份生鲜电商政策汇总及解读（一）

省市	发布时间	政策名称	重点内容
北京	2022 年 8 月	《北京市外经贸发展资金支持北京市跨境电子商务发展实施方案》	支持跨境电子商务平台及平台内经营者发展；支持跨境电子商务产业园建设发展；支持企业开展跨境电子商务进出口业务；支持跨境电子商务仓储物流建设；支持发展线上线下相结合的跨境体验消费；支持北京跨境电商综试区服务支撑体系建设；支持建设完善综试区线上综合服务平台、统计监测、信息共享、智能物流、金融服务、电商诚信风险防控、市场开拓、人才培育和营销等服务体系
	2022 年 1 月	《关于印发北京城市副中心推进数字经济标杆城市建设行动方案（2022—2024 年）的通知》	依托“两区”建设，发展数字贸易新业态，推动数字贸易进一步扩大开放。完善数字贸易品牌企业服务机制，助力跨境电商、智慧物流等数字贸易企业做大做强
上海	2021 年 7 月	《上海市推进商业数字化转型实施方案（2021—2023 年）》	优化城市物流配送网点布局，形成高效便捷绿色的商贸物流网络。推进物流仓储设施智能升级建设，对离散的仓储市场进行标准化、信息化整合，建立网络化、共享型仓储平台。引导生鲜电商加快建设冷链物流体系，优化前置仓布局和规模，到 2025 年，新建改建 300 个生鲜前置仓和了个城市分选中心
	2021 年 7 月	《上海市先进制造业发展“十四五”规划》	提升制造业工业软件综合集成应用能力；研发一批关键网络信息安全产品与系统解决方案，推动网络信息安全技术产业化；推动远程办公、在线文娱、生鲜电商零售等在线新经济发展，打造新生代互联网企业集群

续表

省市	发布时间	政策名称	重点内容
广东	2022 年 9 月	《广东省推进冷链物流高质量发展“十四五”实施方案》	依托广州白云、深圳宝安、珠海金湾、揭阳潮汕、湛江吴川等枢纽机场，大力发展面向高端生鲜食品、医药产品的航空冷链物流，加强冷链卡车航班建设。支持广州、深圳打造国际冷链物流门户枢纽
	2021 年 4 月	《广东省国民经济和社会发展第十四个五年规划和 2035 年远景目标纲要》	打造国家物流枢纽和骨干冷链物流基地，提高物流效率，提升对服务供应链的重要支撑作用。大力推动快递物流、冷链物流体系高质量发展，完善城乡物流配送体系

表 5-12 中国各省份生鲜电商政策汇总及解读（二）

省市	发布时间	政策名称	重点内容
江苏	2023 年 2 月	《关于做好二〇二三年全面推进乡村振兴重点工作的实施意见》	实施意见中提出要进一步推动乡村全产业链升级并继续推广农产品“生鲜电商 + 冷链宅配”模式
	2022 年 6 月	《关于进一步释放消费潜力促进消费加快恢复和高质量发展的实施意见》	提升新型消费供给能力。推动社交电商、直播电商、内容电商、生鲜电商等规范健康发展。支持智能无人便利店、智能生鲜柜等智能零售终端进社区。除此之外，完善消费品流通体系。培育一批专业化生鲜冷链物流龙头企业
安徽	2022 年 6 月	《关于促进线上经济发展的意见》	大力发展生鲜电商，鼓励应用制冷预冷、保温保鲜等技术，规模化布局冷链仓储设施。支持发展智能便利店等智慧零售终端。大力发展“直播带货”，鼓励开展社交电商、社群电商等智能营销新业态
浙江	2022 年 9 月	《关于进一步支持稳外贸稳外资促消费若干措施的通知》	鼓励各地建设生鲜和预制菜产业园区，拓宽预制菜消费渠道，支持发展消费端市场，推动预制菜仓储冷链物流建设，推动社区电子商务物流配送，补助配置冷链交通车辆、终端仓储设施的企业
湖南	2021 年 11 月	《推动开放型经济高质量发展打造内陆地区改革开放高地行动方案（2021—2023 年）》	进一步完善跨境电商线上综合服务和线下产业园区“两平台”及智能物流等监管和服务“六体系”，打造内陆地区跨境电商物流集散中心和运营中心

表 5-13 中国各省份生鲜电商政策汇总及解读(三)

省市	发布时间	政策名称	重点内容
湖北	2022 年 8 月	《湖北数字经济强省三年行动计划(2022—2024 年)》	加快推动限上商贸企业数字化转型，创建省级电子商务示范基地 30 家、企业 100 家。支持直播电商、生鲜电商等新业态新模式规范发展。鼓励各市州围绕特色产业，依托市场主体建设电商直播基地。争创国家服务贸易创新发展示范区。到 2024 年底，全省电子商务交易额卖方口径突破 1.5 万亿元，网上零售额突破 4000 亿元
河南	2021 年 1 月	《中国(南阳)跨境电子商务综合试验区实施方案》	构建高效物流网络，加强智能物流和冷链物流建设，布局建设一批跨境电商仓储物流中心
黑龙江	2022 年 3 月	《黑龙江省人民政府关于印发黑龙江省"十四五"数字经济发展规划的通知》	建设"互联网 +"智慧物流体系，支持公益性、商业性物流信息平台和网络平台道路货运企业发展，推动形成设施高效衔接、信息互联共享的多式联运体系。加快发展第三方物流、智能仓储及城市配送快递、农副产品生鲜冷链、企业集采售后服务等专业化互联网物流服务平台
山东	2021 年 7 月	《山东省"十四五"现代物流发展规划》	加快推进潍柴智能物流园区、临沂临港特钢基地铁路物流中心等项目；提升仓储配送智能化水平，完善智能物流配送调配体系，重塑企业物流业务流程；依托现有产业配套优势，培育打造智能物流装备制造产业集群
福建	2021 年 4 月	《推进全省现代物流体系建设的若干措施》	积极推进国家物流枢纽布局建设，加快建设厦门港口型国家物流枢纽，积极推动智慧港区建设，发挥厦门海沧中远等全自动码头功能作用，加快建设无人场站、智能化仓储等物流设施

——31 省市生鲜电商行业发展目标解读，总体来看，全国主要省份均制定了明确的生鲜电商发展规划，其中生鲜电商物流体系搭建和围绕跨境、农村生鲜电商布局成为了全国主要省份聚焦的发展战略。

截至 2023 年中国主要省市生鲜电商产业规划总体概览：北京——支持跨境电子商务仓储物流建设、依托"而区"建设发展效字贸易新业态，推动数字贸易进一步扩大开放；山东——加快推进游荣智规物流回区、临沂临港特钢基地铁路物汽中心等项目，提升仓储配送智能化水平，完善智能物流配送调配体系；江苏——进一步推动乡村全产业链升级并继续推广农产岛"生鲜电商 + 冷链宅配"模式；上海——到 2025 年，新建改建 300 个生鲜前置仓和 3 个城市分选中心；湖北——加快推动限上商贸企业数字化转型，创建省级电子商务示范基地 50 家、企立 100 家。支持直播电商，生鲜电商等新业态新模式规范发展；湖南——进一步完善跨境电商线上综合服务和线下产业园区"两平台"及智能物流等监管和服务"六体系"；安徽——大力发展生鲜电商，鼓励应用制冷预冷，保温保鲜等技术，规模化布局冷链仓储设施。

来源：前瞻网

（四）2023年中国生鲜电商行业全景图谱

1. 行业概况

生鲜电商为零售电商这一大赛道下的分支，以蔬菜、水果、肉禽蛋类等生鲜品作为核心商品，利用互联网将生鲜品通过电商仓库等传统快递方式配送，或是通过到店、到家、社区团购、周期购等模式到达消费者手中。目前，生鲜电商模式包括O2O模式、前置仓模式、到店+到家模式、社区团购模式等。

2. 行业发展历程

截至目前，我国生鲜电商发展可分为三大阶段：市场探索期、市场启动期、一波三折的成长期。2016—2019年，行业退潮期席卷而来，行业出现裁员、倒闭、资金链断裂的现象。但是，2019年末为每日必需的生鲜品类突然迎来了线上市场的大爆发，需求量的激增使得原本处于崩溃边缘的生鲜电商迎来了“重生”。每日优鲜、盒马鲜生、叮咚买菜、苏宁生鲜、永辉到家、沃尔玛到家等在春节防疫期间均出现订单大增的情况。

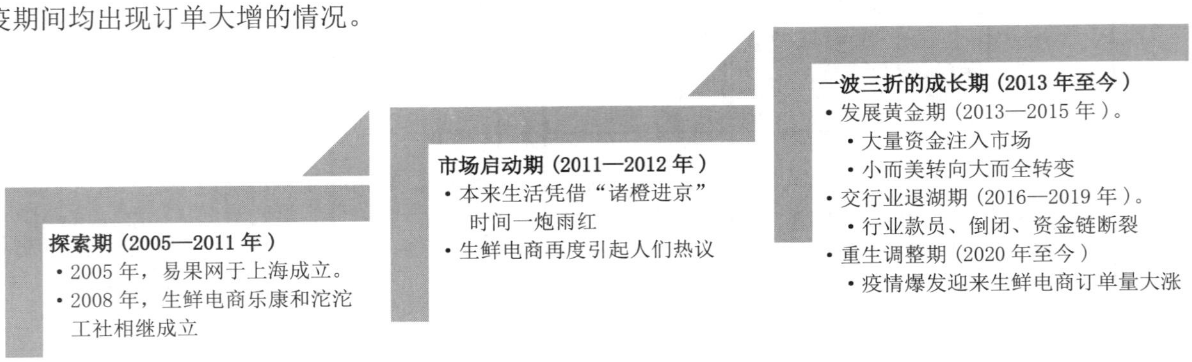

探索期（2005—2011年）
- 2005年，易果网于上海成立。
- 2008年，生鲜电商乐康和沱沱工社相继成立

市场启动期（2011—2012年）
- 本来生活凭借“诸橙进京”时间一炮雨红
- 生鲜电商再度引起人们热议

一波三折的成长期（2013年至今）
- 发展黄金期（2013—2015年）。
  - 大量资金注入市场
  - 小而美转向大而全转变
- 交行业退湖期（2016—2019年）。
  - 行业款员、倒闭、资金链断裂
- 重生调整期（2020年至今）
  - 疫情爆发迎来生鲜电商订单量大涨

图5-27 中国生鲜电商发展历程

3. 行业发展政策背景

当前，国家层面的生鲜电商行业政策主要以鼓励类为主，国家大力发展绿色低碳产业、加快海洋装备战略性新兴产业、支持培育智能光伏示范企业、优先发放补贴和加大信贷支持力度等措施，均是对发展生鲜电商提供有力的保障。

表5-14 截至2023年3月生鲜电商行业主要政策概览

发布时间	政策名称	重点内容解读	政策性质
2023年3月	《关于加快推进农产品初加工机械化高质量发展的意见》	加强生鲜乳预冷、冷藏成套装备与冷链运输设备推广应用，鼓励有条件的奶农、合作社开展养殖、加工、配送、销售一体化经营为保障生鲜乳品质量提供有力支撑	鼓励类
2022年5月	《“十四五”现代物流发展规划》	大力发展铁路冷链运输和集装箱公铁水联运，对接主要农产品产区和集散地，创新冷链物流干支衔接模式。发展“生鲜电商+产地直发”等冷链物流新业态新模式。推广蓄冷箱、保温箱等单元化冷链载器具和标准化冷藏车，促进冷链物流信息互联互通，提高冷链物流规模化、标准化水平。依托国家骨干冷链物流基地、产销冷链集配中心等大型冷链物流设施，加强生鲜农产品检验检疫农兽药残留及防腐剂、保鲜剂、添加剂合规使用等质量监管	鼓励类

续表

发布时间	政策名称	重点内容解读	政策性质
2021 年 11 月	《关于进一步释放消费潜力促进消费持续恢复的意见》	进一步完善电子商务体系和快递物流配送体系，加强疫情防控措施跨区域相互衔接，畅通物流大通道，加快构建覆盖全球、安全可靠、高效畅通的流通网络。支持智能快件箱（信包箱）、快递服务站进社区，加强末端环节及配套设施建设。加快发展冷链物流完善国家骨干冷链物流基地设施条件，培育一批专业化生鲜冷链物流龙头企业	鼓励类
2022 年 4 月	《关于加快推进冷链物流运输高质量发展的实施意见》	鼓励生鲜电商、寄递物流企业加大城市冷链前置仓等"最后一公里"设施建设力度，在社区、商业楼宇等设置智能冷链自提柜等提升便民服务水平	鼓励类
2021 年 12 月	《"十四五"冷链物流发展规划》	支持快递企业加强冷链物流服务能力建设，支持农产品流通企业、连锁商业、电商企业等拓展生鲜农产品销售渠道，扩大辐射范围和消费规模。加强城市冷链即时配送体系建设，支持生鲜零售、餐饮、体验式消费融合创新发展，满足城市居民个性化、品质化消费需求	鼓励类

4. 行业产业链分析

我国生鲜电商行业产业链较长，一般包括上游供货方、中游供应方、电商平台、物流，最后再到终端消费者。由于生鲜产品具有不易保存、易于腐烂的特点，冗长的供应链降低了商品的流通效率，加大了其损耗，成为行业一大痛点。因此，如何缩短供应链、提高物流效率，是降低生鲜电商成本的关键。随着新零售热潮的来临，产地直采、农场直销以及前置仓等创新模式兴起，为缩短供应链，降低成本提供了多样化的思路。

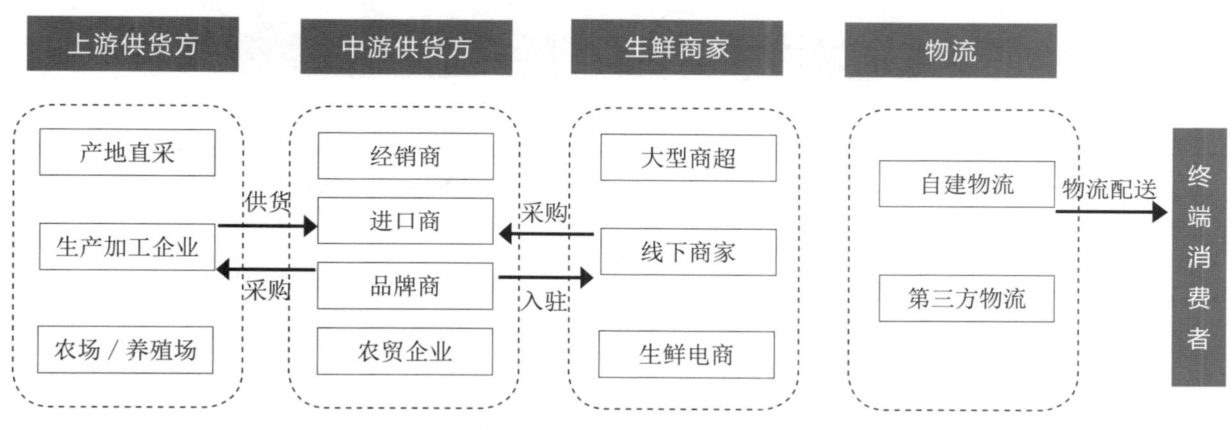

图 5-28 中国生鲜电商产业链

产业链上游环节中，各类农产品、水产等产地构成了产地直采的供货方；生产加工企业包括伊利、蒙牛等。中游环节由电商超市、产业电商、O2O 电商等组成，提供生鲜电商业务服务，代表电商包括京东超市、盒马生鲜、叮咚买菜等；下游则主要包括物流及终端消费者。

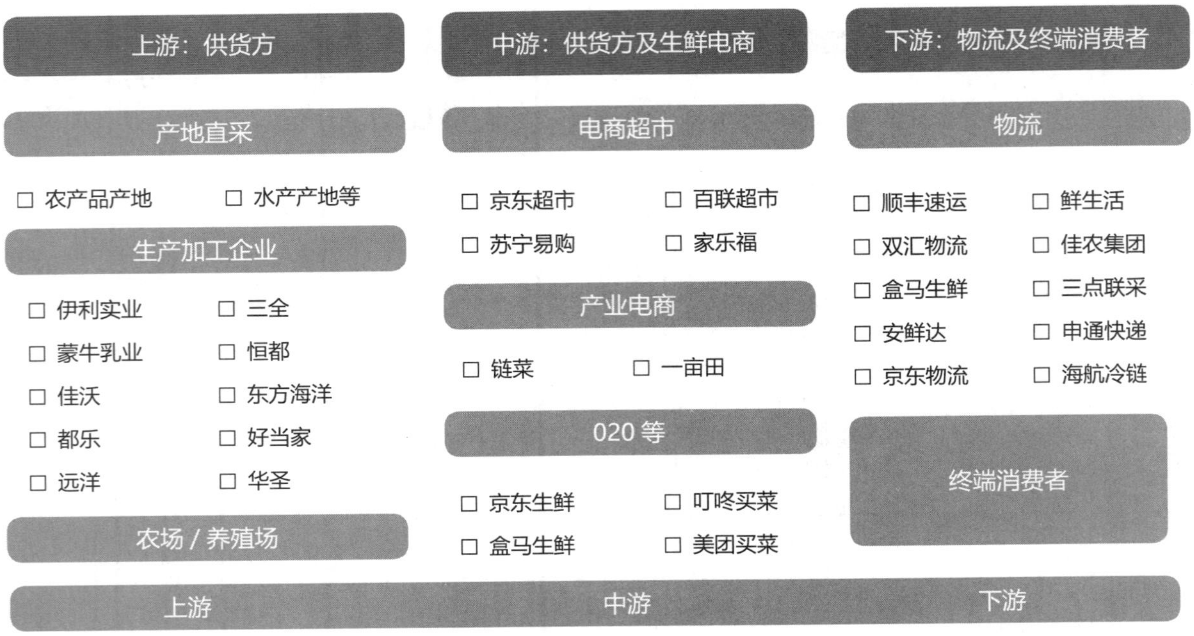

上游：供货方

产地直采

☐ 农产品产地 ☐ 水产产地等

生产加工企业

☐ 伊利实业 ☐ 三全
☐ 蒙牛乳业 ☐ 恒都
☐ 佳沃 ☐ 东方海洋
☐ 都乐 ☐ 好当家
☐ 远洋 ☐ 华圣

农场 / 养殖场

中游：供货方及生鲜电商

电商超市

☐ 京东超市 ☐ 百联超市
☐ 苏宁易购 ☐ 家乐福

产业电商

☐ 链菜 ☐ 一亩田

020 等

☐ 京东生鲜 ☐ 叮咚买菜
☐ 盒马生鲜 ☐ 美团买菜

下游：物流及终端消费者

物流

☐ 顺丰速运 ☐ 鲜生活
☐ 双汇物流 ☐ 佳农集团
☐ 盒马生鲜 ☐ 三点联采
☐ 安鲜达 ☐ 申通快递
☐ 京东物流 ☐ 海航冷链

终端消费者

上游 中游 下游

图 5-29 中国生鲜电商产业链生态图谱

5. 中国行业发展现状：供给需求有待回升

（1）中国生鲜电商行业参与者类型丰富

根据业务模式的不同，我国生鲜电商参与者可分为传统生鲜电商、O2O、前置仓模式等。其中传统生鲜电商平台主要平台包括天猫生鲜、京东生鲜等；到店＋到家模式（店仓一体化）电商主要平台包括盒马鲜生、永辉等。

表 5-15 中国生鲜电商参与者类型

分 类	企 业
传统生鲜电商	天猫生鲜、京东生鲜、本来生活、顺丰优选、天天果园、百果园等
020	京东到家、美团闪购、淘鲜达、多点、鲜码头、i 百联、大润发优鲜等
前置仓模式	叮咚买菜、朴朴超市、美团买菜等
到店＋到家模式（店仓一体化）	盒马鲜生、7Fresh、永辉、沃尔玛、家乐福、钱大妈等
社区团购模式	兴盛优选、多多买菜、美团优选、食行生鲜等
B 端生鲜电商	美菜网、奇麟鲜品、宋小菜、微团餐、飞熊领鲜、链菜等

（2）中国生鲜电商行业渗透率有待提升

2013—2022 年，我国生鲜电商渗透率保持高速增长状态。网经社报告数据显示，我国生鲜电商 2022 年渗透率达 10.28%，仍处于较低水平。

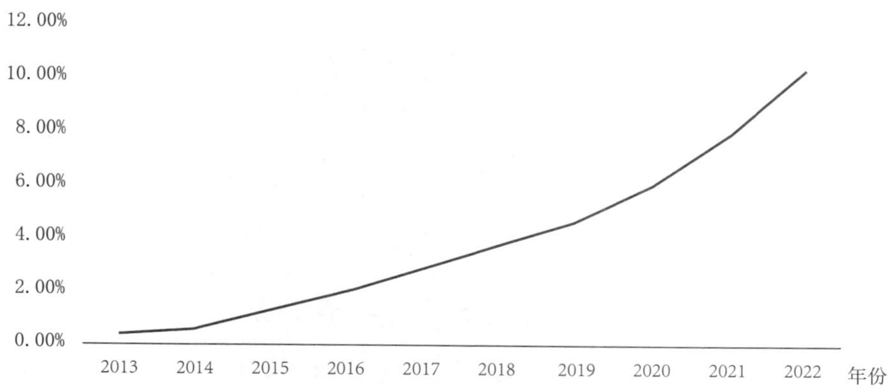

图 5-30 2013-2022 年中国生鲜电商行业市场渗透率（单位：%）

（3）中国生鲜电商行业用户画像

QuestMobile 统计数据显示，截至 2022 年 7 月，生鲜电商主要活跃用户年龄段为 25—35 岁，占比达到 37.6%。从城市等级来看，主要集中在一线及新一线城市，两者共计占比达到 59.7%。从线上消费能力来看，大部分消费者以 1000—1999 元为主，占比超过 40%。

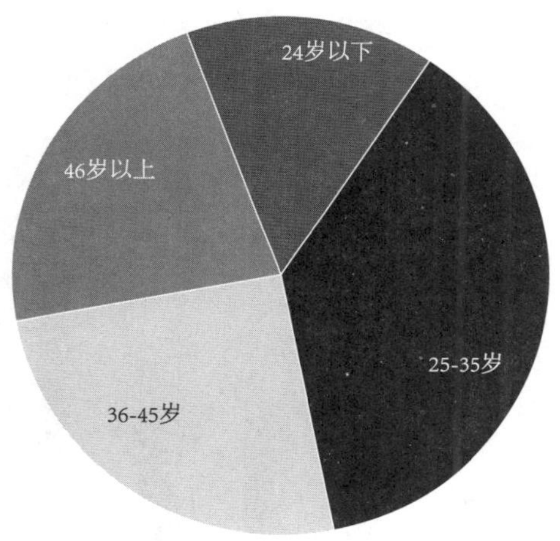

图 5-31 2022 年中国生鲜电商活跃用户画像（按年龄）（单位：%）

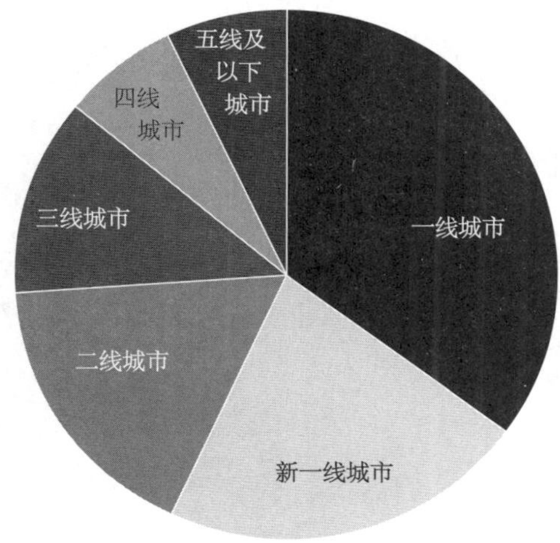

图 5-32 2022 年中国生鲜电商活跃用户画像（按城市等级）（单位：%）

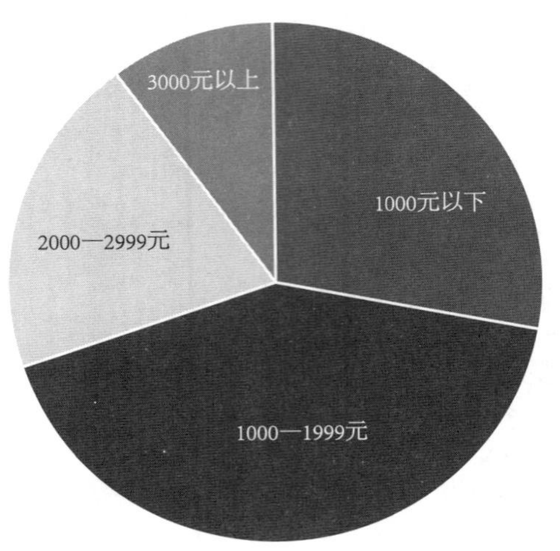

图 5-33 2022 年中国生鲜电商活跃用户画像（按线上消费能力）（单位：%）

（4）中国生鲜电商行业市场规模保持上升态势

根据网经社“电数宝”电商大数据库显示，2013-2022 年我国生鲜电商行业交易规模保持快速增长态势。2022 年，我国生鲜电商市场规模达 5601.4 亿元，同比增长 20.25%。

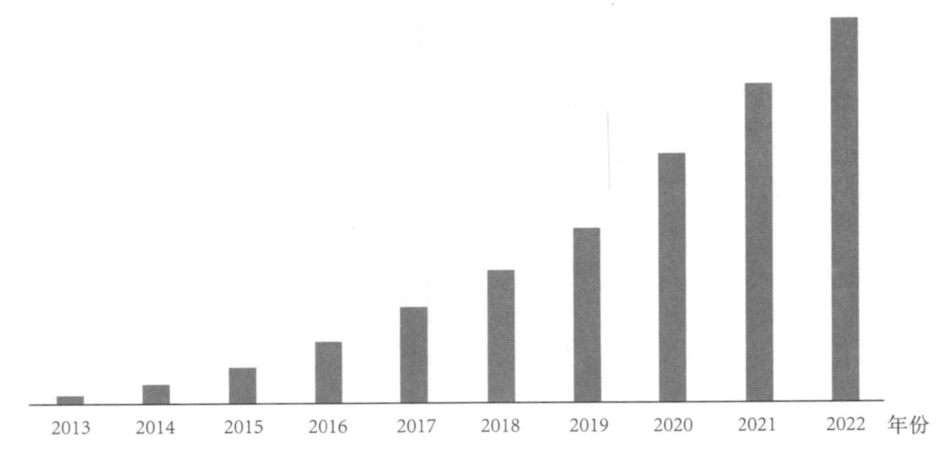

图 5-34 2013-2022 年中国生鲜电商行业市场规模（按交易规模）（单位：亿元）

6. 中国行业竞争格局分析

（1）行业企业竞争格局

从我国生鲜电商行业现有竞争梯队布局来看，第一梯队企业包括盒马鲜生、京东生鲜、叮咚买菜等，发展时间较长，布局较为完善。第二梯队企业主要包括各类商超电商平台，如永辉超市、大润发、沃尔玛等。

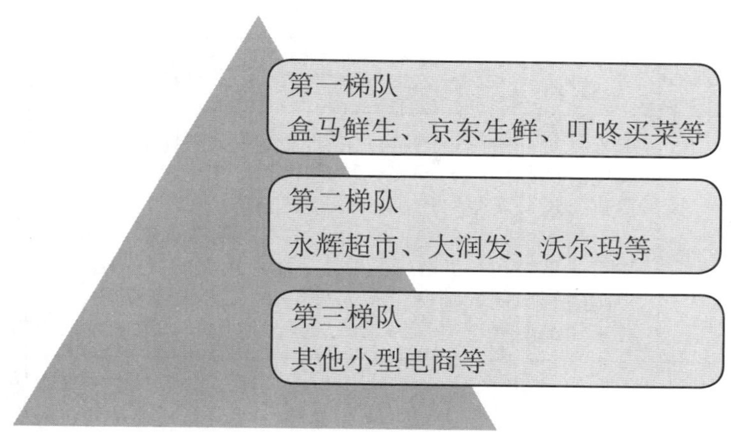

图 5-35 2023 年中国生鲜电商产业竞争梯队

注：上图选用各公司 2023 年上半年数据。

（2）区域竞争格局分析

从我国生鲜电商产业链企业区域分布来看，生鲜电商行业产业链企业主要分布在江苏省，其次是山东省和广东省。其余地区河南省、湖南省、江西省也有较多企业分布。

（3）行业企业集中度分析

结合网经社披露的我国生鲜电商行业市场规模及代表企业的营业收入来进行生鲜电商行业集中度的测算。其中排名前三的企业市场集中度达到 30%；排名前五的企业市场集中度为 35%。

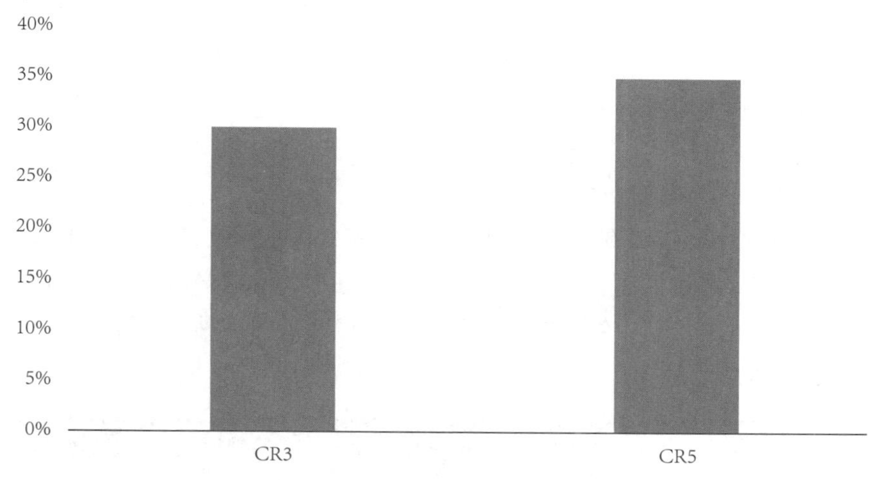

图 5-36 2022 年中国生鲜电商产业市场集中度分析（单位：%）

7. 行业发展趋势

从生鲜电商发展趋势来看，随着生鲜电商行业下游消费者购买能力的提升，未来几年，中高端的特色生鲜产品将在生鲜电商市场上获得更大的市场。与此同时，电商巨头将进一步完善生鲜电商布局，市场集中度有待进一步提升。

表 5-16 中国生鲜电商行业发展趋势

趋势	具体内容
产品高端化	未来几年，中高端的特色生鲜产品将在生鲜电商市场上获得更大的市场。现阶段生鲜产品的主力购买人群是中年人以及老年人，这类人群主要在线下超市以及菜市场购买生鲜产品，不习惯在线上网购。该部分人群已经很难改变其固有的购买习惯，生鲜电商平台上主力的消费人群还是年轻人群。大众化的食材面临着线下超市、菜市场的冲击，而特色化的高品质生鲜产品更受年轻人的欢迎。中国生鲜电商的消费主力人群主要是28—38岁的年轻白领。这类人群购买力强，对生活品质要求也高，乐意选择品质更好，更安全的生鲜食材
市场集中度将进一步提高	市场的快速膨胀引来巨头级玩家的频频出手。京东开京东生鲜，阿里布局盒马生鲜，苏宁超市进军生鲜品类等，巨头们无论是通过投资还是采取自营，都将目标锁定在生鲜方面。由于电商巨头拥有丰富的资源，产业链完整。未来，电商巨头进军生鲜趋势将愈演愈烈

来源：前瞻网

（五）2023年生鲜超市行业现状及前景：消费水平的提升为行业提供了巨大市场潜力

从市场结构来看，肉类在市场结构中占据了最大的份额，表明中国消费者对肉类食品的需求较高。这可能与人们的饮食习惯和生活水平提升有关。随着收入水平的提高，人们可能更倾向于消费肉类产品，占比为39.72%。从区域分布来看，华东地区在生鲜超市行业的区域分布中占据了相当大的份额。华东地区是中国人口最多的地区之一，同时也包括了一些经济发达的城市，消费者需求相对较高。

1. 生鲜超市概述

生鲜超市是指专业从事生鲜经营并结合现代超市经营理念的专卖店、连锁店。其中不只包括蔬菜、水果、水产、粮食等一般的农副产品，还涉及到一些强相关性的产品，例如，加工食品、半加工食品、厨房用品等，可是说生鲜超市经营的内容是家庭厨房所需的产品。生鲜超市可以分为传统生鲜超市和新零售生鲜超市两大类。

新零售生鲜超市

就是把线上线下深度结合，加上现代物流，大数据，云计算等网络创新技术，相结合构成新零售生鲜超市，新零售生鲜超市，线上就是以互联网为基础，顾客在网络上选购并下单后，直接帮你配送到家。线下也有单独的门店，顾客可以进店选购

传统生鲜超市

指传统形式的食品零售店，专门销售新鲜食品和生鲜产品，如水果、蔬菜、肉类、海鲜、乳制品等。这些超市通常提供顾客购买日常生活所需的食材和食品，以满足他们的食品需求

图 5-37 生鲜超市的分类及描述示意图

2. 政策

水果食品的存储较难、运输要求较高，以往物流技术的落后带来生鲜食品较大的损耗。随着未来物流覆盖面的扩大以及冷链或恒温物流技术的发展，专业运输车辆和仓库的升级，有望加快运输速度，降低损耗。同时，物联网、区块链、RFID 等前沿技术不断投入应用，有望驱动生鲜行业高速发展。同时，国家近年来也推出一系列政策大力支持水果行业发展，涵盖种植、物流、销售等多个环节，强调农业质量安全的重要性，鼓励农产品转型升级，仓储物流标准化等，刺激着中国生鲜超市行业快速发展。

表 5-17 中国生鲜超市行业相关政策梳理

政策名称	发布年份	发布机构	政策目标
《“十四五”冷链物流发展规划》	2021	国务院	提出建设内外联通的国家冷链物流骨干通道网络，提高冷链物流规模化发展和网络化运作水平，提高产地冷链设施利用效率和农产品产后商品化处理水平，充分发挥冷链物流对促进消费、改善社会民生的重要作用
《数字农业农村发展规划》	2020	农业农村部、中央网络安全和信息化委员会办公室	通过建立基础数据收集系统，促进数字农业和农村建设的发展。加快生产经营数字化转型，推进管理服务数字化转型，加强关键技术和设备创新，实施国家农业和农村大数据中心建设
《2019 年种植业工作要点》	2019	农业农村部、中央网络安全和信息化委员会办公室	围绕“整合、提升、促进、解封”深化农业供给侧结构性改革，稳定产量、确保重要农产品供应、调整优化种植结构、加快推进绿色发展、全面推进优质种植业发展
《关于加快冷链物流保障食品安全促进消费升级的意见》	2017	国务院	建立涵盖整个价值链并具有严格标准及更加追溯能力的现代化冷链物流系统。改善冷链物流基础设施网络及冷链物流信息化水准、提高冷链流通率、新鲜农产品及易腐烂食品的冷藏运输率、降低新鲜产品腐坏率
《国务院办公厅推动实体零售创新转型的意见》	2016	国务院	提出五个类别的 16 项具体措施，推动实体零售商转型、升级及发展活力
《国务院关于积极推进“互联网+”行动的指导意见》	2015	国务院	强调完善农村电子商务配送服务网络，解决农产品标准化、物流标准化、冷链仓储建设等关键问题

3. 产业链

生鲜超市产业链上游为农产品等，主要为果蔬、肉禽蛋、水产养殖、物流配送等；产业链中游为生鲜超市行业；产业链下游为消费者。

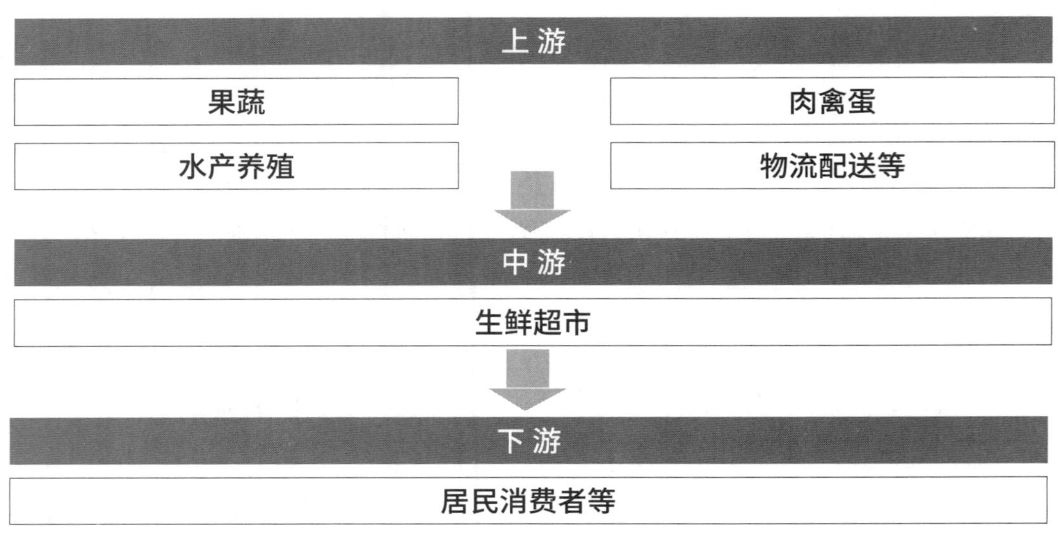

图 5-38 生鲜超市行业产业链结构示意图

生鲜超市产业链下游销售渠道中分为线上销售渠道及线下销售渠道，其中线下销售渠道占据了大量的市场份额，占比为 88.13%，线上渠道随着渗透率的提升，日益提升，占比为 11.87%。

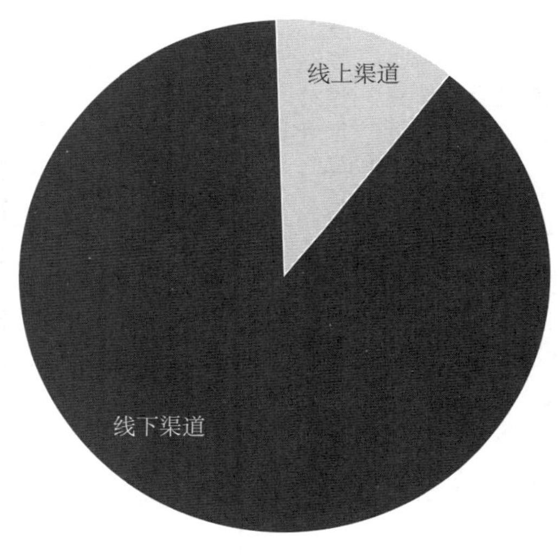

图 5-39 生鲜超市行业产业链下游销售渠道占比情况

4. 全球生鲜超市行业发展现状

随着数字技术的普及，许多生鲜超市开始采用在线平台，提供网上订购和配送服务。这种趋势在新冠疫情大流行期间得到了加速，消费者更加依赖在线购物。生鲜超市正在积极采用电子商务和移动应用程序，以扩大市场覆盖范围，并提供更多的购物便利。根据数据显示，2022 年全球生鲜超市行业市场规模约为 12473.8 亿美元；从市场区域分布来看，美国为最大的市场，占比为 22.76%，其次为欧洲地区，占比为 18.54%。

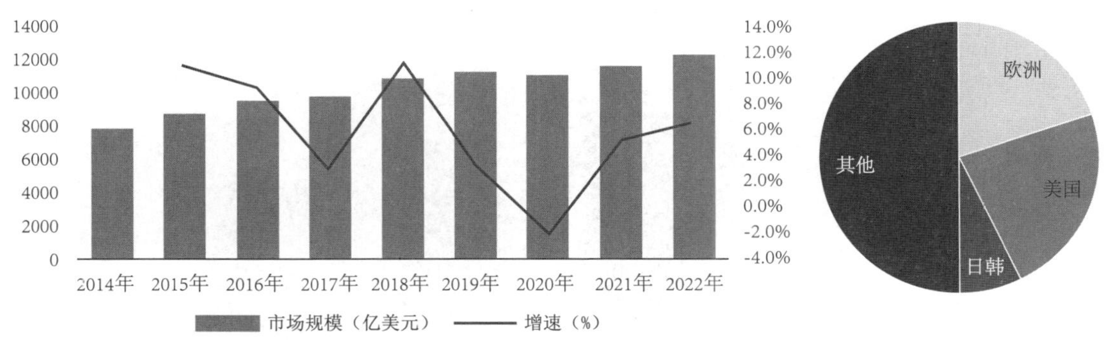

图 5-40 2014-2022 年全球生鲜超市行业市场规模及区域分布

5. 中国生鲜超市行业发展现状

中国庞大的人口和不断提升的消费水平为生鲜超市行业提供了巨大的市场潜力。随着城市化的不断推进，越来越多的消费者倾向于购买方便、新鲜和多样化的食品。中国的生鲜超市行业经历了数字化和在线渠道的快速增长。许多消费者选择在电商平台上购买生鲜产品，如阿里巴巴的菜鸟驿站、京东到家等。线上渠道为消费者提供了方便的购物体验，同时也推动了供应链和物流的创新。数据显示，2022 年中国生鲜超市行业市场规模约为 31675.81 亿元。线上渗透率逐年上涨，2022 年中国生鲜超市线上渗透率约为 21.66%。

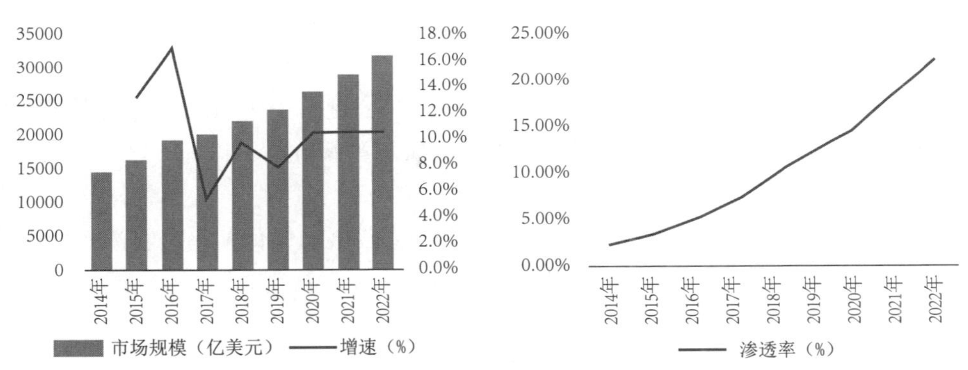

图 5-41 2014-2022 年中国生鲜超市行业市场规模及线上渗透率

从市场结构来看，肉类在市场结构中占据了最大的份额，表明中国消费者对肉类食品的需求较高。这可能与人们的饮食习惯和生活水平提升有关。随着收入水平的提高，人们可能更倾向于消费肉类产品，占比为 39.72%。从区域分布来看，华东地区在生鲜超市行业的区域分布中占据了相当大的份额。华东地区是中国人口最多的地区之一，同时也包括了一些经济发达的城市，消费者需求相对较高。

6. 中国生鲜超市行业市场竞争格局

传统生鲜超市正在面临来自电商的竞争，尤其是在数字化日益普及的情况下。消费者越来越倾向于在线购物，因此传统超市需要通过提供更好的购物体验、多样化的产品和服务等来保持竞争力。随着消费者健康意识的提高，生鲜超市之间的竞争不仅仅停留在价格上，更多地聚焦于产品的质量、可持续性和健康特性。根据数据显示，永辉超市占比最重，占比为 1.58%。

从 2021 年 8 月启动至今，逐步实现商品在线化全生命周期管理数字治理，提升商品进出效率；下一步将推进供应商数字化，分级策略绩效改进。2023 年 6 月 30 日前，实现基于门店和用户画像的数字化选品，实现品类规划驱动的商品研发，打造真正的数字化供应链能力。公司年报显示，2022 年永辉超市生鲜及加工业务收入约为 399 亿元。

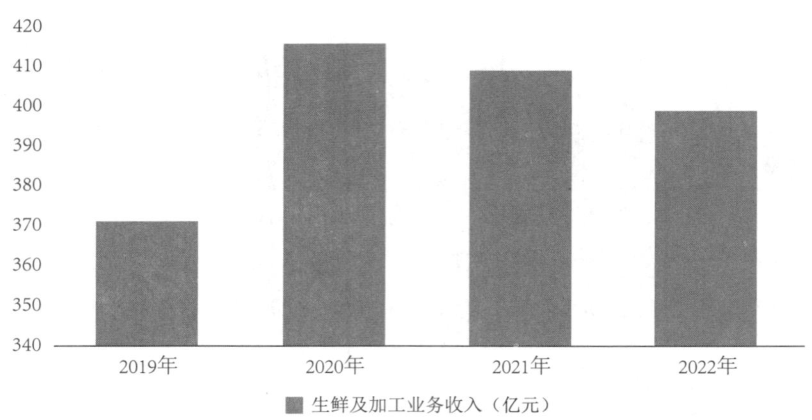

图 5-42 2019—2022 年永辉超市生鲜及加工业务收入变化情况

7. 未来中国生鲜超市行业发展趋势

（1）数字化和在线渠道持续增长

未来，数字化和在线渠道将继续成为生鲜超市行业的重要趋势。消费者对便利的需求将继续推动在线订购和配送服务的发展。超市需要进一步提升数字化能力，提供用户友好的移动应用、网站和电子支付解决方案。

（2）供应链优化和冷链物流

生鲜产品的保鲜度和质量对消费者至关重要。未来，供应链的优化和冷链物流系统的发展将成为重点。这有助于确保生鲜产品从产地到消费者手中的高质量和新鲜度。

（3）供应链优化和冷链物流

生鲜产品的保鲜度和质量对消费者至关重要。未来，供应链的优化和冷链物流系统的发展将成为重点。这有助于确保生鲜产品从产地到消费者手中的高质量和新鲜度。

来源：智研咨询

六、电商物流

（一）2023年电商行业大事记

经过20多年的培育，中国电商显然进入了稳定发展期，但货架电商、搜索模式、推荐模式、短视频+直播、社区团购、即时零售、电商出海等风潮一浪高过一浪，这仍然是一个不断变化的市场。让我们共同回顾2023年电商领域发展变化，感受中国经济的日新月异。

1月

4日，商务部部长王文涛与菲律宾贸工部部长阿尔弗雷多·帕斯夸尔在北京签署了《中华人民共和国商务部和菲律宾共和国贸易与工业部关于电子商务合作的谅解备忘录》。截至目前，我国已与包括菲律宾在内的29个国家建立了双边电子商务合作机制。

13日，新疆首架跨境电商全货机日前从乌鲁木齐地窝堡国际机场起航，飞往哈萨克斯坦阿克托别，这标志着乌鲁木齐跨境电商综合试验区正式开启跨境电商“陆空多式联运”新模式。

30日，财政部、海关总署、税务总局联合发布《关于跨境电子商务出口退运商品税收政策的公告》，对符合规定的跨境电商出口退运商品免征进口关税和进口环节增值税、消费税，出口时已征收的出口关税准予退还。

2月

3日，工业和信息化部运行监测协调局公布2022年互联网和相关服务业运行情况。2022年，主要提供网络销售服务的企业（包括大宗商品、农副产品、综合电商、医疗用品、快递等）互联网业务收入同比增长12.6%。

6日，中共中央、国务院印发了《质量强国建设纲要》，提出规范发展网上销售、直播电商等新业态新模式，并发出通知，要求各地区各部门结合实际认真贯彻落实。

9日，商务部在北京举行新闻发布会。针对美方近日发布所谓“恶名市场”名单，其中涉及微信、全球速卖通、敦煌网和淘宝等平台。商务部新闻发言人束珏婷称，报告结论不客观、不公正，中方对此坚决反对。

3月

6日，京东百亿补贴正式上线。不同于此前测试时和京东秒杀等频道并列的“四宫格”式入口，正式上线的百亿补贴优先级又再次提高，单独占据了京东App首页首屏的正中位置。据称，未来百亿补贴将作为一级入口长期存在。

10日，快手电商公布了2023年“三八”节收官战报。数据显示，今年“三八”节期间（3月1—8日），快手商家订单量同比提升40%，品牌GMV同比提升125%，短视频订单量同比提升209%，搜索成交订单量同比提升267%，快品牌支付GMV同比提升66%。

20日，eCommerceDB近日发布了中国卖家在全球电商平台份额占比的报告。报告显示，2022年中国卖家GMV达到了2010亿美元，占比为26%。预计到2023年，中国卖家GMV将达到2380亿美元，占亚马逊总 GMV 的 28%。作为全球 GMV 最大的电商平台，亚马逊不仅在过去几年总 GMV 数额不断增长，而且中国销售商生产的 GMV 增长尤为强劲，在亚马逊总 GMV 中所占的份额也越来越大。

4 月

3 日，胡润研究院发布《2022 胡润品牌榜》，300 强最具价值中国品牌上榜，这是胡润研究院连续第十七年发布胡润品牌榜。T3 出行凭借其高成长性及高质量发展成果，成立仅 3 年多，就首次上榜最具价值中国品牌榜，系新晋品牌中最年轻的互联网企业。

10 日，截至 2023 年 3 月 31 日，脱贫地区农副产品网络销售平台（“832 平台”）累计销售额突破 350 亿元，入驻供应商超 2 万家，在售农副产品超 30 万款，采购单位逾 60 万家，助推 832 个脱贫县的近 300 万农户巩固脱贫成果。

13 日，农资垂直 B2B 电商平台“抢农资网”完成 A 轮融资，投资机构为政府引导基金河南返乡创业股权投资基金，本轮融资中投资机构支付对价超 1000 万元。本轮投资，将加速抢农资网发展，帮助企业提升客户体验和市场占有率。

是日，抖音电商 MCN 机构等级体系正式上线。电商 MCN 机构等级体系是抖音电商全新上线的对电商 MCN 机构进行等级评定，并给予不同等级机构相应权益激励的一套体系，激励电商 MCN 机构不断提升作者供给、改善用户体验、拓展全域经营、提供优质商品和服务，助力电商 MCN 机构更好成长。

5 月

12 日，第五届“双品网购节”圆满收官。本届“双品网购节”以“全年乐享，全民盛惠”为主题，各地围绕品牌、品质消费，开展了各具特色的配套活动，为“消费提振年”系列活动添上亮丽一笔。据商务大数据对重点电商平台监测，活动期间（4 月 28 日至 5 月 12 日）实现全国网络零售额 7102 亿元，同比增长 14.5%，其中，实物商品网络零售额 6090 亿元，同比增长 11.6%，展现出网络消费市场的强劲动力。

16 日，国家统计局数据显示，4 月，社会消费品零售总额 34910 亿元，同比增长 18.4%。1—4 月，全国网上零售额 44108 亿元，同比增长 12.3%。其中，实物商品网上零售额 37164 亿元，增长 10.4%，占社会消费品零售总额的比重为 24.8%；在实物商品网上零售额中，吃、穿、用类商品分别增长 9.0%、13.5%、9.6%。

15 日，第三届直播电商节（中国·广州）闭幕。本届直播电商节跨境专场活动累计直播 120 场次，直播时长超 500 小时，吸引超千万人次观看，为国内外消费者带来了超千款产品，促成线上直接成交额近 10 亿元。

24 日，淘菜菜官方微信公众号“淘菜菜超市”宣布，淘菜菜与淘鲜达合并，更名为淘宝买菜。

6 月

1 日，多家电商平台公布首轮战报。网易严选发布其 618 战报，战报显示，截至 2023 年 5 月 31 日 24:00，网易严选 618 开门红首战告捷，天猫平台网易严选旗舰店 618 首日销售同比增长 100%+。京东 618 开门红开启 10 分钟，京东云每秒用户访问峰值同比提升 112%，京东云言犀智能客服累计咨询服务量超 234 万次。

8 日，腾讯发布“视频号小店运费险”服务指南，视频号运费险正式上线。首次投保根据经营类目有 5 档选择，服饰内衣、鞋靴和珠宝首饰保费最高，为 1.12 元；家装建材和食品饮料保费最低，为 0.34 元。

17 日，第 40 届中国·廊坊国际经济贸易洽谈会国际跨境电商发展论坛上，海关总署介绍 2022

年我国跨境电商进出口情况时说，中国跨境电商进出口规模首次突破 2 万亿元人民币，达到 2.1 万亿元，比 2021 年增长 7.1%。

21 日，星图发布的数据显示，2023 年 618 期间直播电商累积销售额达 1844 亿元，抖音排名直播电商平台榜首，点淘第二，快手排名第三。

27 日，淘宝直播发布产业带 618 战报。据淘宝直播官方统计，618 期间，产业带直播间的交易额环比增长超 300%，其中直播间下单用户超 50 万人，成交件数超 400 万，产业带直播店成交超 10 万的商家超 600 个；产业带直播间总曝光超过 28 亿，开播时长超 855 万小时，开播场次环比增长 500%。

7 月

5 日，支付宝开放平台 6 月巡检公示发布。支付宝依据市场监管总局发布的《盲盒经营行为规范指引（试行）》和支付宝《小程序违规处理规则》，明确建立了健全的检查制度。对在盲盒经营商品或服务信息存在相关违法违规情形的支付宝商家，都会依法依规采取必要的处置措施。据悉，2023 年截至目前，支付宝已对违规的盲盒经营行为做了一批处置。共计拦截域名 138 个、处置违规小程序 163 个、处罚违规商家 167 个。

13 日，2023 年上半年进出口情况发布会上，海关总署新闻发言人、统计分析司司长吕大良在会上介绍，据海关初步统计，2023 年上半年跨境电商进出口 1.1 万亿元，同比增长 16%。其中，出口 8210 亿元，增长 19.9%；进口 2760 亿元，增长 5.7%，继续保持了好的发展势头，有效助力了我国外贸稳规模优结构。

20 日，商务部电子商务司负责人介绍，2023 年上半年，我国网络零售市场规模总体呈稳步增长态势。重点监测电商平台累计直播销售额 1.27 万亿元，累计直播场次数超 1.1 亿场，直播商品数超 7000 万个，活跃主播数超 270 万人。全国农村网络零售额达 1.12 万亿元，同比增长 12.5%，比一季度加快 3.7 个百分点。其中，农村实物商品网络零售额 1.02 万亿元，同比增长 11.3%。全国农产品网络零售额 0.27 万亿元，同比增长 13.1%。

25 日，拼多多跨境电商平台 Temu 已于 7 月 1 日在日本正式上线，首次进军亚洲市场。仅半个月时间，Temu 现已再次扩大其亚洲市场版图，正式上线韩国。目前 Temu 在韩国市场多以 1000—30000 韩元 （当前约 5—168 元人民币）的商品为主。

8 月

2 日，截至当日，脱贫地区农副产品网络销售平台（“832 平台”）累计销售额突破 400 亿元，入驻供应商超 2 万家，在售农副产品超 30 万款，注册采购单位超 60 万家，助推 832 个脱贫县的近 300 万农户巩固脱贫成果。

是日，2023 年《财富》世界 500 强发布排行榜，今年《财富》世界 500 强排行榜企业的营业收入总和约为 41 万亿美元，比上年上涨 8.4%。京东集团位居第 52 位，同时也是连续 8 年上榜并蝉联国内行业首位。阿里巴巴位居 68，小米位居 360，顺丰位居 377。

8 日，国家商务部网站公告了 132 家电子商务示范企业名单。京东、快手、值得买、东方甄选、多点、小米、宝尊电商、盒马、拼多多、叮咚买菜、小红书、孩子王、网易严选、遥望网络、淘天、菜鸟、韩都衣舍、若羽臣、唯品会等企业入选“电子商务示范企业”名单。

15 日，国家统计局官网披露的数据显示，1—7 月，全国网上零售额 83097 亿元，同比增长 12.5%。其中，实物商品网上零售额 69856 亿元，增长 10.0%，占社会消费品零售总额的比重为 26.4%；在实物商品网上零售额中，吃类、穿类、用类商品分别增长 8.7%、12.0%、9.5%。

8 月 17 日，支付宝合作伙伴大会在杭州举行，支付宝直播产品负责人祝勤玫介绍到，支付宝直播将从内容直播进阶到带货直播，发布“爆品计划”。同时，达人代播选品中心——“带货宝”同步上线，既支持商家品牌自播卖货，也支持达人分销带货。

9 月

2 日，2023 中国电子商务大会开幕。商务部部长助理陈春江在会上表示，商务部将从以下五个方面推动电子商务发展：一是发展数字贸易，加快贸易强国建设；二是把恢复和扩大消费摆在优先配置；三是引导电商平台与实体经济深度融合；四是全面实施乡村振兴战略；五是拓展深化丝路电商工作。

是日，2023 年中国电子商务大会在北京国家会议中心开幕。会上举行了 2023 年新增国家电子商务示范基地授牌仪式。此次新增 16 家，截至目前，总数达到 170 家。

7 日，农业农村部农村经济研究中心与抖音电商在京联合举办丰收节论坛，抖音电商从 2022 年 9 月至 2023 年 9 月，平台共助销农特产 47.3 亿单，平均每天就有 1300 万个装有农特产的包裹，通过抖音电商销往全国各地。

19 日，中国人民银行深圳市分行副行长、国家外汇管理局深圳市分局副局长冯子兴发表署名文章，文中表示，截至 2023 年 7 月末，全国共有 16 家银行可凭交易电子信息办理跨境电商外汇业务，其中业务落地深圳的银行共 8 家，累计办理跨境电商外汇收款 5.6 亿美元，服务客户 10290 家。

10 月

10 日，TikTokShop 跨境电商宣布，Tik-TokShop 美国自运营模式已开放跨境商家定向邀约入驻。目前，美国市场跨境商家自运营模式可支持三种类型商家定向邀约入驻：美国本土发货商家、品牌出海商家、珠宝水晶商家。

17 日，百度营销、百度优选联合主办的“生成式 AI 商业营销发展论坛”在北京举办，百度电商升级了业界首个 AI 全栈式数字人直播解决方案“慧播星”和国内首个生成式 AI 导购“智能导购”，并发布了“千村万户”直播计划，“慧播星”未来 5 年将帮助 2000 个农村和中小商家。

11 月

5 日，第六届进博会在上海举行。本届进博会迎来了 154 个国家、地区和国际组织的来宾，吸引超过 3400 家参展商注册报名。超过 70 个国家和国际组织参加国家展，覆盖五大洲，其中 11 国首次参展，34 国首次线下参展，洪都拉斯、哈萨克斯坦、塞尔维亚、南非、越南等 5 国担任主宾国。

6 日，菜鸟联合速卖通升级中东、北美、巴西等国际快递物流解决方案，让全球消费者同享“史上最快双 11”。据了解，此次物流升级可将四国的跨境物流从 30 天提速至 12—14 个工作日，帮助商家提升消费者体验，掘金中东这一高购买力市场。

12 日，星图数据显示，11 月 10 日 20:00 至 11 月 11 日 24:00，综合电商平台销售额总额为 2777 亿元，其中天猫渠道占比最高，为 60.02%，京东为 27.86%，拼多多为 7.34%，其他渠道占比 4.77%；综合电商平台海外购业务销售额达 341 亿元。

17 日，商务部电子商务司负责人介绍 10 月我国电子商务发展情况，1—10 月，全国网上零售额 12.3 万亿元，增长 11.2%，实物网零对社零增长贡献率达 32.1%。根据商务大数据监测，1—10 月，直播销售额超 2.2 万亿元，增长 58.9%，占网络零售额 18.1%，拉动网零增长 7.5 个百分点。

23 日，第二届全球数字贸易博览会在浙江杭州开幕。本届数贸会以“数字贸易商通全球”为主题，以“一体运营，数实融合”为特色，设置会议、展览、平台、活动四大板块，汇聚超 800 家境内外数字贸易企业参展。

27 日，国家市场监督管理总局、国家标准化管理委员会发布了《跨境电子商务海外仓运营管理要求》（GB/T43291—2023）。该标准是首个跨境电商海外仓相关的国家标准，规定了跨境电子商务海外仓服务提供者的基本要求，以及运营管理和管理保障要求，适用于跨境电子商务海外仓服务提供者的运营管理。

12 月

1 日，为深度服务东北地区跨境电商企业发展，为电商企业"走出去"提供结算便利，由国家外汇管理局大连市分局主办，农行大连市分行承办，"出口跨境电商直接结算系统上线发布会"正式召开，标志着东北地区首个跨境电商直接结算系统正式上线。

7 日，数据显示，今年第三季度，海淘中国服装类的金额排名第一，占到整体海淘金额的 26% 左右，比去年增加 2 倍以上。根据韩国关税厅本月发布的数据，今年第三季度韩国海淘金额超 89 亿元，同比增长 24.8%。其中，中国占一半左右的份额。

10 日，东方甄选在海南三亚开播，上架了首批文旅产品。据第三方数据统计，于 12 月 10 日结束的东方甄选吉林专场在 3 天内销售金额达 2.76 亿元，创下历史新高，且首次推出的文旅产品 GMV 达 1600 万元，成为行业热门话题。

来源：《现代物流报》

（二）2023 年电商物流行业发展现状评价与趋势预测

1. 宏观市场环境

（1）电子商务市场规模持续增长，拉动物流需求

据尚普咨询集团数据显示，2022 年中国电子商务市场交易规模达到 41.3 万亿元，同比增长 16.5%。其中，网络零售交易规模达到 13.8 万亿元，同比增长 18.9%；网络服务交易规模达到 27.5 万亿元，同比增长 15.1%。2023 年全年预计中国电子商务市场交易规模将达到 48.2 万亿元，同比增长 16.7%。

电子商务市场的快速发展，为物流行业提供了巨大的需求空间。尚普咨询集团数据显示，2022 年中国快递服务行业业务量达到 1083.1 亿件，同比增长 29.9%；业务收入达到 10332 亿元，同比增长 17.5%。2023 年全年预计中国快递服务行业业务量将达到 1320 亿件，同比增长 21.9%；业务收入将达到 12000 亿元，同比增长 16.2%。

（2）新冠疫情影响下的物流行业变化

2022 年以来，新冠疫情在全球范围内反复出现，给物流行业带来了不小的冲击和挑战。一方面，疫情导致国际航运受阻，物流成本上升，供应链中断；另一方面，疫情也催生了线上消费、居家办公等新需求，促进了物流行业的创新和转型。

尚普咨询集团的调研数据显示，2022 年中国消费者使用同城配送品类第一的是商超零售，占比 55.4%；其次是鲜花蛋糕和生鲜果蔬，占比 51.8% 和 50.3%。这表明，在新冠疫情期间，消费者对于日常生活用品和食品的需求较高，并且更倾向于选择快速、便捷、安全的同城配送服务。同时，疫情也催生了医药、教育、办公等新的同城配送场景，为物流行业提供了新的增长点。

（3）政策环境对物流行业的支持和引导

2022 年，国家和地方政府出台了一系列政策措施，旨在支持和引导物流行业的健康发展。主要包括以下几个方面：

加强物流基础设施建设，提升物流网络覆盖能力和服务水平。例如，国家发改委发布了《关于加

快推进智能快递柜等末端网点建设的指导意见》，提出到 2023 年，全国智能快递柜数量达到 300 万个，覆盖率达到 80% 以上；《关于加快推进冷链物流基础设施建设的指导意见》提出到 2023 年，全国冷链物流仓储设施总面积达到 1.2 亿平方米，冷藏车辆总数达到 30 万辆。

推动物流行业绿色发展，降低物流能耗和排放。例如，交通运输部发布了《关于推进绿色物流发展的指导意见》，提出到 2023 年，全国绿色物流示范企业达到 1000 家，绿色物流示范园区达到 100 个；《关于加快推进电动汽车充换电基础设施建设的指导意见》提出到 2023 年，全国电动汽车充电桩数量达到 600 万个。

促进物流行业数字化、智能化转型升级，提高物流效率和质量。例如，工信部发布了《关于加快推进制造业数字化转型的指导意见》提出到 2023 年，全国制造业数字化转型水平达到中等偏上水平；《关于加快推进智能制造工程实施的指导意见》，提出到 2023 年，在重点领域和关键环节实现智能制造突破。

2. 电商平台发展

（1）电商平台竞争格局分析

中国电商平台市场竞争激烈，各大平台之间在用户规模、交易额、品类结构、商家数量等方面存在差异。尚普咨询集团数据显示，2022 年中国电商平台用户规模排名前五的分别是淘宝、京东、拼多多、美团和苏宁易购。其中，淘宝以 8.5 亿的用户规模位居第一；京东以 5.4 亿的用户规模位居第二；拼多多以 4.8 亿的用户规模位居第三。

从交易额方面看，2022 年中国电商平台交易额排名前五的分别是淘宝、京东、拼多多、苏宁易购和美团。其中，淘宝以 7.9 万亿元的交易额位居第一；京东以 4.1 万亿元的交易额位居第二；拼多多以 2.6 万亿元的交易额位居第三。

从品类结构方面看，2022 年中国电商平台品类结构存在差异。淘宝以服饰鞋帽、家居家装、母婴用品为主要品类；京东以家电、数码电子、图书音像、个护化妆为主要品类；拼多多以生鲜果蔬、家居家装、服饰鞋帽为主要品类；苏宁易购以家电数码、家居家装、服饰鞋帽为主要品类；美团以餐饮外卖、生活服务、旅游住宿为主要品类。

从商家数量方面看，2022 年中国电商平台商家数量排名前五的分别是淘宝、京东、拼多多、苏宁易购和美团。其中，淘宝以 1000 万的商家数量位居第一；京东以 80 万的商家数量位居第二；拼多多以 60 万的商家数量位居第三。

（2）电商平台物流战略分析

中国电商平台在物流方面采取了不同的战略，主要体现在以下几个方面：

自建物流与开放物流的平衡。自建物流是指电商平台通过自有或控股的物流公司，提供从仓储到配送的一体化物流服务。开放物流是指电商平台通过与第三方物流公司合作，提供多元化的物流选择。自建物流的优势在于可以保证物流质量和效率，提升用户体验和忠诚度；开放物流的优势在于可以降低物流成本和风险，扩大物流覆盖范围和服务类型。不同的电商平台根据自身的业务特点和发展阶段，选择了不同的自建物流与开放物流的比例。例如，京东以自建物流为主，覆盖全国 99% 以上的区域，实现了次日达和当日达的服务承诺；淘宝以开放物流为主，通过菜鸟网络整合了上万家快递公司，提供了丰富的物流选项和价格优惠。

同城配送与跨城配送的结合。同城配送是指电商平台通过本地仓储和配送网络，实现用户下单后几小时内送达的服务。跨城配送是指电商平台通过全国性的仓储和配送网络，实现用户下单后几天内送达的服务。同城配送的优势在于可以满足用户对于即时性和便利性的需求，增加用户粘性和活跃度；跨城配送的优势在于可以满足用户对于品类丰富和价格优惠的需求，增加用户消费力和购买频次。不同的电商平台根据自身的品类结构和用户画像，选择了不同的同城配送与跨城配送的比重。例如，美团以同城配送为主，涵盖了餐饮外卖、生活服务、旅游住宿等多个场景，实现了 30 分钟内送达的服务标准；拼多多以跨城配送为主，涵盖了生鲜果蔬、家居家装、服饰鞋帽等多个品类，实现了 3—7 天内送达的服务标准。

快递制造与制造快递的互动。快递制造是指电商平台通过利用自身或合作伙伴的制造能力，根据用户需求定制或定向生产商品，并通过快速物流将商品送达用户手中。制造快递是指电商平台通过利用自身或合作伙伴的快递能力，为制造业提供从原材料采购到成品销售的全链条物流服务。快递制造的优势在于可以提高商品的个性化和差异化，增加用户满意度和口碑；制造快递的优势在于可以降低制造业的库存和运营成本，增加制造业的效率和竞争力。不同的电商平台根据自身的核心竞争力和战略目标，选择了不同的快递制造与制造快递的模式。例如，苏宁易购以制造快递为主，通过苏宁物流为家电数码、家居家装等制造业提供从工厂到终端的一站式物流服务；淘宝以快递制造为主，通过淘宝定制为用户提供从服饰鞋帽、鲜花蛋糕到珠宝首饰等多种商品的个性化定制服务。

3. 行业趋势展望

（1）智能物流将成为行业发展的重要方向

智能物流是指通过运用人工智能、大数据、云计算、物联网等技术，实现物流资源的优化配置、物流过程的智能控制、物流服务的智能化提升。智能物流将成为未来物流行业发展的重要方向，主要表现在以下几个方面：

智能仓储。智能仓储是指通过运用机器人、无人车、无人机等设备，实现仓储作业的自动化、高效化、精准化。智能仓储可以提高仓储效率和质量，降低仓储成本和风险，增强仓储灵活性和可靠性。例如，京东在全国建立了多个智能仓库，通过使用机器人、无人车等设备，实现了入库、拣选、打包、出库等环节的自动化；菜鸟网络在全球建立了多个智能枢纽，通过使用无人机、无人车等设备，实现了跨境货物的快速清关和转运。

智能配送。智能配送是指通过运用无人车、无人机、智能快递柜等设备，实现配送过程的自动化、高效化、精准化。智能配送可以提高配送效率和质量，降低配送成本和风险，增强配送灵活性和可靠性。例如，美团在多个城市开展了无人车配送试点，通过使用无人车实现了餐饮外卖等商品的自动送达；顺丰在多个地区开展了无人机配送试点，通过使用无人机实现了偏远山区等地区的空中送达。

智能服务。智能服务是指通过运用语音识别、图像识别、自然语言处理等技术，实现物流服务的智能化提升。智能服务可以提高用户体验和满意度，降低用户投诉和退换货率，增强用户忠诚度和口碑。例如，拼多多在平台上推出了智能客服系统，通过使用语音识别和自然语言处理技术，实现了用户咨询、投诉、退换货等问题的自动回复；苏宁易购在平台上推出了智能拍照购功能，通过使用图像识别技术，实现了用户通过拍照识别商品的智能购物功能。

（2）绿色物流将成为行业发展的重要方向

绿色物流是指通过运用节能减排、循环利用、生态保护等措施，实现物流活动对环境和社会的最小化负面影响。绿色物流将成为未来物流行业发展的重要方向，主要表现在以下几个方面：

节能减排。节能减排是指通过运用新能源车辆、智能路网、智能调度等措施，实现物流运输过程中的能源消耗和污染排放的降低。节能减排可以提高物流运输的经济效益和社会效益，降低物流运输的环境成本和社会成本，增强物流运输的可持续性和责任感。例如，顺丰在全国推广了电动汽车、天然气车等新能源车辆，实现了快递运输过程中的低碳化；京东在全国建立了智能路网，通过使用大数据、云计算等技术，实现了快递运输过程中的优化化。

循环利用。循环利用是指通过运用可降解材料、可回收材料、可再利用材料等措施，实现物流包装过程中的资源利用和废弃物处理的最大化。循环利用可以提高物流包装的资源效率和环境效率，降低物流包装的资源浪费和环境污染，增强物流包装的循环性和生态性。例如，淘宝在全国推广了绿色包装计划，通过使用可降解塑料袋、可回收纸箱、可再利用胶带等材料，实现了快递包装过程中的绿色化；美团在全国推广了无接触配送计划，通过使用可降解餐盒、可回收餐具、可再利用袋子等材料，实现了外卖配送过程中的绿色化。

生态保护。生态保护是指通过运用植树造林、节水节电、公益捐赠等措施，实现物流活动对自然环境和社会公益的积极贡献。生态保护可以提高物流活动的社会价值和品牌形象，降低物流活动的社会压力和舆论风险，增强物流活动的公信力和公益性。例如，拼多多在全国推广了植树计划，通过用户购买商品时捐赠一棵树苗，实现了快递活动对植树造林的支持；苏宁易购在全国推广了爱心计划，通过用户购买商品时捐赠一元钱，实现了快递活动对贫困地区和灾区的帮助。

4. 建议与策略

根据上述分析，我们给出以下建议与策略：

（1）加强行业标准化建设，提升行业规范化水平

行业标准化建设是指通过制定和执行一系列有关物流行业的规范、规则、指南等标准文件，提升行业规范化水平。行业标准化建设可以提高物流行业的安全性、可靠性、互通性、互操作性，降低物流行业的混乱性、随意性、不规范性，增强物流行业的竞争力和发展力。建议从以下几个方面加强行业标准化建设：

加强物流设备标准化建设，提升物流设备的兼容性和互换性。例如，制定和执行有关智能快递柜、无人车、无人机等设备的尺寸、接口、协议等标准，实现不同品牌、不同类型的设备之间的兼容和互换。

加强物流数据标准化建设，提升物流数据的共享性和可用性。例如，制定和执行有关物流数据的格式、编码、加密等标准，实现不同平台、不同系统的数据之间的共享和可用。

加强物流服务标准化建设，提升物流服务的质量和效率。例如，制定和执行有关物流服务的质量、速度、安全等标准，实现不同企业、不同业务的服务之间的质量和效率。

（2）加快行业创新驱动发展，提升行业核心竞争力

行业创新驱动发展是指通过运用新技术、新模式、新理念等创新手段，提升行业核心竞争力。行业创新驱动发展可以提高物流行业的效率和质量，降低物流行业的成本和风险，增强物流行业的灵活性和适应性。建议从以下几个方面加快行业创新驱动发展：

加快技术创新，提升物流技术水平。例如，加大对人工智能、大数据、云计算、物联网等技术的研发和应用，实现物流资源的优化配置、物流过程的智能控制、物流服务的智能化提升。

加快模式创新，提升物流模式多样性。例如，探索和推广快递制造、制造快递等模式，实现电商平台与制造业的深度融合，构筑生产经营核心资产，开拓国际市场。

加快理念创新，提升物流理念先进性。例如，倡导和实践绿色物流理念，实现物流活动对环境和社会的最小化负面影响，增强物流活动的社会价值和品牌形象。

（3）加强行业合作共赢发展，提升行业整体水平

行业合作共赢发展是指通过建立和完善各类合作机制和平台，实现行业内外各方利益相关者之间的合作共赢。行业合作共赢发展可以提高物流行业的协同性和协调性，降低物流行业的摩擦性和冲突性，增强物流行业的稳定性和持续性。建议从以下几个方面加强行业合作共赢发展：

加强政府与企业之间的合作，提升政策环境与市场环境的匹配度。例如，政府部门通过出台一系列支持和引导政策措施，为企业提供优惠条件和便利服务；企业通过积极响应和配合政策要求，为政府提供有效的市场反馈和建议。

加强电商平台与物流企业之间的合作，提升物流服务与电商需求的适应度。例如，电商平台通过建立和完善物流服务标准、物流数据共享、物流费用结算等合作机制和平台，为物流企业提供清晰的服务要求和便捷的合作条件；物流企业通过提高和保证物流服务质量、效率、安全等方面的水平，为电商平台提供优质的物流服务和支持。

加强物流企业与其他行业之间的合作，提升物流能力与产业需求的满足度。例如，物流企业通过与制造业、农业、医疗等行业建立和完善物流供应链、物流制造、物流分销等合作模式和平台，为其他行业提供从原材料到成品的全链条物流服务；其他行业通过与物流企业共享和利用自身的生产、仓储、配送等资源和能力，为物流企业提供更多的物流需求和机会。

综上所述，2023 年中国电商物流行业面临着新的机遇和挑战，需要从标准化、创新、合作等方面进行全面的发展。尚普咨询集团作为专业的咨询机构，愿意为电商物流行业提供更多的数据支持、分析支持、策略支持，共同推动电商物流行业的健康发展。

来源：尚普咨询集团

（三）2023 年中国电商物流行业发展现状及未来发展趋势分析

2023 年是中国电商物流行业发展的一个关键时期，越来越多的企业将积极投资于电商物流行业，电商物流行业将发生巨大变化。本文将从电子商务、产品网络、物流技术、运营和政策等几个方面，形成对 2023 年中国电商物流行业发展现状和未来发展趋势的整体分析。

首先，随着互联网发展的不断深入，电子商务正在成为一种越来越普及的贸易方式，2023 年电子商务将深入发展。与传统贸易相比，电子商务具有更多的优势，如更大的市场覆盖范围、更高的经济效率、更低的运营成本等，2023 年在电子商务领域尤其是 B2C 交易将常态化，电子商务将成为一种越来越普及的贸易形式，网络销售规模将得到进一步扩大。

其次，未来上游供应商网络将更加完善。2023 年随着电子商务市场竞争的加剧，将有越来越多的企业进入电子商务领域，卖家网络将得到进一步壮大，而品牌厂家和海外供应商网络也将取得进展。经过多年的发展，中国的贸易体系也进入了一定的发展阶段，供应链网络必然会更加发达，上游供应链也必然会更加完善，网络整合将进一步加强，这将有助于提高商品流通效率。

再次，在物流技术方面，电子商务物流技术在未来将发生根本性的变化，以满足用户的各种需求。 2023 年，传统的物流技术已不再能满足日益增长的需求，新技术的出现将在很大程度上提高企业的运营效率和物流服务水平。随着云技术的应用，网络仓储管理系统将得到进一步完善，货物跟踪和库存自动管理技术也将得到不断发展和改进。

此外，2023 年运营环境也在发生变化，行业政策将更加完善。 电子商务物流行业承担着商品表面交付的责任，因此，政府将对该行业进行完善的监管，推出一系列新政策，以促进企业合理利月物流网络，降低物流运输成本并加强客户信任。

最后，2023 年中国电商物流行业的核心是高效发展，用户维权意识也将得到不断提高，客户对满足快速物流和高质量物流不同需求的要求也会变得更高，以满足客户的期望，电子商务物流行业将在 2023 年继续发展创新，提供更先进的物流系统和服务。

总之，2023 年中国电商物流行业发展前景可观，电子商务网络规模将进一步扩大，上游供应链也将得到进一步完善，云技术的应用将提高运营效率，行业政策也将进一步完善，电子商务物流行业将根据客户的需求提供更快、更准确的物流系统和服务来满足客户的需求。

来源：—YANYI1154

（四）2023 年生鲜电商行业市场规模与发展前景

1. 生鲜电商行业市场规模

生鲜电商是指通过互联网平台，提供生鲜商品的在线销售和配送服务的商业模式。生鲜商品包括水果、蔬菜、肉类、海鲜、蛋类、乳制品等冷藏或冷冻的食品，具有易腐性、保质期短、运输难度大等特点。因此，生鲜电商行业对于供应链管理、物流配送、质量控制等方面有着较高的要求。

生鲜电商行业在近年来得到了消费升级、懒人经济、疫情催化等多重因素的推动，呈现出快速增长的态势。2022 年中国生鲜电商市场规模达到 5601.4 亿元，同比增长 20.25%，高于 2021 年的 18.2%。生鲜电商以多模式、多业态的形式长期并存，消费者需求旺盛，行业竞争加剧。预计 2023 年全年中国生鲜市场规模将进一步扩大，达到 4198.3 亿元。

从用户规模来看，2021 年中国生鲜电商用户规模为 4.17 亿人，同比增长 14.5%，预计 2023 年将达到 5.13 亿人。

2. 生鲜电商行业竞争格局

生鲜电商行业的竞争格局也在不断变化，以盒马鲜生、京东生鲜、叮咚买菜等为代表的第一梯队企业在业务规模、服务范围、技术创新等方面拥有较大优势，而各类商超电商平台、社交电商平台、预制菜品牌等也在积极布局生鲜电商市场，试图打开新的增长空间。

2022 年，中国生鲜电商行业的市场份额排名前三的企业分别是叮咚买菜、盒马鲜生和京东生鲜，占比分别为 45%、38% 和 12.8%。

盒马鲜生是阿里巴巴旗下的新零售平台，以“新零售 + 社区化”为核心理念，提供线上线下一体化的购物体验。盒马鲜生主要通过自营门店和加盟门店两种模式进行布局，目前在全国拥有超过 300 家门店，覆盖北京、上海、杭州等 30 多个城市。盒马鲜生以高品质的商品和高效率的配送服务吸引了大量高端消费者，其客单价和复购率均居行业前列。盒马鲜生还不断创新产品和服务，推出了盒马星选、盒马小站、盒马厨房等多个品牌和业态，满足不同消费者的需求。

京东生鲜是京东集团旗下的生鲜电商平台，以“品质 + 速度”为核心竞争力，提供全品类的生鲜商品和极速达的配送服务。京东生鲜主要通过自营仓储和社区店两种模式进行布局，目前在全国拥有超过 1000 个自营仓储和超过 2000 家社区店，覆盖北京、上海、广州等 100 多个城市。京东生鲜以强大的供应链能力和物流体系保障了商品的品质和时效，其 30 分钟极速达和 211 限时达等服务赢得了消费者的信赖。京东生鲜还不断拓展产品和服务范围，推出了京东到家、京东生鲜超市、京东生鲜会员等多个品牌和业态，提升用户粘性和忠诚度。

叮咚买菜是一家专注于社区生鲜电商的平台，以“15 分钟送达”为核心卖点，提供便捷的购物体验。叮咚买菜主要通过前置仓和骑手两种模式进行布局，目前在全国拥有超过 7000 个前置仓和超过 10 万名骑手，覆盖北京、上海、深圳等 16 个城市。叮咚买菜以极速的配送服务和低廉的商品价格吸引了大量社区消费者，其订单量和用户规模均居行业前三。叮咚买菜还不断优化产品和服务质量，推出了叮咚优选、叮咚星厨、叮咚果园等多个品牌和业态，丰富用户选择。

除了以上三家企业外，生鲜电商市场还有其他多种类型的竞争者，如各类商超电商平台、社交电商平台、预制菜品牌等。

商超电商平台是指以传统商超为主体，利用互联网技术和平台资源，提供线上线下一体化的生鲜购物服务的模式。代表企业有永辉超市、大润发、沃尔玛等。这类企业的优势在于拥有成熟的供应链体系和品牌影响力，能够保证商品的品质和来源，同时利用线下门店作为前置仓或自提点，提高配送效率和用户体验。这类企业的劣势在于线上线下融合程度不高，用户黏性不强，且面临着新兴生鲜电商平台的价格竞争和服务竞争。

社交电商平台是指以社交网络为基础，利用用户之间的社交关系和信任关系，提供生鲜商品的推荐和购买服务的模式。代表企业有拼多多、小红书、微信等。这类企业的优势在于拥有庞大的用户基数和活跃度，能够通过社交裂变和口碑传播实现快速增长，同时利用团购、直播、短视频等方式提高用户参与度和转化率。这类企业的劣势在于商品品类和品质参差不齐，用户对商品的信任度不高，且面临着专业生鲜电商平台的品质竞争和服务竞争。

预制菜品牌是指以预制菜为主要产品，利用互联网平台或线下渠道，提供便捷美味的生鲜食品服务的模式。代表企业有朴朴超市、本来生活、每日优鲜便利购等。这类企业的优势在于满足了消费者对于便捷、美味、健康的生鲜食品的需求，能够提高用户的消费频次和客单价，同时利用自有或合作的前置仓和骑手，保证商品的配送速度和服务质量。这类企业的劣势在于商品品类和规格较为单一，用户对商品的选择空间不大，且面临着专业生鲜电商平台和传统餐饮行业的竞争。

3. 生鲜电商行业发展趋势

生鲜电商行业在未来仍有较大的发展空间和潜力，主要体现在以下几个方面：

（1）用户规模和渗透率仍有提升空间。2022 年中国生鲜电商用户规模为 4.6 亿人，占网购用户的比例为 38.5%，而 2023 年预计将达到 5.13 亿人，占比为 42.3%。这说明生鲜电商用户仍有较大的增长空间，尤其是在三、四线城市和农村地区，生鲜电商的渗透率仍有提升空间。

（2）市场规模和增速仍有保持高位。2022 年中国生鲜电商市场规模达到 3521 亿元，同比增长 18.2%，而 2023 年预计将达到 4198.3 亿元，同比增长 16.5%。这说明生鲜电商市场仍有较大的增长潜力，尤其是在疫情期间和后疫情时代，消费者对于线上购买生鲜商品的需求和习惯将更加强烈和稳定。

（3）竞争格局和业态创新仍有变化空间。目前，生鲜电商行业的竞争格局还没有形成稳定的格局，各类企业都在不断探索和创新自己的业务模式和服务方式，以期获得更多的市场份额和用户认可。未来，生鲜电商行业将出现更多的竞争者类型和业态创新，如社区团购、直播带货、智能冷柜、无人零售等，以满足不同消费者的需求和偏好。

4. 尚普咨询集团的观点和建议

根据以上分析，我们认为生鲜电商行业是一个具有较高增长潜力和竞争活力的行业，但也面临着一些挑战和风险，如供应链管理、物流配送、质量控制、用户信任等方面。因此，我们给出以下和建议：

（1）加强供应链管理和质量控制。供应链管理和质量控制是生鲜电商行业的核心竞争力之一，也是影响用户满意度和忠诚度的重要因素。因此，生鲜电商企业应该加强对供应商的筛选和监督，确保商品的品质和来源，同时加强对仓储和配送环节的管理和优化，确保商品的新鲜度和安全性。

（2）提升服务水平和用户体验。服务水平和用户体验是生鲜电商行业的核心竞争力之一，也是影响用户转化率和复购率的重要因素。因此，生鲜电商企业应该提升自身的配送速度和准确率，满足用户对于极速达和即时达的需求，同时提升自身的售后服务和投诉处理能力，满足用户对于退换货和赔付的需求。

（3）拓展产品品类和业态创新。产品品类和业态创新是生鲜电商行业的核心竞争力之一，也是影响用户选择空间和偏好的重要因素。因此，生鲜电商企业应该拓展自身的产品品类和规格，满足用户对于多样化、个性化、定制化的需求，同时拓展自身的业态创新，满足用户对于社区团购、直播带货、智能冷柜、无人零售等新兴业态的需求。

（4）加强品牌建设和营销推广。品牌建设和营销推广是生鲜电商行业的核心竞争力之一，也是影响用户认知度和信任度的重要因素。因此，生鲜电商企业应该加强自身的品牌形象和口碑传播，提升用户对于自身商品和服务的认知度和信任度，同时加强自身的营销推广活动，利用社交网络、短视频、直播等方式吸引更多的潜在用户和增加用户参与度。

来源：尚普咨询集团

七、危化品物流

（一）2023年中国危化品运输行业发展趋势：高规模+小散乱特征明显，未来集中度有望提升

1. 危化品运输行业概述

危化品运输是特种运输的一种，是指专门组织或技术人员对非常规物品使用特殊车辆进行的运输。一般只有经过国家相关职能部门严格审核，并且拥有能保证安全运输危险货物的相应设施设备，才能有资格进行危险品运输。按照国家《危险化学品安全管理条例》中第三条对危化品的定义，明确指出危化品是指：具有毒害、腐蚀、爆炸、助燃等性质，对人体、设施、环境具有危害的剧毒化学品和其它化学品。相比较普通货物，危化品在运营管理、物流、操作方面更具复杂性，过程管理中的风险性更高，危化品所造成的事故更具危害性，危化品物流具有品类繁多、性质各异、危险性、运输仓储管理章程多、专业性强等特点。

2. 中国危化品运输行业相关政策

近年来化工行业生产和运输的安全事故频出，对此我国政府相继出台了相关监管政策，加强危险化学品仓储与运输安全问题的监管力度，规范化工品车辆道路通行的规章制度，完善化工品运输安全体系和应急管理机制。因对化工安全问题的重视，未来我国化工物流体系的标准程度或将随之上升，对于生产运输资质等审批制度可能越趋严格。

危化品运输行业产业链

危化品运输行业上游主要以交通基础设施建设、专业运输工具以及危化品仓储物流为主。我国危化品运输74%集中在道路运输领域，公路基础设施建设以及危险品运输罐车、挂车对我国危化品运输行业起到关键作用。危化品运输行业下游主要运输易燃易爆物品、压缩气体液体以及有毒气体等，由于运输物品特殊。目前，国内化工行业发展迅速，化工原料需求量明显增加，一定程度上扩大了危化品运输行业的需求规模。下游企业中，化工产业企业主要分为石油化工、基础化工和化学化纤三类。

据统计，2022年度石化全行业实现营业收入16.56万亿元，同比增长14.4%；进出口总额1.05万亿美元，同比增长21.7%；利润总额1.13万亿元，同比下降2.8%。利润总额虽然比上年度减少300多亿元，但这是连续第二年保持在万亿元以上，占全国规模以上工业利润总额的13.4%。同时，营业收入和外贸进出口总额均连创新高，并且营业收入占全国规模以上工业总收入的12%，石化行业进出口额占全国进出口总额的16.6%，这都证明石化产业作为国民经济的中澳支柱产业，为国民经济稳增长、稳外贸和经济发展做出了重要贡献。

3. 中国危化品运输行业发展现状分析

随着我国石化行业的迅速发展、全球化工行业的产业结构调整，我国已成为全球最大的化工品市场，我国化工品生产端主要集中在沿海地区，而应用和消费端较为分散，复杂的化工品类以及运输环节的高度复杂和专业派生出庞大的化工物流市场。近年来受益于石化产业的快速发展，我国危化

品物流运输市场呈稳步增长态势，据统计，截至2022年我国危化品运输行业市场规模约为24500亿元，其中公路运输规模约为18613.1亿元，水路运输规模约为3665.2亿元，铁路及其他运输规模约为2221.7亿元。

危化品物流连接危化品生产经营和使用消费两端，是建设现代流通体系、畅通国民经济循环的重要依托。近年来我国危化品运输总量逐年增长，截至2022年我国危化品运输总量约为18.1亿吨。

不同体系的危化品运输具有不同的定价体系，价格差异也相对较大，但总体来说，随着经济发展，物流业成本上升，危化品运输成本也持续上升。此外，更加严格的运输安全要求，高速费用的上升，危化品运输行业成本总体呈现出明显的上行，也推动了价格的增长。危化品平均运输费用稳定增长，2022年我国危化品平均运输费用约为1353.6元/吨。

4. 中国危化品运输行业重点企业

从行业格局来看，目前经营者包括大型央企、地方国企和第三方的中小民营企业，其中占主流的是数量众多的中小民营企业。央企、国企主要为化工行业附属的运输部门，由于危化品运输的风险大、激励机制短缺，使得民营企业非常活跃，但是其中具备资质、品牌、资金实力的较少，使得第三方未来洗牌的可能性非常大，行业份额有望集中到实力强大的企业手中。目前，我国化工物流行业格局呈现出小企业数量众多，行业集中度低的情况，且以民营企业为主。

根据中物联危化品物流分会发布的2021-2022中国化工物流行业头部企业显示，其中综合TOP20服务商中，上海君正物流有限公司与山东京博物流股份有限公司分别位于第二与第四，从君正集团与京博物流经营数据来看，君正集团经营业绩创历史新高，2022年君正集团营业收入达214.6亿元，同比增长11.21%，其中化工物流业务收入为86.12亿元，同比增长33.82%，占比总收入40.13%。2022年京博物流营业收入为15.1亿元，同比下降50.22%，主要由于公司调整业务结构，经营业务更加聚焦危化品物流综合服务主业减少毛利率低的供应链业务、大宗普货网络货运业务所致；2022年京博物流危险化学品物流服务收入为5.84亿元，同比增长24.4%，占比总营收38.4%，占比较上年增长23.03pct。

5. 中国危化品运输行业发展趋势

随着石化企业及行业产品品类不断增加、产品不断升级，以及附加值不断增高，必然要求危化运输有与之相匹配的精细化运输、仓储的管理能力，以及车辆和设备，必将倒逼危化运输企业从粗放型向精细化升级。智慧物流将引领行业创新发展，人工智能、区块链等信息技术将在物流领域持续深入应用，智慧物流新模式新业态将不断涌现，物流业逐渐摆脱同质化、低成本竞争，通过信息技术的应用，打造现代危化品运输服务平台，将成为未来危化品运输行业必须面对的机遇和挑战。近年来，全球化工行业的产业结构调整开始提速，趋向规模大型化、装置集中化态势。而中国作为亚洲新兴市场的核心，其化学品市场的快速增长也带动了化工物流需求的稳步提升，进而也带动了化学品船运业务的进一步发展。同时精细化工品行业的发展以及罐箱运输标准的逐步提高，为集装罐物流运输需求的增长提供了有力支持。

来源：智研咨询

（二）危险品物流运输成本逐年上升 市场将迎存量竞争

1. 危险品物流行业概述

作为物流行业的重要分支，危化品物流是指危化品从生产者到消费者之间的物理经济活动，包括运输、仓储、装卸搬运、流通加工、配送、回收、信息活动等过程的有机结合，最终实现物的价值增值和组织目标。相比较普通货物，危化品在运营管理、物流、操作方面更具复杂性，过程管理中的风险性更高，危化品所造成的事故更具危害性，危化品物流具有品类繁多、性质各异、危险性、运输仓储管理章程多、专业性强等特点。

表 5-18 危化品物流行业特点

特点	分析
种类多、混装杂	《危险货物品名表》（2015 版）中，在册的危化品已增加至 2828 种，目前还在逐年增加。我国沿用的国标《危险货物分类与品名编号》(GB6944-2012)，将危化品分为九大类 20 小项，不同类的化学品物理性质和化学性质都有一定的差异性，同类的化学品也不能混装运输，危化品的仓储、运输和装卸环节须根据化学品的性质进行安全、科学、合理布局
风险性高	危化品具有易燃、易爆、毒害、腐蚀等特性，危化品在运输、装卸、储存等过程中，具有较大的安全隐患，稍有不慎就可能带来严重的后果，给社会带来巨大危害及财产损失
规章、标准多	危化品运输是整个道路货物运输的一个重要构成部分，要遵守道路货物运输基本规章制度，如《中华人民共和国道路交通管理条例》《高速公路交通管理办法》《危险货物道路运输安全管理办法》；遵守许多特殊行业的规定和标准，如联合国相关规定《关于危险货物运输的建议书》《国际公路运输危险货物协议》；遵守道路危险货物运输的国家标准和道路危险货物运输行业标准，如《危险货物道路运输规则》《危险货物道路运输营运车辆安全技术条件》
专业性强	危化品的特殊性使危化品物流具有很强的专业性，一是专业经营，根据规定具有一定有资质并手续齐全的企业才能经营相关业务。二是有专业的配套设施装备才能进行相应的运输、存储、装卸，并且不能混用，三是专业的从业人员特别是一线的员工，必须要对危化品的性质、危害、设备的使用有足够的了解，在发生危情时能熟练采用应急措施，运输人员除需具备驾驶资格外，还需具备基础的化学知识和能让人识图形

资料来源：观研天下数据中心整理

2. 国内危险品物流需求较大，陆运方式占据主导

观研报告网发布的《中国危险品物流行业现状深度研究与投资前景预测报告（2024—2031 年）》显示，危险品物流可分为内贸和外贸两种，这是一个基于地域和运输范围的分类方式。内贸危险品物流主要指的是在国内范围内，对危险品的运输和配送。由于国内对于危险品的运输和储存有着严格的规定和标准，例如对危险品的包装、运输工具、运输路线、储存设施等都有明确的规范，因此，内贸危险品物流需要满足这些规定，并确保在整个运输和储存过程中，危险品能够得到妥善的处理。一旦违反这些规定，不仅可能导致危险品的事故，还可能面临法律的制裁。

外贸危险品物流则涉及到将危险品从国内运往其他国家和地区。由于各国的危险品规定和标准

可能存在差异，因此在出口前需要了解目的地的相关规定，以确保危险品能够合法、安全地送达目的地。此外，由于危险品的特殊性，有些国家可能会对进口的危险品进行更严格的管理和审查，因此外贸危险品物流需要更加谨慎和细致。

2022 年的数据显示，我国危险品物流需求呈现三大特点：内贸大于外贸、零散大于大宗、内贸陆运大于内贸水运。这说明在国内市场上，对于危险品的需求更大，而且这种需求更多的是以小批量、零散的方式出现，而不是大规模的批量运输。此外，相对于水运方式，陆运方式在危险品的运输中占据了更大的比例。

3. 石化产业繁荣助力危化品物流，内外挑战考验市场韧性

我国危化品物流市场与石油化工行业紧密相连，主要服务于石化产品、危险化学品和危险货物的运输、仓储、装卸搬运、包装和配送等环节。这些基本功能的有机结合，满足了用户的需求。近年来，我国石化产业实现了高质量发展，炼化一体化装置的建成投产推动了产业规模的扩大。目前，我国千万吨级以上的炼厂数量已增加到 32 家，炼油总产能达到 9.2 亿吨 / 年，首次跃居世界第一。这一成就标志着我国石化产业的规模集中度、集群化程度以及行业整体技术水平和核心竞争力都实现了新的跨越。

受益于石化产业的快速发展，我国危化品物流运输市场也呈现出稳步增长的态势。尽管受到疫情的影响，危化品物流市场规模仍然保持增长，截至 2022 年底，市场规模已经超过 2.41 万亿。然而，到 2023 年，国内危化品物流市场规模仅为 2.38 万亿元，与去年相比下降了 1.1%。这主要是由于市场需求紧缩、国内外经济形势复杂多变等因素的影响，导致行业整体利润有所下滑。总体来看，我国危化品物流市场虽然面临一些挑战，但化工物流需求短期内有望随物流通畅经济复苏而修复，中期随着民营大炼化扩产，化工企业退城入园，中国化工出海以及新兴产业发展而不断增长，预计 2025 年危化品行业规模将达到 2.85 万亿元，2023—2025 年增速维持在 9.4% 左右。

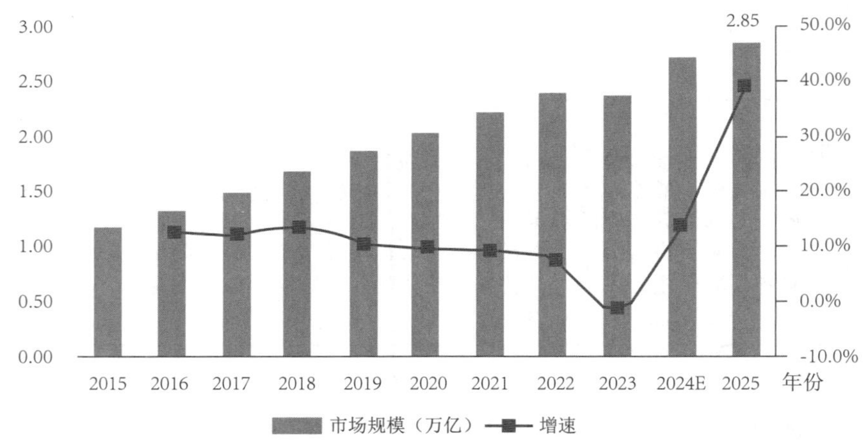

图 5-43 2015-2025 年我国危化品物流行业市场规模及增速预测

资料来源：观研天下整理

4. 市场分散百强企业占比偏低，拓展全国市场成趋势

由于危险品仓库审批的地域性限制，加之化工品类的多样性，不同品类对专业性要求各异，导致我国危险品物流企业呈现地域分散的特点，整体集中度较低。根据中国物流与采购联合会危险品物流分会的统计数据，2019-2020 年度，我国危化品道路运输年运量达到 11 亿吨，百强企业的运量约为

1.24 亿吨，仅占市场的约 11.27%；而在化工物流水运市场，百强企业的水运运量约为 0.53 亿吨，占比约为 16.45%。在百强企业中，综合企业资产规模达到 10 亿以上的占比 45%，5—10 亿的占比 15%；营业额在 10 亿以上的占比 45%，5—10 亿的占比 30%，显示出整体规模相对较小。此外，数据显示，2021—2022 年，百强企业营收占行业比重进一步降低至 7.04%。

与 2022 年相比，2023 年以来有更多的危化品物流企业开始将业务范围拓展至全国乃至跨国领域，仅在本市或周边省区经营的企业比例下降了约 15 个百分点。这表明，尽管面临市场需求不景气的大环境，我国危化品物流企业仍在积极拓展市场，这也预示着行业市场竞争将变得更加激烈。在调研中，超过半数的企业表示对未来发展保持信心，认为未来 1—2 年行业需求将保持平稳或小幅增长。48.5% 的企业计划进行车辆设备采购和仓库建设，而 21.2% 的企业持观望态度，尚未做出决定。这表明多数企业仍有扩张发展的期望。观研天下分析师观点：当前危化品物流企业存在车辆利用率相对不高、市场需求不足等问题，微观经营压力较大。但同时，精细化工物流市场占比提高至 20%，成为仅次于石油化工产品和成品油的第三大市场；具有规模化、一体化服务能力的优势企业不断涌现，行业发展可谓挑战与机遇并存。

5. 化工事故频现，监管政策趋严，行业准入门槛提高

国家安监总局统计的数据显示，危化品事故多发于物流环节，其中 77% 的事故发生在运输阶段。中物联危化品物流分会调研数据显示，运输过程中的泄露是事故的常见原因之一。

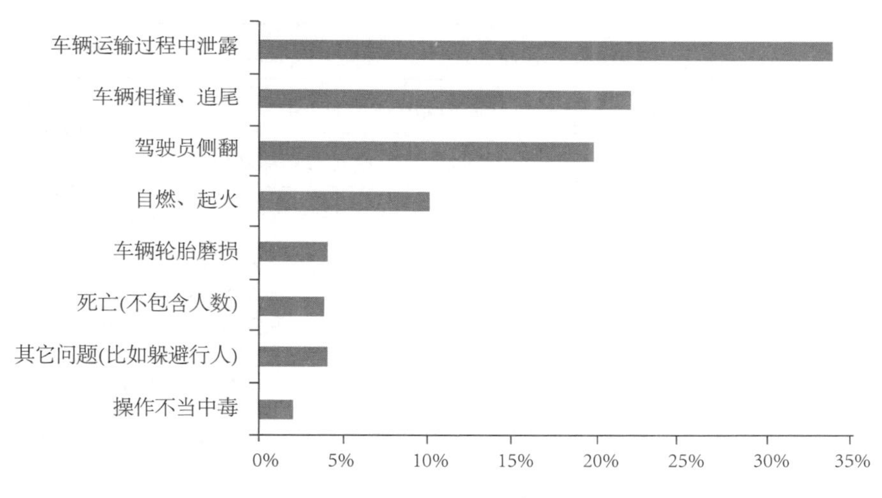

图 5-44 危化品运输事故归因

资料来源：观研天下整理

为应对这一问题，自 2017 年以来国家逐渐加大了对危化品物流行业的监管力度，出台了多项政策法规，规范化工品车辆道路运行的规章制度，建设和加强化工品物流安全体系和应急处理机制。随着监管政策的不断完善和实施，行业事故逐年减少。鉴于危化品的危险性，预计未来相关法规将更加严格，牌照审批机制也将更加严谨，从而提高行业准入门槛，使存量竞争成为主导。

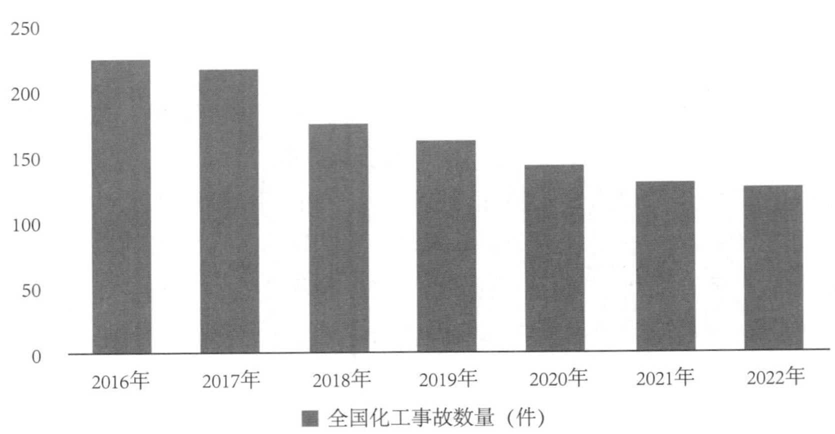

图 5-45　2016—2022 年全国化工事故数量

资料来源：观研天下整理

表 5-19 危险化工物流相关法律法规

时间	主营业务
2017 年 6 月	交通运输部发布《道路危险货物运输管理规定》
2017 年 12 月	环境保护部发布《中国严格限制的有毒化学品名录》
2018 年 7 月	交通运输部发布《船舶载运危险货物安全监管管理规定》
2018 年 8 月	交通运输部发布《关于加强沿海首际散装液体危险货物船舶运输市场宏调控的公告》
2018 年 12 月	交通运输都发布《沿海首际散装液体危险货物船舶运输市场运力调控综评审办法》
2019 年 3 月	国务院发布《生产安全事故应急条例》
2019 年 5 月	公安都发布《易制爆危化品治安管理办法》
2019 年 6 月	交通运输部发布《道路运输车辆技术管理规走》
2019 年 11 月	交通运输都发布《危险货物道路运输安全管理办法》
2020 年 2 月	交通运输部发布《国内水路运输管理规定》
2020 年 7 月	交通运输部发布《中华人民共和国海船胎员适任考试和发证规则》
2020 年 12 月	交通运输部办公厅印发《关于优化道路运输车辆技术管理便利开展车辆技术等级评定工作的通知》
2020 年 12 月	交通运输部安全委员会发布《关于开展危险化学品道路运输安全集中整治工作的通知》
2021 年 11 月	国务院安委办下发《危险化学品产业转移项目和化工园区安全风险防拉专项整治工作方案》
2022 年 1 月	交通部发布《关于进一步加强运输安全生产体系建设的意见》
2022 年 11 月	国务院下发《危化品运行新规》
2022 年 12 月	交通运输部下发《铁路危险货物运输安全监督管理规定》

资料来源：观研天下数据中心整理

表 5-20 危化品物流企业准入资质

牌照名称	相关业务环节	分管部门	持续年限	申请要求
危险化学品经营许可证	危化品仓储与经营	应急管理局	3 年	在中国境内从事危化品经营活动，目经营活动符合安全标准
危险货物道路运输许可证	危险化学品陆运	交通运输和港口管理局	4 年	专用车辆技术符合《道路运输车辆技术管理规定》要求，配备卫星定位装置和通讯工具；停车场地应当封闭并设立明显标志，不得妨碍居民生活和威胁公共安全；有健全的安全生产管理制度
国内水路运输经营许可证	沿海省际危险化学品船运	中国交通运输	5 年	有明确的经营范围，包括经营区域和业务种类；有符合规定要求的船舶；有符合规定要求的专职海机务管理人员（应当具有船长、轮机长的从业资历）；有符合规定要求的与其直接签订劳动合周的高级船员（高级船员比例应在 50% 以上）；设立健全的安全管理机构和安全管理制度
港口经营许可证	港区配套设施	交通运输和港口管理局	3 年	企业有固定的经营场所，有与经营范围、规模相适应的港口设施、设备

资料来源：交通运输部、观研天下数据中心整理

6. 危化品物流运输费用高昂，通胀水平超普货

不同体系的危化品运输具有不同的定价体系，价格差异也相对较大。但总体来说，危化品物流运输费用远高于普货，具体来说，以 2022 年为例，危险品的单位运输费用高达 1525 元 / 吨，而普货的运输费用仅为 352 元 / 吨，前者是后者的 4.3 倍。同时，2019—2022 年，危险品物流的单位运输费用增长 CAGR 为 5.02%，高于普货的 CAGR4.33%，这显示危险品物流费用的通胀水平也高于普通货物。

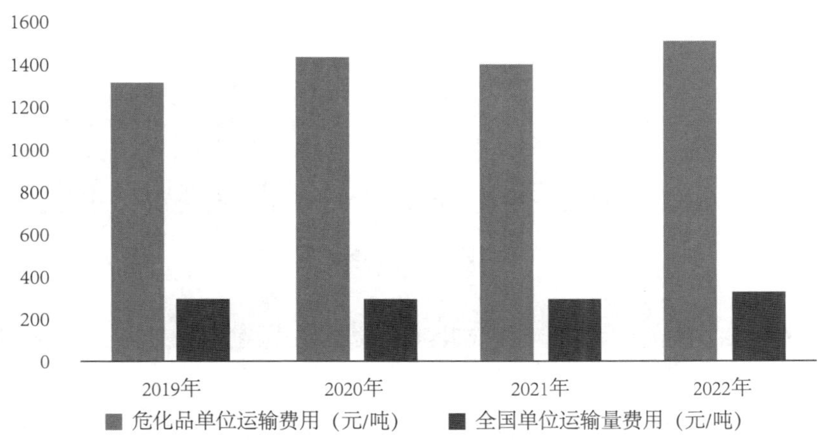

图 5-46 2019—2022 年危化品单位运输费用与全国单位运输量费用

资料来源：观研天下整理

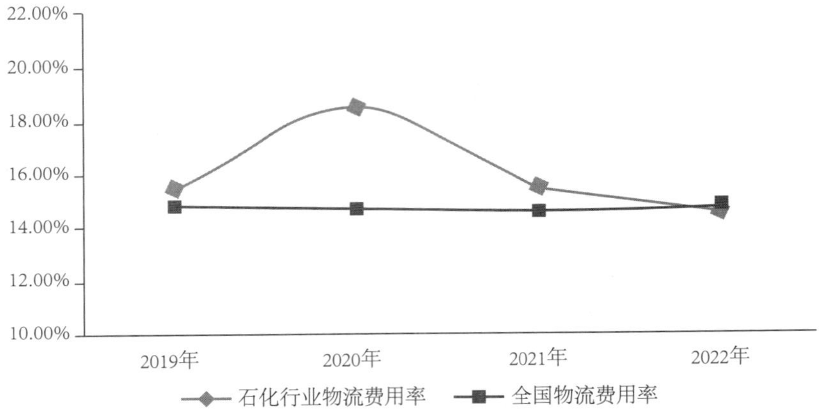

图 5-47 2019—2022 年石化行业物流费用率与全国物流费用率

导致这种情况的主要原因在于危化品物流行业在运输和配送危险品时需要满足一系列严格的规定和标准。这包括特定的运输工具、路线、包装和安全等方面的要求。由于这些严格的条件，企业需要投入更多的资源来确保运输过程中的安全性和合规性。

经济的快速发展导致了运输需求的持续增长，而运输能力的不足进一步推高了运价。此外，由于危化品物流行业的特殊性，需要专业的运输设备和人员来完成任务，这也增加了运输成本。据中物联报告显示，2022 年超过 60% 的司机感受到运输强度增大，市场货源减少，同时油价上涨约 30%，使得运输成本不断攀升。基于燃油成本占物流运输总成本 30% 的假设，2022 年运输总成本上涨了约 10%。同年，我国危化品的平均运输费用约为 1353.6 元 / 吨。

总体而言，危化品物流行业面临着运输成本上升和市场竞争加剧等多重挑战。然而，随着政府对危化品物流行业的监管和支持加强，以及企业通过技术创新和管理创新提高运输效率和质量，降低运营成本的努力，行业有望实现可持续发展并更好地服务于化工生产和危险品运输的安全。

“十四五”时期是我国石油产业高质量发展的关键阶段，这为危化品物流行业带来了广阔的发展前景。随着石油产业升级，危化品物流需求增加，行业面临更高要求。企业需提升运输专业水平、加强安全管理。同时，技术进步推动行业向智能化、绿色化发展。未来，危化品物流行业需抓住机遇，应对挑战，以实现可持续发展，为我国经济做出更大贡献。

资料来源：观研天下整理

（三）危运行业 2023 年数据出炉！中小危险品物流企业弯道超车的最后机会

中物联最新公布的数据显示，2023 年我国化工物流市场规模预计 2.38 万亿，同比 2022 年 2.4 万亿，下降 1.1%。

前 50 强企业仍牢牢掌握着 96% 的市场份额。而中小危运企业依旧热衷在 4% 的份额里“内卷”，大打价格战，鲜有向 96% 份额发起冲锋的勇气和底气，像极了“茶壶里的风暴”。

1. 没有永恒的强者，只有永恒的诞生强者

有人说，不是不向往吃更大的“蛋糕”，实在是有心无力。

中小企业无论在实力、品牌，还是服务上，都被头部企业全面降维式碾压，市场竞争本就是弱肉强食、强者通吃的。

这是中小危运人的普遍想法，有一定道理，但也不全对。为什么？

因为强弱无定势。只要世界的新陈代谢不止，便没有永恒的强者，只有永恒的诞生强者。

历史无数次验证了这个真理。

从曾经连续 15 年手机销量全球第一的诺基亚，被安卓、苹果只用了 3 年时间彻底击败，几乎销声匿迹。

到中国光伏产业，由“三头在外”的受制于人，到引领世界光伏产业发展，形成全球领先的完整光伏产业链，制造全球 80% 以上的光伏产品。

再到曾是中国最大的家电零售连锁企业、家电业“一哥”的国美电器，遭受网络电商的当头棒喝，正在彻底垮台……

这无一不说明，商战的泼天富贵，从来都是“风水轮流转”。而中小危运企业弯道超车的“胜负手”，便是优势互补、联合发展。

2. 中小危运企业弯道超车的最后机会

数字经济时代，数字化浪潮翻涌，各行各业被强行拉到了同一起跑线上，开启数字化转型跃升，千帆竞发。

此时，中小危运企业与头部企业之间的差距，从未如此之小。

或许是中小危运企业弯道超车的最后机会。

以中小危运、仓储企业为核心，优势互补，联合发展的危运千城联盟的成立，恰逢其时。

依托联盟主要发起单位危化镖局在 IT 研发团队、数字危运领域沉淀的技术优势。

研发推出了危运行业专属的数智物流管理系统——镖神管家，奠定了联盟成员数字化竞争的基础，全面放大联盟综合优势。

实现危化镖局日更 10 万货源信息、5888 条专线资源、20 万货主用户、1 万家认证物流企业等庞大资源与联盟成员车、货、路线、仓储等资源瞬间聚合。

打破中小危运企业地域局限、资源等瓶颈，强化接单能力和对化工货主的服务能力，实现足不出户，承揽全国业务。

终结人车管理粗放、混乱局面，推动联盟成员迈向数字化管理时代，实现高效协同、减少重复性工作、降低人工损耗……运营管理降本增效。

中小企业以联盟整体实力统一背书，借助危化镖局 18 个媒体矩阵、亿万阅读量，全面赋能品牌拓客……

百川汇海，星火成炬。联盟资源、优势持续汇聚，假以时日，中小危运企业必能弯道超车。

来源：化工新鲜事

（四）我国危化品物流行业现状分析：运输方式以公路运输为主集中度较低

危化品物流市场快速发展，预计 2023 年运输量将突破 20 亿吨，市场规模将达到 2.6 万亿元。公路运输占据主导地位，市场参与者主要为化工企业物流子公司、央企型危化品物流企业和民营第三方物流公司。市场集中度较低，以中小型企业为主。

1. 危化品运输量及危化品物流市场规模

根据观研报告网发布的《中国危化品物流行业发展趋势研究与未来投资预测报告（2023—2030年）》显示，危险化学品，是指具有毒害、腐蚀、爆炸、燃烧、助燃等性质，对人体、设施、环境具有危害的剧毒化学品和其他化学品。危化品物流是指危化品从生产者到消费者之间的物理经济活动，包括运输、仓储、装卸搬运、流通加工、配送、回收、信息活动等过程的有机结合，最终实现物的价值增值和组织目标。近年来我国危化品行业快速发展，带动危化品物流需求增长，行业市场规模不断扩大。

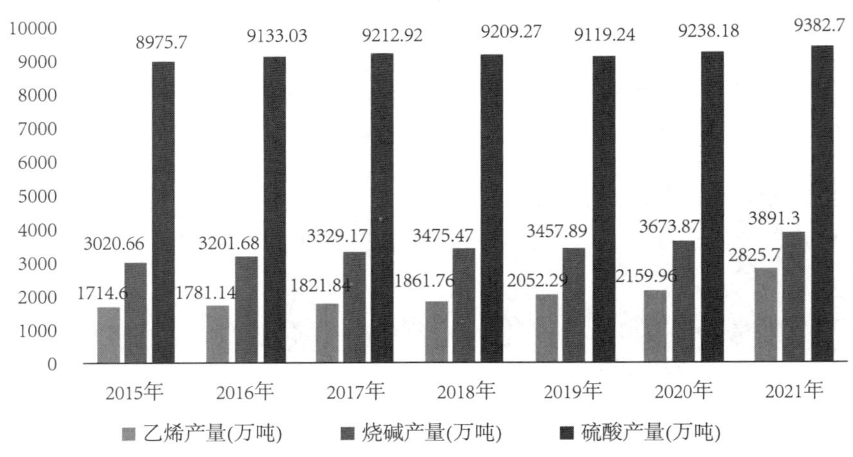

图 5-48 2015-2021 年我国主要危化品产量

数据来源：观研天下数据中心整理

数据显示，2015—2021 年我国危化品运输量由 13.55 亿吨增长至 18.5 亿吨，预计 2023 年我国危化品运输量将突破 20 亿吨。

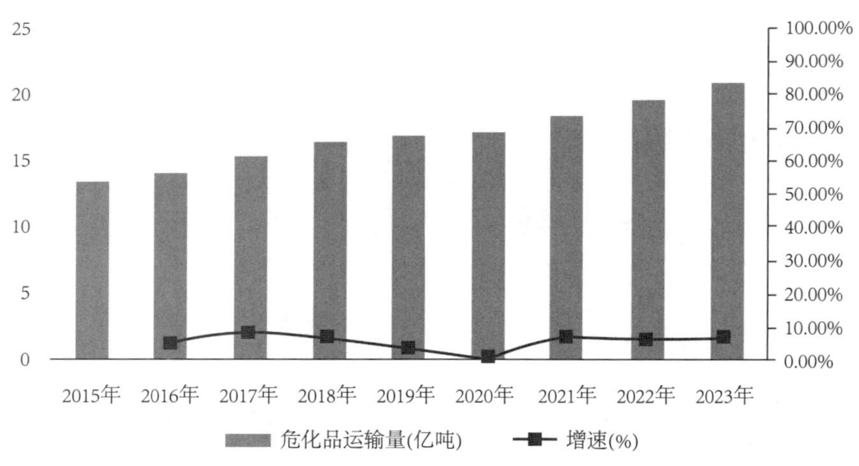

图 5-49 2015-2023 年我国危化品运输量及增速

数据来源：观研天下数据中心整理

2015—2021 年我国危化品物流行业市场规模由 1.18 万亿元增长至 2.24 万亿元，预计 2023 年我国危化品物流行业市场规模将达到 2.6 万亿元。

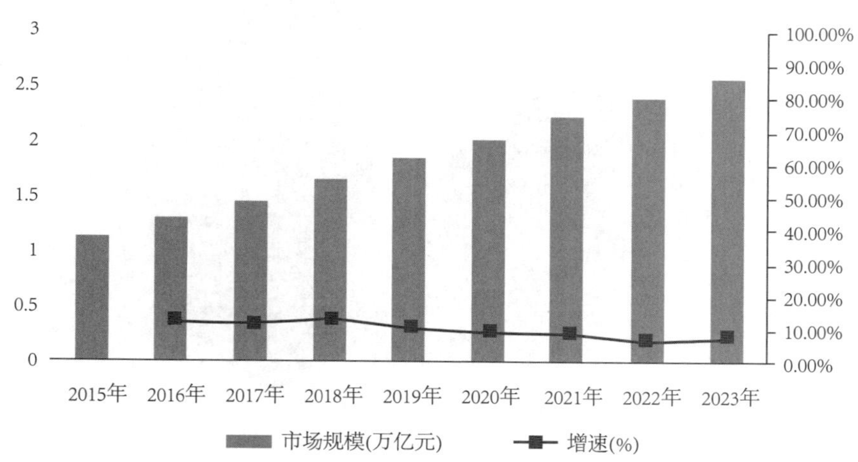

图 5-50 2015-2023 年我国危化品物流行业市场规模及增速

数据来源：观研天下数据中心整理

2. 危化品运输方式

危化品运输方式主要包括公路运输、水路运输、铁路运输。其中公路运输以其灵活性高、所需投资相对较少等优势占据危化品物流绝大多数市场。数据显示，2021 年公路运输占整体危化品物流市场的比重达 70%。

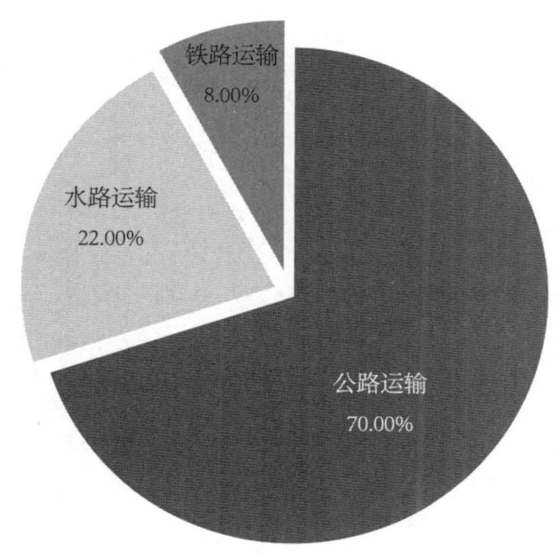

图 5-51 2021 年我国危化品运输方式占比情况

数据来源：观研天下数据中心整理

3. 危化品物流行业参与者分类及分布情况

我国危化品物流行业参与者分为化工企业下的物流子公司、央企型危化品物流企业和民营第三方物流公司三类。从地区分布看，我国危化品物流行业参与者主要分布在华东地区和华南地区，2021 年总占比超 60%。

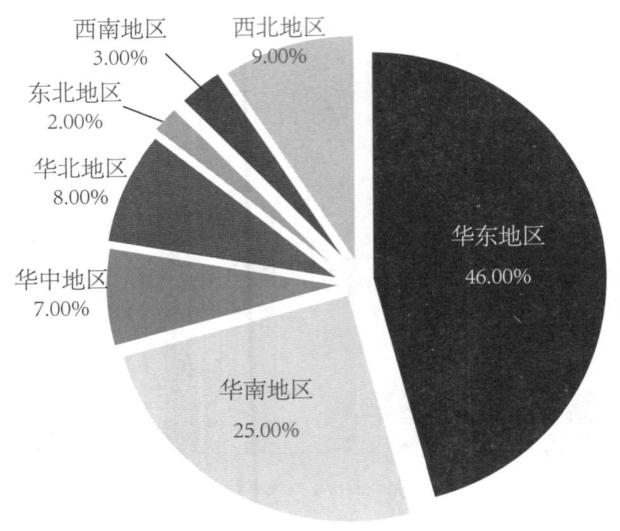

图 5-52 2021 年我国危化品物流行业参与者地区分布情况

数据来源：观研天下数据中心整理

4. 化品物流市场集中度

危化品物流相关企业数量众多，但多为中小型企业，市场集中度较低。数据显示，2021 年我国危化品物流规模以上企业中车辆在 50 辆以下的企业占比超过 60%，车辆在 300 辆以上的企业仅占比 0.26%。

八、邮政、快递物流

（一）2023 年上海快递业务量及快递业务收入统计分析

2023 年，上海快递业务量为 370311.3 万件，与 2022 年相比增加了 84540.9 万件，同比增长 29.6%，占全国快递业务量比重的 2.8%。

图 5-53 2013—2023 年上海快递业务量统计

数据来源：国家邮政局，华经产业研究院整理

2023 年，上海快递业务量月均为 30859.28 万件，与 2022 年相比增加了 7045.08 万件；分月度来看，上海快递业务量于 11 月达到峰值，为 40530.5 万件，与 2022 年同期相比增加了 8862.3 万件，累积到 2023 年 11 月快递业务量为 333064.6 万件，累计同比增长 29.5%。

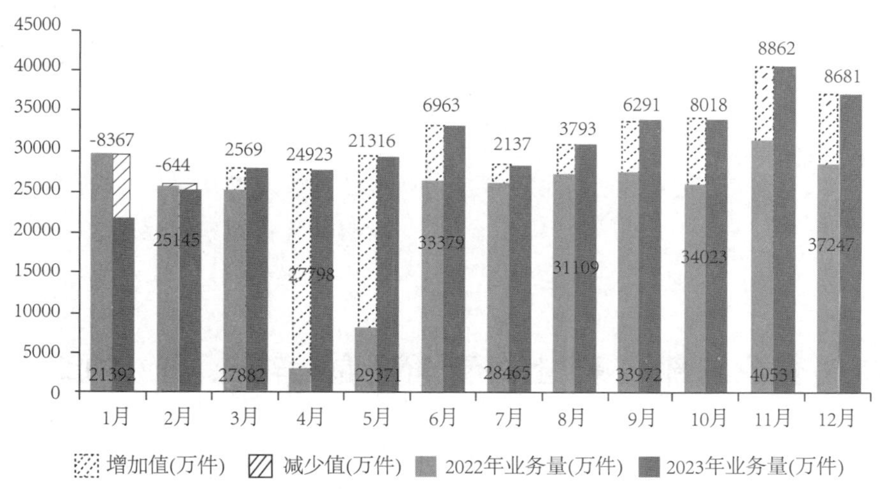

图 5-54 2022—2023 年上海快递业务量月度统计

数据来源：国家邮政局，华经产业研究院整理

2023 年，上海快递业务收入为 2089.36 亿元，与 2022 年相比增加了 243.93 亿元，同比增长 13.2%，占全国快递业务收入比重的 17.3%。

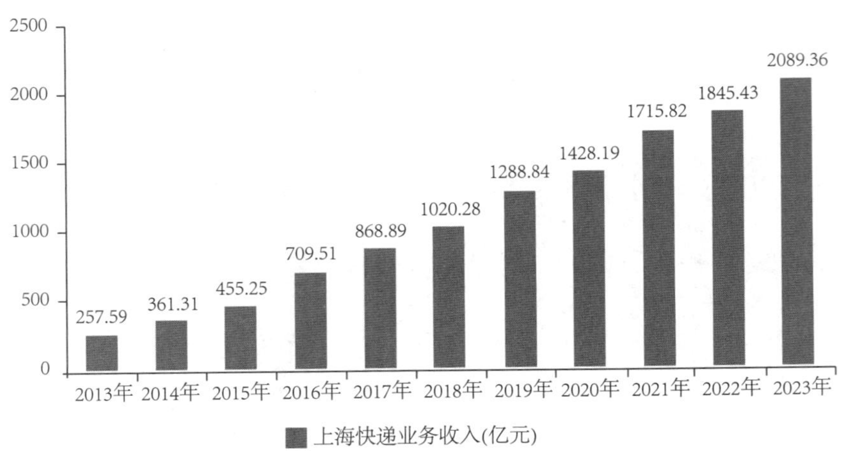

图 5-55 2013-2023 年上海快递业务收入统计

数据来源：国家邮政局，华经产业研究院整理

2023 年，上海快递业务月均收入为 174.11 亿元，与 2022 年相比增加了 20.32 亿元；分月度来看，上海快递业务收入于 11 月达到峰值，为 224 亿元，与 2022 年同期相比增加了 52.17 亿元，累积到 2023 年 11 月快递业务收入为 1881.56 亿元，累计同比增长 12.1%。

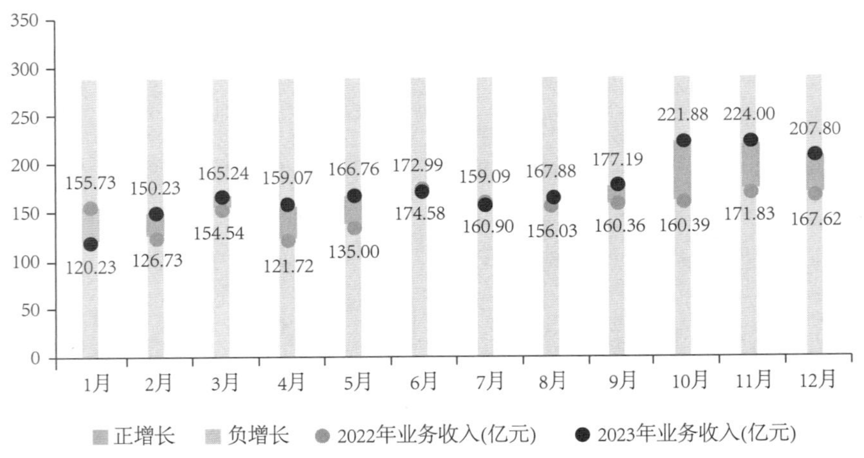

图 5-56 2022-2023 年上海快递业务收入月度统计

数据来源：国家邮政局，华经产业研究院整理

（二）快递企业总部聚集 上海青浦交通运输业营收 2023 年有望破 3000 亿元

中新网上海 12 月 17 日电 （记者 陈静）上海市邮政管理局副局长余洪伟 17 日对记者表示，地处长三角的上海青浦区，已集聚了多家快递企业的全国和区域总部，形成了以快递物流为核心，促进

国内国际业务协同发展的局面。未来，要通过快递物流行业的高质量发展，赋能长三角一体化发展形成良性互动，共同激发“1+1+1+1>4”的产出效益。

青浦是长三角乃至全国快递产业主阵地，2019 年国家物流枢纽落户青浦区华新镇，现在全国每 10 件快递中有 7 件由华新镇的企业承运。青浦区委常委、副区长金俊峰说：“青浦全力打造快递物流新高地，产业规模占全国比重约 15%。青浦正在以数字化为纽带，串联起供应链和物流装备双轮驱动，交通运输业营收 2023 年有望突破 3000 亿元。”

长三角独特的区位条件、良好的产业基础、优质的营商环境，为长三角数字化快递物流一体化高质量发展提供了重要支撑。上海地理位置优越，有丰富的空运、海运、陆运、物流、供应链等口岸资源，聚集着中国最大的电商物流产业集群。目前长三角三省一市的快递业务量和业务收入均超过全国总量的 1/3，同城小时级、长三角当日达、国内重点城市次日达，流动的长三角物畅其流、通达世界。

上海社会科学院应用经济研究所服务经济研究室主任王如忠认为，华新镇和青浦区在发展快递业方面具有新技术、新平台、新品牌、新枢纽、新模式等特征和优势，借长三角区域一体化深入推进之势，青浦快递物流业将会迎来更为稳健和可持续的发展机遇。

在汇聚了三通一达一兔等快递企业总部，快递物流产业规模近 2000 亿元的上海青浦，长三角快递物流产业更高质量一体化发展论坛上，政府、企业、学界等嘉宾齐聚一堂，共话数字赋能下，长三角快递物流产业更高质量发展的前景。资深媒体人王永前表示，长三角聚集了各大民营快递企业总部，快递物流业在这里拥有良好的产业基础和完整的产业链条，叠加区域发展的数字化、智能化优势，在融入一体化、服务一体化、推动一体化过程中，快递物流业实现自身的更高质量发展。

中通快递股份有限公司副总裁张建锋表示，中通快递小哥已经实现全业务的数字化工具覆盖，包裹、人员、车辆、设施、操作等全环节都可视化、可量化，实现“管控有抓手，落地有标准，操作有规则，服务有优化”。他指出：“我们还要通过科技创新和数字化进一步降低全社会的物流成本，赋能实体经济和中国制造业更有竞争力。”极兔速递 CTO 耿仙朋表示，快递行业发展至今，数字化和智能化程度是非常高的。接下来，该企业将在精细化管理和运营方面充分发力；同时，把中国的技术和产业更好地、标准化地引入海外，带给全球的客户。

圆通速递副总裁叶锋说，在长三角区域，圆通累计投资布局了包括 20 个枢纽集运中心在内的 50 多个重大项目，投资总额超 440 亿元。近年来，圆通全面推进数字化转型，实现了网点、财务、人资、客服、营销等能力的全面提升。韵达股份执行总裁符勤表示，该企业将持续构建综合物流服务平台，形成物流基础设施，同时完成产品化。

顺丰速运集团（上海）速运有限公司总经理龚威认为：“数据实现了线上化、数字化、智能化的三个发展阶段，之后还要思考如何赋能上游的农产品、工业品，减少流通环节，把整个社会的物流成本降下来，提升中国制造、中国企业在全球化中的核心竞争力。”

“物流行业既是生产型服务业，也是生活型服务业，我们数智赋能的目标是让社会变得更便捷、更美好、发展更迅速。”复旦大学经济学院党委副书记李志青认为，在乡村振兴、共同富裕、区域协调发展当中，快递物流行业发挥了关键节点作用，数字化赋能物流行业，就是赋能整个社会经济的高质量发展。

来源：中国新闻网

（三）上海邮政快递业“供应链管理服务（快递、物流、数字化供应链平台）与制造业深度融合发展”八大典型案例成功发布

8月11日，为进一步巩固2022年典型案例（场景）融合发展示范引领的成果，由上海市邮政管理局、上海市经济和信息化委员会主办，上海市物流协会、上海市快递行业协会、长三角产业互联网促进中心、上海生产性服务业促进会、上海信息投资咨询有限公司协同开展的“供应链管理服务（快递、物流、数字化供应链平台）与制造业深度融合发展”典型案例于2023第四届中国（上海）工业品在线交易节闭幕式成功发布。市邮政管理局副局长余洪伟、市经济信息化委总工程师葛东波、虹口区副区长陈帅等参加并颁奖。

上海局积极推进本市快递业与制造业深度融合发展，持续推动《上海市推动先进制造业和现代服务业深度融合发展的实施意见》《关于促进本市快递业与制造业深度融合发展的实施意见》落地见效，与市经信委共同推动制造业提质增效和快递业转型升级，于2023年4月启动2023年“供应链管理服务（快递、物流、数字化供应链平台）与制造业深度融合发展”典型案例征集选树工作。经专家评审组质询、讨论，从全市上报42个项目中最后评出26个案例为典型案例，上海邮政快递业8个案例入选，涵盖邮政、韵达、中通、申通、圆通、联邦快递、递易、万色多个品牌。此次典型案例（场景）聚焦构建现代化产业体系，服务电子信息、生命健康、汽车、高端设备、先进材料、时尚消费品等重点产业以及产业数字化、绿色化转型，服务升级、多元拓展、同频共进，不断加速供应链管理服务与制造业深度融合步伐。

上海局表示，下一步将推动行业发展顺应数字化和服务实体经济发展的大趋势，坚持融合质量和效益并举，通过案例示范选树带动提升供应链管理服务和制造业协同发展水平，坚持以供应链管理服务赋能制造业核心竞争力增强、现代产业体系培育、制造业高质量发展，引导企业扎实推进“快递进厂”。

图5-21 现行邮政业标准发布目录

序号	标准类别	标准号	标准名称	发布年份	备注
1	国家标准	GB/T 27917.1-2023	快递服务 第1部分：基本术语	2023	
2		GB/T 27917.2-2023	快递服务 第2部分：组织要求	2023	
3		GB/T 27917.3-2023	快递服务 第3部分：服务环节	2023	
4		GB 43352-2023	快递包装重金属与特定物质限量	2023	
5		GB/T 43283-2023	快递循环包装箱	2023	
6		GB/T 42937-2023	快件高铁运输信息交换规范	2023	
7		GB/T 42390-2023	快递包装分类与代码	2023	
8		GB/T 41833-2022	快递电子运单	2022	
9		GB/T 41832-2022	通用寄递地址编码规则	2022	
10		GB/T 1416-2021	信封	2021	
11		GB/T 40044-2021	快递服务制造业仓配信息交换规范	2021	
12		GB/T 40043-2021	快递服务与电子商务信息交换规范	2021	

续表

序号	标准类别	标准号	标准名称	发布年份	备注
13		GB/T 24295-2021	智能信包箱	2021	
14		GB/T 38726-2020	快件航空运输信息交换规范	2020	
15		GB/T 39084-2020	绿色产品评价 快递封装用品	2020	
16		GB/T 39083-2020	快递支付服务信息交换规范	2020	
17		GB/T 28582-2012	快递运单	2012	
18		GB/T 10757-2011	邮政业术语	2011	
19		GB/T 22657.2-2011	邮件封面书写规范 第 2 部分：国际	2011	
20		GB 50631-2010	住宅信报箱工程技术规范	2010	
21		GB/T 16606.1-2018	快递封装用品 第 1 部分：封套	2018	
22		GB/T 16606.2-2018	快递封装用品 第 2 部分：包装箱	2018	
23		GB/T 16606.3-2018	快递封装用品 第 3 部分：包装袋	2018	
24		GB/T 22585-2008	透明窗口信封	2008	
25		GB/T 22657.1-2008	邮件封面书写规范第 1 部分：国内	2008	
26		GB/T 20164-2006	传染病暴发流行期间疫区邮件及处理系统预防控制规范	2006	
27	邮政行业标准	YZ/T 0192-2023	邮件快件农村客运车辆搭载作业要求	2023	
28		YZ/T 0191-2023	邮政业交叉带式自动分拣系统技术规范	2023	
29		YZ/T 0190-2023	明信片	2023	
30		YZ/T 0189-2023	寄递服务用户个人信息保护要求	2023	
31		YZ/T 0188-2022	邮政业寄递车辆智能视频监控系统技术规范	2022	
32		YZ/T 0187-2022	邮政业智能视频监控系统接口要求	2022	
33		YZ/T 0186-2022	邮政业智能视频监控系统采集设备技术要求	2022	
34		YZ/T 0185-2022	邮件快件实名收寄验视操作规范	2022	
35		YZ/T 0184-2022	邮政日戳技术条件	2022	
36		YZ/T 0183-2022	无人车邮件快件投递服务规范	2022	
37		YZ/T 0182-2022	寄递无人车技术要求	2022	
38		YZ/T 0180-2021	寄递包装射频识别（RFID）应用技术要求	2021	
39		YZ/T 0179-2021	农产品寄递服务及环保包装要求	2021	
40		YZ/T 0178-2021	邮件快件限制过度包装要求	2021	
41		YZ/T 0177-2021	邮件快件智能 X 射线安全检查设备技术要求	2021	
42		YZ/T 0176-2020	邮政行业基于荧光聚合物传感技术的手持式痕量炸药探测仪技术要求	2020	
43		YZ/T 0175-2020	鲜活水产品快递服务要求	2020	

续表

序号	标准类别	标准号	标准名称	发布年份	备注
44		YZ/T 0174-2020	冷链寄递保温箱技术要求	2020	
45		YZ/T 0173-2020	智能信包箱和智能快件箱监管数据接入规范	2020	
46		YZ/T 0172-2020	无人机快递投递服务规范	2020	
47		YZ/T 0171-2019	邮件快件包装基本要求	2019	
48		YZ/T 0170-2019	邮政业视频监控系统接入技术规范	2019	
49		YZ/T 0169-2019	邮件快件实名收寄信息交换规范	2019	
50		YZ/T 0168-2019	快件处理场所基础数据元	2019	
51		YZ/T 0167-2018	快件集装容器 第 2 部分：集装袋	2018	
52		YZ/T 0166-2018	邮件快件包装填充物技术要求	2018	
53		YZ/T 0165-2018	寄递服务人员基础数据元	2018	
54		YZ/T 0164-2018	快递手持终端安全技术要求	2018	
55		YZ/T 0163-2018	邮政业信息系统安全等级保护实施指南	2018	
56		YZ/T 0162-2017	冷链快递服务	2017	
57		YZ/T 0161-2017	快件处理场所设计指南	2017	
58		YZ/T 0160.2-2017	邮政业封装用胶带 第 2 部分：生物降解胶带	2017	
59		YZ/T 0160.1-2017	邮政业封装用胶带 第 1 部分：普通胶带	2017	
60		YZ/T 0157-2016	快递车辆基础数据元	2016	
61		YZ/T 0156-2016	快递营业场所基础数据元	2016	
62		YZ/T 0155-2016	快件集装容器 第 1 部分：集装笼	2016	
63		YZ/T 0154-2016	快件寄递状态分类与代码	2016	
64		YZ/T 0129-2016	邮政普遍服务标准	2016	
65		YZ/T 0153-2016	快递末端投递服务信息交换规范	2016	
66		YZ/T 0152-2016	邮政业信息系统安全等级保护基本要求	2016	
67		YZ/T 0151-2016	邮政业车辆定位系统技术要求	2016	
68		YZ/T 0150-2016	智能快件箱设置规范	2016	
69		YZ 0149-2015	快递安全生产操作规范	2015	
70		YZ/T 0146-2015	快递服务监管信息交换规范	2015	
71		YZ/T 0145-2015	快递末端投递服务规范	2015	
72		YZ/T 0144-2015	邮政业服务设施设备分类与代码	2015	
73		YZ/T 0143-2015	快件基础数据元	2015	
74		YZ/T 0142-2015	邮政业信息系统安全等级保护定级指南	2015	

续表

序号	标准类别	标准号	标准名称	发布年份	备注
75		YZ/T 0140-2015	邮件和快件投递状态分类与代码	2015	
76		YZ 0139-2015	邮政业安全生产设备配置规范	2015	
77		YZ/T 0138-2015	邮政业从业企业标准化工作指南	2015	
78		YZ/T 0137-2015	快递营业场所设计基本要求	2015	
79		YZ/T 0136-2014	快递专用电动三轮车技术要求	2014	
80		YZ/T 0135-2014	快递业温室气体排放测量方法	2014	
81		YZ/T 0134-2013	快递代收货款服务规范	2013	
82		YZ/T 0133-2013	智能快件箱	2013	
83		YZ/T 0132-2013	邮政业机构代码编制规则	2013	
84		YZ/T 0131-2013	快件跟踪查询信息服务规范	2013	
85		YZ/T 0093.2-2005	邮件包装箱 第 2 部分：国际	2005	
86		YZ/T 0054.1-2023	邮政机要通信专用封装用品 第 1 部分：信封	2023	内部
87		YZ/T 0054.2-2023	邮政机要通信专用封装用品 第 2 部分：包装箱	2023	内部
88		YZ/T 0054.3-2023	邮政机要通信专用封装用品 第 3 部分：包装袋	2023	内部
89		YZ/T 0088.1-2004	专用信封 第 1 部分：首日封和纪念封	2004	
90		YZ/T 0088.4-2004	专用信封 第 4 部分：保价信封	2004	
91		YZ/T 0088.6-2004	专用信封 第 6 部分：邮资信封	2004	
92		YZ/T 0089.1-2004	明信片 第 1 部分：国内	2004	
93		YZ/T 0102-2004	信卡	2004	
94		YZ/T 0104-2004	国内邮政包裹详情单	2004	
95		YZ/T 0105-2004	挂式邮政信箱	2004	
96		YZ/Z 0050-2004	异形邮资明信片	2004	
97		YZ/T 0093.1-2003	邮件包装箱 第 1 部分：国内	2003	
98		YZ/T 0094.1-2003	邮件包装袋 第 1 部分：气垫膜包装袋	2003	
99		YZ/T 0094.2-2003	邮件包装袋 第 2 部分：塑料编织布包装袋	2003	
100		YZ/T 0005.3-2002	邮政业务词汇 第 8 部分：邮资票品发行与集邮	2002	
101		YZ/T 0067-2002	信筒	2002	
102		YZ/T 0041-2001	信封模板	2001	
103		YZ/T 0003-2000	国际明信片	2000	
104		YZ/T 0024-2000	邮资机技术条件	2000	
105		YZ/T 0008-2000	邮政营业电子秤准确度等级	2000	

续表

序号	标准类别	标准号	标准名称	发布年份	备注
106	邮电行业标准	YZ/T 0009-2000	包裹收寄电子秤	2000	
107		YD/T 955-1998	邮简	1998	
108		YD/T 956-1998	贺卡信封	1998	
109		YD/T 556-1997	国际包裹五联单	1997	
110		YD/T 775-1996	信封检测方法	1996	
111		YD/T 776-1996	信封色度检测仪	1996	
112		YD/T 845-1996	邮件处理中心噪声测量方法与噪声限制值	1996	

（四）快递物流 2023 年“卷”出六大趋势，2024 年面临十大变化

快递物流是经济的晴雨表。12 月初，2023 年快递量首次破 1200 亿件大关，我国快递年业务量实现连续 3 年突破 1000 亿件，展示出中国消费市场持续向好的良好态势，为稳中向好的中国经济写下生动注脚。这一年，快递业务量收持续攀升，末端履约服务提质增效，头部物流企业进村、出海加速，在打通产销通道、贯通供需两端、连通线上线下、畅通内外循环等方面继续发挥了更加突出的作用。同时，快递港股上市潮、即时物流进入盈利期、网络货运平台纷纷推出创新业务，都频频彰显出产业复苏的朝气。

12 月中旬的中央经济工作会议指出，明年要围绕推动高质量发展，突出重点，把握关键，扎实做好经济工作。着力扩大国内需求。要激发有潜能的消费，扩大有效益的投资，形成消费和投资相互促进的良性循环。推动消费从疫后恢复转向持续扩大，培育壮大新型消费，稳定和扩大传统消费。

有分析指出，在电商增长背景下，一系列政策出台，有助于进一步释放消费潜能，并带动供给、物流等相关上下游产业升级，消费者对物流水平的要求提升，将为供应链基础设施带来更多发展变革机遇。预计 2024 年国内物流市场总规模将进一步扩大。而南都记者盘点发现，在过去一年，物流业已呈现出六大发展趋势。

趋势一：扎堆赴港上市，物流出海加速

2023 年，港股的物流赛道热闹非凡，相继迎来极兔、顺丰、菜鸟的纷纷官宣 IPO。11 月 27 日，极兔速递正式在香港联合交易所主板挂牌上市，此前顺丰（二次上市）和菜鸟都已向港交所递表，有消息显示，菜鸟有望于 2024 年初在香港 IPO。随着极兔上市，国内快递业正式形成顺丰 + 京东（德邦）+“通达兔”多强格局。

现阶段，港股已汇聚京东物流、中通快递、圆通国际、安能物流等物流行业头部企业，顺丰集团旗下也已有顺丰同城、顺丰房托、嘉里物流三大港股上市公司。若顺丰控股和菜鸟完成港股上市，那也就意味着快递物流领域内几大模式各不相同的头部企业，都将汇聚于港交所开展同台竞技。

国际化布局是选择港股上市的物流企业的一大特色。南都记者注意到，极兔、顺丰和菜鸟等都拥有一定全球化布局优势，从三家官宣上市的意图来看，加强国际及跨境物流能力、强化在全球物流领域的布局、投入技术研发都位列其中，彰显出在国内快递市场竞争激烈、利润空间不断被压缩的当

下，海外市场对中国头部企业探索增量的重要意义。

有分析认为，伴随“国货出海”浪潮，物流企业借助上市能获得更多资金支持以扩大国外网络规模。而港股上市门槛低于 A 股，又拥有连接国际的更高开放度、更快的效率、更加成熟的市场、丰富的投资标的、更强的流动性，正成为越来越多物流企业的 IPO 首选地。基于快递物流高质量发展的背景和资本市场的加持，行业新一轮竞争将走向何方备受关注。

趋势二：深挖航空货运机遇，打造时效“护城河”

随着电子商务、快递物流的快速发展及出海热潮，近年来我国航空货运的发展按下了“快进键”。2023 年，顺丰、京东物流、圆通、中通等一众企业都明显加快了在航空货运领域的投入。继顺丰参与出资设立的全球第四、亚洲第一专业货运航空枢纽机场——鄂州花湖机场建成投用后；作为圆通全球航空物流枢纽项目（东方天地港）的基地、定位为长三角航空物流枢纽的嘉兴南湖机场，预计于 2025 年建成启用。

稳定的货运航线和货机资源是物流产品时效的保证。有物流企业人士对南都记者分析称，航空网络有助于提升干线物流时效，从而便于企业开发更多高端产品，满足商务件、冷链件的寄递需求，脱离低端电商件的同质化竞争；同时为开拓国际市场提供了更多可能。而自有货运机场的存在能够进一步强化航空干线的把控能力，保证包裹即便遇到业务量波峰期也能高效平稳流转。

2022 年，民航局发布的《“十四五”航空物流发展专项规划》提出，到 2025 年，中国民航将初步建成安全、智慧、高效、绿色的航空物流体系，航空物流保障能力显著增强，降本增效成效显著，体系自主可控能力大幅提升，航空物流对高端制造、邮政快递、跨境电商等产业服务能力持续提高。

2023 年以来，京东物流在持续拓宽航空网络，其正在推进中的航空货运枢纽以南通兴东国际机场为主运营基地，主要经营国内、国际航空货邮运输业务。中国邮政在南京基地打造其全国最大的国际货运核心枢纽。另外，中通也在 10 月与浙江空港物流发展公司签署战略合作协议，拓展空港物流能力。未来，航空货运市场将成为企业间竞争的重要“护城河”。

趋势三：从“价格战”到“服务战”，行业“内卷”升级

“送货上门，不上必赔”、重点经济圈“次日达、”“同城半日达”覆盖 200 多城、“增加夜间配送”……2023 年 618、双 11 等电商大促前后，快递行业频频开启末端时效与服务“内卷”。同时，部分企业通过与电商平台合作，强调按时送达、送货上门、不上必赔等确定性履约服务，带动前端交易转化。

对于企业而言，送货上门意味着给到快递员更多的激励，对应需要付出更多成本，但行业的利润空间还在持续收缩。2023 年，受市场竞争激烈、优化货品结构、调整结算规则影响，快递行业的“价格战”再度抬头，主要企业的单票价格自今年 3 月以来持续下滑。受此影响，第三季度，德邦、申通、圆通处于“增收不增利”状态，顺丰、韵达“增利不增收”，企业业绩并不容乐观。如何兼顾高服务水平和稳定的营收质量，成为摆在物流企业面前的课题。

安信交运研报指出，旺季之后，行业仍将快速进入竞争加速期。目前终端价格较低，各家加盟商经营压力较大，同时总部端成本下降曲线斜率放缓，单票盈利 / 现金流持续分化。在头部企业提价动力意愿较低的背景下，行业将持续保持高压，格局动荡随时会发生。行业龙头在稳定的加盟网络支持和运营实力下，有望推动规模效应与管理效应充分降本，长期有望实现份额与利润双升。

趋势四：网络货运平台试水新业务，差异化竞争成关键

2023，国民经济增长企稳回升，供应链上下游加快复苏，社会物流需求恢复增长，同城货运平台新业务试水不断：货拉拉向港交所递交上市申请，并新推出同城跑腿业务、冷运服务；滴滴旗下货运自动驾驶公司两度获投资，自动驾驶货运 KargoBot 正式对外亮相；哈啰旗下汽车配送服务哈啰送货在深圳、东莞开放接单；满帮推出短途（同城）货运品牌“省省”；“运满满冷运”先后完成A、B轮融资……一时间，同城货运竞争呈现“白热化”态势。

根据第三方机构统计，2022年的中国同城货运细分市场的GTV为2132亿美元，并预期于2022—2027年按复合年增长率12.1%增长。然而另有数据显示，中国同城货运的TOP10市场占有率仅有3.5%。这意味整个市场还有96.5%空间未被开发，也意味着市场格局远没有固化，未来的各种机会很大，也不断有新老玩家入局。

值得注意的是，在市场竞争之外，行业监管也日益收紧。近两年，有关部门对货拉拉、快狗打车等主要网络货运平台的约谈不断，主要针对恶意压价竞争、过高的抽成比例或会员费、违规运营、侵害从业人员和乘客合法权益、潜藏安全稳定风险隐患等。

“在监管、司机、货主等多力作用之下，同城货运过去‘烧钱补贴’的野蛮竞争时代已经远去，在未来，大家比拼的依然是差异化服务，以满足用户日益升级的个性化需求。”有业内人士对南都记者谈到，未来同城货运的竞争，一味地跨界出击、跑马圈地、粗犷经营等都不是最佳选项，“如何抢占企业用户，才是重中之重。而玩家们如何形成行之有效的商业模式，更好地平衡消费者、司机和平台三者关系，形成服务差异化，满足用户、特别是企业用户的需求，是整个行业均需思考和面对的问题。”

趋势五：万物到家心智养成，即时物流进入盈利通道

2023年，即时物流行业不断有新玩家涌入，同时老玩家也纷纷走入盈利拐点。上半年，顺丰同城录得净利润3031万元，正式扭亏为盈，成为首个在即时物流领域实现盈利的企业。达达则在二季度录得非公认会计准则下的净利润841.2万元，同样同比扭亏，实现了上市后的首次整体盈利。此外，受益于行业需求，美团的餐饮外卖日订单峰值于三季度突破7800万单，美团闪购日订单峰值突破1300万单，均维持增长势头。

市场高速增长的背景下，曾主打“烧钱换市场”模式的头部玩家纷纷进入扭亏通道。亮眼成绩之外，外界对本地即时物流市场的增长潜力都充满信心。根据中国连锁经营协会发布的《2022年中国即时零售发展报告》，预计在2025年，“即时零售”开放平台模式规模将突破万亿门槛，达到约1.2万亿元。随着即时消费习惯以及万物到家心智的养成，带动即时零售和配送领域行业规模不断攀升，成为促进消费增长的新引擎。

值得关注的是，伴随业绩的回暖、进入新阶段，相关企业的一把手也完成人事交接。例如带领顺丰同城实现盈利目标的CEO孙海金接棒陈飞出任董事会主席，后者因专注于其他个人业务辞职。12月，达达集团的董事长（辛利军）与CFO（陈兆明）双双辞职，京东集团CFO单甦接替辛利军担任董事会主席和提名委员会成员职位，又一京东系高管掌舵达达，这也意味着达达与京东的融合将进一步深入。即时物流的新一轮竞争将走向何方，也将会是明年值得关注的焦点。

趋势六：数智碳管理体系落地，绿色物流驶入快车道

2023年，国家邮政局提出实施绿色发展“9218”工程：明确到年底前，实现电商快件不再二次包装比例达到90%，深入推进过度包装和塑料污染两项治理，使用可循环快递包装的邮件快件达到10亿件，回收复用质量完好的瓦楞纸箱8亿个。

当前，全系统全行业按照“禁、限、减、循、降”治理路径，推广电商快件原装直发，推进纸类包装回收复用，快递包装“四化”水平稳步提升。行业的绿色管理基本覆盖揽配、中转、运输、末端等物流全生命周期，企业通过加大新能源、智能化、数字化、轻量化装备的投入，借助智慧路由系统、区块链技术等一系列科技手段降本增效，实现节能减排。

值得关注的是，2023年，物流行业践行“双碳”又解锁了许多新的尝试：比如，利用技术实现碳排放核算的创新—物流企业通过打造碳管理平台，帮品牌商实时计算碳排放足迹及脱碳路径；打造“碳中和”物流产业园，在屋顶配备光伏发电设备产生绿色电力，减少二氧化碳排放；末端鼓励快递包装回收的覆盖面更广、方式更加多元，借助换鸡蛋、领取回收金等方式，鼓励消费者参与纸箱回收。

有分析人士对南都记者指出，在践行社会责任和绿色低碳上，现阶段物流企业面临的问题，更多是如何兼顾经济效益与社会责任的平衡统一，尤其是行业仍然处于竞争内卷的情况下，如何既能降本增效获得利润，又能降低对环境的影响。整体的双碳战略推进有赖于三方结合：政府的引导、民众的认知教育、企业的践行，会是个长期的过程。

快递行业专家赵小敏对南都记者总结称，2024 年快递业面临十大焦点问题，一是快递行业会有几个焦点：增速还是有机会维持两位数增长；二是随着快递业与制造业融合的加速，明年物流业的供应链比重也会得到提升；三是快递员保障机制、快递绿色化会强化；四是竞争分化会加剧，头部企业综合规模进一步提升，弱者更弱；五是 2023 年快递企业在资本市场表现总体较弱，2024 年有望反弹上涨；六是在加快建设全国统一大市场背景下，快递进村、出海也会更上一层楼。七是快递业与多类型电商平台全面融合。八是顺丰和菜鸟在港交所挂牌上市。九是快递企业 ESG 管理全部加强。十是快递时效和送货上门进入激烈竞争阶段。此外，还有一些问题：比如快递行业的安全挑战更大，行业可能出现产能过剩，快递基层网点波动加剧，整个行业在脱离“价格战”步入高质量发展阶段的进程也会遇到更多挑战。

来源：《南方都市报》

九、连锁超市、卖场物流

（一）连锁物流的发展趋势如何？物流行业的发展趋势主要表现在五大方面

国内物流行业正在快速的发展，因此也带动了相关行业的快速发展，让不少的创业者看中了物流行业的发展前景，下面来简单了解一下连锁物流的发展趋势如何。

1. 多功能化

电子商务的快速发展，促使了物流发展进入到了集约化的阶段，一体化的物流配送中心不仅会提供仓储和运输服务，还会提供配货、配送等相关的流通服务。除此之外，还会根据客户们个性化的需求提供其它的服务。

2. 物流的系统化

传统物流是指产品在出厂之后的包装、运输和装卸等等，现如物流提出了物流系统化、供应链管理等相关的概念，并且还付出了行动，使物流逐渐的向两边进行延伸。社会物流和企业物流进行了充分的结合，大大的减少了利益的成本。

3. 一流的服务

在电子商务的发展下，物流业逐渐的形成了介于供货方和购货方之间存在的第三方，主要以服务作为宗旨，从当前的物流状态来分析，顾客们不仅需求服务这个方面，而且还会有本地区服务和长距离服务，符合能够服务的好成为了物流企业管理所关注的核心问题。

4. 物流的社会化

社会经济正在快速的发展，各行各业的分工也越来越明细，一个生产企业所生产的产品不仅有自己主要的部件，还有很多大都是外购，这些产品都会由不同的物流中心或者是批发中心进行配送，能够实现减少库存或者是零库存的问题。

5. 信息化

电子商务已经逐渐的走进大众消费者的视野中，物流的信息化是电子商务的必然要求，要想提供更好的服务，物流配送系统将会有很好的信息处理和传输系统，能够更好地提升物流运输的速度。

来源：全球加盟网

（二）我国连锁经营发展中存在的问题与对策

随着国家的不断发展，连锁经营作为一种现代化的商业形式，也将持续稳定发展，成为国家商业领域中最具活力的业态。笔者主要分析了连锁经营的优势以及连锁经营发展过程中存在的主要问题，并给出相应的对策意见，希望我们在连锁的道路上越走越顺。

1. 连锁经营的优势

（1）提高市场占有率

连锁企业一般会根据自己的产品选择和舒适的地理位置开分店，迅速占领市场，提升知名度，比如麦当劳、肯德基都会选择高端的商业街，庆丰包子铺则会选择热闹的街道，俗话说位置选好了，就会事半功倍，就是这个道理。

（2）提升企业竞争力

连锁经营可以把成熟的商业模式、制度、方法经验复制到各个分店进行实施，可以优化企业的管理成本，实现更好的收益。企业在根据各分店的实际情况选择性的投入相对的人力，物力，财力实施经营策略，不断创新营销方式，从而较大增强了连锁企业的总体竞争力，使企业有更好的发展空间。

2. 连锁经营发展现状和问题

（1）连锁经营业的发展现状

中国的连锁经营是从 20 世纪 80 年代中期，通过 30 年左右的发展，超市是所有连锁经营的带头人。自 1995 年，连锁超市每年平均增长率一直保持 50% 以上。随着国际连锁沃尔玛、家乐福等国际品牌的加入，从而推进了我国市场国际化的程度。

有数据表明，大中型连锁超市企业销售规模逐年递增，为扩大内需拉动经济增长做出了重大贡献，并呈现出持续、稳定的增长态势。但是，高速发展也使得竞争进入了白热化。国际零售业巨头，如沃尔玛、家乐福等的加入，推进了我国市场国际化的程度，给我国的连锁零售企业带来了巨大的压力和挑战，规模较小的连锁企业随时都有被兼并收购的可能。

（2）我国连锁经营发展中存在的问题

一是管理思想落后，缺乏现代连锁经营意识和整体战略意识。我国许多连锁企业的连锁经营管理缺乏知识化，运作不规范，表现为缺少市场竞争和整体战略意识。企业决策者的连锁意识还比较落后，还属于粗放型经营方式，只顾扩张，不计成本。另外，连锁经营是一种先进的现代化经营方式，对从业人员的素质提出了更高的要求，相应管理人才的缺乏都制约了连锁企业的发展。

二是资金短缺，店铺建设缓慢，难以形成规模经济。连锁经营努力通过规模经济取得效益，若店铺较少，则通过集中进货和统一管理带来的价格优势和成本降低都无从实现，从而难以获取规模效益。连锁经营的九个统一：统一店名、统一店貌、统一采购、统一价格、统一配送、统一核算、统一管理、统一服务、统一宣传需要较多的资金，企业在起步阶段难以承受，致使店铺开设缓慢。由于资金和店铺的制约，企业难以形成规模经济。

三是连锁经营的物流配送落后。配送中心是连锁企业的核心，关系到整个企业的营运效率和效益，集中采购、统一配送是连锁经营的两大特色，也是连锁经营的规模优势。我国连锁企业与国外企业自动化、现代化的配送相比有很大差距。这种状况导致配送效率低下，而配送过程中的物耗和物流成本极高。

来源：营销策划小教授

十、进口博览会

（一）2023年上海进博会：中国向外国出口商发出哪些信号以及俄罗斯企业给展会带来了什么？

11月10日，第六届中国国际进口博览会（进博会，CIIE）落下帷幕。俄罗斯卫星通讯社采访的中国专家认为，上海进博会仍然是外国出口商进入中国的最重要窗口。参展商正在密切关注中国市场的发展趋势，俄罗斯企业也在努力增加其影响力。

10月中国进口增长3%，扭转了过去11个月的下降趋势。在贸易下降的同时，大型外国公司的悲观情绪也在蔓延，根据欧洲央行的数据，其中40%的外国公司正在考虑将自己的生产和运营转移到其他司法管辖区。在此形势下，中国发出继续发展国际贸易的信号，而进博会在这方面发挥着重要作用。中国国务院总理李强在上海举行的第六届中国国际进口博览会开幕式上发表主旨演讲，呼吁努力进一步扩大开放，指出中方愿分享本国的市场、扩大进口，推动商品贸易和服务的协调发展，支持外贸业态和模式创新。

进博会仍然是外国出口商进入中国最重要的窗口，鉴于中国市场的规模，进博会的举办本身就是对国际贸易发展的重要激励，中国现代国际关系研究院研究员陈凤英认为："目前全球都在关心中国市场的发展空间。此次是疫情后进口博览会首次全面恢复线下办展，我认为这是一个很好的交流平台。现在看来展商的数量不少，那么给我们未来提供的发展路径可能也会很多。因为近年来虽然中国出口表现不错，但进口表现相对低迷，尤其是今年顺差较大。在这种情况下，进博会就是一个增加购买量的好机会。同样地，这对外商而言也是一个出口机遇。从这一角度来看，进博会是我们和世界互相了解的一个平台或窗口，对中国和世界经济的发展都能发挥促进作用。"

表示，在2023年的展会上，来自各大洲的中国可靠合作伙伴的产品将得到广泛展示，而美国农产品生产商近年来最积极地参与展会对世界贸易的发展来说是一个积极的信号："此次美国农业界派出了七年来规模最大的代表团参加进博会，可以看出他们是有意向向中国市场销售自己的农产品。我认为这一新的变化是大家所关注的。另外，新能源技术、人工智能创新以及医疗发展可能也是大众所关心的新焦点。当然，对于传统的展商我们也没有忽视。实际上有很多老面孔已经连续多次参加了进博会，比如来自拉美、中亚和非洲的企业。此次他们可能还带了新的产品，我认为这是'新'与'旧'很好的结合。国内市场销售自己的农产品。我认为这种新的变化是大家所关注的。"

从传统上来说，俄罗斯商界也对这一活动表示出极大的兴趣。2023年，有64家俄罗斯企业参加中国国际展览，数量是去年的两倍。展览面积近1700平方米，分6个展馆。俄罗斯展馆展示了工业、软件、物流公司和旅游运营商服务、医疗产品、化妆品、纪念品的技术解决方案，特别强调农业部门和食品。据俄罗斯卫星通讯社从俄罗斯出口中心（REC）获悉，截至周四，在进博会期间已经举行了350多次会晤，实业界代表、中国当局和俄罗斯公司的高管参加了会议。

据俄罗斯出口中心透露，"根据所举行的会议的结果，商业潜力约为2620万美元。其中包括，已经签署了供应例如琥珀、棉花糖、浆果、油等俄罗斯产品的协议。中国是俄罗斯农产品的重要买家。参加俄罗斯国家博览会的大多数公司代表国内农工联合体。在过去几年来，俄罗斯农产品对华出口呈现前所未有的增长，在俄罗斯农产品出口结构中占据最大份额——17%。”

展会上的一个新现象是俄罗斯有机食品展台的展示。中国是继美国、德国和法国之后的全球四大有机产品市场之一，因此中国市场对俄罗斯农产品生产商非常感兴趣，俄罗斯的产品以环保著称。

俄方此次展位的主办方是俄罗斯远东有机联盟。联盟主席帕维尔·科明（Pavel Komin）表示，设立展台的想法是由于一家中国公司开始互动而产生的，这家公司与俄罗斯科学组织在创新领域开展合作。展台上，来自俄罗斯不同地区的 10 家生产商展示了有机豌豆、番茄酱、蜂蜜、茶、葡萄酒、谷物和面粉。科明在向卫星通讯社发表评论时指出，该联盟已经与中国合作伙伴们签订了在俄罗斯和中国推广有机产品的合作协议。

“发展国际合作的下一步是计划举办一系列联合国际活动，主题是俄罗斯‘有机产品’标准在中国的普及和认可，以及在中国超市组织俄罗斯有机产品展馆”，科明告诉卫星通讯社。

进入中国市场时间较长的俄罗斯大型食品企业也派出代表亮相展会。

“我们把参加进博会在内的国外展览视为是维护公司作为经验丰富的出口商和可靠合作伙伴形象的工具。展台不仅仅是产品的展示，它首先是我们与战略合作伙伴和潜在合作伙伴会面的洽谈平台。这确保了客户群的发展，并允许与当地企业进行有效的沟通。”

切尔基佐沃贸易公司对外经济活动发展经理娜塔莉亚·巴特诺夫斯卡娅（Natalya Bartnovskaya）在向卫星通讯社发表评论时指出，个人联系仍然存在需求，这对业务关系和增进相互了解有很大影响。她表示，参加展会可以让企业“掌握市场脉搏，获得最新的市场趋势信息，发现新机会，避免失误。”巴特诺夫斯卡娅表示，公司对展会成果感到满意，中方合作伙伴表现出了开展合作的兴趣。出口范围也有望扩大，目前仍受到中国消费特点的限制。她指出，这一前景取决于相关双边监管文件的签署时间。

第六届国际进口商品和服务展览会——中国国际进口博览会于 11 月 5—10 日在上海举行。来自世界 154 个国家、地区和国际组织的代表们出席了此次活动。2023 年的展览规模已恢复至新冠疫情前的水平。超过 3400 家企业参与了此次展览会。

中国国家主席习近平于 2017 年 5 月宣布了举办进博会的构想，这体现了中国扩大进口、加强同各国开展经贸合作的愿望，致力于扩大对外国商品开放市场，推动经济全球化、打造开放型的世界经济。首届展览于 2018 年 11 月在上海举办。

来源：俄罗斯卫星通讯社

（二）直击 2023 年进博会：中国与世界“双向奔赴”

浦江之滨，形状宛如“四叶草”的上海国家会展中心高朋满座。11 月 5—10 日，第六届中国国际进口博览会在这里举办，全球客商再赴“中国之约”。36.7 万平方米展览面积，近 41 万名专业观众；3400 余家参展商，289 家世界 500 强和行业龙头企业……“四叶草”里商机无限，希望遍地。《法人》记者亲临现场，带读者感受闪耀的“进博大舞台”。

大舞台上的小展商

食品农产展区飘香四溢，全球美食集聚于此；消费品展区好物荟萃，名品爆款引领时尚；技术装备展区科技璀璨，高端装备迭代升级……新朋老友欢聚一堂，新品精品争奇斗艳，共同助力越办越好的进博会持续释放商机与活力。记者感叹，进博会不仅是商业盛宴，更是共谋发展的罗盘。更加开放、包容的东方大国，正携手世界共创美好未来。

一个面积不大的展台。成为马来西亚檀香沐浴露生产商陈越轩寻觅合作机会的起点。他身后的货架上摆放着包装精美的沐浴露，弥漫在空气中的淡雅香气，让路过的参观者驻足观望。“我对自己的产品非常有信心，它有着独特的魅力，可以吸引中国市场的目光。”陈越轩对记者说，希望能够凭借进博会大舞台为其产品找到打开中国市场的代理商。他相信，合作伙伴能够让他的产品大放异彩。

进博会上，合作共赢是参展商的共同心愿。每个展台、每款产品都静待被发现，被认可。

格鲁吉亚展区，五彩缤纷的箱包、丝巾和服饰在灯光照耀下闪烁着迷人的光彩，品牌繁多的纯手工制品令参观者陶醉。许多人忍不住诱惑，纷纷前来“买买买”，要把“进博记忆”带回家。茶歇室里，展区商贸代表梅莉与中国一位零售商刚结束合作意向洽谈。她兴奋地对记者说：“这只是一个开始，我们正在进一步扩大与中国零售企业进行接触和沟通，希望将格鲁吉亚最具特色的商品引入中国。”格鲁吉亚某品牌商乔治表示：“希望格鲁吉亚的优质商品可以促进双向贸易增长。”

进博会不仅是展示产品的舞台，更是达成交易的平台。在这里，展商和客户交流、互信，招商和签约并进、开花。对全球客商而言，进博会为他们提供了把握中国市场脉搏、寻找合作伙伴的良机。中国和全球企业在这里相互吸引，双向奔赴。

创新突破争奇斗艳

进博会一直以企业商业展示为核心。据了解，过去五届展会上，累计有超过 2000 项代表性首发新品亮相，累计意向成交额近 3500 亿美元。这些新品的出现，为全球市场带来持续红利。作为进博会亮点之一，创新孵化专区是许多企业展示与人们生活息息相关最新产品和技术的平台。该区涉及智能穿戴、高科技美妆、医疗器械、新能源汽车、工业装备等多个产业领域。借助“进博东风”，许多高科新品实现了全球首发、亚洲首秀和中国首展。

记者走进湖畔光芯半导体展厅，微屏大“视”界让人眼前一亮。“发展隧道”是由炫彩屏幕组建的元宇宙未来美景，在方寸之间展现出光影世界、屏连万物的壮丽景象。

在湖畔光芯现场工作人员引导下，记者试戴了超高清 MaganeX（VR）智能眼镜。“这是行业内首次采用微型 OLED 显示屏的 VR 智能眼镜。”工作人员介绍，这款全球“唯一可量产”的最大尺寸、最高分辨率的硅基 OLED 微型显示器，可有效解决 VR 纱窗效应、眩晕感等问题。此外，湖畔光芯还研发了全球最小尺寸的 0.26 英寸硅基 OLED 微型显示器。本届进博会上，湖畔光芯将联合 LST 和日本松下全资子公司 Shiftall Inc 首发采用湖畔光芯 1.31 英寸超高清、高亮硅基微型 OLED 显示屏及 MaganeX（VR）智能眼镜。

不远处，来自中国的类脑智能与应用方案提供商时识科技与湖畔光芯“并肩作战”。作为德国宝马集团（BMW）“宝马初创车库”的一员，时识科技已连续 3 年亮相进博会。此次，该公司发布了全球首款感算一体的动态视觉智能传感器 SoC-Speck。工作人员介绍，这款传感器芯片完全国产化，填补了中国在感算视觉芯片领域的空白。

2023 年是 GE 医疗独立上市后首次参加进博会，展台面积和展品数量均创下历届之最。近 30 款展品中，有 10 款为中国首发首展，包括精准医疗创新成果、关爱妇幼健康创新成果及助力社区老龄人群保健创新成果。GE 医疗全球执行副总裁、中国总裁兼首席执行官张轶昊表示：“超过半数的展品是中国智慧与全球资源深度融合的最新成果，让世界共享中国式现代化发展新机遇。”

美妆行业巨头欧莱雅继续在进博会上发力，一次性带来近 270 款展品，刷新了历史纪录。其中，多个新品实现全球首发，17 款美妆“黑科技”首次集中亮相，为参观者带来前所未见的行业盛宴。

在创新孵化展区，各种尖端产品、技术和服务随处可见。超高精度三坐标测量机、光学分选机、“绿色”轮胎等 400 多项代表性首发新产品、新技术、新服务闪亮登场，全面展示了国际产业的前沿趋势。这些创新力量为中国乃至全球产业转型升级提供了技术动力。

“进博效应”影响全球

民以食为天。每届进博会的食品及农产品展区总是人气爆棚，这里汇聚了全球优质、特色、新潮的美食。其中，连续6年亮相进博会的大商集团展厅更是人山人海，吸引了无数眼球。

从巴拿马卡门庄园瑰夏咖啡、德国哈勒道城堡精酿啤酒，到西班牙格拉玛诺萨庄园特级初榨橄榄油、澳洲纯血和牛牛排……来自不同国家的近200款顶尖商品云集在大商集团展厅，“舌尖上的进博会”盛况空前。

“您再尝尝我们这款啤酒，它是专为中国消费者口味定制的。”在德国哈勒道城堡啤酒吧，瓶盖开启，酒香四溢，引得人们贪杯共饮。另一边，现烤的羊肉串香气扑鼻，供不应求。人们一口肉串一口啤酒，享受着城市中的烟火气息。

众多国内大型零售企业采购员也纷纷加入其中。张萌是某电商平台海外直采业务经理，他参加进博会的任务是寻找水饮及冲调食品的采购机会。他对记者感叹道：“平时很难集中见到这么多‘尖货’，进博会提供了绝佳的‘淘宝’机会。真想把它们‘打包’签下，送到百姓餐桌上。”

展台热闹，人流涌动，显示出中国市场的巨大商机以及中国人对品质生活的追求。乘着强劲的“进博东风”，许多展品已经变身商品走向中国市场。

自2018年创办至今，进博会“好友圈”持续扩大。本届进博会迎来154个国家、地区和国际组织来宾，超过70个国家和国际组织参加国家展，影响力覆盖五大洲。其中11个国家是首次参展，34个国家是首次线下参展。磁铁般的吸引力，见证了中国广阔的市场前景和巨大的内需潜力。

骊住集团全球高级副总裁、骊住水科技集团大中华区首席执行官陶江对记者表示：“今年进博会为全球企业提供了再抓机遇、更上台阶的开放舞台，彰显了中国坚持推进更高水平对外开放，同世界共享发展机遇的决心与担当。”

“进博会是世界了解中国、中国了解世界的有效平台，让世界感受到中国对外开放决心。”松下电器中国东北亚公司经营企划中心广报宣传部部长山崎晋吾如是说。

开放的中国是世界的机遇。进博会已成功举办6届，它不再只是简单的“贸易之约”，更是中国坚持高水平对外开放，构建新发展格局、实现高质量发展的窗口。

来源：《法人》杂志

（三）2023年进博会：菜鸟集团展示智慧绿色的全球化物流能力

第六届中国国际进口博览会（简称“进博会”）已于11月5—10日在上海举行。作为电商物流行业的全球领导者，也是全球最大的跨境电商物流公司，菜鸟此次是第三次参展，全集团业务线以“智慧、绿色的全球化物流”为主题，全方位呈现菜鸟立足中国根基、着眼全球市场，持续构建全球化智慧物流网络的服务优势和最新实践。

菜鸟跨境快递“五日达”起锚，进口供应链已成国际品牌入华首选

在服务贸易区（展位号：8.2 B1-02），一张菜鸟“全球五日达”包裹出国旅行线路图吸引了不少人围观。“一件商品从中国发出，要经过下单、仓库打包和分拣、出库、运输、组板和登上包机，再到海外清关、分拨至末端配送等10多个环节，菜鸟国际快递只需要5天就能将其送到远在重洋之外的消费者手中，这样的时效是跨境商家以往完全不敢奢求的。”现场一位采购商说。

但菜鸟正将这项服务应用在双11大促爆单的跨境商品上：跨境物流园区、智能分拣线、自动化航空货运中心、波音 747 宽体全货机……一旁播放的跨境直播视频让场内与会者有机会与场外“联动”，共同见证今年“海外最快双 11”的诞生。

据悉，菜鸟早于 2017 年便开启全球化物流进程，至 2023 财年服务的跨境包裹量已超过 15 亿件、服务商家及品牌超 10 万个。按 2022 年包裹规模计，菜鸟已是全球第一的跨境电商物流企业，物流网络覆盖全球 200 多个国家和地区，就地理覆盖范围而言这也是全球最大的物流网络之一。

如今，菜鸟不仅在跨境快递领域树立了时效新标杆，更是全球品牌和商家进入中国市场首选的供应链服务商。以 Swisse 为例，菜鸟为其提供的国际中心仓仓储服务能够高效维护线上线下“一盘货”，使其 B2C 销售遍及中国 330 多个城市，消费者体验得到大幅提升。

本届进博会，海南自贸港的建设活力备受关注。作为“海南自贸港物流大通道”的早期建设者，菜鸟全面参与了海南物流基础设施、全球供应链中心建设，已成为韩际新世界和新罗免税店面向中国的唯一官方跨境物流合作伙伴。截至目前，菜鸟在海南的自动化分拨、保税仓、供应链中心等累计已服务 1000 多个国际品牌，通过菜鸟的智能仓配调度系统，免税店可实现“分钟级”补货，离岛免税品最快 2 小时即可抵达自提点。

数字科技打造差异化服务，国产自研物流“黑科技”获新突破

数字科技也是菜鸟全球化物流提效和提供差异化服务的关键。如今，菜鸟不仅能提供从中国至 179 个国家及地区端到端可追踪的物流服务，AI 优化算法、自动化及智能硬件等技术也在助力物流全链路降本增效。

现场，菜鸟展出了其智能化集成能力沉淀的两个核心自研硬件——自动化设备的“中枢大脑”PLC，以及可在仓库内“纵横行走”的托盘四向穿梭车。据菜鸟工作人员介绍，目前菜鸟自研 PLC 整机已获欧盟 CE 认证，核心芯片已实现 100% 国产化，在保障自研的同时还能降本 50% 以上；而托盘四穿则可被广泛应用于物流自动化仓与制造业线边库，结合 AGV 产品可实现“上存下拣”“存拣一体”的仓储自动化模式。

除了这些“看得见”的物流硬件，菜鸟还有不少肉眼难以觉察的物流“黑科技”，包括物联网装置及 RFID（精准射频技术），可帮助客户实现更佳的物流可视性、可控性及提升效率。

现场，菜鸟用数字沙盘的形式呈现了最新推出的 RFID 服装解决方案。传统的服装供应链管理通过条码扫描或人工盘点不仅效率低还容易出错，而菜鸟 RFID 服装解决方案可通过加装几乎看不见的成衣 RFID 标签，对包括实时收发、库存统计、防盗等整个服装供应链进行实时监督和管理。

“连快递打包也是技术活！”智能装箱每年可助 3 亿个包裹“瘦身”

当前，ESG 的实施有助于提升企业长期竞争力已成为全球共识，数字技术不仅是菜鸟全球智慧物流能力的支柱，全链路的数字化也打造了菜鸟在 ESG 领域的先进性。

目前，菜鸟已将 ESG 各项举措应用于物流价值链各环节之中，并承诺通过科技创新、推进低碳变革。基于自身数智化能力，菜鸟已形成面向上下游合作伙伴的全链路绿色物流解决方案。进博会现场，菜鸟全方位展示了其覆盖物流订单、包装、运输、仓储、回收等各核心环节的技术和举措，包括电子面单、智能包装算法、智能路径调配等。

现场，菜鸟专门设置了“智能切箱”体验专区，鼓励与会者和人工智能比一比，看谁打包更快、包装更节省。

相比人工包装纯凭肉眼和经验判断、估算，菜鸟研发的装箱算法要“轻松”得多—就在订单生成的瞬间，AI 通过商品大数据迅速地与纸箱长宽高和承重量进行匹配，并且计算出商品在箱子里如何摆放最节省包装，整个过程连 1 秒都不用，体验者感叹道，“真没想到，菜鸟连快递打包也用的技术活！”

记者了解到，单在包装减量方面，菜鸟智能装箱每年可助力至少 3 亿个快递包裹“瘦身”，而在包装回收领域，菜鸟做得更早、也更远。现场与会者可体验的“菜鸟绿色家园”便是物流业首个绿色互动数字社区，可以数字化记录消费者于菜鸟驿站的环保行动，而单是纸箱循环再利用这一项，菜鸟年均回收包装及使用旧包装寄件的数量就达到上千万个。

目前，已有一批国际化品牌与菜鸟在绿色物流领域开展深入合作。比如，耐克、雀巢等国际品牌与菜鸟合作旧鞋回收、咖啡包装回收，菜鸟也开始为百事、英氏等领先快消品企业提供 RFID 可循环包装产品。截至 2023 年 6 月 30 日，菜鸟的碳足迹管理系统已与 40 多家不同行业的公司签约，助其有效管理碳资产。

来源：中国道路运输网

十一、绿色物流

（一）上海人大率先出台绿色转型地方立法：推动产业绿色转型发展，倡导绿色消费方式

上海以全社会之力践行低碳新风尚，在走生态优先、绿色发展之路取得了显著成效：2019 年率先实施《上海市生活垃圾管理条例》，2021 年 7 月中国碳市场在上海上线交易，碳排放配额累计成交量近 4.2 亿吨。2023 年 6 月，成功举办首届上海国际碳中和博览会。这一次，上海又在全国率先出台绿色转型地方立法。

12 月 28 日，市十六届人大常委会第九次会议表决通过了《上海市发展方式绿色转型促进条例》，将于 2024 年 1 月 1 日起施行。

“为加快推进本市发展方式向资源节约、环境友好、生态平衡的绿色低碳模式转变，有必要制定一部综合性的地方立法。”市人大常委会法工委副主任崔凯表示，此次立法属国内首创，将协同推进本市能源结构优化、产业结构升级、生活方式转型等工作，形成资源能源高效率利用、生态环境高水平保护和经济社会高质量发展相互促进的法治保障体系。

保障能源绿色安全转型

上海能源资源禀赋有限，在加快打造与超大城市相适应的现代能源体系方面，能源发展绿色转型是发展方式绿色转型的重中之重。数据显示，化石能源碳排放占到全市温室气体排放的 90% 以上，对本地 PM2.5 的贡献占到八成左右，对于未来应对气候变化和进一步改善空气质量都有着举足轻重的影响。

市发改委环资处处长郭建利表示，为保障能源绿色安全转型，此次立法按照“先立后破、内外并举、源网并重”原则，提出了能源绿色转型发展的三方面要求，一是优化能源结构，推行化石能源绿色低碳替代，促进太阳能、风电、生物质能、氢能、地热能等新能源和新型储能方式的发展。二是建设新型电力系统，提升电网调节能力，加强电力需求侧管理。推动源网荷储一体化建设，支持有条件的区域建设多能互补的智慧能源系统和微电网，加强电力需求侧管理，建设虚拟电厂。三是优化电力资源配置，支持绿色电力交易、绿色电力证书交易，完善分布式发电市场化交易机制，支持分布式发电主体按照规定与同一配电网区域的电力用户就近交易。

支持企业绿色产品出口服务

实现绿色转型需要推进技术、产品、制度、机制的创新突破。记者了解到，此次立法对一些各方关注度较高的重大事项作出了规定，比如推进能耗双控向碳排放双控管理模式转变、建设新型能源体系和新型电力系统、打造绿色低碳供应链等，力争形成一批示范引领性的创新制度和举措，充分发挥法规对于绿色转型发展的引导、推动和保障作用。

此前审议中，有代表提出，当前新能源汽车、太阳能电池、锂电池等绿色产品出口已经成为上海对外贸易的重要组成部分，但欧美一揽子错综复杂的“绿色准入”机制让企业遇到很多困难，比如怎样应对欧盟即将施行的碳边境调节机制，有些举足无措。

市人大财经委认为，推动发展方式绿色转型是全社会的责任，在绿色产品出口企业零碳转型过程中，政府和行业协会等要加强业务指导、政策应对等服务和支持。该条例明确政府和行业协会等要积极回应企业需求，在应对碳关税等措施上建立相关助企制度，给予企业必要的服务和支持。同时增加支持链主企业、行业组织和相关专业服务机构加强对上下游产业链企业碳排放管理等方面的指导服务等内容。

倡导绿色生活消费方式

此次立法专门辟出生活消费绿色转型一章，倡导在衣、食、住、行、用等各方面践行简约适度、绿色低碳、文明健康的生活理念和消费方式。

该条例明确鼓励绿色出行，引导公众优先选择公共交通、自行车等绿色出行方式。明确支持消费者优先购买、使用绿色低碳产品，同时促进资源节约使用和循环利用。完善生活垃圾管理，推进再生资源回收利用。同时落实“禁限一次性用品”的有关要求，推进包装物减量。

该条例还提出，鼓励本市二手商品交易，培育和拓展线上线下二手商品交易渠道，鼓励社区组织二手商品交易活动，促进家庭闲置物品交易和流通。

引导资本流向绿色产业

科技创新和绿色金融是推动发展方式绿色转型最重要的两个轮子。据相关机构研究，全球要实现碳中和目标，还有一半的技术尚不成熟，而中国则有2/3的技术尚不成熟；从资金需求看，全球需要总计投入超100万亿美元，中国需要投入超过130万亿人民币。

此次立法打造多元化绿色金融体系，引导资本流向绿色产业。为加大推进力度，该条例总则明确提出，本市构建以市场为导向的绿色技术创新体系，发挥国际科技创新中心和国际金融中心建设的联动优势，推动绿色技术创新链、产业链、资金链、人才链融合发展。

为发挥金融和科技双轮驱动作用，该条例明确了多元化绿色投融资机制、绿色技术创新等方面的规定。同时，建立健全绿色低碳供应链管理服务体系，引导和鼓励企业开展绿色低碳供应链管理。

文章来源：上观新闻

（二）上海市人民政府办公厅关于印发促进绿色低碳产业发展、培育“元宇宙”新赛道、促进智能终端产业高质量发展等行动方案的通知

沪府办发〔2022〕12号

各区人民政府，市政府各委、办、局：

经市政府同意，现将《上海市瞄准新赛道促进绿色低碳产业发展行动方案（2022—2025年）》《上海市培育“元宇宙”新赛道行动方案（2022—2025年）》《上海市促进智能终端产业高质量发展行动方案（2022—2025年）》印发给你们，请认真按照执行。

上海市人民政府办公厅

2022年6月24日

上海市瞄准新赛道促进绿色低碳产业发展行动方案（2022—2025年）

为更好服务国家碳达峰、碳中和战略，发挥上海绿色低碳产业基础优势，培育产业发展新动能，制定本行动方案。

一、总体要求

（一）基本原则

能源清洁化。进一步提升太阳能、风能、海洋能、地热能等可再生能源以及核能、氢能等清洁能源的比重，拓展氨能等潜在替代能源利用。

原料低碳化。加快石化化工和钢铁等重点行业低碳原料替代，石化行业提高天然气、轻烃、生物质等原料比例，钢铁行业提高废钢比，推进冶炼过程以氢代碳。

材料功能化。推进材料轻量化、高强化、功能化，支撑新能源装备转换效率提升，推动新能源、节能环保等领域关键材料量产应用。

过程高效化。推动电机、制冷、水泵、空压机等用能系统改造提升，优化电力、钢铁、化工等重点行业生产工艺，推进数据中心新技术应用。

终端电气化。以电气化、智能化为导向，推动终端能源消费方式升级，提高工业、建筑、交通等领域电气化水平。

资源循环化。提升再生资源利用水平，推广以二氧化碳为原料的工艺技术，加大废旧动力电池梯级利用和城市废弃物协同处置力度。

（二）主要目标

产业规模快速增长。到 2025 年，绿色低碳产业规模突破 5000 亿元，基本形成 2 个千亿、5 个百亿、若干个十亿级产业集群发展格局。

创新能力稳步提升。围绕“新技术、新工艺、新材料、新装备、新能源”，力争培育 10 家市级以上制造业创新中心和企业技术中心，5 家研发和检验检测验证平台，5 家大型企业研究院和新型研发机构。一批前瞻技术和关键核心技术取得突破，工艺水平显著提升。

市场主体逐步壮大。推进“十百千”工程，培育 10 家以上绿色低碳龙头企业，100 家以上核心企业和 1000 家以上特色企业，创建 200 家以上绿色制造示范单位。

园区体系健全完善。围绕氢能、高端能源装备、低碳冶金、绿色材料、节能环保、碳捕集利用与封存（CCUS）等领域，力争打造 5 家特色产业园区，加快培育若干家特色园区或精品微园。

二、绿色低碳产业培育行动

（一）聚焦产业高端，领跑优势赛道

1. 前沿技术。支持企业持续开展低碳 / 零碳 / 负碳基础性研究，加大颠覆性生产工艺与替代产品创新力度。开展电力多元转换、人工光合作用、变革性二氧化碳利用、非二氧化碳温室气体减排等技术的研究。加快新一代核能技术、新型高效硅基光伏电池等超高效光伏 / 光热技术、深远海漂浮式风电场、潮汐能等关键技术和核心装备的突破。开展机械储能、电化学储能等的研究。

2. 高端装备。推动重型燃气轮机关键部件和服务技术的开发应用。加快先进核能系统和自主核能设备攻关，形成三代、四代核电设备部件的稳定制造能力。推进风电驱动、叶片等核心部件攻关，加快风电模块化设计，形成成本竞争优势。探索发动机关键零部件、汽车、高端医疗设备等再制造业务，形成汽车零部件、工程机械等再制造企业集聚优势。

3. 极致能效。推动重点用能行业技术装备创新和应用推广，电力行业加快复制推广超低煤耗发电技术；石化化工行业加强工艺余热、余压回收和能量梯级利用；推进数据中心利用液冷、人工智能运维等技术降低电源使用效率值（PUE）。推广磁悬浮制冷机、永磁空压机、高温高效热泵等高效设备。推动数字化改造升级，引导企业建立能源管理中心，推进能源领域工业软件开发。推广节能“一站式”综合服务、环境污染第三方治理、环境托管服务等新模式。

4. 低碳冶金。支持企业攻坚富氢碳循环高炉、氢基竖炉等工艺。做强绿色精品钢，巩固高能效硅钢、核电用钢、高温合金等产品技术优势，突破新能源汽车驱动电机和电池用钢、高能效变压器核心软磁材料等技术。培育低碳冶金产业生态，形成以氢能、新材料、智慧制造工艺装备和循环经济等为主导的钢铁相关绿色低碳产业。

（二）推动集群发展，拓宽并跑赛道

5. 新能源汽车。构建关键零部件技术和产品供给体系，加快动力电池关键技术突破，推进驱动电机及控制系统集成化、高密度化、智能化发展。发挥新能源整车龙头企业拉动效应，吸引一批关键零部件“独角兽”企业。发展退役动力电池循环利用产业，建设本市动力电池全产业链溯源和管理回收利用网络体系，促进动力电池循环利用技术、工艺、装备、产业集聚发展。

6. 氢能产业。支持燃料电池重型卡车、公交客车、冷链物流车等多场景、多领域商业性示范应用，带动燃料电池系统、核心零部件等上游产业链发展。充分利用工业副产氢资源，在金山、宝山打造氢气主要供应基地；在临港、嘉定和青浦建设产业实践区，丰富应用场景；开展兆瓦级风力、光伏等新能源电解水制氢集成及应用示范，开展“氨—氢”绿色能源应用试点。突破高能效氢燃料电池系统、长寿命电堆、膜电极、质子交换膜等关键技术。推动高压供氢加氢设备、70 兆帕储氢瓶等多重储运技术的应用。

（三）拓展应用场景，抢占新兴赛道

7. 绿色材料。推动低成本大丝束碳纤维量产、T800 级以上高强高模碳纤维工业化突破、碳纤维专用树脂技术攻关，探索碳纤维在新型碳芯节能导线、储氢容器等领域的应用。推广高温超导电缆，支持高温超导技术在核聚变等领域的应用。开展光催化在污染治理等领域的研究和应用。发展低碳化工，推进天然气和二氧化碳制备合成气、轻烃裂解技术的应用示范。

8. 碳交易和碳金融。依托全国碳交易系统，丰富市场交易主体，引入碳交易信用保证保险，建立碳普惠机制，引导企业不断提升碳资产管理能力；建立和完善碳交易标准规则体系。重点发展碳基金、碳债券、碳质押、碳保险等金融产品。鼓励发展重大节能低碳环保装备融资租赁业务。规范发展供应链金融产品，有序推进碳金融衍生品创新。

（四）加强集成创新，实现弯道超车

9. 碳捕集及应用。推进新一代相变型二氧化碳捕集技术应用，突破溶剂损耗、再生热耗等关键指标，降低捕集成本。加快二氧化碳生物、化工、材料、矿化等转化技术研究，推进二氧化碳制碳纳米管等高值化学品的产业化试点，开展万吨级二氧化碳捕集及制甲醇示范。推动碳捕集利用与封存（CCUS）应用场景向化工、钢铁等其他行业拓展，加快与储能、氢能等技术的集成发展。

10. 智能电网。加快布设新能源终端和智能电网设施，发挥新能源微电网、智慧减碳虚拟电厂等项目示范作用，推动光储直柔等智能电网应用。推进智能电网与分布式能源装备向高压化、智能化发展，开展大容量长寿命安全电池、固态电池等储能装置应用。做强智慧能源服务，推动光伏储能微电网技术、电池人工智能技术、锂电池储能系统、直流微电网系统的应用。

三、特色园区升级行动

（一）以集聚发展为目标，加快建设氢能示范实践区

推进嘉定氢能港建设，形成关键零部件、系统、整车等产业集聚，建立氢燃料电池汽车计量测试国家级平台，构建氢燃料电池汽车全产业链，打造基础设施完善的燃料电池汽车产业生态。依托临港国际氢能谷，聚焦燃料电池整车、重型燃气轮机、航空发动机制造，加快制氢储氢加氢一体化站建设，开展电解水设备的产业化和先行先试，开展氢能在交通、能源、建筑等领域的综合利用试点示范。

（二）以高端发展为动力，全面建设“临港动力之城”

加快临港新片区全动力领域发展，打造航空、航天、汽车、海洋、能源“空天陆海能”动力集群。加快产业链关键环节布局，发展高端动力关键零部件及成套装备的研发设计、生产制造、维修服务等高附加值环节。加快核心装备产品研制，推进高性能航空发动机、重型燃气轮机等研发及产业化。

（三）以创新发展为方向，加快建设“宝武（上海）碳中和产业园”

依托相关企业、专业机构和产业联盟，聚焦富氢碳循环高炉、氢基竖炉等技术攻关，打造碳中和特色产业集聚先导示范，引进世界500强研发机构和业务板块，建立低碳减碳研发转化平台，吸引“专精特新”企业，引入多元化社会资本。

（四）以低碳氢源+新材料为核心，加快建设“上海化工区绿色低碳示范园”

在上海化工区形成多元化氢源供给模式，加大副产氢利用，开展沼气制氢，探索风能等可再生能源电解制氢。围绕打造上海国际化工新材料创新中心，加快轻质高强材料、新能源材料、氢气储运材料、燃料电池材料以及二氧化碳资源化技术的孵化和应用。推进天然气、轻烃代替煤和石油制化工原料应用，鼓励企业提高生物基、废物基原料比例。

（五）以梯次推进为路径，培育建设若干个潜力园区

布局一批潜力园区，加大培育提升力度，推动其成为特色园区或精品微园。碳捕集利用示范园开展新一代二氧化碳捕集等技术攻关，推动二氧化碳制碳纳米管及复合材料等示范。青浦氢能经济生态园构建氢能汽车产业链。临港再制造产业园发展汽车零部件、工程机械、医疗器械、燃气轮机等装备再制造。长兴低碳创新产业园推动潮汐能发电技术研发、LNG船生产制造，发展绿色海洋装备和绿色交通产业。推动碳中和创新技术平台建设，发挥本市各类科创平台作用，加大产学研用合作力度，推进共性技术攻关和成果转化。

四、产业生态完善行动

（一）打造科技创新高地

发挥高校院所原始创新作用，围绕共性技术、前沿技术和颠覆性技术，加大科研攻关力度，打造碳捕集利用封存技术研究中心、低碳冶金技术创新中心等平台。发挥企业创新主体作用，加强产学研用合作，提高成果转化率。促进科技创新与实体经济深度融合，发挥制造业创新中心等功能平台作用。

（二）促进产业链协同发展

发挥龙头企业带动作用，提升中小企业专业化协作和配套能力。支持企业深耕全国碳中和市场，以先进技术和专业服务提升市场占有率。打造一批绿色供应链，鼓励核心企业带动链上企业高端化、绿色化发展。建设一批检验、检测、评估和认证服务平台，促进行业健康规范发展。

（三）推进标准体系建设

推进制订达到国内领先、国际先进水平的标准，构建上海绿色低碳标准体系。鼓励领军企业带动上下游配套中小企业共同开展标准化工作，探索组建产业链标准化联盟。

五、保障措施

（一）强化统筹协作

市各相关部门加强协同配合，形成工作合力。各区、各园区落实产业发展各项政策措施，保障项目实施要素供给。鼓励企业、行业组织、研究机构等在技术攻关、产品研发、标准制定、应用示范等方面加强合作。

（二）加大相关政策支持力度

构建支持本市绿色低碳产业发展的政策体系，聚焦成果转化、场景应用和项目落地过程中的瓶颈问题，开展先行先试。落实国家绿色低碳发展政策，综合运用财政、金融、投资、土地等政策，充分利用国家和本市节能减排、促进产业高质量发展、战略性新兴产业等专项资金，支持本市绿色低碳技术突破、产业发展和特色园区建设。

（三）加快人才队伍建设

加大绿色低碳产业人才的引进和培养力度，形成分层次、多渠道的人才培养体系。引进具有国际化创新力和领导力的复合型人才，通过产业菁英高层次人才选拔，遴选一批领军人才和青年英才，发挥高校和科研院所在培养优秀创新人才方面的作用和优势，扩大行业队伍。

（四）加深国际国内合作

依托长三角一体化高质量发展，深入推进与国内相关地区在绿色低碳发展方面的合作。充分利用上海对外开放的窗口、桥梁优势，更好发挥自贸试验区、临港新片区、虹桥国际开放枢纽的功能优势，强化在绿色技术创新、绿色金融、应对气候变化等方面的国际合作。

（五）加强绿色低碳引导

以全国节能宣传周、低碳日、碳博会等为契机，传播绿色低碳发展理念。通过专题论坛、技术展示、交流会等多层次、多形式的宣传，为绿色低碳产业发展营造良好氛围。推广应用绿色低碳技术和产品，促进绿色低碳消费。

（三）关于《上海市瞄准新赛道促进绿色低碳产业发展行动方案（2022—2025 年）》的政策解读

按照习近平总书记“要把‘双碳’工作纳入生态文明建设整体布局和经济社会发展全局，坚持降碳、减污、扩绿、增长协同推进”的要求，我们聚焦“产业绿色低碳化”和“绿色低碳产业化”，编制了《上海市瞄准新赛道促进绿色低碳产业发展行动方案（2022—2025 年）》（以下简称《行动方案》），现将行动方案的总体考虑、主要内容等作如下解读：

1. 总体考虑

《行动方案》重点考虑了在双碳背景下，上海应如何准确把握使命任务，紧抓投资机遇，发挥全产业全链条优势，尽早布局、抢占先机，率先推进各项技术革新和模式创新，推动双碳目标与动能增长互促共进。

一是抢抓“六化”市场需求形成新动能。从能源加工转换全产业链的横向、产品全生命周期的纵向两个维度分析，产业发展将围绕“能源清洁化、原料低碳化、材料功能化、过程高效化、终端电气化和资源循环化”，新增广阔的市场需求。

二是聚焦“五新”领域“十大”赛道重点发力。围绕“新技术、新工艺、新材料、新装备、新能源”，聚焦产业高端，推动集群发展，拓展应用场景，加大集成创新，在十大领域 36 个细分行业上重点发力。

三是依托“5+X”特色园区攻坚突破。以高品质产业园区为主阵地，围绕氢能、高端能源装备、低碳冶金、先进材料等产业，重点打造 5 个特色产业园区和培养提升 X 个潜力园区，形成绿色低碳特色产业园区体系。

2. 主要内容

（1）发展目标

①产业规模快速增长。到2025年，绿色低碳产业规模突破5000亿，基本构成2个千亿、5个百亿、若干个十亿的产业集群发展格局。②创新能力稳步提升。力争培育10家市级以上制造业创新中心和企业技术中心，5家共性技术研发和检验检测平台，5家大型企业研究院和新型研发机构。③市场主体逐步壮大。推进“十百千”工程，重点培育10家绿色低碳龙头企业，100家核心企业和1000家特色企业，创建200家以上绿色制造示范单位。④园区体系健全完善。形成“5+X”绿色低碳特色产业园区体系。

（2）绿色低碳产业重点方向

明确“六化”发展路径。能源清洁化，提升太阳能、风能、核能、氢能等比重。原料低碳化，加快石化化工、钢铁等低碳原料替代。材料功能化，推进材料轻量化、高强化。过程高效化，推动用能系统改造提升、生产工艺优化。终端电气化，推动电气化智能化终端能源消费升级。资源循环化，构建资源循环型产业体系。

（3）绿色低碳产业培育行动

一是聚焦产业高端，领跑优势赛道。①前沿技术，攻关一批负碳、新能源和高效储能等关键技术。②高端装备，加快重型燃气轮机、核能、风能关键部件国产化和低成本化，推动再制造产业集聚。③极致能效，推动重点行业技术装备创新和应用推广，提升重点工艺、用能设备能效水平，丰富节能服务模式。④低碳冶金，攻坚六大绿色低碳工艺，做强绿色精品钢，培育钢铁相关绿色低碳产业。

二是推动集群发展，拓宽并跑赛道。⑤新能源汽车，构建关键零部件技术和产品供给体系，发挥新能源整车龙头企业拉动效应，发展退役动力电池循环利用产业。⑥氢能产业，建立多元氢气供给体系，突破燃料电池长寿命电堆等关键技术，推动多种氢气储运技术和设备应用。

三是拓展应用场景，抢占新兴赛道。⑦绿色材料，推动碳纤维产业延链补链，拓展高温超导、光催化材料应用，发展天然气和CO2制备合成气等低碳化工。⑧碳交易和碳金融，鼓励金融机构参与、活跃碳金融市场，有序推进碳金融衍生品创新和入市。

四是加大集成创新，实现弯道超车。⑨碳捕集及应用，研究新一代CO2捕集技术，探索CO2的生物、化工等资源化利用，扩大CCUS应用场景。⑩智能电网，加快布设新能源终端和智能电网设施，做强智慧能源服务。

（4）特色园区攻坚行动

一是打造5个特色产业园区。“嘉定氢能港”构建氢燃料电池汽车全产业链；“临港国际氢能谷”打造世界级氢能产业集群，建成国际领先的氢能社会；“临港动力之城”发展高端动力关键零部件及成套装备的研发设计、生产制造，打造“空天陆海能”动力集群；“宝武（上海）碳中和产业园”以创新发展为方向，开展低碳冶金工艺和装备研发，形成钢铁行业“碳中和”技术研发制高点；“上海化工区绿色低碳示范园”构建多元化氢源供给模式，加快关键材料突破和低碳原料替代。

二是培育提升X个潜力园区。华能石洞口二厂开展新一代CO2捕集等技术攻关，青浦氢能经济生态园构建氢能汽车产业链，临港再制造产业园重点发展汽车零部件、工程机械等装备再制造，长兴低碳创新产业园重点发展绿色海洋装备产业。推动各类碳中和创新技术平台建设。

（5）产业生态完善行动

一是打造科技创新高地。围绕共性技术、前沿技术和颠覆性技术，加大科研攻关和政产学研用合作。二是促进产业链协同发展。发挥龙头企业带动作用，提升中小企业专业化协作和配套能力，打造一批绿色供应链。三是推进标准体系建设。制定一批国内领先、国际先进水平的标准，构建上海低碳制造标准体系。

（6）保障措施

一是强化统筹协作。市各相关部门加强协同配合，各区、各园区加大招商引资力度，鼓励企业、行业组织、研究机构加强合作。二是加大相关政策支持。落实国家绿色低碳发展政策，综合运用财政、金融、投资、土地等政策。三是加快人才队伍建设。加大绿色低碳产业人才的引进和培养，形成分层次、多渠道人才培养体系。四是加深国际国内合作。依托长三角一体化高质量发展，本市对外开放的窗口、桥梁作用，推进技术、金融等方面开展国内国际合作。五是加强绿色低碳引导。通过节能宣传周、碳博会等活动，传播低碳发展理念，营造良好舆论氛围，促进绿色低碳消费。

十二、智慧物流

（一）上海市促进智能终端产业高质量发展行动方案（2022—2025 年）

为全力培育上海产业高端转型新动能，促进智能终端产业带动实体经济和数字经济发展，制定本行动方案。

1. 总体要求

（1）基本原则

以品牌塑造强动能。突出品牌的关键作用，充分发挥现有优势品牌的影响力，实现外延式发展。加大对新品牌的培育扶持力度，打造代表“上海制造”水平、家喻户晓的智能终端品牌。

以体系构建优动能。抓住智能终端互联互通、高度融合的发展趋势，构建更有韧性的产业体系，强化产业链供应链协同，促进跨领域融通。不断完善产业生态体系，优化供给模式和发展动能。

以创新引领新动能。充分发挥上海在上游核心环节和研发设计能力方面的优势，汇聚创新资源，优化创新环境，推动产业链与创新链有效衔接，引领智能终端产业发展。

以市场牵引主动能。以数字化转型为契机，以市场需求为导向，以应用场景为切入点，瞄准新市场、新业态、新服务、新需求，打造市场接受度高、市场空间大、市场竞争力强的智能终端产品。

（2）主要目标

产业规模稳步增长。到 2025 年，上海智能终端产业规模突破 7000 亿元，营收千亿级企业不少于 2 家、百亿级企业不少于 5 家、十亿级企业不少于 20 家。新增智能工厂不少于 200 家，实现整车企业 100% 达到智能工厂水平。其中，智能网联汽车产值超过 5000 亿元，具备先进智能网联功能的新车产量占比超 50%。培育千亿级智能家居、智能穿戴、虚拟现实等电子终端产业、百亿级智能机器人产业。

爆款终端不断涌现。重点打造 10 款以上爆款智能网联汽车，打造 10 个以上商用智能网联汽车标杆应用场景。在交通、环卫、物流、养老、医疗、教育、工业、家政、商贸、娱乐等 10 大应用场景涌现不少于 100 款智能终端产品。

品牌能力持续提升。培育 50 家以上“链主企业”“隐形冠军”“小巨人”“专精特新”等企业。着力提升品牌附加值，塑造 10 个以上具有标识度的终端品牌。

核心技术加快突破。推动核心芯片、基础软件等关键技术创新突破，加快智能驾驶、智能网联、智能座舱等终端系统技术产业化。

产业集群初步形成。在浦东、嘉定、松江、奉贤、临港等重点区域打造 5 个以上智能终端特色园区或精品微园，培育 3 个以上智能网联汽车应用落地示范区域。

2. 主要任务

（1）智能网联汽车

消费终端爆款打造行动。支持传统车企、造车新势力和科技公司紧抓新一代消费者需求趋势，集聚前沿尖端技术，将智能网联汽车打造为新型智能终端产品，提升消费者驾乘体验。打造集安全出行、智慧生活、移动办公等功能于一体的智能网联汽车终端，提升智能驾驶水平。实现语音交互、远程控制等功能，推动车辆与智能终端在车内无缝接入、在车外互联互通。依托即时通讯和虚拟现实功能，实现远程移动办公。推动品牌策划从“以产品为中心”向“以用户为中心”转变，塑造具有上海标识度的品牌。创新宣传渠道，利用新媒介实现终端直连用户，联动新媒体开展跨界传播。优化品牌运营，建设具有标识度的体验和交付中心，举办用户深度参与的活动，增强品牌吸引力和认同感。

商用终端加速落地行动。紧扣商业化应用需求，明确各场景下低速功能型无人终端的产品定义和技术要求，加快培育配送、清扫、转运等细分领域龙头企业。支持打造无人出租车、智能公交、智能重卡等智能网联商用终端，推动自动驾驶等智能化系统加快向车规级、量产化靠拢。加快拓展智能网联汽车典型测试与应用场景，推动测试道路向区域化联通。支持开展自动驾驶出行服务和城市智慧车列等应用；推动智能重卡加快商业化落地，推动从“减人化”向“无人化”运行方式转变；加快智能公交落地，在特定区域推广无人接驳、无人环卫等应用。建立智能网联汽车“无人化”和商业化分级分类管理模式，按照从易到难、从普通道路到高快速路、从测试示范到商业运营的分级路径，根据不同场景明确各类终端的管理措施。加强联网通信终端进网许可和身份管理，探索新型售后、保险和回收等规定，推进智能网联商用终端加速落地。

车联网培育行动。围绕智能驾驶、智能网联和智能座舱核心系统，构建新型产业链体系。推动智能驾驶系统迭代升级，培育全栈解决方案提供商，扩大智能驾驶覆盖场景；加强智能网联系统研发，开展车路协同技术落地验证，加快推动车联网在量产车型的搭载应用；加快智能座舱集成研发，推动座舱与内容提供商融合发展，打造一体化的智能座舱。大力发展终端部件，重点攻关激光雷达、中央域控制器等环境感知、智能决策核心零部件，加快实施产业化配套；推动车载计算平台和人工智能芯片的规模化应用；提高线控驱动和制动集成水平，加快形成规模化控制器量产能力。围绕智能网联“人—车—路—云”系统协同需求，布设一批具备环境状态检测、交通参与者识别、交通流量监控等功能的新型智能化道路基础设施，建成一批智慧交通示范道路；开展新一代车用无线通信网络应用试点，推动企业建设 5G 车联网通信环境。

协同产业生态建设行动。基于整车集成和软件平台的纽带，推动整车企业与科技公司、社交平台等开展合作，带动集成电路、软件、通信等产业协同发展，培育智慧出行、数据服务等新业态，推动智能网联汽车终端与智慧旅游、智慧商务等融合发展。打造一批定位互补、要素集聚的智能网联汽车产业集群。浦东重点发展车联网、车载操作系统和车用芯片等，打造核心部件产业发展高地；嘉定打造集智能网联汽车整车研发、制造、应用、检测、认证于一体的综合示范区；临港建设具有国际影响力的智能网联汽车制造和出口基地。加快建设车联网信息安全实验室等公共服务平台，推动第三方机构建立智能网联汽车检测认证能力；搭建产业交流、合作与展示平台，举办终端产品发布、应用启动等活动，促进人才与产业集聚。

数字工具终端赋能行动。构建贯通用户个性化定制、研发、生产、交付、维护、回收的面向产品的数字一体化平台，激发用户参与产品个性化定制，推动线上营销与线下体验中心协同联动。加快建立数字化出行服务平台，打通整车终端与应用场景数据互联，开展商业模式创新。以整车终端智能制造为牵引，加快“一厂一案”智能工厂建设，力争实现整车企业 100% 达到智能工厂的水平。推进新一代信息技术在智能网联汽车终端生产环节的深度应用，推广智能机器人和数字孪生技术在终端研发、制造、集成等环节的应用。加强终端制造企业与产业链各环节紧密协同，带动终端产业同步提升智能制造能级，促进生产、质量控制和运营管理系统全面互联互通，实现终端产品生产方式向智能化转变。

龙头企业打造行动。针对智能网联汽车产业链薄弱环节，加大对龙头企业招商引资力度，打造总部经济集聚优势，投放最新终端产品，落地大型应用项目，加快扩大研发团队和应用规模，带动智能网联汽车系统集成和关键零部件供应商培育。推动传统企业转型，支持传统车企加快智能化战略转型，打响自主品牌，实现智能网联汽车相关业务板块独立运作，构建新型供应体系和营销网络。推动传统零部件企业提升智能系统、部件研发制造能力，适时投资或并购创新型新兴企业，加大资源整合力度，提升自主技术水平。大力吸引造车新势力和科技公司在沪布局，探索与整车企业合作生产，鼓励与营运主体合作应用。重点扶持细分市场优秀初创企业和中小企业，通过专项政策支持，引导创新要素和各类社会资本关注，拓宽融资渠道、支持科创板上市。

（2）智能机器人

推进核心技术突破。围绕运动、感知、控制三大系统，组织核心部件攻关项目，突破高性能电机、减速器、控制器等硬件系统，攻关云端大脑、知识引擎、自主学习、人机交互等软件技术。瞄准智能云端系统、芯片、智能传感器等领域，抢占智能机器人产业高地。

提升工业智能化水平。支持工业机器人品牌发展壮大，发展应用于加工、装配、焊接、打磨等场景的高精度工业机器人，突破具备柔性交互特征的6轴及以上协作机器人与自适应机器人技术，全面覆盖汽车、航空航天、船舶海工、电子信息等行业。建设一批智能工厂，助力经济数字化转型。

拓展服务应用场景。聚焦清洁、医疗、配送、生活等重点方向，加速服务机器人规模化应用，培育系统集成商，推广“服务租赁 + 系统集成”商业模式。围绕医疗、清洁、康复等领域，发布标杆示范场景目录与体验手册，开展供需对接。

优化行业标准生态。发挥第三方机构和行业组织力量，联合企业开展标准制定。举办服务机器人创新发展大会等活动，建设上海市智能机器人展示中心。促进长三角产业链协同，进一步优化区域创新布局和协同创新生态。

（3）虚拟现实交互终端

提升虚拟现实硬件成熟度。围绕近眼显示、感知交互、网络传输、渲染处理等关键技术，综合提升终端功耗、便携程度、计算能力等指标，推进近眼显示屏、感知交互设备、开发工具等重点环节实现突破。

推进产业应用生态创新。积极推进虚拟现实交互终端在游戏娱乐、互动社交、教育培训、工业检测、远程医疗等场景的应用，鼓励企业强化“虚拟现实 +”赋能能力，探索可持续的商业模式。支持企业通过建设新型算力基础设施，打造内容制作与分发平台，进一步丰富内容，带动终端需求。

（4）智能家居终端

丰富家居单品供给。支持企业围绕智能家电领域，发展智能音箱、智能厨电等产品，提升居民生活品质；围绕智能安防领域，发展智能门锁等产品，满足居家安全需要；围绕智能照明领域，发展智能灯泡等产品，提高居住舒适度。

打造终端融合生态。鼓励企业与成熟平台开展生态合作，探索建立统一平台体系和认证模式，实现互联互通、相互调用，打造以用户为中心的全场景智能服务。

（5）智能穿戴终端

发展“银发经济”穿戴产品。支持企业围绕居家养老需求，发展适老化智能穿戴设备，支持一键呼叫、一键挂号、一键叫车等适老应用；围绕社区养老需求，发展医疗级穿戴设备以及适老化智能运动器械；围绕机构养老需求，发展适用于日常看护的智能穿戴设备。

发展“健康经济”穿戴产品。支持企业围绕跑步、骑行、健身等各类运动需求，发展多样化、便携度高的智能穿戴产品，重点推进智能手环、智能手表、运动相机、智能服饰、运动腰带等产品的研发及产业化。

（6）信创终端

推动信创产品突破发展。依托国产中央处理器（CPU）优势，围绕松江信创产业园等产业集群，支持企业面向金融、医疗等领域，重点发展应用于边缘计算、数据中心等领域的服务器及个人电脑产品，打造市场接受度高、品牌竞争力强、性能指标优的产品体系。

（7）软硬件基础支撑体系

提升核心芯片支撑能力。加快手机处理器芯片、高性能中央处理器（CPU）芯片、车规级微控制单位（MCU）芯片等高端芯片技术突破，提升先进工艺和特色工艺晶圆制造能力。

19. 提升关键部件技术能力。支持智能网联汽车“三电”“三智”等核心部件突破，发展5G通信模组、光学模组等部件，加快微型有机发光显示（Micro-OLED）、微型发光显示（Micro-LED）等新型显示技术研发应用，推进生物体征、环境感知、图像获取等智能传感器发展。

20. 加快布局基础软件。推进操作系统、分布式数据库和中间件等基础软件发展。聚焦指令集、内核架构等关键技术提升产品能级。积极推进云原生、多源异构数据处理等前沿技术攻关。

21. 加快布局行业软件。发展面向汽车、工控领域的实时操作系统，实现电子设计自动化（EDA）、辅助分析（CAE）、辅助制造（CAM）等关键环节突破。强化系统可靠性与安全性，形成面向场景化、数字化、智能化三层架构的行业软件新供给。

3. 保障措施

（1）加强组织保障

建立本市智能终端产业发展协同机制，成立智能网联汽车产业发展专班。市经济信息化委负责全市智能终端产业的统筹推进和规划布局，市相关部门根据职能加大支持力度，加强与国家相关部门沟通对接。各区政府结合区域特点，保障项目实施要素供给，形成市、区合力推动发展的良好局面。

（2）强化资金支持

统筹利用促进产业高质量发展、战略性新兴产业、市级重大科技专项等专项资金，聚焦支持优质项目、重点技术、重要平台、应用示范等领域。引导各类政府基金和社会资本加大投资力度，鼓励金融机构加大信贷支持力度，推动符合条件的企业加快上市步伐。

（3）完善法规标准

加快推动在智能网联汽车无人化、商业化落地等领域探索制定浦东新区法规，明确相关程序、路径、监管和责任。聚焦关键技术，加快制定相关标准，并推动在长三角互证互认，为国家标准制定提供先行先试经验，条件成熟后在全市范围内予以复制推广。

（4）建设人才队伍

面向全球吸引领军人才，加强高层次人才服务保障。针对智能终端综合集成、软硬融合的特点，鼓励高校、企业开展复合型人才培育。按照规定实施人才奖励，打造创新创业、安居乐业、蓬勃兴业的智能终端人才高地。

（5）营造发展环境

支持有条件的区设立智能终端产业园，保障发展空间需求。定期召开具有国际影响力的展会和论坛，搭建开放合作的交流平台。加强长三角区域内的协同发展，促进产业链互联互通互补。

（6）促进消费需求

借助城市数字化转型机遇，加强各领域对智能终端的应用。加大政府采购对智能终端的支持力度，鼓励国有企业带头使用智能终端产品，在商业中心建设体验店，激发消费需求潜力，形成以应用促终端、以体验促终端的发展局面。

（7）加强安全监管

完善全市智能网联汽车公共数据平台，统筹建立一体化安全管理体系和安全态势监测系统。推动智能网联汽车功能安全、网络数据安全等评估能力和测试场地建设，探索数据跨境传输。加强智能终端产品全生命周期管理，持续推动提升系统安全、网络安全、数据安全能力，切实保障用户隐私。

（二）2023 年智慧物流发展动态分析：数字化引领智慧物流行业发展新态势

1. 国家部委政策

智慧物流是指通过智能软硬件、物联网、大数据等智慧化技术手段，实现物流各环节精细化、动态化、可视化管理，提高物流系统智能化分析决策和自动化操作执行能力，提升物流运作效率的现代化物流模式。具有联通性强、融合 度广、经济成本低、运行效率高、生态效益好等显著优势，代表着现代物流业的发展方向。

交通运输是国民经济中的基础性、先导性、战略性产业和重要的服务性行业，是我国现代物流体系建设的重要基础和关键环节。推动交通运输智慧物流发展对于加快建设交通强国，促进经济高质量发展具有重要意义，我国为推进智慧物流行业的发展出台了一系列发展规划政策。2020 年 4 月国家邮政局、工业和信息化部等部门联合发布了《关于推进快递业与制造业深度融合发展的意见》，提出打造智慧物流。加快推动 5G、大数据、云计算、人工智能、区块链和物联网与制造业供应链的深度融合，提升基础设施、装备和作业系统的信息化、自动化和智能化水平。国务院在 2021 年 3 月出台的《中华人民共和国国民经济和社会发展第十四个五年规划和 2035 年远景目标纲要》中提出构建基于 5G 的应用场景和产业生态，在智能交通、智慧物流、智慧能源、智慧医疗等重点领域开展试点示范。深入推进服务业数字化转型，培育众包设计、智慧物流、新零售等新增长点。2021 年 7 月国家发改委发布了《“十四五”循环经济发展规划》，提出以工业现代化为支撑，推动制造业迈上绿色低碳、创新引领、智能制造、智慧物流、专利和知识产权等价值链高端，培育新增长点、形成增长新动能。2022 年 9 月交通运输部发布《交通运输智慧物流标准体系建设指南》，指出到 2025 年，聚焦基础设施、运载装备、系统平台、电 子单证、数据交互与共享、运行服务与管理等领域完成重点 标准制修订 30 项以上，形成结构合理、层次清晰、系统全 面、先进适用、国际兼容的交通运输智慧物流标准体系，打 造一批标准实施应用典型项目，持续提升智慧物流标准化水 平，为加快建设交通强国提供高质量标准供给。

表 5-22 近年中国智慧物流行业规划类相关政策（一）

颁布时间	政策名称	地区	相关内容
2016 年 7 月	《“互联网 +”高效物流实施意见》	国家发展改革委	形成以互联网为依托，开放共享、合作共赢、高效便捷、绿色安全的智慧物流生态体系，物流效率效益大幅提高
2017 年 11 月	《关于积极推进供应链创新与应用的指导意见》	国务院	推动流通创新转型。应用供应链理念和技术，大力发展智慧商店、智慧商图、智慧物流，提升流通供应链智能化水平
2019 年 2 月	《关于推动物流高质量发展促进形成强大国内市场的意见》	国家发展改革委、中央网信办等	实施物流智能化改造行动。加强信息化管理系统和云计算、人工智能等信息技术应用，提高物流软件智慧化水平。鼓励和引导有条件的多村建设智慧物流配送中心

续表

颁布时间	政策名称	地区	相关内容
2019 年 11 月	《关于建设世界一流港口的指导意见》	交通运输部、国家发展改革委	加快智慧港口建设，抢抓新一轮科技革命和产业变革的历史机遇，推动港口发展更加注重向创新驱动转变。重点建设智能化港口系统、加快智慧物流建设
2020 年 2 月	《关于运用新一代信息技术支撑服务疫情防控和复工复产工作的通知》	工业和信息化部	支持工业电子商务企业和物流企业高效协同，运用互联网、大数据、区块链等技术完善智慧物流体系，打通生产生活物资流通堵点，保障生产资料和生活用品有效供给
2020 年 3 月	《石化和化学工业发展规划（2016—2020 年）》	工业和信息化部	推动工业互联网、电子商务和智慧物流应用，大力推动企业向服务型和智能型转变。培育石化和化学工业与互联网融合发展新模式，构建面向石化生产全过程、全业务链的智能协同体系
2020 年 4 月	《关于进一步做好供应链创新与应用试点工作的通知》	商务部、工业和信息化部等	加快构建集智慧农业、电商平台、智慧物流为一体的农产品供应链体系，提升农产品商品化、规模化标准化、品牌化水平，提高农产品附加值

资料来源：智研咨询整理

表 5-23 近年中国智慧物流行业规划类相关政策（二）

颁布时间	政策名称	地区	相关内容
2020 年 4 月	《关于推进快递业与制造业深度融合发展的意见》	国家邮政局、工业和信息化部	打造智慧物流。加快推动 5G、大数据、云计算、人工智能、区块链和物联网与制造业供应链的深度融合，提升基础设施、装备和作业系统的信息化、自动化和智能化水平
2020 年 4 月	《关于推进“上云用数赋智”行动培育新经济发展实施方案》	国家发改委、中央网信办	培育重点行业应用场景，加快网络化制造、个性化定制、服务化生产发展，推进数字乡村、数字农场、智能家居、智慧物流等应用，打造“互联网 +”升级版
2020 年 9 月	《关于扩大战略性新兴产业投资培育壮大新增长点增长极的指导意见》	国家发展改革委、科技部、工业和信息化部、财政部	围绕智慧物流、智慧市政、医疗健康等成长潜力大的新兴方向，实施中小企业数字化赋能专项行动，推动中小微企业“上云用数赋智”，培育形成一批支柱性产业
2020 年 10 月	《新能源汽车产业发展规划（2021—2035 年）》	国务院	发展“互联网 +”高效物流，创新智慧物流营运模式，推广网络货运、挂车共享等新模式应用，打造安全高效的物流运输服务新业态
2021 年 3 月	《中华人民共和国国民经济和社会发展第十四个五年规划和 2035 年远景目标纲要》	国务院	构建基于 5G 的应用场景和产业生态，在智能交通、智慧物流、智慧能源、智慧医疗等重点领域开展试点示范。深入推进服务业数字化转型，培育众包设计、智慧物流、新零售等新增长点

资料来源：智研咨询整理

表 5-24　近年中国智慧物流行业规划类相关政策（三）

颁布时间	政策名称	地区	相关内容
2021 年 7 月	《5G 应用“扬帆”行动计划（2021—2023 年）》	工业和信息化部、中央网信办等	重点推进 5G 在工业互联网、车联网、智慧物流、智慧港口、智慧采矿、智慧电力、智慧油气、智慧农业和智慧水利等领域的深度应用，加快重点行业数字化转型进程
2021 年 7 月	《“十四五”循环经济发展规划》	国家发展改革委	以工业现代化为支撑，推动制造业迈上绿色低碳、创新引领、智能制造、智慧物流、专利和知识产权等价值链高端，培育新增长点、形成增长新动能
2022 年 9 月	《交通运输智慧物流标准体系建设指南》	交通运输部	到 2025 年，聚焦基础设施、运载装备、系统平台、电子单证、数据交互与共享、运行服务与管理等领域完成重点标准制修订 30 项以上，形成结构合理、层次清晰、系统全面、先进适用、国际兼容的交通运输智慧物流标准体系，持续提升智慧物流标准化水平
2023 年 2 月	《质量强国建设纲要》	国务院	积极发展多式联运、智慧物流、供应链物流，提升冷链物流服务质量，优化国际物流通道，提高口岸通关便利化程度；提高现代物流、生产控制、信息数据等服务能力，增强产业链集成优势

资料来源：智研咨询整理

近些年来，为了促进智慧物流行业发展，我国颁布了多项关于支持智慧物流行业的相关政策。2020 年 8 月交通运输部发布了《关于推动交通运输领域新型基础设施建设的指导意见》，鼓励发展综合性智能物流服务平台，引导农村智慧物流网络建设。2022 年 1 月交通运输部、科学技术部发布《交通领域科技创新中长期发展规划纲要（2021—2035 年）》，提出加快智慧物流技术研发应用。推动多制式多栖化智慧物流发展，开展多式联运智能协同与集成、智能感知及互联、智能监测监控与分析评价、大型物流枢纽智能调度与集成控制、物流系统应急反应处置等技术研究。2022 年 2 月国家发展改革委出台了《“十四五”推进农业农村现代化规划》，提出改造提升农村寄递物流基础设施，推进乡镇运输服务站建设，改造提升农贸市场等传统流通网点。打造农村物流服务品牌，创新农村物流运营服务模式，探索推进乡村智慧物流发展。2023 年 2 月国务院发布《质量强国建设纲要》，鼓励积极发展多式联运、智慧物流、供应链物流，提升冷链物流服务质量，优化国际物流通道，提高口岸通关便利化程度；提高现代物流、生产控制、信息数据等服务能力，增强产业链集成优势。

表 5-25　近年中国智慧物流行业支持类相关政策（一）

颁布时间	政策名称	地区	相关内容
2015 年 5 月	《关于大力发展电子商务加快培育经济新动力的意见》	国务院	完善物流基础设施，支持物流配送终端及智慧物流平台建设，规范物流配送车辆管理，合理布局物流仓储设施。提升对外开放水平，加强电子商务国际合作，提升跨境电子商务通关效率，推动电子商务走出去
2015 年 9 月	《关于推进线上线下互动加快商贸流通创新发展转型升级的意见》	国务院	大力发展智慧物流，运用北斗导航、大数据、物联网等技术，构建智能化物流通道网络，建设智能化仓储体系、配送系统

续表

颁布时间	政策名称	地区	相关内容
2016 年 12 月	《关于推动小型微型企业创业创新基地发展的指导意见》	工业和信息化部、国家发展和改革委员会	加强智慧物流、智慧仓储、智能监控、智慧能源等平台建设，推动项目智能评估、健康体检、实时监控等精细化管理系统的应用，逐步提高小微企业双创基地智慧化水平
2017 年 9 月	《促进道路货运行业健康稳定发展行动计划（2017—2020 年）》	交通运输部、国家发展改革委等	鼓励支持道路货运企业积极参与智能运输、智慧物流等各类试点示范
2018 年 6 月	《关于推进奶业振兴保障乳品质量安全的意见》	国务院	发展智慧物流配送，鼓励建设乳制品配送信息化平台，支持整合末端配送网点，降低配送成本
2019 年 9 月	《交通强国建设纲要》	国务院	发展“互联网 +”高效物流，创新智慧物流营运模式。培育充满活力的通用航空及市域（郊）铁路市场，完善政府购买服务政策，稳步扩大短途运输、公益服务、航空消费等市场规模
2019 年 11 月	《产业结构调整指导目录（2019 年本）》	国家发展改革委	围绕推动物流等重点领域降成本，鼓励加强综合交通运输、现代物流基础设施建设，大力发展智慧物流，培育发展现代供应链

资料来源：智研咨询整理

表 5-26 近年中国智慧物流行业支持类相关政策（二）

颁布时间	政策名称	地区	相关内容
2020 年 5 月	《关于进一步降低物流成本实施意见的通知》	国家发展改革委、交通运输部	加快发展智慧物流。积极推进新一代国家交通控制网建设，加快货物管理、运输服务、场站设施等数字化升级。推进新兴技术和智能化设备应用，提高仓储、运输、分拨配送等物流环节的自动化、智慧化水平
2020 年 8 月	《关于推动交通运输领域新型基础设施建设的指导意见》	交通运输部	鼓励发展综合性智能物流服务平台，引导农村智慧物流网络建设
2021 年 1 月	《关于服务构建新发展格局的指导意见》	交通运输部	推进交通基础设施数字化建设和改造，积极发展智能铁路、智慧公路、智慧航道、智慧港口、智能航运、智慧民航、智慧邮政、智慧地铁、智慧物流，完善标准规范和配套政策
2021 年 5 月	《关于巩固拓展交通运输脱贫攻坚成果全面推进乡村振兴的实施意见》	交通运输部	发展“互联网 +”高效物流，创新智慧物流运营模式，推动电子运单跨方式、跨区域共享互认
2022 年 1 月	《关于促进钢铁工业高质量发展的指导意见》	工业和信息化部、国家发展和改革委员会、生态环境部	鼓励企业大力推进智慧物流，探索新一代信息技术在生产和营销各环节的应用，不断提高效率、降低成本

续表

颁布时间	政策名称	地区	相关内容
2022 年 1 月	《“十四五”现代综合交通运输体系发展规划》	国家发展改革委	提升物流信息平台运力整合能力，加强智慧云供应链管理和智慧物流大数据应用，精准匹配供给需求
2022 年 1 月	《关于推动平台经济规范健康持续发展的若干意见》	国家发展改革委、市场监管总局等	深入推进服务业数字化转型，促进智能产品普及应用，培育众包设计、智慧物流、新季售等新增长点

资料来源：智研咨询整理

表 5-27　近年中国智慧物流行业支持类相关政策（三）

颁布时间	政策名称	地区	相关内容
2022 年 1 月	《交通领域科技创新中长期发展规划纲要（2021—2035 年）》	交通运输部、科学技术部	加快智慧物流技术研发应用。推动多制式多栖化智慧物流发展，开展多式联运智能协同与集成、智能感知及互联、智能监测监控与分析评价、大型物流枢纽智能调度与集成控制、物流系统应急反应处置等技术研究
2022 年 2 月	《“十四五”推进农业农村现代化规划》	国家发展改革委	改造提升农村寄递物流基础设施，推进多镇运输服务站建设，改造提升农贸市场等传统流通网点。打造农村物流服务品牌，创新农村物流运营服务模式，探索推进多村智慧物流发展
2022 年 3 月	《中小企业数字化赋能专项行动方案》	工业和信息化部	推广应用集中采购、资源融合、共享生产、协同物流、新季售等解决方案，以及线上采购与销售、线下最优库存与无人配送、智慧物流相结合的供应链体系与分销网络，提升中小企业应对突发危机能力和运营效率
2023 年 2 月	《质量强国建设纲要》	国务院	积极发展多式联运、智慧物流、供应链物流，提升冷链物流服务质量，优化国际物流通道，提高口岸通关便利化程度；提高现代物流、生产控制、信息数据等服务能力，增强产业链集成优势

资料来源：智研咨询整理

2. 各省市相关政策

为了响应国家号召，各省市积极推动智慧物流行业发展，发布了一系列政策推进智慧物流产业发展。2021 年 1 月广东省发布《广州市交通物流融合发展第十四个五年规划》，提出拓展现代物流和供应链服务网络，打造智慧高效物流运作平台。2021 年 5 月山西省发布《山西省现代物流业 2021 年行动计划》，指出在智慧物流建设方面，山西将加快推动首批智慧物流信息示范平台建设，加快铁路、公路、航空、邮政及市场监管、海关等与物流密切相关领域的信息互联互通，提升信息数据服务水平；探索推动全省物流公共信息综合服务平台建设，强化智能化物流装备技术推广应用。2021 年 11 月北京在《北京市“十四五”时期现代服务业发展规划》中指出高标准建设大兴国际机场综保区，重点发展数字医疗、跨境电商、智慧物流、云服务等数字经济业态，搭建数字贸易综合服务平台，推进数字产业园、服务贸易园等特色服务园区建设，探索“保税 +”服务业发展新模式。2023 年 1 月河北省发布《加快建设数字河北行动方案（2023—2027 年）》，提出推进仓储设施智能化改造，打造国家智慧物流骨干网络节点，建设唐山港多式联运、衡水国际陆港、太行国际“一带一路”智慧物流产业园等示范项目。

表 5-28 近年中国部分省市智慧物流行业相关政策（一）

颁布时间	政策名称	地区	相关内容
2015 年 12 月	《关于推进国内贸易流通现代化建设法治化营商环境的实施意见》	河北省	实施多式联运、城乡共同配送、物流标准化、智慧物流、绿色物流和快递物流等重大示范工程，创新物流发展模式，提高物流社会化、专业化、标准化和智能化水平
2016 年 12 月	《关于印发浙江省供给侧结构性改革降成本行动方案的通知》	浙江省	加快建设智慧物流体系，以建设多式联运枢纽、建立多式联运企业联盟、构建多式联运信息平台为核心，鼓励开展多种运输方式相结合的一体化物流运作。积极试点发展无车承运物流，大力提高物流配送智能化水平
2017 年 2 月	《贵州省数字经济发展规划》	贵州省	加快推进智慧物流发展。完善智慧物流，建设省级物流综合公共信息服务平台、专业物流公共信息平台
2017 年 3 月	《关于进一步降低实体经济企业成本的实施意见》	山东省	完善支撑物流业高效运行的信息技术、标准和设施，健全有效衔接、联通共享的物流标准体系，推进智慧物流体系和智慧物流工程建设
2017 年 4 月	《河南省推进国家大数据综合试验区建设实施方案的通知》	河南省	大力发展专业化物流经营平台。有序建设综合运输信息、物流资源交易、大宗商品交易服务等专业化经营平台，促进专业化经营平台交互共享。开展物流“平台+”试点，推行货运“电子运单”，推进智慧物流园区建设
2017 年 4 月	《关于推动物流业降本增效促进我区物流业健康发展若干政策的意见》	广西壮族自治区	加强区内物流企业与阿里巴巴、传化等知名企业合作，推进智慧交通、智慧物流、农村电商、公路港等物流项目合作。支持现有物流园区优化功能和改造升级，打造智慧物流园区
2017 年 6 月	《关于深化供给侧结构性改革促进实体经济发展的若干意见》	青海省	打造一批提供区域各行业全程供应链服务的物流公共信息平台，推进智慧物流数据中心建设

资料来源：智研咨询整理

表 5-29 近年中国部分省市智慧物流行业相关政策（二）

颁布时间	政策名称	地区	相关内容
2018 年 10 月	《关于印发支持数字经济发展若干政策的通知》	安徽省	推进电子商务、智慧物流发展。推动智慧物流基础设施和信息平台建设，建设一批智慧物流园区
2019 年 5 月	《贵州省深化提升“万企融合”大行动推动大数据应用和产业转型工作方案》	贵州省	实施智慧物流大数据应用推广专项。继续推进物流基础设施建设，增强对冷链物流信息化建设的引导，进一步提升全省农产品储藏、运输环节的冷链水平和生产端的集散能力，助推“黔货出山”
2019 年 6 月	天津市促进数字经济发展行动方案（2019—2023 年）	天津市	建设智慧物流，利用自动识别技术、物联网技术、人工智能技术、地理信息系统技术，提升物流智能化水平

续表

颁布时间	政策名称	地区	相关内容
2019 年 7 月	《山东省支持数字经济发展的意见》	山东省	加快发展互联网金融、智慧物流、数字化设计等生产性服务业，促进生产服务体系专业化、高端化
2020 年 4 月	关于积极应对疫情影响释放消费潜力支持服务业健康发展的若干政策措施	宁夏回族自治区	重点支持在疫情期间逆势增长的电子商务、数字经济、智慧物流、智能社区服务等新兴消费业态和消费热点加快成长，培育和壮大新的经济增长点
2020 年 6 月	《河北省智慧物流专项行动计划(2020—2022 年)》	河北省	到 2022 年，河北将初步建成以智慧物流为特征的现代化综合物流体系，基于新一代信息技术和人工智能技术的物流运作新模式、新业态成为产业发展新动能，智慧物流发展取得明显成效

资料来源：智研咨询整理

表 5-30 近年中国部分省市智慧物流行业相关政策（三）

颁布时间	政策名称	地区	相关内容
2021 年 1 月	《新疆维吾尔自治区促进 5G 网络建设发展规定》	新疆维吾尔自治区	明确鼓励各相关部门、单位推进 5G 在智慧医疗、智慧园区、智慧制造、智慧物流、智慧旅游、智慧农业、智慧水利、智慧电力、智慧交通、智慧教育、智慧司法、智慧政务、智慧城市、智慧社区（小区）等领域应用
2021 年 1 月	《广州市交通物流融合发展第十四个五年规划》	广东省	拓展现代物流和供应链服务网络，打造智慧高效物流运作平台
2021 年 5 月	《山西省现代物流业 2021 年行动计划》	山西省	在智慧物流建设方面，山西将加快推动首批智慧物流信息示范平台建设，加快铁路、公路、航空、邮政及市场监管、海关等与物流密切相关领域的信息互联互通，提升信息数据服务水平；探索推动全省物流公共信息综合服务平台建设，强化智能化物流装备技术推广应用
2021 年 7 月	《贵州省深化新一代信息技术与制造业融合发展实施方案（征求意见稿）》	贵州省	支持供应链数字化升级，开展智慧物流、智能仓储电子商务等业务模式，构建高效率供应网络
2021 年 9 月	《关于推动物流降本提质增效的实施意见》	黑龙江省	大力发展智慧物流。对物流企业（含寄递企业）购置应用自动分拣设备、仓储机器人、智能安检系统等自动化、智能化设备设施和托盘循环共用系统
2021 年 9 月	《山西“十四五”现代综合交通运输体系发展规划》	山西省	推动智慧物流服务发展，加快智慧物流园区建设推动全省既有物流园区、物流枢纽、配送设施、快递设施、仓储设施等数字化、智能化升级改造，强化新一代智慧物流配送系统建设

资料来源：智研咨询整理

表 5-31 近年中国部分省市智慧物流行业相关政策（四）

颁布时间	政策名称	地区	相关内容
2021 年 10 月	《重庆市 56 应用扬帆”行动计划（2021-2023 年）》	重庆市	全市将在多个重点领域推广 5G 应用，包括 5G+ 工业互联网、5G+ 车联网、5G+ 智慧物流等
2021 年 11 月	《北京市“十四五”时期现代服务业发展规划》	北京市	高标准建设大兴国际机场综保区，重点发展数字医疗、跨境电商、智慧物流、云服务等数字经济业态，搭建数字贸易综合服务平台，推进数字产业园服务贸易园等特色服务园区建设，探索“保税 +”服务业发展新模式
2022 年 1 月	《关于印发北京城市副中心推进数字经济标杆城市建设行动方案（2022—2024 年）的通知》	北京市	依托“两区”建设，发展数字贸易新业态，推动数字贸易进一步扩大开放。完善数字贸易品牌企业服务机制，助力跨境电商、智慧物流等数字贸易企业做大做强
2022 年 3 月	《“十四五”数字经济发展规划》	黑龙江省	建设“互联网 +”智慧物流体系，支持公益性、商业性物流信息平台和网络平台道路货运企业发展，推动形成设施高效衔接、信息互联共享的多式联运体系
2022 年 4 月	《广西物流业发展“十四五”规划》	广西壮族自治区	完善新一代物流信息基础设施，实现物流园区、配送中心、货运站等物流节点的设施数字化，形成可感知、可视可控的智慧物流设施体系

资料来源：智研咨询整理

表 5-32 近年中国部分省市智慧物流行业相关政策（五）

颁布时间	政策名称	地区	相关内容
2022 年 4 月	《关于持续深化供销合作社综合改革推进供销合作事业高质量发展的实施意见》	湖北省	支持供销合作社经营服务网点向农村和城乡社区“两端”延伸，建成一批“一网多能”智慧物流配送中心和农村商贸综合体，建立区域内超市联盟，激发农村消费潜力
2022 年 7 月	《江西省碳达峰实施方案》	江西省	持智能化设备应用，推动物流全程数字化，培育智慧物流、共享物流等新业态，打造智能交通、智能仓储、智能配送等应用场景
2022 年 8 月	《天津市碳达峰实施方案》	天津市	搭建天津港智慧物流平台，实现全程物流跟踪服务
2022 年 9 月	《江苏省推进数字贸易加快发展的若干措施》	江苏省	支持传统服务贸易领域开展数字化改造，大力发展智慧物流、在线教育等新业态
2023 年 1 月	《加快建设数字河北行动方案（2023—2027 年）》	河北省	推进仓储设施智能化改造，打造国家智慧物流骨干网络节点，建设唐山港多式联运、衡水国际陆港太行国际一带一路智慧物流产业园等示范项目

来源：智研咨询整

（三）智慧物流行业发展现状及未来市场前景

1. 基本情况

智慧物流是指通过智能软硬件、物联网、大数据等智慧化技术手段，实现物流各环节精细化、动态化、可视化管理，提高物流系统智能化分析决策和自动化操作执行能力，提升物流运作效率的现代化物流模式。智慧物流的发展能大幅度降低企业的物流成本，提高企业的利润，加速物流行业的发展，同时也有助于消费者节约成本，使消费者轻松、放心购物，助推经济高质量发展。

中远海科、运达科技和华鹏飞是智慧物流行业的重点上市企业。中远海运科技股份有限公司成立于 1993 年，主要从事智慧交通、智慧航运、智慧物流、智慧安防等领域的业务，目前公司正在加快业务的转型升级，持续推进由项目型业务为主向平台型、产品型业务为主的业务模式切换。成都运达科技股份有限公司成立于 2006 年，是一家轨道交通智能系统供应商，业务布局涉及机车车辆业务板块、轨道交通牵引供电业务板块和铁路运输业务板块。华鹏飞股份有限公司成立于 2000 年，经过多年发展已形成了大物流 + 数智基建两大事业群，业务覆盖国内综合物流、国际物流、供应链管理、物联网和地理信息数据服务。

表 5-33 中远海科 VS 运达科技 VS 华鹏飞基本情况对比

企业名称	中远海科	运达科技	华鹏飞
注册日期	1993 年 5 月 19 日	2006 年 3 月 10 日	2000 年 11 月 15 日
注册资本	3.719 亿	4.447 亿	5.627 亿
注册地点	中国（上海）自由贸易试验区民生路 600 号	四川省成都市高新区新达路 11 号	广东省深圳市福田区华富街道莲花一村社区皇岗路 5001 号
简介	中远海运科技股份有限公司主要从事智能交通系统，交通和航运信息化，工业自动化，安全防范工程领域的软、硬件产品科研、开发、销售、系统集成。公司是国内航运信息化领域的领军企业，以中国远洋海运集团为强有力的依托，致力于航运业相关应用软件和解决方案的研发工作，为用户提供高质量、多方位、深层次的航运和物流行业解决方案和集成服务	成都运达科技股份有限公司始终秉承“让交通更安全便捷”的使命，致力于为轨道交通业务领域提供智能解决方案及服务，是国内领先的少数拥有核心自主知识产权和生产能力的高科技企业之一。产品线布局涉及机车车辆业务板块、轨道交通牵引供电业务板块、铁路运输业务板块，为轨道交通提供智慧培训、智能运维、智慧车辆段、智能牵引供电等解决方案	华鹏飞股份有限公司起步于综合物流服务，是国家 AAAA 级物流企业，多年耕耘不辍，不断延伸和拓展业务边界，公司业务目前覆盖移动物联网运营、综合物流服务和地理信息测绘等板块。目前公司已搭建基于互联网信息技术下的大物流平台，逐步实现物流、信息流、资金流、商流四流合一，构建融合现代物流业产业基础及运营服务、多产业协同发展的一体化供应链生态圈

资料来源：智研咨询整理

2. 经营情况

从三家公司资产总额情况来看，中远海科的资产总额最大，华鹏飞的资产总额最小。2020—2023 年 3 月，中远海科的资产总额不断减少，资产总额从 2020 年的 35.25 亿元减少至 2023 年第一季度的 29.11 亿元；运达科技和华鹏飞的资产总额波动变化，2023 年第一季度运达科技的资产总额为 24.79 亿元，华鹏飞的资产总额为 16.65 亿元。

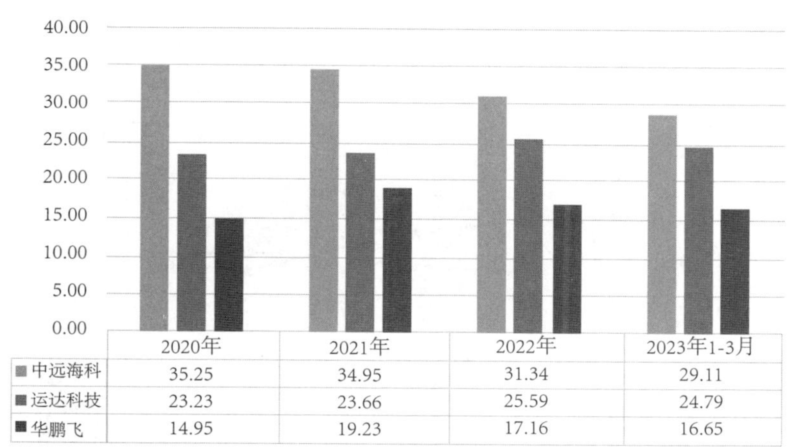

	2020年	2021年	2022年	2023年1-3月
中远海科	35.25	34.95	31.34	29.11
运达科技	23.23	23.66	25.59	24.79
华鹏飞	14.95	19.23	17.16	16.65

图 5-57 2020-2023 年 3 月三家企业资产总额情况（亿元）

资料来源：公司年报、智研咨询整理

从三家公司营业总收入情况来看，中远海科的营业总收入大于运达科技和华鹏飞。近几年中远海科和运达科技的营业总收入呈不断增长趋势，2023 年第一季度中远海科营业总收入为 4.20 亿元，同比增长 3.05%，运达科技的营业总收入为 0.38 亿元，同比增长 56.42%；相反的 2020—2022 年华鹏飞的营业总收入不断下降，2023 年有所恢复，第一季度营业总收入为 0.97 亿元，同比增长 17.51%。

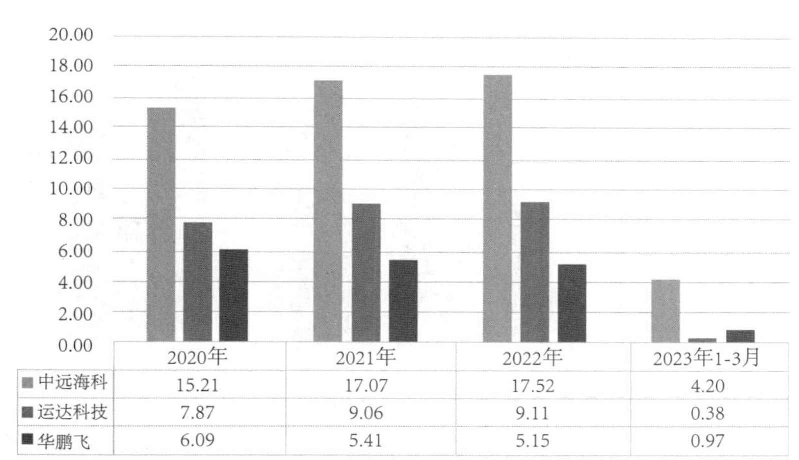

	2020年	2021年	2022年	2023年1-3月
中远海科	15.21	17.07	17.52	4.20
运达科技	7.87	9.06	9.11	0.38
华鹏飞	6.09	5.41	5.15	0.97

图 5-58 2020—2023 年 3 月三家企业营业总收入情况（亿元）

资料来源：公司年报、智研咨询整理

从三家公司毛利率情况来看，运达科技的毛利率大于中远海科和华鹏飞。近几年运达科技的毛利率一直保持在 40% 以上，2023 年第一季度毛利率为 47.16%；2020—2022 年中远海科的毛利率持续改善，2022 年毛利率为 21.42%，2023 年第一季度毛利率轻微下滑，为 20.40%；2020—2022 年华鹏飞的毛利率不断下降，但 2023 年第一季度毛利率有所上升，为 20.30%，较 2022 年年末增加了两个百分点。

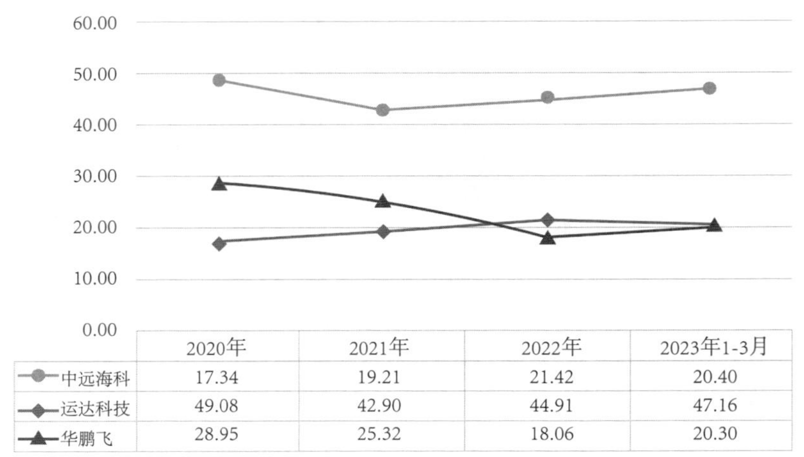

	2020年	2021年	2022年	2023年1-3月
中远海科	17.34	19.21	21.42	20.40
运达科技	49.08	42.90	44.91	47.16
华鹏飞	28.95	25.32	18.06	20.30

图 5-59 2020—2023 年 3 月三家企业毛利率情况（%）

资料来源：公司年报、智研咨询整理

3. 业务布局

从三家公司智慧物流业务收入来看，中远海科的智慧物流业务收入明显超于运达科技和华鹏飞。2020—2022 年中远海科、运达科技和华鹏飞的智慧物流业务收入波动变化。2022 年中远海科的智慧物流业务收入为 2.76 亿元，同比增长 7.31%；2022 年华鹏飞的智慧物流业务收入为 2.30 亿元，同比增长 38.80%；2022 年运达科技的智慧物流业务收入为 1.52 亿元，同比减少 7.04%。

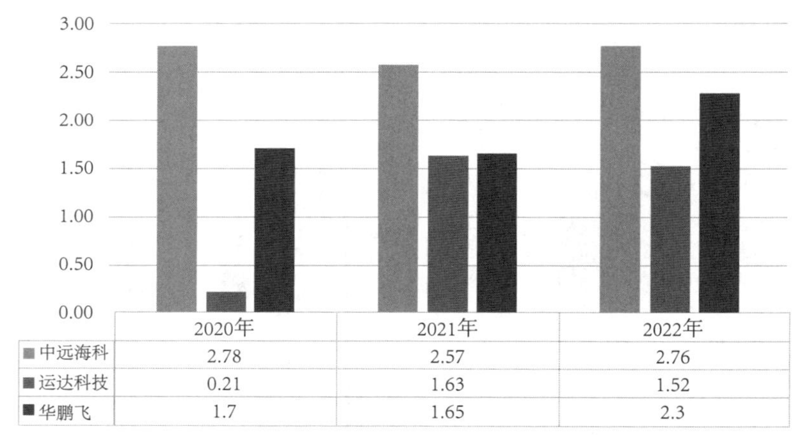

	2020年	2021年	2022年
中远海科	2.78	2.57	2.76
运达科技	0.21	1.63	1.52
华鹏飞	1.7	1.65	2.3

图 5-60 2020—2022 年三家企业智慧物流业务收入（亿元）

资料来源：公司年报、智研咨询整理

从三家公司智慧物流业务占比来看，华鹏飞的智慧物流业务占比大于中远海科和运达科技。2020—2022 年华鹏飞智慧物流业务占比不断提升，2022 年智慧物流业务占比为 44.60%，较 2021 年增加了 14 个百分点；运达科技在 2021 年积极开拓智慧物流业务，占比由 2020 年的 2.97% 提升到 18.01%，2020 年公司智慧物流业务占比有所下降，为 16.65%；近几年中远海科智慧物流业务占比整体上呈稳定态势，2022 年智慧物流业务占比为 15.74%。

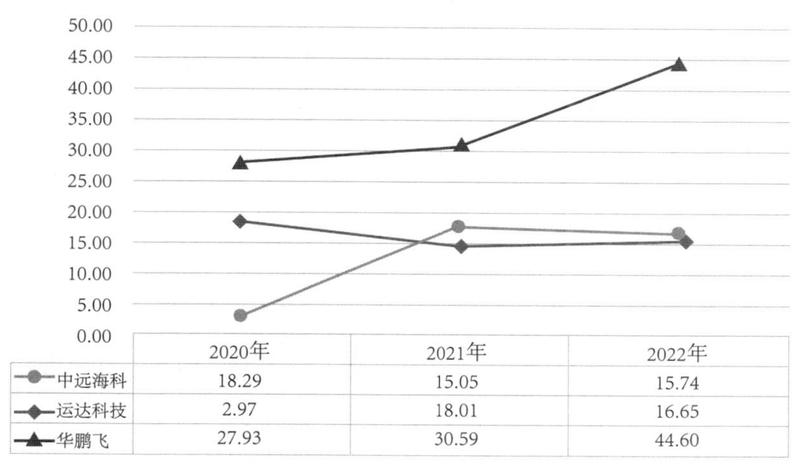

图 5-61 2020—2022 年三家企业智慧物流业务占比（%）

资料来源：公司年报、智研咨询整理

从三家公司智慧物流业务毛利率来看，运达科技智慧物流业务的毛利率最高，华鹏飞智慧物流业务的毛利率最低。2022 年运达科技智慧物流业务的毛利率为 42.17%，较 2021 年增加了 5 个百分点左右；2022 年中远海科智慧物流业务毛利率为 25.67%，与 2021 年毛利率几乎持平；2020—2022 年华鹏飞智慧物流业务毛利率不断下降，由 2020 年的 18.46% 跌至 2022 年的 12.33%。

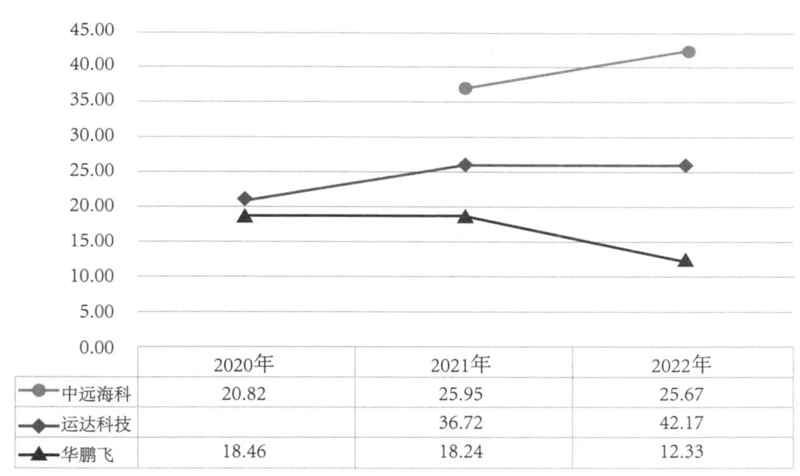

图 5-62 2020—2022 年三家企业智慧物流业务毛利率（%）

资料来源：公司年报、智研咨询整理

4. 科研情况

从 2022 年三家企业的科研情况来看，运达科技在研发人员数量、研发投入金额和研发投入占比方面高于中远海科和华鹏飞，中远海科的研发人员占比高于另外两家公司。2022 年，运达科技的研发人员数量为 505 人，占比为 44.00%，研发投入金额为 1.25 亿元，占比为 13.69%；中远海科的研发人员数量为 476 人，占比为 59.57%，研发投入金额为 0.59 亿元，占比为 3.38%；华鹏飞的研发人员数量为 165 人，占比为 18.03%，研发投入金额为 0.38 亿元，占比为 7.38%。

表 5-34 2022 年三家企业科研情况

	中远海科	运达科技	华鹏飞
研发人员数量（人）	476	505	165
研发人员占比（%）	59.57	44.00	18.03
研发投入金额（亿）	0.59	1.25	0.38
研发投入占比（%）	3.38	13.69	7.38

资料来源：公司年报、智研咨询整理

来源：智研咨询

（四）上海市培育“元宇宙”新赛道行动方案（2022—2025 年）

为着力强化新赛道布局，培育壮大发展新动能，更好助力上海国际数字之都建设，制定本行动方案。

一、总体要求

（一）基本原则

尊重规律、分步推进。把握“元宇宙”虚实映射、虚实交互、虚实融合的演进规律，重点加强前沿技术突破、前瞻领域布局，推动产业整体健康有序发展。

集成创新、联动发展。把握“元宇宙”群智赋能、跨界融合的基本特征，发挥“元宇宙”的叠加、倍增、放大效应，带动数字技术、数字产业实现跳变和跃迁。

价值引领、效果导向。把握“元宇宙”以虚促实、以虚强实的价值导向，立足提升实体经济生产效率、满足人民群众美好生活需要，推动经济高质量发展。

市场主导、政府引导。把握“元宇宙”需求牵引、市场驱动的发展逻辑，充分激发多元市场主体的想象力和创造力，共同营造良好发展生态。

包容审慎、防范风险。把握“元宇宙”在发展中规范、在规范中发展的治理要求，营造包容开放环境，建立相关规则体系，防范安全风险和行业乱象。

（二）主要目标

产业综合优势显著增强。到 2025 年，“元宇宙”相关产业规模达到 3500 亿元，带动全市软件和信息服务业规模超过 15000 亿元、电子信息制造业规模突破 5500 亿元。

创新主体活力竞相迸发。培育 10 家以上具有国际竞争力的创新型头部企业和“链主企业”，打造 100 家以上掌握核心技术、高能级高成长的“专精特新”企业。

示范赋能效应充分显现。围绕城市数字化转型，打造 50 个以上垂直场景融合赋能的创新示范应用，推出 100 个以上引领行业前沿的标杆性产品和服务。

产业发展生态持续完善。推动建设各具特色的“元宇宙”产业园区，打造一批创新服务平台，加快“元宇宙”产业人才育引，优化生态环境。

二、主要任务

（一）产业高地建设行动

1. 关键技术。突破关键前沿技术。聚焦空间计算、全息光场、五感提升、脑机接口等方向，突破人机交互瓶颈。加快微型有机发光显示（Micro-OLED）、微型发光显示（Micro-LED）等新型显示技术研发应用。聚焦光波导、光纤扫描等近眼显示技术和柔性、类肤等新材料，提升沉浸交互体验。提升计算平台效能，推动图形处理器（GPU）、专用集成电路（ASIC）、可编程逻辑阵列（FPGA）等计算芯片和 RISC-V 指令集架构芯片的研发。强化大尺寸图像压缩、实时图形渲染、资源动态调度等计算技术研发。加强算法创新与应用，加快对抗生成网络、超大规模预训练模型等技术在图形引擎、动态建模、数字孪生等领域的融合应用。

2. 基础设施。超前布局未来网络，加快推进“双千兆”网络建设，培育 5G+、6G、卫星互联网、Wi-Fi 7、IPv6 等未来网络生态。加大计算能力支撑力度，推动云边一体布局、算力自由调配、云端实时渲染的新型云计算和边缘计算平台发展，培育基于容器化、开发运维一体化等技术的云原生应用。加快发展人工智能即服务，依托大规模公共算力集群建设，全面推进人工智能产业化、规模化应用。发展区块链应用，探索 Web3.0 技术研发和生态化发展，推动分布式存储、可信认证、隐私计算、智能合约等融合应用。

3. 交互终端。加快发展虚拟现实终端，支持虚拟现实一体机、PC 虚拟现实设备等技术升级，面向娱乐社交、沉浸影音、教育培训等领域培育差异化终端产品。迭代升级增强现实终端，推动增强现实、混合现实终端向低功耗、小体积、大视角、可变景深方向发展，加强从底层到应用全链条布局，培育增强现实、混合现实消费级产品及行业级解决方案。着力突破全息显示及体感终端，支持浮空投影、裸眼 3D、空间成像等全息显示技术研发及产业化，推动体感设备向低成本、高性能演化。

4. 数字工具。发展关键基础软件，面向智能终端和云边协同设备，支持开发具备云端实时渲染、分布式内存计算、轻量级容器管理等功能的智能操作系统和中间件。突破数字生产工具，集中攻关三维图形图像引擎、数字建模、数字设计、数字人生成等“元宇宙”关键生产力工具，提升核心软件和行业平台供给能力。培育集成解决方案，围绕重点行业应用需求，着力发展城市信息模型、建筑信息建模、数字孪生、数字沙盘仿真等行业级解决方案。

（二）数字业态升级行动

5. 虚实交互新商业。加快推动数字会展，鼓励打造云上展厅、数字化展厅，提供无边界、沉浸式展示服务，促进多人同屏互动、在线社区、语音和动作实时交互，提升展览展示的参与感、体验感。发展全景导览服务，鼓励场馆打造虚拟全场景导览应用，提升室内导航、商业导购、泊车寻车体验。创新线上购物体验，融合沉浸式、数字人等技术，提升直播带货、虚拟购物体验，拓宽线下商业运营模式。

6. 虚实交互新教育。建设虚拟课堂，围绕教学实训、数字教室、空中课堂、素质教育等教学场景，探索多点协作教学、远程互动教学、课后效果评价等融合应用。研发新型教学产品，支持基于教育数字基座，研发各类数字孪生校园、虚拟现实课堂、数字教师。赋能职业培训，鼓励面向医疗、生产、安防、运维、建筑等领域，以扩展现实技术开展职业技能培训和仿真实践。

7. 虚实交互新文旅。开发元旅上海新模式，运用数字人讲解、增强现实导览等技术，围绕历史文化风貌区、博物馆、艺术馆、游乐园等地标性建筑和景点，拓展全景旅游等新模式。促进虚拟演艺赛事发展，引导全息投影、体感交互等技术与赛事、演唱会、音乐会等结合，打造沉浸式“云现场”，升级传统演艺赛事体验。

8. 虚实交互新娱乐。发展元游戏，支持运用云渲染、人工智能、区块链等技术，研发制作可编程、再开发类游戏产品；着力培育一批品牌号召力强、具备国际竞争力的原创元游戏。培育元社交，鼓励发展具备实时互动、多人参与、沉浸体验的新型社交平台；支持虚拟形象、数字空间、数字创作等社交工具研发和产业化。赋能影音制作，鼓励运用虚拟实景搭建、特效实时渲染、空间声学仿真等技术，提升电影、电视、动漫、音乐等行业生产效率。

（三）模式融合赋能行动

9. 虚实融合智能制造。打造数字孪生工厂，支持建设高精度、可交互的虚拟映射空间，对工业制造全环节进行建模仿真、沙盘推演，实现各环节协同和生产流程再造。推广生产协作工具，支持集成扩展现实、多维仿真等技术的虚拟生产协作平台在工业制造领域的应用，实现产品仿真设计、测试验证和优化、运维巡检、远程维修、资产管理等方面的应用。

10. 虚实融合医疗健康。鼓励元诊疗，建设医疗三维辅助诊疗平台，优化术前规划与术中导航等解决方案；推广基于扩展现实的心理疾病“数字疗法”和沉浸式远程康复应用。赋能医学研究，支持运用增强现实、虚拟现实等技术在视觉诊疗、近视防治等领域开展临床研究；鼓励结合微观三维成像、分子模拟等技术，在新药研制、病理研究等领域实现突破。

11. 虚实融合协同办公。培育无边界办公平台，鼓励运用虚拟化身、场景交互、空间渲染等技术研发虚拟办公平台，实现文档、设计、数据实时协同。发展元会议室，打造体验更真实、互动更便捷的数字办公新空间，满足不同场景混合办公需求。鼓励线上会议向多维化、场景化、规模化发展。

12. 虚实融合数字城市。建立城市数字沙盘，推进城市数字孪生体建设，加快虚拟空间和现实世界的全面连接和高度协同，提升城市治理科学性。强化风险应急管理，鼓励利用“元宇宙”技术对城市风险进行高精度动态模拟与实时持续监测，提升城市应急处置能力。提供智能化政务服务，建设虚拟综合办事大厅，开发场景式服务导航。打造数字人办事窗口，实现 24 小时在岗服务，提升办事体验。

（四）创新生态培育行动

13. 创作者经济。加强 IP 培育与保护，做优做强动画动漫、影视影音、网络文学、潮流周边、游戏电竞等原创品牌，加强数字产品、数字创意知识产权保护。培育创作者群体，推动创作主体集聚，支持发展专业用户生产内容（PUGC）、职业生产内容（OGC）、多频道网络（MCN）等生产新模式。

14. 数据流通要素。培育数据产品和服务，壮大一批具有核心技术的“数商”龙头企业，引育一批具有市场影响力的数据交易主体和平台，深化公共数据开放，健全数据产业生态。完善数据要素市场，深化上海数据交易所建设，建立数据要素的价值体系和发现机制，构建数据定价、分配、监管等市场运行规则，推动数据要素有序流动。

15. 标准规则体系。加快标准制定，支持企业、科研机构参与国内外标准制定，聚焦数据、接口、平台、代码，完善相关标准和连接协议，实现标准的通用性和一致性。完善行业规范，加强近眼显示、终端产品对健康影响的研究，完善检验检测标准；探索虚拟数字身份和价值体系构成，研究数字身份、数字资产的跨界流通。

三、重点工程

（一）“元宇宙”关键技术突破工程

聚焦未来网络、智能硬件、终端系统级芯片、元器件、核心软件等重点方向，组织开展联合攻关和揭榜挂帅。鼓励在沪国家实验室和科研机构加大投入力度，力争形成一批具有引领性的基础理论成果。支持领军企业研制 3D 建模、计算机辅助设计、图形图像引擎等框架工具，以开源开放为导向，逐步扩大开发者群体。推进“东数西算”枢纽节点建设，打造一批国家级绿色数据中心集群。

（二）数字 IP 市场培育工程

在上海数据交易所试点开设数字资产交易板块，培育健全数字资产要素市场，推动数字创意产业规范发展。逐步完善数字资产、数字艺术品、数字影视版权等合规交易机制，加强风险监管，探索数字人民币应用。探索建立多方参与、互联互通的数字创意联盟链体系。支持原创内容平台、交易平台及艺术家参与全球数字艺术品创制交易及国际标准制定。

（三）工业“元宇宙”标杆示范工程

聚焦航空、汽车、核电、生物医药等领域，培育一批市级“元宇宙 + 工业互联网”试点示范场景。支持企业建设基于多维感知、实时逆向建模等技术的智能制造孪生平台。推动高校、科研机构、企业共同打造产学研用协同创新平台。研究工业领域“元宇宙”标准规则，推动数据、协议、规则统一，实现互联互通。

（四）数字人全方位提升工程

着力突破高速动态建模、人体驱动框架、高精度数字场景创建等关键技术，推动数字人的采集、制作流程逐步简单化、一体化、自动化。支持运用计算机视觉、自然语言处理等人工智能技术，改善人机智能交互体验。加强供需对接，促进数字人在数字营销、在线培训、电商直播、影音娱乐、服务咨询等多场景的应用。

（五）数字孪生空间建设工程

培育城市数字空间运营商，整合公共地理空间数据采集、运营、管理，逐步完成城市基础设施数字孪生工程。鼓励社会力量通过市场化运作，开展场景级、部件级城市数字空间运营。聚焦城市观光、医疗协作、教育共享、交通运输等领域，推动长三角区域合作开发跨空间、沉浸式应用。探索形成统一开放的数据接口、底层平台和连接标准，推动各类物联感知数据实时接入。

（六）行业龙头企业引育工程

聚焦关键技术、基础设施、智能终端、数字工具和集成应用等领域，培育一批拥有自主知识产权的“硬核”科技企业。着力吸引一批新型头部企业和行业领军企业来沪发展。开放城市数字化转型典型场景，集聚一批综合集成能力强、产业链上下游话语权大的“链主企业”。鼓励运用“元宇宙”技术，创新招商引资和投资服务模式。

（七）产业创新载体培育工程

在关键技术领先、行业应用丰富、领军企业集聚的区域，布局一批市级“元宇宙”产业创新园，升级一批市级特色产业园区，加快推进园区周边交通设施、人才公寓、生活服务设施配套等建设。支持企业、科研机构等联合成立“元宇宙”行业组织、公共服务平台及人才培养基地。鼓励本市高校发挥学科融合优势和科研引领作用，建设“元宇宙”技术应用研究中心。

（八）数字空间风险治理工程

加强未来网络、云边计算、智能交互终端及数字基础设施的内生安全，保障海量数据的存储、传输和使用。强化“元宇宙”领域法治建设，在数字成瘾、内容安全、个人隐私等方面推动研究相关法律法规。加强市场监管，夯实“元宇宙”数字空间平台主体责任。打击违法违规活动，防范金融领域过度投机、恶意炒作等现象。

四、保障措施

（一）强化组织领导

依托上海市数字化转型工作领导小组，围绕“元宇宙”产业发展遇到的问题瓶颈，加大整体推进和综合协调力度，实现跨区域、跨部门、跨层级协同联动。成立“元宇宙”产业发展专家咨询委员会。建立企业联系制度，加强“元宇宙”行业运行监测和统计分析。

（二）加强资金保障

发挥各类专项资金作用，加大对“元宇宙”关键技术、重点工程和产业发展的保障力度，依法依规综合利用投资补助、贴息等手段，支持技术研发和科研成果转化。发挥政府投资基金作用，引导社会资本支持“元宇宙”产业发展。设立“元宇宙”新赛道产业基金。支持符合条件的“元宇宙”创新企业依法依规在境内外上市。

（三）加快人才育引

按照重点产业人才相关规定实施人才奖励，鼓励“元宇宙”相关高层次人才、技术人才、创作人才等在沪创业就业。用足用好应届毕业生落户以及外籍人才永久居留等政策，加大领军和青年人才引进力度。支持高校增设“元宇宙”关联学科，推进产学研用主体联合开展技能培训。

（四）打响品牌特色

加大对创新企业、产品、服务、平台及标杆应用的总结宣传力度，提高上海“元宇宙”相关品牌知名度。用好中国国际进口博览会、世界人工智能大会、中国国际工业博览会、购物节等平台，加大“元宇宙”产品和服务的全球推介力度。鼓励本市企业、行业组织等积极筹划、参与国内外“元宇宙”论坛会议。

（五）推进开放合作

聚焦软件、人工智能等“元宇宙”相关领域，打造一批自主可控的开源社区和开源产品。加强国际交流，鼓励“元宇宙”相关的国际组织、产业联盟等机构落沪。整合利用国际研发资源，引导“元宇宙”领军企业在本市国际创新资源高度密集的地区设立研发机构。

十三、数字物流

（一）2023年我国物流数字化进程

中国物流与采购联合会12日发布《2023中国数字物流发展报告》。根据报告，随着数字经济国家战略的不断推进，数字技术与实体产业融合程度加深，我国物流数字化进程呈现加快发展态势。

根据报告，近几年我国物流企业数字化转型的步伐持续加快，新成立的数字物流企业逐年增多。2023年成立的数字物流企业数量达到5900多家，较上年增长接近12%。

另外，数字物流重点项目加快推进，2023年新增数字物流重点项目数达1647个。近3年的重点项目中，涉及大数据及物联网技术的项目数量最多，物联网和大数据等数字技术在数字物流领域应用愈发普遍。随着数字技术的不断成熟，全国数字物流项目渗透率逐年攀升，2023年数字物流项目渗透率达到49.5%，较上年提升12.5个百分点。

中国物流与采购联合会副会长 蔡进：我们国家物流的数字化的进程还是比较快的，一些数字化的技术在物流领域中间的应用越来越广泛，大大提高了物流整体的运营效率，对于降低全社会物流成本来讲的话，起到了一个非常积极的推进作用，大大提升物流价值创造的能力。

另外，根据全国物流标准化技术委员会发布的数据，从2022年6月到2023年12月，共计发布物流相关标准62项，其中与数字物流相关的标准共21项，数字物流标准占比大幅提升。但是专家表示，在供应链服务、电商快递、即时配送、城乡物流配送等新兴领域的数字物流标准体系建设仍有待加强。

中国物流与采购联合会副会长蔡进认为物流数字化的发展还有很大的空间，要通过数字化的技术在物流领域得到更加广泛的应用，整体推进物流的高质量发展，要加强物流数字化的标准的建设工作，来大力推进物流数字化发展的进程。

来源：央视新闻客户端

（二）2023年最新梳理：数字物流发展历程、政策及前景

我国庞大的物流业规模需要进行数字化转型，这成为推动数字经济发展的重要组成部分。在这其中，体量巨大且较为分散的货运物流行业的数字化转型正在蓬勃兴起。近年来，新一代信息技术，如物联网、云计算、大数据、人工智能、5G和区块链等，与传统货运物流业相结合，加速了网络平台道路货物运输经营许可等政策措施的推出。物流数字化转型进程加快，并呈现出亮点纷呈的趋势，成为推动物流业实现高质量发展的强大助推器。

1. 发展历程梳理

公路市场领域中，物流的数字化转型经历了以下阶段：

20世纪80—90年代：在经济快速发展的背景下，市场呈现快速增长。司机与货运交易形成一批

公路港型园区，逐渐产生了信息部门。通过门口小黑板发布货源和车源信息，在诚信交易基础上追求利润，这是最早的线下“平台”。公路港将线下信息搬到信息大屏上，方便司机寻找合适的货源。

2000 年—2010 年：互联网技术快速发展，连锁型的公路港实现了信息互联互通，探索通过拓展业务范围来创造价值。一批技术型公司建立了 B2B 公路信息交易平台，提供车辆，集装箱与货源信息匹配服务，但由于缺乏创新技术支持，只能将信息简单搬到线上。

2010 年—2016 年：移动互联网和智能手机的发展以及全球定位系统的应用，为公路运输行业的线上化创造了基础条件。各类以车箱货匹配为主的物流平台爆发式增长，但大部分网站在灵活度、可靠性、业务丰富度等方面与现在的平台相去甚远。

2017 年至今：无车承运人试点激发了传统企业数字化转型的动力。传统企业纷纷尝试平台化转型，优化服务能力，打破企业边界，重构产业生态。以车箱货匹配为核心的平台企业经历洗牌，通过整合、并购重组等方式，加速向复合模式转变。政府规制的完善降低了市场不确定性，提升了公平性，促进了货运物流传统企业和平台企业的双向融合。

2. 行业政策汇总

2021 年 1 月，商务部办公厅发布《关于推动电子商务企业绿色发展工作的通知》。

关键内容：大力推广电子发票、电子合同，推动电商企业实行电子发票报销入账归档全流程电子化管理。鼓励电商企业应用大数据、云计算、人工智能等现代信息技术，加强供需匹配，提高库存周转率，推动多渠道物流共享，应用科学配载，降低物流成本和能耗。

2021 年 6 月，工信部发布《“5G+ 工业互联网”十个典型应用场景与五个重点行业实践》。

关键内容：厂区智能物流场景主要包括线边物流和智能仓储。线边物流是指从生产线的上游工位到下游工位、从工位到缓冲仓、从集中仓库到线边仓，实现物料定时定点定量配送。智能仓储是指通过物联网、云计算和机电一体化等技术共同实现智慧物流，降低仓储成本、提升运营效率、提升仓储管理能力。

2021 年 7 月，国务院办公厅发布《关于加快发展外贸新业态新模式的意见》。

关键内容：支持传统外贸企业运用云计算、人工智能、虚拟现实等先进技术，加强研发设计，开展智能化、个性化、定制化生产。鼓励企业探索建设外贸新业态大数据实验室。引导利用数字化手段提升传统品牌价值。鼓励建设孵化机构和创新中心，支持中小微企业创业创新。到 2025 年，形成新业态驱动、大数据支撑、网络化共享、智能化协作的外贸产业链供应链体系。

2021 年 12 月 31 日，交通运输部、国家税务总局研究决定，延长《网络平台道路货物运输经营管理暂行办法》。

关键内容：为深入贯彻落实国务院关于促进平台经济规范健康发展的决策部署，交通运输部、国家税务总局研究决定，延长《网络平台道路货物运输经营管理暂行办法》（交运规〔2019〕12 号）有效期至 2023 年 12 月 31 日。

2022 年 4 月 10 日，中共中央、国务院发布《关于加快建设全国统一大市场的意见》。

关键内容：建设现代流通网络。优化商贸流通基础设施布局，加快数字化建设，推动线上线下融合发展，形成更多商贸流通新平台新业态新模式。推动国家物流枢纽网络建设，大力发展多式联运，推广标准化托盘带板运输模式。

2022 年 10 月 16 日，党的二十大报告。

关键内容：建设现代化产业体系。坚持把发展经济的着力点放在实体经济上，推进新型工业化，加快建设制造强国、质量强国、航天强国、交通强国、网络强国、数字中国。

加快发展物联网，建设高效顺畅的流通体系，降低物流成本。加快发展数字经济，促进数字经济和实体经济深度融合，打造具有国际竞争力的数字产业集群。优化基础设施布局、结构、功能和系统集成，构建现代化基础设施体系。

2022 年 10 月 24 日，交通运输部、国家标准化管理委员会发布《交通运输智慧物流标准体系建设指南》。

关键内容：到 2025 年，聚焦基础设施、运载装备、系统平台、电子单证、数据交互与共享、运行服务与管理等领域完成重点标准制修订，形成结构合理、层次清晰、系统全面、先进适用、国际兼容的交通运输智慧物流标准体系，打造一批标准实施应用典型项目，持续提升智慧物流标准化水平，为加快建设交通强国提供高质量标准供给。

2022 年 11 月 3 日，工业和信息化部发布《关于印发中小企业数字化转型指南的通知》。

关键内容：主要面向中小企业、数字化转型服务供给方和地方各级主管部门。《指南》旨在助力中小企业科学高效推进数字化转型，提升为中小企业提供数字化产品和服务的能力，为有关负责部门推进中小企业数字化转型工作提供指引。

2022 年 10 月 24 日，交通运输部、国家铁路局、中国民用航空局、国家邮政局发布《关于加快建设国家综合立体交通网主骨架的意见》。

关键内容：提升枢纽能级。加强国际性、全国性综合交通枢纽城市建设，增强集聚辐射能力。加强枢纽集疏运体系建设，加快重要港区、大型工矿企业和物流园区的铁路专用线建设。

完善多式联运。充分发挥各种运输方式比较优势，加快发展多式联运，提高组合效率。推动各种运输方式信息共享、标准衔接、市场一体化。加快发展联程运输，加强各方式间运营信息、班次时刻、运力安排等协同衔接，推进一站购票、一票（证）通行。加快货运结构调整，大力发展大宗货物、集装箱铁水联运和江海联运，推动集装箱、标准化托盘、周转箱（筐）等在不同运输方式间共享共用，加快推进多式联运“一单制”。鼓励传统运输企业向联程联运、多式联运经营人转型。

2022 年 11 月 9 日，国家发展改革委发布《2022 年国家物流枢纽建设名单》。

关键内容：将天津商贸服务型等 25 个国家物流枢纽纳入 2022 年度建设名单。其中，从地区分布看，东部地区 6 个、中部地区 7 个、西部地区 10 个、东北地区 2 个；从枢纽类型看，陆港型 5 个、空港型 3 个、港口型 2 个、生产服务型 7 个、商贸服务型 5 个、陆上边境口岸型 2 个、陆港型及陆上边境口岸型合并建设 1 个。

3. 发展前景

提升运输效率。数字化技术能够提供实时的货物跟踪、路径优化和交通管理，从而提高运输效率，减少时间和资源浪费。

降低成本。通过数字物流平台，企业可以更好地管理供应链和物流过程，优化资源配置和成本控制，进而降低运营成本。

引领物流创新。数字技术如物联网、人工智能和大数据分析等，将培育新的商业模式和服务创新，推动物流行业的转型与创新。

促进全球贸易。数字货运能够提高国际物流的可见性和透明度，加快货物流通速度，为全球贸易提供更便捷、高效的物流支持，促进国际贸易的繁荣。

推动绿色可持续发展。数字物流有助于优化路线规划、减少空运运输、提高能源利用效率，从而降低环境污染和碳排放，推进物流行业向绿色可持续发展转型。

拓展服务领域。数字物流平台将催生出更多的增值服务，如仓储、配送、跨境电商等，为消费者提供更多样化、个性化的物流服务。

加强安全保障。数字化的物流系统能够实现更精准的风险预测和防控机制，提高货物运输安全水平，降低物流安全风险。

总之，数字物流平台的发展前景将促使物流行业实现更高效、智能、绿色和可持续的发展，为经济发展和人民生活带来更多福祉。

来源：灵才科技

（三）数字物流，产业带的新引擎

佛山的家具、顺德的小家电、南通的家纺、上海的汽车配件、义乌的小商品、黑龙江的大米……产业强经济强，产业兴百业兴，分布在全国各地的上百条优质产业带，是实体经济发展的重要支撑。

近几年，产业带已经成为物流行业的高频词汇，顺丰、京东物流、德邦、安能……诸多头部企业都在围绕不同的专业市场，布局产业带。

我们常说“商流决定物流”，上游的变化总是影响着供应链，进而影响物流，产业也一样。作为物流企业货源的主要来源，可以说产业带的繁荣也是物流业务的繁荣。

现如今，物流企业对产业带的布局明显已不在满足于单纯的运输服务。随着数字经济时代的到来，以满帮为代表的物流企业开始从数字物流的角度拓宽对产业带的影响。那么站在物流人的视角，在这场越来越强的产业带风潮中，数字物流的定位、态度、行动是什么？又将形成怎样的趋势？

（1）数字物流产业带的新引擎

在满帮数实融合暨数字物流产业带报告发布会上，中国物流与采购联合会研究室主任公路货运分会秘书长、中国物流学会副秘书长周志成发表了一个看法。他认为，未来的物流不仅影响物流的环节，还会深入到产业链、供应链的全流程，通过流程再造去改变产业链、及供应链的竞争态势。

数字经济时代，数字技术对于实体经济的影响是一场效率革命。周志成表示：“数字技术与传统产业的深度融合、渗透对制造业、服务业、农业等产生了深刻影响，极大程度提高了传统产业运行的效率，改变了传统经济运行模式，深刻影响人类生产生活方式。”

如果将数字货运分为四个阶段，从早期线下的小黑板到数字大屏，再到联网后的独立网站到数字货运，传统企业和数字平台早已开始“双向奔赴”，物流企业通过数字货运平台结合具体场景，来改变流通方式，帮助传统企业降本增效。

上海怡黄木业有限公司总经理江浩介绍，对于中小企业而言数字化是走向现代化管理的必经之路。木业有些类似大宗商品，仓储成本高、货量大，长短距离加一起物流成本占比曾高达 17%。在通过满帮接入数字货运后，目前公司短运方面费用降幅达到 30%，整体物流成本下降了 6%。

作为产业带的新引擎，数字物流一方面能够帮助产业带优化资源配置，例如通过提前预测发货旺季，调配资源，降低运输需求高峰，稳定成交价格。更进一步，还能增强供应链的透明度和可控性，推动整个产业带的升级转型。

在这样的能力下，满帮能透过数字物流观察到什么？背后又有哪些值得关注的地方？我们从其新发布的这份《数字物流产业带报告》中一窥究竟。

（2）引擎作用显现增速迅猛

产业结构优化，内陆地区物流数字化加速提升。纵观产业带地理分布情况，沿海地区分布得更加密集，广东、山东、江苏的产业带数量尤为突出，且呈现集聚特征。可以发现，产业带并不完全与当地的 GDP 等经济发展水平挂钩，同样包含自然、经济、历史等资源因素。

此外，通过数字物流产业带前后周期的变化，还能清晰反映出区域经济结构的调整。例如，山东青岛近一年来发货量前 10 名中有 8 个都发生了变化，由 2022 年的面粉、饲料、米类麦仁等农产品为主的产业转变为 2023 年的设备配件、钢铝结构、机械等以制造类为主的产业带。

值得一提的是。内陆地区近几年走上数实融合快车道，涌现出一大批数字化产业集群。具体到物流领域的数字化，增速几乎是沿海地区的一倍，达到了 27% 的增速。

全行业平均运距下降，区域经济一体化加强。从空间的维度看行业变化，一方面，近一年来，全国数字物流订单平均运距比上一周期缩短 4%，大部分地区的产业带运输距离也有 10% 以内的缩短。得益于中国的区域经济一体化战略，珠三角、长三角、京津冀等区域高度协同的地域运距均有下降，其中一体化进程较快的珠三角最为明显，运距较去年同期整体缩短 35%，其次分别为是长三角、京津冀。运距下降代表着货主与司机两端需求越加频繁，更加需要一个平台型企业在其中承担着撮合、承担调度的功能，而平台型企业又促进了区域经济一体化效率的提升，两者相辅相成。另一方面，特定货物的长距离订单在增加，例如南菜北运、西果东运，山东的蔬菜很多来自湖北，每年运送量达 2000 万吨。这意味着如湖北蔬菜、广西香蕉等特产能更好地通过山东寿光、河北高碑店输送到更多消费者手中。除蔬果外，由于资源分布不均衡，矿产的运输距离同样很长。运距变长也带来了回程空驶的问题，有司机反馈在东三省等了三、四天都没有找到回程货，空驶了几百公里。这就需要平台更有效地调度和管理，一方面帮助产地销运，另一方面也帮助降低司机成本，让司机赚到钱。

（3）细分领域平衡供需数字提效

近年来大热的冷链运输行业也在因数字物流而发生着变化。

运满满冷运总经理王玉琛举例，在运满满平台内对冷链数字化能力运用最为娴熟的五个省份分别是山东、湖北、河南、河北、云南，它们分布在中国各地，季节轮转为中国各地运送蔬果等农作物。为了卖出价格，山东等地供应全国的莴笋、青菜和胡萝卜都需要冷链保鲜，冷链物流是保障高价值蔬菜新鲜度和经济效益的必要手段。

随着居民消费水平的提升，人们对高品质果蔬、冷藏冷冻类食品的需求显著增加，催化出大量的冷运需求。中物联冷链委数据显示，我国冷链运输市场正进入蓬勃发展的快车道。2021 年中国冷链物流行业市场规模为 4184 亿元，到 2026 年市场规模将达到近万亿元，2022—2026 年的行业年复合增长率可达 17.5%。

巨大的市场规模下，冷链的痛点也很明显，一是多段式运输或温控不标准带来“断链”，二是产销地分布不均衡导致的空驶成本高。

为解决这类痛点，运满满上线“果蔬咨询早知道”产品，通过预测产地调车需求，助力果蔬产地与司机提升发货接单效率。王玉琛介绍道，该产品通过数字化手段进行运置调节，如提前预测发货季，及时向司机传递相关货源信息，将运输需求集中在产业带地区，从而平衡运输高峰，稳定运力成交价格。一方面，产业带的从业者能够通过“早知道”进一步降低运输成本；另一方面，司机可以在这个时期内前往需求量大的地区运输货物，增加收入。未来，运满满冷链还将继续围绕产业带和供需调节运营，以进一步平衡供需关系。

据介绍，运满满的冷运业务从 2019 年开始内部孵化，2021 年成为一个独立的公司，2022 年年度 GTV 破百亿，行业增速每年保持百分之十几的增长。王玉琛表示，整个的冷藏业一年的需求量是 3.5 亿吨，其中运满满冷运 2023 年承运超过 5000 万吨。

企业行稳致远，离不开社会价值和商业价值的结合。

物流是经济发展的重要基础，也是产业带发展的重要支撑。通过数字物流的手段提升物流效率和服务质量，让产业带产品更好的走出去，卖出好的价格。满帮的部署与成绩，让我们看到其如何以数实结合推进新路径，这是其社会价值。

我们同样可以注意到满帮通过与产业带的深度合作，实现了共赢发展，这是其商业价值。满帮为中小企业、农业产地提供多样运力解决方案，帮助货主端整合、管理和调度车辆、司机等运输资源，进而提升产业链的效能并扩大其业务范围。产业带的发展也为满帮提供了更广阔的市场空间和商业机会。

“产业带”的概念离我们越来越近，也从另一层面证实当下物流企业布局产业带具有至关重要的意义，甚至可能成为新的发展焦点。共同期待，新的产业带故事。

来源：物流指闻

（四）推进上海经济数字化转型 赋能高质量发展行动方案（2021—2023年）

经济数字化转型是上海面向未来打造发展新动能的必由之路。为贯彻落实市委、市政府关于全面推进上海城市数字化转型的决策部署，推动经济数字化转型，提高经济发展质量，制定本行动方案。

一、指导思想

深入贯彻党的十九大和十九届二中、三中、四中、五中全会精神，坚持以习近平新时代中国特色社会主义思想为指导，牢牢把握推进网络强国、数字中国建设的战略要求，全面落实习近平总书记考察上海重要讲话和在浦东开发开放30周年庆祝大会上重要讲话精神，以深化“五个中心”建设、做优“五型经济”、强化“四大功能”为导向，把握“五大新城”建设机遇，坚持整体性转变、全方位赋能、革命性重塑，立足全网赋能，高质量构筑数字基因、厚植数字红利，全面激活数字产业化引擎动力，着力强化数字技术策源功能，壮大新业态、新模式、新品牌；立足应对新周期，高起点规划数字经济新赛道，大力激发产业数字化创新活力，着力强化数字融合应用赋能，促进产业基础高级化和产业链现代化；立足跨融结合，高水平布局新供给、服务新需求，持续提升经济数字化转型生态支撑力，着力强化创新要素、载体、制度等公共供给，全面推进数字经济与实体经济的深度融合、整体转型，构建服务新发展格局的战略新优势。

二、转型目标

大力探索经济数字化“四量”转型示范路径，着力推动经济存量增效、增量创新、流量赋能、质量引领，打造转型发展的全新动能。到2023年，将上海打造成为世界级的创新型产业集聚区、数字经济与实体经济融合发展示范区、经济数字化转型生态建设引领区，成为数字经济国际创新合作典范之城。

——经济“存量”基础能级提升。数字新基建能力保持全国领先，全球信息枢纽城市基本建成，关键核心技术创新和智能产品转化力度全面增强，在集成电路、人工智能、工业软件等领域集中突破100+关键技术、形成100+标准化算法产品、培育100+智能硬件产品。

——产业“增量”动能全面释放。在线新经济增长极作用显现，业态模式持续创新，数字经济核心产业增加值突破6000亿元，引育100+新生代互联网企业和数字经济龙头企业，打造50+市值超百亿的流量型企业。

——要素“流量”活力迸发。知识化、质量型数据体系基本建成，创新型、标志性场景发现和转化机制基本确立；数据和场景新要素促成经济加速循环。聚焦经济领域高质量数据集，实现泽（Z）

级突破，建成标志性场景 1000+，新要素倍增效应持续增长。

——生态“质量”整体跃升。多元主体高效参与，政策环境更趋完善，数字技术与实体经济融合的标准规范体系基本健全，标准化试点成效显著，形成 100+ 有效标准供给，产教深度融合、产融创新活跃，经济数字化为科创板注入源头活水。

三、全面激活数字产业化引擎动力

加快释放产业“增量”动能。把握产业技术变革及数字化、融合化发展方向，推动数字产业化，软件和信息服务业规模突破 12000 亿元，电子信息产业规模达 8000 亿元。

（一）硬核新技术专项行动

做强数字经济核心产业，全面增强关键核心技术创新和产业转化力度，大力提升软件业能级、高端智能装备和智能终端供给水平，打造具有国际竞争力的高端数字产业集群和强大数字赋能体系。

1. 加强关键数字技术突破

加快布局关键共性和前瞻引领的数字技术，夯实产业化发展基础。聚焦高端芯片、传感器、操作系统等关键领域，加快推进基础理论、装备材料、工艺等研发突破与迭代应用，实施人工智能产业“模都”计划，突破先进算法模型和智能芯片技术。加强通用处理器、云计算系统和软件核心技术一体化研发。前瞻布局量子计算、量子通信、神经芯片、DNA 存储等前沿技术。支持数字技术和通用软硬件的开源开放，建设开源数字社区。鼓励建设重点领域检测验证平台及关键检测设备研发和产业技术基础数据库，做强一批企业技术研发中心和工程技术研究中心。（责任部门：市经济信息化委、市发展改革委、市科委）

2. 加快软件和智能产品升级

大力发展基础软件、工业软件，创新行业软件应用，推进融合智能产品创新迭代。推动基础软件产业化升级，支持组建软件创新联合体，实施信创工程。创新突破工业软件，加快研发设计、模拟仿真、生产管控（EDA、CAD、CAE、PLM）等核心软件的基础再造。优化行业软件供给，发展小程序等新型轻量化软件，开展能源、交通等领域的行业软件首版次定制应用。创新融合智能产品，大力发展工业级智能硬件，增强智能机器人、智能网联汽车、智能船舶、无人机的供给能力。（责任部门：市经济信息化委、市发展改革委、市科委）

3. 推动信息服务高端演进

聚焦云计算、区块链、大数据及电信服务，着力推动信息服务高端化转型。实施“云海计划”，建设新型云平台和服务设施，深化云边协同的服务业态，推进升级版的上云上平台。实施区块链创新工程，建设新型区块链服务网络，打造与金融、城市治理、卫生健康等场景深度融合的应用示范。深耕大数据服务，加快数据、算法、算力“三位一体”产业布局，核心企业突破 1000 家，核心产值达 3500 亿元。壮大电信基础服务，鼓励发展各类电信增值业务。推动形成一批高水平数字化转型综合解决方案供应商，打造一批专业的数据、平台、算法、安全的服务标杆企业和“单项冠军”。（责任部门：市经济信息化委、市发展改革委、市科委、市通信管理局）

（二）在线新经济专项行动

把握“五型经济”发展规律，统筹在线新经济 12 个发展方向，推动服务型经济加速，打造创新型经济载体，培育流量型经济，全力打响新生代互联网经济品牌。

4. 打响服务型经济品牌

聚焦数字文创、新零售、在线设计，提升在线新经济品牌影响力。创新数字内容服务，加速发展短视频、网络直播等在线文娱，探索云上博物馆等文化服务新模式。发展生鲜电商零售，推动智能取物柜等“无接触”配送服务。构筑全球设计资源网络，围绕汽车、电子、时尚健康等领域，增强复杂产品研发设计在线协同能力。培育一批引领行业创新、推动效率变革的企业家群体，打造100+美誉度高、创新性强的在线新经济品牌。（责任部门：市经济信息化委、市发展改革委、市商务委、市文化旅游局、相关各区）

5. 厚植创新型经济土壤

打造发展载体、优化制度环境，促进在线新经济企业集群集聚发展。重点建设“张江在线”“长阳秀带”等发展新地标，打造在线新经济产业首选地和集成应用场。完善就业保障体系，开展在线新经济平台灵活就业人员申办个体工商户试点，探索个体工商户经营者住所属地托管试点，创新管理和服务规程。营造试错容错的制度环境，对在线互联网服务业态，建立轻微违法违规行为免罚清单。降低医疗、教育、养老等线上服务准入门槛，推动线下线上互通互认。培育100+掌握核心技术、拥有自主知识产权、具有国际竞争力的高成长性创新企业。（责任部门：市经济信息化委、市教委、上海科创办、市人力资源社会保障局、市卫生健康委、市市场监管局、市税务局、相关各区）

6. 推动流量型业态创新

鼓励线上线下场景融合，发展多种平台经济，提升规模链接能力和流量运营能级。优化远程办公新模式，开展无边界协同、全场景协作。鼓励在线支付新模式，支持生物识别、智能设备等技术应用。打造出行新模式，推进智能网联汽车商业化应用，加快“人－车－路－云”协同布局。鼓励在线教育、在线医疗模式创新、生态完善、规范发展。培育100+具有行业领先地位、国际竞争力的在线产品和服务。（责任部门：市经济信息化委、市发展改革委、市商务委、市科委、市交通委、市文化旅游局、市卫生健康委）

四、全面激发产业数字化创新活力

加快提升经济“存量”能级。推动数字技术与一、二、三产业深度融合，深化“一业一策”，推进制造、商务、金融、科技、航运、农业等领域更深层次数字化转型。实现工业化和信息化、服务业和制造业更高水平融合，规模以上企业数字化转型比例达到70%，全行业平均提质3%、增效8%、降本8%。

（三）制造新模式专项行动

推进制造业提质增效，实施“工赋上海”计划，加快工业互联网创新发展，加强两化融合2.0贯标，以“知识化、质量型、数字孪生”为主线，推动数字化转型“由点及链及圈”，增强“上海制造”品牌的数字化竞争力，为保障制造业增加值占地区生产总值比例处于合理区间提供有力支撑。

7. 促进企业数字化增效

以智能示范工厂建设为抓手，建设数字孪生企业，增强数字化设计、智能化制造、精益化管理、个性化定制、网络化协同、服务化延伸能力。推动电子信息、汽车、高端装备、先进材料、生物医药、建造等领域打造虚拟样机、建设柔性产线，发展数字化转型赋能中心，培育5G全连接示范工厂，推进企业组织、设备及关键工序应连尽连和改造优化。深化CAX（CAE/CAD/CAM）等核心工业软件、工业级智能硬件、智能机器人等智能产品的应用，培育10+智能制造创新融合解决方案和服务提供商。打造“知识制造”集群、“绿色制造”典范、“智能制造”样板，建设100+示范工厂。（责任部门：市经济信息化委、市发展改革委、市科委、市住房城乡建设管理委、市国资委、相关各区）

8. 促进“双链”数字化增智

以数据融通为纽带，促进产业链供应链稳定运行。聚焦电子信息、生物医药、汽车、能源、钢铁、化工、航空、航天、核电、化工等10个领域，打造数字供应链体系。建设“双链”知识图谱，精准感知运行态势，完善实时监测、自动预警、快速修复机制。发挥链主枢纽作用，激发中小企业双创活力，促进产用融通和上下游协同攻关，实现强链固链。分级分类培育 10 个新型工业电商平台，打造 10 个供应链金融标杆示范。（责任部门：市经济信息化委、市发展改革委）

9. 促进平台生态数字化增能

以平台为核心，推动制造业生态圈整体能级提升。聚焦三大先导产业、六大产业集群，实施“一业一指引”，打造“一业一标杆”。鼓励龙头企业建设 20 个具有行业影响力的工业互联网平台，推动工业互联网和消费互联网“两网贯通”，加快消费力向生产力的转化，打造 10 个以上标识解析二级节点，带动 20 万中小企业上平台。繁荣合作生态，培育 20 个工业互联网综合解决方案服务商，增强工业大数据、知识图谱和智能算法供给水平。聚焦关键工序、关键环节，加快工业场景规划和开放，建设 1000+ 场景并 APP 化。促进工业园区数字化转型，打造特色突出、功能集聚的新型工业化示范基地。（责任部门：市经济信息化委、市发展改革委、市科委、市国资委、临港新片区管委会、浦东新区、宝山区、嘉定区、松江区等相关各区）

10. 促进行业深度转型

聚焦重点领域，深化产业数字化转型新路径。生命健康领域，聚焦新药研发、临床实验、生产加工、供应链管理及营销等环节，推动建设全链综合赋能平台，数据驱动打造透明供应链。电子信息领域，聚焦集成电路和通信制造板块，以良率提升为导向，建设数字孪生工厂，推动云设计、云制造，促进智能装配、工业数据和知识、算法的综合应用。汽车领域，聚焦整车、零部件、汽车服务以及车路协同等板块，提高以柔性制造为核心的汽车总装数字化能力、供应链高效集成能力，深化便捷出行，推动软件定义汽车。先进材料领域，聚焦钢铁和化工板块，加快工业数据集成共享，打造业务流程、知识体系、逻辑架构和工业机理高度统一的平台载体，建设世界级场景，实现供应链、生态圈更大范围覆盖、更深层次应用。高端装备领域，聚焦航空、航天、船舶、能源（核电）板块，推动复杂产品设计、生产、服务的全过程数字孪生，建设虚拟样机，推动云仿真、云评估、云验证。时尚消费品领域，聚焦食品、纺织、化妆品板块，以消费升级带动制造转型，畅通消费端到制造端的数据断头路，建设“两网贯通”的枢纽平台，推动“to B”和“to C”全面融合。（责任部门：市经济信息化委、市发展改革委、市科委、市国资委）

（四）商务新业态专项行动

推动商贸服务创优增值，加快释放数字技术和数据资源的赋能效应，推动商业形态、口岸服务、贸易载体和生态的数字化转型，着力提升上海国际贸易中心影响力。

11. 优化商业形态

推动商业主体、商业品牌、商业活动数字化焕新，建设商业转型标杆。打造上海网络新消费品牌，在智慧零售、智慧供应链、生活服务、直播电商、云会展和商务信用等领域，增强数字技术在商业场景的深度应用。打造“五五购物节”等一批具有全国影响力、线上线下联动的节庆活动平台。建设示范性数字商圈商街和直播电商基地，完善建设规范。创建一批商业数字化转型示范区。构建覆盖 15 分钟社区生活圈和住宅小区的智能末端配送体系，形成 10 家左右千亿级电商平台。（责任部门：市商务委、市经济信息化委、相关各区）

12. 优化口岸服务

推动数据赋能国际贸易单一窗口，打造口岸数字闭环。深化中国（上海）国际贸易单一窗口建设，推动长三角合作共建“服务专区”，增强区域辐射能力。打造口岸综合性大数据枢纽节点，深化口岸数据应用，建立智慧口岸服务体系。加强数字联防联控，推动口岸管理数字闭环运转，面向国际贸易全流程，建设基于数字化多场景融合的一站式业务办理平台。推进与 APEC、RCEP 有关经济体开展物流可视化、贸易合规等试点，形成高效率、低成本、便利化跨境网络贸易通道，推动跨境贸易营

商环境再上新台阶。（责任部门：市商务委、市发展改革委（长三办）、市经济信息化委、市地方金融监管局、临港新片区管委会）

13. 优化数字贸易国际枢纽港功能

大力发展数字贸易新模式新业态，加快建设要素有序流动、功能完善、总部集聚的数字贸易枢纽港。打造有海外影响力的原创IP，拓展数字内容平台、应用商店等发行推广渠道，培育数字化外包平台，加快原创内容出海步伐。建设数字贸易会展合作平台、交易促进平台，推动数字贸易国际合作。打造进博平台西虹桥数据法庭，提供贸易法治化、便利化服务。推动中国（上海）国际技术进出口交易会等品牌活动上云，支持全球范围内数字内容、服务与产品的展示、交流、对接。培育100+有全球竞争力的数字贸易重点企业，提升浦东软件园国家数字服务出口基地能级，创建虹桥临空经济示范区国家数字服务出口基地，构建错位发展、优势互补的数字贸易区域发展格局。（责任部门：市商务委、市经济信息化委、市委网信办、市文化旅游局、市地方金融监管局、市知识产权局、市高级人民法院）

14. 优化贸易生态

优化跨境电商发展环境，加快功能设施和载体建设，完善连通海外的营销网络。持续推动跨境电商公共服务平台建设，提升跨境电商运营中心、物流中心、结算中心的数字化能级，推动空海港口岸、海关特殊监管区域、优势产业带增设一批跨境电商示范园区。支持企业线上营销网络建设，加快共建共享“海外仓”，打响“出海优品”品牌，提升外贸数字化管理能力。加快国际商事法院建设，构建跨国贸易平台纠纷解决机制。（责任部门：市商务委、市发展改革委、市经济信息化委、市高级人民法院、相关各区）

（五）金融新科技专项行动

推动金融业提效增值，深化数字人民币试点场景，增强机构数字化服务能级，拓展金融服务半径，提升金融服务的便利性和普惠性。

15. 开展数字人民币试点

推进数字人民币应用。按照人民银行统筹部署，按“先易后难、安全可控”原则分阶段推进。推动线下和线上支付、硬钱包、交通出行、政务民生、公益领域、长三角一体化示范区、进博会等场景落地。（责任部门：人民银行上海总部、市地方金融监管局）

16. 深化普惠金融试点

深入推进大数据普惠金融2.0专项工程。优化公共数据供给，扩大民政、财政、三农、税务等领域政务数据开放，推动与社会数据融合应用。扩大试点范围，支持银行、保险、金融市场及其他符合条件的金融机构和科技企业参与，建立试点准入评估和成效评价机制。再造业务流程，深度利用数据智能，推动风控和金融模型重构，支持打造普惠特征显著的信贷产品和金融服务。普惠金融贷款投放超2000亿元，服务企业数量实现倍增。（责任部门：市地方金融监管局、上海银保监局、市经济信息化委、市民政局、市财政局、市农业农村委、市大数据中心）

17. 延展数字金融服务模式

加快金融机构数字化变革和服务重塑，推动金融市场高水平转型。推动金融机构“总分支点”形态重塑，聚焦数字化获客、全球化运营与风险控制等方面，创新指尖上的金融服务。鼓励金融机构运用金融科技手段推动金融服务App化，提高线上服务量，提升网点运行效率。推动一批“开放银行”试点，发展智能投顾，建设“互联网+医疗健康+保险”的一体化服务平台。深化金融市场数字应用，增强资产交易、支付清算、登记托管、交易监管等关键环节的智能化水平。培育集聚一批具有国际知名度和影响力的金融科技龙头企业，创新一批新型金融服务品牌。（责任部门：市地方金融监管

局、人民银行上海总部、上海银保监局、上海证监局、市经济信息化委）

（六）科创新生态专项行动

推动科创增效赋智，以数字化加快提升科技创新效能，完善科创设施、科创资源等体系，做强科学计算，提升上海科技创新竞争力。

18. 完善科创设施

推进重大科学设施数字化、智能化。加强硬X射线自由电子激光装置、转化医学设施（上海）等国家重大科技基础设施的智能化水平。建设电镜中心、全系列先进医学影像平台、集成电路装备材料和成套工艺规模化验证平台，为产业创新提供工具和能力保证。优化建设集成电路、智能制造、大数据等领域的研发与转化功能型平台，搭建科学装置、工程化平台、中间试验线、数据标准库等，更好支撑新兴产业技术创新发展。（责任部门：市科委、市发展改革委、市经济信息化委、上海科创办、浦东新区）

19. 完善科创资源

建设科研大数据中心和处理平台，优化创新要素资源配置。重点建成“张江国际脑库”“智慧情报平台”等科研数据示范项目。建设科创在线协同平台，推进设计、检测、实验、分析、成果转化等全过程数字化，赋能科技创新全链条。建设全球科技人才数据库，完善千万级科技人才数据画像体系，健全基础研究、应用研究和产业人才评价指标体系。（责任部门：市科委、浦东新区）

20. 做强科学计算

建设计算科学高地，打造科学计算应用枢纽。加强数据驱动计算、新型弹性计算架构等领域的基础研究，着力在人工神经网络、进化计算、计算群体智能、人工免疫系统和模糊系统等方面取得突破。打造重点领域计算应用高地，聚焦生命科学、物质材料（纳米）科学、能源等领域，建设基于高性能计算的算法模型试验场和计算孵化中心，建成科研高质量数据集和知识图谱，促进重点领域的科学大数据的规模汇聚和分享，带动高端科研人员的全球协同。（责任部门：市科委、市经济信息化委、上海科创办）

（七）航运新枢纽专项行动

推动航运枢纽连接增效，以数字化提升海空枢纽、邮轮母港的服务效率和品质，强化现代航运服务业对内集聚和对外辐射能力，增强上海国际航运中心全球航运资源的配置能力。

21. 建设智能海（空）港

立足建设更加智能的海港、航道、邮轮港和空港，打造一批标志性场景和功能性设施。推进自动驾驶船舶、自动化码头和堆场建设，完善港口集疏运系统。推进洋山港智能重卡示范运营项目。建设高等级航道监测体系，打造长江口航道数字管理平台，完善高等级电子航道图，实现通航态势实时感知。建设智慧邮轮港，增强船舶能耗智能管控和分析决策能力。建设“数字孪生机场”，全面推广电子运单，打造航空货运信息综合服务公共平台，建成“机场大脑”。推广智能理货、智能检验等新模式应用。（责任部门：市交通委、市发展改革委、市经济信息化委、市商务委）

22. 升级航运服务体系

夯实航运数据基础，创新发展航运金融、海事服务，增强数字化应急保障能力。建设航运数据中心，支持航运“链主”企业、功能性机构建设航运大数据联合实验室，探索建立船联、箱联、港联、货联的中枢节点。提升航运金融服务水平，试点航运保险、融资租赁、供应链金融等数字化创新，深入推动区块链等数字技术综合应用。优化航运公共服务能力，加快“智慧海事审判”“智慧仲裁”的建设和应用，加强国际航运中心的检察服务保障能力。提升新华－波罗的海航运指数影响力，打造新型航运数据服务品牌。提升港口助航保障、船岸服务、水上搜救、气象灾害应对等在内的数字化综合应急保障能力。（责任部门：市交通委、市经济信息化委、市商务委、市司法局、市地方金融监管局、市气象局、市人民检察院、市高级人民法院）

23. 推动航运全球协同

提升港航信息服务水平，加快多平台协同联动。加快长三角区域港航协同、机场运行联动，建设集装箱江海联运公共信息服务平台，深化与长江经济带重点口岸跨区域互联，支持多式联运发展。加快推进全球航运商业网络（GSBN），推进与“E卡纵横”“港航纵横”的流程协作和数据互通，加强与中国（上海）国际贸易单一窗口的多平台协同。依托亚太示范电子口岸，积极推动和参与航运数字化全球标准规范的研究制定和应用推广。（责任部门：市交通委、市发展改革委（长三办）、市经济信息化委、市商务委）

（八）农业新体验专项行动

推动农业生产智慧精准，聚焦生产流通全过程、产地环境全天候、作物属性全要素，建设综合赋能平台，打造智慧示范农场，为地产优质农产品赋予数字化品质内涵。

24. 打造数字农业标杆平台

打造农业“一张图”，增强农机农技数字化水平，推动“申农码”全域应用。完善农业空间信息基础，加快数字农田建设，完成农业种植、渔业养殖、河流、土壤潜力等实有信息采集，编制涉农关键要素基本名录。推动农机智能化升级，农技数字化提升，建设涵盖农业生产、生态、流通、安全等全领域的综合平台，提升农产品数据附加值。丰富农业知识图谱，运用“申农码”打造规模化种（养）、管、收、销全品种、全区域、全过程的生产作业模式，完善设施农业数字气象服务体系。（责任部门：市农业农村委、市经济信息化委、市委网信办、市生态环境局、市市场监管局、市气象局）

25. 打造智慧示范农场

推广农业机器人，高水平建设无人农场。加快农业机器人的创新迭代和推广应用，面向果园、菜园、稻田、蟹场、猪场等场景，打造种（养）、采摘农业数字孪生示范点，提升病虫害诊断、水肥药投入、无人驾驶、冷链物流、加工仓储、安全溯源、沉浸式销售等智能化水平。发展无人农场，建成3万亩水稻生产无人农场，3-5个智慧蔬果生产基地，若干个食用菌、蔬菜种苗、花卉园艺等植物工厂。（责任部门：市农业农村委、市经济信息化委、市市场监管局、浦东新区、嘉定区、金山区、松江区、青浦区、崇明区）

此外，立足填补盲区、补齐短板，持续推动生态环保、建筑、水资源综合利用等领域加快数字化转型升级，以新需求培育新市场，更好激发创新创业，推动数字经济发展壮大。

五、全面提升经济数字化转型生态承载力

加快生态“质量”跃升。构建数字规则体系和基础设施体系，营造开放、健康、安全、法治的数字生态，更好激活数据要素潜能，提升新型基础设施能级，营造创新主体活跃、标杆示范显著、标准规范引领的综合支撑体系。

（九）数据新要素专项行动

更好激活数据“流量”。探索建立数据要素市场体系，深化数据资源市场化配置、资产化管理、场景化开放、便利化流通的新格局。全方位增强城市数据要素禀赋优势，打造要素流通、设施互通、产业融通、机制畅通的国际数据港。

26. 推进数据要素流通加速

发展数据要素市场，完善多层次数据交易流通机制。探索建立数据交易所并在浦东实质性运营，

建立健全数据确权交易流通制度，推动数据要素资产化、资本化。聚焦重点领域，加快培育数据经纪、数据信托、数据审计等新业态、新模式、新职业。加强行业自律，培育规范的数据交易平台和市场主体，发展数据资产评估、登记结算、交易撮合、合规咨询、争议仲裁等市场运营体系。增强要素交易流通的普惠功能，培育新型数据消费主体，探索建立反垄断审查机制。（责任部门：市经济信息化委、市政府办公厅、市委网信办、市发展改革委、市市场监管局、市地方金融监管局、市大数据中心、浦东新区）

27. 推进公共数据开放提质

深化数据治理，促进公共数据高水平开放。开展公共数据治理，建设 100 个高质量、安全态、大规模的开放数据集，建立以效果为导向的开放数据质量评估评价体系。推动公共数据高水平共享，强化多层次连通赋能。优化公共数据开放平台，完善公共数据资源目录和责任清单制度，加快应用数据“可用不可见”的可信开放技术框架。坚持市场主体，围绕公共数据开放的全生命周期服务，培育 10+ 第三方运营机构。（责任部门：市经济信息化委、市大数据中心、市委网信办、相关各部门）

28. 推进数据创新应用

更好推动数据赋能百业，深化应用创新机制。围绕普惠金融、企业征信、便捷出行、生命健康、产业链供应链等领域建设一批数据融合应用场景。鼓励企业深化政企数据融合创新，推出一批数据产品和服务品牌，更好服务民生品质和发展质量。创新融合应用机制，支持纺织、新材料、药品研发、智能网联汽车、航运等领域新增建设一批大数据联合创新实验室，试点建设大数据创新联合体。持续深化国家大数据示范基地创新成果，创建以数据产业为代表的新型工业化示范基地或特色园区。（责任部门：市经济信息化委、市政府办公厅、市科委、市交通委、市卫生健康委、市药品监管局、相关各区）

29. 推进国际数据港建设

探索建立对标全球的数据要素载体，以临港新片区为先导，建设国际数据港。探索要素便利流通机制，在生产制造、金融服务、跨境商贸、航运物流等领域，开展数据跨境试点，建设国际数据流通公共服务平台。推动增值电信业务开放，IDC、CDN、ISP、在线数据处理与交易处理业务、信息服务业务等 5 项增值电信业务试点对外资 100% 开放。推进数据产业“一、十、百、千”布局，启动建设 1 个核心承载区—临港“信息飞鱼”，推动 10 个标志性企业试点开展跨境数据流通实践，汇聚 100+ 数据智能头部企业，产业规模突破 1000 亿元。完善通达全球的数据港设施体系，建设国际海光缆、国际互联网专用通道等枢纽设施，扩容亚太互联网交换中心（APIX），推进人工智能公共算力平台建设。增强国际数据港的辐射带动，加快对张江、陆家嘴等区域的梯度延伸，推进临港新片区和虹桥商务区联动，依托临港新片区一体化信息管理服务平台和中国（上海）国际贸易单一窗口，共建全球数字贸易港。（责任部门：市经济信息化委、市发展改革委、市委网信办、市商务委、市地方金融监管局、市通信管理局、临港新片区管委会、虹桥商务区管委会）

（十）数字新基建专项行动

围绕“连接、计算、融合”打造新一代信息基础设施底座，为经济数字化转型提供高速泛在、智能融合的承载基础。

30. 推动网络连接能力提升

实施“双千兆宽带城市加速度计划”，增强用户感知水平。建设 5G 精品网络，推进多云多网联动，推动千行百业基础设施再造，聚焦园区、楼宇、商圈，推动网络连接泛在、智敏、融合，赋能经济各领域数字化转型。推动北斗通导一体化应用，围绕 5G、F5G、IDC、海光缆、卫星地球站等，建设新型基础设施动态感知监测体系。建成6万个5G基站，5G渗透率超过70%，海光缆容量达35T，国际出口带宽达10T。（责任部门：市经济信息化委、市通信管理局、相关各区）

31. 推动计算集群能级提升

统筹空间、用能、规模，推动数据中心存算一体布局。实施计算增效计划，构建高性能计算体系，打造“E级”超算载体；构建人工智能加速器体系，建设存算一体的专业数据中心；构建边缘计算节点体系，建设内容、网络、存储、计算四位一体的边缘计算资源池。加快布局全国一体化大数据中心体系的上海枢纽节点。建成存算一体的数据中心机架10万个，边缘计算资源池30个。（责任部门：市经济信息化委、市发展改革委、市科委、市通信管理局、相关各区）

32. 推动传统设施融合提升

推动传统基础设施数字化转型，打造城市更新新规范。优化新能源终端布局，持续推动电力物联网智能化改造；打造智慧道路，试点智慧车列，建设车路协同体系，创建国家智慧城市基础设施与智能网联汽车协同发展试点示范区；完善智慧零售和末端配送设施，支持物流枢纽、物流园区、仓储设施的智能化升级。（责任部门：市经济信息化委、市发展改革委、市商务委、市住房城乡建设管理委、市交通委、市通信管理局、浦东新区、嘉定区、奉贤区、临港新片区管委会）

（十一）网络安全保护专项行动

构筑网络安全立体保护体系，建设更具韧性的城市安全中枢，打造分类分级的数据安全体系，增强网络安全产业发展竞争力。

33. 增强网络安全韧度

建设韧性城市，分层分域建设网络安全中枢体系，打造更具韧性的关键信息基础设施和系统。建设数字安全技术底座，完善网络安全监测、分析、追踪、评估等能力。强化重点行业、重点领域网络安全等级保护，打造服务产业本质安全的智能监管设施和态势感知平台，增强运行监测和分析预警能力。（责任部门：市经济信息化委、市委网信办、市通信管理局）

34. 加强数据和个人信息保护力度

加强底线思维，分类分级保障数据安全。推进数据能力成熟度评估，加强对数据资源全流程安全评估，开展伦理道德等社会规则研究和风险防范干预。规范生物特征、用户习惯等信息的采集和使用，推进数据跨境流通安全评估。打击网络违法犯罪活动，健全互联网不良信息举报和发现机制，加大治理力度，深入推进网络安全知识技能宣传普及。（责任部门：市委网信办、市经济信息化委、市公安局、市司法局、市通信管理局）

35. 增强网络安全产业发展厚度

增强核心技术能力，促进安全产业规模发展。加快网络安全监测、数字版权、个人隐私保护等安全技术突破。推动云安全、风险评估、电子认证等安全软件和服务发展，增强在复杂网络环境下的适应能力。强化网络安全产业上下游协同，建设一批网络安全特色产业园区和集群，构建行业共性平台，建立安全服务规范和能力评估机制。打造国家级网络安全产业高地，产业规模突破300亿元。（责任部门：市经济信息化委、市委网信办、市通信管理局）

（十二）综合支撑专项行动

加强组织推进，建立包容审慎的政策法规体系，发挥市场作用，营造多元主体竞相参与的氛围，深化产教融合、产融结合，完善经济数字化转型人才链、资金链，构建多层次、全方位的标准规范体系。

36. 完善组织推进机制

强化组织实施，依托“市数字化办”整体统筹和综合协调，推进跨区域、跨部门、跨层级的组织协同联动。坚持“管行业、管区域就要管数字化转型”，推动各领域、各区域经济数字化转型，按照“一区一特色”“一业一品牌”的要求，拟定行动方案，细化任务和举措，形成符合各自实践的主攻方向和特色品牌。聚焦供需两侧，完善一批特色政策、推出一批特色场景、打造一批标杆企业、发布一批标杆榜单。加快推动“五大新城”建设城市级数字化转型示范区，推动临港新片区、张江科学城、G60科创走廊、市北数智生态园、北外滩、大创智、嘉宝智慧湾等园区建设经济数字化转型样板区。（责任部门：市数字化办、各部门、各区）

37. 优化发展政策环境

构建相应的政策法规体系，开展数据综合立法，编制重点行业数据跨境流通指引。健全共享经济、平台经济和新个体经济管理规范，探索无人驾驶、在线医疗等监管框架。加大市区两级专项资金支持，强化产业高质量发展、战略性新兴产业等专项资金支持力度，研究等同研发投入的认定机制，深化国资国企数字化转型投入视同利润的模式。健全财税政策，引导社会资金投入，探索设立数字化转型基金，建设项目资源池，强化各层级重大项目衔接。（责任部门：市发展改革委、市数字化办、市政府办公厅、市经济信息化委、市财政局、市市场监管局、市国资委、市司法局、相关各区）

38. 激发多元主体活力

推动经济数字化转型领域“揭榜挂帅”，强化市场主体功能，形成各类所有制企业共同发展的繁荣生态。高质量推进国资国企工业互联网促数字化转型专项工程，实施“一把手”负责制，创新场景和数据开放机制，完善绩效评估和考核评价。支持外资企业设立数字技术研发机构、云服务中心，推动数字经济功能型总部落地，加大对中小民营企业产品和解决方案的购买力度，建立完善解决方案和产品名录发布机制。建设工赋学院等产教融合品牌，支持企业打造数字化转型人才培养教育和实训基地。鼓励银行、保险等金融机构依法合规进行产品和服务创新，支持经济数字化转型重点企业科创板上市。以数字化再造行业组织，提升桥梁纽带和智库支撑作用。建设一批行业数字化转型促进中心。开展经济数字化转型领域创新大赛，组建赛事联盟。（责任部门：市数字化办、市发展改革委、市经济信息化委、市商务委、市教委、市人力资源社会保障局、市地方金融监管局、市国资委、相关各区）

39. 完善标准规范体系

加强信息技术、公共数据、信息安全、卫生信息等地方标准化技术委员会的统一归口管理，建立多层次的数字化标准规范体系。鼓励企业积极参与数字化转型国际、国家标准制定，加快数据、工业互联网等领域国家标准、行业标准的先行先试。创设一批“能用、管用、好用”的数字化标准规范，推进标准化试点示范，鼓励企业创设行业性建设导则。探索制定经济数字化转型指标体系，量化考核评价，定期组织评估评价。建立健全包括数字经济核心产业等统计监测体系。（责任部门：市数字化办、市市场监管局、市政府办公厅、市发展改革委、市经济信息化委、市统计局、市委网信办）

40. 推动开放合作

加强国际交流，建立国际组织、产业联盟、知名企业等多层次沟通协作机制，打造标准与规则合作试验田。深化部市合作与区域联动，共建一批枢纽型、网络化、功能性载体和项目，搭建高水平展会、赛事等交流平台。推动长三角数字化转型跨区域合作，推进产业链协同互补、整体应用示范和基础设施统筹。着力建设长三角工业互联网、智能网联汽车等一体化示范区。（责任部门：市数字化办、各部门、相关各区）

（五）市商务委员会关于印发《上海市推进商业数字化转型实施方案（2021-2023 年）》的通知

沪商电商〔2021〕172 号

各区商务主管部门，机关各处办、委属各单位：

为贯彻落实市委、市政府关于全面推进上海城市数字化转型的要求，加快推进我市商业数字化转型工作，现将《上海市推进商业数字化转型实施方案（2021—2023 年）》印发给你们，请认真组织实施。

上海市商务委员会

2021 年 7 月 12 日

上海市推进商业数字化转型实施方案（2021-2023 年）

为深入贯彻市委、市政府《关于全面推进上海城市数字化转型的意见》（沪委发〔2020〕35 号），落实商务部《关于加快数字商务建设服务构建新发展格局的通知》（商办电函〔2021〕39 号），加快推进我市商业数字化转型，更好满足新型消费需求，更快促进商业流通创新，特制定本实施方案。

一、总体目标

紧抓数字化变革和数字经济发展契机，把数字化转型作为上海商业“十四五”发展的主攻方向之一，围绕商业领域线上线下深度融合和创新，坚持整体性转变、全方位赋能、革命性重塑，推进新流通、新零售、新服务发展，全面提升商业数字化、网络化、智能化水平。到 2023 年，商业在我市各行业率先实现数字化转型，在全国商业数字化建设中发挥引领示范作用，助力上海国际消费中心城市和国际数字之都建设。

——商业数字化全面转型。实体商业企业全方位向数字化转型，数字化头部企业和创新平台集聚，培育形成 10 家左右千亿级电商平台，重点支持 50 家左右高成长性的商业创新型企业加快数字化转型步伐。

——场景应用加快拓展。在智慧零售、智慧供应链、生活服务、跨境电商、直播电商、云会展和商务信用等领域，形成 50 个左右具有显著成效的应用场景，建设 10 个左右有全国示范引领作用的数字商圈商街，打造一批商业数字化转型示范区。

——数字技术广泛应用。数字技术全面融入商业发展，建设一批数字技术研发与转化的功能型平台，推动支付系统、数字地图、生活场景等领域的数据互通和业务协同，公共数据资源加快开放共享，数字治理能力稳步提升。

——消费基础设施更加完善。构建高效便捷、布局合理的智慧零售终端、智能末端配送设施和智慧物流基础设施网络。推动冷链仓储中心、快件仓储中心、分拨中心、转运中心、配送站等基础设施布局，消费基础设施的智能化、协同化、绿色化水平显著提升。

二、重点任务

（一）加强市场主体培育

1. 加快实体商业企业数字化创新。推动连锁商业企业向全方位、全渠道、全流程数字化转型，提升数字化经营能力，实现品牌数字化、客户数字化、供应链数字化、场景数字化和组织架构数字化。

推动实体商业提升基于大数据的商铺选址、经营决策、招商决策、消费分析、全渠道营销等智慧经营能力。

2. 培育商业数字化领军企业。在综合百货、大宗商品、生鲜食品、生活服务、工业品、农产品等领域，培育一批数字化水平领先、便民惠民利民、具有引领效应的百亿千亿级电子商务标杆企业。鼓励线上平台与实体商业深度合作，打造智能化、定制化、体验式的商业新业态新模式。

3. 支持跨境电商做大做强。进一步提升辐射长三角、服务全国的跨境电商运营中心、物流中心、结算中心能级。培育集聚一批强辐射、高能级的跨境电商、跨境金融、国际物流及综合配套龙头企业。支持物流企业、电商平台、贸易企业共建共享“海外仓”。打响“出海优品”品牌，鼓励跨境电商平台提供优惠扶持措施，支持打造外贸自主品牌。

4. 鼓励老字号企业数字化改造。培育一批老字号数字化转型示范企业。重点推动老字号产品数字化、营销数字化、场景数字化和运营数字化。鼓励老字号新品线上发布，引导新媒体推广宣传自主品牌。支持老字号集合店、旗舰店与电商平台、第三方技术供应方开展合作，推动线下店铺运营的数字化转型。支持老字号与技术型企业合作建设智慧运营体系。

5. 推进网络新消费品牌建设。支持电商平台整合网络直播、社交媒体、产品供应链以及各类专业服务机构等资源，形成100个具有特色和影响力的上海网络新消费品牌。鼓励电商平台发挥大平台、大流量优势，与上海制造品牌、商业品牌开展深层次合作，设立上海品牌专区，开展C2M反向定制，推出国潮新品等品牌计划。

（二）推动数字载体建设

6. 建设商业数字化转型示范区。支持浦东新区、黄浦区、静安区等创建“国际消费中心城市数字化示范区”。支持长宁、普陀等创建“生活服务数字化示范区”。支持嘉定、青浦、松江、奉贤、南汇五个新城创建“新城商业数字化示范区”。

7. 提升电子商务示范园区能级。提升电子商务示范基地能级，建设国家级电子商务示范园区。建设30家特色鲜明、具备国内外影响力的直播电商园区和基地。完善市级跨境电商示范园区管理体系，在空海港口岸、海关特殊监管区、优势产业带，以及浦东新区、奉贤区等增设一批跨境电商示范园区。

8. 打造线上线下联动的公共平台。以“五五购物节”为重要载体，推动消费内容、消费模式和消费场景的数字化升级。结合中国国际进口博览会、上海旅游节、上海时装周等，打造一批具有全国影响力、线上线下联动的节庆活动平台。支持电商平台打造全球新品网络首发平台。发挥“上海购物APP”等平台功能，打造会商旅文体联动的数字化载体。

（三）加快应用场景创新

9. 建设数字化商圈商街。建设10个左右在全国具有示范引领作用的数字商圈商街，实现精准营销、虚拟导购、智能购物、AR互动、无感支付等功能，提升消费者体验感、商户经营效率和商圈服务能级。支持电商平台与南京路商圈、徐家汇商圈、淮海路商圈、豫园商圈、五角场商圈、虹桥商圈等重点商圈商街在流量和数据方面开展合作，形成示范。

10. 推进智慧早餐。以数字化赋能和供给方式创新为主线，合理规划、整体布局“新零售＋早餐服务”门店，依托网订柜（店）取、智能取餐等项目，助推早餐门店线上线下融合发展。鼓励发展“门店＋分布式智能取餐柜”，支持在商务楼宇、产业园区等探索设置早餐自助柜，实现网订柜取和现场自助购买双重功能。发布早餐地图，便利市民通过“随申办”查询早餐网点。

11. 建设智慧菜场。立足菜市场民生消费需求和主体实践，指导有条件的区开展智慧菜场试点，建设一批运营高效、管理智能、交易便捷、体验升级的智慧菜场，系统提升菜市场经营管理水平和保供能力。

12. 发展云会展。支持展览企业与互联网、云服务企业加强合作，培育 2-3 家以“云会展”为主要业务的新型会展企业。推动展会线上线下联动，引导 100 个国际性优质品牌展会开展线上运营。打造 3-4 家具有高智能化水平的智慧场馆，依托国家会展中心（上海）、新国际博览中心和世博展览馆等展馆，逐步建成集客流大数据分析和场馆管理为一体的综合服务平台。

13. 构建智慧供应链生态圈。推动大宗商品交易全面实现数字化转型，提升大数据服务、供应链金融服务、仓储加工服务、智慧物流服务和研发创新服务等功能，力争 2023 年线上交易规模达到 2 万亿元。创新交易规则，推进宝山区建设钢铁领域平台经济示范区，支持浦东新区扩大期现联动试点规模。

14. 发展高质量直播电商。建设国内领先、具有全球影响力的直播电商高地，直播电商带动网络购物年交易额超过 2000 亿元。打造 10 个具有引领作用的直播电商平台，集聚一批具有行业影响力的直播电商服务机构。培育一批品牌直播活动，打造一批体现上海特色的潮流直播消费场景，涌现一批吃住行、游购娱一体的多元化直播应用场景。

（四）强化数字技术支撑

15. 提升数字技术应用能力。加快推动 5G、大数据、区块链、人工智能、云计算、虚拟现实等技术在智能分析、营销推广、商品管理、售后服务等商业场景的融合应用。推广智能收银系统、AI 系统、PDA 作业终端、智能机器人等智能软硬件应用。提高智能技术无障碍服务水平，便利老年人网上购物、订餐、预约家政服务等日常消费。开展数字人民币应用试点。

16. 支持数字商务服务企业发展。扶持一批提供数据分析、系统开发、SaaS 云服务、专业运营和数字化综合解决方案的数字商务服务企业，为商业企业特别是中小企业数字化转型提供支撑。支持建设电商创新中心，培育一批面向行业研究、标准制定、人才培养及技术创新的行业服务机构。

17. 加强商务领域数据安全保障。完善商务领域安全测评、风险评估、安全防护、应急处置等数据安全保障体系，提升重要数据资源和个人信息安全保护能力。落实商务大数据应用体系建设，推进长三角地区电商数据共享。建立网络安全评估指标，开展商务领域网络安全评估。

（五）完善数字基础设施

18. 完善城市物流基础设施。优化城市物流配送网点布局，形成高效便捷绿色的商贸物流网络。推进物流仓储设施智能升级建设，对离散的仓储市场进行标准化、信息化整合，建立网络化、共享型仓储平台。引导生鲜电商加快建设冷链物流体系，优化前置仓布局和规模，新建改建 300 个生鲜前置仓和 3 个城市分选中心。

19. 优化智能末端配送体系。构建覆盖 15 分钟社区生活圈和住宅小区的智能末端配送体系。加大智能快件箱在社区、商务楼宇、医院、学校、机关和园区等场所的布设力度，新建智能快件箱 1.2 万组以上，基本实现社区全覆盖。在有条件的区开展智能取餐柜示范试点。

20. 加快智慧零售终端建设。鼓励智能售货机、智能饮料机、智能回收站等各类智慧零售终端发展。在社区、商务楼宇、交通枢纽、医院、学校和园区等场所，以垂直、细分、智能的商业模式，打造一批覆盖面广、类型丰富的新零售应用场景。

（六）优化数字生态环境

21. 健全数字监管服务体系。建设大宗商品现货交易监管平台，对市场主体风险和信用等级状况实施监管。深化跨境电商公共服务平台建设，加强与海关、外汇、税务、国际贸易“单一窗口”等系统对接和数据共享，对接企业累计超过 3000 家。推进电子商务地方性法规修订。

22. 强化商务信用治理。建立商务信用治理数字化公共服务平台，构建信用的信息归集、查询、等级评估、风险预警和联合奖惩等全景式信用分类监管体系。打造商务信用应用场景，推广特色信用商圈，为商圈商场、商户、零售企业提供信用等级自查、信用数据申报、长三角“七日无理由退货”信用承诺自主公示等服务。开展单用途预付卡治理数字化试点，推动宝山区新型单用途预付消费卡监管服务平台建设。以家政管理平台为支撑，推行家政人员上门服务证，强化家政行业信用监管。

23. 完善商业数字化规范标准。推动商业数字化转型相关标准建设。研究制订直播电商等新型业态的行业规范和服务标准。完善商业服务质量标准体系，研究制定《上海商业服务规范》，建立首席质量官制度。加强跨境电商双边监管合作，推动与境外口岸监管信息共享，促进标准互认。

24. 创新运行调控和监测体系。以数据决策为核心、制度机制为保障，分步建设主副食品运行调控系统，逐步覆盖主要品种和生产、屠宰、加工、配送、批发、零售等六大环节。建设消费市场大数据实验室，整合多渠道数据，构建实时、动态、精准的上海消费市场监测体系。研究反映商业数字化转型成效的监测指标。

25. 加强研究和人才培养。发挥上海资源优势，加强商业数字化转型基础环境、技术研发、商业应用等研究。推广商业数字化转型的新技术、新模式、新规范和新应用。强化专业人才支撑，加强行业指导，发挥企业、行业组织、社会公益机构作用，培养和引进商业数字化转型领域的专业型、复合型人才。

三、保障措施

（一）加强组织领导

市商务委成立推进商业数字化转型领导小组，由委主要领导担任组长，统筹协调全市商业数字化转型工作。领导小组下设办公室，办公室设在电商处，负责商业数字化转型工作的日常推进工作。各有关部门加强协作配合，梳理重点项目，研究创新举措，全面推进商业数字化转型各项工作。各区商务主管部门建立工作推进机制，制定和实施本地区商业数字化转型方案。

（二）明确工作责任

建立完善市区联动、部门协同的工作机制，协调解决商业数字化转型推进中的各类重大问题。市商务委加强对全市商业数字化转型工作的统筹协调和指导，各区商务部门抓好本地区商业数字化转型工作，结合实际推出一批重点项目和示范场景。

（三）加强政策支持

通过贴息贷款、产业基金等支持方式，带动金融和社会资金投入消费基础设施建设。加强人才支撑，重点引进商业数字化转型高端人才。强化制度供给，持续推出各项创新举措，营造良好发展环境。鼓励各区结合自身发展定位，发挥财政资金引导作用，因地制宜出台相关支持政策。

第六篇　长三角物流

一、长三角物流区域合作与发展综述

（一）关于印发《长三角生态绿色一体化发展示范区综合交通专项规划（2021—2035 年）》的通知

沪交规〔2023〕502 号

青浦区人民政府、吴江区人民政府、嘉善县人民政府，各有关单位：

《长三角生态绿色一体化发展示范区综合交通专项规划（2021-2035）》已经上海市交通委员会、江苏省交通运输厅、浙江省交通运输厅联合审查同意，现印发给你们。请结合实际，认真组织实施。

特此通知。

上海市交通委员会
江苏省交通运输厅
浙江省交通运输厅
2023 年 6 月 25 日

长三角生态绿色一体化发展示范区综合交通专项规划（2021—2035 年）

一、编制背景

2018 年 11 月 5 日，习近平总书记在首届中国国际进口博览会上宣布“支持长江三角洲区域一体化发展并上升为国家战略。”2019 年 5 月，中共中央、国务院印发《长江三角洲区域一体化发展规划纲要》，明确以上海青浦、江苏吴江、浙江嘉善为长三角生态绿色一体化发展示范区（以下简称“示范区”），率先探索将生态优势转化为经济社会发展优势，从项目协同走向区域一体化制度创新，为长三角生态绿色一体化发展探索路径和提供示范。

示范区位于两省一市交汇地带，地处沪宁、沪杭两条传统区域发展轴之间，临近虹桥综合交通枢纽，区位条件优越。示范区湖荡水网纵横、中小城镇集聚，是上海向西服务辐射长三角区域的重要承载空间。示范区交通虽已具备较好的发展基础，但仍存在对外交通联系效率不高、内部路网连通性不足、交通协同治理和绿色发展水平有待提高等问题。

为了更好地贯彻国家战略，充分发挥交通对示范区生态绿色高质量一体化发展的支撑作用，按照示范区国土空间规划编制要求，由上海市交通委员会、江苏省交通运输厅、浙江省交通运输厅共同组织编制《长三角生态绿色一体化发展示范区综合交通专项规划（2021—2035 年）》。

二、总体思路

建设示范区是推进长三角一体化发展战略的先手棋和突破口，优化完善示范区综合交通体系对高水平推进示范区建设具有重要作用。本规划是在《长江三角洲区域一体化发展规划纲要》《长三角生态绿色一体化发展示范区总体方案》《长三角生态绿色一体化发展示范区国土空间总体规划（2021—2035年）》以及长三角区域相关交通规划的指导下开展的交通专项规划，并与示范区相关省、市、区（县）规划充分衔接。

本规划作用包括两个方面：一方面，本规划是示范区交通领域的战略性、指导性规划，以跨区域、骨干型交通设施为规划重点，为示范区交通重大项目实施提供依据，为示范区各片区交通规划、各类交通专项规划编制提供指导；另一方面，本规划不仅是设施规划，而且是服务规划、治理规划，重点明确示范区交通运输服务和交通协同治理方面的要求。

根据示范区打造生态友好型一体化发展样板，创新重点领域一体化发展制度，加强改革措施集成创新，引领长三角一体化发展的总体要求，本规划重点关注：一是转变交通模式，实现生态绿色可持续发展；二是改善交通区位，引导两省一市交界处从后发走向先导；三是优化交通服务，塑造宜居、宜业、宜游的世界级空间品质；四是创新政策机制，建立完善协同高效的跨区域综合交通治理体系。

规划重点把握以下基本原则：一是统筹谋划，一体布局。二是绿色主导，集约高效。三是存量优化，增量创新。四是水陆并举，彰显特色。五是需求导向，有序实施。

三、规划目标

（一）指导思想

以习近平新时代中国特色社会主义思想为指导，面向推进中国式现代化和第二个百年奋斗目标的新征程，深入贯彻党的二十大精神，完整、准确、全面贯彻新发展理念，紧扣“一体化”和“高质量”两个关键，坚持共同富裕原则，贯彻“人民城市”重要理念，以让人民群众出行享有“同城待遇”和更多获得感为宗旨，对标最高标准和最好水平，以绿色交通模式为主导，以一体化交通网络为依托，以智慧化、精细化交通管理为支撑，以协同高效的体制机制为保障，努力构建交通空间协调新格局、升级内优外畅交通新体验、打造绿色智慧交通新样板、创新交通协同治理新模式，优化完善示范区综合交通体系，为将示范区建设成为一体化制度创新试验田、生态优势转化新标杆、绿色创新发展新高地、人与自然和谐宜居新典范提供综合交通体系的有力支撑和保障。

（二）目标愿景

坚持以人为本理念，构建“一体化、数字化、低碳化、共享化”的示范区高质量综合交通设施、服务和治理体系，塑造宜居、宜业、宜游的交通环境，实现对外交通集约畅达、内部交通绿色便捷、交通治理协同高效的目标愿景。

规划指标重点突出生态绿色、集约高效、品质多元等要求。至2035年，示范区绿色出行比例达到80%以上，城市交通碳排放在达峰基础上稳步下降，风景道、骨干绿道及蓝道里程分别不低于300公里、700公里和200公里，城镇开发边界内全路网密度达到8公里/平方公里，城镇内部道路断面慢行和绿化空间不低于50%，街道稳静化措施设置率不低于95%，交通基础设施智慧化水平不低于90%，示范区城镇组团内部构建15分钟社区出行圈，相邻城镇组团之间30分钟可达，水乡客厅至虹桥枢纽35分钟可达，水乡客厅至浦东机场70分钟可达。

（三）规划策略

在交通规划、建设、运营、管理的全生命周期中践行生态优先、绿色发展理念。加强顶层政策设计，加强交通与用地整合，大力倡导低碳出行，对外出行以轨道交通为主，内部出行以公共交通、共享交通和慢行交通为主，鼓励交通节能降碳先进技术推广应用，支撑打造若干零碳（近零碳）发展示范试点片区，全方位推动交通领域绿色低碳发展。

加强交通体系对示范区空间、产业发展的引导和支撑。宏观层面，强化虹桥商务区发展动力核与环淀山湖区域创新绿核的“双核”东西联动，提升虹桥动力核对示范区发展的带动作用；以交通枢纽为核心，整合空间要素和配置资源，打造以集约化、复合型廊道为支撑的城镇、产业功能发展轴，形成局部区域的高密度和整体区域的低密度有机平衡的串珠式发展空间格局。中观层面，根据先行启动区、活力城区、特色小镇、美丽乡村等的差别化特点，实施差异化的交通设施配置和管理政策。微观层面，促进紧凑城镇空间开发和土地混合高效利用，开展交通空间和公共活动空间的一体化设计，实现以人的活动需求为核心的站城融合发展。

根据示范区跨区域、多元化、低密度的交通需求特征，因地制宜发展一体化、多样化、特色化的交通服务系统。坚持跨域一体理念，整体规划布局各类交通网络，加强交通运输资源整合，提升示范区交通连通性和可达性。根据商务、旅游、跨区通勤、日常生活等不同人群的多元化出行需求，提供多样化交通服务。适应水网地区和低密度区域的特点，探索发展水上客运交通、需求响应式交通等低运量特色化交通系统。

四、规划方案

（一）构建交通空间协调新格局

1．建设高效快捷的轨道交通系统

以多层次、网络化的轨道交通系统，满足示范区对外及区内不同空间层次的交通出行需求。一是加快完善由沪昆高铁、沪昆铁路、沪苏湖铁路、通苏嘉甬铁路等构成的干线铁路主骨架，规划新增苏州南站、嘉兴北站、盛泽站、练塘站等车站，全面提升示范区面向长三角及全国的辐射力。二是补强城际（市域）铁路，重点规划如通苏湖城际铁路、上海示范区线、水乡旅游线、嘉善至西塘线等线路，发挥轨道交通对示范区沪苏湖、通苏嘉等发展轴线的骨干带动作用。三是规划城市轨道交通线路以服务先行启动区、各镇与其市、区（县）中心快速联系，并与干线铁路、城际（市域）铁路做好衔接。四是在示范区各城镇簇群内部沿主要客流走廊布局若干中低运量轨道（或公交）服务城镇组团内部的快速交通联系，并衔接上层次轨道交通。

2．打造便捷有序的道路交通系统

以一体化布局为导向，以优化存量、完善布局为重点，加强跨区路网在规划布局、功能定位、建设标准等方面的统筹，加快设施提档升级。一是继续推进苏台高速建设，落实“四横五纵”高速公路骨架，加快构成“两横三纵”快速路系统。二是充分利用现有国省干线公路，优化线型、串联成网，形成“七横九纵”干线公路网，新增莲龚路－丁新公路、汾湖大道－兴善公路、四联路－丁陶公路、G634- 嘉善西部通道等四处省界对接道口，有效提升区域内路网联通性。三是在青浦新城、吴江城区、嘉善城区以及主要镇区，构建“窄路密网、开放街区”的道路布局，建设安全、绿色、活力街道。加强城市道路与公路之间的标准衔接，完善进出城道路网络布局。四是支撑乡村振兴战略，坚持以人为本，将生态绿色理念融入美丽乡村道路建设，兼顾畅通、安全、品质等要求。五是遵循“公交优先、慢行保障”原则分配路权，实现慢行网络的连续性和功能性，切实保障道路空间中慢行道的宽度和连通性，新建干路 80% 以上布置机非隔离设施，营造舒适安全的骑行环境。至 2035 年，拥有独立路权的自行车道总长度达到 3000 公里左右。

3．营建品质多元的特色交通系统

加强交通与环境、文旅的融合，因地制宜建设绿道、蓝道、风景道等系统构成“慢游”交通网络，打造游憩、运动、文化等主题线路。一是构建串联河湖镇园的区域级、城市级、社区级三级慢行绿道系统，提升慢行交通出行比例。二是依托骨干河道和重要湖荡，构建富有水乡特色、功能多样、舒适宜游的蓝道系统，推动水网互联，连接交通枢纽、重点城镇、重要景区、会议中心等，支撑打造“两横一纵”蓝色珠链。三是结合太湖、淀山湖、太浦河等河湖水系，充分利用现有道路，并尽可能与绿道、蓝道合并布局，构建“两横两纵三环”区域风景道体系。

4．建立集成转换的客货枢纽体系

构建与“多中心、网络化、融合式”空间格局相适应的客运枢纽体系和基于多式联运的货运枢纽体系。一是完善主要沿沪湖、沪杭等区域廊道的示范区至虹桥商务区的通道布局，强化示范区与虹桥枢纽的多层次轨道链接，发挥虹桥枢纽的核心门户功能。二是根据示范区五片城镇簇群和先行启动区“一厅三片”布局，构建示范区客运枢纽体系，强化枢纽一定半径范围内的空间融合、混合开发，实现站城一体的高效集约布局与多方式无缝换乘。三是按照“外集内配”的原则，完善货运枢纽布局和城市多级配送体系，协调货运物流设施、货运组织体系与生活、生产、生态空间的关系，优化枢纽场站与内河、铁路等通道衔接，鼓励多式联运发展。四是优化 G318 水乡客厅段等普通干线公路的货运功能，减少公路货运对环淀山湖区域的影响。

（二）升级内优外畅交通新体验

1．提升同城化交通服务水平

以先行启动区等跨界区域为重点，聚焦道路对接、跨省公交、车辆服务等方面，推动示范区跨界通勤、商务、生活等交通出行率先享有“同城待遇”。一是加快完善跨省对接道路，加强在对接线位、建设规模、技术标准、实施时序等方面的衔接。二是在已开通 8 条示范区跨省公交线路的基础上，加快推动示范区公交在线网规划、运营管理、服务规范、智能信息、惠民政策等方面的一体化。三是创新城际（市域）铁路贯通运营和示范区公交一体化运营模式，加快推动城市公交支付“一卡通”“一码通”。四是深化“长三角车生活”平台在示范区应用。五是探索优化出租车服务模式，研究出租汽车回程候客点设置。

2．发展内河航运和水上客运

根据运输结构调整的要求和示范区水系发达的特点，大力发展内河航运，构建富有水乡特色、功能多样、舒适宜游的水上客运交通系统。一是协同推进内河航道整治，规划“四横四纵”高等级内河航道网，形成互联互通的水路交通“门户”。二是结合示范区内河航道网布局，规划建设白鹤等绿色集约内河作业区。三是结合旅游资源和重点地区开发，规划区域商旅型、示范区生活型、休闲体验型等三类水上交通线路，服务休闲、生活、通勤等多样化需求，彰显示范区水乡特色。在蓝道沿线重要景区、酒店、会议中心、镇区等设置水上客运停靠码头。

3．鼓励新型交通模式发展

鼓励新型交通模式在示范区试点应用并复制推广。一是推动“互联网 +”共享交通发展，鼓励和规范发展响应式公交、智能停车、智能公交、互联网租赁自行车等城市出行服务新业态。二是探索高铁物流、轨道快运等新物流模式，鼓励无人配送、分时配送、共同配送等新模式发展。三是推动航空发展，作为综合交通系统的重要组成部分。四是结合水乡客厅等，建设无人驾驶等新型交通模式体验区。打造旅客出行与公务商务、购物消费、休闲娱乐相互渗透的“智能移动空间”，提供全新出行体验。

（三）打造绿色智慧交通新样板

1．推动交通协同降碳和绿色发展

从交通模式、交通装备、交通设施等方面协同推进交通领域节能降碳和绿色发展。一是通过交通活动引导、交通方式与运输组织模式优化等途径，调整运输结构，加快构建绿色主导的交通模式。二是推动交通运输装备结构优化，加快示范区公共领域用车新能源化，合理完善充电桩、加氢站、岸电等相关配套。三是推进绿色道路、绿色港口、绿色航道、绿色场站等建设改造，积极推进基础设施绿色低碳材料、技术及管理模式创新，探索因地制宜布局氢能、光伏等清洁能源设施。四是在水乡客厅等近零碳示范区率先实施更加绿色的交通管理政策。

2．智慧赋能提升交通运行和管理水平

鼓励互联网、5G、区块链、物联网等智慧交通新技术在示范区应用推广，提高交通运行、管理效益，提升智慧出行服务便捷性、体验度。一是构建交通基础设施数字底座，加快智慧交通基础设施建设。二是共建示范区智慧交通监测和管理系统，并加强与周边区域的信息交互共享，增强城市交通拥堵预测、交通资源调度能力，建立大数据支撑的决策与规划体系。三是推进示范区智慧出行服务系统建设，支持 MaaS 等智慧出行服务系统和示范区综合交通 APP 应用等系统建设，持续完善示范区交通运输政务服务“一网通办”，提升政务服务能力水平。

（四）创新交通协同治理新模式

积极探索在规划建设、运维养护、监管执法等方面的跨区域协同治理机制创新。一是按照“规划同图、质量同规、建管同推、进度同步”的原则，落实交通规划建设全过程管理，加强规划衔接，协同建设标准，完善项目实施沟通协调机制，保障方案落地实施。二是推动建立示范区交通基础设施检测、评价、养护的高质量一体化标准体系，统筹考虑设计、施工、运营等各环节，打通数据、技术、管理链路，实现基础设施全生命周期综合效益最优。三是加快构建以信用为基础的新型监管机制，积极推进交通监管、执法信息数据共享和标准互认，深入推进“互联网 + 监管”，完善执法联动协调机制，在客货运输重点领域加强常态化联合执法。

五、近期重点

（一）加快轨道交通建设，支撑示范区融入“轨道上的长三角”。

续建沪苏湖铁路、通苏嘉甬铁路、上海示范区线、嘉善至西塘线、上海轨道交通 17 号线西延伸等，开工建设沪昆铁路嘉善段高架改造工程，推进如通苏湖城际铁路、水乡旅游线城际铁路前期研究。

（二）完善区域路网布局，提升道路交通连通性。

续建苏台高速以及江陵路快速化、G634 快速化改造工程等，加快推动沪渝高速、沈海高速、常台高速等高速公路部分区段改扩建；推进丁新公路、嘉善大道等干线公路新建以及 G318、北青公路改扩建；建成外青松公路，启动实施金南路 – 浦港路、金商公路 – 嘉善大道、莲粪路 – 丁新公路、锦商公路、新太路 – 玉溪路等省界对接道路工程。

（三）推进高等级内河航道整治，充分发挥水运优势。

推进苏申内港线、苏申外港线、长湖申线、杭申线（嘉兴段）航道改造工程，建设白鹤、天凝等内河作业区。

（四）推进蓝道系统及风景道建设，彰显示范区生态底色和水乡特色。

建设沿太浦河风景道、同里 – 芦墟 – 西塘风景道以及太浦河、淀山湖、元荡等蓝道系统，并适时开通水上交通线路。

（五）完善重点地区交通配套，支撑先行启动区建设发展。

加快启动区互联互通示范交通项目建设，推进水乡客厅、苏州南站等枢纽建设，加快锦商公路、金南路 – 浦港路等跨界道路建设，促进道路衔接标准一致。

六、实施保障

（一）加强规划衔接。

加强与国土空间规划、相关省、市、区（县）重要规划的衔接，以综合交通规划为引领，在系统规划研究的基础上，进一步强化对专项实施的统筹协调，重点项目在空间规划中予以预控。

（二）加强要素保障。

加强财政性资金保障，积极共同争取国家财政支持，拓宽资金筹措渠道，扩大和鼓励多元化投融资模式。协同探索交通重大交通基础设施跨区域土地指标统筹，保障各类交通项目的合理用地，优先保障公共交通等集约化交通设施用地。

（三）加强组织协调。

两省一市交通主管部门加强联动，发挥规划组织实施的统筹指导作用，并健全交通、发改、自然资源等部门之间的协同推进机制。示范区执委会发挥统筹推进示范区建设的牵头协调作用，依据本规划拟定阶段实施计划，示范区各方按照职责分工发挥主体作用，有力有序推动规划实施，建立规划实施跟踪评估机制。

（二）2023—2028年长三角地区物流业投资分析及前景预测

长江三角洲北起通扬运河，南抵杭州湾，西至镇江，东到海边，包括上海市、江苏省南部、浙江省北部以及邻近海域。长三角地区在区位和内河航运方面，有很大的优势，由上海、宁波、南京、张家港、南通等港口组成的港口群构成中国最大的沿海沿江港口群，能够与世界160多个国家和地区的300多个港口通航，是中国对外联系的重要门户。公路运输方面，长三角地区运输路网较为密集，覆盖率高，特别是高水平的道路基础设施数量较多。长三角15个城市，除外岛舟山，将均有公路相连，处于“3小时经济圈内”，物流联动效应已经显现，逐步刺激了物流业的快速发展。航空运输和机场建设方面，长三角逐步建立了以浦东机场为主，虹桥机场为辅的组合型亚太地区航空枢纽港。长三角地区的铁路既有线路改造，又有复线建设。加之列车提速，通过海陆空大联运，长三角成为国家沿海大通道的重要组成部分。

长三角地区产业基础雄厚，加工业发达，如汽车、微电子与通讯设备石化等，经济总量大。纺织、服装、旅游业发达，产业结构逐步调整和升级，产业分工合作正在形成，一体化进程加快，所有一切都带动长三角物流产业的迅速发展。长三角地区依托自身区位优势，拥有着众多优良的港口、机场，同时具备强大的工业基础，外向型经济一直是长三角地区的重点发展对象。为加快推动转型，国家设立了一批国家级自贸区；目前，长三角地区除安徽省外均有设立，不同自贸区的战略定位和发展目标各不相同。伴随着贸易发展，长三角地区的现代物流业发展态势良好。2019年长三角地区货运量为101.6亿吨，占全国货运总量的19.7%。其中公路为主要运输方式，具体为公路占61.9%，水运占36.2%，铁路占1.9%。在长三角地区的主要机场中，上海作为贸易枢纽承担了主要的邮货运输工作。在港口运输方面，长三角地区主要港口货物吞吐量自2010年以来保持稳定增长，宁波舟山港领跑长三角。

在发展战略上，政府积极推动地区间物流合作，已开始由重点发展小城镇转向重点发展大中城市，空间布局上，再次由分散走向集中。随着长三角经济一体化的逐步推进，物流成为长三角地区各省市间合作的重要领域之一，从而为物流发展带来前所未有的契机，实现物流资源大整合，成功构建“长三角物流合作经济圈”。2020年4月2日，国家发展改革委和交通运输部联合印发的《长江三角洲地区交通运输更高质量一体化发展规划》提出，到2025年，以一体化发展为重点，在精准补齐发展短板基础上，加快构建长三角地区现代化综合交通运输体系。到2035年，以更高质量发展为重点，全面建成供需能力精准匹配、服务品质国际一流、资源集约高效利用的长三角地区现代化综合交通运输体系。2022年9月15日，《关于进一步支持长三角生态绿色一体化发展示范区高质量发展的若干政策措施》正式公布，指出要持续优化完善跨境电商出口转关模式，逐步扩大跨境电商出口转关试点范围。

未来长三角在区域物流网络体系的打造上，将以“大通关、大物流”思想为指导，以甩挂运输为基础，融通海港、空港、无水港、江河港等四港，衔接水路、铁路、航空、管道等四种运输方式，建立以物流供应网为主干、区域加工配送网为分支、物流信息网为纽带，三网叠加的区域物流网络体系。

锐观产业研究院发布的《2023—2028年长三角地区物流业投资分析及前景预测报告》共十二章。首先介绍了物流的定义、分类及物流系统等，接着分析了国内物流业的总体概况和长三角地区物流业的现状，然后具体介绍了上海、江苏、浙江及主要城市物流业的发展。随后，报告对长三角地区物流业做了邮政快递物流发展分析、重点企业经营状况分析、物流园区规划布局分析、发展环境及投资参考分析，最后分析了长三角地区物流业的未来前景与发展趋势。

来源：锐观咨询

（三）江海联运、高效协同，上海海关助推长三角高质量一体化发展

据上海海关统计，2023年前10个月，长三角地区外贸进出口总值达12.57万亿元，占全国36.6%。而自长三角一体化发展上升为国家战略五年来，上海海关紧扣“一体化”和“高质量”两个关键词，持续深化各业务领域海关一体化改革，助推长三角高质量一体化发展。

激发物流畅达效能

不久前，一批装载96件冰箱的集装箱通过“联动接卸”模式承运，从浙江安吉港运至上海洋山港，经上海海关所属洋山海关查验放行后装配远洋货轮出口海外，成为“联动接卸”模式的又一批受益货物。

“联动接卸”是海关支持长三角区域一体化发展的重点举措，实施“联动接卸、视同一港”整体监管，不断丰富“水水直联、多港互动、内河承接、洋山装卸”内涵，为企业降本增效提供支持。

据悉，目前，“联动接卸”已在12个港口复制推广，截至2023年10月，累计开展相关业务共计40.5万标箱，同比增长41.5%，通过该模式可压缩境内段50%的运输时间、30%的物流成本，目前已惠及500余家进出口企业。

长三角区域货物贸易往来密切，上海浦东国际机场作为干线空港，在国际贸易中经常被指定为目的港，业务繁忙，航空运力紧张，外贸企业常常遇到“订舱难”问题。为解决企业难题，2021年以来，长三角相关空港间“多式联运”业务开通。在这一方式下，货物从浦东机场转关至目的地，进口企业即可办理通关提货手续。

随着长三角一体化战略的深入实施，长三角区域联运中转业务协同日益高效，监管也愈加便利，2023年前10个月已累计开展相关业务7426票，货运量1.76万吨，同比分别增长55.03%和4.34%。

长三角是我国汽车产业的重要集聚地，三省一市新能源汽车产量占全国比重超过40%。在全国最大的汽车出口码头—上海外高桥港区海通码头，物流时间更加确定、运营成本更加高效经济的“江海联运”模式正在成为越来越多长三角车企出口汽车的又一选择。

在该模式下，国产汽车在长江沿线港口驶上内贸船后，顺流而下，在位于长江入海口的上海外高桥港区海通码头卸下，如放行即可直接滚装上外贸船驶向海外市场。2023年前10个月，上海外高桥

港区海关已累计监管“江海联运”出口车辆21.6万辆，占出口总量的26%，助力国产汽车出口降本增效再提速。据上海海关统计，2023年前10个月，长三角三省一市出口电动载人汽车80.3万辆，同比增长59.8%，占全国出口总量超五成。

对于海运转入长江的进口货物，如何助力进口贸易通关再提速，“离港确认”模式给出了方案。货物运抵港区后，无需提前预定内支线船即可向上海海关申报并提前完成转关单放行。相比传统转关模式，“离港确认”模式实现码头理货、江船订舱和转关申报业务“并联”办理，让这批货物通关时间较之前压缩50%以上。目前该模式已实现长江流域全覆盖，平均节约企业货物在港时间2天。

助力产业发展升级

长三角是目前国内最主要的集成电路开发和生产基地，产业规模在全国占比超六成。针对集成电路生产物料多为真空包装的电子元器件，存在一旦在口岸普通环境下开拆检查极易对货物性能品质造成影响的痛点问题，海关探索实施“真空包装等高新技术货物布控查验模式”。

上海、合肥海关率先探索优化进口光刻胶检验监管模式，保障集成电路等先进制造业关键生产物料快速投产，货物入库时间压缩2日，单票货物平均降低成本7万元。目前，“真空包装等高新技术货物布控查验模式”已在全国范围内推广应用。

近年来，以跨境电商为代表的新业态新模式迅速兴起，已经成为长三角地区外贸高质量发展的生力军。目前，长三角地区已开通“苏州—上海”“杭州—上海”“宁波—杭州”等跨境电商出口转关通道，建立了市场采购异地组货一体化通关联动机制，便利小微企业灵活选择通关方式、出境口岸。

围绕绿色航运服务，长三角地区各主要港口正积极布局国际lng（液化天然气）加注中心。上海海关建立跨关区保税船供燃油加注业务联动机制，发挥“船舶申报+物料供退”联动优势，运用视频监控、智能检测等科技手段实现线上实时“云监管”，优化跨关区保税船供燃油加注流程，保障作业各环节顺畅衔接。2023年前10个月，长三角区域上海、南京、杭州、宁波、合肥海关共监管跨关区保税燃料油加注284.45万吨，同比增加34.23%，供船作业流程缩短3天。

共筑国门安全防线

上海口岸拥有全国最大的海运危险化学品集散仓库，众多长三角企业会选择通过上海口岸进出口危险品。上海海关加强与长三角多地海关的协作配合，织密织牢危险品监管之网，凝聚区域保护合力。

2023年6月，上海海关风控分局通过大数据分析对比，发现安徽某化工企业出口的农药类产品存在逃漏检风险，上海海关将线索移交给合肥海关。合肥海关查实该企业其他进出口危化品也存在逃漏检情况，总计涉案货值超721万元。今年以来，依托长三角区域海关风险防控一体化机制，上海、南京、杭州、宁波、合肥等海关持续强化风险协同处置，对区域内100多家企业开展联合研判，查发各类危化品违规行政立案25起、6000余吨。

为防控外来有害生物传入，长三角区域海关严密协同强化有害生物联合监测筑牢国门生物安全防线，形成长三角区域专家共建、信息互通、技术共享、协同开展的联合监测网络和工作机制。2023年以来，长三角海关结合主要贸易国家有害生物名录，共采样涉及的植物品种达66种，共计采样268批。

长三角区域海关协同执法监管，也让国门安全防线的“交界处”变为“共建带”。长三角生态绿色一体化发展示范区内三地海关依托智慧海关建设，综合应用“互联网+”、现场验核、第三方采信等方法开展协同监管，充分发挥长三角跨区域核查人才库的优势，集聚专家力量，确保了企业的硬件设施、管理制度、操作规范能够符合国家相关法律法规要求。长三角一体化协同监管将原本需要3天的现场检查压缩到半天时间，改变“分工”旧传统，形成“合作”新格局。

来源：上观号

（四）港航、跨境、快递……长三角一体化发展规划中的物流机遇

近日，中共中央、国务院印发了《长江三角洲区域一体化发展规划纲要》，长三角区域一体化上升为国家战略，与“一带一路”建设、京津冀协同发展、长江经济带发展、粤港澳大湾区建设一起成为“1+4”的中国改革开放空间布局，为宏观经济发展注入更大更强的活力。

因为规划纲要是指导长三角地区当前和今后一个时期一体化发展的纲领性文件，是未来制定相关规划和政策的依据，所以作为经济发展重要支撑的物流行业相关从业者，必须要关注至 2025 年这五年规划期内的政策走向，这样才能在所谓的“大包邮区”立于不败之地。

纵观整个规划纲要内容，关于大物流行业提到多次，按照出现频次和重要程度总结如下：

（1）港口物流、航运物流、跨境物流三个细分物流领域最为核心，是长三角重点发展的物流业态，这与长三角处于改革开放高地与内外贸核心枢纽的地理位置密不可分。

（2）快递和航空物流位于第二梯队，纲要聚焦的核心是“速度”，围绕高铁和航空的物流体系建设，是以消费为主的经济发展的重要支撑。

（3）工业物流、化工物流、中欧班列、冷链物流也被提及，但更多聚焦在了如何配合产业的供给侧改革和升级，以及产业转移和长三角内的协同，这也是物流企业需要看到的趋势。

1. 港口物流

核心词：资源整合、集装箱化、多式联运。

（1）资源整合

纲要原文：

推动港航资源整合，优化港口布局；加强沿海沿江港口江海联运合作与联动发展，鼓励各港口集团采用交叉持股等方式强化合作；加强沪浙杭州湾港口分工合作，以资本为纽带深化沪浙洋山开发合作，做大做强上海国际航运中心集装箱枢纽港，加快推进宁波舟山港现代化综合性港口建设。

观点：

上港集团、浙江省海港集团、江苏省港口集团、安徽港航集团相继组建成立，证明港口资源整合已经在顶层开始推动，但经年积累的一系列问题，还需要各家港口集团不断优化，真正做到长三角港口的整体布局定位规划，避免重复建设与恶性竞争。纲要强调了海港与江港的联动效应，因为外籍船舶不能进长江等原因，所以在上海等进行换船等造成的成本上升和效率降低，是这背后的驱动因素，点明了的“交叉持股”方式则预示着未来在资本层面几大港口集团仍会有动作发生。纲要指出了目前上海港与宁波舟山港的现状和问题，可以看到在港口货物吞吐量排名宁波舟山港第一上海港第二，在港口集装箱吞吐量排名上则上海港第一宁波舟山港第二。从交通部公布的 2023 年前 10 个月数据看，两大相邻如此之近的港口群贡献了 13.5% 的货物吞吐量和 27.6% 的集装箱吞吐量，所以从顶层划分清楚两者的功能定位是规划的关注点——上海港为集装箱枢纽港，宁波舟山港为综合性港口。

（2）集装箱化

纲要原文：

苏州（太仓）港建设上海港远洋集装箱运输的喂给港，发展近洋航线集装箱运输；规划建设南通通州湾长江集装箱运输新出海口、小洋山北侧集装箱支线码头；长江淮河干流、京杭大运河和浙北高等级航道网集装箱运输通道建设，提高集装箱水水中转比重。

观点：

纲要中在明确了上海集装箱枢纽港的定位基础上，也明确了“太仓和南通”集装箱喂给港和支线港的定位，所以未来这两个港口的集装箱业务会快速发展。另外，欣喜地看到了规划中对于整个长三

角水系内的集装箱运输网络的构想，在该地区拖车成本及人力成本不断上升的背景下，做好“集装箱支线的班轮化”，为客户提供低价准时的航运产品应该是物流企业着力发展的方向。

（3）多式联运

纲要原文：

加快建设长江南京以下江海联运港区、舟山江海联运服务中心、芜湖马鞍山江海联运枢纽、连云港亚欧陆海联运通道、淮河出海通道；完善区域港口集疏运体系，推进重点港区进港铁路规划和建设。

观点：

南京和舟山是近些年来江海联运发展的优秀港口案例，连云港的海铁联运战略位置也不可或缺，值得关注的却是芜湖马鞍山港，这是安徽（合肥）通过巢湖出海的重要节点，芜湖港的集结中转将极大丰富安徽产业出口的选择。而铁路进港是老生常谈的问题了，只有把基础设施建好，解决好“中间一公里”的装卸成本问题，才能真正实现通过集装箱多式联运提升物流效率的终极目的。

2. 航运物流

核心词：高端航运服务、航运信息化、外贸沿海捎带

规划纲要中将航运与国际经济、金融、贸易和科技创新一起作为核心的“五个中心”进行建设，并强调着力提升上海大都市航运高端服务功能。

（1）高端航运服务

纲要原文：加强浙沪洋山区域合作开发，共同提升国际航运服务功能。

（2）航运信息化

纲要原文：推动港航物流信息接入，实现物流和监管等信息的全流程采集。

观点：航运尤其是外贸的航运的信息一直是走在物流行业的前头，也是信息化和数字化落地，实现全程可视化的最佳业务场景，所以看到这也是目前资本比较看好运去哪等“航运科技物流”公司的核心判断，但最难的则是一方面要对接各船公司及政府的数据系统，另一方面要做好个性化的物流交付过程。

（3）外贸沿海捎带

纲要原文：在沿海捎带、国际船舶登记、国际航权开放等方面加强探索，提高对国际航线、货物资源的集聚和配置能力，研究在对等原则下外籍国际航行船舶开展以洋山港为国际中转港的外贸集装箱沿海捎带业务。

观点：这是增强上海国际中转港需求，从经济角度考虑集约化以降低物流成本的实践路径。

3. 跨境电商物流

核心词：商品溯源、中转集拼、国际配送平台。

规划提出加快建设上海、南京、杭州、合肥、宁波、苏州、无锡、义乌跨境电子商务综合试验区，构建覆盖率和便捷度全球领先的新零售网络。

（1）商品溯源

纲要原文：建立进出口商品全流程质量安全溯源管理平台，开发信息化电子标签，整合生产、监测、航运、通关数据共享和业务协同，实现全链条监管。

观点：这条政策为从事 4PL 的物跨境电商物流企业指明了方向—全链条全流程溯源，如何构建跨境物流信息平台，实现上下游数据打通，做到业务实时监控和安全监管，是未来此类企业成败的关键。

（2）中转集拼

纲要原文：增强国际中转集拼枢纽功能，创新跨境电商服务模式。

观点：随着商流碎片化以及需求高频化，跨境电商模式冲击了传统一般贸易的格局，90%左右的整箱整柜业务，未来必定向着拼箱服务发展，而如何做到高标准、高质量的集拼服务是后起的物流企业一个重要的颠覆切入点。

（3）国际配送平台

纲要原文：鼓励跨境电商企业在区内建立国际配送平台。

观点：本文理解，纲要提出的国际配送平台，不止是进口商品的国内配送服务，而更是鼓励快递企业随着跨境出口电商“走出去”，将在国内积攒的服务能力向东南亚、北美等国际市场输出。

4. 快递物流

核心词：铁路快递、快递数字化。

（1）铁路快递

纲要原文：支持高铁快递、电商快递班列发展。

观点：长三角地区是铁路及高铁网络最密集的地区之一，同时也是电商快递件巨大的生成地，随着高铁建设不断投产，一方面，释放了大量普线货运运力，稳定且大批量的铁路班列是快递企业干线运力的重要补充，但目前最大的痛点是如何与分拨中心做衔接和统一规划；另一方面高铁快递（高铁极速达）则是航空与公路陆运之间的折中选择，可以在满足快递时效产品“次日达”的基础上实现成本的大幅下降。

（2）快递数字化

纲要原文：加强智慧邮政建设，支持快递服务数字化转型。

观点：其实快递服务的数字化（如：电子面单）引领了物流行业数字化的发展，本文理解纲要提到的快递数字化转型更多聚焦于“全过程”的数字化，而不仅是节点的数字化，例如：全自动无人分拨中心、智慧配送终端等。

5. 航运货运

核心词：集散枢纽。

纲要原文：优化拓展虹桥机场国际航运服务功能，加强航空货运设施建设，加快合肥国际航空货运集散中心、淮安航空货运枢纽建设，规划建设嘉兴航空联运中心。

观点：看到每个省市都规划选择了核心的航空货运枢纽，上海虹桥、安徽合肥、江苏淮安、浙江嘉兴，所以从事航空货代及配套物流服务的企业，在这些机场的能力布局尤为重要。

6. 工业物流

核心词：产业转移

纲要原文：推动中心区重化工业和工程机械、轻工食品、纺织服装等传统产业向具备承接能力的中心区以外城市和部分沿海地区升级转移，建立与产业转移承接地间利益分享机制，加大对产业转移重大项目的土地、融资等政策支持力度。

观点：纲要继续强化通过政策引导传统核心产业向内陆腹地迁移，土地和融资支持是政府可以直接解决的问题，但这些成本的降低是否能覆盖掉物流成本（门到港或门到站）的增加则是间接的软问题，所以一方面化工物流、工程物流、消费品物流企业应当配合产业转移一起做好物流整体方案，一方面政府也应当对物流企业给予一定的政策支持。

7. 化工物流

核心词：沿江而上。

纲要原文：进浙江舟山国际石油储运基地、芜湖LNG内河接收（转运）站建设，支持LNG运输船舶在长江上海、江苏、安徽段开展航运试点。

观点：舟山能化物流的核心地位进一步加强，而在绿色长江的大背景下，主基调仍是LNG船舶的推广（但主要还是要看投产船舶的报废期以及LNG船的新建成本），增加芜湖港的危化处理能力，是弥补下游南京和张家港之外，中游经济发展的支撑。

8. 中欧班列

核心词：双向对流。

纲要原文：统筹区域内中欧班列资源，提高班列双向常态化运行质量效益。

观点：调研看到，目前长三角地区已有苏州、义乌、合肥、连云港、徐州、南京等城市先后开行了中欧班列，但过度分散的开行是不经济的，体现不了铁路集约化运输的成本优势，随着补贴逐渐褪去，相信长三角中欧班列资源的统筹集约会是先行军（一方面货量足够；另一方面需求旺盛），此外也能实现纲要中提到的“双向对流”和“常态化运行”。

9. 冷链物流

核心词：统一标准。

纲要原文：在农产品冷链物流等领域，先行开展区域统一标准试点。

观点：农产品一直是国家扶持鼓励的领域，但受制于产地分散以及非标准化的商品，导致物流企业很难入手。但随着冷链基础设施完善，以及社交电商平台带来的消费模式革新，为农产品冷链物流带来了重大机遇。

来源：物流梁言

（五）落稳“压舱石” 谱好“协奏曲”——新起点上长三角一体化发展战略迈向新阶段

2023年度长三角地区主要领导座谈会于6月5—6日在安徽合肥举行。这是沪苏浙皖贯彻落实习近平总书记重要指示和党中央决策部署的具体举措。三省一市自2019年以来连续第五年召开这样的座谈会。今年会议主题为“携手高质量一体化、奋进中国式现代化”。

推动长三角一体化发展，是习近平总书记亲自谋划、亲自部署、亲自推动的重大国家战略。2020年8月20日，一场由习近平总书记主持召开、以扎实推进长三角一体化发展为主题的座谈会在安徽合肥举行。近年来，沪苏浙皖紧扣一体化和高质量两个关键词，坚持各扬所长、共拉长板，加速形成新发展格局，勇当高质量发展“排头兵”，加快打造改革开放新高地，携手打造我国发展强劲活跃增长极，一幅中国式现代化的长三角新图景正跃然而生。

“拼”字当头：经济高质量发展提速

初夏时节，合肥市长丰县下塘镇比亚迪大道上车水马龙，一辆接着一辆挂着长三角地区车牌的货车正排成一条长龙，陆续进入比亚迪合肥基地运送汽车零部件……“借助长三角一体化发展的东风，在比亚迪等龙头企业带动下，合肥新能源汽车产业跑出‘加速度’，今年前4个月产量同比增长约4倍。”合肥市经信局局长徐斌说。

这是长三角新能源汽车产业快速发展的一个缩影。三省一市瞄准建设世界级产业集群，围绕节能与新能源汽车、机器人、新型电力装备、新型显示等产业链，实施补链固链强链行动，加强政策协同，支持以龙头企业为“链主”带动大中小企业融合创新。

5月18日，全球滚动轴承制造龙头企业斯凯孚（SKF）圆锥滚子轴承及圆柱滚子轴承生产基地二期项目在浙江常山投产。斯凯孚中国区副总裁施波说，在长三角地区，斯凯孚从供应商到客户，从原材料生产到物流各个环节可以形成闭环。

项目“加码提速”，生产马力开足。在江苏盐城东台经济开发区，总部位于上海的东富龙科技集团股份有限公司装备制造基地，一期食品装备项目已建成投产，二期生物医药装备项目总投资 10 亿元，正在加紧建设。

“拼”字当头，协同发力。2023 年上海全球投资促进大会近期在上海举行，26 个重大项目现场签约，总投资 674 亿元。其中，创立于杭州的新迪数字预计投资 25 亿元在上海闵行区建设全国总部运营中心和研发中心。“人才是最吸引我们的点。”新迪数字董事长叶修梓说，公司已经在上海开展招才引智活动和商谈合作项目。

基础设施互联互通也在提速。三省一市以跨区域重大项目为牵引，加快构建长三角世界级港口群、机场群，支撑和保障一体化发展。以上海、宁波舟山港为核心，南京、杭州等 16 个港口为骨干，其他港口共同发展的港口群总体格局基本形成，2022 年长三角港口集装箱吞吐量占全国比重约 38%。主要机场货邮吞吐量占比约 35%。

2018 年以来，三省一市 GDP 占全国比重始终保持在 24% 左右。2023 年一季度，沪苏浙皖 GDP 增速均保持稳定增长，呈现出经济持续复苏回升的良好发展态势。

“随着一体化的持续推进，长三角的基础设施联通网越织越密、交通越来越便利、产业合作越来越多，为高质量发展注入强劲动能，助力加速形成区域新发展格局。”安徽省人民政府参事、安徽省社会科学院城乡经济研究所所长孔令刚说。

闯出新路：改革开放新高地隆起

长三角生态绿色一体化发展示范区、长三角 G60 科创走廊、新安江—千岛湖生态保护补偿试验区……在这片改革开放的热土上，三省一市携手耕种的这些“试验田”，通过加大协同创新探索力度，为一体化发展不断增添新动能，持续放大示范效应和带动作用。

“2019—2022 年共推出制度创新成果 112 项，复制推广 38 项，着力推进重点项目 108 个，形成高质量发展重要支撑。”长三角生态绿色一体化发展示范区执委会副主任张忠伟介绍。

制度创新“发源地”，吸引外资“强磁场”。站在芜湖港朱家桥港区国际集装箱码头，只见靠泊船舶满载集装箱整装待发，远眺长江天际，百舸争流千帆竞。在中国（安徽）自由贸易试验区芜湖片区，长江支线运输航线共舱管理新模式带来新变化。

“我们通过打造‘芜湖—洋山共舱暨单点挂靠航线’，由 6 家支线经营人共同投入船舶组成运力，舱位共享，对社会开放订舱运输服务，按照固定班期往返于芜湖港与上海洋山港，企业、船公司和港口三方受益，这项改革也入选了 2022 年长三角自贸试验区第二批制度创新案例。”芜湖港务有限责任公司总经理助理束顺全说，共舱航线运作以来，船舶作业效率明显提升，船舶装载率提高了 30 个百分点以上，航线资源优化整合效应凸显，充分释放了芜湖港和洋山港码头资源。

自贸试验区建设 2013 年由上海发端，目前长三角实现自贸试验区全覆盖。以中国（安徽）自由贸易试验区为例，去年该自贸试验区以不到全省 1‰的面积，贡献了全省 1/4 的进出口额、1/3 的实际使用外资额，实现进出口 1861.9 亿元、增长 26%。两年来，已探索形成了 124 项制度创新成果。

提供高水平科技供给，支撑全国高质量发展。科技部与三省一市共同组建长三角科技创新共同体建设办公室并实体化运作；长三角科技资源共享服务平台集聚大型科学仪器超 4 万台（套）；组建并运行长三角国家技术创新中心……随着合作广度和深度的拓展，长三角协同创新体系正加快构建。

扬“创新活跃强劲”之长，做好加快创新要素高效集聚大文章。安徽以国家实验室、大科学装置、中国（安徽）科交会、“科大硅谷”等为重大抓手，共同强化国家战略科技力量，共同推动“卡脖子”技术突破，共同推动科技成果转化应用。作为全国首个创新型省份建设试点省，江苏着眼未来可能产生变革性技术的基础科学领域，持续强化战略科技力量布局。

建设国际一流营商环境，高水平服务经营主体。三省一市通过加快推进市场规则制度统一、统筹推进政务服务跨域通办等举措，建立统一开放的市场体系。戴森贸易（上海）有限公司大中华区副总裁肖傲霜表示，中国营商环境持续不断优化，尤其在优化法治化营商环境、深化包容审慎监管方面，体现了监管的“温度”，给了外企长期扎根中国的信心。

联治共享：人民群众获得感提升

八百里巢湖，烟波浩渺，风光旖旎。岸边，55 岁的护渔员王仕和正在巡湖。来自合肥市肥东县长临河镇的他，曾经是一位渔民，退捕上岸后成为护渔员，守护着巢湖生态。

“原来一到夏天，巢湖蓝藻暴发，到处都是臭味。”谈及巢湖的变化，王仕和深有感触地说，“这几年生态好了，蓝藻明显少了，水里的鱼也多了。”

作为我国五大淡水湖之一，巢湖每年向长江输送水量约 40 亿立方米，是长三角地区重要的生态屏障。推进山水林田湖草沙一体化保护和修复；创新实行跨界河流联席会议制度；构建“数字巢湖”平台……通过持续的综合治理，巢湖水质实现历史性好转，全湖平均水质由 2015 年Ⅴ类转为Ⅳ类以上，正打造为合肥“最好的名片”。

良好生态环境是最公平的公共产品，是最普惠的民生福祉。

作为黄浦江源头与“绿水青山就是金山银山”理念诞生地，浙江湖州市安吉县发起成立黄浦江源生态保护基金，携手各地发布《黄浦江生态环境保护安吉共识》，旨在形成具有全球影响力的跨区域生态保护补偿机制。

“我们强化资源运营、核算应用、数改赋能和标准制定，推进价值高效转化，健全生态保护机制，推动管理高效运行，深化区域合作研究。”安吉县发展和改革局局长沈强说。

坚持共抓大保护、不搞大开发，加大长江船舶和港口污染治理，完成岸电改造，联合开展“十年禁渔”；实行生活垃圾分类管理，共同推进危险废弃物跨省转移监管……三省一市始终坚持生态优先、绿色发展，推动生态环境共保联治取得新突破。

加快推进公共服务便利共享，为老百姓带来了实实在在的获得感。

“现在可以先看病、再扣费。向合作银行授权、进行信用评估后可获得信用额度，个人自费部分自动扣除，不用现场排队交费。”在位于苏州市吴江区的苏州永鼎医院，患者徐晨婷跨区域就医时，尝试了长三角一体化示范区跨区域“信用 + 医疗”数字化服务。

三省一市探索推进跨省异地就医门诊费用直接结算，截至 2022 年底，已覆盖长三角 41 个城市 1.5 万余家医疗机构，累计结算 1300 余万人次，涉医疗费用近 36 亿元；协同立法支持以社会保障卡为载体建立居民服务“一卡通”，轨道交通“一码通行”已实现长三角 10 个城市乘客轨道交通扫码便捷通行，累计异地乘车近 1500 万人次……

江海奔涌，扬帆远航。站在新的起点上，三省一市将坚持创新共建、协调共进、绿色共保、开放共赢、民生共享，真抓实干、埋头苦干，推动长三角一体化发展不断取得新成效，奋力交出中国式现代化的优异长三角答卷。

来源：国际在线

（六）全力拼经济！长三角“三驾马车”蓄势待发

2022 年，中国经济在挑战中前行。2023 年，随着稳经济政策持续发力，长三角如何全力拼经济，投资、消费、出口“三驾马车”又面临着怎样的机遇和挑战呢？

1. 投资：快开工、快建设

2023 年首月，地方两会陆续召开，多城市相继披露 2023 年固定资产投资增速预期目标。长三角三省一市还积极推动重大项目快开工、快建设，力争首季“开门红”。

“2023 年，我国面临稳增长压力。通过释放潜力，可为投资持续稳定增长提供有力支撑。”南京大学长江产经智库区域经济首席专家，南京大学经济学院产业经济学系主任、教授吴福象对《国际金融报》记者表示，具体而言，交通、物流、能源、生态环保等基础设施建设；民生与社会事业等传统基建项目；5G、人工智能、大数据、云计算在内的新型基础设施建设；推动产业转型、创新驱动发展的先进制造业领域等仍是扩大投资的主要发力点。

开年即开局，长三角起步即是“冲刺”。以上海为例，1 月 3 日，临港新片区、徐汇区、金山区、静安区等都启动了 2023 年首批重大工程、重点项目。其中，临港新片区开工项目 33 个，总投资约 316 亿元，项目涵盖产业、住宅、市政交通、能源保障、生态环境、商文体旅、社会民生等多个领域。从全年计划看，2023 年，上海将持续推进重大工程建设，全年完成投资 2150 亿元。加快高端制造业和现代服务业扩投资、提产能、增效益，推动一批引领性强、带动性大、示范性好的高能级产业项目落地。

不仅是上海，浙江提出实施扩大有效投资“千项万亿”工程，抓好 1000 项左右重大项目，确保 2023 年完成重大项目投资 1 万亿元以上，带动固定资产投资增长 6% 以上；安徽在 2023 年首个工作日启动了一季度全省投资和重点项目推进会，圈定 1017 个重点项目，总投资 7069.1 亿元。

“未来，长三角扩大投资可在五大领域持续发力。”吴福象表示，一是稳步推进各类重大基础设施项目建设，发挥基建投资托底作用，为建设系统完备、高效智能、绿色低碳、自主可控的现代化基础设施体系夯实基础。二是政府投资带动全社会投资，为长三角地区先进制造业发展赋能，壮大实体经济基础。长三角地区在工信部公布的 45 个国家先进制造业集群名单中，独占 18 席。持续发力先进制造业，是吸引海内外高端要素资源集聚、推进实施长三角区域一体化战略和打造世界级先进制造业竞争力集群、推动制造业向产业链价值链中高端跃进的关键。三是扩大对科技创新领域的投资，集中力量攻克关键核心技术，推进长三角科创共同体建设，包括对长三角科技创新园建设、国家实验室等科技基础设施集群建设、关键核心技术协同攻关、长三角国家技术创新中心建设、长三角数字经济创新高地建设等领域扩大投资。“同时，疫情暴露出一些民生领域的短板问题，要加强民生和社会事业项目投资，在医疗卫生领域的设备更新等领域逐渐扩大投资‘补短板’。”吴福象进一步指出，“此外，加大‘三农’领域投资，为推进乡村振兴和中国式农业现代化建设打造长三角样板。”

在南京信息工程大学江北新区研究院执行院长、江苏省政府参事室特约研究员丁宏看来，2023 年“扩投资”有三大领域值得关注。

“首先，引导投资投向实体经济，尤其是先进制造业和现代服务业领域，促进产业链价值链创新链深度融合，推动构建现代产业体系。其次是基础设施领域，尤其是支持数字经济发展的新型基础设施。基础设施投资既要全面布局，适度超前，构建现代化基础设施体系，又要谨慎稳妥，提高政府财政投资效率，防止政府债务过快上升。”丁宏对《国际金融报》记者表示，“三是社会民生领域，国家在医疗、教育、养老、居住等方面还存在不少短板，要通过增加公共服务资源供给，提高城乡公共服务均等化水平，让群众得到实惠，切实增强满意度和幸福感。”

2. 消费："活"起来、"热"起来

商场客流多了起来、热点景区人头攒动、部分"网红"餐厅又开始排起长龙……2023 年伊始，长三角各大商圈逐渐回暖，零售、旅游、餐饮等消费业态呈现积极向好迹象。

为迎接新春消费潮，长三角各地频频出手，"真金白银"稳岗留工，扩大内需。例如，2022 年 12 月 25 日至 2023 年 1 月 27 日，上海对重点监测的电商平台和邮政快递企业，给予上岗工作的一线人员每人每天 60 元补贴；对元旦期间和春节期间上岗工作的一线人员，给予每人每天 150 元补贴。

在苏州，2023 年 1 月 21—27 日，所有的国有景区实行免费开放，同时公交轨道、有轨电车免费乘车。

杭州宣布，将向每名春节期间留杭的省外员工（在杭缴纳社保的非浙江户籍员工）发放 600 元消费券。同时，2023 年一季度杭州市国有 A 级收费景区实行首道门票免费，并鼓励非国有 A 级景区也免费开放，吸引外地游客来杭旅游。

"消费是经济增长的内在持续动力，应在'三驾马车'中处于优先地位。"丁宏指出，在当前世界经济整体衰退的背景下，发挥好国内超大市场规模优势，促进消费回升拉动，是扩大内需推动经济稳步恢复的关键支撑。

不过，尽管积极信号不断，但各界对 2023 年消费复苏前景仍有分歧和担忧。

"一方面，扩大国内需求，需要把恢复和扩大消费摆在优先位置。另一方面，社会上对消费预期、市场与政府信用以及经济信心不足。这两者之间的矛盾，是消费复苏的主要障碍。"南京大学长江产业经济研究院助理研究员王兵对《国际金融报》记者分析称，长三角作为经济基础较好的区域，推动消费复苏需要率先在改善社会心理预期、提振发展信心方面做好工作。其中的关键是要提高居民收入，提高收入关键是稳就业、增就业，解决就业压力关键是稳企业信心、创造就业和吸纳就业。

"长三角区域城市密集、人口众多、产业基础好、共同富裕程度高，应勇于围绕全国乃至全球商贸中心定位，打造新时期消费升级新高地。"丁宏也认为，推动消费复苏，最重要的是稳定预期提升信心，"信心是发展的黄金，要更好打造公平透明竞争的营商环境，促进民营经济和中小企业高质量发展，多渠道增加居民收入，通过收入预期信心的提升推动新兴消费市场的快速回暖"。

在王兵看来，疫情反复下形成的收入不确定性和家庭部门超额储蓄，限制了居民现期消费。随着疫情防控政策的调整，可以预期的是，2023 年居民预期的改善将推动未来消费倾向提高。同时，经济和就业回暖将带动居民收入增加，消费在一定程度上将得到复苏。

"短期内，仍需要在刺激消费方面做一些努力，如发放消费券、现金券，提供一次性消费补贴等，增强消费能力，改善消费条件，创造消费场景。"王兵建议。

3. 出口：稳外贸、强外贸

党的二十大报告指出，"推动货物贸易优化升级，创新服务贸易发展机制，发展数字贸易，加快建设贸易强国。"

从 2022 年底开始，长三角全力稳外贸、强外贸，各地政府纷纷组团"出海"抢订单。

例如，江苏多地"包机出海"抢订单 ，推动新项目落地生根，如南京外贸企业商务团组累计签约和意向订单金额超 20 亿元；浙江预计组织超 200 个团组赴欧洲、日本、韩国等地区；安徽"出海抢单"10 天，成功签约订单金额 22.4 亿元。

政府主动"组团"，考量为何？

"政府主动'组团出海'抢订单，主要还是因为当前国际局势复杂多变，外资外贸环境受多种因素影响。"王兵分析称，包括部分外贸企业经营成本居高不下；回流的出口订单又出现一定程度的"截胡"外流；海运物流运力供需紧张；外需乏力；外资来华投资意愿受美西方打压等。

“2023 年，我国出口将面临较大的挑战。”吴福象直言，从外需看，2022 年美国持续加息、欧盟能源危机等事件引致高通胀和货币紧缩，所引发的经济放缓、劳动力市场疲软以及对家庭购买力和生产端的挤出效应影响将持续到 2023 年。美欧作为我国主要出口国，需求放缓将拖累中国出口增长。

丁宏认为，当前世界百年未有之大变局仍加速演进，2023 年国际经济发展仍存在下行可能，美联储加息、地缘冲突等“灰犀牛”“黑天鹅”事件对我国外贸造成不确定性影响，“但进一步优化疫情防控措施，为更好稳住外贸外资基本盘提供了必要的支撑”。

“长三角区域应紧抓机遇，发挥好制造业、科技人才密集的综合优势，鼓励企业‘出海’抢单，把失去的时间抢回来，加快畅通国际产业链供应链，提高产品品牌的竞争力和影响力，打造新时代高水平对外开放的先行区和示范区。”丁宏表示，以江苏为例，作为外资大省，在保增量、引项目的同时，多地正瞄准重点产业精准发力，引进更多科技型企业入驻，推动新项目落地生根，促进科创产业成长壮大。

在王兵看来，当前，长三角在稳外贸、强外贸方面要从四方面着手。“第一，提高服务效能，降低外贸成本。比如，提高海关工作效率、港口服务水平、代理的通关能力等，降低物流、清关以及一些潜在的刚性成本。第二，出台一些针对性纾困政策，保障外资外贸企业生产经营稳定。第三，抱团出海，拓市场抓订单。第四，优化营商环境，推进高水平制度性开放，加大引进外资力度，有效应对产业外迁。”

来源：《长三角日报》

二、长三角物流区域合作与发展信息

（一）安徽省人民政府办公厅关于印发《安徽省加快供应链创新应用行动计划（2023—2025年）》和《安徽省加快供应链创新应用若干政策举措》的通知

各市、县人民政府，省政府各部门、各直属机构：

经省政府同意，现将《安徽省加快供应链创新应用行动计划（2023—2025年）》《安徽省加快供应链创新应用若干政策举措》印发给你们，请认真贯彻落实。

安徽省人民政府办公厅

2023年9月13日

安徽省加快供应链创新应用行动计划（2023—2025年）

为进一步加快供应链创新应用，更好服务企业降低成本、提高效率、增强韧性，服务和推动实体经济高质量发展，制定本行动计划。

一、总体要求

以习近平新时代中国特色社会主义思想为指导，深入贯彻落实党的二十大精神，立足新发展阶段、贯彻新发展理念、服务和融入新发展格局、推动高质量发展，充分发挥安徽特殊区位交通与战略叠加优势，把实施扩大内需同深化供给侧结构性改革有机结合起来，坚持市场逻辑平台思维，以供应链为牵引，以工业互联网为支撑，链接长三角和中部地区大交通、大物流、大市场、大产业，建设一批国家级供应链创新与应用示范城市，培育若干全球供应链领先企业，形成一批供应链发展新技术和新模式，在新能源汽车等领域争创具有重要影响力的供应链资源配置中心。

二、深入推进供应链双招双引

1. 建立健全供应链双招双引机制。坚持有效市场和有为政府更好结合，成立省级供应链双招双引专班，指导各市成立工作专班，形成上下对接贯通的工作体系。制定具有较强竞争力和吸引力的供应链创新应用专项政策。组建供应链双招双引专家咨询团队，加强供应链协同对接。（责任单位：省发展改革委，各市人民政府；配合单位：省商务厅、省交通运输厅等）

2. 编制供应链发展实施方案。梳理产业链供应链需求链条，明确供应链发展目标思路和路径举措。引导各市抓紧编制本地区主导产业供应链发展实施方案，形成上下联动的规划体系。（责任单位：省十大新兴产业推进组工作专班牵头单位，各市人民政府）

3. 开展供应链招引活动。围绕冷链物流、供应链金融、外向型供应链以及库存管理、集中采购、品牌代理、货代服务、设备租赁等供应链薄弱环节，制定供应链企业图谱及双招双引目标企业清单，利用商协会、展会、论坛、对接会等平台，大力培育引进一批供应链服务龙头企业和关键人才。（责

任单位：各市人民政府；配合单位：省发展改革委、省商务厅等）

三、聚焦重点提升供应链资源配置能力

4. 做优做强汽车首位产业供应链。顺应汽车动力来源、生产运行方式、消费使用模式全面变革等趋势，推动汽车产业供应链向汽车、能源、交通运输、信息通信、金融、物流等多领域多主体参与的“网状生态”转变。依托合肥、芜湖省重大新兴产业基地，加快布局一批新能源汽车和智能网联汽车关键零部件产业园区。强化整车龙头企业的全链条整合能力，推动供应链由生产制造环节向技术研发、后市场等全链条延伸。加快完善充电桩、加氢站等新能源汽车关键基础设施布局。积极拓展新能源汽车出口中欧班列、海运通道，支持合肥、芜湖等地新能源汽车集装箱出口运输先行先试，培育壮大滚装海运企业，开发国际远洋滚装运输航线，支持企业建立国际营销服务网络，在重点市场布局建设一批海外仓储和售后服务中心等服务平台。（责任单位：省发展改革委；配合单位：省经济和信息化厅、省交通运输厅、省港航集团等）

5. 大力培育先进制造产业供应链。聚焦新一代信息技术产业重点领域和关键环节，加快建设具有全球影响力的“科大硅谷”和“量子中心”，构建若干重大科技创新平台。（责任单位：省发展改革委；配合单位：省经济和信息化厅、省科技厅等）办好世界制造业大会、世界声博会等高能级展会。（责任单位：省经济和信息化厅；配合单位：合肥市人民政府、省发展改革委、省科技厅等）创新新材料产业供应链服务模式，引导物流企业量身定做供应链管理库存、线边物流、供应链一体化服务等物流解决方案，为客户提供供应链融资、仓单融资、风险管理、保险、物流配送、库存管理与交割等服务。（责任单位：省发展改革委；配合单位：省地方金融监管局等）优化装备制造现有产业集聚区布局，吸引产业链上下游企业进区入园，提高集群建设水平和集聚度，建设高端化、智能化、绿色化装备制造业产业集群。（责任单位：省经济和信息化厅；配合单位：省发展改革委等）推动先进光伏和新型储能产业链供应链合作对接，支持企业通过布局上游原材料或与供应商签订长期协议等形式，加强产业链垂直一体化布局，提升供应链稳定性。（责任单位：省经济和信息化厅，配合单位：省生态环境厅等）增强智能家电（居）产业关键零部件、关键原材料、关键共性技术等配套能力，争取头部企业、大院大所在我省设立研发机构或区域性研发中心。（责任单位：省经济和信息化厅，配合单位：省发展改革委、省科技厅、省住房城乡建设厅、省商务厅等）

6. 夯实大宗商品物流供应链。支持沿江地区建设煤炭、钢铁、有色、建材等商品采购集散中心，依托芜湖港建设长三角煤炭交易中心和煤炭储备基地。支持马鞍山市打造全国性废钢交易市场。稳妥发展危化品多式联运，推动危化品物流向专业化定制、高品质服务和全程供应链服务转型升级。优化跨区域大件物流通道线路，完善大件物流网络。（责任单位：省发展改革委；配合单位：省经济和信息化厅、省交通运输厅、省能源局、省商务厅等）

7. 完善医药物流供应链。支持亳州中药材交易市场建设全国性中药材信息中心，争创国家级中药材物流中心和储备库。支持阜阳太和医药物流线上线下联动发展。支持在亳州、阜阳、六安、黄山等地建设一批药品、中药材区域性专业市场。培育壮大专业化第三方医药物流企业，健全全流程监测追溯体系。（责任单位：省卫生健康委；配合单位：省发展改革委、省商务厅等）

8. 构建冷链物流网络。全面提升合肥、蚌埠等国家骨干冷链物流基地集聚辐射功能，布局建设一批省级冷链物流基地、冷链集配中心、现代农业产业园、长三角绿色农产品生产加工供应基地，推动产销两端冷链物流设施提质升级，加快构建三级冷链物流设施网络。促进冷链物流基地与国家物流枢纽互通合作、联动发展。（责任单位：省发展改革委；配合单位：省农业农村厅、省商务厅、省邮政管理局、省供销社等）

9. 发展外向型供应链。依托中欧班列和国际航班，加大外向型供应链资源的统筹协调，形成布局合理、设施完善、便捷高效、安全畅通的综合服务体系。深化与“一带一路”沿线国家和地区、RCEP 成员国合作，鼓励企业在境外布设公共海外仓和仓储物流中心，积极布局境外产业园区和售后服务中心，对接和嵌入跨国公司生产网络。支持自贸试验区中高端消费品保税展示交易平台、易货贸易平台、汽车零部件保税维修（再制造）平台、市场采购平台建设。（责任单位：省商务厅；配合单位：省政府口岸办、省发展改革委、省财政厅、省交通运输厅、省邮政管理局等）

10. 培育供应链金融。建立全省供应链核心企业“白名单”制度并动态调整，指导金融机构对名单内企业实行供应链融资专项授信额度管理，共同开发应收账款融资、存货融资、预付款融资等现代供应链金融服务，鼓励金融机构与名单内企业建立更加稳定紧密的合作关系。支持供应链核心企业发起设立或参股民营银行、保险公司、企业集团财务公司、小额贷款公司、融资租赁公司等机构，引导供应链核心企业依托工业互联网、供应链服务平台等共享数据资源。积极引进一批供应链金融服务机构，创新开展供应链金融顾问服务。（责任单位：人行安徽省分行；配合单位：省财政厅、省经济和信息化厅、省发展改革委、省地方金融监管局等）

四、打造重要供应链枢纽

11. 建设合肥综合性供应链枢纽中心。依托合肥陆港型国家物流枢纽、合肥国际航空货运集散中心等重大枢纽，聚焦新型显示、集成电路、新能源汽车等特色产业，促进专业化物流园区、物流信息平台、航空货运公司、供应链总部企业加速集聚。创新供应链金融服务，探索开发更多串联产供销上下游、直达各流通环节经营主体的金融产品，将合肥打造成全球供应链金融集成服务基地。加快实施合肥新桥机场东货运区、货机坪和新建跑道等扩建工程，完善危险品、冷库等专业设施，争取合康、合武高铁连入新桥机场，引入知名基地航空公司、大型货代企业，每年开通 3—5 条全货机航线。（责任单位：合肥市人民政府；配合单位：省发展改革委、省经济和信息化厅、省地方金融监管局、人行安徽省分行、国家金融监督管理总局安徽监管局、省交通运输厅、省民航机场集团等）

12. 建设芜湖大宗商品及航空货运供应链枢纽。依托长江水道，做大做强芜湖港口型国家物流枢纽，争创马鞍山生产服务型国家物流枢纽承载城市，支持芜湖马鞍山江海联运枢纽建设，引导芜湖港和郑蒲港联动发展，建设长江下游集装箱转运中心和大宗散杂货集散中心，拓展港口腹地范围。积极创新“枢纽 + 电商 + 快递”模式，加快实施芜宣机场改扩建（一期）等重大工程，建设跨境电商产业园，推动合杭高铁联络线、合芜宣城际铁路连接机场，创建芜湖空港保税物流中心（B 型）。（责任单位：马鞍山、芜湖市人民政府；配合单位：省发展改革委、省交通运输厅、省商务厅、省邮政管理局等）

13. 建设蚌埠江淮海联运供应链枢纽。充分发挥江淮海贯通优势，提升蚌埠生产服务型国家物流枢纽、国家骨干冷链物流基地功能，加快高铁快运物流中心建设，积极发展公铁联运、海铁联运，促进硅基生物基新材料、装备制造等先进制造业集聚发展。（责任单位：蚌埠市人民政府；配合单位：省发展改革委、省交通运输厅、省商务厅、省邮政管理局等）

14. 建设亳阜宿农产品冷链和医药供应链枢纽。围绕粮食、肉类、果蔬、生物医药、中药材等皖北地区特色产品，梳理整合供应链需求，打包对接全国物流供应链龙头企业，加速布局一批物流设施，促进特色农产品资源深度开发。增强安徽（阜阳）铁路国际物流港货运能力，提升阜阳华源国家示范物流园服务功能，支持亳州建设国家物流枢纽承载城市，加快建设黄淮海（宿州）智慧物流产业园。（责任单位：阜阳、亳州、宿州市人民政府；配合单位：省发展改革委、省交通运输厅、省商务厅、省农业农村厅、省卫生健康委等）

五、承办全国性供应链展会

15. 举办新能源汽车供应链展会。以合肥、芜湖、滁州、蚌埠、安庆、马鞍山等为承载城市，聚焦新能源、汽车芯片、智能网联、智慧座舱、智能算法、智慧物流、移动出行等领域促进产业集聚配套，推动机器人及智能装备产业与人工智能、数字孪生等信息技术加速融合，全面提升产业集群发展水平。（责任单位：合肥、芜湖、滁州、蚌埠、安庆、马鞍山市人民政府；配合单位：省经济和信息化厅、省发展改革委、省交通运输厅等）

16. 举办新一代信息技术供应链展会。以合肥、芜湖、蚌埠、滁州等为承载城市，聚焦集成电路、新型显示器件、人工智能、工业互联网、云计算和大数据、空天信息等新兴领域，积极对接中国国际半导体博览会、世界工业互联网产业大会、世界互联网大会等展会，加快提升资源整合、对接服务、项目落地和环境营造能力。（责任单位：合肥、芜湖、蚌埠、滁州市人民政府；配合单位：省发展改革委、省经济和信息化厅、省科技厅等）

17. 举办农产品供应链展会。以阜阳、宿州、蚌埠等为承载城市，加强农产品生产、加工、流通各环节深度融合，助力长三角绿色农产品生产加工供应基地建设。（责任单位：阜阳、宿州、蚌埠市人民政府；配合单位：省农业农村厅、省商务厅、省发展改革委、省交通运输厅、省供销社等）

18. 举办中医药供应链展会。以亳州、黄山、池州等为承载城市，打造“中药材＋互联网”中药材全产业供应链创新平台，整合中药材上下游资源，推动中药产业流通服务体系升级。（责任单位：亳州、黄山、池州市人民政府；配合单位：省发展改革委、省药监局、省交通运输厅、省商务厅等）

19. 举办供应链金融展会。以合肥为承载城市，吸引供应链金融龙头企业落户，促进供应链金融创新应用，推动供应链金融数字化、场景化和生态化。（责任单位：合肥市人民政府；配合单位：省地方金融监管局、国家金融监督管理总局安徽监管局、人行安徽省分行、省发展改革委等）

六、积极推动数字赋能

20. 建设供应链服务平台。瞄准新一代信息技术、人工智能、物联网等新兴产业领域，大力引进一批供应链创新服务平台，提供技术研发、品牌培育、市场开拓、标准化服务、检验检测认证、反向定制（C2M）等服务，培育发展网络货运、共享物流、无人配送、智慧航运等新业态。整合分散的运输、仓储、配送能力，探索发展共享云仓、共同配送、统仓统配等组织模式。鼓励在有条件的城市搭建智慧物流“大脑”，高效联通智慧口岸、智能堆场、数字仓库等，全面链接并促进城市物流资源共享。（责任单位：省发展改革委；配合单位：省商务厅、省经济和信息化厅、省交通运输厅、省政府口岸办等）

21. 拓展数字化应用场景。推动支持工业互联网平台和供应链服务企业等深度合作，拓展物联、数联、智联等供应链数字化应用场景。支持企业供应链服务、物流装备、质量追溯可视化、智慧风控平台等数字化升级改造，加速金融、物流、仓储、加工及设计等供应链资源的数字化整合。（责任单位：省经济和信息化厅；配合单位：省发展改革委、省商务厅等）

七、培育壮大供应链经营主体

22. 大力发展供应链龙头企业。在制造业、商贸流通业等领域培育一批行业龙头，认定一批省级供应链服务重点企业，打造供应链协同品牌。鼓励各市对新“上规入库”的供应链服务企业予以一定支持。（责任单位：省发展改革委，各市人民政府；配合单位：省经济和信息化厅、省农业农村厅、省交通运输厅等）

23. 培育供应链新型经营主体。支持建立供应链行业协会、学会、商会、联合会等组织，制定满足市场需要、引领创新发展的行业、团体标准。鼓励行业组织建立供应链公共服务平台，提供供应链信息咨询、人才培训等专业化服务。支持行业组织加强行业自律，促进行业健康有序发展。（责任单位：省工商联；配合单位：省民政厅、省发展改革委、省经济和信息化厅、省商务厅、省市场监管局等）

八、强化供应链人才技术支撑

24. 引进培育供应链人才。鼓励高校（院所）与企业开展供应链人才联合培养，支持与十大新兴产业及其供应链服务企业合作建设供应链实训（实习）基地。引导高等院校和职业学校设置供应链相关专业和课程，建设供应链创新与应用实验室、供应链高端智库。（责任单位：省教育厅；配合单位：省发展改革委、省科技厅、省经济和信息化厅、省财政厅、省民政厅、省人力资源社会保障厅等）

25. 深化供应链技术创新应用。鼓励供应链企业加大技术创新和研发投入，加快供应链数字化、智能化转型升级，鼓励企业应用 5G、物联网、大数据、人工智能、区块链等新技术。支持供应链企业与中国科学技术大学现代物流与供应链安徽省重点实验室等加强合作，研发推广无人机、无人车等智能物流装备，开展供应链技术协同创新。积极推动十大新兴产业供应链服务标准化，引导企业、科研院所联合组建供应链标准化委员会，探索建立物流招标数字标准，加速供应链研发成果落地转化。（责任单位：省科技厅；配合单位：省发展改革委、省教育厅、省经济和信息化厅、省人力资源社会保障厅等）

九、完善供应链配套体系

26. 发展供应链配套产业。支持物流与制造业、商贸企业融合发展，推动制造业企业采购、生产、运输、仓储、货代、流通加工、物流信息、分销、回收等环节业务整体外包。引导专业物流企业嵌入生产、销售等全环节，促进研发设计、信息咨询等生产性服务业融合发展。在省级以上开发区推广“主导产业 + 供应链”模式，引导建立智慧型、高效率、低成本的供应链生态体系，对供应链创新应用成效明显的开发区在年度考核中予以加分奖励。（责任单位：省发展改革委；配合单位：省经济和信息化厅、省商务厅、省交通运输厅、省邮政管理局等）围绕废旧家电、电子设备、汽车回收拆解等重点领域，支持发展再生资源交易市场。推行重点产品全生命周期绿色管理，积极推广绿色包装、新能源物流车，推动形成绿色制造供应链体系。（责任单位：省生态环境厅；配合单位：省发展改革委、省经济和信息化厅、省交通运输厅、省商务厅等）

27. 增强供应链安全韧性。支持首台（套）重大技术装备、首批次新材料研发和推广应用，推动供应链关键产品国产化替代。引导供应链核心企业开展关键基础材料、核心基础零部件（元器件）、基础产品研究替代，实现供应链关键核心技术安全可控。（责任单位：省科技厅；配合单位：省商务厅、省经济和信息化厅等）依托交通、接卸、中转、仓储、停车等设施条件较好的物流园区、高速公路服务区等，建设运营一批应急物资运输中转站。（责任单位：省发展改革委；配合单位：省交通运输厅等）

28. 提升供应链联通能力。深入实施国家及省级多式联运示范工程，创新发展多式联运等运输组织模式，推进煤炭、粮食、建材等大宗货物运输铁水联运。深入发掘江淮运河航运功能，大力实施合肥派河国际物流园、芜湖朱家桥外贸综合物流园、淮南江淮枢纽港、安庆港中心港区等一批重大项目，加快推进淮河干流航道整治工程、淮河临淮岗复线船闸工程以及合裕线、沙颍河扩容改造工程。加强与上海港合作，高标准共建安徽港航信息化运营平台、芜湖集装箱联合服务中心，开通芜湖至上海南港汽车滚装运输江海直达定制航线。（责任单位：省交通运输厅；配合单位：省经济和信息化厅、省财政厅、合肥铁路办事处、省港航集团等）加强港口和铁路货场分拨站点等配套建设，促进铁路专用线进枢纽、进港口、进园区。（责任单位：省发展改革委；配合单位：省交通运输厅、省住房城乡建设厅、合肥铁路办事处、省港航集团等）推动阜阳、九华山、芜湖宣州等机场口岸开放。（责任单位：省政府口岸办；配合单位：合肥海关、省商务厅）将“直装直提”模式由集装箱货物推广至大宗散货，扩大“联动接卸”应用场景范围，提升海关通关效率。（责任单位：合肥海关；配合单位：省政府口岸办、省商务厅等）

十、保障措施

29. 加大政策扶持力度。在积极争取中央预算内资金、用好政策性开发性金融工具及专项债券等政策的基础上，创新应用补助、基金、贴息等多种支持方式。创新财政资金使用手段，探索采用县遴选、市申报、省结算的支持模式。（责任单位：省发展改革委；配合单位：省十大新兴产业推进组工作专班牵头单位、省财政厅、省国资委、省地方金融监管局、省商务厅等）自然资源部门要根据经济社会发展情况，合理确定年度物流用地计划指标；各物流枢纽承载城市要加大物流用地保障，适当降低现代物流类项目亩均投资、税收等考核指标，鼓励各地采用弹性年期出让、先租后让、长期租赁等方式为物流企业提供土地。（责任单位：省自然资源厅；配合单位：省发展改革委、省经济和信息化厅等，有关市人民政府）争取更多城市、企业纳入国家供应链创新与应用示范名单。（责任单位：省商务厅；配合单位：有关市人民政府）争取更多枢纽基地纳入国家物流枢纽、骨干冷链物流基地建设名单。（责任单位：省发展改革委；配合单位：有关市人民政府）争取合肥、芜湖进入国家综合货运枢纽补链强链范围。（责任单位：省交通运输厅；配合单位：省财政厅等，有关市人民政府）

30. 加快实施一批重大项目。围绕供应链服务平台、工业互联网、供应链设施设备、现代物流快递分拨中心配套等重点领域，建立并动态调整重大项目库。积极做好财政资金向上争取工作，加大财政支持力度，用足用好地方专项债券、REITs、政策性金融工具。（责任单位：各市人民政府；配合单位：省财政厅、省经济和信息化厅、省发展改革委、省邮政管理局等）

安徽省加快供应链创新应用若干政策举措

为加快供应链创新应用，争创具有重要影响力的供应链资源配置中心，赋能全省产业特别是十大新兴产业高质量发展，实施以下政策举措。

一、支持重点领域加快发展

1. 提升重点产业供应链核心技术攻关能力。充分利用省新兴产业、科技攻坚、制造强省等配套政策，对供应链“卡脖子”关键核心技术攻关项目给予支持。经认定的“三首”产品研制和示范应用企业，按“三首”政策给予支持。（责任单位：省发展改革委、省科技厅、省经济和信息化厅；配合单位：省财政厅等，有关市人民政府）

2. 大力发展冷链物流。加快推进冷链物流网络体系建设，对冷链物流基础设施补短板项目，统筹运用税收减免、财政金融、基金投资等政策措施予以支持，对符合基金投资条件的相关项目优先投资支持；对项目建设发生的贷款，以制造业优惠贷款利率为基准，给予40%贴息，单个项目贴息年限不超过3年、支持金额不超过500万元。对新获批的国家和省级冷链物流基地、省级集配中心，在市级补助基础上分档给予一次性奖励，最高不超过500万元、300万元、100万元。（责任单位：省发展改革委、省财政厅；配合单位：省商务厅、省农业农村厅、省供销社等）

3. 拓展发展外向型供应链。发挥自由贸易试验区、跨境电商综合试验区等开放平台政策优势，支持口岸和各类进境指定监管场地建设。（责任单位：省商务厅、省政府口岸办、合肥海关）对新获批且通过国家验收运营的综合保税区，省级给予一次性奖补资金200万元。（责任单位：省政府口岸办；配合单位：省财政厅等，各市人民政府）

4. 补齐应急物流短板。根据应急工作需要，在全省布局一批应急物资运输中转站。强化应急体系建设，协同推进应急物流和应急储备，统筹资金支持省级应急物流设施、省级防汛物资储备、防汛应急预案和应急处置、应急管理公共安全设施建设、装备建设等。（责任单位：省应急厅、省发展改革委）

5. 积极发展供应链金融。支持符合条件的供应链项目申报发行地方政府专项债券，加大政策性金融工具等对供应链项目的支持力度。（责任单位：省发展改革委；配合单位：省财政厅、省地方金融监管局等）鼓励各地对沪深北证交所供应链首发上市企业给予奖补，在各地奖补的基础上，省财政再分阶段给予企业总额400万元的奖补。对在“新三板”基础层挂牌的供应链企业，省财政一次性奖补10万元，在创新层挂牌的一次性奖补20万元，成功转板至北京证交所上市的补齐至400万元。（责任单位：省财政厅；配合单位：省地方金融监管局、安徽证监局等）对成功发行债券融资且募集资金用于技术改造和科技创新领域的供应链企业，省财政按其发债金额给予分段贴息：5亿元及以下的，按实际发债利率的10%贴息；5亿元以上至10亿元（含10亿元）的，按实际发债利率的5%贴息；10亿元以上的，按实际发债利率的3%贴息。单户企业每年贴息最高300万元，贴息期限不超过3年，省财政在项目所在地市县财政贴息50%基础上，给予50%贴息，其中对皖北地区支持比例为省市8:2。（责任单位：省财政厅；配合单位：省地方金融监管局、安徽证监局等）依托十大新兴产业发展基金，设立相关专项供应链金融子基金。支持各类风险投资、股权投资机构发起设立供应链金融领域投资基金，通过夹层投资、股权投资等方式，引导供应链核心企业为上下游中小微企业提供资金支持。（责任单位：省十大新兴产业推进组工作专班牵头单位；配合单位：省地方金融监管局、省财政厅等）

二、支持重点供应链枢纽建设

6. 提升物流枢纽园区发展水平。加快推进物流网络体系建设，对物流枢纽内重大项目和物流仓储、运输、分拣、装卸等设施设备建设项目，统筹运用税收减免、财政金融、基金投资等政策措施予以支持。对符合基金投资的相关项目优先投资支持；对项目建设发生的贷款，以制造业优惠贷款利率为基准，省级给予40%贴息，单个项目贴息年限不超过3年、支持金额不超过1000万元。（责任单位：省发展改革委、省财政厅；配合单位：省商务厅等）培育一批示范物流园区，对新获批的国家和省级示范物流园区，在市级补助基础上分档给予一次性奖励，最高分别不超过500万元、300万元。（责任单位：省发展改革委、省财政厅；配合单位：省自然资源厅等）

7. 做强航空货运枢纽。对新开（含临时货运包机、客改货）始发或经停本省相关机场，省级给予执飞国内及港澳台地区航线全年不少于40班、国际航线全年不少于15班的货机航班补助，其中，对国内及港澳台地区航线每班补助最高8万元，亚洲区域性航线每班补助最高20万元，洲际航线每班补助最高30万元。以上一年度机场货邮吞吐量为基数，对机场年度货邮吞吐量增量部分给予补助，每吨补助最高2000元。以上一年度驻场全货机为基数，对在本省相关机场新增全货机给予补助，其中，业载小于15吨（含）的机型补助最高100万元/架，业载介于15吨（不含）至30吨（含）的机型补助最高150万元/架，业载大于30吨（不含）的机型补助最高200万元/架。对在运输机场设立基地的运输航空公司，给予最高1000万元/年的补助，最多连续补助4年。（责任单位：省交通运输厅；配合单位：各市人民政府，省发展改革委、省民航机场集团等）

三、支持供应链平台化数字化

8. 支持供应链服务平台建设。对集聚上下游各类会员100家（个）以上的供应链综合服务和交易平台项目，根据实际服务数量、服务质量和实际效果等，每年择优评选示范平台并授牌，根据实际服务费价款，在市级奖补基础上给予20%叠加奖补，同一单位省级累计最高补助50万元。（责任单位：省发展改革委、省财政厅；配合单位：省十大新兴产业推进组工作专班牵头单位、省商务厅等）

9. 支持供应链数字化改造。对无人配送、共享云仓、共同配送、统仓统配等符合条件的省级供应链数字化转型典型示范项目，按项目设备、工业软件购置额予以最高10%的奖补，单个项目省级最高奖补500万元。（责任单位：省经济和信息化厅；配合单位：省发展改革委、省商务厅等）

10. 拓展供应链数字化应用场景。采取“政府牵头、企业唱戏、用户体验、市场评价”方式，每年组织开展优秀供应链场景经营模式、管理模式、创新模式创优评选活动，开展示范推广。支持数字化转型服务商为我省制造业企业提供数字化转型解决方案，鼓励服务商牵头建立“行业大脑”，推广行业应用场景和典型案例，根据服务业务量和效果，对符合条件的数字化转型服务商给予一次性最高奖补100万元。（责任单位：省发展改革委；配合单位：省经济和信息化厅、省交通运输厅、省农业农村厅、省文化和旅游厅、省卫生健康委、省地方金融监管局等，各市人民政府）

四、支持供应链企业做大做强

11. 培育壮大供应链服务企业。对新获批的5A级物流企业、5A级网络货运企业、四星级以上冷链物流企业，在市级补助基础上分档给予一次性奖励，最高不超过100万元、50万元。（责任单位：省发展改革委；配合单位：省经济和信息化厅、省农业农村厅、省交通运输厅、省商务厅等）

12. 促进供应链标准化发展。支持供应链企业主导制定国际、国家（行业）标准，对主导制定国际、国家（行业）标准的企业，每个标准省级分别给予一次性最高奖补100万元、50万元。充分发挥合肥市知识产权保护中心作用，为相关企业专利申请提供快速预审、快速确权、快速维权服务。（责任单位：省经济和信息化厅、省市场监管局）

五、支持供应链配套体系建设

13. 推进供应链多元替代。加强自主生产研发，充分利用省重大新兴产业创新计划、科技重大专项等政策，支持供应链核心企业先进工艺、关键零部件、关键材料、基础产品等研发替代项目，实现供应链关键核心技术自主可控。（责任单位：省科技厅；配合单位：省发展改革委等）

14. 建设绿色供应链。鼓励十大新兴产业建立基于供应链的废旧资源回收利用平台，加快废旧产品交易流通。对获评国家级绿色供应链管理企业，省级予以一次性奖补100万元。（责任单位：省经济和信息化厅、省商务厅；配合单位：省发展改革委、省生态环境厅等）

15. 大力发展多式联运。推进30个左右省级多式联运示范工程建设，新培育2—3个国家多式联运示范工程，打造一批网络化、规模化多式联运经营人。对验收通过的省级多式联运示范工程，省级予以最高一次性奖补600万元。（责任单位：省交通运输厅；配合单位：省财政厅、省经济和信息化厅等）

六、支持供应链双招双引

16. 大力开展供应链招商。鼓励各市对成功引荐实际固定资产投资额达5000万元以上十大新兴产业供应链服务企业和项目的单位、企业、商协会或社会中介机构给予相应奖励。（责任单位：各市人民政府；配合单位：省十大新兴产业推进组工作专班牵头单位、省商务厅等）

17. 强化物流用地保障。对国家物流枢纽、国家骨干冷链物流基地、省级以上示范物流园区内的重大物流项目，在建设用地指标上依法给予保障。在符合规划、不改变用途的前提下，对提高自有工业用地或仓储用地利用率、容积率并用于仓储、分拨转运等物流设施建设的，不再增收土地价款。（责任单位：省自然资源厅；配合单位：省发展改革委、省经济和信息化厅等）开展物流业亩产效益综合评价工作，建立与物流业发展水平相符合的指标评价体系，每年评选一批“亩均效益”领跑者，依法保障土地、资金等要素需求。（责任单位：省发展改革委；配合单位：省农业农村厅、省经济和信息化厅、省自然资源厅、省商务厅、省交通运输厅等）

18. 举办供应链对接活动。鼓励行业商协会、高校、专业机构围绕十大新兴产业举办供应链年会、行业论坛、沙龙、圆桌会议、公共培训、展会等供应链活动，根据工作实效，予以适当支持。（责任单位：省十大新兴产业推进组工作专班牵头单位；配合单位：省财政厅、省商务厅、省交通运输厅、省民政厅、省工商联等）

省发展改革委、省财政厅会同有关部门统筹运用省服务业发展、省制造强省（支持数字化转型）、省科技攻坚、省民航发展、省外资外贸、省新兴产业发展等专项资金支持供应链创新应用。本政策自发布之日起实施，根据需要作年度修订，有效期至 2025 年 12 月 31 日。

来源：安徽省人民政府办公厅

（二）2023 年首届长三角数字供应链与智慧物流发展大会在南京举办

随着信息技术和数字经济的进一步发展，供应链与互联网、物联网深度融合，数字化已经成为当下的大势所趋，为了探讨探索数字经济背景下物流产业的发展路径，谋求数字化转型和商业模式创新，以“数字引领 链接未来”为主题的 2023 年首届长三角数字供应链与智慧物流发展大会于 2023 年 8 月 26—27 日在南京举办。

本届大会由中国物流与采购联合会与江苏省发展与改革委员会、江苏省商务厅联合主办，由《现代物流报》社、中国物流与采购联合会区块链应用分会、江苏省现代物流协会、江苏省现代供应链协会联合承办。

届时，将邀请中国物流与采购联合会及会员单位、行业协会、业内专家、学者以及企业负责人参加。会议期间将进行开幕式、主题演讲、主论坛、圆桌对话等环节，围绕“供应链数字化转型实践与挑战、物流数字化赋能供应链升级、供应链金融”等话题建言献策。

据悉，主办方将以举办会议为契机，充分发挥联通政企、融通内外、畅通供需功能，为促进物流企业积极开展智慧物流发展，着力提升产业链、供应链韧性和安全水平，助力长三角区域经济高质量发展搭建平台、贡献力量。

来源：《现代物流报》

（三）2023 年长三角更高质量一体化发展论坛在青浦举行

12 月 15 日，“奋发有为 • 共谱新篇”2023 长三角更高质量一体化发展论坛在青浦开幕。新华社副总编辑、党组成员任卫东，第十四届全国政协常委、十三届上海市政协副主席、上海公共外交协会会长周汉民，上海市人民政府党组成员陈宇剑，新华社新闻信息中心主任王磊，新华社上海分社党组书记姜微，新华社上海分社社长王永前，青浦区委副书记、区长杨小菁，上海市国资委党委副书记、一级巡视员程巍，中欧国际工商学院院长汪泓，安徽省合肥市委常委、市政府常务副市长张泉，江苏省南通市副市长凌屹，浙江省湖州市副市长张宏亮，上海市发改委副主任、长三角生态绿色一体化发展示范区执行委员会副主任张忠伟，青浦区委常委、副区长金俊峰，青浦区委常委、宣传部部长陈建国，青浦区人大常委会副主任、科协主席王海青出席。

建设长三角生态绿色一体化发展示范区是长三角一体化发展的先手棋和突破口，经过 4 年探索，示范区已推出136项创新成果，其中38项面向全国复制推广。其中，在生态联保共治方面，推出了生态环境标准、监测和执法统一的“三统一”制度，实现了“环保一把尺”；在规划领域，长三角一体化示范区先行启动区国土空间规划确保了三地“规划一张图”。

杨小菁在长三角更高质量一体化发展开幕式暨主论坛致辞中表示，示范区建设取得积极成效，区域协同规划实现新突破，重大项目建设取得新成果，生态绿色本底得到新提升，青浦被评为全市首个全国生态文明建设示范区、全市首个国家水土保持示范县。同时，区域一体化有力推动了经济高质量发展，以长三角数字干线为牵引，大数字、大健康、大商贸集聚成势，2023年前三季度地区生产总值增长7.7%，1—10月出口增长15.5%、社零增长19.9%、软信业营收增长30.7%，经济发展的韧性和活力充分显现。面向未来，青浦将坚定不移沿着习近平总书记指引的方向前行，始终坚持规划引领、创新发展，加强改革先行先试、系统集成，以更坚定的自信、更昂扬的斗志、更务实的作风，踔厉奋发、勇毅前行，把总书记的亲切关怀转化为推动长三角更高质量一体化发展的强大动能。

本次活动还设有两个平行论坛，分别是“科创引领 产业赋能”长三角科创产业更高质量一体化发展论坛和“数字赋能 乘势而上”长三角快递物流产业更高质量一体化发展论坛，分别探讨如何建设、巩固和发展好长三角科技创新共同体以及我国快递物流产业发展的数字化路径。

长三角地区具有卓越的地理优势、稳定的发展环境、完备的交通网络，成为全国领先的快递物流产业发展宝地。长三角快递物流产业更高质量一体化发展论坛上，青浦区表示全力打造快递物流新高地，产业规模向3000亿元迈进。在数字化发展的浪潮下，以数字化为纽带，串联起供应链和快递物流装备双轮驱动，各大快递总部的研发力量已经成为青浦区数字经济的重要支撑。下一步，青浦区将点燃长三角快递业数字转型新引擎，依托长三角数字干线，推进区域协同共建长三角数字快递物流体系，在推动区域重大项目建设落地、跨区域协同联动、跨区域数据共享、网络基础设施标准跨区域衔接等方面形成合力。

如何进一步提升科技创新能力，实现科技自立自强，是长三角科创产业更高质量一体化发展论坛共商共谋的关键话题。主旨演讲环节，嘉宾们分享了“加速科技成果转化发挥创新策源功能 打造世界级科创湾区”“加快建设具有国际全球影响力的科技创新共同体”“科创向未来，共建长三角”“以科创力量，构建人人可创造、可互动的线上内容社区”等内容，从顶层设计和实践案例的角度，提出如何与中央精神和《行动方案》对标对表，多方协同打造良好科创生态，建立系统化推进机制，推动长三角建成服务人民、影响世界的科技创新高地。圆桌论坛环节，来自金融业、服务业、高校、科研机构等不同领域的专家学者，就如何发挥创新主体作用，深化协同创新能力，巩固发展长三角科技创新共同体等内容分享了观点和案例。

来源：《新闻晨报》

（四）打造长三角一体化发展的合作示范——2023年嘉昆太协同创新核心圈轮值会议举行

2023年是长三角一体化发展上升为国家战略的五周年，也是嘉昆太协同创新核心圈应时而生、应势而起的五周年。今天，2023年嘉昆太协同创新核心圈轮值会议在昆山召开，发布了“五大行动”方案和“核心圈建设100项重点合作事项”清单。这将加速推动嘉昆太三地合作迈入清单化落实、深层次协同的新阶段，也将为太仓融入核心圈建设、放大一体化红利拓展更加广阔的空间。

上海市发改委副主任、长三角区域合作办公室常务副主任阮青，上海市人民政府合作交流办公室副主任强鹏程，江苏省发改委二级巡视员周金刚，上海市嘉定区委书记陆方舟，嘉定区委副书记、区长高香，苏州市委常委、昆山市委书记周伟，太仓市委书记汪香元，昆山市委副书记、市长陈丽艳，太仓市委副书记、市长徐华东等出席会议。

阮青在讲话时指出，嘉昆太地区是长三角一体化的重要参与者、耕耘者，也是贡献者。2022 年三地生产总值超过 9400 亿元，高新技术企业达到 6200 余家，一个万亿级的增长极呼之欲出，一个毗邻地区发展的样板在长三角版图上、在中国版图上日益凸显。嘉昆太作为长三角地区重要的发展组团，应立足自身所能、扛起职责使命，更加主动服务和融入长三角一体化国家战略，加快推动“五大共识”深化为“五大行动”，特别是要聚焦科技和产业创新发力，最大限度发挥市场化内生动力和三地干部群众的积极性、创造性，为长三角一体化发展注入更多新动能；要全面打响嘉昆太协同创新核心圈品牌，形成更大示范带动效应，为长三角乃至全国的省际毗邻区建设和协调发展贡献更多样本和经验。

陆方舟在致辞时表示，站在五周年的新起点上，嘉昆太协同创新核心圈建设已迈上新征程。三地在 2022 年明确“五大共识”的基础上，2023 年又共同谋划确定“五大行动”，细化形成“百项合作事项”，为下一步核心圈建设明确了工作方向、提供了关键抓手。当前，嘉定正深入贯彻落实党的二十大精神，抢抓虹桥国际开放枢纽和新城发力两大战略机遇，深化高水平改革开放，推动高质量发展，加快打造现代化新型城市。嘉定将在“五大行动”框架下，全力以赴抓好“百项合作事项”的推进落实，推动核心圈建设走深走细走实、取得更大成果。

周伟在致辞时表示，嘉昆太三地在服务融入长三角一体化发展的进程中，始终是“一家人、一条心”，未来要“一起拼、一起赢”。昆山将与嘉定、太仓共下产业创新“一盘棋”，共同打造世界级汽车产业集群、智能终端集群、长三角北翼物流贸易中心和国家产业技术研发策源基地；共谱开放融合“一首曲”，在融入国内大循环、国内国际双循环中提升核心竞争力；共织民生幸福“一张网”，加快交通基础设施互联互通，推动教育医疗等优质资源普惠共享；共拧干事创业“一股绳”，着力推动重点合作事项、重大合作项目、重要合作活动接续不断、好戏连台。

汪香元在致辞时表示，太仓正集中力量打造融入上海桥头堡、以港强市枢纽城、对德合作示范区、城乡和美幸福地，凝心聚力拼出“太仓速度”、全力突破跨越。实现这一目标，长三角一体化发展是太仓必须抓牢的最大机遇，核心圈建设是太仓承接机遇红利的关键抓手。太仓将聚焦核心圈所需、发挥太仓所能，全方位强化与嘉定、昆山的对接合作，用心学习借鉴两地的工作理念、有效举措，更加深入强化跨区域产业协作、创新协同，更加高效构筑一体化交通网络、同城化品质生活，推动形成更多标志性合作成果，携手把核心圈打造成为长三角一体化发展的合作示范。

2022 年嘉昆太协同创新核心圈首届轮值会议上，三地共同发布了“五大共识”；基于“五大共识”，本次会议上，三地共同发布了《深化嘉昆太一体化“五大行动”》方案。“五大行动”包括党建引领共促行动、产业链供应链共融行动、科技创新共同体共筑行动、基础设施共建行动、公共服务共享行动，将以产业科创的协同奋进、民生幸福的持续加码、协同治理的深度合作，引领三地携手开创核心圈建设新局面。

现场，三地共同发布了《嘉昆太协同创新核心圈建设 100 项重点合作事项清单》。三地按照“五大行动”的具体方向，摸排梳理出 100 项合作事项，将持续发力、久久为功，项目化、清单化推进嘉昆太合作取得更显著成效。

与“五大行动”方案相呼应，三地从“100 项重点合作事项清单”中选取了一批成熟度高、代表性和示范性强的项目，举行了发布、成立或签约仪式。

现场，嘉昆太核心圈党建引领一体化发展系列活动启动仪式、共研共推《上海西（安亭）枢纽及周边地区专项规划》启动仪式、《花桥经济开发区加快建设一流国际商务区实施方案》发布仪式先后举行。这是对党建引领共促行动的策应，致力于发挥党建对核心圈建设工作的引领作用。

推进区域协同，最好的落脚点是产业；建设核心圈，最基础的也是产业。活动上，策应产业链供应链共融行动的“嘉昆太新能源汽车产业联盟”成立。三地强大的制造业基础和领先的产业链协同能力，将进一步带动长三角区域产业链供应链创新链融合联动发展。

科技创新协同是长三角一体化发展的重要环节，也是核心圈建设的中心任务。现场，策应科技创新共同体共筑行动的“嘉昆太科技协同创新平台”成立，将为三地企业开展协同创新、技术攻关提供更加坚实的后盾。

一体化发展，基础设施互联互通是基础。涉及基础设施共建行动的“沪昆轨交联勤联动平安建设”“嘉定安亭、昆山花桥交界区域规划建设合作”“嘉昆太三地涉水事项互商协作共建”3 个项目在活动上签约。

打造广大群众可知可感的一体化，绕不开公共服务。涉及公共服务共享行动的“嘉昆太跨区域通办政务服务事项合作”“嘉昆太医疗卫生创新发展协作平台共建”“嘉昆太毗邻区域城市治理协作”3 个项目现场签约。

会前，与会人员一起考察了沪苏 11 号线花桥站、恩斯克投资有限公司、晨风时尚创意产业园。

来源：王俊 太仓发布

（五）引爆长三角冷链大发展 2023 年上海全亚冷链展价值显现

中国物流与采购联合会 8 月 13 日公布了 2023 年上半年冷链物流运行数据。数据显示，2023 年上半年，我国冷链物流总额为 3.1 万亿元，同比增长 3.7%；冷链物流市场规模为 2688 亿元，同比增长 3.3%。我国冷链物流需求总量为 2.1 亿吨，同比增长 5.2%，保持稳定增长。在我国各品类冷链流通率逐步提升的情况下，冷链市场体量稳步扩大。

而长三角洲地区自然物产丰富、经济基础优渥，又周边临海，港口众多，辐射面积广阔。以上海为核心，连接江苏、安徽、浙江形成的长三角城市群是全球六大世界——级城市之一，再加上背负着“一带一路”和长江经济带的重要枢纽带作用，其经济活力、开放程度、现代化进程都极——具竞争力，对各地生鲜农产品产业与生鲜物流的发展提供了广阔优质的空间。

长三角地区冷链物流产业发展迅猛，上海龙头效应明显。长三角冷链一体化势必会促进农产品与生鲜电商的发展，也会对整个中国的经济产生潜移默化的推动作用不可小觑，尽快加强基础设施的建设，制定落实标准化，协同多区联动，提高供应链水平与综合服务能力，是长三角冷链未来的发展方向。

2023 年 6 月，上海市人民政府印发的《质量强国建设纲要上海实施方案》就提出，提升冷链物流服务质量，积极发展多式联运、智慧物流、绿色物流、供应链物流，优化国际物流通道，提高口岸通关便利化程度。

与此同时，伴随着上海供地指标的紧缺，上海周边城市（江苏太仓、昆山、吴江；浙江嘉兴）将会成为新建冷库的首选地，围绕上海周边而新建的单体冷库容量也将迈向万吨级规模，势必带动以“仓储与运配”为核心的冷链全产业链大发展。

来源：网络

（六）市场监管总局召开2023年度长三角标准化工作新闻发布会

12月21日上午，市场监管总局在安徽芜湖召开2023年度长三角标准化工作专题新闻发布会。以下为发布会文字实录：

市场监管总局新闻宣传司二级巡视员唐冀平：

各位媒体朋友们，大家上午好！欢迎参加市场监管总局专题新闻发布会，今天发布会的主要内容是通报5年来长三角一体化标准化工作进展与成果。

长三角一体化发展是习近平总书记亲自谋划、亲自部署、亲自推动的重大国家战略。2021年10月，中共中央、国务院印发《国家标准化发展纲要》，指出要建立国家统筹的区域标准化工作机制，实现区域内标准发展规划、技术规则相互协同，服务国家重大区域战略实施。市场监管总局认真贯彻落实党中央、国务院重大决策部署，指导长三角地区市场监管部门加强标准化协同联动，推动长三角一体化标准化工作取得阶段性成效。今天我们邀请到市场监管总局标准创新司司长肖寒先生，请他介绍相关情况，同时，我们还邀请到安徽省市场监管局陈睿先生、上海市市场监管局陈彦峰先生、浙江省市场监管局顾永红先生，请他们回答记者感兴趣的问题。

首先，请肖寒司长向大家发布相关工作情况。

市场监管总局标准创新司司长肖寒：

记者朋友们，上午好！感谢大家百忙之中赶来参加我们的新闻发布会。由我向大家简要介绍长三角标准化工作情况。

为贯彻落实《长江三角洲区域一体化发展规划纲要》《国家标准化发展纲要》，市场监管总局（国家标准委）紧扣一体化和高质量这两个关键词，印发《服务国家区域重大战略实施标准化工作指南》，建立国家统筹的区域标准化工作机制，将区域发展标准需求纳入国家标准体系建设，实现区域内标准发展规划、技术规则相互协同，服务国家重大区域战略实施。上海、浙江、江苏、安徽积极探索、主动作为，全方位、多层次开展长三角一体化标准化建设，形成了一系列成果。

一是基本建立区域标准化政策体系。沪苏浙皖党委、政府将长三角一体化标准化工作纳入贯彻《国家标准化发展纲要》实施意见中，三省一市市场监管部门联合发布推进长三角一体化标准化的实施意见，会同长三角一体化示范区执委会印发《长三角生态绿色一体化发展示范区标准管理办法》。上海市出台《上海市标准化条例》，明确了政府、社会团体、企业等参与长三角一体化标准化工作要求，为区域标准化协同发展提供了法制保障和政策环境。

二是健全区域标准化工作协调机制。三省一市市场监管部门成立长三角一体化标准化建设工作组，联合发布《长三角一体化标准化工作制度》，形成“统一立项、统一研制、统一发布、统一实施”区域协同的地方标准工作机制。三省一市标准化研究机构签署协议，开展联合研究。构建三省一市市场监管部门和有关行政主管部门共同参与、合力推进的“统分结合、部门协同”管理模式，组织旅游、交通、生态环境等部门加强标准化合作，共同使用“DB310”编号发布长三角一体化标准，提高了区域协同地方标准的显示度。

三是构建推动区域高质量发展标准体系。聚焦长三角区域一体化发展规划目标任务，在数字政府、文化旅游、公共交通、卫生健康、农业农村、生态环境等重点领域，三省一市共同发力，制定《制药工业大气污染物排放标准》等区域协同地方标准36项。长三角生态绿色一体化发展示范区执行委员会联合上海青浦、江苏吴江、浙江嘉善等地政府，将16项先进适用的团体标准采信为示范区协同团体标准。积极引导活力凸显的市场标准建设，推动龙头企业、社会团体加强长三角一体化标准合作，在智能网联汽车、人力资源、轨道交通、物流等领域协同发布16项团体标准。如《长三角征信链征信一体化服务规范》团体标准，为区块链技术大规模应用提供业务和安全保障，有力促进区域金融服务高质量发展。再如三省一市建立长三角智能新能源汽车团体技术标准联盟，共同开展新能源和智能网联汽车团体标准研制。

四是提升长三角标准国际化水平。三省一市创建全国首个区域国际标准创新联盟，搭建国际标准化长三角协作平台，主动承担参与国际标准化竞争的新使命。在5G用电缆、新材料、智慧核电等区域重点产业开展长三角国际标准化协作试点，共同孵化国际标准项目。发挥落户长三角的国际标准组织技术机构、全国专业标准化技术组织作用，支撑长三角产业协同发展。如国际标准化组织中医药技术委员会（ISO/TC249）以中医药国际标准研制为纽带，形成三省一市中医药产业基地联动创新模式。再如上海电科所充分发挥国家机器人总体组秘书处的综合优势，带动长三角机器人上下游相关产业、技术标准、检测认证的可持续发展。

以上是我介绍的总体情况。谢谢大家！

市场监管总局新闻宣传司二级巡视员唐冀平：

下面进入提问环节，提问前请通报一下所在的新闻机构。

中国经济网记者：

长三角地区是我国最具经济活力、开放程度最高、创新能力最强的区域之一，习近平总书记在11月30日召开的深入推进长三角一体化发展座谈会上强调，要推动长三角优势产能、优质装备、适用技术和标准“走出去”，请问长三角国际标准化协作方面有哪些工作基础，下一步如何更好一起推动标准“走出去”？

上海市市场监管局副局长陈彦峰：

感谢您的提问。实施长三角一体化发展战略，是以习近平同志为核心的党中央作出的重大决策部署。2020年，习近平总书记在合肥召开的扎实推进长三角一体化发展座谈会上指出，长三角区域要率先形成新发展格局，勇当科技和产业创新的开路先锋，加快打造改革开放新高地。

标准是科技创新和产业发展的纽带，也是全球范围技术合作和产业协同的通用语言，是制度型开放的重要内容。为落实习近平总书记对长三角一体化发展的指示要求，经国家标准委同意，三省一市市场监管部门于2020年成立了国际标准化长三角协作平台，努力整合区域产业优势、技术优势、人才优势，共享区域国际标准化工作资源，以区域合力参与国际标准化工作，促进长三角区域核心竞争力提升。

依托国际标准化长三角协作平台，一是共同推进国际标准项目孵化试点，平台成立之初，三省一市市场监管部门就共同公布了21个国际标准孵化试点项目，至今已发布的国际标准达16项，还有部分在研制中即将发布。通过项目试点合作，带动了区域国际标准化人才的共同成长，也提升了区域国际标准化的整体水平。二是共同推进国际标准协作向纵深发展，为聚焦区域重点领域深化国际标准化协作，三省一市人工智能行业组织，于2022年发起成立国际标准化长三角协作人工智能专业平台，以国际标准化协作赋能人工智能技术创新、成果转化及场景应用。三是共同推进区域国际标准化技术资源开放共享，在国际标准化长三角协作平台网页公开三省一市国内技术对口等各类资源信息，畅通区域国际标准化工作渠道。四是共同推进国际标准化交流研讨，2020年以来，共同举办长三角“国际标准组织技术机构主席沙龙”“国际标准化讲坛”等特色活动，国际标准化长三角协作平台活动品牌逐步确立，区域国际标准化协作氛围日益浓厚。

2023年11月30日，习近平总书记在上海召开的深入推进长三角一体化发展座谈会上强调，要以更加开放的思维和举措参与国际科技合作，营造更具全球竞争力的创新生态。标准是增进国际合作和形成全球竞争优势的战略工具。下一步，三省一市市场监管部门将在国家标准委的指导支持下，重点做好以下几项工作：

一是将进一步聚焦长三角重点产业领域，在加强科技创新和产业创新跨区域协同、提升产业链供应链分工协作水平的过程中，同步加强国际标准化区域协同，同步加强国际标准化工作布局，以“标准链”促进“创新链”“产业链”融通。

二是将进一步探索长三角国际标准化协作有效机制，点面结合，优化国际标准合作研制方式，共同产出更多国际标准成果，特别是在区域优势产能、优质装备、适用技术“走出去”的同时，共同推动更多标准在“一带一路”国家的推广应用。

三是将进一步加大区域国际标准化人才培养力度，通过共享国际标准化教育培训基地、共建国际标准化创新团队等途径，促进区域国际标准化人才共同成长，努力以区域国际标准化合作优势，助力提高长三角产业在全球价值链中的位势，助力加快长三角世界级城市群建设，助力长三角引领全国参与全球合作交流。

中国之声芜湖台记者：

生态绿色是长三角一体化高质量发展的底色，请问在标准协同引领长三角生态绿色一体化发展方面，三省一市做了哪些工作？

浙江省市场监管局二级巡视员顾永红：

谢谢您的提问。近年来，上海、江苏、浙江、安徽三省一市市场监管部门，坚持以习近平生态文明思想为指导，深入践行绿水青山就是金山银山理念，在市场监管总局的有力指导和大力支持下，会同区域有关主管部门，认真落实党中央国务院关于长三角一体化战略部署，以标准支撑和引领长三角区域生态环境共保联治、生态绿色低碳发展，合力共建绿色美丽长三角。自 2019 年开展长三角一体化标准化合作以来，在生态绿色标准化领域，取得的成果最多，累计发布实施 17 项长三角区域统一地方标准，其中涉及生态绿色的有 13 项，占比 3/4 以上；依据标准等开展长三角区域环境治理，取得的效果显著，初步统计，2023 年 1—10 月，长三角地区平均空气优良天数比例为 83.3%，较 2019 年同期上升 7.3 个百分点；PM2.5 平均浓度为 29 微克 / 立方米，较 2019 年同期下降 25.6%。我们的主要做法有：

一是健全标准体系规划。贯彻《国家标准化发展纲要》，三省一市党委政府分别出台实施意见或行动计划，都将生态绿色标准化作为重要任务部署。贯彻《长江三角洲区域一体化发展规划纲要》，三省一市市场监管部门联合印发《关于贯彻落实〈长江三角洲区域一体化发展规划纲要〉推进长三角一体化标准化的实施意见》，专门部署推进长三角生态环境共保联治标准化相关内容。落实《长江三角洲区域生态环境共同保护规划》，三省一市生态环保部门出台《长三角生态环境保护标准一体化建设规划》，系统谋划长三角生态绿色环保标准化工作。同时，长三角各省市在双碳绿色、环境保护、污染防治、生活垃圾管理等地方性法规、相关“十四五”规划中都部署生态绿色标准化相关工作。比如，三省一市都出台了碳达峰碳中和标准体系实施方案；江苏省政府专门出台生态环境标准体系建设实施方案，并配套专项资金予以支持；浙江省市场监管局和生态环境厅联合发布生态环境保护标准体系建设指南，提出到 2025 年制定实施长三角一体化标准 15 项的目标等。

二是完善协作机制制度。一方面，强化部省协作，落实《服务国家区域重大战略实施标准化工作指南》，在市场监管总局（国家标准委）领导下，健全长三角一体化标准化工作协作机制；上海、江苏、浙江与国家标准委建立部省（市）标准化工作合作机制，将生态文明标准化纳入部省（市）合作重要工作。另一方面，强化区域协作，三省一市市场监管部门联合成立标准化建设工作组，出台《长三角标准一体化工作制度》，明确工作推进机制、轮值制度等；构建完善“统一征集、统一立项、统一研制、统一编号、统一发布、统一实施”的区域地方标准工作机制和管理模式，推进生态绿色一体化地方标准工作；在工作组架构和统一地方标准管理模式下，与三省一市生态环保等部门形成协同机制，共同抓好生态绿色一体化标准化建设。落实长三角生态绿色一体化示范区建设部署，上海、江苏、浙江市场监管部门会同示范区制定《长三角生态绿色一体化发展示范区标准管理办法》，率先探索建立生态环境的标准统一、监测统一、执法统一制度体系。

三是加强标准供给和实施。聚焦加强长三角区域环境保护、绿色发展，坚持问题导向和需求导向，开展生态环境标准核心技术攻关和重要标准供给实施。我们强化标准“硬约束”，联合发布《制药工业大气污染物排放标准》《固定污染源废气现场监测技术规范》等10项污染物排放限值相关标准，研制《重型柴油车排放远程监控技术评价要求》等标准，不断完善长三角地区污染防治标准体系。我们突出标准“引领性”，联合研制和发布《绿色产品和服务认证规范》《公共机构绿色数据中心评定规范》《机关办公建筑绿色更新评价规范》等标准5项，以标准引领重点领域生态绿色一体化建设。我们加强技术支撑保障，三省一市积极参与生态文明领域国内外标准化技术组织建设，发挥生态环境、绿色环保等省（市）级标准化技术机构作用，保障区域一体化标准研制和实施。我们联合推动标准实施应用，三省一市市场监管部门与生态环境等部门，大力推进生态绿色标准与区域内法规、政策、制度相协同，强化标准落地实施，助推长三角地区天蓝、水碧、土净，加快形成绿色生产生活方式，认真落实好长三角一体化高质量发展国家战略部署。

下一步，三省一市将始终坚定不移贯彻习近平总书记关于标准化工作、生态文明工作的重要论述和批示指示精神，落实中央推进长三角一体化高质量发展的战略部署，在市场监管总局的统一领导下，进一步健全区域一体化标准化合作，出台区域统一地方标准管理制度，以标准化支撑构建长三角地区降碳、减污、扩绿、增长的整体智治体系，持续推进绿色发展提速转型、污染防治提标攻坚、治理效能提档升级，以高标准高品质生态环境支撑区域一体化高质量发展。

《安徽日报》记者：

请问在长三角一体化标准化工作进程中，三省一市在保障民生方面开展了哪些公共服务标准化工作，以及取得了哪些成效？

安徽省市场监管局陈睿副局长：

谢谢您的提问。近年来，三省一市市场监管部门共同推进长三角一体化标准化建设，安徽省紧扣“一体化”和“高质量”两个关键词，坚持上海龙头带动，携手苏浙，在公共服务标准化领域取得了一定成效。

一是同频共振，促进便民服务标准化聚民心。围绕“高效办成一件事”，共同推动《“一网通办”法人库数据共享技术指南》等5项长三角区域地方标准编制，持续加强政务服务标准化规范化建设，累计实现152项跨区域服务长三角“一网通办”。其中，长三角政务服务跨省通办远程虚拟窗口，作为长三角“一网通办”唯一的发布事项，在第五届长三角一体化发展高层论坛上线发布，并入选国务院办公厅公布的政务服务效能提升典型案例。围绕“一站式”解决劳动争议问题，共同发布《劳动争议联合调解和协同仲裁服务规范》，将跨省联合调解与协调仲裁进行有机结合，共建共享“一站式”服务，实现跨区域联动，提升长三角地区劳动争议案件处理效能，激发和释放劳动力要素潜能。同时在食品追溯、气象服务、绿色产品认证等领域开展长三角区域协同地方标准研制。

二是扬皖所长，推进生活服务标准化惠民生。三省一市共同发布《智慧药房评价体系》，对“智慧药房”的信息系统、自动设备、智能环境、安全体系、应用效果和满意度等方面提出了相关评价要求，并针对不同等级医院的“智慧药房”给出相应评价等级。标准的发布实施，对提升长三角区域医疗机构药房服务质量，进一步推动长三角地区药学标准化建设步伐发挥积极作用。三省一市家庭服务协会共研制发布《家政服务机构信用划分与评价等级》等4项长三角区域家政团体标准，激发促进家政服务消费，不断满足群众美好生活需求。依托团体标准，安徽 9 家、上海 27 家家政服务机构获得信用等级认定；安徽新增近 100 家家政公司开展整理收纳家政服务，服务近 2 万户（单）次、金额近 5 亿元；安徽家政服务类矛盾纠纷 11 月同比下降 25%。

三是提升水平，助力基本公共服务标准化合民意。安徽省发展改革委联合安徽省市场监管局等部门印发《安徽省基本公共服务实施标准（2021 年版）》，在保障幼有所育、学有所教、劳有所得、病有所医、老有所养、住有所居、弱有所扶，以及优军服务和文体服务等方面，制定了 79 个服务项目和标准。在教育、康复、文化、广电公共服务开展基本公共服务标准化试点，提升我省基本公共服务标准化水平，不断缩小与苏浙沪差距，努力实现公共服务一体化。

下一步，我们将深入贯彻习近平总书记关于“长三角要循序渐进推进基本公共服务制度衔接、政策协同、标准趋同，分类推进各领域公共服务便利共享”重要指示精神，不断提升基本公共服务标准化水平，推进卫生健康、养老服务、公共文化体育、政务服务等更多领域长三角区域公共服务标准制定实施，提升人民群众在一体化发展中的获得感、幸福感。

《中国质量报》记者：

推动实现交通基础设施互联互通是长三角地区一体化发展的重要内容，请问在这方面三省一市采取了哪些标准化工作举措，对于下一步工作有哪些考虑？

市场监管总局标准创新司司长肖寒：

谢谢您的提问。为充分发挥长三角一体化交通先行的作用，近年来市场监管总局指导三省一市市场监管部门，积极推进交通基础设施标准化建设，主要采取了以下措施：一是构建长三角交通运输标准化合作机制，三省一市交通部门、市场监管部门联合组织召开长三角交通运输标准一体化建设工作会议，签订《长三角交通运输标准一体化建设框架协议》，明确工作机制及工作目标，深入推进交通运输一体化标准化。二是强化长三角交通基础设施相关标准供给，联合发布《长三角省际毗邻公交运营服务规范》等 3 项区域协同地方标准，推动《大直径盾构隧道运营期结构安全评价与病害处置技术规程》等 4 项区域协同地方标准通过技术审查，近期即将发布实施，积极组织申报《公路水运工程智慧工地建设技术规范》等区域协同地方标准，推进长三角交通基础设施标准体系不断完善。三是一体推动标准宣贯实施，三省一市联合印发了《关于做好〈长三角省际毗邻公交运营服务规范〉贯彻实施工作的通知》，目前，长三角区域开通的 90 余条省际毗邻公交线路，全面实施《长三角省际毗邻公交运营服务规范》区域协同的地方标准，服务质量得到持续提升，惠及长三角一体化示范区、南京都市圈、淮海经济区以及“三省六县”地区 16 个地市、42 个毗邻县级节点，省际毗邻公交市级节点覆盖率已超过 76%，县级节点覆盖率近 73%。江苏省牵头组织编制《长三角省际毗邻公交经典案例汇编》，不仅在三省一市推广经验做法，还为江苏省内毗邻县（市、区）公交服务提供了参考。江苏省内毗邻县（市、区）开行的 180 余条公交线路全面推广实施该标准，覆盖全省 90 个毗邻县（市、区）节点，毗邻县（市、区）公交通达率达 65%，为推动江苏省公交客运成网、高质量运行奠定了基础。

下一步，市场监管总局将继续指导三省一市，进一步加强交通运输领域标准化合作，持续推动已立项标准的编制和已发布标准的实施，积极开展重点领域标准化课题研究与标准研制，不断完善长三角交通运输标准体系，努力提高合作水平，共同制定国际标准、国家标准，持续深化智能网联汽车领域标准化合作等方面取得更多新突破。

市场监管总局新闻宣传司二级巡视员唐冀平：

今天我们的提问环节就到这里，感谢记者朋友们的提问，如果大家还有想了解的其他问题，请会后与新闻宣传司联系。再次感谢大家出席此次发布会。谢谢！

第七篇 物流装备、标准、技术和信息化

一、物流设施与设备

（一）15 个关键词解读 2023 年物流装备行业发展与未来趋势

2023 年 12 月 7 日，作为 2023 第十一届全球智能物流产业发展大会暨 2023 全球物流装备企业家年会的重要组成部分，领袖峰会暨《物流技术与应用》杂志理事年会在大会前一天晚上成功举办，来自国内外物流装备行业头部企业的 60 多位企业家参加了会议。《物流技术与应用》杂志执行主编、北京科技大学教授赵宁主持了会议，副主编江宏对一年来的工作及明年发展计划做了简要的汇报。

本次领袖峰会的主题是“向内提升，向外发展”，是主办方基于当前行业总体形势与企业发展举措而提出的。在即将过去的 2023 年，物流装备行业经历了较大幅度的调整，特别是下半年，全国性的市场疲软，给中国经济前景蒙上了阴影，作为生产服务性行业的物流业自然难免独善其身。在此情形下，企业如何应对？对 2024 年的市场状况以及未来形势有何期望？代表们对此充分发表自己的看法，可以概括为 15 个关键词。

关键词 1：“卷”与“熬”

2023 年的市场，可以用一个“卷”字描述，价格战愈演愈烈。但令人意外的是，尽管外部环境风云变幻，市场竞争白热化，行业内卷严重，但大多数与会人员反映企业总体发展稳定，这与整个行业大环境的基调有显著差异。

当然，在订单平稳的表象下，利润大幅度下滑却是一个普遍现象。同时，大家对 2024 年则表现出更多的担忧，认为甚至到 2025 年都将是更加艰难的时期。伍强智能董事长尹军琪则认为，物流业作为一个越来越重要的基础性行业，长期前景看好，现在的困难应该是暂时的，企业要对未来充满信心，冬天熬过去了就是春天。尽管如此，眼前现实的困境是有目共睹的。因此，在整个会议期间，围绕企业如何“熬”过冬天，大家纷纷提出了自己的看法，包括提升运营效率、降低成本、创新发展、做好交付、保证现金流、进军海外市场。

关键词 2：周期性

与会代表认为，2023 年中国物流装备市场的表现虽然与国际形势、疫情影响有关，但也应属于正常。自新冠疫情爆发以来，很多行业受到毁灭性打击，如餐饮、旅游、影视、航空、铁路等行业，但物流业，尤其是智能物流行业则遇到了千载难逢的发展机遇，连续几年出现了爆发性增长。在经历了高速发展后，市场亟需调整。市场不可能一直高速增长，增长几年，调整一下，再继续增长，这种周期性螺旋式上升是社会发展的常态，也是物流业发展的常态。米亚斯总经理王建忠认为，周期性是不可避免的；关键是在市场调整期，企业应练好内功，轻装上阵，主动迎接下一个周期的到来。

关键词 3：创新

现在的市场竞争主要是同质化导致的，面对内卷严重、利润下滑等问题，多位代表开出了“创新”的药方，认为企业唯有创新才有希望。创新的内涵是非常丰富的，包括产品创新、流程创新、模式创新等，通过创新可以提高产品质量，降低生产成本，增强企业核心竞争能力。代表们还就如何创新提出了看法。探索自己的独特赛道，做差异化，成为很多代表的共识。如米亚斯王建忠、沈飞总工程师王中军分别提到企业在重载堆垛机、长大件物料自动仓储系统的研发情况，在细分行业获得了优势。

关键词 4：交付

重视交付是代表们对当前局势下开出的第二个药方。按时、按量、保质完成项目交付，不断提升交付能力和现场管理水平，本身就是一种企业运营效率的体现，更是实现企业按时回款的关键。面对当前利润减少、收款难的困境，有的企业家还提出质保金的问题，认为取消质保金应该是可以争取的权力。这个话题引起了大家的浓厚兴趣。

关键词 5：售后服务

重视售后服务，提升客户满意度，是代表们给应对当前局势开出的第三个药方。昆船智能总经理助理雷敏、天和双力总裁胡淳等都表示，增量市场上升乏力，企业必须经营好存量市场，售后服务蕴藏着巨大的机会。根据欧美企业的经验，当存量市场达到一定规模后，售后服务将成为企业的重要利润源泉。据悉，欧洲的一些系统集成商，售后服务的收入在整个销售额中占比达到 40% 以上，在利润中占比高达 60% 以上。

关键词 6：标准化

标准化被重新提上议程，也是应对价格战的另一剂药方。如何降低企业经营成本？从根本上讲应该是提升效率。从过往的经验看，标准化是提升效率的最有效的方法之一。不仅产品本身要标准化，生产流程、管理流程也要标准化；不仅硬件要标准化，软件也要标准化。标准化不是几个企业的事情，是全行业共同推进的事情。特别是在中国企业出海的过程中，也应该重视中国物流技术标准的国际化。

关键词 7：专注

针对当前社会普遍存在的浮躁心态，代表们再次强调了“专注”的重要性。专注于核心业务，专注于核心产品与核心技术，做好做精，不好高骛远，这山望着那山高。找准自身定位，找到擅长的细分领域，发挥自身特长，是提升企业竞争力的一种战略。就如力卡董事长胡文龙所言，企业要秉持工匠精神，一丝不苟、精益求精地做好自己的产品。

关键词 8：高质量

中国经济已经进入了高质量发展的下半场，发展模式从过去的单纯规模驱动慢慢进入高质量发展驱动的时代。物流装备企业的发展也从机会驱动转变为能力驱动，不能盲目追求规模，应脚踏实地做业务。一些企业在会上明确发出“高质量、向未来”的声音。如德马科技集团副总裁吴中华谈到，高质量发展体现在多个方面，如生产高质量的产品、交付高质量的物流系统、选择高质量的客户等。英特诺集团执行副总裁、亚洲区总裁夏本春则明确提出，一个成熟的企业不应当追求过高的发展速度，可持续、稳定、健康，是决定企业能否行稳致远的关键。

关键词 9：风险控制

很多企业认为，当前最重要的是控制好风险。因为如果项目做坏了，企业的损失会很大；如果资金链断了，将会危及企业生存。在充满不确定性的市场情况下，控制风险将是今后几年企业关注的重点，相对于增长速度，持续盈利更重要。另外，出海发展也需要控制风险。中国企业在海外市场最大的竞争优势是生产制造成本压低，但低也是有限的，硬件设备比发达国家便宜 30%—40%，加上关税、运费、国外的人工费等因素，所以出海一定要注意控制风险，否则将会比在国内市场还难。

关键词 10：供应链

令人惊喜的是，许多企业家提出做好“供应链”企业的概念。一方面，从业务开拓视角，关注供应链条长的行业，服务于供应链上下游企业。如今天国际副总裁曾巍巍指出，整体供应链业务是未来可以思考的方向，企业不只是为用户提供单个立体库或者物流设备，而是提供体系化服务，汽车、民生相关行业都会对物流有更高要求。另一方面，物流设备生产企业应当成为系统集成商供应链的一部分，而不是简单的供应商，要站在产业链价值共创的视角，去满足用户需求，去开拓市场，服务市场，向外生长。也有代表提出了通过贯彻供应链思维，大幅度降低产品成本的实践经验。

关键词 11：生态

代表们认为，建立良好的物流装备行业生态，是解决目前内卷严重的一剂良方。但如何维护这个生态的健康，成为摆在大家面前的一道难题。新松机器人副总裁兼智能物流 BG 总裁姜碧霄更是直言不讳地指出，头部企业、集成商应当有责任和担当，成为建设、维护行业健康生态的表率。

关键词 12：算法与软件

关于物流技术的发展趋势，尹军琪谈了自己的看法。他认为，未来物流技术发展将向智能化、数字化、柔性化方向发展，软件比硬件更加重要。当然，这不是否定硬件的重要性，相对而言，软件的作用会大得多。事实上，现在已经很难把软件和硬件区分开来。硬件的天花板是看得见的，是有限的，而软件几乎是无限的。企业应将目光更多地聚焦于软件上，研发资金也要更多地往软件倾斜。隆链总经理马云龙则强调了四向穿梭车系统算法和调度的重要性。

关键词 13：出海

海外市场，是近年来很多物流装备企业的发力点，也是会上大家关注的重点话题。但是对于目前的“出海热”，有的企业家提出了不同的看法。

一方面，海外市场体量并不如想象的大。以 2019 年为例，欧洲市场堆垛机总需求量不足 1000 台套。其实物流装备本身并不是一个很大的市场，海外市场空间也有限，并且中国企业还要面对全球供应商的竞争。另一方面，开拓海外市场并不简单，机遇与挑战并存，不是所有企业都适合出海。常年活跃在海外市场的企业代表提醒大家，要重视海外市场与国内市场的差异，特别要重视国外的法律法规的差异，国外的安装人工费通常是国内的几倍甚至十几倍，还有一些不可预见的费用，这是要引起大家特别重视的。

上虹货架总经理章春华指出，在海外市场，价格因素对成交的作用不是最大的，更重要的是技术能力、交付能力、服务能力。江锐集团销售总监王慧也分享了企业的海外发展经验，值得借鉴。也有企业倡议，行业企业应抱团出海，在国际市场上维持好的生态体系。

关键词 14：企业战略

多家企业强调了战略调整的重要性，北自科技、科捷、昆船、沈飞、新松的代表均表达了这一观点。昆船和新松的代表分享了各自企业在过去两年中企业战略和组织架构调整的具体情况，通过内部调整，改变了过去求全求大的战略方针，而是进行战略收缩，专注于重点行业领域和重点产品的突破，其效果已初步显现。

关键词 15：数字化

近年来国家大力提倡各个行业的数字化转型，在物流装备行业，一些企业已经行动起来。会上，科捷副总经理薛力源、音飞事业部总经理单光亚等，都提到企业开展数字化的体会。值得一提的是，未来市场竞争格局还会变化，企业应着力于练好内功，做精细化管理，提高运营效率，而数字化技术将赋能企业发展，并助力企业更好地为客户创造价值。因此，数字化升级应该是今后行业发展的方向本次大会，菁英聚首，对行业发展进行了全景式分析与展望。这是一次头脑风暴，碰撞产生了很多思想“火花”和名言名句。以下分享几例：

金峰创始人兼CEO蔡熙：中国的产能是为全世界准备的。这句话引起了大家的浓厚兴趣。仔细想一想，蔡总的名言的确具有现实意义，给人以醍醐灌顶的冲击。

力卡董事长胡文龙：不审势则快慢皆误。他谈到2008年参观武侯祠的感想。武侯祠大门两侧有清代赵翼撰写的对联：能攻心则反侧自消，从古知兵非好战；不审势即宽严皆误，后来治蜀要深思。胡总介绍了2008年金融危机下的企业发展情况，面对当时严峻的形势，他深思熟虑后做出重大决策，投资2000万元购买生产设备，扩大生产。事实证明这是一次非常正确的决策。他将下联改为“不审势则快慢皆误”。力卡今天要深思。整个行业也需要深思。

北自科技总经理王勇：物流技术装备领域要有自己的院士，发出自己的声音。针对当前国内学术界对物流技术不够了解与重视的现状，王勇分享了他不久前参加今年中国工程院院士评选时的感想：一个行业要想发展，在最高学术层要有自己专业人士发出正确的声音。他的这一观点引起了大家的共鸣。大家纷纷期待物流行业早日有自己的院士，物流技术发展得到更多关注。

木牛流马总经理王平：自动叉车不是AGV。在谈到降低产品成本时，王平提出自动叉车不是AGV的全新观点。他指出，AGV的本体加工成本，大概只有叉车的20%—30%，如果采用叉车作为AGV的本体，成本如何能够降低？此外，从产品迭代升级的角度考虑，自主生产AGV本体才是正确的选择。合肥井松李凌总也赞同这一观点。或许这对AGV的生产企业是一种启发，而对传统的叉车企业则是一次挑战。

物流技术与应用杂志执行主编赵宁：评价企业不能只有一个标准。赵宁在做会议总结时，特别谈到企业的发展战略问题。他认为，追求规模和发展速度只是一个指标，而创新、稳健、可持续、环保，都应该是不可缺少的目标，而且是更重要的目标。

北起院物流仓储工程事业部总经理里鑫：物流是座围城，里面的羡慕外面的，外面的羡慕里面的。是的，随着资本的大举进入，物流装备行业在过去10年经历了一波前所未有的行情。但只有真正身处其中的人，才能体会到个中的酸甜苦辣。不管怎么说，物流给了我们的一切，快乐也罢，痛苦也罢，作为一生从事物流技术研究与应用，把物流作为事业的人来说，对物流应是充满感激的。感恩这个伟大的时代，感恩物流给予我们每一个人施展才华与实现抱负的机会，更感恩遇到的每一个人！

来源：《物流技术与应用》

（二）上海市人民政府关于印发《上海市进一步推进新型基础设施建设行动方案（2023-2026年）》的通知

沪府〔2023〕51号

各区人民政府，市政府各委、办、局，各有关单位：

现将《上海市进一步推进新型基础设施建设行动方案（2023-2026年）》印发给你们，请认真按照执行。

上海市人民政府

2023年9月15日

上海市进一步推进新型基础设施建设行动方案（2023—2026年）

为进一步推进具有上海特色的新型基础设施建设，加快推进上海城市数字化转型，提升城市能级和核心竞争力，根据国家新型基础设施建设规划有关要求，结合实际，制定本行动方案。

一、主要目标

到2026年底，全市新型基础设施建设水平和服务能级迈上新台阶，人工智能、区块链、第五代移动通信（5G）、数字孪生等新技术更加广泛融入和改变城市生产生活，支撑国际数字之都建设的新型基础设施框架体系基本建成。

——初步建成以5G-A和万兆光网为标志的全球双万兆城市。5G-A网络、万兆光网的覆盖广度和应用深度全球领先，支持“双循环”内连外通的国际网络枢纽节点能力进一步提升，成为全球网速最快、覆盖最全、时延最低的城市之一，率先迈入全球双万兆城市行列。

——加快建成支撑人工智能大模型和区块链创新应用的高性能算力和高质量数据基础设施。建成多元供给、云边协同、随需调度、高效绿色的城市高性能算力网络体系，力争建成支撑万亿级参数大模型训练的智能算力资源、高质量语料库和专业数据集，初步建成以浦江数链为核心的城市区块链基础设施。

——初步建成全球规模最大、种类最全、综合服务功能最强的创新基础设施集群。初步建成全球领先的光子科学大设施集群，面向第六代移动通信（6G）、芯片制造与数字孪生、AI+生物、人形机器人等领域，初步建成若干前沿产业创新平台，为应对科技产业变革和探索科学研究新范式提供设施支撑。

——全面建成泛在融合的超大规模城市智能终端设施体系。支撑数字孪生的物联感知体系基本建成，数字技术赋能经济、治理、生活基础设施成效显著，交通、物流、教育、医疗、养老等基础设施智能化水平大幅提升，面向城市数字生活新图景的新业态新模式加速涌现。

二、主要任务

（一）构建泛在互联的高水平网络基础设施

1. 推动5G移动通信网络和固定通信网络向“双万兆”探索演进。加快试点部署5G-A网络，支撑车联网、虚拟现实、8K超高清等应用率先商业落地。推动医院、高校、文旅、交通枢纽等公共建筑重点场所清单内95%以上和4000幢以上商务楼实现5G覆盖。力争率先建成以光传送网（OTN）传送、光纤到户接入的端到端全光网络，开展万兆到户试点，超前部署基于50G无源光纤网络（PON）的超千兆宽带业务。

2. 布局“天地一体”的卫星互联网。稳步推动实施商业星座组网，加快落实频轨资源授权，分阶段发射规模化低轨通信卫星构建低轨星座，建设测控站、信关站和运控中心等地面设施，促进天基网络与地面网络融合应用。推进智慧天网创新工程，搭建中轨道卫星通信网络技术验证系统，开展大跨距全球互联等在轨验证，为探索构建中轨道通信卫星星座奠定基础。

3. 打造连通内外的国际网络枢纽设施。推进东南亚——日本二号海底光缆建设及已建海底光缆系统扩容，推动临港海底光缆登陆站等国际通信设施建设。争取扩容互联网国际出口带宽，推动上海国家互联网骨干直连点、国家（上海）互联网交换中心扩容。推动长三角生态绿色一体化发展示范区新建国际互联网数据专用通道，扩容临港新片区、虹桥国际中央商务区国际互联网数据专用通道，降低跨境网络访问时延，提升网络服务质量。

4. 建设深度覆盖特色园区的工业互联网。增强标识解析国家顶级节点（上海）服务能力，建成30个以上工业互联网标识解析二级节点，2—3个以上国家级跨行业、跨领域工业互联网平台、30家以上行业或区域工业互联网平台。推动电信运营商按需布局150个边缘计算节点，建立“边云网”协同的工业互联网特色园区网络，推动40万家工业企业“上云上平台”。

5. 建设全方位全覆盖的网络安全防护设施。聚焦通信、能源、交通、金融、电子政务等重要行业和领域，建立市、区两级网络安全感知预警平台和若干重点领域行业子平台，提升网络安全态势感知、智能防御、监测预警能力。建立针对网络安全领域的攻防演习、先进网络攻防设备研制等创新演练平台和适应金融、密码、工业自动化控制等行业技术特点的专业攻防演习靶场。

（二）建设云网协同的高性能算力基础设施

6. 构建城市级高速全光算力环网。统筹建设城市级数据中心直连网络，加快部署超高速、大容量数据传输通道，推动基础电信企业、国家（上海）新型互联网交换中心在临港新片区、外高桥、宝山、青浦、松江等有关数据中心集群间建立算力网络骨干节点，按需建立算力网络二级节点，联通全市主要算力资源，网络通信带宽达到400G以上、网络时延控制在1毫秒以内，降低网络传输资费，实现算力更高质量传输服务。

7. 打造超大规模自主可控智能算力基础设施。支持有关创新平台牵头建设自主可控智能算力重大科技基础设施，打造基于自主可控通用人工智能芯片、自主可控光电混合计算芯片、自主可控训练框架、自主可控全光交换网络的超大规模智能算力集群，率先争取形成支撑万亿级参数大模型训练的自主可控智算能力，服务重点企业的大模型训练需求。

8. 建设普惠型城市公共算力服务平台。支持上海超算中心高性能计算资源升级扩容，构建自主核心软硬件深度应用、高性能计算与智能计算多元融合的先进算力平台，创建国家新一代人工智能公共算力开放创新平台。持续推进异地异构算力资源接入，建设具有算力供给、应用开发、运营服务、用户资源对接等功能的城市公共算力服务枢纽，向本市中小企业、科研机构等提供普惠算力服务。

9. 打造城市多层次商用智能算力集群。加快建设临港新片区、金山区、松江区等重点区域的规模化大型商用算力。完善智能算力协调机制，组织商用智能算力满足大模型训练等紧迫需求，加速形成支撑万亿级参数大模型训练的算力供给能力。聚焦芯片、计算框架、基础软件、集群技术和重点行业应用，鼓励建设自主可控算力。构建长三角生态绿色一体化发展示范区、临港新片区和郊区外环带“双核一带”的全市商用算力空间布局。

（三）建设数智融合的高质量数据基础设施

10. 率先创建国家级数据交易平台。在上海数据交易所建设产品交易、资产凭证服务、交易合规监管等业务系统，为场内交易提供高效率、低成本、可信赖的流通环境；建设产业数据、政府采购、国际采购等交易板块，满足跨行业、跨区域数据产品流通交易需求，打造“上海交易、全球交付”新模式。构建“数据交易链－核心业务系统－特色板块”为一体的数据交易所基础设施体系，支撑全国多层次数据要素交易市场互联互通。

11. 构建多语种语料库和高质量行业数据集。推动有关创新平台牵头组建大模型语料数据联盟，归集海量互联网数据、基于文献的知识库和科学数据库，建设科技创新资源数据功能型平台，联合多元主体打造多领域、多模态、安全合规的高质量多语种超大规模语料数据库；在生命健康、新材料研发、气象预测、流体力学等领域，依托有关实验室、高校院所、各类企业等，打造一批高质量行业数据集。探索建立语料数据的供给激励机制和知识产权保护机制。

12. 建设浦江数链及政务区块链基础设施。建设浦江数链区块链开放网络和算力集群，打造区块链即服务（BaaS）平台和通用跨链功能，为区块链行业应用提供高性能底层基础设施支撑；建设自主可控、安全可信、性能领先、功能完备的政务区块链统一平台，推动市级部门公共数据全面上链；推动跨境贸易、航运、供应链金融、区域征信等区块链行业应用。加快推动建设上海股权托管交易中心区块链和分布式数字身份系统。

13. 打造公共数据资源库和授权运营平台。深化拓展“数源工程”，累计新增 50 个数源目录。持续推进“聚数工程”，新增归集交通出行、医疗健康、学生综评、缴税纳税、职业资格等相关领域重点数据。推动公共数据高效便捷共享和跨区域流通，深化随申码、电子证照等基础数字化应用。建设城市级公共数据授权运营平台，探索政府监管、企业运营的创新模式，形成一体化城市级安全可信的智能化数据开发与运营平台。

14. 构建城市数字孪生和元宇宙基础设施。推进城市信息模型（CIM）基础平台建设，持续更新完善全市基础地理信息、标准化地址库等基础数据库，逐步建立城市三维数字模型库，积极拓展城市规划建设、社会治理、政务服务、应急管理等领域应用。构建权威、轻量、开放、易用的城市“一张图”服务应用体系。加快建设元宇宙平台，推动三维数字空间、虚拟数字人等新技术在城市管理、民生服务等领域率先应用。

（四）打造开放赋能的高能级创新基础设施

15. 推进重大科技基础设施建设与开放。加快推进“十四五”国家重大科技基础设施建设；基本建成硬 X 射线、上海光源线站工程等设施；加快推进建设无人系统多体协同重大科技基础设施一期项目；推动已建设施加大企业开放力度。研究建设国际大洋钻探岩芯实验室及设施，为大洋钻探大科学计划提供基础支撑。争取将自主可控智能算力设施纳入国家重大科技基础设施规划。

16. 加快建设新一代光源预研装置。开展新一代光源关键技术预研，突破高功率调制激光等关键技术，实现对国际领先的储存环全相干光源原创技术的验证。建设预研装置（小环）和研究测试平台，实现特定波长的百瓦量级输出，为建设千瓦级工业专用储存环光源奠定基础，争取纳入国家重大科技基础设施规划。

17. 前瞻布局 6G 技术研发试验设施。率先打造地面外场技术试验环境和宽带卫星通信与感知验证系统，为未来 6G 设备和卫星设备入网认证提供实验和测试条件。实施 6G 技术与产品试验验证工程，构建智能超表面技术验证实验室、6G 试验网络测试实验室、6G 射频基础测试实验室和设备环境可靠性实验室等，加速芯片、模组、终端等关键领域前沿技术突破。

18. 打造芯片制造全流程数字孪生仿真验证平台。围绕半导体制造工艺中所需的各类设备及工业软件自主可控需求，支持有关新型研发机构联合国内主要晶圆厂共同打造晶圆产线全数字化仿真平台，模拟各种工艺下真实产线的生产运行环境，为自主可控设备及软件产品测试提供低成本、低门槛、定制化的第三方验证服务，加速自主可控设备及软件替代使用与更新迭代。

19. 建设生物医药产业全链条赋能平台体系。加快建设市智能分子影像共享平台，提供基于 AI 的蛋白质结构预测设计等公共服务。建设创新药物临床前研究转化服务平台。提升市生物医药研发与转化功能型平台能力，打造基因治疗、生物工程酶开发等研发中试和检测平台。组建合成生物学创新中心，建设基因型构建、表型测试、细胞设计等创新平台。

20. 布局智能机器人创新基础设施。搭建智能机器人检测与中试验证平台，形成安全性、可靠性试验验证能力和整机、零部件中试验证能力。建设医疗机器人自动化多领域融合检验平台。建设“大模型 + 人形机器人”协同创新平台，搭建通用具身智能软硬件系统平台，围绕具身智能、多模态感知等开展联合攻关，实现通用大模型和通用人形机器人联动发展。

（五）打造便捷智敏的高效能终端基础设施

21. 建设泛在智能的城市感知设施。统筹推进市政和交通设施上的智能感知设备建设与应用，推动全市建设物联感知神经元节点数量累计超 2000 万个。将地磁感应、红外感应、独立烟感等感知设备研究纳入新建小区配套设施范围，对存量小区进行查漏补缺，实现高空抛物、消防通道占用等安全风险自动预警与及时处置。

22. 建设智能汽车支撑服务设施。完善自动驾驶测试场景布局，推动现有开放测试区域加快交通信号灯等智能化升级，加快车路协同系统建设。建设智能汽车创新发展平台，服务智能汽车交通运行优化等应用场景。支持嘉定区、临港新片区、浦东新区、奉贤区等区域开展自动驾驶公交、自动驾驶出租车、无人配送等 10 个以上高级别智慧出行示范应用。推进道路停车场和公共停车场（库）智慧化改造，提升重点区域智慧停车引导能力。

23. 打造“海空”交通枢纽智慧升级版。建设完善浦东、虹桥数字孪生智慧机场。推动外高桥、洋山等港区集装箱码头智慧化改造。打造智慧航道网，建设高等级航道感知体系，实现通航数字化监管与运行状况实时监控。以洋山深水港、浦东国际机场和芦潮港铁路集装箱中心站为载体，推动海运、空运、铁路、公路运输信息共享，提高多式联运效率。

24. 构建一体化智慧冷链物流体系。依托临港新片区国家级冷链物流基地建设若干大型智慧冷库，形成进口药品、生鲜食品等超 40 万吨冷藏保鲜能力，建设 3 个智慧冷链物流中心，提升区域智慧分拨、配送等能力。鼓励智慧冷链自动售卖机、冷链自提柜等末端配送应用，逐步形成冷链物流全链条温度可控、源头可溯的精准管控能力。

25. 建立灵活共享的智能用能设施网络。新建公用（含专用）充电桩 3 万个以上，完成 150 个以上老旧小区电力扩容升级改造，累计增设 20 万个以上智能充电桩，试点部署电动车反向充电新型装置。积极发展智能分布式可再生能源网络，力争新增 150 万千瓦容量光伏发电终端。加快推动传统能源网络数字化改造。探索构建城市电力充储放一张网“虚拟电厂”设施体系，推动全市“虚拟电厂”调节能力达到 100 万千瓦。

26. 布局清洁高效的氢能源应用体系。累计建设加氢站 50 座以上，在临港新片区探索建设制氢、储氢与加氢一体化站，完善宝武园区、上海化工区内部区域性氢能输送网络。扩大氢燃料电池在客车、货车和大型乘用车领域应用，拓展燃料电池在船舶、航空领域应用，开展氢储能在可再生能源消纳、电网调峰、绿色数据中心、分布式热电联供等场景的试点应用。

27. 创建线下线上融合的新一代智慧校园。加快推动校园无线网络提质升级，推动义务教育学校实现“万兆到校、百兆到班”。建立全市“1+16”数字教学系统，建设市级智慧教育公共服务平台，升级备课、教学、作业辅导能力，提供在线学习、教育应用等公共教育服务；推动各区按照统一标准建设学校数字基座，提升区域内教育数字化能力。建设 20 所“未来学校”，试点建设自适感应、泛在互联的下一代学习环境。

28. 打造先进普惠的智慧医疗服务设施。新建 10 家以上智慧医院，提升“便捷就医”场景运行效能，优化以患者为中心、全流程闭环的智慧化医疗服务模式，推进智慧健康驿站街镇全覆盖。完善互联网医院服务总平台，积极推动互联网医疗向社区卫生服务中心延伸。深化疾病预防信息化建设，提升公共卫生突发处置、传染病综合监测与预警、病原体基因序列溯源决策等应急能力。

29. 构建安全便捷的智能化养老基础设施。升级建设 100 家以上智慧养老院，全面提升健康管理、生活照护、安全防护、管理运营等效率和质量。建设 200 家以上“养老院 + 互联网医院”，向老年人提供“线上就诊、送药到院”“在线咨询、复诊续方”“线上开单、线下检查”等医疗服务。推动社会力量加快“为老服务一键通”“一键叫车终端”等适老化智能终端推广应用。推进康复辅具产品信息服务平台建设。

30. 建设高品质生活共享的智慧生活设施。推动智慧商圈商街商户建设，发展无人便利店、智能售货机等新消费模式。推动 A 级景区普及在线预订、无感入园、客流监测、智能导览、预警处置等智慧场景。升级改造 1000 个数字公用电话亭，支持预约就医、预约叫车、手机充电等多项“一键”便民服务。建设 1000 家餐饮食品“互联网 + 明厨亮灶”示范店。持续加大新型基础设施补短板力度，全面提升设施质量和服务水平。

三、示范工程

（一）高性能计算能力提升工程

建设多元异构融合的新一代高性能计算集群，高性能算力峰值规模为 100P—300P；按需建设峰值规模为 1000P—3000P 的自主可控智能算力芯片试验平台，重点满足中小企业和部分科学研究的人工智能计算需求。

（二）区块链技术应用工程

促进区块链技术与大数据、人工智能、物联网等技术的深度融合，支持在政务服务、城市治理、产业发展、金融服务、区域征信等领域打造若干创新应用。

（三）数据要素市场培育工程

支持创建国家级数据交易所，加快完善数据要素市场运行机制，基于区块链技术构建统一可互联的场内交易根架构，开发新一代数据交易平台，开展数据资产化路径探索。试点开展数据知识产权登记工作。

（四）公共数据授权运营试点工程

支持具备资质的经营主体构建安全可信的城市数据基础设施，支撑公共数据的开发利用和授权运营全生命周期监管；推动公共数据与行业数据融合应用，形成一批公共数据授权运营的规范制度和标准体系。

（五）机器人规模化应用工程

面向高端制造业，支持行业龙头企业加快协作机器人、人形机器人规模化应用，丰富系统性解决方案，拓展人机协同下制造业应用场景，发展柔性化生产等制造新模式，持续降低本土协作机器人产品与服务成本。

（六）高级自动驾驶公交示范工程

支持在中心城区开展特定时段、特定路段的智能网联公交示范运营，待条件成熟后逐步扩大应用范围和规模。推动 5G 等车联网通信网络建设和道路基础设施数字化改造，探索智能网联汽车发展新模式。

（七）智慧仓储设施提升工程

支持在跨境电商、医药冷链、商贸流通、生产制造等领域建设若干国内一流的智慧仓储设施，促进自动化、无人化、智慧化物流技术装备和自动感知、自动控制、智慧决策等智慧管理技术的集成应用。

（八）海上风电制氢先导工程

结合本市海上风电规划布局和区域用氢需求，择优支持具备绿氢制备能力的海上风电项目开展示范，试点高波动电力出力条件下的绿氢制备技术，率先形成氢电耦合调峰等标准。

（九）健康医疗数据赋能工程

面向临床研究、新药创制、健康分析等方向，探索建设医疗“数据超市”。建设国内首个跨医疗机构的临床研究数字孪生平台，提供临床资源对接、科研病例数据全程管理、过程分析与辅助决策等专业服务。

（十）新型智慧养老示范工程

支持智能设备在养老服务领域集成应用，构建智慧服务、智慧照护、智慧关爱、智慧管理、智慧安防“五位一体”的综合应用场景，为老年人提供实时、快捷、高效、低成本、人性化的新一代养老服务。

四、保障措施

（一）加强统筹协调

持续发挥市新型基础设施建设推进工作机制作用，市战略性新兴产业领导小组办公室加强日常协调，各相关部门加强推进。各区政府和重点区域健全工作推进机制，出台特色配套措施，加大招商引资力度。完善本市新型基础设施建设统计口径和方法。

（二）深化规划布局

深化电信基础设施共建共享，细化重点区域、重大项目信息基础设施配套建设要求，支撑 5G 设施落地和应用示范场景打造。加强商贸基础设施智能化改造和智能终端普及应用规划布局。开展城市低空智能融合飞行基础设施布局研究。

（三）加强要素支撑

统筹工业和区域用能指标，加大对新型基础设施重大项目指标支持力度，对符合国家战略和具有重要功能的互联网数据中心建设项目作适当倾斜，优先用于解决智算数据中心能耗指标。建立本市数据中心全生命周期监管平台，试点开展算力使用效率等评估评测。

（四）完善标准体系

对于适合开展建筑信息模型（BIM）技术的新型基础设施项目，鼓励经营主体进行探索应用。研究编制城市信息模型基础平台数据分类与空间实体编码标准。研究编制本市智慧停车库建设导则。持续更新新型城域物联网感知基础设施、数据中心等建设导则。

（五）扩大示范应用

实施新一轮新基建示范工程，由市级建设财力按照本市有关规定予以支持。推进基础设施领域不动产投资信托基金（REITs）试点，加强新基建产品对接和推介力度。

（六）引导市场投入

继续支持相关金融机构实施新基建优惠利率信贷专项，将市级资金贴息项目最低总投资调整为 5000 万元，并将采用自主可控芯片达到一定比例的数据中心项目纳入贴息范围。研究制定本市新型基础设施相关鼓励支持目录，引导各类创投基金和产业基金投入，鼓励民间投资和外资参与建设。

（七）加强法制保障

加强新型基础设施重点领域法制保障研究和立法需求储备。利用好浦东新区立法机制，加快探索建立 L4 等更高级别自动驾驶通行规则。加快推进氢能立法制度创新，推动在临港新片区将氢能作为能源进行管理试点。

（三）2023 共建共享，推动快递物流装备行业高质量发展论坛 7 月相聚上海快递物流展

伴随着中国经济 20 多年的高速发展， 在支持中国电商和中国快递物流的发展过程中，也造就了中国快递物流装备的迅速崛起，尤其凭借其高效，低成本的优势在中国和亚太区，并已经在全球其他区域市场占有重要的市场地位。但是随着中国快递物流装备进入成熟阶段，继续保持高效，低成本优势，同时又能提供高质量的产品迫切需要重新思考未来发展的思路。

与欧美发达国家相比，中国快递物流装备数量众多，整体产品还处于中低端，同质化水平高，国

内产能过剩，产业集中度低，造成低价竞争，无序竞争。全球范围的制造业低迷萎缩，也进一步加剧了行业竞争的激烈层度。

在产业链上重新构建生态链，通过开放，打破边界，和“共建，与共享”在价值链各个环节提升产能利用率，减少重复投资，鼓励产业的上下游和横向之间互相赋能，协同创新，差异化竞争，是今后快递物流高质量发展的方向。尤其是在中国快递物流装备走向国际的过程中， 更加需“共建，共享”实现共同发展。

中国快递协会和青浦圆桌会议将在2023年7月6日2023上海国际快递物流产业博览会期间举办“2023共建共享，推动快递物流装备行业高质量发展”论坛。

此次会议将邀请邮政业、快递物流业、快递物流装备企业，交通运输业、电商、零售业上下游产业的相关高校、科研院所、企业的专家学者共同交流，探讨探讨共建共享的思路和最佳实践。

2023上海物流展｜自动分拣系统发展现状及趋势

什么是自动分拣系统

自动分拣系统指能够识别物品并根据一定标准对物品进行分类传输的自动化系统。其主要功能就是将不同类的物品进行区分，以便后续统一处理。在流通和第三方物流领域主要用于快递包裹的准确快速分拣、门店订单的准确备货；在生产领域主要用于生产物料和成品的准确快速分类、缺陷检测。

自动分拣系统能连续、大批量地分拣货物，分拣误差率极低，以机械化设备代替人工操作，在降低成本、提升效率和提高准确率方面作用明显。

自动分拣系统组成

自动分拣系统一般由数据采集装置、运输装置、分类装置、分拣格口、控制装置及计算机管理系统组成。

数据采集装置：实现物品分辨的装置，将物品的信息录入分拣系统，作为分拣依据。常见的数据采集装置包括条码标签和读码器、RFID标签和读写器、相机、传感器和称重装置等。

运输装置：运输装置是指承担物品运输任务的装置，常见的实现方式有输送机和AGV小车。输送机应用已较为成熟，AGV小车灵活性较高，主要用于中小型物品的分拣运输。

分类装置：分类装置基于控制装置的指示，将物品输送至不同格口，以实现物品的分类分拣，目前市场上主流的设备类型包括模组带分拣机、交叉带分拣机、滑块式分拣机、翻板式分拣机、摆轮分拣机、AGV 分拣机器人和机械臂，各类型设备在不同分拣场景下有着不同的应用优势。一些自动分拣系统将运输装置和分类装置集成化为一个独立的运动装置。

分拣格口：一个格口为一个分拣目标位，被分类的物品通过进入不同的格口匹配各自要去的下游。格口形式有输送机类和收集缓存类。

控制装置及计算机管理系统：接收分拣物品的信息，控制运输装置，使分拣货物按分类装置的要求快速准确地进入。控制分类装置，使分拣货物在预定的分拣格口快速准确地拣出。同时完成分拣系统各种信号的检测监控及安全保护，对分拣系统中各设备运行的数据进行监测、记录和统计。

自动分拣系统发展现状

20世纪20年代世界上第一台信件自动分拣机标志着自动分拣设备行业的诞生。随着经济的发展以及随之而来物流行业的兴起，自动分拣设备逐步成为仓储和物流中心的基础设施之一。

在我国，自动分拣设备目前主要应用领域在快递物流、电商、烟草、医药、汽车、图书、食品和机场包裹等。在工业制造业，根据产品和生产流程的不同，可分为许多细分领域，每个细分领域需采取不同的解决方案，行业定制化程度较高，还难以实现对于多SKU的精确识别和柔性拣选，且成本较高，因此自动分拣在制造业的应用进程比较缓慢。从行业发展阶段来看，目前自动分拣设备行业还处于成长阶段的早期。

自动分拣设备行业由于技术差异和应用场景不同，设备类型多种多样。自动分拣系统性能的体现也较为依赖物流系统整体解决方案的设计。目前，常见的自动化分拣系统主要包括如下几方面：

自动分拣机械臂：机械臂分拣在物流领域有广泛应用，主要用于快速分拣、快速拆垛码垛等作业场景。机械臂通常配置真空吸盘或者夹取装置，通过吸取或夹取物品实现分类分拣。机械臂本体的应用已经较为成熟，AI 视觉识别和运动规划算法、工业相机等的发展将使机械臂的应用更加智能。机械臂的优点是适用范围广，缺点是成本较高。

自动分拣机器人：自动分拣机器人包括 AGV 和 AMR，能够根据导航自动将物品从起始点搬运至目的地。

AGV：自动导引车辆。从 20 世纪 70 年代开始应用在工厂和仓库中。为了适应不同场景需求，AGV 的导航技术不断进步，同时发展出多种本体形态。

AMR：自主移动机器人。导航和运动的灵活性比传统的 AGV 更高。不依赖固定的导航轨道或标志，能够自由运动及自主避障。

输送分拣机：输送分拣机具有很高的分拣效率，通常每小时可分拣商品 6000—12000 件。分拣机的种类很多，按布局型式可分为直线型、环线型，按出口型式可分为水平推出式、重力跌落式和在线导出式。常见的分拣型式有翻板式、交叉带式、落袋式、滑块式、直线窄带式、导轮式、模组带式、窄带式和摆臂式等多种类型。不同的分拣型式其特性与应用场景各不相同。

全自动播种墙：智能播种墙是高性能、模块化、可按需灵活扩展配置的自动分拣系统，满足不同形态物品的自动分拣。该系统由投料机构、输送机构、分拣机器人和货架格口、控制和管理系统组成。高速运行的机器人可以快速准确地把货物运送到指定的格口，效率是非自动分拣的 8 倍以上，通过多个模块的组合可以进一步提高分拣速度。

浅谈自动分拣系统发展趋势

一是信息化和智能化趋势日益凸显。输送分拣技术与信息、物联网技术结合，通过在传统的输送分拣设备上，加装识别监控、数据分析装置，结合大数据深度学习技术，将极大提升自动分拣系统的服务范围和服务能力，从而实现自动分拣智能化的路径。

二是应用向细分化方向发展。在自动化分拣普及率较高的行业，未来自动分拣系统的应用将随着客户需求与业务形态变化向细分化方向发展。随着智能制造的推进，制造企业的生产环节和仓储环节对自动分拣系统的需求逐步上升，也将成为行业发展的重点方向。

三是系统向无人化方向发展。人口红利的消失与用工成本的上升，推动行业向无人化发展，疫情影响更加强这一趋势。在整个分拣过程中依然有部分柔性工作需要人工操作，如运营管理、人工理货等依然制约着分拣作业效率及准确率，要彻底解决这一问题，无人化作业是首选。

2023 上海国际快递物流展，电商行业物流机器人系统解决方案亮相

电商行业具有 SKU 多、订单波动性大、时效要求高等特点，物流机器人系统因其突出的柔性，同时兼具效率与成本优势而适配于电商行业的需求。而电商行业市场规模的不断扩大以及丰富的作业场景，也为物流机器人品类的进一步多样化和解决方案的不断完善提供了空间。

电商行业庞大的业务体量，丰富的作业场景，促进了自动化物流技术的发展与应用，特别是基于其商品品规数量多、订单波动性大、时效要求高等特点，对柔性自动化解决方案的需求愈发强烈。正因为此，2015 年前后，一大批物流机器人企业应运而生，以创新的拣选解决方案切入电商行业。

作为快递业行业盛会，2023 上海国际快递物流产业博览会将以“科技赋能·智能制造·绿色环保”为主题，7 月 5—7 日在上海新国际博览中心重磅启幕。上海博览会汇聚了超过 23 个国家和地区的 500 家参展企业，更吸引了 30 多个国家和地区的 38,000 名专业观众。

2023 上海国际快递物流展汇集装备知名企业——德马泰克、昆船、德马、中鼎集成、今天国际、兰剑智能、立镖机器人、江苏华章、中科微至、江苏智库、新北洋、福玻斯、普罗格、井松、青岛华天车辆、旷视、搬易通、隆链、科捷、豹翔机械、极智嘉、金锋馥、大福中国、浙江道远工贸、上汽大通、金彭集团等。

国内外知名快递物流品牌和机构包括顺丰速运、中国邮政、德邦物流、韵达快递、京东物流、优速物流、韵达快递、圆通快递、DHL、UPS、联邦快递、中通快递、极兔速递等齐亮相，共同为快递物流行业定制，新技术、新装备与全新解决方案。

2023 上海快递物流展将围绕快递物流与供应链、自动化装备、AGV 机器人、信息化设备、新能源物流车、智慧物流、冷链物流、内部物流新产品、新技术、新装备，打造具有行业影响力的商贸交流平台。

来源：上海快递物流展组委会

CeMAT ASIA 2023 上海仓储物流展

CeMAT ASIA 2023 展会亮点

第 22 届亚洲国际物流技术与运输系统展览会（简称：亚洲物流展）将于 2023 年 10 月 24—27 日在上海新国际博览中心开启。展会将以“智慧物流”为系列主题，展示智能制造的创新成果，联合打造横跨各领域的大工业平台。

CeMAT ASIA 2023：势如破竹，继续谱写展商精彩

2023 年是挑战，也是机遇。物流人们乘风破浪，抓紧时机，“变”与“不变”都将“破局”。截止至 2022 年 5 月，CeMAT ASIA 所报名的展商——系统集成及解决方案、AGV 与物流机器人、叉车及配件、输送分拣等板块均实现了增长，确认参展规模超过 2022 年同期水平。

系统集成板块掌握着行业的中枢，在展会中发挥着核心的作用。CeMAT ASIA 2023 的现场一定不会缺少它们的身影——德马泰克、科纳普、北自所、北起院、昆船、德马、中鼎集成、今天国际、兰剑智能、江苏华章、中科微至、江苏智库、新北洋、福玻斯、普罗格、井松、安歌、旷视、隆链、科捷、磅旗等业内知名展商齐亮相。

工业 4.0 离不开智能制造，智能制造离不开机器视觉和工控产品，他们为我国工业自动化打开“新视界”。上海倍加福、西克传感器、康耐视、易福门、基恩士、万可电子、魏德米勒、宜科等这些老牌企业和新兴企业将齐聚 CeMAT ASIA 2023 的现场，通过他们的产品展示为现场观众带来一场“机器视觉”的延伸体验。

输送分拣系统是仓库的基本单元，担负着连接各个功能单元的任务。锋馥、英特诺、华南新海、豹翔、获捷、冠超、阿波罗、康奋威、中匠、百德邮政、赛那德、旺满、银轴等业内知名品牌也将在 CeMAT ASIA 2023 W2、W3 馆静候光临。

随着工厂自动化、计算机集成制造系统技术逐步发展，移动机器人的应用范围和技术水平得到了迅猛的发展。在此产业变革大背景下，CeMAT ASIA 倾力打造 AMR 移动机器人展区，以智慧物流技术赋能智能制造。2023 年 CeMAT ASIA AMR 移动机器人展区规模进一步扩大，海康、快仓、极智嘉、海柔、华睿、国自，未来机器人、AGILOX、励微、木蚁、牧星，灵动、壹悟、佳顺、宇锋、海豚之星、海通、塔斯克、寻迹智，等领先的 AGV-AMR 移动机器人企业将展示面向 3C，提供新能源、半导体，汽车、面板、电商、快递等行业智能工厂产线端到端物料搬运及仓储物流运输解决方案。世界机器人巨头 AKUKA 也将携最新最前沿的工业机器人回归 CeMAT ASIA 2023。同时九曜、驭势工业级无人驾驶也将亮相现场。

作为 CeMAT ASIA 长久以来不可或缺的中流砥柱，叉车及配件板块一直代表着物流行业的根基，在深受新冠疫情影响的时期也依然引领着传统制造业的前行方向。众多知名物料搬运行业的领军企业将再次盛装亮相 CeMAT ASIA 2023。

CeMAT ASIA 2023：创新沙龙紧跟热点，拓展全新赛道

在 2023 年的 CeMAT ASIA 现场，已经有了 7 年历史的核心论坛——CeMAT ASIA 创新沙龙将再次与大家见面！这一 CeMAT ASIA 的品牌主论坛将继续在 3 天的活动时间里，为所有观众带来六大主题的精彩分享，涵盖智慧物流、人工智能、供应链等。

CeMAT ASIA 2023：缤纷同期活动，占领行业个高峰除了传统的展览展示之外，CeMAT ASIA 将继续以其平台优势，联合强大的合作方与媒体，倾情打造 30 余场形式多样的现场论坛与活动，丰富企业展示形式与观众观展体验。其中不仅包括 CeMAT ASIA 品牌主论坛——创新沙龙（Innovation Salon）、2023 年的高规格重磅活动——智能制造大会，还有诸如中国大学生智能制造大赛、供应链沙盘推演竞赛以及各类论坛活动，主题涵盖世界物流发展趋势、智能制造与智慧物流、应急供应链、数字化物流技术、物流成本控制等，涉及机械制造、汽车、食品、医药、美妆、家居、服装、电商、零售、快递、第三方物流等多个行业，并邀请业内顶级专家为观众解答疑问、分享经验、探讨解决方案。

二、物流标准

（一）2023 年全国物标委将进一步完善物流标准体系

上证报中国证券网讯 据中国物流与采购联合会 1 月 11 日消息，近日，全国物流标准化技术委员会（以下简称“全国物标委”）通过线上与线下相结合方式召开了 2022 年度工作会议。会议听取并审议了全国物标委 2022 年度工作报告、《物流国家（行业）标准管理办法》（审议稿），讨论了 2023 年工作计划。

中国物流与采购联合会副会长兼秘书长崔忠付在工作报告中介绍，2022 年，全国物标委按照《国家标准化发展纲要》要求，结合物流行业发展现状，重点围绕物流企业数字化、智能化、智慧化转型，物流行业绿色化、高质量发展等方面开展了数字化仓库、无人仓、云仓云配、智能仓储、智慧物流服务、物流大数据、企业绿色物流评价、企业温室气体排放核算、逆向物流评价等方面标准的制定，积极开展了仓库、货架、托盘等物流标准的修订工作，并在食品冷链、农产品冷链、医药物流、即时配送、电商物流、汽车物流、应急物流、煤炭物流等重点领域推进物流国家标准、行业标准、团体标准的制修订工作。崔忠付总结了 2022 年物流标准制（修）订、实施效果评价、宣传推广，以及国际标准化、团体标准化、企业标准“领跑者”评估等方面的工作情况。

崔忠付表示，2022 年全国物标委在行业需求方面调研、标准化组织管理、国际标准化工作规则方面还有很多不足。2023 年，全国物标委将继续深入贯彻《国家标准化发展纲要》、落实国务院办公厅《“十四五”现代物流发展规划》等重大政策的要求，进一步完善物流标准体系、规范开展标准制修订工作、加大物流标准宣贯力度，扩大物流标准化影响力，深入推进物流国际标准化工作，扩大开展物流企业标准“领跑者”工作，继续加强全国物标委自身能力建设。

与会委员们审议通过了全国物标委 2022 年工作报告、2023 年工作计划，以及《物流国家（行业）标准管理办法》（审议稿），并在进一步研究落实《“十四五”现代物流发展规划》提出的现代物流标准化发展规划、开展行业前沿标准化基础研究，加强物流行业可持续发展标准体系、绿色发展标准体系的研究和标准研制，加强与相关 TC 和相关单位的标准化合作，建立标准化专业团队开展企业咨询服务，开展物流标准宣贯实施案例宣传等方面提出了建设性意见和建议。

来源：《上海证券报》

（二）2023 年交通运输标准化发展报告发布，适应交通运输高质量发展的标准体系基本形成

近日，交通运输部发布《交通运输标准化发展报告（2023 年）》（简称《报告》）。《报告》通过数据概览、重点工作、典型案例，系统总结了“十四五”以来交通运输标准化发展总体情况，全方位展示了综合交通运输标准化运行机制建设、标准体系建设、标准实施应用和国际交流合作等方面的进展和成效。

《报告》显示，截至2023年12月，综合交通运输、铁路、公路、水运、民航、邮政领域现行有效国家标准908项、行业标准3145项、地方标准2405项，21家交通运输领域社会团体在全国团体标准信息平台共计自我声明公开团体标准940项，适应交通运输高质量发展的标准体系基本形成。标准为服务国家重大战略实施、支撑综合立体交通网建设、推动交通装备升级换代、提升运输服务品质效率、推动智慧交通快速发展、保障交通运输安全和促进绿色低碳交通建设提供了重要技术支撑。交通运输标准化对外交流合作不断深化，标准化科学管理效能进一步提升，支撑引领行业高质量发展迈出坚实步伐。

《报告》从积极推动标准国际交流与合作、服务国家重大战略实施、推动综合交通运输融合发展、支撑新型交通基础设施建设、夯实绿色安全发展基础、提升运输服务品质效能等方面，遴选了来自铁路、公路、水运、民航、邮政等领域的27个标准化案例，展现了交通运输标准化适应人工智能、大数据、物联网等新技术发展态势，促进自动驾驶、低空经济等新业态发展，培育壮大新质生产力，推动物流降本提质增效等方面的生动实践。

展望未来，《报告》提出，要更好发挥标准的基础性、引领性作用，更加注重标准一体融合、提档升级、开放兼容、创新驱动和实施应用，继续深化管理机制建设，不断强化标准供给，稳步扩大标准制度型开放，着力提升实施效能，着重促进创新发展，持续夯实发展基础，为加快构建安全、便捷、高效、绿色、经济、包容、韧性的可持续交通体系提供强有力的支撑。

来源：《中国交通报》

（三）GB/T 30335-2023《药品物流服务规范》国家标准解读

1. 标准编号及标准名称

标准编号：GB/T 30335-2023（代替GB/T 30335-2013）。

标准名称：《药品物流服务规范》。

2. 标准制定背景

“十三五”期间，《药品物流服务规范》国家标准作为药品物流领域首个国家标准，为物流企业提供药品物流服务提供了指导，对行业的发展起到了引领作用。但随着近年来政府对药品安全管理的加强，以及《药品管理法》等法规的修订实施，标准的一些技术要求需适时修订，同时药品行业在政策和市场的双重驱动下也呈现了高速增长，医药物流模式不断创新，客户个性化定制化需求，以及行业数字化智能化转型，都对药品物流服务能力和水平提出了更高的要求。

3. 标准主要内容

新发布的《药品物流服务规范》（GB/T 30335-2023）国家标准规定了药品物流服务的基本要求，以及人员与培训、设施设备、信息系统、仓储、运输与配送、装卸与搬运、交接、增值服务、信息管理、风险管理、投诉处理、服务评价与改进的要求。适用于药品物流服务与管理活动，不适用于药品医院院内物流服务与管理活动。标准的使用主体包括了药品的经营组织以及提供药品物流服务的组织等，药品生产企业、药品终端零售企业的物流作业可参照本标准执行。

与2013版的《药品物流服务规范》国家标准相比，本次修订主要体现在以下几个方面：

一是进一步明确了标准的适用范围，保持了与其他标准的协调一致性；

二是新增了物流从业人员、物流设备以及信息系统等要求，提高企业的物流服务保障能力；

三是新增了物流外包的管理要求，新增了定制化、数字化、智慧化、物流信息追溯等满足客户新需求的增值服务内容，以更好地引导企业高质量发展；

四是新增了物流服务评价与改进要求，进一步细化和提升了物流各环节的服务要求，信息服务要求和风险管理要求等，以提高企业物流服务水平。

4. 标准实施意义

药品物流关联着药品质量和老百姓的用药安全。本标准的发布实施有利于进一步规范企业物流服务作业，引导企业提供定制化物流服务，实现物流的数字化、智能化转型升级，从而促进药品物流行业健康有序发展，确保药品质量安全。

来源：标准化工作部

（四）快递业五项国家标准发布，我国首部快递包装强制性国标 6 月 1 日起实施

近年来，我国快递业持续快速发展，快递业务量连续 10 年位居世界第一。为进一步规范邮政行业发展，提升快递服务质量水平，推动快递业绿色低碳发展，国家标准委发布了五项国家标准，为打造更绿色、更安全、更便利的快递业提供技术支撑。

近年来，我国快递业持续快速发展，生鲜冷链、农村寄递、仓配一体等新兴业态不断涌现，自动化、信息化、数智化、绿色化全面加速，快递业务量连续 10 年位居世界第一。

市场监管总局（国家标准委）1 月 25 日召开快递业五项国家标准新闻发布会，解读《快递包装重金属与特定物质限量》《快递服务》《快递循环包装箱》等五项国家标准，为进一步规范邮政行业发展，提升快递服务质量水平，推动快递业绿色低碳发展提供技术支撑。

1. 包装更绿色，明确禁止使用有毒有害快递包装

当前，我国快递业务量已经实现从“年均百亿”到“月均百亿”的大跨越，妥善处理好快递包装，对节约资源、保护环境意义重大。

市场监管总局标准技术司副司长徐长兴介绍，近年来，市场监管总局会同国家邮政局持续推进快递绿色包装标准化工作，成立了快递绿色包装标准化联合工作组，构建了快递绿色包装标准体系。2020 年，八部门联合印发了《关于加强快递绿色包装标准化工作的指导意见》。3 年多来有序推进标准研制与应用，支撑快递绿色包装“标准化、循环化、减量化、无害化”，重点做了以下工作：

（1）建立覆盖快递包装全链条的标准体系

围绕快递包装设计、生产、使用等全生命周期，加速推动快递包装新材料、新技术、新产品相关成果转化为标准，依据标准推进包装产品生产、检测、认证等工作。截至 2023 年底，现行快递绿色包装国家标准、行业标准共 26 项，全面覆盖快递封套、包装袋、包装箱、电子运单、胶带、填充材料、集装容器等主要快递包装用品。

（2）探索制定快递包装循环利用国家标准

制定发布了《快递循环包装箱》国家标准，提出快递循环包装箱的三种结构，以及箱板强度、整箱物理性能、尺寸公差等技术要求和试验方法，为快递循环包装箱的设计、生产和检验提供依据。

（3）协同落实快递包装减量化标准

一方面，关注胶带、快递运单等包装材料的减量，比如实施《快递电子运单》国家标准，推动电

子运单替代纸质运单，将原来的三联运单变为一联的“小面单”；实施《邮政业封装用胶带》系列行业标准，推广使用45毫米及以下的“瘦身胶带”等。另一方面，关注电子商务、制造业、农业等上下游产业链协同，给出科学的包装操作指引。

（4）发布快递包装无害化强制性国家标准

围绕生态保护和人身健康红线，禁止使用有毒有害快递包装，批准发布了《快递包装重金属与特定物质限量》强制性国家标准，这是首部关于快递包装的强制性国家标准。明确提出铅、汞、镉、铬等重金属，以及溶剂残留、双酚A、邻苯二甲酸酯等特定物质限量要求，建立快递包装安全底线。

中国标准化研究院副院长李爱仙认为：“《快递包装重金属与特定物质限量》对快递包装的生产与使用划定了红线和底线要求，对于减少快递包装对人身健康和环境所带来的不利影响，推动快递业绿色转型升级具有重要意义。”

下一步，市场监管总局将会同相关部门持续发力，尽快出台《限制快递过度包装要求》强制性国家标准、《邮件快件循环包装使用指南》等推荐性国家标准，不断完善与绿色发展理念相适应的快递包装标准体系，为深化快递包装绿色治理提供有力支撑。

2. 服务再优化，增加用户个人信息数据安全要求

为了适应人民群众更加美好用邮需求、加强个人信息安全保护、更好地支撑“两进一出”工程（快递进村、进厂、出海）和农村寄递物流体系建设，快递服务也要随之提质增效。

新版《快递服务》增加了快递用户个人信息采集、存储、使用中的数据安全要求；提出了针对不同下单方式和投递方式的快件收寄、投递要求，不断引领快递服务质量效率提升。

（1）加强快递服务主体建设

李爱仙认为，优化快递服务，要加强快递服务主体建设。新版《快递服务》标准从总体要求、服务主体、服务产品、服务场所及设施、包装用品与设备、从业人员管理、信息系统、数据安全、服务合同、服务安全、服务质量11个方面，对快递服务主体提出了相关要求。相比原标准，增加了快递服务产品分类，细化了国内快递服务时限，完善了绿色包装要求，提出了从业人员权益保护要求，强调了数据安全和合理确定服务费用等要求。

（2）新版《快递服务》标准在内容上有很多创新

此外，为了向消费者提供更高质量的服务，新版《快递服务》标准在内容上有很多创新。

首先，对用户下单和投递方式进行了细分。将用户下单分为通过快递服务主体下单和电子商务平台下单两种方式，将投递分为上门投递、箱递、站递等四种类型，更好适应寄递用户个性化需求。

其次，对计费重量进行了规范。快递服务主体应确定正确的计费重量，计费重量以千克为单位，保留小数点后至少一位，对快件重量的计费更加科学合理。

再次，增加智能化服务要求。包括智能安检系统和智能信包箱、智能快件箱、快递无人车、无人机等智能收投服务终端相关要求，推动新技术在行业的应用。

3. 进村更便利，打通“快递进村”的“最后一公里”

农村流通一头牵着农产品进城、促进农民增收，一头牵着消费品下乡、满足农民更加美好生活的需要。其中，农村寄递服务在整个农村流通中的地位日益突出，搭建了城乡生产和消费的桥梁。

2022年中央财办等九部门联合印发了《关于推动农村流通高质量发展的指导意见》，进一步畅通国民经济循环，推动城乡融合发展。

徐长兴介绍，此次在《快递服务》国家标准修订过程中，市场监管总局积极落实中央关于加快建设高效顺畅农村现代流通体系的要求，深入总结国家邮政局近年来组织实施“快递进村”工程的先进经验，重点从以下五个方面进行创新和突破：

一是整合运输资源，要求快递服务主体综合利用农村客运班线等交通运输资源，保障快件运输效率，打通“快递进村”的“最后一公里”。

二是加强信息互通，要求快递服务主体、邮政企业、交通运输企业应根据快快合作、邮快合作、交快合作业务需求，加强双方之间的信息共享，促进城乡间商品和资源要素加快流动。

三是规范投递深度，收件人地址为建制村及建制村以下自然村的，快递服务主体应将快件投递至建制村，或村内约定地址。

四是保证服务时限，明确收寄地或寄达地为乡镇（非城区）及以下区域的，快递服务时限可适当延长，但延长时间不宜超过 48 小时。

五是鼓励提供惠农服务，要求快递服务主体遵循公平、合法、诚实、信用的原则，兼顾城乡区域差距，以快件“收寄地所在县”到“寄达地所在县”为基本单元，合理确定服务费用。寄达地为乡镇以下区域的，在兼顾投递成本的基础上，鼓励为农村用户提供优惠服务。

来源：国家邮政局、市场监管总局

三、物流技术

（一）物流行业 2023：新技术、新模式、新机遇

随着科技的飞速发展和全球贸易的日益繁荣，物流行业正在经历一场前所未有的变革。新技术、新模式和新机遇层出不穷，为创业者提供了无限的商机。本文将深入剖析物流行业的现状和未来趋势，帮助你把握创业脉搏，实现财富梦想。

新技术：智能化、自动化引领潮流

物联网技术：通过智能设备与传感器，实现货物实时监控和追踪，提高运输效率。

区块链技术：优化供应链流程，提高透明度和可追溯性，降低风险。

人工智能：通过大数据分析和机器学习，优化路线规划、库存管理和预测分析，提升运营效率。

自动化设备：无人机、自动驾驶卡车等自动化设备正在逐步改变物流行业，降低人力成本。

新模式：平台化、共享化成为趋势

平台化：以平台模式整合资源，连接供需双方，实现高效匹配。

共享化：通过共享经济模式，盘活闲置资源，提高资源利用效率。

众包物流：借助社会化力量，实现快速响应和灵活调度，满足个性化需求。

新机遇：绿色物流、跨境电商蓬勃发展

绿色物流：在环保趋势下，绿色物流成为新的增长点，环保技术和可持续包装受到关注。

跨境电商：随着全球化的深入，跨境电商潜力巨大，为创业者提供了广阔的市场空间。

乡村振兴：结合乡村振兴战略，农村物流市场潜力巨大，为创业者提供了新的机遇。

创业机会及好处

紧跟趋势：抓住新技术、新模式、新机遇，顺应行业发展趋势，抢占先机。

降低成本：利用新技术和共享模式，降低运营成本，提高盈利能力。

拓展市场：借助跨境电商和农村市场的发展机遇，拓展市场份额，实现快速增长。

实现价值：通过提供优质服务，提升客户体验，实现社会价值和经济价值的双重收获。

专业性

作为创业者，要想在物流行业取得成功，必须具备以下专业素养：

行业知识：了解物流行业的发展动态、政策法规以及市场行情，具备敏锐的商业洞察力。

技术能力：掌握相关新技术和工具，具备技术学习和创新能力，将新技术应用于业务实践中。

管理能力：建立高效的管理团队，优化流程和组织架构，确保企业稳健发展。

营销能力：善于捕捉市场机遇，制定有效的营销策略，提升品牌知名度和市场份额。

人才培养与团队建设：重视人才培养和团队建设，营造良好的企业文化，提高员工凝聚力和向心力。

风险控制：具备风险意识和应对能力，有效防范和应对各种可能出现的风险。

持续学习：不断学习新知识、新技能，保持创新意识和敏锐度，适应不断变化的市场环境。

物流行业在新技术、新模式和新机遇的推动下正面临着前所未有的变革。作为创业者，要紧紧抓住机遇，提升自身专业素养，深入了解行业和市场动态，善于运用新技术和新模式降低成本、拓展市场、提升服务品质。同时要关注行业发展趋势和政策变化，合理规划企业发展路径，实现持续稳健增长。

来源：全网公开数据

（二）2023 年物流行业数字化技术十大发展趋势

物流是一个国家的脊柱产业，为我国经济发展提供巨大的支撑作用，但目前我国物流行业的发展距离国际领先水平仍存在较大的差距。尤其在新冠疫情期间，物流行业遭受重创，针对此类大规模突发事件，物流业的数字化转型刻不容缓。

在国家《十四个五年规划和 2035 远景目标纲要》中 19 次提到物流及现代物流在远景规划中的支撑性作用和定位。随着技术和时间的发展，来看一下 2023 年有哪些数字化物流新技术得以应用。

趋势一：以 RFID 为代表的第三代识别技术迎来规模化商用

射频识别技术（RFID）相较传统条码技术，具有存储信息量大、非接触识别、识别距离远、识别速率高、可重复使用等突出优势。目前，该技术主要应用于零售领域。沃尔玛、乐购、麦德龙、迪卡侬、优衣库等快消零售巨头都在大力推进 RFID 技术的应用，带动物流和供应链的改革。相比未使用 RFID 技术的商店，配备 RFID 技术的商店使其产品缺货率下降了 16%，由商店人工完成的订单量下降了 10%。

物流行业由于作业环境的复杂性，射频识别的准确率一直在 80% 左右，无法应用到现实场景当中。2021 年，菜鸟物流通过优化芯片与识别算法，将 RFID 精准识别技术的准确率提高至 99.8%。这一关键技术的突破使 RFID 技术在物流领域的大规模商业应用成为可能，有望成为继条形码、二维码之后的第三代识别技术，推动物流供应链数字化战略升级。目前，菜鸟在物流绿色循环箱和跨境包裹的追踪定位环节，已经广泛使用该技术。

借助 RFID 等创新技术打造的全新供应链管理方案，能实现物流信息的全程数字化，让人、货、场等要素的信息透明度得到加强。数字化转型是供应链的主要发展趋势，RFID 技术在物流和供应链领域的进一步普及必然会大大加快这一趋势的推进。

趋势二：无人驾驶孕育下一个物流万亿市场

以特斯拉为代表的主机厂商将无人驾驶技术带入了乘用车市场。除了技术进步，无人驾驶领域的政策和配套法规也在逐步松动。日本 L3 法规已经落地，德国最近也批准了奔驰 L3 级的无人车量产。

在物流领域，无人驾驶的应用场景更为丰富。无人驾驶技术能实现装卸、运输、收货等物流作业的无人化、机器化，促使物流领域降本增效，推动物流产业的革新升级，公路干线运输、中短途配送、仓储作业、快递末端配送等业务场景都将是重要的应用场景。由于受到车辆技术和政策法规的约束，无人驾驶技术在物流场景的规模化商用，将最先在快递末端取得突破。

从趋势来看，快递末端配送“最后一公里”这一物流成本最高的环节，是低速无人驾驶技术目前应用最为广泛的领域。而今快递业务量剧增，一线城市配送人员短缺的问题愈加突出。这一背景下，无人配送在快递物流等场景的价值日益凸显。尤其是在 2020 年新冠疫情爆发期间，以无人配送为代表的无接触式智能化配送作为一种切实可行的末端配送解决方案，成为行业关注的焦点。菜鸟、美团等行业参与者近年来纷纷入局末端物流无人驾驶，国外的谷歌、亚马逊等科技公司也先后加入这一市场。

随着 5G、AI 等技术的发展和国内人力成本不断提升，低速无人驾驶的价值在 2022 年得到更大释放，实现规模化应用后将带来成本的大幅下降，有望孕育下一个物流万亿市场。

趋势三：氢能源将变革干线物流

氢能是全球最具发展潜力的新能源之一。目前，锂电池已经逐渐进入乘用车市场，但对于长途货车来说，锂电池并不是最佳选择。从目前来看，相较于纯电，氢燃料的高功率密度、续航里程长、加氢时间短等优势，保证了其在干线物流应用上的优越性。另一方面，传统的干线物流长途货车一直是碳排大户。数据显示，重卡占整个汽车数量的比重只有 2% 左右，但排放占比超过了 60%。

目前，氢能源电池汽车已进入了大规模商业示范阶段，据中国汽车工程学会发布的《节能与新能源汽车技术路线图 2.0》预测，2030—2035 年间中国氢能源电池汽车的保有量将增加到 80—100 万辆。在“双碳”目标的指引下，全国各地加速了氢能产业布局规划并开始逐步推动氢能高速通道的建设。例如，四川省和重庆市合作规划的“成渝氢走廊”设计了 2 条城际线路和 1 条直达干线，并计划于 2025 年前投入约 1000 辆氢燃料物流车，最终打造成渝城市群的氢能快速运输网络。在海外，沃尔沃集团和戴姆勒卡车已经组建完成燃料电池合资企业，这预示着欧洲的传统卡车企业也在转身加速进入氢燃料电池技术这条赛道。

在节能减排的大趋势下，更符合物流运营效率的氢能源车型，与目前传统燃料重卡的区别较小，物流公司更易切换，司机也更易上手。从 2020 年开始，氢燃料电池技术已进入商用快车道，可以预测氢能源也将在干线物流领域掀起一场巨大的变革。

趋势四：供应链的数字化成为产业互联网标配

互联网在消费端对人民生活和社会经济产生了巨大的影响。经过 10 余年的高速发展，消费互联网领域已经逐渐趋于饱和。但是，生产制造端的数字化水平仍处于相对较低的水平，产业互联网发展可期。德勤中国物流与交通团队发布的报告《中国智慧物流发展报告》显示，预计到 2025 年，智慧物流市场的规模将超过万亿元。也有分析表明，如果数字化转型能够拓展 10% 的产业价值空间，每年就可以多创造 2000 亿美元以上的新价值。

在新冠疫情的冲击下，企业提高了对供应链数字化转型必要性的认识，为供应链的数字化发展按下了加速键。同时，在 5G、人工智能、大数据、区块链等新技术的支持下，产业互联网将数字化从消费端深入推进到供给端，供应链数字化的场景进一步打开。未来，供应链的数字化不仅体现在单一产业要素或单一领域的数字化，更侧重于通过产业互联来实现供应链生态的网络协同和价值创造。

目前，跨国消费品巨头宝洁、联合利华、雀巢，国内的上汽通用五菱、宝武集团、徐福记、五粮液等大公司，正在与菜鸟物流科技合作改造其数字供应链，在范围更广的制造业产业带上，中国的中小企业也正在通过搭建互联互通的数字化供应链体系，实现资源的汇聚、配置和优化，同时提高应对不确定性风险的能力。

趋势五：XR 技术增强现实让一线工人作业更高效

XR(Extended Reality) 技术即扩展现实技术，它包含了虚拟现实 (VR)、增强现实 (AR) 以及混合现实 (MR) 等技术概念。XR 技术通过与物联网、大数据分析技术和人工智能相结合，产生一个真实与虚拟结合、可人机交互的环境。该环境具有高维度、超视距、高效指导、交流便捷等特性，使得员工的工作状况更加智能。

“十四五”规划将虚拟现实和增强现实产业列为未来五年数字经济重点产业。事实上，XR 技术在游戏、电影等娱乐领域的应用已较为成熟。在工业领域，XR 技术也已经大量落地，包括海尔、格力、施耐德电气、上汽、国家电网等企业在某些高危环节应用 XR 技术，寻求更为安全、高效的作业效果。波音公司现在使用 AR 眼镜来协助技术人员为飞机布线，将生产时间缩短 25% ，并大大降低了出错率。

在物流领域，XR 技术的应用探索也初见成果。尤其是增强现实技术（AR）能够将虚拟世界和现实世界以多种组合方式进行融汇，从而为物流行业一线员工的高效率作业提供更多可能。例如，在菜鸟物流的自动化仓中，仓储作业员工通过佩戴 AR 眼镜能大大提升拣选效率，降低拣选错误率，并降低企业培训的时间和支出；在运输环节，除货物装载和检查之外，AR 技术与设备在货车驾驶状态也可取代传统导航系统提供动态实时导航。

未来，依托 XR 系统，物流企业能实现作业场景的信息化、智能化，提高工作效率，降低成本。从仓储优化、员工培训到现代化运输发展，XR 技术在全球供应链中发挥着积极的作用。

趋势六：LPWAN 技术广泛连接物流要素

物联网技术增加了物流过程的可见性，加速实现物流行业的数字化转型，在物流行业有着巨大的应用潜力。而更低成本和更长电池寿命一直是物联网系统架构首要考虑的问题。

LPWAN（低功耗广域网），是新一代物联网底层通讯技术，相比于 zigbee 等其他通讯技术，具有更远的信息传输距离和更低的能耗。此外，LPWAN 采用的星型拓扑设计，降低了物联网工程的实施难度。LPWAN 技术的应用能大幅降低物联网设备的基础设施成本、运维成本，同时也解决了电池寿命的问题，非常适合成本敏感的物流行业，极有可能成为物流供应链的下一代连接技术，部分替代目前主流的连接技术。

目前，许多智慧城市和智能公用事业的应用已经广泛用到 LPWAN 技术，例如智能路灯、湿度传感器、智能计量和智能停车等。在德国，DHL 为 25 万个防滚架配备基于 LPWAN 技术的跟踪器，以获取防滚架位置和移动的准确信息。中国邮政也正在推进基于 LPWAN 技术的 ZETag 云标签商用化，加强物流托盘数字化管理。LPWAN 技术在物流行业广泛、深入的应用，将精准解决物流行业不同场景不同应用的痛点，持续助力物流行业的数字化转型。

趋势七：物流科技迈入绿色包装时代

2021 年我国快递年业务量突破了 1000 亿件，但物流行业的飞速发展也带来了大量纸类和塑料废弃物。在碳中和目标下，发展绿色包装和循环利用技术具有重要意义。

实际上，仅仅依靠物流企业，无法推动快递包装走向绿色时代。物流企业需要协同厂商、品牌以及相关的供应链合作伙伴，联手推进绿色包装治理。菜鸟在与雀巢的绿色协同中，在雀巢工厂对商品做定制化包装来减少塑料材料的使用；在工厂里使用绿色智能周转箱，降低纸箱的消耗；通过算法为商品订单匹配合适箱型，减少包装物的浪费；推广原包装发货，减少二次包装带来的新材料使用；在菜鸟驿站进行包装物回收；通过菜鸟裹裹上门回收咖啡胶囊等特定包装材料等等。

目前，菜鸟电子面单、智能装箱、循环中转袋、瘦身胶带、驿站绿色回收和寄件等技术和举措已得到全面推广。据《2021 双 11 菜鸟绿色物流报告》，2021 年“双 11”期间，菜鸟绿色物流全链路赋能的各类商家与消费者绿色行为给全社会减碳 5.3 万吨。不仅是菜鸟，国内各大快递公司基本都在网点布置了快递包装物的回收箱，践行绿色回收。

2022 年，物流迈入绿色包装时代。绿色包装新技术、新材料的应用，在现代物流领域将有更为广泛应用。可降解包装袋、循环快递箱、可折叠保温周转箱将代替一次性塑料包装，原包装发货、纸箱的循环使用等绿色物流模式将逐渐走向成熟，也许纸箱零新增将不再遥远。

趋势八：物流将成为 AI 技术重要的落地场景

近些年，人工智能技术取得了高速发展，在安防、互联网、金融、医疗、物流、制造业、交通等多个行业大量落地。该领域也诞生了有“AI 四小龙”之称的旷视、商汤、云从、依图等科技公司。

以运筹优化算法、计算机视觉为代表的 AI 技术，在物流行业的应用显著提升了物流运作效率。尤其当行业步入后疫情时代，“无人”“远程”加速了物流行业向智慧化演进。像菜鸟、顺丰等物流公司，在 AI 领域一直投入多年。菜鸟的智能语音机器人此前被《麻省理工科技评论》评选为“全球十大突破性技术”，该应用不仅能够与客户流利对话，还能根据对话人的情绪变化，调整自己的语言表达，就像是在和真人对话一样。

物流是摄像头覆盖最广的行业之一，也是应用场景最丰富的行业之一。随着算法技术的突破，视觉传感器的像素提高和成本下降，视觉计算的应用将会得到进一步推广。目前，菜鸟的“物流天眼”，顺丰的“AI 神瞳”都已投入使用。AI 技术让传统摄像头也能思考，实现对物流场站的智能管理。

随着数字化技术持续突破，物流行业有望成为人工智能技术最重要的落地场景之一。

趋势九：物流全链路实现在线协同

消费电商的物流全链路起始于销售商，经由快递公司的揽件网点、始发中心、转运系统、派件网点等环节，最终到达终端消费者。当前这一全链路各个环节虽然能够在物流详情页面在线看到，但是物流各环节的服务并不在线，呈现分散状态，信息化程度和透明化程度低下，难以满足沟通便捷性，服务及时性的需求。比如，消费者在售后服务对物流提出的需求，只能先联系销售商，由销售商联系网点，再由网点联系快递公司，沿全链路解决问题，无法形成高效率的服务体系。

“速度决定高度”在物流行业尤为关键，为提高服务水平，整个物流链路基于人工智能，形成组织数字化和在线高效协同，将成为大势所趋。通过服务设备、服务人员、服务节点在线互联，实现货物实时定位，状态实时查询，信息实时共享，问题实时沟通。物流链路上的各个环节不再单打独斗，而是实现了短链协同；信息不再层层传递，而是通过物流全链路的数字化和可视化，实现订单跟踪，异常监控，及时交互，让退货、拦截、催件、投诉等变得高效。目前，圆通快递推出的客户管家服务，由快递公司直接与消费者建立联系，就是物流服务资源在线协同的典型代表。

趋势十：乡村网点自动化率大幅提升

自动化技术在工业制造领域已经大规模普及，能替代人工去做一些重复、流程化的工作，从而有效解决企业用人困难，同时提高工作效率、精度、作业安全性，降低失误率。

除了传统工业，物流已经成为自动化程度较高的行业之一。亚马逊早在 2012 年便开始布局自动化物流系统。国内的京东亚洲一号仓，申通的转运中心，都能看到机器人的身影。菜鸟未来园区是国内自动化程度非常高的物流设施之一，包括人员进出、车辆导引、设备运行等环节都实现了数字化，通过一部手机就可以轻松管理。在菜鸟的无锡自动化仓内，通过柔性自动化技术实现了 1000 台机器人协同作业，吞吐能力提高一倍多。

2022 年，这些成熟的物流自动化技术将伴随“快递进村”战略的持续推进，“下沉”到县乡，甚至村一级的快递网点，实现网点自动化，满足农村地区的物流和供应链需求。《中国互联网络发展状况统计报告》显示，全国乡镇快递网点覆盖率达 98%，农村每天有 1 亿件包裹，占了包裹总量的 1/3。但在落地过程中还存在不少难点、堵点。农产品对时效、运输条件等比普通快递要求更高，要求对传统物流网点进行相应的技术改造。

乡村供配中心以及经过自动化改造的农产品产地仓，经过自动化设备分拣的农产品能够帮助农户获得更高的收入。在乡村快递网点，自动化分拨解决方案能快速提升乡村物流分拣效率，支持农村寄递物流基础设施改造提升。快递进村要打通物流要素在城乡之间的高效流转，网点自动化率的提升则让乡村物流真正做到与城市同频共振。

来料：踏歌行智慧物流

（三）2023 年十大物流科技趋势之智能化、无人化趋势明显

【环球网科技综合报道】1 月 11 日，菜鸟对外发布了 2023 物流科技的十大趋势。多智能体自主协同技术、智能分拨、无源物联网、下一代智能包装、供应链数字孪生、数字供应链控制塔、交互式 AI、无人卡车、地理大模型、清洁能源解决方案，被认为将引领新一年的物流科技趋势。

报告认为，物流自动化正朝着智能化的方向升级。室内机器人在复杂物流场景下的应用将实现多智能体自主协同，而目前主流的分拨自动化则逐渐迭代为智能分拣，分拣设备可实现主动控制、自主调节。

随着物联网在物流行业的深入应用，在一些场景中大规模部署受到环境、成本、节能环保等限制，传统供电方式无法满足需求，无源物联网成为有效的解决方案。过去一年，菜鸟自研的 RFID 技术在生产、仓储、运输等多场景实现应用，可以预见 RFID 在物流供应链领域将迎来规模化商用。

下一代智能包装被业界普遍认为是快递物流行业从自动化向数字化升级的基础条件。以 RFID 为基础，菜鸟率先尝试将 RFID 芯片植入包材生产，让每一个包装物实现数字化，从而真正让商品在物流全链路实现数字化流转。

数字供应链已经成为传统企业数字化转型过程中的标配，在此基础上衍生出的供应链控制塔和供应链数字孪生技术，将会进一步推动供应链数字化变革不断进入深水区。包括雀巢、宝洁、联合利华、宝武集团、上汽通用五菱、东方航空等公司，正在与菜鸟合作优化供应链体系，实现资源的高效配置。

交互式 AI 目前在物流行业的应用主要包括聊天机器人、智能语音助手等形式，已成为客户沟通、交流的重要手段。该技术的不断完善，在提高服务质量，提升客户满意度上效果明显，同时也能填补相应的用工缺口，降低物流企业用工成本。

无人卡车在过去一年获得了资本市场的青睐。在最有可能实现规模化落地的物流干线场景中，达摩院和菜鸟已启动公开道路无人物流卡车的定义与研究。去年，浙江省德清县发放国内首批“主驾无人”卡车路测牌照，允许无人卡车在指定区域，包括部分高速路段，开展路测。

报告中还提到，随着 ChatGPT、Stable Diffusion 等分别在 NLP、AIGC 上大放异彩，大模型正在成为全球公认的重大技术趋势之一。围绕物流场景，以地理大模型为技术底盘，面向未来将实现“地理 +X（图像、语音、视觉）”多模态统一建模，从感知大模型跨越为学习 & 决策大模型。

报告对能源替代也做了预测，清洁能源尤其是氢能源被认为将逐步替代传统燃油，用以改善物流行业高能耗、高碳排的现状，同时有效降低交通成本。

据悉，这是菜鸟连续第二年发布物流科技趋势。浙江大学物流与决策优化研究所所长杨翼教授表示：“菜鸟对于物流科技的趋势判断与上一年保持了一定的延续性，并紧贴无人驾驶、新能源、自动化、数字供应链、RFID 等多个技术领域，进行了提前布局，推动实际应用，同时地理大模型等趋势的加入，意味着菜鸟对前沿科技的探索，与全球保持了同频共振。”

来源：环球网

四、物流信息化

（一）2023年物流信息化行业现状与发展前景

1. 发展背景

物流信息化是指利用现代信息技术，对物流活动中的各个环节进行有效的信息采集、传输、处理、分析和应用，实现物流资源的优化配置，提高物流效率和服务质量，降低物流成本和风险，增强物流竞争力的过程。物流信息化是现代物流的灵魂，是现代物流发展的必然要求和基石。

我国物流信息化行业的发展从20世纪90年代开始起步，在2016年前后开始步入大跨步的发展阶段，目前物流信息化融合了多项产业技术，与大数据、人工智能等信息技术相结合，正在打造出工作、配送效率更高的商业模式，使得物流行业整体迈入新阶段。

分析近年来现代物流信息化在我国得以迅速发展的原因，主要来自三个层面的因素：

第一，经济社会发展对物流需求不断增长。我国经济总量持续增长，消费结构不断升级，电子商务、跨境贸易等新业态快速发展，都为物流业提供了广阔的市场空间。同时，我国加快推进新型城镇化、乡村振兴、区域协调发展等战略，也为物流业带来了新的机遇。

第二，科技创新对物流效率不断提升。随着互联网、大数据、人工智能、云计算、区块链等新一代信息技术的广泛应用，物流业实现了从传统模式向智能模式的转变。智能仓储、无人配送、智慧运输等新技术新模式不断涌现，极大地提高了物流作业效率和服务质量。

第三，政策环境对物流发展不断优化。近年来，国家出台了一系列政策措施，支持和引导物流业加快转型升级。例如，《“十四五”现代物流发展规划》《“十四五”现代流通体系建设规划》等重要文件都明确了未来五年我国物流业的发展目标和重点任务，并提出了加强智慧绿色物流体系建设的要求。

2. 政策环境

2022年以来，有关部门通过电视电话会议、书面文件等形式，以帮扶政策、金融及财政支持、降费及补贴政策、税收优惠政策等方面出台了多项物流业援企纾困政策，确保物流行业的稳定运行发展。

2022年以来我国物流行业主要政策规划汇总如下：

国务院办公厅印发《“十四五”现代物流发展规划》明确按照“市场主导、政府引导，系统观念、统筹推进，创新驱动、联动融合，绿色低碳、安全韧性”原则，到2025年，基本建成供需适配、内外联通、安全高效、智慧绿色的现代物流体系。

国家发改委发布《“十四五”现代流通体系建设规划》提出到2025年，现代流通体系加快建设，商品和资源要素流动更加顺畅，商贸、物流设施更加完善，国内外流通网络和服务体系更加健全。

国家邮政局发布《关于进一步做好邮政快递企业支持疫情防控工作有关事项的通知》要求邮政快递企业做好疫情防控期间邮件快件运输保障工作，并给予相关企业税收优惠。

国家税务总局发布《关于支持邮政快递企业参与疫情防控有关增值税政策问题的公告》规定自

2022 年 1 月 1 日至 2022 年 12 月 31 日，在全国范围内实施支持邮政快递企业参与疫情防控有关增值税优惠政策 |

国家邮政局发布《关于进一步做好邮政快递企业支持春耕生产工作有关事项的通知》要求邮政快递企业做好春耕生产期间农资农具运输保障工作，并给予相关企业降费补贴。

国家邮政局发布《关于进一步做好邮政快递企业支持扶贫攻坚工作有关事项的通知》要求邮政快递企业做好扶贫攻坚期间农产品运输保障工作，并给予相关企业降费补贴。

国家邮政局发布《关于进一步做好邮政快递企业支持灾后重建工作有关事项的通知》要求邮政快递企业做好灾后重建期间救灾物资运输保障工作，并给予相关企业降费补贴。

国家邮政局发布《关于进一步做好邮政快递企业支持奥运会工作有关事项的通知》要求邮政快递企业做好奥运会期间相关物资运输保障工作，并给予相关企业降费补贴。

从海外物流信息化战略性发展状况来看，目前，全世界最先进的自动化物流信息技术仍然主要集中于欧洲、日本和美国等国家和地区，国际先进的自动化系统采用了最新的光、机、电、信息等技术，大大提高了交通物流系统作业能力。

3. 市场规模

我国物流企业的信息化建设起步较晚，我国只有 40% 的物流供给企业拥有物流信息系统，信息化程度较低，目前距离物流信息化的目标还有很大距离，无法满足市场需求。随着我国十四五规划的出台，物流信息化企业的技术研发水平不断提高。

我国物流信息化行业市场规模从 2014 年的 212.5 亿元增长至 2021 年的 642.8 亿元，年复合增长率达 17.12%。预计未来五年，中国物流信息化行业市场规模将以 15% 的增长率持续增长，2027 年行业市场规模有望超过 1480 亿元。

尚普咨询集团数据显示，2022 年 1—8 月，全国社会物流总额为 216.4 万亿元，按可比价格计算，同比增长 3.2%。其中，工业品物流总额为 191.6 万亿元，同比增长 3.6%; 进口货物物流总额为 11.8 万亿元，同比下降 6.8%; 单位与居民物品物流总额为 7.2 万亿元，同比增长 2.8%; 农产品物流总额为 2.9 万亿元，同比增长 5%; 再生资源物流总额 2.8 万亿元，同比增长 19.9%。

交通运输、仓储和邮政业固定资产投资额逐年上升，但增幅波动收窄 ;2020 年中国交通运输、仓储和邮政业固定投资额累计值达到 6.97 万亿元，同比增长 1.4%，增幅为近 8 年来最低。2021 年，全国交通运输、仓储和邮政业固定资产投资额同比增长 1.6%。2022 年中国交通运输、仓储和邮政业固定投资额累计值达到 7.4 万亿元，同比增长 10.5%，增速创下近 9 年新高。

当前，基础信息化是国内企业需求的主要内容。尚普咨询调查显示，72% 的企业仍把 OA （办公自动化）建设列为未来一年的重点，86% 的企业未来一年将上 MRP2 （制造资源计划），60% 的企业把 ERP （企业资源计划系统）列为下一阶段建设的重点。

4. 竞争格局

目前，我国物流信息化行业相关企业已经超过 4 万家，新企业成立规模总体有所下滑，但行业体量在稳步提升。从企业成立日期方面来看，2019 年我国物流信息化行业内企业新成立公司达到近年来的新高，中国物流信息化行业在 2022 全年成立企业超过 700 家。

从企业竞争力的角度来看，结合中国物流与采购联合会公布的物流信息化行业主要企业营收规模排名，总结出目前中国物流信息化行业企业竞争格局。

从区域分布的角度来看，中国物流信息化总体呈现梯度发展态势，区域发展呈现竞相发展、百花齐放态势。其中山东、江苏、广东、河南的物流信息化产业园区数量超过 300 个，是中国物流信息化产业发展的中坚力量。

在中国物流信息化产业中，上游技术搭建由华为、百度、阿里巴巴以及腾讯等国内龙头 IT、互联网企业提供服务，在机器人领域，国内龙头机器人厂商埃斯顿、新松机器人等提供搬运、配送机器人产品。在中游的物流信息化搭建中，科德智能等企业在信息平台领域供应相关产品。在下游的应用环节中，以怡亚通、飞马国际为首的供应链服务企业也将物流信息化技术用于企业自身的发展当中。

5. 发展趋势

中国向外资全面开放物流业以后，中国物流业的发展迈入了一个全新的阶段。外资大举投向物流行业，国外的物流商和物流信息化技术供应商加快了进入中国的步伐，国际上竞争的巨头在国内均可找到，国际竞争国内化，这使得中国的物流行业迅速与国际接轨。政府也不断加大对物流规划和投资的力度。

对未来 5 年我国物流信息化行业发展趋势分析如下：

第一，在线下场景中实现智能配送。随着无人驾驶技术和无人机技术等新技术不断成熟和普及，在线下场景中实现智能配送将成为未来一个重要方向。无人驾驶车辆和无人机可以实现自动导航、避障、定位等功能，在城市道路或空中进行快速高效地配送服务。

第二，在线上平台中实现智能匹配。随着大数据分析和人工智能算法等新技术不断完善和应用，在线上平台中实现智能匹配将成为未来一个重要方向。通过对海量数据进行挖掘和分析，在线上平台可以实现对货源和运力之间进行精准匹配和优化配置，并提供个性化和多样化的服务。

第三，在仓储场景中实现智能管理。随着机器人技术和云计算技术等新技术不断发展和应用，在仓储场景中实现智能管理将成为未来一个重要方向。通过机器人技术实现仓储作业的自动化和智能化，提高仓储效率和准确率；通过云计算技术实现仓储数据的集中存储和处理，提高仓储管理的透明度和协同性。

第四，在运输场景中实现智能监控。随着物联网技术和区块链技术等新技术不断创新和应用，在运输场景中实现智能监控将成为未来一个重要方向。通过物联网技术实现对运输车辆和货物的实时追踪和监控，提高运输安全性和可追溯性；通过区块链技术实现对运输过程中的信息和交易的加密和验证，提高运输信任度和效率。

第五，在服务场景中实现智能交互。随着语音识别技术和自然语言处理技术等新技术不断进步和应用，在服务场景中实现智能交互将成为未来一个重要方向。通过语音识别技术实现对用户语音指令的识别和响应，提高服务便捷性和友好性；通过自然语言处理技术实现对用户需求的理解和分析，提高服务贴合度和满意度。

6. 建议与展望

尚普咨询认为，物流信息化是物流行业转型升级的关键驱动力，也是物流行业提升竞争力、降低成本、增加效益、满足客户需求的重要手段。随着我国经济社会的快速发展，物流信息化的需求和作用日益凸显。同时，随着新一代信息技术的广泛应用，物流信息化的水平和范围也在不断提升和拓展。未来 5 年，我国物流信息化行业将面临更多的机遇和挑战。

为了把握机遇，应对挑战，促进物流信息化行业健康有序发展，尚普咨询建议从以下几个方面进行努力：

一是加强顶层设计，完善政策支持。要根据国家“十四五”规划的要求，制定具体的物流信息化发展规划、标准、指南等文件，明确物流信息化发展的目标、路径、任务、责任等。要加大政策支持力度，通过财政补贴、税收优惠、金融扶持等方式，鼓励物流企业加快信息化建设，促进物流信息化产业链的形成。

二是加强技术创新，提升核心竞争力。要加大科研投入，加强基础研究和应用研究，突破关键核心技术，形成自主知识产权。要加强技术转化，推动科研成果与市场需求对接，促进科技与经济的有效结合。要加强技术标准制定，推动行业规范统一，提升产品质量和服务水平。

三是加强产业融合，拓展发展空间。要加强跨界合作，推动物流信息化与电子商务、制造业、农业等相关产业深度融合，形成新的商业模式和增长点。要加强跨地域合作，推动物流信息化与“一带一路”沿线国家和地区共建共享，拓展国际市场和合作空间。

四是加强安全保障，防范风险挑战。要加强数据安全管理，建立健全数据采集、存储、传输、使用等各环节的安全制度和措施，防止数据泄露、篡改、损毁等风险。要加强网络安全防护，建立健全网络安全监测、预警、应急等机制和体系，防止网络攻击、病毒、黑客等威胁。

五是加强人才培养，提高人力资源水平。要加强教育培训投入，建立健全物流信息化人才培养体系和机制，培养一批具有创新精神和实践能力的高素质人才队伍。要加强人才引进吸引，建立健全物流信息化人才激励机制和保障制度，吸引一批具有专业知识和经验的优秀人才资源。

来源：尚普咨询集团

（二）2023 年中国物流信息化行业政策汇总及解读（全）行业标准逐步完善

1. 政策历程图

物流信息化一直是国家的重点关注的行业之一，从“十五”开始，发展物流新业态被写入规划当中；“十三五”开始，利用互联网产业的发展与物流产业相融合成为了重点发力的方向，而“十四五”出台后，围绕国内外物流运转以及现代物流体系等政策的发布可以看出物流信息化行业将成为国家未来主要发展的行业之一。

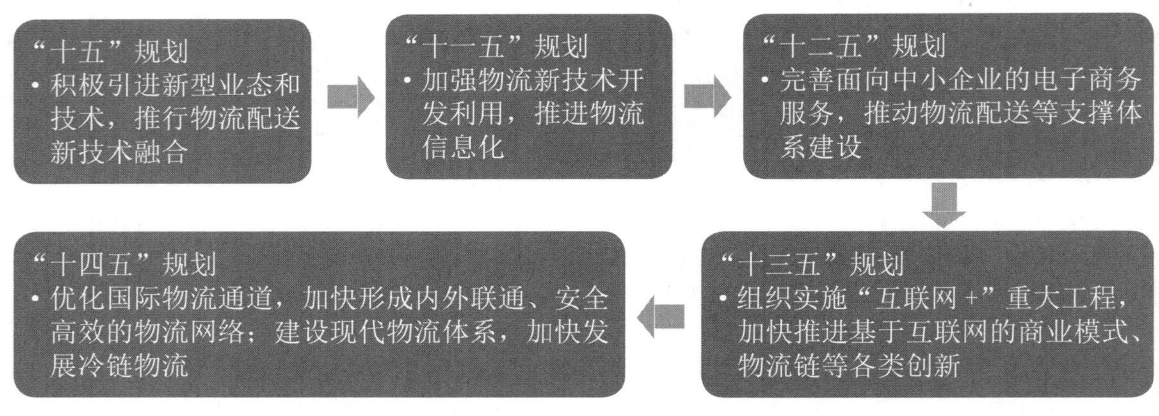

图 7-1 中国国民经济规划——物流信息化政策的演变

2. 政策汇总

——国家层面物流信息化行业政策汇总

近年来，我国经济快速发展，大大推动物流信息化市场发展。为了更好地规范物流信息化市场、推动行业发展，相关部门陆续推出法规政策，主要针对互联网物流信息化进行合理整治；除此之外，物流信息化、媒体等行业近年来受到疫情和经济下行局势的影响经营遭遇许多阻碍，国家针对物流信息化业等中小型企业在税收方面出台了各项政策，加快行业发展的脚步。

表 7–1 截至 2022 年 12 月国家层面有关物流信息化行业的政策重点内容解读

发布时间	政策名称	重点内容解读	政策性质
2022年6月16日	《关于充分发挥行业协会商会作用为全国稳住经济大盘积极贡献力量的通知》	助力优化企业复工达产政策，加强企业员工返岗、物流保障上下游衔接等方面服务，尽量减少疫情对企业正常生产经营的影响	规范类
2022年6月14日	《关于进一步加强航道通航建筑物疫情防控保通保畅及安全生产工作的通知》	提出要保障航道主通道和节点畅通、保障重点物资水上运输通航建筑物运行单位要建立重点物资运输绿色通道，对运输医疗防疫教灾物资和粮食、化肥、能源等重要生产生活物资的船舶，实施优先过闸等措施，鼓励对运输防疫救灾物资的船舶减免过闸费	支持类
2022 年 6 月 7 日	《关于做好 2022 年农产品产地冷藏保鲜设施建设工作的通知》	合理集中建设产地冷藏保鲜设施，加强产地冷藏保鲜设施与冷链集配中心、骨干冷链物流基地的有效衔接，整体构建功能衔接、上下贯通、集约高效的产地冷链物流体系。鼓励开展符合实际的冷藏保鲜设施数字化、智能化建设，提升产地冷链物流信息化水平	规范类
2022年5月31日	《关于印发扎实稳住经济一揽子政策措施的通知》	提出要鼓励保险公司等发挥长期资金优势，加大对水利、水运、公路、物流等基础设施建设和重大项目的支持力度。完善交通物流保通保畅政策、统筹加大对物流枢纽和物流企业的支持力度	支持类
2022年5月26日	《关于推动外贸保稳提质的意见》	提出在做好疫情防控的同时，确定重点外贸企业名录和相关物流企业、人员名录，对生产、物流、用工予以保障，尽快帮助受疫情影响的外贸企业复工达产，保障外贸供应链稳定。将外贸货物纳入重要物资范围，全力保障货运物流运输畅通。各地方协调帮助物流、货代等企业及时赴港口提离冷藏货物、危险货物等集装箱，提升主要港口的货物中转效率	支持类
2022年5月13日	《关于支持加快农产品供应链体系建设进一步促进冷链物流发展的通知》	有关省（含 2021—2022 年农产品供应链体系建设支持省）可根据本地实际情况，将获得的 2022—2023 年服务业资金支持农产品供应链体系建设的补助资金，适当用于支持农产品市场保供工作：对于 2022 年以来承担相关流通保供任务并受到疫情影响的冷链物流企业，地方可结合实际统筹支持	规范类
2022年5月10日	《关于做好 2022 年降成本重点工作的通知》	实施新的组合式税费支持政策、加强金融对实体经济的有效支持、持续降低制度性交易成本、缓解企业人工成本上升压力降低企业用地房租原材料成本、推进物流提质增效降本、提高企业资金周转效率、鼓励引导企业内部挖潜	支持类
2022年5月10日	《关于开展冷藏集装箱港航服务提升行动的通知》	实现物流信息一站式查询；逐步开展物流信息上链业务，开发应用电子运单，推动实现冷藏集装箱道路水路运输全过程温湿度、位置等信息实时监控，拓展完善物流服务功能，提升全程运输服务质量	支持类
2021 年 3 月	《关于推进电子商务与快递物流协同发展的意见》	加强大数据、云计算、机器人等现代信息技术和装备在电子商务与快递物流领域应用，提高科技应用水平：加强快递物标准体系建设，鼓励信息互联互通；优化资源配置，提升供应链协同效率	支持类

续表

发布时间	政策名称	重点内容解读	政策性质
2020 年 11 月	《关于进一步做好网络平台道路货物运输信息化监测工作的通知》	加快建设省级网络货运监测系统，加强网络货运企业运行监管，组织开展网络货运监测评估工作。发布网络货运信息化监测评估指标	规范类
2020 年 3 月	《鼓励外商投资产业目录（2019 年版）公开征求意见的公告	外商投资目录再次修订涉及新能源及智能网联汽车领域	支持类
2019 年 3 月	《政府工作报告》	扩大出口信用保险覆盖面。改革完善蹄境电商等新业态扶持政策推动服务贸易创新发展，引导加工贸易转型升级、向中西部转移，发挥好综合保税区作用。优化进口结构，积极扩大进口	支持类
2018 年 12 月	《国家物流枢纽布局和建设规划》	到 2020 年，通过优化整合、功能提升，布局建设 30 个左右辐射带动能力较强、现代化运作水平较高、互联衔接紧密的国家物流枢纽，促进区域内和跨区域物流活动组织化、规模化运行，形成国家物流枢纽网络基本框架	支持类

从我国物流信息化行业的政策规划内容来看，相关规划的出台和 5 年计划政策交相呼应，最新发布的《十四五物流信息化产业发展规划》也是结合了“十四五”时期的综合产业经济发展导向对物流信息化产业进行了具体的规划。

表 7-2 截至 2022 年中国物流信息化行业主要发展规划汇总

发布时间	政策名称	重点内容解读
2022 年 12 月	《“十四五”现代物流发展规划》	加强物流公共信息服务平台建设，在确保信息安全的前提下，推动交通运输、公安交管、市场监管等政府部门和铁路、港口、航空等企事业单位向社会开放与物流相关的公共数据，推进公共数据共享
2022 年 4 月	《综合运输服务“十四五”发展规划》	推进“互联网 +”高效物流，推动智能匹配、智能跟踪、智能调度。加快互联网道路运输便民政务服务系统建设应用
2022 年 1 月	《“十四五”现代流通体系建设规划》	着眼现代流通体系高质量发展，加快形成现代流通统一大市场，发展现代商贸流通和现代物流两大体系，强化交通运输、金融和信用三方面支撑
2021 年 11 月	《综合运输服务“十四五”发展规划》	到 2025 年，“全国 123 出行交通圈”和“全球 123 快货物流圈”加快构建，多层次、高品质的旅客出行服务系统和全链条、一体化的货运物流服务系统初步建立，现代国际物流供应链体系不断完善
2021 年 8 月	《商贸物流高质量发展专项行动计划（2021-2025 年）》	针对我国商贸物流领域的短板和不足，提出了优化商贸物流网络布局建设城乡高效配送体系、促进区域商贸物流一体化、提升商贸物流标准化水平、发展商贸物流新业态新模式、加快推进冷链物流发展、培育商贸物流骨干企业等 12 项重点任务和构建良好营商环境

续表

发布时间	政策名称	重点内容解读
2020 年 12 月	《中华人民共和国国民经济和社会发展第十四个五年规划和 2035 年远景目标纲要》	建设现代物流体系，加快发展冷链物流，统筹物流枢纽设施、骨干线路区域分拨中心和末端配送节点建设，完善国家物流枢纽、骨干冷链物流基地设施条件，健全县乡村三级物流配送体系
2020 年 10 月	《新时代交通强国铁路先行规划纲要》	深化铁路与旅游、文化等产业融合发展，创新旅游专列等定制产品推动铁路与现代物流融合发展，发展“互联网 + 高效物流”，推动铁路货运向综合物流服务商转型

——《“十四五”现代物流发展规划》解读

2022 年 12 月，国务院办公厅印发《“十四五”现代物流发展规划》。该规划明确按照“市场主导、政府引导，系统观念、统筹推进，创新驱动、联动融合，绿色低碳、安全韧性”原则，到 2025 年，基本建成供需适配、内外联通、安全高效、智慧绿色的现代物流体系，物流创新发展能力和企业竞争力显著增强，物流服务质量效率明显提升，“通道 + 枢纽 + 网络”运行体系基本形成，安全绿色发展水平大幅提高，现代物流发展制度环境更加完善。

表 7–3 《“十四五”现代物流发展规划》2025 年发展目标分析

目标方向	主要内容
物流创新发展能力和企业竞争力显著增强	物流数字化转型取得显著成效，智慧物流应用场景更加丰富。物流科技创新能力不断增强，产学研结合机制进一步完善，建设一批现代物流科创中心和国家工程研究中心
物流服务质量效率明显提升	跨物流环节衔接转换、跨运输方式联运效率大幅提高，社会物流总费用与国内生产总值的比率较 2020 年下降 2 个百分点左右。多式联运、铁路（高铁）快运、内河水运、大宗商品储备设施、农村物流、冷链物、应急物流、航空物流国际寄递物流等重点领域补短板取得明显成效
“通道 + 枢纽 + 网络”运行体系基本形成	衔接国家综合立体交通网主骨架，完成 120 个左右国家物流枢纽、100 个左右国家骨干冷链物流基地布局建设，基本形成以国家物流枢纽为核心的骨干物流基础设施网络
安全绿色发展水平大幅提高	提高重大疫情、自然灾害等紧急情况下物流对经济社会运行的保障能力。冷链物流全流程监测能力大幅增强，生鲜产品冷链流通率显著提升。货物运输结构进一步优化，铁路货运量占比较 2020 年提高 0.5 个百分点，集装箱铁水联运量年均增长 15% 以上，铁路、内河集装箱运输比重和集装箱铁水联运比重大幅上升
现代物流发展制度环境更加完善	物流标准规范体系进一步健全，标准化、集装化、单元化物流装载器具和包装基础模数广泛应用。社会物流统计体系、信用体系更加健全，营商环境持续优化，行业协同治理体系不断完善、治理能力显著提升

——《“十四五”现代流通体系建设规划》解读

2022 年 1 月，国家发展改革委发布《“十四五”现代流通体系建设规划》，提出到 2025 年，现代流通体系加快建设，商品和资源要素流动更加顺畅，商贸、物流设施更加完善，国内外流通网络和服务体系更加健全，流通业态模式更加丰富多元，流通成本持续下降、效率明显提高，对畅通国民经济循环的基础性、先导性、战略性作用显著提升等发展目标；展望 2035 年，我国现代流通体系全面建成，形成覆盖全球、安全可靠、高效畅通的流通网络，流通运行效率和质量达到世界先进水平，参与国际合作和竞争新优势显著增强，对现代化经济体系形成高效支撑，为满足人民美好生活需要提供坚实保障。

表 7-4 《"十四五"现代流通体系建设规划》发展任务

任务	主要内容
提高流通现代化水平	强化流通各环节各领域数字赋能，加快流通设施智能化建设和升级改造，促进流通业态模式创新发展；贯彻绿色发展理念，坚持走绿色低碳发展新路，加大绿色技术装备推广应用，加快流通设施节能改造，降低流通全过程资源消耗和污染排放：深度融入全球产业链供应链，提升全球资源要素配置能力，助力我国产业迈向全球价值链中高端等
构建内畅外联现代流通网络	服务商品和资源要素跨区域、大规模流通，优化商贸、物流、交通等设施空间布局构建东西互济、南北协作、内外联通的现代流通骨干网络；依托全国优势资源地、产业和消费集聚地，布局建设一批流通要素集中、流通设施完善、新技术新业态新模式应用场景丰富的现代流通战略支点城市等
发展有序高效现代流通市场	着眼商品和资源低成本、高效率自由流动，健全统一的市场规则和制度体系，构建类型丰富、统一开放、公平有序、配套完善的高水平现代流通市场。推进商贸市场、物流市场和交通运输市场融合联动、有机协同，充分释放各类市场活力等。
培育优质创新现代流通企业	支持流通企业做大做强做优，增强创新创造力和核心竞争力；支持现代流通企业网络化发展，对内优化升级商贸和物流网络，对外整合利用全球资源，构筑成本低、效率高、韧性强的全球流通运营渠道，培育国际合作和竞争新优势；鼓励现代流通企业生态化发展，引导大中小企业基于流通供应链、数据链、价值链开展深度对接，构建资源共享、协同发展的流通新生态

从行业影响的角度来看，主要可从区域协同、价值链高端化、国际竞争的角度来看待规划内容的意义。

表 7-5 《"十四五"现代流通体系建设规划》对物流信息化行业影响分析

任务	主要内容
建设现代流通体系，有利于促进我国加快实现区域协调发展	我国进入新发展阶段，现代化经济体系逐步完善，实体经济加快发展壮大，超大规模内需潜能加速释放，需要现代流通在全国范围联系生产和消费。加快建设现代流通体系，扩大市场交易规模，推动区域分工深化和一体化发展，有利于更好发挥我国大国经济纵深优势，实现跨区域良性循环，促进发达地区与欠发达地区、东中西部、城乡协调发展
建设现代流通体系，有利于促进我国加快产业迈向全球价值链中高端	我国经济社会转向高质量发展，新一轮科技革命和产业变革加速推进，供给侧结构性改革不断深化，人民对美好生活需要日益增长，需要现代流通更高效率衔接供给和需求。加快建设现代流通体系，创新流通组织和业态模式，推动上下游、产供销、内外贸一体衔接，有利于更好发挥我国完整产业体系集成优势，提高全要素生产率，促进我国产业迈向全球价值链中高端
建设现代流通体系，有利于促进我国加快形成国际合作和竞争新优势	当今世界面临百年未有之大变局，贸易和产业分工格局加速调整，我国加快构建新发展格局，需要现代流通更高水平支撑国内大循环和国内国际双循环。加快建设现代流通体系，拓展全球流通网络，培育跨国流通企业，增强国内国际两个市场、两种资源配置能力，有利于更好发挥我超大规模经济体引力场作用，聚集全球商品和资源要素促进形成国际合作和竞争新优势

3. 各省市层面的政策汇总及解读

——31 省市物流信息化行业政策汇总

通过汇总全国主要省市的物流信息化领域的支持性政策，可以看出 2021 年后全国各地均出台了各项物流产业战略规划，并且明确了 2025 年的产业发展规模和企业竞争力前瞻。

表 7-6 中国各省份物流信息化政策汇总及解读

地区	发布时间	政策名称	主要内容
北京	2022 年 1 月	《打造“双枢纽”国际消费桥头堡实施方案（2021—2025 年）》	加快引进智慧物流、跨境电商、数字贸易等重点产业。更好发挥市政府口岸办职能，推动建立机场、航空公司、货运代理、物流企业多方参与的联合工作机制
	2020 年 12 月	《大兴区“两区”建设工作方案》	推动氢燃料电池汽车在机场巴士、城市物流等领域的商业化应用，引领和带动新能源汽车跨越式发展
上海	2022 年 9 月	《关于加快本市农村寄递物流体系建设的实施意见》	鼓励企业通过数据共享、信息互联互通，提升农村寄递物流体系信息化服务能力。继续发挥邮政快递服务农村电商的主渠道作用，推动运输集约化、设备标准化和流程信息化，建设农村电商快递协同发展示范区，带动提升寄递物流对农村电商的定制化服务能力
	2021 年 7 月	《上海市服务业发展“十四五”规划》	支持冷链物流、共同配送、夜间配送、多式联运等物流模式发展壮大专业物流、第三方和第四方物流。推动物流业和制造业深度融合发展，提高面向制造业供应链协同发展需求的物流响应能力
广东	2022 年 9 月	《广东省人民政府办公厅关于印发广东省推进冷链物流高质量发展“十四五”实施方案的通知》	鼓励骨干企业搭建市场化运作的冷链物流信息平台，整合区域冷链货源、运力、库存等市场供需信息，打通各类平台间数据交换渠道。加强对冷链物流数据资源的开发利用，充分挖据数据要素港力
	2021 年 10 月	《广州市服务业发展“十四五”规划》	强调以粤港澳大湾区建设和国际消费中心城市培育建设为引领推动现代商贸、现代物流、金融服务、软件和信息技术服务、科技服务、会展服务、专业服务、健康养老服务、文化体育旅游服务等九大重点行业提质升级
江苏	2021 年 10 月	《江苏省“十四五”综合交通运输体系发展规划》	加快补齐新的短板，构建现代物流体系和现代交通市场体系，支撑构建新发展格局，打造国内大循环的重要战略支点和国内国际双循环的重要战路枢纽
	2021 年 8 月	《江苏省“十四五”现代物流业发展规划》	提升枢纽集聚辐射能力，培育壮大物流枢纽运营主体，推进形成物流枢纽网络体系。统筹枢纽与城市、产业协同发展，培育发展枢纽经济。强化供应链创斯，推进物流与产业深度融合
安徽	2022 年 3 月	《安徽省“十四五”物流业发展规划》	不断提升数字化智慧化水平，加快数字化物流基础设施建设，推动物流枢纽、物流园区、配送中心、贷运站场、港口码头等物流基础设施智慧化改造，打造一批数字仓库、智慧堆场、智慧港口、智慧口岸
	2022 年 1 月	《安徽省交通运输”十四五”发展规划》	安徽 123 出行交通圈“和“安徽 123 快货物流圈”初步形成，实现合肥都市圈 1 小时通勤，合肥到长三角城市群、邻省省会 2 小时通达，90% 以上全国主要城市（省会城市和计划单列市）3 小时覆盖，人民群众对交通运输的满意度明显提高

续表

地区	发布时间	政策名称	主要内容
浙江	2021 年 4 月	《浙江省现代物流业发展“十四五”规划》	2025 年物流信息化和标准化建设取得显著成效，物流服务信息化水平达到 95% 以上，省级以上物流示范园区标准化设施覆盖率 100%；第三方物流占全社会物流服务比例不断提高，物流整体运行效率大幅提升，服务便持度和群众获得感显著增强
	2021 年 7 月	《浙江省综合交通运输发展“十四五”规划》	实现现代物流先行引领，宁波舟山港基本建成世界一流强港，千万标箱级集装柏港区达到 3 个，货物吞吐量稳居全球第一，集装吞吐量稳居全球前三，成为长三角世界级港口群核心港口
湖北	2022 年 3 月	《湖北省交通物流发展”十四五”规划》	提升智慧物流发展水平。支持有条件的市州建设多式联运公共信息平台、城市绿色货运配送信息平台、农村物流信息平台等公共信息平台：推动全省危险货物道路运输安全监管系统、网络货运信息监测系统建设
	2021 年 11 月	《湖北省现代物流业发展“十四五”规划》	整合交通、民航、铁路等各部门信息资源，开展物流大数据平台建设前期研究工作，还步实现全省物流信息互联互通共享
湖南	2022 年 11 月	《湖南省“十四五”现代物流发展规划》	认真贯彻“三高四新“战路，深度对接国家系列重大区域发展战略全面加强物流供应链体系建设，若力构建“通道 + 枢纽 + 网络 + 平台现代物流体系
	2021 年 9 月	《湖南省“十四五”现代化综合交通运输体系发展规划》	扩大现代化运输服务供给。主要是从客货运输服务的角度，对运输体系进行了优化。包括提升旅客出行服务品质、构建高效现代物流体系，增强国际运输服务能力
山西	2021 年 9 月	《山西省“十四五”现代物流发展规划》	加快农村物流信息化建设，提升乡镇村末端配送网点的信息化管理水平，提升农村物流服务质量。推动物流信息、人才、平台等资源共享，实现物流服务融合发展
	2021 年 12 月	《山西省“十四五”现代综合交通运输体系发展规划》	到 2025 年实现市市通高铁航空、县县通高速公路。层次多元化客运服务体系初步形成，基本形成“3223 出行交通圈”和“123 快货物流圈”，太原对外运输通道由“大”字形向“六放射”迈进
甘肃	2021 年 12 月	《甘肃省“十四五”现代物流业发展规划》	到 2025 年，甘肃基本完成物流业现代化转型，物流整体运行效率稳步提升，全社会物流总额保持 8% 左右的年均增速，力争超过 2.3 万亿元，物流相关行业增加值占全省地区生产总值比重达到 20% 社会物流总收入年均增速保持在 7% 以上
辽宁	2022 年 5 月	《辽宁省“十四五”综合交通运输发展规划》	推动货物流通周转效率提升，推进运输结构调整，大力发展多式联运，创新货运组织模式，大力发展临港、临空、通道和枢纽经济；加强交通与制造、农业、物流等深度融合发展
广西	2022 年 4 月	《广西物流业发展“十四五”规划》	到 2025 年，基本建成集聚高效、区域协同、创新合、智能绿色安全可控的现代物流体系，推动广西打造成为国内国际双循环的重要节点枢纽。物流社会化、专业化、组织化水平进一步提升
山东	2021 年 4 月	《山东省“十四五”综合交通运输发展规划》	高质高效的运输服务能力大幅提升，初步建成“123”客运通达网和“123”物流网。推动交通与旅游、物流、制造业、农业、邮政和港产城融合发展
	2021 年 7 月	《山东省“十四五”现代物流发展规划》	加快产业链物流体系和供应链物流建设，提升产业竞争新优势。同时依托“一群两心三圈”区域发展战略，结合生产力布局和产业特色全力释放物流服务经济社会发展的综合效应

续表

地区	发布时间	政策名称	主要内容
福建	2021 年 9 月	《福建省“十四五”现代综合交通运输体系专项规划》	到 2035 年，建成交通强国先行区，“21 世纪海上丝绸之路”核心枢纽和两岸往来的便捷枢纽基本建成，建成“福建 211 交通圈”，融入全国 123 出行交通圈“全球 123 快货物流圈”
	2021 年 8 月	《福州市“十四五”物流业发展规划（2021-2025）》	加强城乡物流设施配建，围绕”创建互联畅达的国家物流枢纽“补齐覆盖城乡的末端配送网络”等，形成“国家物流枢纽——物流集聚区物流配送中心—末端配送网点”四级物流功能节点网络

——31 省市物流信息化行业发展方向解读

从各省市主要政策目标的规划来看，全国主要省市的政策方向主要从加快物流体系建设和物流现代化、信息化改造两个方面入手，北京、上海提出物流信息化发展政策，全国各省分别对构建物流信息化平台出台了各项政策规划。

来源：前瞻产业研究院

（三）物流信息化未来的发展趋势

物流信息化未来的发展趋势主要体现在以下几个方面：

供应链数字化：随着 5G、人工智能、大数据、区块链等新技术的广泛应用，供应链数字化将深入推进，成为产业互联网的标配。数字化转型能拓展产业价值空间，创造新价值，并在新冠疫情的冲击下加速发展。

氢能源应用：氢能源电池汽车进入商业示范阶段，预计 2030—2035 年间，中国氢能源电池汽车保有量将大幅增加。氢能源的重卡车型更符合物流运营效率，将推动物流行业的绿色发展。

绿色包装：物流领域将广泛应用绿色包装新技术、新材料，如可降解包装袋、循环快递箱等，推动物流行业向更加环保的方向发展。

RFID 技术的规模化应用：RFID 技术因准确率的大幅提升，有望成为继条形码、二维码之后的第三代识别技术，推动物流供应链数字化战略升级。

无人驾驶技术：无人驾驶技术在快递末端配送等领域的广泛应用，将降低物流成本，提高配送效率。

物流设备智能化和物流信息系统的构建：提高物流管理效率，实现全程自动化。

加强物流运营管理：提升物流运营效率，实现货物精准发送和快速发送，提高物流服务质量。

智能物流系统的发展：在工业 4.0 背景下，智能物流系统将成为不可或缺的组成部分，通过集成传感器、互联网、物联网等技术，提高物流效率。

综上所述，物流信息化未来的发展趋势将围绕数字化、绿色化、智能化等方面展开，旨在提高物流效率、降低成本、增强服务水平，同时应对经济社会发展的新需求和挑战。

第八篇　物流金融与保险

一、供应链金融

（一）供应链金融行业报告出炉，创新方案引领未来！

随着全球经济的深度融合，供应链金融作为实体经济与金融领域的重要桥梁，发挥着越来越重要的作用。本报告旨在深入分析中国供应链金融的发展历程、趋势及意义，并结合当前行业现状，提出一套切实可行的设计方案。

1. 中国供应链金融发展历程

中国的供应链金融起步虽晚，但发展迅速。从 1.0 时代的传统线下模式，到如今的 4.0 时代全数据化金融生态圈，供应链金融不断迭代升级，为产业链上的企业提供了更加便捷、高效的融资服务。

在 1.0 时代，银行主要围绕核心企业开展线下授信放贷，操作风险大且效率较低。随着技术的不断发展，2.0 时代的供应链金融开始实现线上化，但仍受限于数据来源单一和信息利用水平不足。到了 3.0 时代，生产、贸易、物流、政务等平台数据的融合，使得供应链全链条数字化成为可能，四流合一的实现也进一步提高了融资单据的验证效率。而在 4.0 时代，全数据化金融生态圈的形成，将供应链金融的触角延伸到了更广阔的市场和更多的参与者。

2. 中国供应链金融发展趋势

未来，供应链金融行业将呈现四大趋势。首先，随着更多资金的流入，供应链金融的业务量将大幅增长，但平台数量的增加将相对有限，交易量增速将更加稳健。其次，B2B 平台和企业将逐渐进入数据变现阶段，通过历史交易数据和业务数据进行获客及风控，实现从货物质押到数据质押的转变。第三，技术驱动将成为供应链金融发展的重要动力，物联网、大数据、区块链、人工智能等技术的应用将推动供应链金融向长尾市场拓展，提高产品设计的灵活度。最后，金融服务和产业增值服务的结合将形成资产管理领域的新模式，通过整合金融机构的整体服务功能，实现多元化综合性产业金融服务体系。

3. 供应链金融的意义与作用

供应链金融在打通供应链和产业链环节、承载系统性竞争、解决风险的链条化管理等方面发挥着重要作用。它不仅能够降低企业的融资成本和提高融资效率，还能够通过金融服务实现产业赋能，促进产业的优化升级。此外，供应链金融还能够培育出独特的信用生态，为企业提供更加多元化的融资渠道和更加安全的融资环境。

4. 供应链金融设计方案

基于以上分析，我们提出以下供应链金融设计方案。首先，建立一个基于大数据和人工智能的供应链金融服务平台，实现数据共享和业务流程的线上化、标准化、透明化。其次，通过引入物联网和区块链技术，提高融资单据的验证效率和风险控制能力。同时，加强与金融机构的合作，整合金融机构的整体服务功能，为企业提供更加全面的金融服务。最后，通过优化产品设计和营销策略，满足不同行业特性和客户需求，实现更垂直、精准、专业的服务。

5. 结论与展望

中国供应链金融行业正迎来前所未有的发展机遇。随着技术的不断进步和市场的不断扩大，供应链金融将在未来发挥更加重要的作用。我们期待通过本报告的分析和设计方案的实施，能够推动供应链金融行业的健康发展，为产业链上的企业提供更加高效、便捷的融资服务，促进实体经济的持续繁荣。

来源：行业报告

（二）供应链金融科技发展的挑战及趋势

供应链金融在拓宽中小企业融资渠道、提高产业链竞争力等方面发挥了举足轻重的作用，对加快构建新发展格局和助力实现共同富裕的意义重大。供应链金融在取得近30年发展成绩的同时，也暴露出高度依赖核心企业、产融结合不紧、科技应用能力不足等问题。如何利用数字科技优化供应链金融服务效率，改善小微企业金融服务的制度和商业模式约束，是整个行业都在探索思考的重大现实问题。

1. 供应链金融科技的政策和市场前景

（1）国家对供应链金融发展一直持鼓励支持的态度。2020年9月，人民银行等发布《关于规范发展供应链金融支持供应链产业链稳定循环和优化升级的意见》，重点强调“提升产业链整体金融服务水平”。2021年3月，国家发改委等十三个部委联合发布《关于加快推动制造服务业高质量发展的意见》，明确要求“创新发展供应链金融，开发适合制造服务业特点的金融产品”。2021年11月，银保监会召开专题会议研究部署银行业保险业深化供应链融资改革工作。会议提出：“探索拓展供应链融资业务，有利于提高我国产业链供应链稳定性和竞争力。”2021年12月，工信部等十九部门联合印发《“十四五”促进中小企业发展规划》，要求“提高供应链金融数字化水平，强化供应链各方信息协同”。2021年12月，中央经济工作会议明确提出：“强化企业创新主体地位，实现科技、产业、金融良性循环。”这一系列政策表明，国家一直高度重视供应链金融行业的发展，鼓励利用金融科技手段破解中小企业金融服务困局。

（2）供应链金融具有广阔的市场空间和现实需求。据二十国集团（G20）倡议成立的全球中小企业金融论坛测算指出，2020年我国中小微企业的融资缺口高达1.89万亿美元（约13万亿元人民币），超过40%的中小微企业面临融资限制。中国服务贸易协会供应链金融委员会结合上市公司应收账款、预付账款和存货三个供应链业务场景的测算指出，2020年中国供应链金融市场规模约为15.86万亿元，2022年将进一步提升到19.19万亿元。可以看出，我国供应链金融市场具有非常大的增长空间。

（3）科技赋能供应链金融是供应链金融行业发展的必然趋势。随着大数据、人工智能、区块链、云计算等技术不断创新，利用科技提升中小微企业金融服务的能力，成为行业和监管部门的共识。从政策上看，监管部门鼓励金融机构利用科技赋能中小企业金融服务，更加强调要提高供应链金融的数字化水平。从行业实践看，许多互联网科技公司和金融机构开始探索利用金融科技手段，更加精准地刻画客户的信用风险状况，使金融产品服务更加智能、场景结合更加紧密、数据价值更加凸显、获客更加精准，不断催生出新的产品和服务模式。

2. 传统供应链金融发展模式存在的主要问题

（1）高度依赖核心企业的物权、债权和信用。核心企业在供应链中一直占据着绝对的主导地位，现有供应链金融的展业模式均是基于核心企业的物权、债权和信用，其结果就是大部分核心企业会凭借其在产业链中的支配地位，通过拖长付款周期、强制摊派商业票据等形式，侵占上游供应商和下游经销商利益来缓解自身流动性风险，直接加剧了中小企业融资的困境。然而，降低对核心企业物权、债权和主体信用的依赖，本质上是要对核心企业不正当利益的“二次分配”，甚至可以说是对核心企业物权、债权和信用的再分配，这无异于“与虎谋皮”，对中小企业在供应链中的生存带来巨大的困难。

（2）金融服务和产业链优化的协同效应较弱。传统信贷服务下，金融机构大多数缺乏对产业的深入理解和认识，还是按照传统的信贷风险标准（征信和抵押）来看待供应链金融业务。从某种程度上讲，供应链金融的核心是供应链，而不是金融，其本质是服务供应链和产业链，而不是简单的资金信贷。如果不能对各个产业形成系统深入的理解和认识，掌握本产业独特的运行规律和商业模式，就无法真正把握产业和企业的风险，更无法通过金融服务来帮助企业和产业改善资金和经营管理效率，形成以“金融带活经营”的良性循环生态，这也是现有供应链金融发展模式无法规模化的重要原因。

（3）“数据鸿沟”现象仍未得到有效缓解。一方面，供应链上企业经营数据的开放共享程度较弱。核心企业对产业链的支配地位不仅体现在其对实体利益的占有上，也体现在对数据的利用分配上。由于涉及商业机密，核心企业不愿意将自己的经营数据与中小企业进行实时交互和传递，这就使金融机构在对中小企业进行信用画像时，往往“无数可用”。另一方面，税收、社保、工商、海关等公共数据的共享程度差、交叉验证机制弱，难以对产业链上中小企业的经营、交易和质押状况的真实性进行实时核验，导致金融机构存在重复授信融资的风险。

（4）金融科技应用的能力水平有待提升。当前，传统金融机构仍然是供应链金融服务的主要力量，其利用金融科技改善供应链金融服务效率的能力水平，直接关系到供应链金融业务数字化转型的步伐。比如地方性中小银行往往受制于规模小、技术力量不足、投入成本高等问题，难以独立开发供应链金融的科技平台或产品，无法满足客户更加高效数字化的金融服务需求。再如国有和股份制商业银行虽有能力开发供应链金融科技平台或产品，然而受制于管理体制（技术研发由总行技术部门统一负责）的限制，往往开发周期长、审批流程久，难以满足市场对供应链金融科技产品的创新需求。

3. 供应链金融科技发展的路径

（1）强化科技赋能，提高金融机构服务金融供应链的能力。一方面，金融机构应立足自身实际，加大金融科技的人力和资金投入，将物联网、大数据、区块链等技术嵌入交易环节，将传统线下业务逐步向线上迁移；另一方面，应充分利用互联网科技企业的数据和科技优势，在精准获客、风险管理、贷后运营、客户服务等方面，借鉴互联网科技企业的优秀经验，不断提高自身利用金融科技优化金融供应链的能力和水平。

（2）加强产业协同，强化产业链和金融供应链的双链联动。供应链金融发展的本质和归宿是产业和金融的融合。因此，一方面，应利用金融科技对产业链进行数字化、网络化、智能化的改造，将产业链流转的数据物化为金融机构授信的依据，帮助金融机构更好地发现信用、传递信用、监控信用，并利用数据和科技为信用定价；另一方面，金融机构要下沉风险管理的端口，将风险管理的端口前移至产业链和企业的经营管理上，更加贴近产业场景，及时发现产业运转中的资金需求，为优化产业生态注入金融“活水”。

（3）聚焦数据共享，依托数据提升信用风险管理水平。供应链金融科技发展的关键是要强化数据信任，利用数据深化金融交易和资源配置的效率。一方面，加快公共政务数据的开放共享，推动纳税、社会保险费和住房公积金缴纳、水电煤气、仓储物流、不动产、知识产权等信息纳入共享范围，夯实信用信息在促进中小微企业融资中的“基础桩”作用；另一方面，强化数据安全的保护，在数据使用分析过程中加强商业秘密、个人隐私的保护力度，防止个人和企业信息被非法利用。

来源：《金融时报》

（三）供应链金融运作模式、风险防控

20 世纪 90 年代以来，供应链理论日渐流行。供应链是指企业从原材料和零部件采购、运输、加工制造、分销直至把产品运到最终消费者手中的连续过程。这一过程被看作是一个环环相扣的链条，而被形象地称为供应链。

这个链条集成了产品设计和开发、原材料和零部件采购、运输、仓储、加工制造和分销等生产经营活动的全过程，集中了原材料生产供应商、半成品或零部件加工商、运输商、最终产品生产商和分销商等各类经济活动主体。

供应链理论将企业的经营看作是一个价值增值的过程，主张上下游企业之间的合作，将竞争战略理论实用化。供应链金融从资金流角度上将供应链节点上的参与主体联系在一起，搭建了新型的战略合作关系。

研究金融与供应链企业协同发展之道，既是解决中小企业困境、实现“供应链”共赢的要求，也是金融企业进行业务创新、提升竞争力的有效途径。在此背景下，供应链金融作为一项商业银行的业务创新日益受到市场的关注。

1. 供应链金融的出现动因

中小企业作为一种特殊的企业群体，对经济增长贡献具有巨大的作用，但由于其自身规模的限制，融资难已成为中小企业发展普遍存在的一大困境。

中小企业在信贷市场处于不利地位，其根源在于中小企业信用的先天性缺陷和先天性规模小，缺乏同大企业相比的信贷融资所必须的信息优势，金融机构的结构调整并不能提升中小企业整体的信用水平，并不能从根本上克服中小企业在信贷市场上的不利地位。

著名经济学家克里斯多夫指出，市场上只有供应链而没有企业，真正的竞争不是企业与企业之间的竞争，而是供应链与供应链之间的竞争，供应链上的核心企业与众多中小企业都愿意通过合作和协同运营，来实现供应链系统的成本的最小化和价值增值的最大化。

因此，中小企业信用缺陷的途径不能单纯从其内部治理结构入手，还应从供应链上中小企业与大企业的分工合作体系上，从大企业在信贷市场的信息优势来弥补中小企业信用缺位，提升中小企业的信用水平和信贷能力。基于解决这种企业与银行之间的矛盾的客观要求，供应链金融应运而生。

由此可见，要解决这些企业融资难问题不能仅仅停留在单个主体上找原因，应从整条供应链出发来寻找中小企业融资的新途径。

1999 年，平安银行前身，原深圳发展银行在开展业务时进行了供应链金融的探索与尝试。在 2003 年，平安银行在业内率先提出了“1+N”的融资模式，“1+N”中的 1 是指供应链中的核心企业，一般都是大型高端企业，构成银行信贷风险管理的“安全港”；N 是指核心企业上下游的供应链成员企

业，即利用供应链产业集群的伴生网络关系，将核心企业的信用引入对其上下游的授信服务之中，并开展面向供应链成员企业的批发性营销。

2005 年，平安银行在全国率先提出“供应链金融”服务品牌，所谓“供应链金融”是指在对供应链内部的交易结构进行分析的基础上，运用自偿性贸易融资的信贷模式，并引入核心企业、物流监管公司、资金流导引工具等新的风险控制变量，对供应链的不同节点提供封闭的授信支持及其他结算、理财等综合金融服务。

通俗地说，就是银行通过借助与中小企业有合作关系的供应链中核心企业的信用或者以两者之间的业务合同为担保，同时，依靠第三方物流企业等的参与来共同分担贷款风险，帮助银行控制中小企业的贷款去向，保证贷款资金的安全，有效地控制银行的贷款风险。

从而在解决中小企业融资问题的同时，通过这样的金融支持，银行加强了其与企业的合作关系，拥有了相应稳定的企业客户，经营风险随之降低，经营效益获得提高。

可以说，供应链金融是在物流金融基础上的创新，它在物流金融基础上将融资从商品销售阶段延伸到采购和生产阶段。供应链融资模式在一定的程度上有助于缓解与核心企业打交道的中小企业融资难问题。

这种融资模式可以让核心企业进一步降低成本、提高效益，增强市场竞争力；可以解决上下游中小企业的资金周转问题，提高其谈判地位；可以让第三方物流企业争取到客户资源、拓展服务范围，最终提升物流企业的服务质量和效率，同时，还能让商业银行扩大中间业务收入来源、稳定结算性存款。可见它让多方参与者都获得利益最大化，并形成了信誉链。

2. 供应链金融运作模式

结合中小企业运营管理周期的特点，商业银行供应链金融相应有动产质押融资模式、应收账款融资模式、保兑仓融资模式三种。

（1）动产质押融资模式

动产质押是商业银行以借款人的自有货物作为质押物，向借款人发放授信贷款的业务。该模式主要是以动产质押贷款的方式，将中小企业的存货、仓单、商品合格证等动产质押给银行而取得贷款。

动产质押模式将“死”物资或权利凭证向“活”的资产转换，加速动产的流动，缓解了中小企业的现金流短缺的压力，解决中小企业流动资金的不足，提高中小企业的运营能力。

（2）应收账款融资模式

应收账款融资模式，是指以中小企业对供应链上核心大企业的应收账款单据凭证作为质押担保物，向商业银行申请期限不超过应收账款账龄的短期贷款，由银行为处于供应链上游的中小企业提供融资的方式。

简单来说，就是以未到期的应收账款向金融机构办理融资的行为。在该模式中，作为债务企业的核心大企业，由于具有较好的资信实力，并且与银行之间存在长期稳定的信贷关系，因而在为中小企业融资的过程中起着反担保的作用，一旦中小企业无法偿还贷款，其也要承担相应的偿还责任。

（3）保兑仓融资模式

保兑仓融资模式，也称为“厂商银”业务，是基于上下游和商品提货权的一种供应链金融业务，该业务主要是通过生产商、经销商、仓库和银行的四方签署合作协议而开展的特定业务模式，银行承兑汇票是该模式下的主要产品和金融工具。

这种业务模式实现了融资企业的杠杆采购和供应商的批量销售，为处于供应链结点上的中小企业提供融资便利，有效解决了其全额购货的资金困境，使银行贷款的风险大为降低。

融资模式有区别于传统融资方式是供应链金融的显著特点。供应链金融对中小企业融资准入评价，不是孤立地对单个企业的财务状况和信用风险的进行评估，重点是在于它对整个供应链的重要性、地位的研究，以及与核心企业既往的交易记录。

供应链金融也区别于传统的固定资产抵押贷款，它充分利用供应链生产过程中产生的动产或权利作为担保，即主要是基于商品交易中的存货、预付款、应收账款等资产的融资，并将核心企业的良好信用能力延伸到供应链上下游中小企业。

此外其还强调授信还款来源的自偿性，即把销售收入直接用于偿还授信；供应链金融融资模式不仅引入了核心企业的信用，进行信用捆绑，而且也引入了物流企业的合作，承担监管货物的责任。

为缓解经营中各阶段出现的资金缺口问题，供应链网络上参与企业通常采取更加有效的支付手段，根据企业规模大小不同，所形成的支付效果不一，具体来看主要有三种操作模式：

一是延长支付，一般发生在下游客户较强势、供应商较弱势的交易情况下，例如大部分生产制造型客户通常要求 30—45 天的账期，有利于下游客户资金运转，但对上游供应商形成较大资金压力，同时加大供应商融资成本。

二是提前支付获得折扣，下游客户若能提前支付货款则在一定程度上解决了上游的资金问题，便可获得较为优惠的交易价格。由于在国际贸易中要求报关价格需与实际交易价格一致，涉及较为复杂的手续，因此该种模式多适用于国内供应链贸易业务。

三是合作性仓储管理，在买卖双方共同确定的框架下，供应商承担在下游企业仓库中货物的库存管理，当货物被下游客户使用时才进行货权转移。

一方面，减少下游客户资金占用，保障及时供货，另一方面，有利于供应商合理规划生产，避免库存积压或空滞，同时掌握客户信息。但对于供应商而言，资金运转效率较低。上述状况反映出供应链运作过程中的系列资金问题，因此，合理解决资金流问题，并使之与商流、信息流和物流进行有效整合是供应链贸易运作的核心基础。

3. 供应链金融特点

供应链金融通过运用丰富的金融产品以实现交易过程中的融资目的，不同于传统贸易融资方式，其更是一种科学、个性化以及针对性强的金融服务过程，对供应链运作环节中流动性差的资产及资产所产生的且确定的未来现金流作为还款来源，借助中介企业的渠道优势提供全面的金融服务，并提升供应链的协调性和降低其运作成本，主要有以下特点：

（1）不单纯依赖客户企业的基本面资信状况来判断是否提供金融服务，而是依据供应链整体运作情况，以真实贸易背景为出发点。

（2）闭合式的资金运作，即注入的融通资金运用限制在可控范围之内，按照具体业务逐笔审核放款，资金链、物流运作需按照合同预定的模式流转。

（3）供应链金融可获得渠道及供应链系统内多个主体信息，可制定个性化的服务方案，尤其对于成长型的中小企业，资金流得到优化的同时提高了经营管理能力。

（4）流动性较差的资产是供应链金融服务的针对目标，在众多资金沉淀环节来提高资金效率，但前提为该部分资产具有良好的自偿性。

4. 供应链金融存在的风险及其防范

目前，供应链金融尽管在很大程度上减少了中小企业受信中的道德风险，但是，由于供应链融资中的中小企业自身抗市场风险能力较弱，且供应链金融参与者众多，而且可能涉及不同的产业、技术领域，其运作存在的一些潜在风险不容忽视。

（1）供应链自身风险

一方面是由于参与者众多而内生的混乱和不确定因素。供应链由于参与者众多，受到诸多内外因素的影响，混乱和不确定成为市场的主要特征，需求波动加剧，产品与技术的生命周期明显缩短，引入竞争性产品使生命周期更加难以预测，受到销售促进、季节性刺激和再订货数量等因素的影响，供应链易产生大量的混乱。

另一方面是供应链风险的自发扩散。由于供应链金融的信用基础是基于供应链整体管理程度和核心企业的管理与信用实力，因此，随着融资工具向上下游延伸，风险也会相应扩散，如果供应链上某一成员出现了融资方面的问题，其影响会迅速地蔓延到整条供应链，而核心企业作为供应链的最大受益者一定会受到最大的影响。

（2）运营风险

由于供应链融资要提供多样化服务，而且客户的需要也不尽相同，因此，银行需要根据不同客户的具体信息来量身定做金融服务。

同时企业各部门考虑重点不同，也会给银行的工作带来各种阻碍，特别是在供应链融资和服务过程中，企业销售部门希望能增加销量，决策部门则要求保证现金流周转速度，资金管理部门则希望能保证安全性，这就要求银行要能提供更加灵活的产品和服务。在扩大供应链金融运营范围，提供各种服务过程中自然放大了各种风险隐患。

（3）企业信用风险

针对银行信用风险及企业的诚信往往存在两个方面的问题：一是中小企业在采购、生产、销售数据等方面，可能对银行采取虚假或不实信息的行为，使银行无法获得真实数据，难以有效采取相应的管理措施，无法降低资金的使用风险；二是供应链金融的主办或开户银行可能无法独立完成对供应链所有企业相关数据的调查和分析，也就难以利用自身的专业优势对企业的行业发展前景作出全面、准确的判断，从而不能准确了解供应链的整体情况，这将使其无法根据供应链成员的决策和经营，调整相应的信用贷款或服务方案。因此，在大力发展供应链金融业务时，应注意做好以下风险防范工作：

一是加强供应链金融的风险管理。供应链金融主办银行要时刻关注供应链运作情况，掌握供应链企业的内部薄弱点，观测外部环境的发展趋势。同时要建立一整套预警评价指标体系，当其中一项以上的指标偏离正常水平并超过临界值时必须发出预警信号，减少意外并维持连贯性的资金周转，增加资金运作弹性，确保目标供应链良好有效的循环。同时，银行根据自身管理需要，建立信用模型和数据库，对供应链的各方之间的相互关系设置信用值，进行评级、授信、物流资质考评和关联客户相互监管等管理方法，变过去的静态评估为动态评估。

二是选择基础条件较好的企业链群。对供应链成员企业要不断优选，重点在钢铁、汽车、石化、电力、电信等产业链比较完备、行业秩序良好、与银行合作程度较高的若干行业进行优选，要通过调阅财务报表、查看过去的交易记录和电话调查等多种手段，帮助核心企业制度性地评估供应链成员企业。

要引导核心企业在选择成员企业的过程中，将信用度的评价作为一项重要标准，对各加盟企业进行严格筛选，对潜在的不良成员要及时予以淘汰，保证企业供应链及供应链金融的和谐发展。

三是以核心企业为中心提供优质服务。在产品和服务方案设计中要从核心企业入手，借助核心企业向外辐射，贯穿整个供应链上下游企业，如对上游的原料供货商重点开拓应收账款质押融资、保理等产品，对下游的经销商着重提供动产和仓单质押等产品，编织供应链融资网络，体现“横到边、竖到底”的纵深服务。

要结合产品创新提供个性化服务，从客户需求出发，积极研发服务新品，提供管理、营销、现金管理、重组企业供应链、供应链融资等一系列的创新服务，最大程度地满足客户个性化需求。

四是建立供应链建设保障机制。要对物流、信息流和资金流进行封闭运行。供应链金融要选择一个强大有实力的物流公司并与之合作，物流公司可为供应链提供信息、仓储和物流等服务，帮助银行监控物流和企业动产，达到银行控制货权的目的。企业的应收款指定账户开在银行，付款企业配合银行将采购款汇人指定账户。

银行在给整个供应链融资和服务的过程中也会掌握整个供应链企业的经营信息，减少企业与银行之间的信息不对称。此外，可以通过订立各项契约维系平等利益主体之间合作关系，为供应链运营提供强制性的实施规则。同时将企业间原有的关联交易外化为契约交易，尽量避免摩擦，提高供应链的运营效率。金融既要助实体又要防风险，供应链金融则需要防范中小企业融资难所产生的金融风险。

在某个产业供应链中，中小企业总是围绕核心企业进行运营和合作，其现金流缺口也主要产生于应收账款、支付预付账款以及库存仓储期间，而这个资金缺口期间却又往往沉淀了大部分流动性和无形资产。

供应链金融就是针对缺乏固定资产、拥有较多流动资产的中小企业而诞生的金融工具，切合中小企业的融资特点，提升了中小企业的信贷能力，有助于化解其融资困境。相较于成熟的国际市场，供应链金融在国内还处于发展阶段，其产品研发、组织架构、风险控制等方面还需要加强理论和实际研究。

对于我国的商业银行和企业而言，供应链金融为前者提供了新的业务增长点，而后者则可以充分利用该金融创新更好地实现自身的融资需求。

来源：云票据、中金协互联网与数字化专委会

（四）供应链金融的致命弱点：八大风险揭秘

在供应链金融的复杂生态中，贸易、物流、资金与金融服务等各个环节如同精细的齿轮，互相紧扣，共同推动着整个链条的顺畅运转。然而，一旦其中某个环节出现“脱钩”，风险便会悄然滋生。小则导致商流、物流、资金流、信息流的短暂停滞，大则可能引发资金的重大损失，甚至影响整个供应链的稳定。

风险之源多如牛毛，既有外部市场的波动，也有内部操作的失误。因此，风险管理工作既要全面撒网，又要精准捕捉关键点。我们通过实践的摸索与经验的积累，总结出供应链金融的“八大风险关键点”：市场风险、合规风险、模式风险、信用风险、合同风险、贸易真实性风险、资金风险和货权风险。

那么，在这八大风险中，哪一点最为致命呢？

1. 市场风险

市场风险，这一经济学中的核心议题，主要涉及那些能够直接或间接影响市场供求关系，进而引发商品市场价格波动的风险因素。这类风险的根源，可从外部与内部两大环境因素进行深入剖析。

首先，就外部环境而言，国家政策、经济周期、产业状况及供需结构等均构成市场风险的关键变量。国家政策的变动，往往能对相关产业链产生深远的影响。例如，当国家为适应经济发展需求而进行产业结构调整时，便会通过制定相应的政策来扶持或限制某些产业的发展。我们不难看到，最近颁布的《关于规范中央企业贸易管理严禁各类虚假贸易的通知》——业界俗称“十不准”——便对国企资金参与的供应链金融项目带来了一定的制约效应。再如，近年来房地产市场的频繁暴雷事件，无疑

对房地产上下游产业造成了显著的影响，这种影响进一步波及到了供应链金融领域。

另一方面，企业内部因素同样不容忽视。企业对市场的认知不足，可能会导致决策失误，进而加剧市场风险。这种内部认知的缺失，或许源于信息的不对称，或许是因为管理层对市场动态的敏感度不够。但无论如何，这种内部因素引发的市场风险，同样需要引起我们的高度重视。

2. 合规风险

在产业链的深度整合与精密制造流程中，商品自生产至流通、贸易的每一个环节，均须严格遵守国家法律条文、行业监管指引，以及国际制裁的相关规定。同时，企业内部的规章制度亦不可忽视。这些规定并非遥不可及的高悬利剑，而是切实影响企业运营的实实在在的准则。

以史为鉴，诸如汇丰银行事件、大众汽车尾气门丑闻、家具行业的一日游避税案例，以及进出口贸易中屡见不鲜的欺诈行为，均为我们敲响了警钟。这些并非遥不可及的故事，而是一旦触碰，便可能使企业陷入万劫不复之地的风险实例。当企业的资金链与这些违规项目产生交集时，不仅资金回笼将成为难题，更可能面临重大的资金亏损，甚至更为严峻的法律责任。

因此，企业在涉足供应链金融领域时，对合作伙伴的合规性审查应成为重中之重。每一步决策与操作，都必须在法律与道德的双重框架内谨慎进行，以确保企业在追求经济效益的同时，亦能稳稳守住法律与道德的底线，从而有效规避那些潜藏在日常运营中的合规风险。

3. 模式风险

在供应链金融的精细业务架构中，尤其是触及大宗商品交易的环节，潜藏着某些特有的风险因子。大宗商品交易，以其非标准化的业务特性，往往在传统的贸易范式下衍生出资金占用率高企与资金周转迟缓的症结，这无疑是对行业健康发展的隐忧。

为破解此类困局，众多供应链金融企业锐意创新，推出了琳琅满目的业务模式，以期灵活应对市场的多元需求。

以一案例为证，某国有企业的二级子公司协同其上下游合作伙伴，亦均为国资背景，共同构筑了一个融资项目。子公司借助托盘资金向上游采购煤炭，并顺畅地转售予下游企业。待 45 个工作日后，子公司收到下游的结算款项，再与托盘资金进行清算。此模式在表面上流光溢彩，然而在供应链金融对资金与货物的严格风险控制原则下，却显露出瑕疵。若单纯依赖国有企业的信誉背书，而缺乏对资金或货物的实质性掌控，该模式便潜藏着不容忽视的风险，足以令潜在的投资者踌躇不前。

故而，在审视供应链金融的业务模式时，我们必须以深入剖析其风险控制机制的完善性为前提，确保能够有效地驾驭资金流与物流，从而捍卫交易的安全与项目的可行性。同时，亦需兼顾模式的持久性与适应性，使其能够随着市场的变迁与行业的发展而灵活调整。

4. 信用风险

信用风险，作为供应链金融领域的核心考量要素，深刻影响着交易对手方履行到期偿付义务的不确定性。这一风险的深浅，与交易各方的偿债能力及其运营态势紧密相连，牵涉到核心企业、供应链上下游参与者，乃至第三方物流监管实体的信用背景。

首当其冲的是核心企业的信用风险，它在供应链中扮演着举足轻重的角色。核心企业不单要维系自身的信用以推动业务进展，更要为依附其上的中小型企业提供信用支撑。倘若核心企业的信用出现裂痕，便可能阻塞整个供应链的资金流动，进而大幅加剧供应链金融活动的风险敞口。故而，核心企业的经营实绩与发展蓝图，对于维护供应链的稳定与交易品质具有不可替代的作用。

紧接着，我们不能忽视供应链上下游企业的信用风险。虽然供应链金融服务提供者已通过技术革新与货物管控等手段，削弱了信息不对称所引致的风险，从而在一定程度上缓解了中小企业的信用风险，但这些企业自身在经营规范与信用自律方面的短板依旧存在。因此，在构建业务模式时，我们必须审慎考量这些因素，以保障交易的安全性无虞。

再者，第三方物流监管实体的信用风险亦是供应链金融中不可或缺的一环。物流企业在供应链中担任着至关重要的角色，它们肩负着仓储与配送等核心职能。在供应链金融的语境下，为了充分利用第三方物流企业的规模效应与专业优势，降低成本考量，货物的监管权常被委托给这些企业。然而，这种委托亦带来了新的风险敞口，即物流监管方可能出于自身利益考虑而损害供应链金融参与者的利益，或因管理失当、职责履行不周导致货物损毁或遗失。例如，某些不法企业可能与物流仓储公司的内部人员勾结，伪造仓单或入库凭证进行欺诈活动，或在未经资金方明确同意的情况下擅自处置货物，最终导致货物品质受损或价值减损。此类案例在业内屡见不鲜，如河北秦皇岛粮库近万吨玉米不翼而飞的案件，便是粮商与库管人员沆瀣一气，盗卖粮食，最终酿成了重大的经济损失。

归纳起来，信用风险管理在供应链金融中的重要性不言而喻。我们必须通过精细的审查流程、严密的风险控制措施以及高效的监管机制来降低潜在风险，从而确保供应链金融能够健康、稳定地发展。

5. 合同风险

合同风险，作为供应链金融领域中的一项核心法律风险，必须得到严格且周密的把控。具体而言，该风险可细分为三个主要层面：合同条款本身的法律风险、合同履行过程中的潜在风险，以及合同用印的合法性与有效性所带来的风险。

关于合同条款风险，我们必须认识到，合同条款是确立双方权利义务关系的法律基石。其设置的合理性，直接关系到合同潜在风险的高低。因此，在审视合同条款时，我们应对合同价格的公允性、结算方式的安全性、交付周期的可行性，以及合同变更与补充条款的明确性进行全面而细致的推敲与评估。

在合同履行风险层面，我们应着重关注安全管理、质量控制以及进度监督等关键环节。这些方面的任何疏忽，均可能导致合同目标难以实现，甚至触发违约风险。

此外，合同用印的合法性与有效性亦不容忽视。近年来，阴阳合同、伪造印章等违法行为层出不穷，这些行为不仅触犯了法律，更可能使企业面临严重的法律后果与经济损失。

为了切实有效地管理合同风险，企业在签署合同之前，应进行深入的风险因素分析，构建详尽的风险结构图，并巧妙运用反向思维等方法，以精准识别并评估潜在风险。同时，合同条款的设定应力求明确、具体，避免含糊不清，从而减少解释上的歧义与争议。在合同履行过程中，企业应建立健全的监督与管理体系，确保合同的顺利履行，并能够及时应对可能出现的各类问题。此外，对合同用印进行严格审查，确保其合法性与有效性，是控制合同风险的关键环节。

通过实施这些周密的管理措施，企业不仅能够显著降低合同风险，还能有效保障自身的合法权益，从而推动供应链金融的健康与稳定发展。

6. 贸易背景真实性风险

供应链金融的精髓，无疑在于对贸易背景真实性的严谨把控，此乃风险管理的要害所在。贸易真实性的核查，可细分为两个核心时段：融资前的初步真实性验证，以及融资申请时的深入真实性审查。

在融资前的初步审查阶段，我们着重于剖析买卖双方的历史交易数据，精准评估其合同执行能力与过往表现。这一步骤对于金融机构而言，是洞察企业商贸行为模式、预测其未来融资需求的基石。

而当企业提出融资申请时，我们则需进一步确认应收账款的真实存在及其可流通性。这是确保卖方融资得以实现的关键环节，只有在这一基础上，金融机构才能对融资回款的稳定性与可靠性抱有充足信心。

为了捍卫贸易真实性这一原则，金融机构在授信前必须进行严格而周密的审查。这包括但不限于深入剖析企业的商贸意图、精确评估回款周期、严密监控货物流向，以及全面审视交易的内在逻辑性与连贯性。这些审查环节不仅对于保障企业融资的顺畅进行至关重要，更是金融机构有效规避风险、减少资金损失的必备之策。

通过灵活运用多元化的审查手段与技术，例如数据挖掘与分析、实地考察、第三方机构验证等，金融机构能够更为精准地评估贸易背景的真实性。这不仅为供应链金融业务的稳健发展奠定了坚实基础，同时也为金融机构在激烈的市场竞争中占据有利地位提供了有力保障。此外，随着科技的飞速发展，人工智能、区块链等前沿技术正逐步融入贸易真实性审查的各个环节，大幅提升了审查的效率与准确性，为供应链金融的长远稳定发展注入了新的活力。

7. 资金风险

资金风险，在供应链金融领域，堪称一颗潜藏的定时炸弹，它的重要性无需赘言，直接关系到企业的资金安全、资金流转的灵活性以及交易的结算效率。

首先，资金安全风险，这是企业运营的根基所在。一旦资金监管有所疏漏，资金便可能遭到不法侵占或挪用，这对企业来说，无疑是釜底抽薪，不仅会导致资金链吃紧，更可能因此卷入法律纷争，甚至声誉受损。

其次，资金流动性风险。这关乎企业资金的周转速度和可用性。试想，若企业资金长期被束缚，或是应收账款迟迟无法回笼，日常运营岂不受阻？更别提应对突如其来的资金需求了。

再测，结算风险亦不容忽视。支付延误、汇率变动、支付系统失灵等潜在问题，都可能在国际商贸舞台上给企业带来不小的财务损失。

最后，资金错配风险亦值得警惕。在供应链金融的棋局中，若资金投入与回收的周期不合拍，即资金错配，势必会推高资金成本，进而侵蚀企业的盈利空间，动摇财务的稳健性。

为了驯服资金风险这头猛兽，企业必须祭出以下几招：

一是加强资金监管，构筑起透明、合规的资金监管体系，确保每一分钱都花在刀刃上。

二是优化流动性管理，通过精心的现金调配，储备充足的流动性，以备不时之需。

三是未雨绸缪，制定周详的风险应对方案，包括流动性危机应对策略和应急资金储备计划。

通过这套组合拳，企业便能大大降低资金风险，从而守护住企业的财务命脉，确保供应链金融的稳健前行。

8. 货权风险。

货权风险，在供应链金融的复杂生态中是一个尤为关键且棘手的问题。它牵涉到货物的所有权、实际控制权，以及在供应链条中如何安全、有效地进行转移。简而言之，货权风险就是在供应链金融运作过程中，由于货物权益的交接、转移或监管环节出现纰漏，从而引发的货物损失或所有权争议。

这种风险的产生，往往与仓储方、供应商或物流公司的某些不正当行为紧密相关。例如，我们不时会听到的虚假仓单、一货多卖等欺诈行为，就是货权风险的典型表现。历史上，上海钢贸事件和武汉黄金案等惊天大案，均是由于货权风险失控所导致的。在这些案例中，巨额的资金损失和对供应链金融整体信誉的打击，都是不容忽视的。

更为复杂的是，货权风险有时会以一种非常隐蔽的方式出现。比如仓储方与供应商之间可能存在的恶意勾结，通过出具虚假仓单，将已经质押的货物非法转售，导致资金方遭受重大损失。又或者，物流运输公司在没有货权的情况下，擅自将商品用于质押融资，这不仅损害了资金方的利益，也对货主的权益构成了严重威胁。

为了有效应对这一风险，供应链金融的各方参与者必须采取一系列周密的风险控制措施。这包括但不限于选择信誉卓著的仓库进行货物存储，同时实施严格的货物验收、入库、盘点和出库制度。更为重要的是，必须确保所有货权单据，如仓单、运输发票等的真实性和有效性，从而有效防范“一货多卖”或空开仓单等风险。

当然，这只是风险防范的冰山一角。在后续的探讨中，我们将进一步深入研究货权风险的风控措施方案。

在实际业务操作中，金融机构应具备高度的环境敏感性和业务场景适应能力，以更有效地防范外部合规风险、法律风险以及信用风险。确保贸易背景的真实性，这是供应链金融体系能够健康、稳定运行的基石。值得庆幸的是，随着供应链金融的深入发展，以及人工智能、区块链等前沿技术的不断进步，我们现在有多种方法和手段来确保贸易的真实性。通过综合利用这些先进的工具和技术，我们可以为供应链金融的长期稳定经营奠定坚实的基础。

来源：贸易金融圈（中金协互联网与数字化专委会）

二、物流融资租赁

（一）融资租赁在供应链金融中的几种业务模式

在供应链金融中可以把钱投在需求大的地方，有效的提高一个产业链的总体效益。融资租赁有限公司所提出的供应链金融模式可以根据不同的企业进行有效的调整，以达到解决企业客户融资难的问题，以及为对象客户提供货物的囤积。在供应链金融模式中，主要有保兑仓融资、应收账款融资、融通仓融资。融资租赁业务可以融入到保兑仓融资和融通仓融资这两种模式中。

保兑仓融资模式——直接租赁

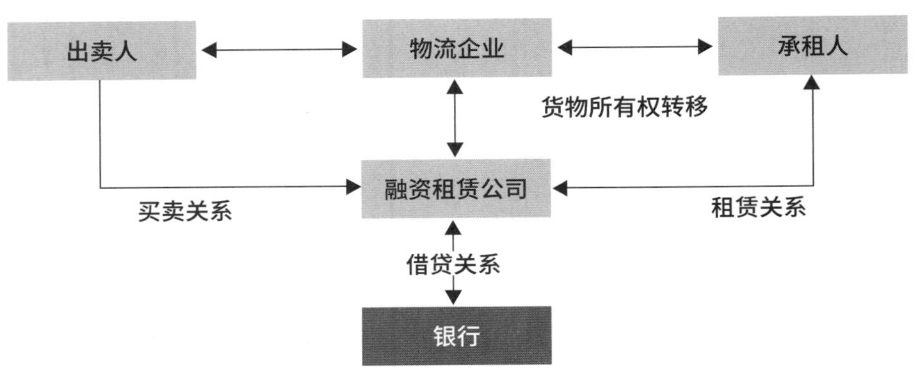

图 8-1 保兑仓融资模式关系图

承租人、厂商、租赁公司、物流企业签订《货物融资租赁合同》。融资租赁公司和银行签订《贷款合同》。在《货物融资租赁合同》中要明确厂商回购义务和客户为其自己提货逾期而做相应担保责任。此外，租赁公司和物流企业要明确仓单质押涉及到的货物所有权转移，以及物流企业对存货安全性的担保。

融通仓融资模式——售后回租

承租人，租赁公司，物流企业签订《货物融资租赁合同》。融资租赁公司和银行签订《贷款合同》。在《货物融资租赁合同》中要明确第三方担保和客户为其自己提货逾期而做相应担保责任。此外，融资租赁公司和物流企业要明确仓单质押涉及到的货物所有权转移，以及物流企业对存货安全性的担保。

保兑仓融资模式——直接融资租赁

出卖人（厂商）、承租人、物流企业、租赁公司首先签订《货物融资租赁合同》，以明确各自权利和责任。

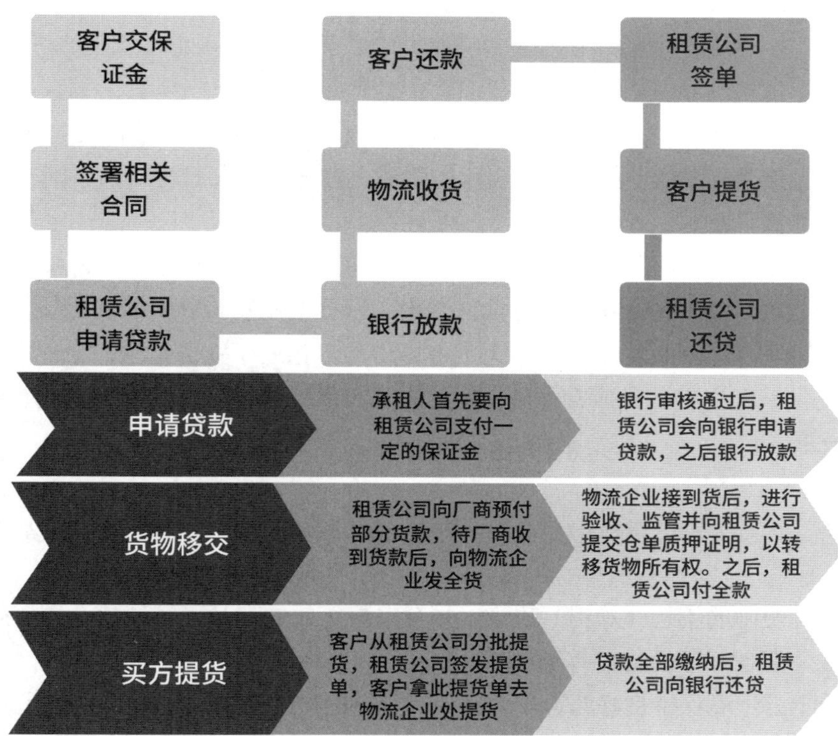

图 8-2 保兑仓融资模式流程图

融通仓模式——售后回租

承租人、物流企业、租赁公司首先签订《货物融资租赁合同》，以明确各自权利和责任。

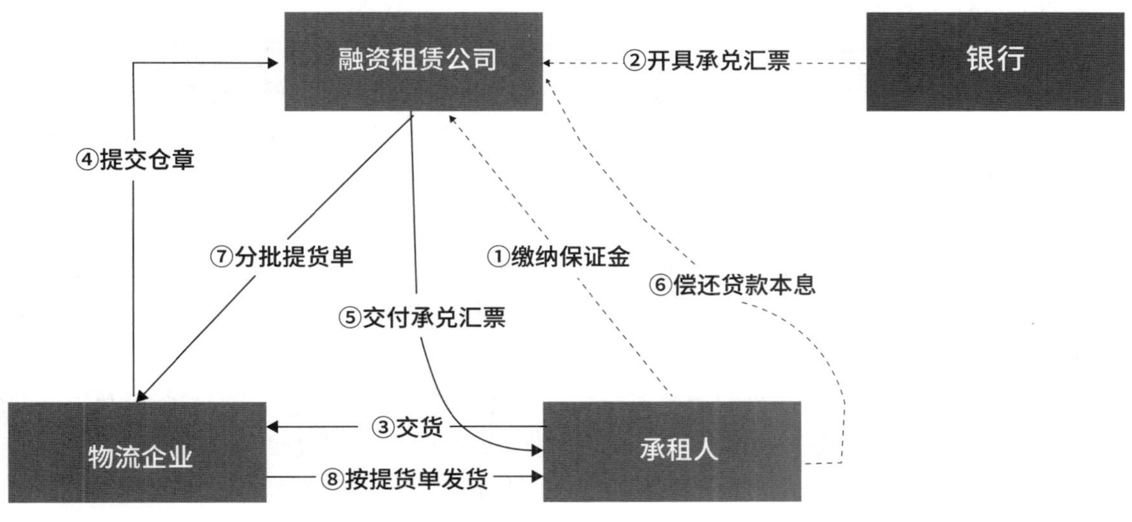

图 8-3 融通仓模式流程图

蓝色实线为物流方向，蓝色虚线为资金流，红色实线为单据传递。

4 两种模式关键点分析：

还款来源：客户要提供其与下游经销商或直接用户的商品销售合同。租赁公司可以向银行提供贷款客户的应收账款质押或保理。客户对其自己提货逾期提供自有资产的担保措施。厂商对逾期货物提供回购担保。

优势分析：

对于下游买方（客户）可以用银行融资支付预付货款，减少自有资金占用。售后回租业务模式中，客户可以把货物变现，加强企业自身现金流。此外，客户可以在原材料销售淡季买入存货以达到降低成本，抵抗通货膨胀影响。

对于上游出卖方（厂商）可以提前确定销售规模，提前回收资金，稳定客户关系，提高市场占有率。

能够为银行贷款找到良好的服务对象，大大减少了银行的不良贷款风险。此外，租赁公司还可以为银行做应收账款保理，应收账款质押，扩大了市场份额，拓展了业务范围。

为物流企业提供一个良好的供应链循环，使其能够在供应链环节中发挥越来越重要的角色，能使整个供应链快速发展。

信用条件：

对于下游买方（客户）符合国家产业政策，发展前景良好，或在合作银行开设基本账户或一般结算账户；

买方（客户）有明确的销售（赊销）政策，并有完整有效的产品下游销售合同，产品生产周期正常，提货周期正常，有较好顺畅的自有资金。

客户需要与上下游厂商保持良好的合作关系，有完整的交易记录，且未发生过重大违约经济纠纷。

客户需要交纳的申请材料：企业工商局登记证，企业机构证明，纳税材料，完税证明，企业法定代表人资料，主要股东个人信用记录，近 3 年企业的财务报表，审计报表，验资报告等。

上游卖方厂商原则上是国内主流或行业主流企业，当地的龙头企业，具有完整良好的信用记录。

物流企业自身具有强大的交通运输网，货物运输能力，货物验收能力，货物监管能力，完整良好的信用记录，良好的自有资产为货物做担保。

风险点分析以及应对措施：

一是物流企业存货风险。厂商一旦将标的货物运抵融资租赁公司指定的物流企业仓库后，物流企业就要对此货物验收，监管，保护。因此物流企业的选择是要达到一定良好的标准，就有良好的信用记录以及一定规模的自有资产。一旦货物遭到破坏，例如消防不善、排水不善、防腐防霉不善、防盗不善。物流企业要能够及时补救，并算出损失，及时的向货物的所有方做出赔偿措施。国内较大的物流企业有：中国物资储运总公司，中国远洋物流有限公司，中铁物流科技股份有限公司等。

（1）如果货物由物流企业运抵客户指定地点，货物抵达之前的损失风险全由物流企业承担。

（2）如果货物由客户亲自执融资租赁公司签发的提货单提货，货物装车后的风险转移给客户。

存货的要求：

（1）货权清晰，为了保证融资租赁公司最终对货物处置时没有其他第三方主张权利，在进行动产抵质押时需要对出质人或抵押人提供的动产权属进行认定（增值税发票、货运发票）。

（2）价格稳定，价格波动剧烈的商品不宜作为抵质押物，一是增加盯市工作量，二是处置需要时间。

（3）流动性强，基础原料，战略物资，大宗物资，初级产品。

二是违约风险。受到一些人为或者天灾的影响，客户不能够按规定及时的交付货款。所以融资租赁公司首先要和厂商签订回购协议，以对货物提供回购担保。然后，融资租赁公司还要和买方客户签订对其提货逾期造成的货物贬值提供相应有效的担保措施，该客户可用自有资产做担保。

三是法律风险。仓单质押担保操作程序是否完备会影响到融资租赁公司，物流企业，融资企业甚至厂商企业的权利和义务。同时会引起质押物所有权的法律纠纷问题。根据我国《合同法》《担保法》等相关法律，仓单质押为权利质押。仓单转移存储物其所有权也同时转移，仓单上所记的物品权利与仓单本为一体。因此，仓单质押担保程序是关系到仓单权利是否实现的关键。然而，目前没有统一的法律标准，这也是引起法律纠纷的原因所在。所以，物流企业、融资租赁公司、客户要制定一个三方同意的有法律效益的《仓单质押操作合同》，以明确租赁公司和物流企业之间的货物所有权的转移。另外此合同也可以防止物流企业和客户进行违法犯罪活动。

首先看产品内容设计：

保证金、手续费、首付金。

下游买方客户需首先向租赁公司预付货款的 20%—30% 作为保证金。

融资租赁公司为此业务收取 1.5%—2% 的手续费、首付金为货款的 5%—10%、租赁利率，在我方取得资金成本基础上上浮 30%；仓储管理费用（比物流公司对外价格有所优惠）

融资租赁公司资金成本：银行承兑汇票或国内信用证方式结算：承兑汇票或信用证手续费、银行贷款现金结算：贷款利率。此种方式下融资租赁公司可在银行做保理业务及时回笼资金。

库存原材料的未来价格走势要与美元的价格走势成反比。

其次看库存原材料的选择。

（1）鉴于租赁公司采用“银行承兑汇票”向上游厂商付货款，而承兑汇票最高期限为 6 个月。下游客户需要有高存货周转率，良好的销售渠道。

（2）2009 年末，全国中小企业平均存货周转周期为 124 天，应收账款周转周期为 91 天。营业利润为 12.47%，销售增长率为 0.89%，利润增长率为 0.73%。

再次看担保条件。

①原材料供应商在客户发生逾期后提供无条件回购担保。以货物原价和市场公允价值孰高者的一定比例（如 80%—90%）回购。

②客户的土地厂房进行不动产抵押。

③法人代表夫妇两人连带责任担保。

④股权质押。

⑤第三方担保。

⑥（可选择）物流企业为客户做出担保，在客户放弃提货权并无法实施厂商回购时，由物流企业负责对余下货物进行拍卖或转售，以补偿租赁公司的风险敞口。

融资产品：

买方付息贴现，委托代理贴现业务等应收类产品。

先票（款）后货存货质押，国内信用证，委托代理开票，法人账户透支等预付类产品。

电子票据，票据库等电子服务类产品。

退出机制：

最后一期客户缴清全部货款及利息，货物移交完毕，融资租赁业务结束。

当客户出现逾期或放弃提货权，按担保措施实行风险敞口补偿。（厂商回购、客户担保、物流公司处置）

若货物市场价值较高，租赁公司还可自行处置，在期货市场交易或者转售。

贷后管理：

银行承兑汇票到期前 15 日，如客户交付的货款不足以兑付承兑汇票时，业务人员要以书面的形式通知客户组织资金兑付，并通知核心厂商作好承担保兑责任准备，如到期日前五日内下游客户仍未备足兑付资金，厂商必须无条件在 5 日内（到期日前）承担保兑责任。

业务部门和生产商、客户应视提货发生频率，定期、专人每月或每周核对提货量和未提余额。每季度末，各分行要将保兑仓业务，通融仓的开展情况上报公司。

项目经理应采用多种方式对生产商和客户进行授信后跟踪，密切关注其经营、财务、管理、产品销售、产品结构变化、产品价格变动和市场竞争程度等可能对租赁公司授信产生不利影响的情况。此外，项目经理还应随时从银行信贷登记系统查询客户、厂商在他行的授信情况，防止一份《购销合同》多头取得信用支持。

来源：七七咨询

（二）“租赁 + 物流金融”有良好发展空间

从快递运输需求的井喷中可以窥见，我国物流市场体量之巨。当下，随着互联网经济的迅猛发展，物流金融这一新兴产业渐成各方资本入场布局的风口，融资租赁行业也不例外。

业内已有租赁公司切入这一市场，或为物流运输市场内的运力企业提供融资类服务，或为物流产业供应链中的中小微企业提供一整套的综合服务解决方案，力图在物流金融市场中找到差异化业务的落脚点。

作为复合型的一个新兴产业，物流为制造业、工业、金融业等周边产业创造了更多的发展机遇。中国物流与采购联合会副会长贺登才表示，提升物流与制造业、工业、金融业等相关产业的融合度，将有利于促进物流行业由高速发展迈向高质量发展。

其中，“金融 + 物流”是被业内普遍看好的新风口。上海大学现代物流研究中心主任储雪俭表示，物流发展的核心力量一定是金融。以“贸易 + 物流”为核心，叠加金融服务，可以打造供应链金融物流服务生态圈，从而为市场内的客户提供统一高效、一站式的物流供应链服务。

业内人士认为，将融资租赁与物流行业结合起来，既能助力构建现代物流金融服务生态圈，也可以促进租赁业务创新升级。

中民投国际物流融资租赁有限公司总裁助理王俊峰认为，近年来，租赁行业同质化竞争愈发激烈，创新业务模式和品类也成为业内的共同诉求。需注意的是，租赁的特点不仅仅在于融资，还具有贸易、投资、融资促销等多重功能，切入物流领域，可以较好地将租赁的资产管理、贸易管理的特色体现出来，从而为租赁公司带来一种新的盈利模式。

就融资租赁投放来看，据商务部统计，排在前五位的分别是能源、交通运输设备、基础设施及不动产、通用机械设备和工业装备，均全面涉及了实体产业。业内人士表示，物流本身就是一个复合型产业，而交通运输在租赁行业投放中，又是一个非常重要的板块。由此可以看出，融资租赁在物流行业有巨大的发展空间。

对于租赁公司而言，无论是物流地产、物流园区、物流数据基础设施、物流交通等基础市场，还是物流冷链、物流智能化（自动分拣设备）等专业细分市场，均可以成为业务布局的着力点。

储雪俭表示，物流行业市场本身是十分广阔的，要做好物流领域的租赁业务，业内企业需要找准具体的方向，把业务做深入、做细致。

物流交通是租赁公司做物流金融的主要阵地。其中，商用车金融这一细分市场是一片蓝海。有深耕商用车市场的租赁人士表示，当前包括商用车新车、二手车、客车等细分市场，国内商用车市场目前也只有 50% 的金融渗透率，远低于国际成熟市场的 90%，有待开发。

已有部分租赁公司在交通运力这一细分领域持续发力，如切入车后金融市场和整车干线物流市场，为商用车产业链上下游提供全周期、多场景的金融服务，打通交通运力的供应链。如狮桥集团，其专注于干线物流金融，已为近 12 万名卡车司机车主提供了金融产品服务，并通过联结数万名司机，为国内一线电商、快递、快运公司和第三方物流公司提供承运服务。

此外，中小企业的物流供应链市场也是可以切入的细分市场。储雪俭认为，当前我国中小微企业的融资需求还未得到很好的满足，在小企业制造物流供应链中，融资租赁大有可为。如义乌的小商品制造形成的“一镇一村一品”模式，造成了物流的碎片化，当发展到一定的企业规模时，商品制造产业链就需要强有力的物流链和供应链来做支撑，租赁公司可通过对资金流、物流和信息流的有效控制，与供应链条上游的供应商、下游的经销商对接，为其提供有针对性的融资类服务或是货物囤积服务，从而提高产业链的总体效益。

国家发改委综合运输研究所所长汪鸣表示，金融赋能物流，将驱动物流产业发展的“春天”加速来临。但这个“春天”不是以“量”取胜，而是以“质”和“量”的同步取胜。需要在物流业向高端化、信息化、融合化、集成化和生态化的演变中，通过技术的手段来延伸产业链，提升价值链。

对于融资租赁而言，使用信息化手段提升物流金融供应链的服务能力同样重要。有业内人士表示，金融目前对于利益的追逐，在一定程度上还非现在的物流及其体系所能够满足的。融资租赁的融资成本和运营成本不低，此外，物流金融领域也会出现一些违约事件，所以租赁进入物流行业，需要把握好行业的本质和成本。通过现代信息化技术去降低运营成本，提升风控能力，有助于支撑租赁公司更好地开展物流金融业务。

储雪俭表示，科技可以完善和提升物流供应链服务。通过把物联网、人工智能、大数据和区块链等技术相结合，对交易信用、监管信用进行增信，把物流订单执行过程、监管对象、监管经营信息变得可视，通过可视、可追、可控制来解决问题。

如狮桥集团，通过利用大数据、移动互联技术等构建的一套移动互联 IT 体系，将公司的主要业务从客户提交申请、销售人员调查和放款、贷后管理和服务，全部在移动终端 App 中完成。据了解，为了构建行业领先的智慧型物流平台，狮桥聚力提升智能数据风控和产融服务创新能力，并于 2018 年 7 月与百度在风控模型建设、数据流量引用、为卡车司机和经销商群体提供智能服务等方面展开全方位合作。

物流业与供应链金融市场系列—租赁融资

目前，国际产业经济的发展已经从企业与企业的竞争，转向了供应链与供应链之间的竞争。然而长期以来，中国企业在供应链发展上并不顺利，国内中小企业的资金压力相当紧张。一方面，中小企业因缺乏有效的抵押物和担保措施，很难获得银行贷款。另一方面，中小企业的资金压力还来自供应链内部的权利义务失衡。在特定商品供应链里，核心企业通常占绝对优势，它对上下游配套的中小企业在交货、价格、账期等方面要求苛刻，使得配套的中小企业资金链十分紧张。

世界最大的快递物流公司 UPS 发布的年度《亚洲商业监察》报告显示，中国 23% 以上的中小企业正在遭遇现金流的困扰。另一方面，2005 年全国中小企业有近 11 万亿元的存货应收账款。如果这些闲置的资源可以进行信贷担保，相当部分的中小企业可解决“贷款难”的问题。

据国内第一家推出“供应链金融”服务的平安银行（原深圳发展银行）人士介绍，一方面，利用供应链整体信用对中小企业信用的支撑，通过对物流和资金流的全程监控，有效地降低了对中小企业放贷的风险；另一方面，平安银行推出了“自偿性贸易融资”风险评审制度，将当前银行业传统的注重财务报表分析的主体评级方法，改革为重点考察贸易背景和物流、资金流控制模式的债项评级办法，从而衍生出一套新的信贷分析及风险控制技术；同时与第三方物流公司建立了全面合作关系，搭建物流金融平台，通过异业紧密合作实现核心能力互补，为中小企业提供便捷的融资服务。

供应链金融不但得到中小企业追捧，也让银行受益匪浅。据平安银行的企业关系管理部副总经理夏逸楠说，“供应链金融”自 2003 年正式推出以来，该业务年复合增长率超过 50%，累计投入资金总额数千亿元，不良率仅仅 0.4%。据了解，在平安银行之后，渣打等外资银行也在国内推出了“供应链金融”，取得了不俗的成绩。

中储、中远物流的人士也表示，物流管理已从物的处理提升到物的附加值方案管理在供应链管理模式发展下，国内企业逐渐转而强调跨企业界限的整合，而顾客关系的维护与管理变得越来越重要。借助金融物流供应链，它们为客户获得低成本的融资提供了服务也大幅度提升了自身在客户心中的地位。

“国内正在搞金融物流供应链，这是金融服务的一个创新。”香港大学物流管理研究中心主任史新平对内地的供应链金融评价很高，“金融物流供应链融资，这甚至在国际化程度很高的香港都没有做到，香港至今还没有某一个产业、某一种经营模式的信贷服务。而在内地，平安银行做到了金融物流供应链融资。从这个角度来讲，国内已经有一个很好的出发点”。据了解，平安银行除了与三大物流巨头有战略合作之外，已经与大连、天津、深圳、青岛、湛江等国内大型港口及超过 200 家以上的第三方物流公司签约合作，与中华商务网及多家担保公司建立了战略联盟合作关系。而国内其他银行与物流企业的合作，也已逐步向建立物流金融平台发展。

融资租赁概念与发展

不同的国家对融资租赁提出了不同的定义，甚至在我国不同的部门，融资租赁的定义也有所不同。例如，银监会将融资租赁定义为出租人根据承租人对租赁物和供货人的选择或认可，将其从供货人处取得的租赁物按合同约定出租给承租人占有、使用，向承租人收取租金的交易活动：商务部将其定义为出租人根据承租人对出卖人、租赁物的选择，向出卖人购买租赁财产，提供给承租人使用，并向承租人收取租金的业务。从融资租赁业务的操作过程出来，可将融资租赁定义为：出租人根据承租人对租赁物件的特定要求和对供货人的选择，出资向供货人购买租赁物件，并租给承租人使用，承租人则分期向出租人支付租金，在租赁期内租赁物件的所有权属于出租人所有，承租人拥有租赁物件的使用权。

租期届满，租金支付完毕并且承租人根据融资租赁合同的规定履行完全部义务后，对租赁物的归属没有约定的或者约定不明的，可以协议补充；不能达成补充协议的，按照合同有关条款或者交易习惯确定，仍然不能确定的，租赁物件所有权归出租人所有。融资租赁是集融资与融物、贸易与技术更新于一体的新型金融产业。由于其融资与融物相结合的特点，出现问题时租赁公司可以回收、处理租赁物，因而在办理融资时对企业资信和担保的要求不高，所以非常适合中小企业融资。

融资租赁产生于第二次世界大战后的美国。“二战”后美国国内出现了资本和技术密集型为特点的耗资巨大的新兴工业部门，一方面造成固定资产投资规模急剧扩大，设备更新速度空前加快：另一方面，企业还要面临因采用新技术使设备淘汰加快的风险。在战后经济不景气、企业通过传统的融资方式获得中长期贷款的来源十分有限的情况下，传统的融资方式已经无法满足旺盛的投资需求。

1952 年，加利福尼亚州一个食品工厂的老板费尔德用每月 125 美元租用带小型升降机的卡车，和经纪人达成协议后获得成功。他根据这一经验产生了建立租赁公司的设想并最终成立了美国第一家融资租赁公司——美国租赁公司，开启了融资租赁的新纪元。这一做法打破了“先一次性投资，购买设备后再进行生产”的传统观念。融资租赁诞生以后，取得了迅速发展。到了 20 世纪 60 年代，西欧的大部分工业国家都成立了融资租赁公司。20 世纪 70 年代，融资租赁在经济发达国家得到急速发展到了 20 世纪 80 年代，经济发达国家的融资租赁已进入成熟期，不少发展中国家也开展了租赁业务。

融资租赁成为许多国家发展最快的一种融资方式。

2010 年，中国东方国际租赁公司及中国租赁有限公司的成立标志着中国赁业的我国融资租赁业的产生于发展，引进了不少先进设备和技术，开辟了利用外资的新架对我国经济发展起了一定的作用。2010 年 6 月 18 日，商务部《关于鼓励和引导民间资本进入商贸流通领域的实施意见》明确指出支持民间资本发展融资租赁业务。加快融资租赁立法步伐，建立、健全行业标准体系，完善金融、财政、税务、外汇、海关等政策，加行业监管，支持符合条件的民营企业规范发展融资租赁业务。鼓励民营融资租赁企业为“小微企业、“三农”企业提供交通运输工具、生产设备、工程机械、农用机械等融资租赁务，通过设备融资租赁方式参与铁路、电信、电力、石油天然气、水利工程等基础产业作设。支持民营融资租赁企业加强与各类金融机构合作，拓宽融资渠道。我国物流基础设施的建设以及物流企业的设备更新换代完全可以借助于融资租赁这一融资模式。

融资租赁分类

在我国，因为监管者的不同，融资租赁大致被分为金融租赁、企业融资租赁和外资资租赁。金融租赁公司由银监会监管，大都是为银行系投资建立；企业融资租赁由商务部监管，为实体企业出资设立。具体的租赁方式可分为以下几类：

（1）直接融资租赁

租赁公司根据承租企业的选择，向设备制造商购买设备，并将其出租给承租企业使用．租赁期满，设备归承租企业所有。适用于固定资产、大型设备购置以及企业技术改造和设备升级。

（2）售后回租

承租企业将其拥有的设备出售给租赁公司，再以融资租赁方式从租赁公司租入该设备租赁公司在法律上享有设备的所有权，但实质上设备的风险和报酬由承租企业承担。适用于流动资金不足的企业、具有新投资项目而自有资金不足的企业以及持有快速升值资产的企业。

（3）厂商租赁

厂商租赁是设备制造厂商与租赁公司结成战略合作伙伴，以融资租赁方式为购买其产品的客户进行融资，并进行后续设备资产管理的一种业务模式，适用于设备制造厂商。

（4）杠杆租赁

由租赁公司牵头作为主干公司，为一个超大型的租赁项目融资的租赁方式。租赁公司通过成立一家项目公司，通过投入租赁物购置款项的部分金额，即以此作为财务杠杆，为租赁项目取得全部资金。适用于飞机、轮船、通信设备和大型成套设备的融资租赁。

（5）联合租赁

租赁公司与国内其他具有租赁资格的机构共同作为联合出租人，以融资租赁的形式将设备出租给承租企业。合作伙伴一般为租赁公司、财务公司或其他具有租赁资格的机构。

（6）委托租赁

租赁公司接受委托人的资金或租赁标的物，根据委托人的书面委托，向委托人指定的承租人办理融资租赁业务的一种租赁方式。租赁期内租赁物的所有权归委托人。此模式可实现与投资机构、优势企业进行租赁投资合作。

（7）转租赁

转租赁是以同一物件为标的物的融资租赁业务。在转租赁业务中，租赁公司从其他出租人处租入租赁物件再转租给承租人，租赁物的所有权归第一出租方。此模式有利于发挥专业优势、避免关联交易。

融资租赁的功能主要体现在以下四个方面：

①融资功能融资功能是融资租赁最基础也是最重要的功能，从其本质上看，融资租赁是以融通资金为目的的，它是为解决企业资金不足的问题而产生的。需要添置设备的企业只需付少量资金就能使用到所需设备进行生产，相当于为企业提供了一笔中长期贷款。

②促销功能融资租赁可以用“以租代销”的形式，为生产企业提供金融服务。一方面，可避免生产企业存货太多，导致流通环节的不畅通，有利于社会总资金的加速周转和国家整体效益的提高；另一方面，可扩大产品销路，加强产品在国内外市场上的竞争能力。

③投资功能租赁业务也是一种投资行为。租赁公司对租赁项目具有选择权，可以挑选一些风险较小、收益较高以及国家产业倾斜的项目给予资金支持。同时，一些拥有闲散资金、闲散设备的企业也可以通过融资租赁使其资产增值。而融资租赁作为一种投资手段，使资金既有专用性，又改善了企业的资产质量，使中小企业实现技术、设备的更新改造。

④资产管理功能融资租赁将资金运动与实物运动联系起来。因为租赁物的所有权在租赁公司，所以租赁公司有责任对租赁资产进行管理、监督，控制资产流向。随着融资租赁业务的不断发展还可利用设备生产者为设备的承租方提供维修、保养和产品升级换代等特别服务，使其乡常能使用上先进的设备，降低使用成本和设备淘汰的风险，尤其是对于售价高、技术性强无形损耗快或利用率不高的设备有较大好处。

对出租人而言，融资租赁的作用是一种安全高效的投资方式，并且具有安全性好、收益率高的特征。另外，出租人若为设备生产商，租赁可助其扩大产品销售。对承租人而言，有助于加快企业技术改造和企业引进先进设备，并目融资租赁使承租企业得到税收优惠的好处，减轻企业财务负担，增强了企业发展后动。目前，中国融资租赁依然还是较为简单的商业模式，以融资性租赁尤其是融资性售后回租为主，在银行系租赁公司中，融资性售后回租的比例达到 80% 以上。

融资租赁业在西方发达国家已是仅次于银行信贷的金融工具，全球近 1/3 的投资以融资方式完成。在欧美工业发达国家，设备的租赁已占全部设备销售量的 20%，其中工程，飞机、船舶、各种车辆等，60% 以上都是通过租赁方式销售。相比之下，我国金融和的渗透率比较低，在发达国家，金融租赁渗透率为 15%—30%，而据中国银行业协会金融赁专业委员会估算，中国租赁渗透率为 4%—S%。可见，中国租赁市场仍有相当大的发展空间。

租赁融资市场

2022 年国内租赁融资事件已超 10 万起，其中商租占比超 80%。

金融租赁从市场业务范围可分为金融租赁、金融租赁，行业简称：金租和商租。

金融租赁公司是非银行金融机构。金融租赁公司是非金融机构企业。虽然融资租赁公司总想往金融方面靠，但国务院《关于加强影子银行监管有关问题的通知》要求“融资租赁等非金融机构要严格界定业务范围。融资租赁公司要依托适宜的租赁物开展业务，不得转借银行贷款和相应资产。”

严防租赁公司从事影子银行业务。

（1）租赁事件

综合全年的租赁事件，单笔租赁融资金额排在前三的，出租人均为金租公司，而前 10 的租赁融资事件的融资额均在 20 亿元之上。

表 8-1 前十的租赁融资事件

排名	承租人	出租人	融资额（万元）	利率	期限
1	湖北交通投资集团有限公司	工银金融租赁有限公司	402，800.00	-	10.08 年
2	合肥市轨道交通集团有限公司	建信金融租赁有限公司	388，077.56	-	5 年
3	重庆市轨道交通（集团）有限公司	中银金融租赁有限公司	367，572.86	-	13 年
4	天津市地下铁道集团有限公司	天津轨道交通集团融资租赁有限公司	301，110.21	-	1 年
5	重庆市轨道交通（集团）有限公司	中银金融租赁有限公司	295，000.00	4.45%	10 年
6	合肥市轨道交通集团有限公司	建信金融租赁有限公司	288，744.73	-	5 年
7	重庆轨道交通（集团）有限公司	中银金租	287,500.00	4.45%	10 年
8	华能（庄河）风力发电有限责任公司	华能天成融资租赁有限公司	279，351.03	-	16.5 年
9	山西路桥建设集团有限公司	工银金融租赁有限公司	250,000.00	-	6.25 年
10	武汉地铁集团有限公司	工银金融租赁有限公司	250，000.00	-	10.41 年

（2）出租人

从出租人来看融资租赁，商租的全年总融资额相较金租要更高。

商租排在首位为远东国际融资租赁有限公司，2022 年的融资租赁事件 2939 起，总融资额约 838 亿元。

排在前 31 的商租公司总融资额均在 100 亿元以上。

表 8-2 排在前 31 的商租公司排行

序 号	出租人	融资额（万元）	租赁事件数
1	远东国际融资租赁有限公司	8,381,588.05	2,939
2	远东宏信（天津）融资租赁有限公司	5,801,229.98	1,119
3	国网国际融资租赁有限公司	4,864,569.26	332
4	平安国际融资租赁有限公司	4,752,300.12	7,179
5	海通恒信国际融资租赁股份有限公司	3,815,849.22	3,015
6	中航国际租赁有限公司	3,172,335.63	234
7	无锡财通融资租赁有限公司	2,466,348.13	136
8	华能天成融资租赁有限公司	2,383,336.18	89

续表

序 号	出租人	融资额（万元）	租赁事件数
9	基石国际融资租赁有限公司	2,264,813.20	49
10	中电投融和融资租赁有限公司	2,080,639.36	256
11	海发宝诚融资租赁有限公司	2,072,616.99	1,912
12	华电融资租赁有限公司	1,997,407.15	108
13	国泰租赁有限公司	1,852,179.88	138
14	立根融资租赁有限公司	1,737,688.85	53
15	平安国际融资租赁（天津）有限公司	1,729,216.83	636
16	国药控股（中国）融资租赁有限公司	1,583,640.98	598
17	天津东疆融资租赁有限公司	1,526,818.48	95
18	芯鑫融资租赁有限责任公司	1,502,329 32	76
19	中核融资租赁有限公司	1,364,743.92	52
20	国新融资租赁有限公司	1,298,872.72	143
21	天津轨道交通集团融资租赁有限公司	1,297,318.89	48
22	国投融资租赁有限公司	1,279,214.38	85
23	广州高新区融资租赁有限公司	1,189,758.21	69
24	华宝都鼎（上海）融资租赁有限公司	1,100,356.79	92
25	中交融资租赁（广州）有限公司	1,078,223.49	89
26	南航国际融资租赁有限公司	1,073,874.31	20
27	海尔融资租赁股份有限公司	1,071,163.98	705
28	中建投租赁股份有限公司	1,054,261.44	131
29	中交融资租赁有限公司	1,021,094.37	81
30	浙江浙商融资租赁有限公司	1,005,450.78	124
31	诚泰融资租赁（上海）有限公司	1,004,269.73	499

金租排在首位为工银金融租赁有限公司，2022 年的融资租赁事件仅 101 起，相较商租要少很多，不过因为单笔的融资额较大，累计总融资额超 700 亿元。

排在前 22 的金租公司总融资额均在 200 亿元以上。

表 8-3 排在前 22 的金租公司排行

序 号	出租人	融资额（万元）	租赁事件数
1	工银金融租赁有限公司	7,019,192.03	101
2	兴业金融租赁有限责任公司	6,513,521.55	1,207
3	国银金融租赁股份有限公司	5,214,907.44	1,562
4	招银金融租赁有限公司	4,724,831.02	287
5	微银金融租赁有限公司	4,462,209.28	244
6	永赢金融租赁有限公司	4,350,046.33	3,538
7	交银金融租赁有限责任公司	4,235,526.88	186
8	华夏金融租赁有限公司	4,059,671.62	193
9	信达金融租赁有限公司	3,754,434.88	251
10	中国外贸金融租赁有限公司	3,545,387.42	124
11	渝农商金融租赁有限责任公司	3,434,492.13	187
12	建信金融租赁有限公司	3,112,232.41	189
13	苏银金融租赁股份有限公司	3,089,121.10	528
14	浦银金融租赁股份有限公司	3,016,771.30	386
15	浙江浙银金融租赁股份有限公司	2,790,605.31	518
16	中银金融租赁有限公司	2,610,972.15	31
17	民生金融租赁股份有限公司	2,369,195.07	726
18	华融金融租赁股份有限公司	2,365,999.86	272
19	湖北金融租赁股份有限公司	2,191,994.98	116
20	重庆鈊渝金融租赁股份有限公司	2,103,413.97	114
21	太平石化金融租赁有限责任公司	2,081,108.74	61
22	中信金融租赁有限公司	2,015,836.79	155

（3）行业分布

从行业分布来看，2022 年的国内租赁融资，依据申万行业分类，建筑装饰、综合这两个行业的累计租赁融资额最高，均超 5000 亿元，其中又以综合行业的租赁融资事件较多，所以其平均单笔融资额较低。

依据已披露显示，25 个行业的租赁融资事件都在 100 起以上，且各行业总融资额都在 50 亿元以上。

表 8-4 25 个行业的租赁融资事件排行

序号	申万行业	融资额（万元）	租赁事件数
1	建筑装饰	54, 835, 104. 78	11, 581
2	综合	54. 248, 593. 92	16, 431
3	公用事业	29, 374, 302. 37	2, 982
4	交通运输	28, 955, 844. 07	4, 981
5	非银金融	17, 818, 623. 84	17, 762
6	商贸零售	17. 082, 146. 40	20, 343
7	环保	13, 528 297. 95	1, 560
8	房地产	13, 324, 403. 51	1, 111
9	钢铁	6, 797, 629. 91	389
10	基础化工	5, 802, 355. 03	3, 668
11	机械设备	5, 349, 887. 59	11, 945
12	社会服务	4, 107, 210. 19	2, 079
13	计算机	4, 043, 160. 29	3, 259
14	农林牧渔	3, 981, 149. 54	1, 535
15	煤炭	3, 574, 633. 85	241
16	有色金厘	2, 589, 139 10	510
17	轻工制造	2, 467, 293 45	2, 720
18	电力设备	2, 151, 716. 26	1, 866
19	石油石化	1, 495, 076 33	156
20	汽车	1, 494, 576 37	2, 236
21	纺织服饰	1, 294, 313 . 54	1, 870
22	美容护理	795, 644. 27	2, 700
23	传媒	627, 617. 81	186
24	医药生物	619, 356. 30	341
25	食品饮料	541, 686. 12	541

（4）地区分布

从国内各地区分布来看，沿海地区的租赁融资明细较多，江苏省近一年租赁事件逾 15000 起，共计融资额超 4000 亿元，其次为山东省、浙江省。

表 8-5 总融资额前十排行

序 号	地区	融资额（万元）	租赁事件数
1	江苏省	40, 837, 936. 17	15, 972
2	山东省	28, 231, 342. 47	8, 227
3	浙江省	22, 721, 100. 96	9, 178
4	广东省	18, 169, 274. 25	15, 231
5	四川省	14, 457, 704. 71	5, 259
6	河南省	12, 637, 180. 70	10, 071
7	重庆市	11, 104, 441. 29	3, 828
8	北京市	11, 086, 796. 00	3, 493
9	湖北省	10, 900, 951. 96	3, 249
10	安徽省	10, 403, 499. 26	4, 560

进一步来分析国内各地区的租赁融资情况，以江苏为例，其省内各市的租赁融资均在较高水平，前十都在 200 亿元及以上。

表 8-6 租赁融资 200 亿元前十排行

序 号	地区	融资额（万元）	租赁事件数
1	盐城市	7, 650, 633. 56	1, 398
2	泰州市	4, 854, 556. 33	807
3	徐州市	3, 456, 111. 50	1, 612
4	镇江市	3, 262, 216. 97	654
5	南京市	2, 992, 995. 07	1, 671
6	苏州市	2, 976, 199. 60	3, 690
7	常州市	2, 636, 197. 34	1, 166
8	淮安市	2, 451, 845. 37	418
9	无锡市	2, 177, 392. 42	1, 495
10	南通市	1, 998, 304. 99	1, 000

来源：三到哥哥网络货运平台

三、物流保险

（一）2023 年货物运输保险行业竞争发展趋势

未来货物运输保险行业市场机会在哪？随着网络货运行业进入严格监管阶段，行业规模效应显现，头部企业增长迅猛，竞争加剧。货物运输保险的保险费率厘订，通常要考虑所选用的运输工具、运输路径、运输方式和所经区域，以及货物本身的性质与风险，保险人据此综合评估风险，并根据费率规章确定费率。如果投保人同时选择了附加险，则还需要另行计收保险费。目前，我国网络货运平台业务规模最大的三个企业为满帮、货拉拉和中储智运。其中满帮是干线物流领域的绝对龙头，占据 90% 的市场份额，货拉拉是同城货运市场的龙头，占据 50% 以上的份额。

中研研究院《2023—2028 年中国货物运输保险行业发展分析与投资前景预测报告》显示，货物运输保险除设有基本险外，还有附加险、特别附加险、特殊附加险等多种。事故造成的损失，从性质上分为单独海损与共同海损，从程度上分为全部损失与部分损失。所投保的险种不同，承保损失范围也不同，有的险种对单独海损不赔，有的险种对部分损失不赔，投保人须视需要选择投保的险种。此外，保险人除承担规定保险事故的损失外，还承担事故发生后对保险标的的施救与救助费用。

进口货物运输保险金额以进口货物的 CIF 价格为准，若要加成投保，可以加成 10% 为宜。若按 CFR 或 FOB 条件进口，则按特约保险费率和平均运费率直接计算保险金额。按 CFR 进口时：保险金额 =CFR 价格（1+ 特约保险费率）：按 FOB 进口时：保险金额 =FOB 价格（1+ 平均运费率 + 特约保险费率）。

国内货物运输保险业务按启运地成本价或者协商价确定。其中启运地成本价是指按货物在启运地购进时的成本价（以发票为准）或调拨价或购进价加运费、包装费、搬运费等来确定；协商价不得超过保险价值。一张投保单不同单价、不同品名的货物，保险金额应分别列明，同时须填写总保险金额。另外，也可按照增值税发票价计算保险金额，即保险金额 = 货价（1+ 增值税）。

在国际贸易中广泛采用的装运港交货一般有三种价格：离岸价（船上交货价，即 FOB 价）；成本加运费价（即 CFR 价）；到岸价（包括成本加运费加保险费，即 CIF 价）。一般来说，各国保险法及国际贸易惯例一般够规定出口货物运输保险的保险金额在 CIF 货价基础上适当加成，加成率一般是 10%，也可以与被保险人约定不同的加成率，但一般不超过 30%。保险金额 =CIF 货价（1+ 加成率）。如果是 CFR 报价，则应折算成 CIF 价，CIF=CFR/[1—(1+ 加成率）保险费率]；如果是 FOB 报价，则需先在 FOB 价中加入运费，变成 CFR 后，再折算成 CIF 价。

货物运输保险市场分析

《国家综合立体交通网规划纲要》定义的国内六大主轴线公路货运运输流量，从环比看，与京津冀区域来往的三条主轴线货运流量均上涨，京津冀—成渝、京津冀—珠三角、长三角—京津冀环比分别增长 7.8%、6.7%、3.4%；其余三条主轴线均下跌，其中成渝—珠三角跌幅最大，环比下降 7.1%。

从同比看，长三角—成渝线路涨幅最大，同比增长 7.5%，长三角—珠三角、成渝—珠三角次之，同比分别增长 6.2%、5.2%；长三角—京津冀线路跌幅最大，同比下降 5.8%。

据不完全统计，沿海地区国际货运代理企业占货代企业总数量的比例接近 80%，而其他所有地区总共只占 20% 左右。

据中国国际海运网所收录的57150多家货代企业统计得出，货代物流企业较多的前8个沿海地区依次为：广东约19000个，上海约12000个，山东约6400个，天津约6200个，浙江约4300个，福建约2500个，江苏约250个，辽宁约1900个。

具体来说，收录企业最多的广东占收录企业总数的约33%，位居第二的上海则占20%，其余的地区所占比例分别为：山东约11%，天津约10%，浙江约7%，福建约4%，江苏约4%，辽宁约3%，未来货物运输保险市场需求将随之扩大。

2022年以来，国铁集团高效统筹疫情防控和铁路运输，全力保障国计民生重点物资运输，为畅通国内国际双循环、保障国民经济平稳运行提供有力支撑。2022年1至11月，国家铁路货物运输持续保持高位运行，累计发送货物35.71亿吨，同比增加1.8亿吨、增长5.2%。

中国水路货物运输周转量为115578亿吨公里，同比增长9.2%；公路货物运输周转量为69088亿吨公里，同比增长14.8%；铁路货物运输周转量为33238亿吨公里，同比增长8.9%。其中2021年中国水路货物周转量最多地区为上海33018.3亿吨公里；广东地区水路货物周转量为24688.5亿吨公里。

2022上半年中国总货运量为2427298.75万吨。其中2022上半年中国公路货运量为1771016.82万吨；公路货物周转量为32614.31亿吨公里。2022上半年中国铁路货运总发量为24.81亿吨；国家铁路发送量为19.46亿吨。2022上半年中国铁路货运周转量为17661.81亿吨公里；国家铁路货运周转量为16134.41亿吨公里。2022上半年中国水路货运量为41.03亿吨；水路运输货物周转量为9909.79亿吨公里。2022上半年中国民航货邮运输量为307.66万吨；货邮周转量为130.9亿吨公里。

2022年6月，上海市交通货物运输总量为12229.59万吨，比2021年同月下降7.3%。其中，铁路47.66万吨，增长27.7%；水运8180.68万吨，下降3.8%；公路3974.47万吨，下降13.7%；机场26.77万吨，下降31.6%。全市完成货物周转量2617.93亿吨公里，比2021年同月下降13.9%。

来源：百度百科 中研网

（二）2023年海运保险行业发展现状：中东地区海域海运保费或上涨

根据国际航运业和保险业人士披露，近期商船在中东地区一些海域遇袭事件增加，不少船只为避险不得不绕行以致成本增加，而战争险保费预计也会上涨。路透社11月29日援引知情人士的话报道，自2023年10月7日新一轮巴以冲突爆发以来，包括红海在内的中东地区水域发生多起商船遇袭事件，引发国际航运业关注。

1. 海运保险行业概况

海运保险是指专门为海上运输设立的货物运输过程中涉及载运货物财产损失的保险。海运保险一般由承运人负责购买，也可以由委托方根据需要单独购买。海运保险分为基本险和附加险，其中基本险包括平安险、水渍险及一切险。中国人民保险公司制定的《中国保险条款》，将海运保险分为基本险和附加险两类。基本险分为平安险、水渍险及一切险三种。被保险货物遭受损失时，本保险按照保险单上订明承保险别的条款规定，负赔偿责任。

保险人所承保的标的，是保险所要保障的对象。但被保险人（投保人）投保的并不是保险标的本身，而是被保险人对保险标的所具有的利益，这个利益，叫做保险利益。投保人对保险标的不具有保险利益的，保险合同无效。国际货运保险同其他保险一样，被保险人必须对保险标的具有保险利益。这个保险利益，在国际货运中，体现在对保险标的的所有权和所承担的风险责任上。以FOB、FCA、CFR和CPT方式达成的交易，货物在越过船舷后风险由买方承担。一旦货物发生损失，买方的利益受到损失，所以买方具有保险利益。

因此由买方作为被保险人向保险公司投保，保险合同只在货物越过船舷后才生效。货物越过船舷以前，买方不具有保险利益，因此不属于保险人对买方所投保险的承保范围。以CIF和CIP方式达成的交易，投保是卖方的合同义务，卖方拥有货物所有权，当然具有保险利益。卖方向保险公司投保，保险合同在货物启运地启运后即生效。

2. 海运保险行业发展现状分析

近些年，我国保险产品注册制、财政支持政策等创新性制度在国内航运保险领域的先行先试，有效提升了国内航运保险的活力和竞争力，推动了航运保险的进一步发展。同时，持续保持开放、共享的态度，积极寻求对外交流合作。但是，从国内保险业的发展来看，由于其他险种的发展更快，航运保险在整个财险业保费的占比降低。

我国海洋货物运输保险的主要险别有：平安险，简称F.P.A.，国际上称为“不包括单独海损险”。保险人承担自然灾害和意外事故造成货物的全部损失，运输工具遭受灾害事故而造成货物的部分损失以及有关费用的赔偿责任。水渍险，简称W. A. 或W.P.A.，国际上称为“包括单独海损险”。保险人除承担平安险的责任外，还承担因自然灾害事故造成货物部分损失的赔偿责任。一切险。保险人除承担平安险和水渍险的保险责任外，还承担各种外来原因，如短少、短量、渗漏、碰损、钩损、雨淋、受潮、发霉、串味等造成货物的全部损失或部分损失的赔偿责任。此外，另有附加险，包括战争险和罢工险等。

发生保险事故造成损失后，保险人应当及时向被保险人支付保险赔偿。保险人赔偿保险事故造成的损失，以保险金额为限。保险金额低于保险价值的，在保险标的发生部分损失时，保险人按照保险金额与保险价值的比例负赔偿责任。保险标的在保险期间发生几次保险事故所造成的损失，即使损失金额的总和超过保险金额，保险人也应当赔偿。但是，对发生部分损失后未经修复又发生全部损失的，保险人按照全部损失赔偿。

近几年航运保险市场的激烈竞争导致综合成本率攀升，一些经营主体的效益持续下滑，很多保险公司开始加大对航运保险的科技投入，提高运行效率，降低运营成本，完成盈利目标。

中研普华产业研究院发布的《2023-2028年中国海运保险行业发展分析与投资前景预测报告》显示：海运业是全球贸易的重要环节，其发展与全球经济的增长密切相关。全球海运贸易量呈现出持续增长趋势，据统计，2022年全球海运贸易量达到111.4亿吨，同比增长1.4%。随着全球贸易的快速发展和各国经济的日益融合，海运业已成为全球物流体系中不可或缺的重要组成部分。根据UNCTAD数据，全球船队总运力稳中有升，2022年全球船队总运力达到22.03亿载重吨，2013-2022年期间复合年增长率为3.37%。

根据交通运输数据，2022年全国海运货运量达到41.51亿吨，其中远洋货运量为9.18亿吨，占总货运量比重22.12%；沿海运输货运量为32.33亿吨，占比77.88%。2013至2022年，我国海运货物周转量整体上呈现出增长态势，2022年中国海运货物周转量为101977亿吨公里，其中远洋货物周转量为61442亿吨公里，沿海货物周转量为40535亿吨公里。

我国海运船舶数量呈现出先下降后上升的趋势。2022年我国海运船舶总数为12384艘，其中远洋运输船舶总数为1387艘，沿海运输船舶总数为10997艘。2022年我国海运船舶净载重量为14526.1万吨，较2021年增加770.4万吨。其中远洋运输船舶净载重量为5155.8万吨；沿海运输船舶净载重量为9370.3万吨。全国海运船舶载客量持续攀升，据统计，2022年我国海运船舶载客量为28.9万客位，其中远洋运输船舶载客量为2.06万客位；沿海运输船舶载客量为26.84万客位。

越来越多的航运保险企业意识到，航运保险需要走质量效益型的专业化道路，从注重业务规模转向注重承保质量，强化风险防控，通过市场化手段着力提高保费充足度。很多企业也在研究和推出一些符合市场需求的高技术含量的保险产品，推进航运保险的供给侧结构性改革，寻求航运保险的高质量发展。

来源：《交通运输部》

（三）“2023 沪上航运保险学术研讨会”成功举办

5 月 12 日，由中远海运财产保险自保有限公司主办的“2023 沪上航运保险学术研讨会”在上海举行。会议以“同舟共济 扬帆护航”为主题，围绕国际航运业发展趋势、航运保险赋能价值、数字技术与航运保险融合发展等议题展开研讨，旨在洞见全球数字化大背景下航运保险将如何推动数实融合、走深向实，更好地支持航运业向数字、绿色、智能化转型升级，为全面建设上海国际航运中心、服务“一带一路”及“航运强国”发挥积极的作用。

第十三届全国政协委员、原中国保监会副主席周延礼，中国远洋海运集团有限公司副总经理林戟，上海保险交易所总经理李峰，瑞士再保险中国区总裁 Ivan Gonzalez，上海航运保险协会会长徐峰，克拉克森研究（上海）总经理幸月等航运业、保险业专家莅临研讨会，分享智慧，凝聚共识，共谋发展。

上海自贸区临港新片区管委会向活动致贺信。

周延礼在演讲中指出，航运自保公司在风险管理和服务上相比其他保险主体更能满足航运企业实际需求，能很好地实现财险行业“专业化、精细化”的发展目标。中国航运保险应构建发展新格局，适应我国航运保险业发展新要求。要以科技引领和数字化转型，跟上航运产业发展脚步。要集合行业内资源，将风险减量服务理念贯穿到航运保险的各个流程中。

林戟在致辞时表示，上海持续推进国际航运中心以及国际金融中心建设，在全球经贸新格局新变化下，为稳定物流供应链，创新金融服务，起到了积极的促进作用。中远海运集团作为全球综合运力最大的航运企业，企业发展战略与上海功能定位高度契合，通过与上海市人民政府拓展合作领域，提升合作层次，共同维护产业链供应链稳定，更好助力上海国际航运中心建设。

中远海运自保作为集团航运金融服务产业的重要一环，在做好集团的风险管理和保险保障的基础上，不断在数字化与服务上创新。同时，中远海运自保作为中国首家航运自保企业，积极融入全球航运保险市场，积极拥抱航运保险绿色转型，积极引领航运保险向高质量发展。

Ivan Gonzalez 在演讲中指出，保险行业受经济环境影响相对有限，2023 年行业整体盈利能力将有所提升。近几年自然灾害损失居高不下，给巨灾再保市场带来了较大的影响，但同时，由于巨灾再保市场与金融市场的关联度不高、长期投资回报率可观，对于资本市场而言极具投资吸引力。

徐峰在分析航运保险的机遇和挑战时提到，作为经济“助推器”和安全“稳定器”的保险，在保障航运业绿色转型安全、助力航运业高质量发展中具有独特而不可替代的价值。随着全新技术在绿色和智能航运中的应用，应对船舶本身、新航线、新型码头、数字化转型等新型风险的需求迫切需要保险行业主动转型、提升服务能级，为航运企业保驾护航。上海在这个领域发挥着引领作用。

幸月在分析当前航运市场时表示，2022 年航运市场总体表现非常强劲，但细分市场表现呈现多样性。 在宏观经济“逆风”加强的情况下，中国因素和中国经济持续成为航运市场关注点。

研讨会上，中远海运自保首次公开发布其自研建设的线上化综合保险服务平台——中远海运自保公司航运保险 e 平台 2.0。

相比 e 平台 1.0，新平台重点打造了一系列的航运特色功能，实现保险公司与航运公司之间各类相关航运保险场景的数据实时交互对接，新增船舶职能防损系统、货运险自主出单、远海通 COSCARE、陆岸风险管理、航运安全分析报告等一系列功能。

随后，中远海运自保基于航运保险 e 平台 2.0 新功能，向中远海运能源提交了首份船舶风险评估报告。

本次研讨会搭建了航运保险企业与政府部门、资深专家的沟通交流平台，各方对航运保险市场进行了全面、深入的洞察。航运保险业将持续探究风险管理、防灾防损、客户服务等业务新模式，融入上海国际航运中心建设，以价值提升推动中国航运保险向全球物流供应链服务生态赋能，加快提升我国在航运保险行业的国际话语权，为航运强国建设注入保险力量。

2023 年 5 月 12 日是全国第 15 个防灾减灾日，与会嘉宾齐聚一堂，既是保险支持服务航运产业的具体实践，也是贯彻落实总体国家安全观、完善公共安全体系，推动航运安全治理模式向事前预防转型的一次十分有意义的活动。

来源：航运界

第九篇　物流综合

一、2023年中国物流行业十件大事

1. 在第三届“一带一路”国际合作高峰论坛上，国家主席习近平宣布中国支持高质量共建“一带一路”八项行动，其中构建“一带一路”立体互联互通网络位列第一项。

2. 国际标准化组织（ISO）正式批准设立创新物流技术委员会（ISO/TC 344），秘书处和国内技术对口单位均设在中国物流与采购联合会。

3. 中央经济工作会议在北京举行，指出提升产业链供应链韧性安全水平。商务部等8单位审核公布全国供应链创新与应用示范企业达250家、示范城市33个。

4. 重大物流基础设施推进建设，截至年末，国家发展改革委发布的国家物流枢纽建设名单已达125个，国家骨干冷链物流基地66个。国家发展改革委、自然资源部评审认定的“示范物流园区”已达100家。

5. 在第一届绿色物流与供应链发展大会上，中国物流与采购联合会正式发布物流行业公共碳排计算器，标志着国际国内碳排放互认工作启动。

6. 铁路现代物流体系建设加速，中欧班列10年累计开行超过7.7万列，海铁联运高质量发展示范区在浙江成立，西部陆海新通道班列开行突破9000列，最高运行时速250公里的高铁货运动车组列车正式开行。

7. 跨境电商服务时效持续升级，“全球5日达”国际快线等跨境物流产品上线，海外仓、综试区等跨境物流基础设施加快布局，助力中小企业“出海”拓展国际市场。

8. 工业和信息化部等四部委启动智能网联汽车准入和上路通行试点，全国首批无人驾驶货运车辆路测牌照发放。交通运输部制定《自动驾驶汽车运输安全服务指南（试行）》。

9. 由中国贸促会主办的首届中国国际供应链促进博览会在北京开幕，这是全球首个以供应链为主题的国家级展会。

10. 受俄乌局势、巴以冲突及红海事件等影响，国际航运及物流市场价格波动加大，不确定性因素增加，产业链供应链韧性和安全经受考验。

来源：中国物流与采购联合会

二、2023年中国仓储配送行业十件大事

1. 中共中央 国务院印发《质量强国建设纲要》，提出发展智慧物流、供应链物流，为仓储配送行业发展指明方向

2月6日，中共中央 国务院印发《质量强国建设纲要》，明确持续增强产业质量竞争力、服务业供给有效满足产业转型升级和居民消费升级需要的发展目标，并提出要积极发展智慧物流和供应链物流、提高现代物流服务能力、增强产业链集成优势等重点任务。《纲要》围绕增强质量发展创新动能、树立质量发展绿色导向、强化基础设施质量、提升全面质量管理水平和服务专业化水平、提升服务质量效率等方面，进一步强调以互联网和供应链思维提升现代化能力的核心，对仓配行业推动实现高质量发展予以指导。

2. “数智大模型”投入应用，为仓配发展带来变革

2023年，多家企业相继发布物流领域“大模型”，其中，菜鸟供应链“天机 π”通过菜鸟算法 + 基于大模型生成的AI辅助决策，在销量预测、补货计划和库存管理等方面实现提质增效；“京东物流超脑”在交互、分析、决策上进行3D仓储布局，在运营异常时提供改善性建议以及为供应链计划进行辅助性决策；福佑卡车与腾讯合作的端到端OCR智能识别大模型，可实现物流货运证件和单据的智能识别与自动处理，并为货运物流需求预测和市场趋势分析提供支持、辅助做出更明智的决策。大模型在仓配领域的应用，彻底改变了人工“经验”决策方式，用数智化手段促进物流网络数实融合、推动仓配业务重塑，为仓配全链路运营效率、降低成本、提升服务体验和业务创新带来变革。

3. 电商仓配、即时配送、物流科技等领域出现“对手变队友”现象，在竞争中寻求合作共赢

2023年，京东全面开放物流接口，极兔、申通等相继接入京东平台；美团外卖与顺丰同城、闪送、UU跑腿合作，共建即时配送行业生态；海柔创新与旷视科技、壹悟科技合作，共同提供“托 - 箱 - 件”的柔性综合解决方案。在互联网背景下，跑马圈地、低价竞争的做法已不适用，企业之间取长补短、求同存异、相互协作才是可持续发展的道路。

4. 各级政府部门加大低碳发展力度，仓配绿色化成为行业大势

2023年，国家部委、地方政府部门相继发布碳达峰、碳排放、碳交易等建议及工作方案20余项，绿色化已成为仓配企业高质量发展的重要内容。行业协会评价的绿色仓库已达5000万平方米；数十个光伏发电、绿色电力仓库投入市场。中国外运、宝湾、日日顺、京东、顺丰等10家上市物流企业陆续披露ESG报告；满帮上线货运领域首个“碳账户”平台，立专项资金，发放绿色权益，助推司机运输过程中碳排放量；京东物流发布供应链碳管理平台SCEMP，基于运输工具的真实轨迹，可以最小颗粒度计算物流运输碳足迹。

5. 冷链仓储遭遇“冰火两重天”，部分冷链企业面临生存与发展困境

2021—2023年，国家发展改革委、农业农村部、财政部、全国供销合作总社等多部门资金支持冷链设施建设，20余个省发布冷链相关专项规划或发展实施方案。在政策支持与资金加持背景下，全国冷库建设进入井喷阶段，全国冷库规模增长明显，但因食品进出口贸易低迷、国内冷链消费需求尚

未完全释放等因素共同作用，全国各地冷库不同程度地出现高空置率、低价恶性竞争的局面，与冷库基础设施建设火热形成鲜明对比。

6. 金融仓储领域首次发布生态图谱

11 月，中国仓协、华夏银行、中仓登公司在“2023 中国金融仓储创新发展大会”上向行业发布金融仓储生态建设成果及计划，并首次发布“2023 金融仓储生态图谱”。图谱中明确了金融仓储业务所涉及的各类主体类型（包括金融仓储企业、金融机构、科技企业、供应链管理企业、交易所、基础设施、支持性服务机构、地方政府等），理清了业务主体之间的关系与责任边界，通过对金融仓储行业进行全景与结构展示，有效规避因主体多样导致职责责任不清晰等问题，让各类业务主体在金融仓储业务中明确自身的发展定位、找到未来发展路径。

7. 海外仓配领域头部聚集效应愈发明显，海外仓配企业向跨境物流全链路解决方案服务商发展

11 月 28 日，全球首个以供应链为主题的国家级展会“中国国际供应链促进博览会开幕式暨全球供应链创新发展论坛”成功召开，国务院总理李强提出共同构筑安全稳定、畅通高效、开放包容、互利共赢产业链供应链的倡议，坚定了发展国际产业链供应链的决心。经历 3 年疫情，部分中小海外仓企业逐渐退出市场，纵腾集团、乐歌股份等海外仓头腰部企业因强运营管理能力、抗风险能力等聚集效应愈发明显，服务功能逐步完善，服务水平不断提升，服务内容逐步向“集、运、存、销、送”全链路方向蓬勃发展。

8. 即时配送进入盈利期

2023 年，即时配送头部企业顺丰同城、达达集团均实现盈利，盈利原因可归结为即时配送订单的持续增长、规模经济效应的实现、物流数智化应用促进精益化运营。为增强客户黏度、进一步促进消费，以商超、餐饮为代表的线下门店持续扩展线上业务，小象超市（原美团买菜）、闪电购、叮咚买菜等近场电商持续扩城布局，“门店一体仓 / 前置仓 + 即时配送”模式拉动了即时配送需求的增长。

9. 货运平台开始取消保证金，保障货运司机群体权益

交通部多次约谈网络货运平台企业，进一步健全经营策略调整评估机制，全面做好风险评估和论证，切实保障货车司机合法权益。9 月，滴滴货运宣布正式取消保证金，成为业内首个打破保证金制度的平台。同城货运平台取消保证金，一方面给予货车司机群体更多的尊重和选择权，减轻运输从业者的经济负担和压力，增强平台司机的忠诚度和粘性，吸引更多新司机加入；另一方面保障货车司机的切实利益，能够最大限度地激发平台司机的积极性。

10. 路凯集团与集保中国完成业务合并，标准化物流容器循环共用进一步深化

4 月，路凯集团与集保中国对外宣布已完成了其在中国内地及香港的托盘、生鲜周转筐与汽车零部件包装等物流载具的循环共用业务合并，双方业务层面的融合正在稳步推进中。作为全球历史最悠久的两家专业托盘循环共用服务商，路凯集团与集保中国的合并将最大化地实现规模效应和协同效应，打破边界、打通堵点，打造更具规模的标准循环载具共用池、更优化的营运网络布局以及更多元化的专业人才队伍，推动中国托盘市场从静态租赁模式向带板运输场景下动态流转模式的转变，加速推进我国托盘标准化（1200 毫米 ×1000 毫米尺寸规格）以及托盘循环共用市场发展。

来源：中国仓储与配送协会

三、2023年中国十大物流科技趋势

据《兰州晚报》报道 1月11日，菜鸟对外发布了2023物流科技的十大趋势。多智能体自主协同技术、智能分拨、无源物联网、下一代智能包装、供应链数字孪生、数字供应链控制塔、交互式AI、无人卡车、地理大模型、清洁能源解决方案，被认为将引领新一年的物流科技趋势。

报告认为，物流自动化正朝着智能化的方向升级。室内机器人在复杂物流场景下的应用将实现多智能体自主协同，而目前主流的分拨自动化则逐渐迭代为智能分拣，分拣设备可实现主动控制、自主调节。

随着物联网在物流行业的深入应用，在一些场景中大规模部署受到环境、成本、节能环保等限制，传统供电方式无法满足需求，无源物联网成为有效的解决方案。过去一年，菜鸟自研的RFID（射频识别）技术在生产、仓储、运输等多场景实现应用，可以预见RFID在物流供应链领域将迎来规模化商用。

下一代智能包装被业界普遍认为是快递物流行业从自动化向数字化升级的基础条件。以RFID为基础，菜鸟率先尝试将RFID芯片植入包材生产，让每一个包装物实现数字化，从而真正让商品在物流全链路实现数字化流转。

报告中还提到，随着ChatGPT（全新聊天机器人模型）、Stable Diffusion（文本转图像模型）等分别在NLP（自然语言处理技术）、AIGC（新型内容生产方式）上大放异彩，大模型正在成为全球公认的重大技术趋势之一。围绕物流场景，以地理大模型为技术底盘，面向未来将实现“地理+X（图像、语音、视觉）”多模态统一建模，从感知大模型跨越为学习与决策大模型。

来源：兰州日报社全媒体

四、2023年中国交通科技创新十件大事

科技创新始终是交通运输发展的根本动力。回首刚刚过去的2023年，交通科技创新捷报频传，交通运输新质生产力加快形成，人民美好生活的梦想加速成真。展望新的一年，交通运输科技工作者必将不懈攀登，奋力开创交通运输科技创新工作新局面。本报联合交通青年科技创新百人团专家共同评选的2023交通科技创新十件大事。

1.C919大飞机实现商飞

2023年5月28日，国产C919大型客机（简称C919）圆满完成首次商业载客飞行，标志着C919“研发、制造、取证、投运”的全面贯通，中国国产大飞机民航商业运营正式“起步”。C919是我国首次按照国际通行适航标准自行研制、具有自主知识产权的喷气式干线客机，通过C919的设计研制，我国掌握了民机产业5大类、20个专业、6000多项民用飞机技术，带动新技术、新材料、新工艺群体性突破。

2. 国产大型邮轮完成试航

大型邮轮与大型液化天然气运输船、航空母舰并称为造船工业“皇冠上的三颗明珠”，是体现一个国家工业实力和科技水平的标志性工程。2023年7月和9月，国产首艘大型邮轮“爱达·魔都号”先后完成两次试航，整个试航过程中各项性能表现出色；11月，正式命名交付；12月，顺利完成试运营。“爱达·魔都号”全船搭载107个系统、5.5万个设备，包含2500万个零部件，完工敷设4750公里电缆，实现5G覆盖，其设计建造成功标志着我国造船业自主实现了大型邮轮重量控制、减震降噪等主要核心技术的突破。

3. 北斗成为全球民航通用的卫星导航系统

2023年11月16日，包含北斗卫星导航系统（简称北斗系统）标准和建议措施的《国际民用航空公约》附件10最新修订版正式生效，标志着北斗系统正式加入国际民航组织（ICAO）标准，成为全球民航通用的卫星导航系统。北斗系统纳入国际民航组织标准，对推动民航高质量发展和加快建设交通强国具有重要意义，有利于推进北斗系统在民航领域的市场化、产业化、国际化应用。

4. 传统基础设施数字化转型加快推进

2023年12月28日，京雄高速公路全线贯通。京雄高速公路是京津冀协同发展重大交通项目，也是交通运输部第一批智慧公路试点项目。

2023年9月以来，交通运输部先后印发《关于推进公路数字化转型加快智慧公路建设发展的意见》《关于加快智慧港口和智慧航道建设的意见》，加快建设智慧公路、智慧航道、智慧港口，加快推进传统基础设施数字化转型。

5. 我国在建和运行的自动化码头居世界首位

2023年12月27日，山东港口青岛港自动化码头（三期）投产运营，这是我国首个全国产全自主自动化集装箱码头。

2023 年 12 月 21 日，国务院新闻办公室举行的发布会上介绍，我国自动化集装箱码头已建的和在建的数量位居世界首位。我国已建成 18 座自动化集装箱码头，在建包括改造的集装箱码头 27 座，并且掌握了设计建造、装备制造、系统集成和运营管理全链条的核心关键技术，总体应用规模和技术水平处于国际前列。

6.CR450 新一代动车组研制取得新进展

2023 年 6 月 28 日，在福厦高铁福清至泉州区段组织开展了 CR450 新型动车组新技术部件在更高运行速度条件下的性能验证试验。

CR450 科技创新工程是国家“十四五”规划确定的重大科研项目。2023 年 6 月 28 日，在福厦高铁福清至泉州区段组织开展了新型动车组新技术部件在更高运行速度条件下的性能验证试验，试验列车实现单列最高时速 453 公里、双向两列相对交会最高时速 891 公里运行，对新技术部件进行了有效的性能验证，各项指标表现良好，标志着 CR450 新一代动车组研制取得新进展，为 CR450 科技创新工程的顺利实施打下坚实基础。

7. 全国电子航道图发布里程超过 5700 公里

电子航道图是利用计算机、地理信息等技术，将航道各要素信息按照技术规范进行处理，制作而成的标准化、数字化的专题地图。2023 年 9 月 12 日，2023 北外滩国际航运论坛新闻发布会上介绍，目前，全国电子航道图发布里程超过 5700 公里。长江水系电子航道图干支联通持续推进，航道运行监测、梯级船闸联合调度、服务区功能提升等数字化、智能化转型发展加快。

8.149 项重点行业标准完成制修订

标准是经济活动和社会发展的技术支撑，是国家基础性制度的重要方面。《加快建设交通强国五年行动计划（2023—2027 年）》的交通运输科技创新驱动行动中提出，打造与交通强国建设相适应的标准体系。2023 年，聚焦综合运输、安全应急、绿色低碳、智慧交通、政务服务、运输服务等方面，交通运输部制修订重点领域国家和行业标准 149 项，推动行业高质量发展。

9. 自动驾驶应用进程不断加速

自动驾驶是当前智慧交通领域的创新热点和焦点，是加快建设交通强国、科技强国、数字中国的重要创新引擎之一。2023 年，首批自动驾驶先导应用试点布局的 14 项试点任务实施一年多，取得阶段性成果。9 月，交通运输部面向公路货物运输、城市出行与物流服务、园区内运输、特定场景作业，开启第二批试点任务征集；11 月，四部门发布通知，决定开展智能网联汽车准入和上路通行试点工作；12 月 5 日，交通运输部发布《自动驾驶汽车运输安全服务指南（试行）》，首次从国家政策层面明确智能网联汽车可以用于运输经营活动……多项政策出台、试点经验积累，为中国自动驾驶技术应用进程按下“加速键”。

10. 交通科技工作者获全国创新争先奖表彰

全国创新争先奖于 2017 年经党中央批准，由中国科协和人社部、科技部、国务院国资委共同设立，表彰在面向世界科技前沿、面向经济主战场、面向国家重大需求、面向人民生命健康的科技创新领域作出突出贡献的个人和集体。2023 年 5 月 30 日，庆祝全国科技工作者日暨第三届全国创新争先奖表彰大会在北京举行，交通运输部推荐的部公路科学研究院首席研究员田波、大连海事大学教授李颖荣获全国创新争先奖状，中国科学院院士、长安大学教授彭建兵，中国工程院院士、中交集团首席科学家林鸣等一批交通运输领域专家同期获奖。

来源：《中国交通报》

五、2023 年上海国际航运中心建设十大事件

近日，新华社中国经济信息社连续第十年发布“上海国际航运中心建设十大事件”，见证国际航运中心建设阔步迈向“全面建成”，不断实现新突破。

1. 服务国家战略需要，上海推动“五个中心”联动发展

2023 年 12 月 18 日举行的十二届中共上海市委四次全会提出，要把建设国际经济、金融、贸易、航运和科技创新中心作为重要使命，服务国家战略需要，加快提升国际化水平，推动“五个中心”联动发展，持续提升城市能级和核心竞争力。

从发展规律看，航运与贸易相伴而生，金融是现代经济的血脉，“五个中心”功能和定位相互交融、有机统一。在国际航运中心建设方面，未来上海将加快航运绿色化智慧化转型，大力发展航运保险和仲裁，稳步提高全球保险和国际仲裁能力，补齐航运科技等短板，提高要素资源配置能力。

2. 首艘国产大型邮轮“爱达·魔都号”命名交付，华夏国际邮轮有限公司在沪成立

2023 年 11 月 4 日，首艘国产大型邮轮“爱达·魔都号”命名交付，标志着我国已具备建造航空母舰、大型液化天然气运输船、大型邮轮的能力。集齐造船工业“三颗明珠”是我国由造船大国向造船强国迈进的标志性一步。12 月 24 日，“爱达·魔都号”在上海吴淞口国际邮轮港离港出海，进行首次试运营。

2023 年 12 月 29 日，华夏国际邮轮有限公司在沪成立，将以上海宝山吴淞国际邮轮港为母港，着力打造成为我国邮轮产业运营发展的引领者。

3. 国产飞机 C919 投入商业载客运营，上海机场旅客吞吐量飙升

2023 年，上海浦东、虹桥机场航班起降量 70 万架次，旅客吞吐量 9675 万人次，同比增长 114% 和 235%。

东航是全球首家商业运营 C919 大型客机的航空公司，全机队规模达 801 架。2023 年 5 月 28 日，由 C919 大型客机执飞的东方航空 MU9191 航班首航成功；自 5 月 29 日起，C919 开始执行“上海虹桥 - 成都天府”航线；9 月 28 日，东航签约增订 100 架 C919 飞机，常态化、规模化商业运营稳步推进。

4. 上海连续四年排名国际航运中心第三名，上海港集装箱吞吐量连续第十四年蝉联全球第一！

2023 年，上海港集装箱吞吐量突破 4900 万 TEU（标准箱）大关，连续第十四年蝉联全球第一。上海港集装箱航线已覆盖全球 200 多个国家和地区的 700 多个港口，每周班轮进出超过 320 个班次。

2023 年 9 月 22 日发布的《新华·波罗的海国际航运中心发展指数报告（2023）》指出，上海连续 4 年位列全球航运中心城市综合实力第三名。指数发布 10 年来，已逐渐形成由新加坡、伦敦、上海三大航运中心领衔，亚太区域航运中心持续崛起，欧洲、北美重点航运中心趋于稳定的发展格局。

5. 绿色甲醇产业链助力航运新能源开启新篇章，上海港 - 洛杉矶港绿色航运走廊实施计划纲要发布

2023 年 9 月 20 日，上海国际港务（集团）股份有限公司、中国远洋海运集团有限公司、国家电力投资集团有限公司、中国检验认证（集团）有限公司共同签署《关于开展绿色甲醇产业链建设合作备忘录》，标志着我国首个涵盖生产、运输、加注、认证等各个环节的船用绿色甲醇全产业链项目已进入实质建设阶段。

为促进航运绿色转型，顺应能源多元化和低碳化趋势，2023 年 9 月 22 日，上海港－洛杉矶港绿色航运走廊各参与方共同发布《上海港－洛杉矶港绿色航运走廊实施计划纲要》，各参与方将在国际海事组织（IMO）构建的减排框架下志愿合作。

6.《提升上海航运服务业能级助力国际航运中心建设行动方案》印发，多项服务方案印发利好航运业

2023 年 6 月 29 日，上海市人民政府办公厅印发《提升上海航运服务业能级助力国际航运中心建设行动方案》。该行动方案提出，到 2025 年，基本形成功能完备、服务优质、开放融合的现代航运服务业高质量发展体系，数智化发展水平、低碳化发展能力达到国际先进水平，“上海航运”服务品牌的国内示范作用和国际影响力显著增强，参与国际航运事务的能力明显提升。到 2035 年，全面建成现代航运服务体系高度发达、引领全球航运服务创新发展、深度融入国际航运治理体系、具备全球航运资源配置能力的国际航运中心。

此外，2023 年 8 月 2 日，《国际船舶管理自由贸易账户服务方案》发布，方案围绕账户服务、资金结算、资金汇兑、外籍海员薪酬服务等多方面为国际船舶管理企业提供更高质量金融服务，是金融支持上海国际航运服务业发展的一项重要创新举措。11 月 22 日，上海市十六届人大常委会第八次会议表决通过了《上海市推进国际商事仲裁中心建设条例》，明确上海以打造面向全球的亚太仲裁中心为目标，优化仲裁发展环境，推动仲裁业务对外开放，培育国际一流仲裁机构，打响上海仲裁品牌。

7.2023 北外滩国际航运论坛在沪举办，中国国际海事会展回归线下举办

“2023 北外滩国际航运论坛”于 2023 年 9 月 22—24 日在上海北外滩世界会客厅举行，为期 3 天。主题为“开放、合作、创新——共建全球航运新格局”，期间对外发布逾 20 项成果。

12 月 4 日，全球最具影响力和规模最大的海事专业会展——2023 年中国国际海事技术学术会议和展览会开幕式在上海举行，吸引了超过 30 个国家和地区的 2000 多家企业参展。本届会展是时隔 4 年再次回归线下举办。同期，首届“浦东航运周”在沪举办。

8. 我国首个航运指数期货上市交易，助力提升航运产业链企业国际竞争力

2023 年 8 月 18 日，我国期货市场又一国际化品种集运指数（欧线）期货在上海期货交易所全资子公司上海国际能源交易中心上市交易，成为国内期货市场上市的首个国际化航运指数期货产品，助力提升航运产业链企业风险管理水平和国际竞争力。航运指数期货填补了我国航运衍生品市场的空白，也是我国首个在商品期货交易所上市的指数类、现金交割的期货品种。

9. 进一步推进航运数字化转型，国际集装箱运输服务平台和上海空运通平台发布

2023 北外滩国际航运论坛现场，国际集装箱运输服务平台（集运 MaaS）1.0 正式上线。平台运用区块链和数字孪生技术，赋能智慧港口建设，为港航生态圈各类用户提供“四个一”服务（包括一门式查询、一站式服务、一单制试点、一体化赋能），同时联合金融、保险、仲裁等相关机构，共同助力上海国际航运中心能级提升和长三角一体化高质量发展。

会上发布的空运通平台（AviPort）是上海航空货运全链路数字化运行平台，该平台集成空运实体单位的运行数据，联通中国国际贸易单一窗口，完善上海地方空运信息，开展“一站服务”、提供

“一单通查”、实现“一屏综管”。此外，会上还发布了汽车行业数字化供应链平台。

10. 造船业取得新突破，全球最大集装箱船、全球首艘 13000TEU 液化天然气双燃料动力大型集装箱船连续交付

2023 年 3 月 9 日，中国船舶集团有限公司旗下沪东中华造船（集团）有限公司联合中国船舶工业贸易有限公司，为地中海航运公司（MSC）建造的 24116TEU 超大型集装箱船系列首制船“地中海泰萨”（MSCTESSA）号命名交付。这是我国自主研制的、目前全球完工交付的最大级别集装箱船，进一步巩固了中国船舶在世界超大型集装箱船建造领域的引领地位。

12 月 7 日，全球首艘 13000TEU 液化天然气（LNG）双燃料动力大型集装箱船系列首制船“CMACGMBAHIA”号，在中船长兴造船基地命名交付。这是继全球首创 LNG 双燃料动力 23000TEU 超大型集装箱船后，沪东中华造船（集团）有限公司完工交付的又一款全球首型清洁能源集装箱船。

来源：市交通委

六、2023年跨境物流十大事件

2023年，全球物流在面临着更多不确定因素的同时，也迎来复苏的希望。地缘冲突、红海危机、UPS罢工、空运运价上涨、极兔上市等热词刷屏业内，成为年度关键词。本篇文章将梳理2023年跨境物流的一些重点事件，进行一个年终盘点总结。

1. 巴以冲突：全球经济与物流影响

2023年10月，巴勒斯坦哈马斯宣布对以色列发动军事行动，以色列宣布进入战争状态，之后冲突升级并持续至今。中东跨境电商市场受到震荡，由于周边分布主要产油国家，为油价上涨、欧洲通胀带来更多不确定因素，周边国家被迫卷入战火，海陆空铁物流通道受阻。

海运方面，战争导致当地部分海港关闭，海运公司服务暂停，对苏伊士运河的通航造成威胁；空运方面，以色列首都特拉维夫机场遭到轰炸，多家航司停航，而西欧—中东—远东的繁忙航线也面临一定风险。

2. 航空货运：行情复苏，稳定回升

(1) 航空货运行情复苏

2023年，受到电子商务的强有力推动，航空货运的需求和运价在下半年出现稳定回升。据IATA最新预测，航空货运量继2022年下降8.2%后，2023年将收缩3.8%，不过在下半年基础上，2024年将增长4.5%。

(2) 两大国有航司冲刺IPO

3月28日，南方航空发布公告称拟将其子公司南航物流分拆至上交所主板上市；12月31日，南航物流沪市主板IPO已获受理。

9月27日，深交所上市审核委员会2023年第77次审议会议结果公告显示，国货航首发申请获上市委会议通过，公司拟在深市主板上市。

(3) 物流巨头加码航空货运枢纽建设

3月，湖南省省长与中通董事长表示希望中通能与湖南合作组建航空货运公司，将湖南打造成世界级航空货运枢纽。

4月，顺丰湖北鄂州花湖机场迎来第一条国际货运航线；圆通嘉兴全球航空物流枢纽“东方天地港”正式开工，预计于两年后建成投运。

3. 全球海运：一波三折，红海危机

(1)2M联盟解散

1月25日，全球最大的集装箱航运公司地中海航运（MSC）和第二大的马士基航运（MSK）共同宣布将于2025年1月终止2M联盟，这意味着两者10年来的合作关系正式解散。

(2) 海运遭遇红海危机

11月，红海危机爆发，给经过苏伊士运河的货运造成严重影响，各大航运巨头宣布暂停红海航运。红海危机导致海运成本急剧上升，Xeneta分析师预测，运价可能会上涨100%。

4. UPS：工会罢工，下调全年预期

5月，UPS进行大整顿，严查偷区偷重、跑水账号，大量违规货物被查扣。

7月，美国UPS与Teamsters卡车司机公会的五年合同即将到期，双方在新合同方面存在矛盾，导致工会威胁进行罢工。7月25日，UPS与卡车司机在劳工谈判中达成协议。

8月，UPS降低全年预期指导，由于业务损失和需求疲软，2023年全球收入预计为930亿美元，低于此前970亿美元的预测。

9月，UPS宣布2024年的运输费率提高，UPS Ground、UPS Air和国际服务的费用将平均提高5.9%，于2023年12月26日生效。

5. 亚马逊：发力端到端，建立物流帝国

8月，亚马逊宣布重启亚马逊运输物流服务（Amazon Shipping），旨在与UPS和FedEx等包裹巨头竞争。这项服务最初在2018年推出，重点是建立从制造到最终交付的物流能力。

9月，亚马逊宣布推出亚马逊供应链（Supply Chain by Amazon）整体解决方案，亚马逊供应链是一套端到端、全自动的供应链服务。

11月，据亚马逊知情人士和内部文件显示，亚马逊在2022年向美国家庭递送的包裹数量，已超过UPS；2020年，其包裹量就已超过FedEx，亚马逊目前成为美国最大的快递公司。

6. 物流企业上市：极兔、菜鸟、顺丰等

8月1日，顺丰发布公告称，顺丰控股独立董事同意顺丰发行H股股票并在香港联合交易所有限公司上市。如登陆港股，顺丰有望成为快递行业首家“A+H”股同时上市的公司。

9月26日，阿里巴巴发布公告称，拟以菜鸟在港交所主板独立上市的方式分拆菜鸟。当晚，菜鸟向港交所递交上市申请文件；10月10日，证监会接收菜鸟IPO的备案材料。

10月27日，极兔速递于香港联合交易所主板上市，股票代码1519，市值超千亿港元。仅用3年即完成上市大业的极兔，接下来需要面对抢占更多市场份额和摆脱亏损等挑战。

此外，乐舱物流、泛远国际、三态股份、佳裕达、喜运达、锦江航运等企业成功上市。

7. 菜鸟集团：推出“全球五日达”

6月28日，菜鸟集团宣布推出自营的品质快递业务—菜鸟速递，聚焦“菜鸟自营、品质快递、好用不贵”，服务上对标行业最优，价格上兼具性价比。做自营品质快递，菜鸟从此不再纠结。

9月26日，菜鸟联合速卖通推出“全球5日达”国际快递产品，英国、西班牙、荷兰、比利时等国消费者可5天收到来自中国的包裹。这是行业首个规模化落地的跨境电商快线产品。

8. 全国首个跨境电商航空货站在深圳机场投运

8月，深圳机场为跨境电商企业量身订制的全国首个航空跨境电商企业处理专区投用试运行，该项目是国内首个专门处理跨境电商货物、具有货站功能的空运中心，每年可为深圳机场新增航空快件及跨境电商货物处理能力20万吨，将进一步促进深圳外贸和跨境电商产业高质量发展。

9. 云途中法全货机航线开启跨境小包快递化时代

8月，纵腾集团子品牌云途物流联合深圳宝安国际机场举行云途“深圳－巴黎”货运航线新机启航暨云途深圳航空跨境快件中心签约仪式。

双方联合将“深圳－巴黎”货运专线加密至每周六班，采用双货机运营模式，中法跨境电商空运专线运输时效得到进一步提升，深圳机场始发的跨境电商包裹最快3天即送达法国消费者手中，开启了跨境专线小包的快递化时代，是跨境电商物流领域中具有里程碑意义的一次合作。

10. 货代巨头：开启疯狂并购，加速资源整合

紧跟着 2022 年的收购与整合浪潮，2023 年的并购依然疯狂。

MSC：8 月，收购米兰的航空货运公司 AlisCargo Airlines 的多数股权；10 月，与 Global Infrastructure Partners 达成协议，收购意大利客运铁路运营商 Italo 的股份；12 月，旗下全资子公司 SAS 航运代理服务公司正谈判收购中型法国货代嘉世坚（Clasquin ）。

基华物流 Ceva Logistics：12 月，完成对印度仓储和运输公司 Stellar Value Chain 的收购。

DHL：10 月，签署协议拿下中东货代公司 Danzas AEI Emirates 100% 的控股权。

德迅：6 月，收购南非领先的货运代理公司 Morgan Cargo；11 月，收购加拿大报关公司 Farrow。

Geodis：5 月，收购美国货代 Southern Companies；6 月，收购瑞士货代公司 ITS International Transport & Shipping Ltd.。

DB Schenker：12 月，德国铁路股份公司（Deutsche Bahn AG）宣布正式启动旗下子公司 DB Schenker 的出售流程。

2023 年，全球物流格局更加波谲云诡，各方势力崛起，中国物流企业正在全面走向国际舞台，多重变局下，2024 年跨境物流的竞争，无疑会有更多的精彩！

七、2023年上海数据发展十件大事

1.《立足数字经济新赛道推动数据要素产业创新发展行动方案（2023—2025年）》发布

7月22日，本市出台《立足数字经济新赛道推动数据要素产业创新发展行动方案（2023—2025年）》，进一步推动数据要素产业发展、促进数字红利释放、提升数字经济质量。《行动方案》明确到2025年，数据要素市场体系基本建成，国家级数据交易所地位基本确立；数据要素产业动能全面释放，数据产业规模达5000亿元，年均复合增长率达15%，引育1000家数商企业；建成数链融合应用超级节点，形成1000个高质量数据集，打造1000个品牌数据产品，选树20个国家级大数据产业示范标杆；数据要素发展生态整体跃升，网络和数据安全体系不断健全，国际交流合作全面深化。

2.2023全球数商大会成功举办

2023全球数商大会于11月25—26日成功举办。上海市市长龚正宣布大会开幕。国家数据局局长刘烈宏，上海市副市长陈杰致辞。中国工业经济学会会长江小涓，中国工程院院士邬江兴、杨善林、柴洪峰出席。本届数商大会以“数联全球、商通未来”为主题，采用“1+1+1+20”形式办会，共举办1场开幕式、1场主论坛、1场数据交易节及巡展、20场主题论坛，邀请了20余位院士及全球知名专家、20余家国际组织及国家智库机构，组织超过 300场主题演讲、圆桌讨论和企业路演。

3. 中国大模型语料数据联盟正式成立

2023年7月6日，中国大模型语料数据联盟在世界人工智能大会开幕式上正式成立。目前，联盟成员单位超过40家，领域覆盖了互联网、教育、医疗健康、基础设施、经济统计、智能交通等重点垂类领域。联盟旨在通过链接模型训练、数据供给、学术研究、第三方服务等多方面机构，联合打造多知识、多模态、标准化的高质量语料数据，探索形成基于贡献、可持续运行的激励机制，打造国际化、开放型的大模型语料数据生态圈。

4. 数据交易链正式启用

2023全球数商大会开幕式上，数据交易链正式启用，10省市实现“一地挂牌、全网互认”。数据交易链由上海数据交易所、浙江大数据交易中心、山东数据交易有限公司、广州数据交易所、广西北部湾大数据交易中心、西部数据交易中心、北方大数据交易中心等7家省级数据交易机构发起并建设联盟链共识节点，就数链共建展开深度合作。数据交易链面向数据要素流通市场全产业全流程，提供数据交易基础服务、数据交易增值服务、数据交易保障服务、数据资产金融服务等。

5. 首批11个上海数据品牌发布

2023年10月，本市发布数据品牌培育计划，制定并施行全国首个《“上海数据”认证要求》团体标准，组织开展“上海数据”品牌认证工作，着力打造“好企业”+“好数据”，持续促进数据产品向知识化、品牌化、专业化发展，提升数据要素市场创新浓度、知识密度、产业高度。2023数商大会上，首批11个经认证的上海数据品牌发布。包括中国工商银行上海市分行、亿通国际、交通卡公司、银联智策、卡奥斯、克而瑞、数库科技、金润数科、纳纳科技、汇纳科技、蜜度等企业，涵盖金融、制造、交通、体育、科技等领域。

6. 数据要素市场标准化体系“四梁八柱”初步形成

2023 年，上海数据要素领域新增立项 5 项地方标准并发布 2 项团标，数据要素市场标准化体系“四梁八柱”初步形成。2023 年以来，推动数据产品定价、数据空间、大模型语料、数字身份等方面新立项 5 项地方标准，围绕上海数据品牌、数商评估评价体系发布相关团体标准。截至目前，结合数据要素市场发展，上海在研地方标准 15 项，特别是在数据交易中数据质量、权益认定、合规指南、产品定价等方面持续创新探索，并参与到国家、国际标准研制工作中。

7. 数据交易国际板在新加坡正式启动

4 月 24 日，在新加坡举办的国际数商合作交流会上（Data Eco-system Partnership Conference），上海数据交易所国际板启动建设，探索数据跨境双向流动的新机制，推动国内外企业开展数据跨境流通业务合作，实现全球数据互联互通。到 11 月，已实现一批国际数据产品挂牌，挂牌单位包括邓白氏（Dun&Bradstreet）、SberAnalytics（TOT）、欧睿咨询（Euromonitor）、彭博（Bloomberg）、伦敦证券交易所集团 （LSEG）、ManData、威科先行（WK Info）、伊诺蓓得（Innobator）、中国图书进出口集团、航天宏图，覆盖美国、英国、俄罗斯、荷兰、韩国、中国香港等国家和地区，挂牌数据产品主要涵盖金融、产业、环境、生物医药、地理遥感等领域。

8. 数据要素市场发展指数正式发布

上海在全国率先建构数据要素市场发展指数，创设“数据要素市场城市 30 指数”和“数据要素市场景气指数”，并在 2023 全球数商大会上重磅发布，旨在为政府制定政策、市场主体生产决策等提供综合、准确的参考信息。“数据要素市场城市 30 指数”以“数据二十条”为编制指导，聚焦城市数据要素市场发展成熟度。“数据要素市场景气指数”从业务、需求、价格、人员、利润、研发、预期等维度动态监测数据要素行业景气度，致力于打造数据要素领域的晴雨表。

9.DCMM 贯标取得阶段性进展

上海推动企业高质量 DCMM 贯标，上海全市 DCMM 贯标企业数量总计 238 家，其中已通过 75 家，正在贯标中 68 家，计划启动 95 家；已通过贯标的企业中，四级企业 8 家，三级企业 27 家，二级企业 40 家，计划申请五级贯标的企业 3 家。上海市以“国家队 + 上海队”方式，组建工作专班，全面推进 DCMM 贯标工作。对“国家队”和“上海队”中 10 家在推进 DCMM 贯标中表现优异的服务机构，授予“上海市数据管理能力提升创新服务基地”，同时，总结企业在数据管理方面的最佳实践和经验，汇编成册并发布《数智之道：2023 上海数据管理优秀案例集》。

10. 上海大数据重点企业产值达 3895.91 亿元，增速达 15.33%

根据本市最新大数据产业统计，本市大数据核心企业超过 1200 家，增长 5.68%，产业规模 3895.91 亿元，相较去年增加 517.91 亿元，增速达 15.33%。科研方面，企业获授权软件著作权超过 3.8 万项，获授权专利数量 2.29 万项，获授权发明专利数量 1.33 万项，均较上年度有较大增幅。

八、2023年冷链行业大事记

我国冷链物流市场一方面由食品冷链、医药冷链需求增长所驱动，另一方面受政策的持续支持，市场前景广阔。回顾2023年冷链行业大事件，随着冷链物流产业布局更加完善，国家标准及利好政策逐渐落实，消费升级及冷链物流与人工智能、大数据的深度融合等利好因素，中国冷链物流产业正在飞速成长。

1月

8日，上海进口冷链食品疫情管控措施全面取消。取消“第一存放点”。取消上海进口冷链食品“三点一库”闭环管控，对从上海口岸入境，且未经海关消毒的，直接进入上海储存、生产、销售的进口冷链食品，不再实施中转查验，不再要求进入上海“第一存放点”进行“六面消毒”和采样核酸检测。同时，取消“第一存放点”冷库企业高风险岗位从业人员集中居住闭环管理。“第一存放点”冷库企业中直接接触进口冷链食品的搬运、装卸、消毒等从业人员不再作为高风险岗位人员，不再实施两集中的闭环管理要求，不再每日开展核酸检测。

10日，位于成都青白江国家级经济技术开发区的西部陆海新通道综合冷链物流成都国际铁路港基地（一期）正式投运，这标志着成都国家骨干冷链物流基地落成后建成的第一个冷链物流项目正式投入运营。

27日，京东发布的《2023春节假期消费趋势》显示，预制菜成为聚会家宴餐桌上的新变化。京东销售情况显示，春节期间预制菜成交额同比增长超6倍，佛跳墙、猪肚鸡、酸菜鱼等招牌菜受到各地消费者的青睐。

2月

1日，湖南省永州市国际农副产品智慧冷链商贸产业园及配套基础设施项目道路工程开工仪式在永州冷水滩举行。

11日，在河北辛集保税物流中心园区内，首批来自巴西、乌拉圭等国家的132.56吨进口冷冻牛肉通关入区，标志着河北省内陆唯一进口肉类指定口岸—辛集进境肉类指定监管场地正式对外开办业务。

3月

11日，海南省供销合作联社编制出台《海南供销农产品冷链物流专项规划（2023—2035）》，结合实际，建设以田头预冷保鲜为基础、市（县）域集配、省级交易中心（海口）构成的三级供销冷链物流设施服务体系。构建供销冷链物流平台、供销冷链物流基地、市（县）域产销冷链物流集配中心、国际化冷链加工贸易中心、田头预冷保鲜库、渔港冷链保鲜库。

13日，北京海淀区市场监管局、海淀区人民检察院、农业农村部食物与营养发展研究所共同发起全国首个《预制菜食品安全倡议》，倡导相关食品企业从规范供应链管控、严格进货查验、建立预制菜贮存及使用过程制度规范等方面加强食品安全管控。

22日，武汉经开区制定2023年农产品仓储保鲜冷链物流设施建设实施方案，建设内容为冷库主体和配套设施设备，建设领域包括蔬菜、畜禽、水产、水果等鲜活农产品生产和流通领域，以期在

2023年达到全区新建或改扩建农产品仓储保鲜冷链物流设施3个以上的目标，提高农产品抗御自然风险与市场风险能力。

31日，交通运输部、国家铁路局、中国民用航空局、国家邮政局、中国国家铁路集团有限公司联合印发《加快建设交通强国五年行动计划（2023—2027年）》，提出健全冷链道路运输管理制度和标准规范，加强冷链道路运输市场动态监测，培育冷链运输骨干企业。

4月

3日，江西省农业农村厅印发了《江西省“十四五”渔业渔政发展规划》的通知，提出了加快冷链物流建设的措施。加快水产品冷链物流设施设备建设，合理布局水产品现代冷链物流体系，提升流通组织化水平，降低流通成本。加强产地仓储保鲜和集配设施设备建设，完善冷却、冷储、冷运、冷销的水产品全程冷链体系。

12日，商务部召开部乡村振兴工作领导小组会议，会议指出，在抓好农产品冷链物流等方面采取更多务实举措，打响商务服务乡村振兴的特色品牌。要牢牢把握产业振兴这个重中之重，围绕“土特产”下功夫，特别是在抓好农产品冷链物流、利用展会平台助力乡村振兴、促进家政服务业提质扩容等方面采取更多务实举措，打响商务服务乡村振兴的特色品牌。

14日，由中冷联盟、中冷协冷链物流分会联合主办的2023—2025中国冷链发展论坛暨第54届中国冷链物流万里行在上海成功举办。本届论坛的主题为“乘时乘势，思变思远”，来自全国的冷链企业家、产业链供应链相关企业、专家代表、知名媒体等参加了活动，共商疫情后冷链发展大计，促进行业交流与合作。

5月

8日，中共山东省委、山东省人民政府印发《关于做好2023年全面推进乡村振兴重点工作的实施意见》，强调做强农业全产业链。完善农产品流通骨干网络，改造提升集散地、销地批发市场，支持分级分类建设产地冷链集配中心，强化冷链物流体系建设，培育认定现代流通强县10个。统筹疫情防控和农产品市场供应，确保农产品物流畅通。

23日，农发行宜宾市分行成功投放贷款2.95亿元，支持宜宾市菜坝城乡骨干冷链物流产业园项目建设，加速构建宜宾市现代物流产业体系，助力城乡融合发展和区域经济发展。

25日，山东省人民政府印发《山东省人民政府关于印发中国（枣庄）跨境电子商务综合试验区实施方案等7个实施方案的通知》，提出东昌府区重点发展无缝钢管、冷链物流特色产业带。

6月

8日，天津市商务局、市财政局发布《关于开展2023年度农产品供应链体系建设进一步促进冷链物流发展项目申报工作的通知》。该通知提出要积极发挥财政资金引导作用，重点支持农产品冷链流通能力、冷链配送效率、冷链末端网点布局关键环节和重点领域，对于纳入支持范围的项目，给予适当的财政资金扶持。

12日，国家发改委印发《关于做好2023年国家骨干冷链物流基地建设工作的通知》，发布了新一批25个国家骨干冷链物流基地建设名单。国家骨干冷链物流基地是依托存量设施群布局建设的大型冷链物流基础设施，是整合集聚冷链物流资源、优化冷链物流运行体系、促进冷链物流与相关产业融合发展的基础支撑、组织中心和重要平台。2020年以来，国家发改委已分3批将66个国家骨干冷链物流基地纳入年度建设名单，基地网络覆盖29个省（自治区、直辖市，含新疆生产建设兵团）。

7月

5日，中冷联盟第三批团体标准第五次交流会在山东济南成功举行。主要起草单位和各领域专家、代表参加了会议。依据团体标准有关规定，本次会议针对《冷链食品消杀技术规范及操作规程》《氢能源冷藏车技术规范》《冷库能耗评价范围》《冷链物流园区（冷库）光伏供电系统设计指南》《冷库自动化设备技术通用条件》等团体标准进行研讨交流。

11日，农业农村部发布《关于继续做好农产品产地冷藏保鲜设施建设工作的通知》，强调要完善产地冷藏保鲜设施网络，推动冷链物流服务网络向乡村下沉，培育一批农产品产地流通主体，创新一批农产品冷链物流运营模式。

26日，天津滨海智慧冷链产业园项目正式开仓运营。作为天津港综合保税区内首家智慧冷链产业园、第一家大型保税冷库，该项目将打造华北区域食材供应链一体化公共服务平台，打通食材生产、流通、消费等各环节，形成食材供应链生态系统，预计年周转量10万吨以上。

是日，山西省出台《关于加快山西省预制菜产业高质量发展的意见》，提出到2025年，山西省预制菜加工销售收入超过350亿元，建设10个产值超亿元预制菜产业链，培育20个预制菜示范企业，打造10个预制菜知名品牌。

8月

5日，中通冷链新疆区域启动大会在新疆乌鲁木齐举行，这是中通冷链布局西北、经略新疆的重大战略部署。中通冷链新疆区域网络建设，致力于解决新疆农产品传统流通中环节多、成本高、损耗大、品质受损等问题，助力打通新疆农产品走向全国的电子商务通道，使得全国范围的消费者都能更便捷地享受到多样化、高品质的新疆农特产品。

17日，吉林省德惠市人民政府印发《关于经济发展振兴突破三年攻坚行动的实施意见》，提出积极发展第三方物流、冷链物流、云物流等新兴业态。加快农产品流通冷链体系建设，推广“生鲜电商+冷链宅配”“中央厨房+食材冷链配送”等新模式。加快大型专业市场和综合物流园区建设，打造区域性物流集散中心。

21日，重庆市邮政管理局印发《关于积极发展冷链寄递服务的通知》，进一步发展冷链寄递服务。该通知重申多项支持冷链发展政策，重庆市政府口岸物流办对一级、二级、三级节点信息化改造并接入重庆市冷链物流公共信息平台的，予以单店最高30万元奖励；对购置符合规定车型并按要求接入信息平台的冷藏车辆，按裸车价30%且每台不超过4万元予以奖励……

9月

1日，交通运输部发布、国家邮政局发布《关于开展交通强国邮政专项试点工作的通知》，提出根据当前行业发展需要，初步设定服务、设施、技术、管理4个领域21个方面。随着试点推进，可以调整、增加项目。服务领域包括拓展服务范围，发展冷链快递，提升末端服务。

3日，《深圳市推动货物贸易进口高质量发展行动计划（2023—2025年）》印发，提出建设冷链进口高品质物流体系。支持盐田综合保税区及盐田临港产业带推进低温仓库、冷冻仓库和恒温恒湿仓库等高标准冷库设施和配套冷链集中查验场建设。支持进口冷链产业集聚发展。发挥深圳市公路冷链、海运冷链、航空冷链协同优势，支持冷链进口企业及代理商、物流服务商等将深圳口岸作为进境口岸。

4日，新疆喀什中集生鲜冷链基地启用暨喀什—深圳首班冷链专列启运活动在深喀现代农业产业园举行。基地的启用将进一步提高喀什生鲜农产品的仓储保鲜和优质食品的供给保障能力，在打造疆内外循环贯通供应链体系的同时，赋能喀什产业发展。

19日，“国家骨干冷链物流基地互联互通城市合作”启动仪式在广西玉林“两会一展”开幕式上举行，哈尔滨、苏州、通辽、玉林等22位合作城市代表行玺落印，启动“国家骨干冷链物流基地互联互通城市合作”。

9月19—20日，江苏省供销合作社重点工作暨项目建设推进会在南京举行。2023年1—8月，全系统实现销售总额4114.4亿元，同比增长3.2%。接下来，江苏省供销合作社将着力打造覆盖全省的农业社会化服务网、农产品流通服务网、农产品冷链物流骨干网。

10月

12日，安徽省政府办公厅《关于印发安徽省加快供应链创新应用行动计划（2023—2025年）和安徽省加快供应链创新应用若干政策举措的通知》下发，提出大力发展冷链物流。加快推进冷链物流网络体系建设，对冷链物流基础设施补短板项目，统筹运用税收减免、财政金融、基金投资等政策措施予以支持，对符合基金投资条件的相关项目优先投资支持；对项目建设发生的贷款，以制造业优惠贷款利率为基准，给予40%贴息，单个项目贴息年限不超过3年、支持金额不超过500万元。对新获批的国家和省级冷链物流基地、省级集配中心，在市级补助基础上分档给予一次性奖励，最高不超过500万元、300万元、100万元。

16日，两列满载着云南特色果蔬的冷链班列，同时从云南省玉溪市研和站驶出，1天后分别抵达老挝万象和越南老街，这标志着中老、中越铁路国际冷链货运班列正式开通运营。

19日，上海市人民政府发布《上海市进一步推进新型基础设施建设行动方案（2023—2026年）》提出构建一体化智慧冷链物流体系。依托临港新片区国家级冷链物流基地建设若干大型智慧冷库，建设3个智慧冷链物流中心。鼓励智慧冷链自动售卖机、冷链自提柜等末端配送应用，逐步形成冷链物流全链条温度可控、源头可溯的精准管控能力。

24日，《内蒙古自治区综合交通枢纽体系规划》印发，在冷链建设方面提出优化中西部盟市冷链物流设施布局，分级建设东部盟市冷链物流节点，推进流通型冷库、立体库等冷链物流配套设施的建设；完善机场、铁路货站、公路货运站冷链物流设施，加强枢纽与农畜产品主产区和生产加工基地衔接联动，发展集预冷、分选、加工、冷藏、配送、追溯等功能于一体的农畜产品集配中心。

11月

9日，天猫双11期间，头部自营生鲜电商叮咚买菜入驻淘宝买菜，联手提供1小时到家服务，这是叮咚买菜与淘宝首次合作。据介绍，叮咚买菜现有近1000个站点已全部入驻淘宝买菜小时到家板块。入驻以来，叮咚买菜成交金额及用户数均实现了每周超100%的强劲增长。

14日，甘肃省人民政府印发《关于恢复和扩大消费的若干措施》，提出稳步推动产地销地冷链设施建设，补齐农产品仓储保鲜冷链物流设施短板，推动城乡冷链网络双向融合。

14日，国内首部物流中心建设地方性法规《大连东北亚国际物流中心建设促进条例》由辽宁省第十四届人民代表大会常务委员会第六次会议批准通过，并将自2024年1月1日起施行。

16日，广西壮族自治区人民政府办公厅印发《中国（贺州）跨境电子商务综合试验区实施方案》，提出探索"跨境电商＋冷链"融合发展模式。建设跨境电商冷链集散中心，打造集RCEP农副产品进出口检测、冷链仓储物流、线上直播选品、线下集中选品、在线交易、在线结算等于一体的全链条服务模式。

27日，江苏省十四届人大常委会第六次会议再次审议了《江苏省食品安全条例（草案修改稿）》。草案修改稿对预制菜原料和成品的生产、销售、贮存、运输、加工、进出口等环节全程食品安全监督管理作了规定，同时增加了风险监测、风险评估等条款。

12月

5日，首衡京津冀保供基地在河北省高碑店市正式投入运营。作为京津冀"菜篮子"的重要组成部分，该基地将在保障首都农产品安全稳定供应上发挥重要作用。

15 日，京东买菜北京望京前置仓正式开仓。目前，京东买菜（北京）商品种类涵盖肉禽蛋、果蔬、海鲜水产、食品粮油、家居百货等。京东买菜（北京）还推出日日鲜产品线，日日鲜系列食材上架后只卖 16 个小时，绝对不隔夜。所有菜品均是头一天从产地采摘、第二天上架售卖，全程严苛品控、冷链运输，最大程度保障菜品的新鲜品质。

来源：现代物流报全媒体

九、2023年快递行业大事记

快递行业是现代服务业的重要组成部分，是推动流通方式转型、促进消费升级的现代化先导性产业。近年来，随着电子商务的发展和居民消费需求的增长，中国快递市场规模不断扩大、业务量不断增加、服务质量不断提升，为经济社会发展做出了重要贡献。回顾2023年快递发展历程，我国快递业所迸发的强大韧性与活力，彰显了我国经济持续向好、加速循环的强劲动力。

1月

17日，2023年全国邮政管理工作会议在北京召开。会议明确了2023年邮政管理工作的总体要求、主要预期指标和重点工作任务。预计2023年邮政行业寄递业务量持续增长，满足人民群众更好用邮需求的能力持续增强；行业业务收入完成1.43万亿元，同比增长6%左右；其中，快递业务收入完成1.13万亿元，同比增长7%左右。

29日，国家邮政局监测数据显示，今年春节长假期间（1月21—27日），全国邮政快递业运行情况总体安全平稳，揽收快递包裹约4.1亿件，与去年春节假期相比增长5.1%，较2019年同期增长192.9%；投递快递包裹3.3亿件，与去年春节假期相比增长10.0%，较2019年同期增长254.8%。

2月

8日，我国2023年快递业务量已超过100亿件，比2019年达到100亿件提前了40天，比2022年提前2天。

22日，国家邮政局发布2023年邮政快递业更贴近民生七件实事，具体为：深化农村寄递物流体系建设、巩固提升农村地区邮政服务水平、持续做好邮政快递业保通保畅工作、强化快递员群体合法权益保障、深入开展寄递安全“三项制度”专项整治、实施绿色发展“9218”工程、着力提高从业人员素质。

27日，山西省邮政管理局联合省发改委、财政厅、商务厅印发《2023年农村寄递物流服务全覆盖提质工程实施方案》，加快推动农村寄递物流体系建设，进一步补齐农村物流短板，积极促进乡村振兴。

3月

5日，第十四届全国人民代表大会第一次会议在人民大会堂开幕。政府工作报告提出，“完善农村快递物流配送体系”。这是自2014年以来，政府工作报告连续第10年将“快递”纳入其中，再次为行业发展指明了方向。

8日，全国首例数字人民币寄件单在上海青浦区发出。

8日，据国家邮政局监测数据显示，今年我国快递业务量已达到200.9亿件，比2019年达到200亿件提前了72天，比2022年提前了6天。

20日，交通运输部办公厅、财政部办公厅联合发布关于做好2023年国家综合货运枢纽补链强链申报工作的通知，该通知聚焦国家综合立体交通网主骨架关键节点，深入实施国家综合货运枢纽补链强链，拓展重点区域覆盖面，引导跨区域综合货运枢纽建设协同联动，建设现代化高质量国家综合立体交通网，奋力加快建设交通强国，努力当好中国式现代化的开路先锋。

4月

6日，上午8时，2023年我国快递业务量达300亿件，比2019年达到300亿件提前了99天，比2022年提前了18天。

7日，国家市场监管总局召开专题新闻发布会，解读《快递电子运单》《通用寄递地址编码规则》两项国家标准，要求快递电子面单上个人信息应遵循姓名隐藏1个汉字以上、联系电话隐藏6位以上等新标准。目前，隐私面单在全行业的日均使用量超1.5亿单。

13日，南宁国际铁路港顺丰分拨中心整体竣工并交付使用，标志着南宁国际铁路港“一核两港七区”总体功能布局又迈出关键一步。

14日，嘉兴全球航空物流枢纽项目开工仪式在嘉兴市秀洲区举行。嘉兴全球航空物流枢纽项目是浙江省打造现代物流体系的重要一环，也是世界一流强港和交通强省建设“十大标志性工程”之一。

24日，国家邮政局在广东佛山召开“中国快递示范城市”创建工作会议，明确工作任务，交流经验做法，并对第三批16个“中国快递示范城市”进行授牌。会议要求，示范城市创建工作务必以习近平新时代中国特色社会主义思想为指导，通过发挥示范创建活动的引领带动作用，切实推动快递业高质量发展，更好服务地方经济社会发展。

5月

8日，中通快递宣布设立“中通小哥日”，并发布《中通快递集团关于全面推进小哥权益保障工作的实施意见》。

19日，由国家邮政局和中华全国总工会指导的“奋进新征程建功新时代”第五届“中国梦·邮政情寻找最美快递员”活动在京举行揭晓发布会，哈弄夺机、张裕等10名“最美快递员”和鼓浪屿好小哥团队、北京顺丰党员抗疫突击队、京东物流冬季国际顶级赛事服务团队等3个“最美快递员”团队受到表彰。

24日，中通快递召开（全网）一届一次职工代表大会（扩大）会议，审议通过了《中通快递股份有限公司（全网）集体合同》。首份全网《集体合同》涉及在中通平台就业创业的31000余家网点和数十万中通人，包括劳动报酬、劳动保护、福利保障、奖励制度、职业技能培训、女职工特别保护、民主权利、争议处理等。

31日，国家邮政局监测数据显示，截至5月底，今年我国快递业务量已达500亿件，比2019年达到500亿件提前了155天，比2022年提前了27天。

6月

8日，国家邮政局职业技能鉴定指导中心在京组织召开了快递站点管理师、国际快递业务师国家职业技能标准编制工作启动会，研究部署2个新职业技能标准编制工作。

25日，甘肃省总工会在兰州东方红广场举行快递业集中建会授牌仪式，为兰州快递业工会联合会揭牌，为甘肃省快递协会工会委员会、甘肃圆盛通速递有限公司工会委员会、甘肃京邦达供应链科技有限公司工会委员会授牌。

30日，为助推重庆临空经济示范区和重庆空港型国家物流枢纽建设，重庆局与重庆机场集团有限公司签署《推动邮政快递业服务国际航空枢纽战略合作协议》，共同推动邮政快递业与航空物流业融合发展。

是日，湖北省政府办公厅印发《关于进一步推动农村寄递物流村级服务网点全覆盖的工作方案》，确保 2023 年底前实现全省所有行政村村级服务网点全覆盖并持续稳定运行，做到快递收件、寄件不出村。

7 月

19 日，浙江省快递行业党建表彰大会在杭州市余杭区举行。会上宣布，浙江省首个区县级快递行业党群服务中心——菜鸟党群服务中心（余杭区快递行业党群服务中心）正式启用。大会还对 2022 年度浙江省快递行业先进基层党组织、先进党务工作者进行了表彰。

20 日，圆通速递工作人员在杭州亚运会物流中心卸下首批空运入境的亚运物资。当日，中国香港代表团首批参赛制服和竞赛物资分别从杭州萧山国际机场和宁波舟山港通关，这标志着杭州亚运会首批代表团物资通过海空两路运抵入境。

21 日，国家发改委、自然资源部联合印发《关于做好第四批示范物流园区工作的通知》，确定第四批 22 家示范物流园区名单，要求有关省级发改委、自然资源主管部门加强对示范物流园区的工作指导、政策支持和监测评估。

25 日，财富杂志发布 2023 年《财富》中国 500 强排行榜。今年，该榜单开放申报，采用与《财富》世界 500 强一脉相承的制榜方法，同时包括了上市和非上市企业。在邮政快递业，中国邮政、顺丰、圆通、韵达、中通、申通 6 家企业上榜。

8 月

2 日，2023 年《财富》世界 500 强排行榜揭晓。在邮政、快递领域共有 9 家企业入围，其中中国邮政位列第 86 位，民营快递企业顺丰连续两年入围，位列第 377 名。

8 日，菜鸟云谷正式获得 SITES 可持续景观金级认证。这是浙江省首个 SITES 金级认证项目，也是中国首个获得 SITES 金级（最终正式认证）的多功能园区。

14 日，菜鸟联合全球知名战略咨询公司罗兰贝格发布《2023 年跨境航空货运行业展望》。展望认为，“谋发展”将成为 2023 年航空货运市场的主基调。需求端，产业链重新分工、高端制造加速出海；供给端，腹舱运力恢复、货机集中交付、海运价格走低；行业端，物流组织方合纵连横生态组局，均影响未来航空货运的市场发展，市场长期向好趋势不变。

18 日，北京市公安局、交通委、市场监管局、商务局、城市管理委、园林绿化局、邮政管理局 7 部门联合发布《关于加强行业使用电动三轮车通行管理的通告》，明确民生服务行业使用电动三轮车的通行管理规定，将对邮政寄递、园林绿化、环卫等民生服务行业的车辆核发“京 C”号段摩托车车牌，使用这些车辆的驾驶人必须考取摩托车驾驶证，确保做到上路车辆“人持证、车上牌”。

9 月

4 日，2023 年服贸会“服务示范案例交流会”在北京国家会议中心举行，会上公布本届共有 100 个服务案例获选。邮政 EMS、顺丰、申通、菜鸟和 UPS 等 5 家中外快递企业获颁 2023 年服贸会服务示范案例奖。

7 日，国家邮政局在上海召开邮政快递业安全生产规范化管理现场会，全面总结回顾近年来安全生产工作，分析面临的新形势新任务，研究今后一个时期行业安全生产举措，部署下阶段重点工作，强调要切实把思想和行动统一到习近平总书记关于安全生产重要论述和重要指示批示精神上来，统筹好发展和安全，坚决抓好安全生产各项工作，推动邮政快递业安全生产形势持续稳定向好，为谱写加快建设交通强国邮政新篇章提供坚实安全保障。

12 日，全国工商联发布 2023 中国民营企业 500 强报告，京东集团、阿里巴巴、恒力集团位列前三。顺丰、菜鸟、圆通、韵达、中通、申通、极兔等企业纷纷入围“民营企业 500 强”和“服务业民营企业 100 强”榜单。

15 日，世界计算大会在长沙开幕，菜鸟、百度、联想等企业的数智科技产品共同入选大会专题展优秀成果。其中，菜鸟也是入选其中的唯一一家物流企业。

25 日，2023 全球可持续交通高峰论坛“可持续邮政：携手合作助力全球邮政发展”边会在国家会议中心召开。会上围绕“数字化创新赋予全球邮政业普惠发展新动力”和“绿色低碳发展成为全球邮政业可持续发展新方向”两个议题，分享经验做法、探讨发展路径、畅想美好未来。

10 月

8 日，据国家邮政局监测数据显示，2023 年中秋国庆放假期间（9 月 29 日—10 月 6 日），全国邮政行业揽收快递与包裹 25.75 亿件（不包含邮政集团包裹业务），日均揽收量与 2019 年国庆长假相比增长 122.6%，与 2022 年国庆长假相比增长 8.6%；投递快递与包裹 25.72 亿件（不包含邮政集团包裹业务），日均投递量与 2019 年国庆长假相比增长 133.9%，与 2022 年国庆长假相比增长 18.7%。

是日，杭州亚运会举行闭幕式，杭州亚运会物流中心物资回收工作也已经开启，自今年 6 月 21 日正式启用起，已吞吐 20 多万件物资，以圆通速递为代表的中国快递物流企业为中国快递物流业发展揭开崭新篇章。

19 日，菜鸟裹裹正式官宣商家寄件业务今年双 11 保障措施：通过多快递比价、价格承诺、运费月结、发货补贴、时效打标、超时揽收赔付、改址调时、拦截转寄、异常监控、签收关怀等十项举措，在物流履约前、中、后三个阶段帮助中小商家提服务、降成本、稳时效。

23 日，国家邮政局快递大数据平台实时监测数据显示，上午 7 时 39 分，2023 年我国第 1000 亿件快件产生，比 2022 年达到千亿件提前了 39 天时间，展现出邮政快递业强大的韧性与活力，也彰显了我国经济持续向好、加速循环的强劲动力。

31 日，香港特区政府公布《现代物流发展行动纲领》，就推动行业数码化、发展物流数据互联互通、持续增加物流用地等 8 方面提出共 24 项具体行动措施，以满足物流业界的短、中、长期发展需要，推动香港物流业的可持续、高质量发展。

11 月

1 日，自即日起邮政寄递、园林绿化、环卫等民生服务行业使用的合规电动三轮车将悬挂“京 C”号牌上路行驶。

是日，为期 20 天的“双 11”网购高峰期铁路快运服务正式启动。在中国国家铁路集团有限公司统一部署下，中铁快运股份有限公司充分发挥高铁成网运行和安全快捷等优势，积极适应市场需求，优化配置运力资源，为人民群众提供更加优质高效的铁路快运服务。

5 日，第六届中国国际进口博览会在上海国家会展中心拉开帷幕，菜鸟、圆通国际、韵达国际、DHL、联邦快递 5 家快递受邀参会，展示快递出海、绿色低碳、数字化等方面的最新成果。

22 日，第五届中国（杭州）国际快递业大会在浙江桐庐举行，国家邮政局发展研究中心副主任王锡彬在会上发布 2023 年《全球快递发展报告》。报告显示 2022 年全球快递包裹业务总量约 1892 亿件、收入约 4.1 万亿元，全球人均快递包裹量约 24 件。

12 月

1 日，贵州省快递行业工会联合会在贵阳正式成立。据介绍，这是全国首家省级快递行业工会联合会，未来将为贵州探索新就业形态劳动者建会入会工作提供丰富实践创新助力，为该省快递行业工作人员合法权益提供强有力组织保障。

4 日，国家邮政局邮政业安全中心监测数据显示，18 时 26 分，今年我国第 1200 亿件快件正式产生，标志着我国快递年业务量再次刷新纪录，首次突破 1200 亿件大关。

5 日，中国国防邮电工会在四川成都召开快递业工会落实全总新就业形态劳动者工会工作“三年行动”计划推进会。会上表示，快递行业建会入会取得积极进展，头部快递企业总部均已建立工会组织，直营体系建会入会率普遍在 80% 以上，有超过 200 万名快递员加入工会组织。

15 日，国家发改委、国家邮政局、工信部、财政部、住房城乡建设部、商务部、市场监管总局、最高人民检察院等八部门发布《深入推进快递包装绿色转型行动方案》。行动方案提出，加大力度扎实推进快递包装减量化，加快培育可循环快递包装新模式，持续推进废旧快递包装回收利用，提升快递包装标准化、循环化、减量化、无害化水平，促进电商、快递行业高质量发展，为发展方式绿色转型提供支撑。

来源：《现代物流报》

十、2023年中国港口物流大事记

港口行业是我国国民经济的重要组成部分，也是对外贸易的窗口。2023年，随着我国疫情防控取得显著成果，经济社会恢复发展，我国港口行业迎来拐点。2023年前三季度，全国港口完成货物吞吐量125.40亿吨，较去年同期增长8.5%，在《推进铁水联运高质量发展行动方案（2023-2025年）》等国家政策的支持下，港口行业的高质量发展已然步入新阶段。本报特将今年港口行业的重要事件汇总整理，以飨读者。

1月

13日，交通运输部公开发布《港口承灾体自然灾害风险防控工作指南》，强调各地交通运输主管部门、港口行政管理部门、港口经营人以及港口基础设施维护部门和单位要结合实际抓好指南落实，加强风险研判和分级管控，强化多部门信息联动和检测水平，及时启动应急响应，加强应急处置工作与灾后恢复工作，最大程度降低自然灾害风险和损失。

17日上海闵行海事局对靠泊在龙吴港码头的安提瓜和巴布达籍机电故障船舶C轮实施港口国监督。这是上海港黄浦江水域恢复外国籍船舶常态化港口国监管要求以来，首次对外籍机电故障船舶实施港口国监督检查。闵行海事局将继续从严做好机电设备故障船舶的安全监管，督促企业落实安全生产主体责任，构建共治共享水上安全格局，持续维护水上安全形势稳定。

2月

13—14日，江苏召开全省港口工作座谈会，回顾总结江苏省港口工作，谋划下阶段工作重点。江苏省交通运输厅副厅长梅正荣介绍，2022年，江苏省港口深水大型化建设取得突破，新增万吨级以上泊位数31个；全省港口完成货物吞吐量32.4亿吨，创历史新高。2023年，江苏将深入推动港口高质量发展，推动江苏由港口大省向港口强省转变。

20日，山东港口（东南亚）有限公司正式揭牌，成为山东港口设立的首个海外区域公司。该公司是山东港口强化全球资源配置、拓展海外市场、寻求新兴业态和市场机会的全新实践，将推进与世界头部航运公司、一手资源商、知名贸易企业等合作伙伴的合作，为加快建设世界一流海洋港口、世界一流企业，实现高水平对外开放提供助力。

23日，河北港口集团与上海国际港务（集团）股份有限公司共同签署了《世界一流港口全面战略合作框架协议》。双方将加强两省市港口协同发展，积极推动在集装箱航线等领域的交流合作，开通秦皇岛港、唐山港、黄骅港至上海港集装箱直航航线。

3月

14日，由交通运输部、自然资源部、海关总署、国家铁路局、中国国家铁路集团有限公司联合印发的《推进铁水联运高质量发展行动方案（2023—2025年）》公开发布。该方案指出，各部门和有关单位要建立协同推进机制，加大政策扶持力度，从多个方面推进铁水联运高质量发展：一是强化一体衔接，提升设施联通水平；二是强化组织协同，提升联运畅通水平；三是强化创新发展，提高联运服务效能；四是强化统筹协调，营造良好发展环境。

22 日，北京市市场监督管理局为国家能源集团航运有限公司正式核发营业执照。该公司将全面履行港口产业管理职责，统一管理所属黄骅港务、天津港务及珠海港务，将为国家能源集团加快推进世界一流能源航运企业建设、航运产业发展再上新台阶提供助力。

29 日，交通运输部、国家发改委、自然资源部、生态环境部、水利部公布了《关于加快沿海和内河港口码头改建扩建工作的通知》，提出要充分认识加快码头改建扩建工作重要意义，准确把握码头改建扩建工作范围，推进码头等级提升类项目等四类改建扩建项目，合理优化码头改建扩建程序要求，做好码头改建扩建组织实施。

4 月

6 日，中远海运集团与法国达飞集团、上港集团共同签署《关于开展港口船用绿色甲醇供应合作的备忘录》，三方将携手共同合作，在包括上海港在内的中国主要港口，为达飞海运、中远海运未来的双燃料甲醇船队采购、供应和交付船用绿色甲醇燃料。

12 日，交通运输部办公厅印发《关于规范水路客运船舶船岸靠泊问题的通知》，全面提升水路客运船舶船岸靠泊安全管理水平，促进水路客运规范运营。该通知指出，各有关部门应规范客运船舶停靠港口码头、规范港口外客运船舶停靠站点、规范客运船舶靠泊渡口、进一步加强日常管理。

20 日，中国水上交通安全协会揭牌仪式暨首届中国水上交通安全协会发展座谈会在北京举行，来自交通运输部相关司局、院所海事院校等 19 家单位代表和航运专家参加揭牌仪式并出席会议。中国水上交通安全协会是我国水上交通安全领域唯一的全国性社会团体，其前身是经民政部核准成立的中国水上消防协会。拥有水上消防、水上水下作业安全、港口等分会。

5 月

18 日，2023 年绿色与安全港口大会暨第二届北部湾绿色港口发展论坛在南宁举办，来自全国各地的港口企业集团、港口设备制造企业、科研院所等近 900 位代表围绕“共筑安全防线，共创低碳未来”主题展开深入交流，共同探讨港口行业绿色安全发展思路举措。

是日，世界银行发布第三版全球集装箱港口绩效指数（CPPI），指出继疫情为集装箱运输造成前所未有的扰乱之后，全球港口运营状况现已显著改善。报告显示，2022 年洋山港的运营效率仍居全球首位。中国其他进入前十的港口包括宁波港（排名第七）和广州港（排名第九）。

31 日，广东省交通运输厅印发了《广东省绿色港口行动计划（2023—2025 年）》。指出要大力推行港口全过程绿色发展、建设绿色高效港口集疏运体系、加大新能源清洁能源推广应用力度，到 2025 年初步形成港口绿色低碳生产方式，稳步提升资源环境协调发展水平，助力全省港口高质量发展。

6 月

1 日，黄山—宁波舟山港海铁联运集装箱列车首次从黄山发车，装载着 30 个标准集装箱货物的列车在黄山货运站发车，驶向宁波舟山港。经过改造升级的黄山货运站投入使用后，可通过海铁联运运输的集装箱直接从黄山发车，3—4 天便能抵达宁波舟山港，可为黄山市域内各区县企业减少运输成本约 30%。

2 日，我国自主研制的超大型集装箱船“地中海米歇尔卡佩里尼”轮首航，该轮首站停靠宁波舟山港，开启其航运之旅。该集装箱船总长 399.9 米，型宽 61.3 米，型深 33.5 米，箱位数达 24346 标准箱，拥有完全自主知识产权，运载能力、载重量和箱位数等指标均居世界最高水平。

12 日，重庆无水港项目通过竣工验收，标志着该项目工程主体建设已全部完成，重庆等西部内陆省区市距离“出海”更近一步。

7月

18日，第七届海丝港口国际合作论坛主论坛在宁波举行，中国经济信息社与交通运输部水运科学研究院在论坛上联合发布了《世界一流港口综合评价报告（2023）》。评价结果显示，全球34个样本港口2022年综合评价最高水平为87.4分，平均水平为65.3分。报告将综合得分排名前十位的港口划分为“世界领先”与“世界前列”两个层级。在最新一期评价中，新加坡港、上海港保持了“世界领先”水平。

20日，杭州首个千吨级内河港口—下沙港开港试运行。杭州下沙港由杭州交投集团下属杭州港务集团历时3年建成，总占地面积约373亩，设计1000吨级泊位9个，年吞吐量300万吨，是杭州港区最接近杭州主城区的水上综合作业区，也是实现杭州千吨货轮通江达海、促进区域经济协同发展的重要载体。

25日，上海港合肥内河集装箱中心项目启动仪式在合肥派河港举行。未来，合肥–上海外高桥航程将压缩至55小时，合肥—太仓—洋山全程不超过144小时。该项目的启动运营，标志着合肥外贸企业又新增了一条时效高、成本优、服务好的物流通道，为合肥更好地融入长三角一体化，加强与国际市场对接、产业对接、物流对接提供了更加广阔的舞台。

8月

2日，2023年《财富》世界500强排行榜全球同步发布，我国共有142家企业入围世界500强，多家港航船舶领域企业上榜。其中，中国远洋海运集团有限公司以931.8亿美元的营收，位列榜单第115位；中国船舶集团有限公司以517.991亿美元的营收，位列第272位。

8日，山东省人民政府办公厅公开发布了《山东省世界级港口群建设三年行动方案（2023—2025年）》。方案以加快建设安全便捷、智慧绿色、经济高效、支撑有力、融合开放的世界级港口群为目标，实施“打造服务全球的一流港口基础设施”“打造全球领先的智慧绿色平安港口”等六大提升行动，为加快建设世界级港口群，提升山东港口服务国家战略、融入新发展格局的枢纽作用和支撑能力提供指引。

18日，武汉阳逻港至云南水富港集装箱班轮航线在武汉举行首航仪式。该航线链接长江中游的湖北与长江上游的云南，航程15天，将以长江为纽带成为鄂滇两省间的物流快捷通道。“阳逻港—水富港”集装箱直达航线开通后，武汉港开通的国内点对点集装箱班轮航线达到17条。

9月

12日，交通运输部和上海市人民政府共同举行新闻发布会。交通运输部相关负责人在发布会上介绍，我国已经成为世界最大船东国，港口货物、集装箱吞吐量连续多年位居世界第一。目前，我国港口货物吞吐量和集装箱吞吐量连续多年位居世界第一，世界港口吞吐量、集装箱吞吐量排名前十位的港口中，中国分别占8席和7席。与此同时，内河货运量连续多年稳居世界第一，内河通航里程世界第一，长江干线连续多年成为全球内河运输最繁忙、运量最大的黄金水道。

19日，交通运输部办公厅发布《关于做好全面恢复国际邮轮运输有关工作的通知》。该通知提到，在上海、深圳邮轮港口试点恢复国际邮轮运输的基础上，经有关部门决定，自本通知发布之日起，全面恢复进出我国境内邮轮港口的国际邮轮运输。该通知表示，国际邮轮载运旅客数量多、海上航行时间长、应急处置要求高，各地要高度重视，扎实做好复航各项准备工作，切实保障人民群众生命财产安全。

24日，2023年全球港口管理局圆桌会议在上海召开，这是上海首次承办该会议。本届会议共有新加坡港、汉堡港、哥德堡港、横滨港、长滩港等17个国内外主要港口管理局领导及嘉宾出席，与会嘉宾围绕“后疫情时代全球港口航运业发展趋势”“港口脱碳与可持续发展”等主题发表主旨演讲，共同推动全球港航业绿色、智慧、安全、韧性发展。

28 日，广州云浮国际物流港正式开港。云浮国际物流港是云浮市人民政府与广州港集团合作共建的省、市重点港口项目，码头业务主要以集装箱、件杂货、散货装卸及仓储为主。项目计划打造西江黄金水道内河枢纽港，推动云浮港融入粤港澳大湾区港口群的核心区，促进云浮、广州两市产业融合、协同发展。

10 月

9 日，在海事巡逻艇的监护下，供油船“思杰 21”轮在浙江舟山马峙锚地经过约 4 个小时作业，为一艘中国香港集装箱船“NEW MING ZHOU 60”轮完成约 325 吨船用 B24 生物燃料油的补给。这标志着国内首单海上锚地集装箱船“船对船”生物燃料加注作业在世界第一大港宁波舟山港成功落地。

23 日，山东港口日照港第四座 30 万吨级原油码头正式投产。第四座 30 万吨级原油码头投产后，将新增通过能力 1800 万吨，至此，日照港岚山港区成为全国港口首个拥有四座 30 万吨级原油码头的单一港区。依托 5 条原油长输管线、1700 余万立方米仓储能力，日照港将成为年通过能力最强、大中小泊位配套最全的亿吨级原油集散地。交通运输部办公厅发布《关于加强公路水运工程平安工地建设的指导意见》。

26 日，交通运输部办公厅公开发布《关于加强公路水运工程平安工地建设的指导意见》。该意见指出，各有关单位要加快实现公路水运工程平安工地建设全覆盖，落实平安工地建设责任，落实“深入推进施工安全标准化”“加强施工安全风险分级管控”等重点任务，健全现代化工程安全管理体系，以高水平的安全管理效能保障交通基础设施建设高质量发展。

11 月

1 日，太仓港区三期工程 9 号、10 号泊位尾留工程顺利通过了竣工验收，至此，江苏太仓港一期至四期码头接上最后一块“拼图”，5932 米集装箱岸线共计 18 个泊位全部打通，太仓港作为长江集装箱第一大港、江苏外贸第一大港、全国内河集装箱第一大港的地位得到进一步巩固。

13 日，交通运输部办公厅印发《港口服务指南》，引导港口经营人、港口理货业务经营人进一步提升服务质量，提高港口装卸转运效率。《指南》对港口经营人、港口理货业务经营人提供港口服务的基本流程、服务要求进行规范，鼓励港口经营人、港口理货业务经营人不断完善和拓展网上业务办理平台服务功能，在网络平台及时对外公布开港、船舶等信息。

22 日，交通运输部海事局正式发布《中国沿海进港指南（南海海区）》和《中国沿海进港指南（北方海区）》，为推动港口经济发展，保障船舶进出港航行安全提供指引，船舶进出唐山港、青岛港、广州港等 42 个港口的 141 个港区有了“航行攻略”。

12 月

5 日，全国首个港口主导的件杂货多式联运发展联盟在烟台成立。该联盟由山东港口烟台港发起，包含协会、港口、航运企业、物流企业、项目企业在内的 16 家单位组成，就当前件杂货运输面临的行业难题，以及下一步件杂货多式联运发展的建议等展开深入探讨交流，合力助推全球件杂货物流高质量发展。

8 日，天津港集团与江苏省港口集团签署战略合作协议。根据协议，双方将本着优势互补、合作共赢的原则，在港口运营、港航货协同、市场联合营销、业务创新协同、智慧绿色港口建设、人才交流培养等方面全面深化战略合作，更好地贯彻落实“一带一路”建设、长江经济带发展、长三角区域一体化高质量发展等国家战略。

13 日，宁波舟山港梅山港区 6 号至 10 号集装箱码头工程（简称梅山二期项目）三阶段工程顺利通过浙江省交通运输厅组织的竣工验收，至此，梅山二期项目全部在建工程均已完成竣工验收，宁波舟山港第二个“千万箱级”集装箱泊位群建成，世界一流强港“一流设施”建设再进一步。

来源：现代物流报新媒体部

十一、2023 年中国航空物流大事记

习近平总书记在中央财经委员会第八次会议上强调，要加强国际航空货运能力建设，加快形成内外联通、安全高效的物流网络。截至 2023 年 10 月底，全行业货机机队规模增至 254 架，较 2022 年增加 31 架，机场货运设施保障能力（年设计处理能力）约 3100 万吨，整体来看，中国航空货运依然保持着积极昂扬的发展态势。

1 月

7 日，圆通航空在浙江宁波新开通两条东南亚货运航线，这是继 2020 年圆通航空开通首条“宁波 = 东京”“宁波 = 达卡”国际全货机航线后，在宁波开通的第三、四条新航线。据悉，新的“宁波 = 曼谷”“宁波 = 河内”航线将以每周五班及每周三班的频次，服务于一般贸易货物和跨境电商货物的进出口贸易需求。

为落实国务院物流保通保畅工作领导小组“巩固成果、扩大战果、固化机制”的要求，民航局印发《航空物流保通保畅工作指南》，总结推广疫情以来民航行业的工作成效和经验做法，切实提高航空物流保通保畅服务保障能力。

11 日，海南机场旗下三亚凤凰国际机场（以下简称“三亚机场”）迎来入境新政实施后的首个国际货运航班。当天 18 时 29 分，由天津货航 B737-800F 全货机执飞、自新加坡始发的 HT3818 航班满载 10 吨货物顺利抵达三亚，至此，新加坡—三亚的“空中通道”成功打通。该航线的开通标志着三亚机场国际口岸正式恢复运行。

2 月

2 日，山东青岛胶东国际机场首次开通由康尼航空执飞的青岛至纽约全货机航线。这是继 2022 年开通洛杉矶全货机航线后，青岛机场开通的又一条至美国的全货机航线，取得了 2023 年航空货运“开门红”。

10 日，埃塞俄比亚航空 ET3743 航班搭载着货物由厦门高崎国际机场顺利起飞，前往南美第一大城市圣保罗，执行其全新的厦门至巴西圣保罗全货运航线，这是自第四届金砖国家新工业革命伙伴关系论坛成功举办后厦门机场开通的首条巴西全货运航线，同时这也是一条电商专线。

19 日，中国民航首次实现国内大型动力锂电池多批次审批及航空运输实践。该运输任务的圆满完成，对提升国产动力锂电池国际竞争力、稳定动力锂电池全球供应链、促进我国新能源产业发展具有重要意义，有助于推动我国航空货运专业化发展。

21 日，备受关注的旅日大熊猫“香香”于北京时间 21 日上午 11 时 45 分从日本东京成田国际机场出发，乘坐顺丰航空 037564 全货机航班，于当天下午 17 时 12 分飞抵四川成都双流国际机场，随后被送往位于四川雅安的中国大熊猫保护中心。作为中国赴日大熊猫比力和大熊猫仙女的女儿，香香今年 5 岁半，此前因各种原因，香香归国计划先后被推迟了 5 次。这次的“回家之旅”，不仅是顺丰航空首次执行大熊猫的运输任务，也是中国快递物流行业首次服务大熊猫的运输。

3 月

17日，来自伊朗的W5077航班落地上海浦东机场，机上搭载1780千克柑橘，主要品种为脐橙，成为沙漠之国伊朗首批次输华水果。为减少新鲜柑橘的货损率，浦东机场海关提供一揽子便利措施，量身定制监管预案。

20日，香港货运航空RH315航班由新加坡樟宜机场起飞，经停香港国际机场后，顺利抵达海口美兰国际机场，标志着“新加坡＝香港＝海口”货运航线正式开通，不断满足海南自贸港日益增加的航空货运需求。

29日，一架波音737全货机从日本大阪关西国际机场起飞，于当日上午抵达山东青岛胶东国际机场，标志着天津货运航空与中国外运合作的“青岛＝大阪”国际货运航线正式开通。首航仪式在青岛君廷酒店隆重举行，中国外运、海航航空集团、民航青岛监管局、青岛机场集团、青岛胶东机场海关和边防检查站等单位领导出席仪式。

4月

3日，菜鸟与深圳宝安国际机场签署合作协议，双方将联手打造菜鸟国际快递全国首个航空货运中心，并引入更多国际航空货运航线，加大全货机运力投放，为“国货出海”进一步提速。作为双方深化合作的配套措施，菜鸟联手阿特拉斯正式开通了中国深圳－巴西圣保罗货运包机航线，这是深圳飞往南美的首条全货机国际货运航线，也是首条至金砖国家的“跨境电商空运专线”。

12日，菜鸟与巴西邮政在浙江杭州签署战略合作协议，双方将深化国际快递、物流科技等领域的合作，全面加强国际快递服务在巴西市场的末端网络建设，为全球商家和消费者提供高质量的跨境物流服务。

26日，顺丰航空一架B747-400型全货机载货从武汉直飞阿联酋首都阿布扎比，标志着“武汉＝阿布扎比”国际货运航线正式开通运行。该航线计划每周二、三执行一个往返，双程最多可载货220吨，承运货物主要包括快件、电商件及普货，这将为中阿之间的经贸往来架设新通道、注入新动能。

5月

4日，联邦快递的亚太地区业务全面恢复，以满足客户在可靠、多样化服务方面日益增长的需求。客户自5月2日起可使用联邦快递国际经济快递服务，该服务将亚太地区和全球170个市场相连。

10日，民航局相继发布《智慧民航数据治理规范数据共享》《智慧民航数据治理规范数据治理技术》两部行业标准，以及《智慧民航数据治理典型实践案例》一部信息通告，标志着智慧民航数据治理“7+1”顶层规范标准体系（7部行业标准和1部信息通告）初步形成，将为民航行业各单位和各业务领域的数据治理和数字化转型工作提供体系规范指引与具体案例参考。

26日，顺丰航空一架B747-400型全货机搭载着近80吨货物从湖北鄂州直飞美国洛杉矶，标志着“鄂州＝洛杉矶”国际货运航线正式开通运行，这是顺丰航空在鄂州花湖机场开通的首条北美航线。

6月

6日，南方航空物流股份有限公司保障10余吨龙虾从纽约顺利运抵广州白云机场。南航物流充分发挥生鲜冷链保障优势，优化鲜活时效产品特色服务，搭建绿色通道，保障进口龙虾鲜美交付。据统计，今年5月以来，南航物流顺利保障纽约、奥克兰、多哈、首尔等地进口龙虾运输量环比增长超60%。

12日，由俄罗斯济多特兰斯航空公司IL76机型运载30.7吨货物自甘肃兰州飞往新西伯利亚机场，标志着兰州至新西伯利亚国际货运航线正式开通运营，这是甘肃物流集团民航物流公司今年继成功开通兰州至莫斯科国际货运航线后，新增的第2条国际货运航线，也是甘肃省航空口岸累计开通的

第 16 条国际货运航线。

16 日，《民航局关于运输机场空飘物防治的指导意见（试行）》正式发布。这是首部专门针对空飘物防治的行业政策性指导文件，空飘物防治工作也是民航局党组抓好学习贯彻习近平新时代中国特色社会主义思想主题教育整改整治的重点工作之一。

7 月

7 日，南航物流佛山城市货站项目揭牌仪式在中国（佛山）跨境电子商务综合试验区佛山市南海区桂江车检场举行。该货站以“多式联运”为服务核心，企业在南海通过“单一窗口”申报后办理转关业务，货物可直接在白云机场装机出口，节约到白云机场的二次装卸时间，实现航空物流功能在佛山的通关前置和服务延伸。

17 日，苏南国际货航首架全货机从苏南硕放国际机场飞往仁川国际机场，无锡首家本土货运航司—苏南国际货航的首条国际全货运航线正式开通。“无锡 = 仁川”航线按照一周四班的频次执行航班，后期计划加密到一周 6 班，以充分满足本土制造企业和跨境贸易的运输需求。航班最大可用业载 14 吨。

18 日，随着 9C7606 航班的起飞，利用云南西双版纳机场“雨林飞运”微信小程序预定腹舱包舱发运的 2 吨牛肝菌及百香果发往上海，8 小时后即出现在上海市民的餐桌上，这也标志着西双版纳机场创新研发的“雨林飞运”航空货运品牌小程序顺利完成上线试运行。截至当日，西双版纳机场货邮吞吐量已突破 1 万吨，完成全年指标的 60%。

28 日，国家发改委发布 2023 年国家物流枢纽建设名单，上海空港型国家物流枢纽获批。此前，上海市发改委、浦东新区人民政府联合上海机场集团启动 2023 年国家物流枢纽申报工作，形成并上报了《上海空港型国家物流枢纽建设方案》。

8 月

7 日，海航航空旗下海航货运运营腹舱业务航班 HU0429 航班搭载约 8 吨国产疫苗自北京出港，顺利抵达泰国曼谷，这是海航货运 2023 年单次运量最大的国际冷链医药航班。海航货运搭建的冷链医药运输空中桥梁，为中国医药走向世界贡献新海航“加速度”。目前，海航货运已陆续开通经北京、深圳、上海、海口、重庆、西安、长沙、广州等城市出港至布鲁塞尔、柏林、伦敦、巴黎、悉尼、香港、台北等 30 余条符合冷链医药运输的国际及地区往返腹舱运营航线。

18 日，民航局发布《航空货物装卸工作规范》，旨在进一步做好航空货物装卸管理工作，提高装卸操作的规范性、标准性、安全性，推动航空货物运输行业管理能力与安全、服务保障水平提升。该规范于 2023 年 11 月 1 日起实施。

22 日，天津货运航空涉及 RNPAPCH 相关手册和运行规范均获得民航华北局天津监管局正式批准，这标志着天津货运航空在利用民航新技术提升公司安全运行水平方面又取得重大进展。RNPAPCH 是一种基于全球导航卫星系统的进近程序，摆脱了进近过程中对地面导航设施可用性的依赖，体现出优异的机载导航性能监控及告警能力，使飞机能依照预定的航行轨迹精确地三维飞行，保证导航准确性。

31 日，由顺丰航空 B757 型全货机装载 3.3 吨锂电池货物及其他普货飞往阿拉木图，标志着甘肃物流集团民航物流公司联合兰州机场正式开通第九类危险品（锂电池）航空运输出港业务。此次锂电池出港的运输任务的顺利完成，标志着兰州机场和甘肃航空物流集团的服务保障能力持续提升，保障货物种类更加丰富，航线运营品质稳步提高，为全面构建以兰州中川机场为核心的甘肃省航空口岸开放体系提供了有力保证。

9月

1日，为大力培育航空市场，进一步壮大福建南平文旅产业，优化营商环境，南平市出台《南平市促进航空市场高质量发展若干措施》，对航空公司（含引进航空公司的第三方）在南平设立基地公司、开辟航线航班等进行资金奖补。该措施自2023年9月1日起实施，有效期至2025年12月31日。

5日，一架全货机从江苏徐州机场飞往湖北鄂州花湖机场，标志着徐州机场顺丰全货机航线正式开通。徐州至鄂州全货机航线由顺丰航空B737型全货机执飞，开航初期计划每周5班，当日00:15从徐州起飞，01:15到达鄂州，05:40从鄂州返回徐州，运载货物以商业函件、电子产品、生鲜等各类时效产品为主。

15日，一架圆通航空B757-200F全货机从浙江宁波机场起飞前往韩国首尔仁川机场，宁波往返首尔全货机货运航线正式起航。这是宁波机场首次开通往返韩国首尔的货运航线，继开通日本大阪、菲律宾马尼拉、泰国曼谷、越南河内等东南亚方向货运航线后，“亚洲圈”货运航线网络再加密。

19日，一架京东航空B737-800BCF全货机从广东深圳机场平稳飞抵越南胡志明市新山一机场，在完成装卸后满载货物飞回深圳，这标志着京东航空正式开通“深圳＝胡志明”国际货运航线，继2022年8月获得《航空承运人运行合格证》并投入运营以来，京东航空再次实现突破性进展，与华速空港航空服务（广州）有限公司合作开通了首条国际航线。

10月

13日，一架装载着18.56吨服装布料、工厂普货和跨境电商货物的京东航空B738全货机，从江苏南京禄口国际机场飞往孟加拉国首都达卡，标志着京东航空南京至达卡全货机航线顺利首航。航线是京东航空继“深圳＝胡志明”航线后开通的第二条国际货运航线，也是该公司在江苏省开通的首条国际货运航线。

20日，海航航空旗下海航货运运营JD496航班，装载着近16吨螃蟹顺利降落山东青岛胶东机场，标志着海航货运“活力递”产品进口生鲜业务成功突破600吨。据统计，“活力递”产品在海航货运已开通的莫斯科、布鲁塞尔、伦敦、都柏林、巴黎、里斯本、奥克兰腹舱运营航线推出。今年开展该业务以来，国际进口生鲜累计超600吨。

11月

2日，由圆通航空执飞的YG9099全货机由山东临沂机场口岸飞往日本大阪，这是该口岸正式开放后的首架出入境航班。2023年4月12日，临沂机场口岸正式对外开放通过国家验收，标志着临沂机场正式具备了国际航运功能，成为山东第五个实现对外开放口岸的机场。该航线的开通将打通临沂与国际间的物流大通道，对临沂商城国际化发展和临沂市经济转型升级起到极大的促进作用。

19日，中国新疆喀什—德国科隆货运包机成功首航。这标志着新疆喀什国际货运航线全面恢复。据了解，这是继2022年新疆喀什国际货运包机业务停止以来的首航，也是喀什徕宁国际机场开通的第6条国际货运航线，更是中国（喀什）跨境电子商务综合试验区打开国际物流通道的又一扇窗口，标志着喀什跨境电商服务体系更加健全完善。

25日，一架载有20吨甘肃牛羊肉特产、由中原龙浩航空执飞的GI4366航班自甘肃兰州机场起飞，19:40顺利到达河南郑州，次日凌晨4点落地安徽合肥新桥机场，标志着甘肃省物流业“兰州＝郑州＝合肥”全货机航线首航成功。这是甘肃省民航物流业今年以来新开通的第5条全货机航线，也是累计开通的第9条国内货运航线。

12 月

1 日，海航航空集团旗下金鹏航空 Y87465 次航班满载百余吨货物，从海南海口美兰国际机场顺利启航，飞赴达拉斯拉斯沃思堡国际机场，这标志着海南自贸港首条北美洲际货运包机航线正式开通。

6 日，菜鸟联合速卖通正式开通深圳至墨西哥城电商包机航线。这是深圳宝安机场飞往墨西哥的首条货运航线，以承接跨境电商平台速卖通在墨西哥的暴增单量。据了解，作为菜鸟首条中国－墨西哥的国际快递包机，主要承运各类跨境电商件及一般贸易货物，为速卖通商家拓展拉美市场提供更高效、稳定的航空运力服务。

14 日，一架装载着 20 吨出港货物的中州航空 199801 国际全货机从福建泉州晋江国际机场顺利起飞，标志着泉州直飞马尼拉全货机国际货运航线正式开通。这是泉州机场通航 27 年来首次正式开通定期国际全货机航班，具有里程碑式意义。

来源：现代物流报全媒体

十二、2023年航空货运大事记

时间记录不凡。站在今岁年末，回望2023年，中国航空货运依然保持着积极昂扬的发展态势。现在就随着小编一起，回顾2023年那些关于航空货运的大事记。

1月

①民航局先后印发《航空物流保通保畅工作指南》《危险品货物航空运输临时存放管理办法》，进一步提高航空物流保通保畅服务保障能力和规范危险品货物航空运输临时存放活动。

②杭州市政府印发《关于促进杭州市现代物流业高质量发展的若干意见》，推动航空物流智慧化转型，做大做强航空物流产业。广西交通运输厅印发《南宁国际航空货运枢纽发展规划（2022-2050年）》，持续推进货运服务品质及市场主体竞争力提升，构建高品质航空货运服务体系。南通市政府印发《南通机场航空货运发展行动方案》，统筹推进南通机场航空货运发展工作。

③圆通海南总部及航空物流枢纽基地建成完工，该项目将整体打造为集总部经济、跨境电商、航空货运、冷链仓储（1.2万平方米）、智能云仓等功能于一体的“圆通速递海南区域总部及航空枢纽基地”，投产后预计可实现年操作快件量6亿件、航空货运总量1.2万吨。

2月

①香港机场管理局与东莞市人民政府签订合作框架协议，将在东莞建设香港国际机场物流园，以及在机场新增空侧海空联运货运码头；国泰正式宣布为其货运业务重塑品牌，由国泰航空货运改名为国泰货运，与公司的最新品牌定位接轨。

②广西交通运输厅印发《关于加快广西国际（地区）航空客货运发展的若干措施》，加快推进国际航空客货运快速发展；宁波市政府印发《关于加快宁波国际航空货运发展的实施意见》，力争建设通达世界、服务全国的国际航空货运枢纽。

③中国邮政速递物流公司与厦门航空公司同时签署了9架飞机购买协议，进一步扩大邮政航空机队规模，支撑邮政速递业务发展。

3月

①郑州市印发《“十四五”网上丝绸之路发展规划》，提出打造中国国际速递运营中心和国际航空物流中心；厦门市航空物流企业集中签约，将在翔安机场打造“一体化运营货运园区”，集中邮件、快件、跨境电商中心功能，实现航空货物集中监管、高效分拨、快速集散。

②广东机场集团物流公司数字货运“Digi-Cargo”正式上线，实现航空货运系统各方信息互联互通、高效协同，标志着数字化转型迈入新阶段；嘉兴机场货运工程项目可行性研究报告，获浙江省发展改革委批复，计划2025年与机场主体工程同步建成、同步投运；西安咸阳国际机场东、西货运机坪正式投运，进一步提升机场货运航班保障能力。

③26日，顺丰航空第80架全货机（B767-300BCF）正式入列，这一天恰逢顺丰成立30周年，顺丰航空机队规模迈入80大关，成为顺丰30年稳健发展的里程碑之一。

4 月

①国际航协举办第 16 届世界航空货运大会（WCS），并强调航空货运三大优先事项：可持续发展、数字化、安全，确保航空货运业在充满挑战的运营环境下保持优势。

②“洞见 2023 航空物流数智新基建”专题论坛举办，论坛发布《面向全球的航空物流枢纽：着眼货站，瞭望未来》白皮书，推出关于下一代航空货站数智化升级的解决方案。同时，还举行“ONE Record”标准成功运行确认仪式，在国内率先实现国际航空货物状态全球数字轨迹共享。

③菜鸟与深圳机场签署合作协议，双方将联手打造菜鸟国际快递全国首个航空货运中心，并引入更多国际航空货运航线，加大全货机运力投放，为“国货出海”进一步提速。

④顺丰航空与阿提哈德货运签署谅解备忘录，双方将使用各自的机队执飞前往对方航空枢纽的航班，这将使阿联酋国家航空阿提哈德航空能够凭借顺丰航空在中国庞大的航线网络，深化阿提哈德货运在华业务布局。

5 月

①南航物流国际货站作为海关正式批复的监管场所正式投入运行。不断提升管理效率和综合保障能力，打造自主可控的、稳定的供应链体系，全力为企业铺就品牌全球化道路，助力跨境电商和外贸行业高质量发展。

②河南省机场集团与马来西亚吉打航空城公司在郑州签署合作备忘录，双方约定在机场规划建设、航空物流、国际航线以及枢纽经济发展等方面将开展深度合作，联合打造郑州机场和居林机场“双枢纽”。

③ 24—25 日，第二届国际航空物流安全论坛在深圳举办，共同探讨航空物流转型、安全管理趋势，提升航空物流服务高端制造、邮政快递、跨境电商等产业发展能力。

④国际航空货运航线密集开通，武汉、宁波、深圳、成都、西安、广州、郑州等机场先后开通多条国际货运航线。

6 月

① 2023 亚洲物流双年展成功举办，关注航空货运领域的新一轮趋势与机会，集聚航空货运产业全链路标杆企业，展示航空货运产业全景，挖掘新增长点，抢占行业市场高地。

②吉林省印发《支持长春临空经济示范区建设若干举措的通知》，要加快培育和发展现代航空物流业，积极引进基地航空公司、大型航空维修企业、快递物流企业分拨中心和供应链综合运营服务商，推动航空物流企业与快递、跨境电商、生产制造企业深度合作。

③空客公司发布 2023—2042 年全球市场预测报告，为全球航空运输和机队发展提供前瞻性分析，未来 20 年全球将需要 2510 架货机。

④航空物流高质量发展研究院理事会第一届第一次理事会全体会议在郑州机场举行。此次会议的召开，聚合了局方、院所和企业资源优势，提升了理事会成员单位凝聚力、向心力，理顺了航空物流高质量发展研究院工作运转机制。

7 月

①花湖机场正式启动货运航线全面转场，将累计开通 40 余条国内货运航线和 6 至 8 条国际货运航线，届时，国内货运航线将覆盖华北、华东、华南大部分地区。

②民航局发布《关于落实数字中国建设总体部署，加快推动智慧民航建设发展的指导意见》，提出要推动航空物流作业全过程自动化、数字化管控，打造高效航空物流服务体系。

③ 7 月 17 日，无锡首家本土货运航司，苏南国际货航的首条国际全货运航线正式开通。

8 月

①国家发改委公布 2023 年国家物流枢纽建设名单，上海、杭州、青岛、武汉（鄂州）定位为空港型国家物流枢纽。

②民航局发布《航空货物装卸工作规范》，进一步做好航空货物装卸管理工作，提高装卸操作的规范性、标准性、安全性，推动航空货物运输行业管理能力与安全、服务保障水平提升。

③广州市印发《广州市促进航空运输业高质量发展若干措施》，高标准推进广州航空客货运“双枢纽”和空港型国家物流枢纽建设，更好地支撑服务“产业第一、制造业立市”战略，结合航空运输业新形势新变化。

④国内首个“多层结构 + 智能化”国际航空货站：杭州机场东区国际货站正式开通运行，标志着杭州航空口岸基础设施实现了提能升级；郑州机场国际快件中心正式启用，集分拣理货、拆板组板、货物存放、海关查验、通关申报于一体，充分满足国际进出口快件、跨境电商以及部分国际普货的保障需求。

9 月

①普洛斯与中航油签署航空物流合作备忘录，双方将发挥自身优势，共同构建全国性的航空物流产业园区布局及标杆商业生态，为航空物流行业带来更多的发展机遇和思路，促进航空物流产业的繁荣。

②北京市发改委核准批复首都国际机场国内航空货运站项目，更好适配未来航空货运的发展需求，加强首都国际机场航空货运板块各功能设施联动，进一步提高航空港货运效能。

③京东航空开通首条国际货运航线。

④上海航空物流公共信息平台“空运通”发布并开通，首次在国内机场实现了空运信息全链路贯通，助力上海空港型国家物流枢纽口岸服务能级提升，进一步推动上海世界级航空货运枢纽“数智化、全球通、全链畅”综合转型升级。

10 月

①民航局发布《活体动物航空运输工作指南》，进一步提升活体动物航空运输的保障能力和服务质量，提升行业管理水平，保障航空运输安全。

②上海市印发《推动上海国际航空货运枢纽高质量发展行动方案（2023—2025 年）》，全面推进上海国际航运中心建设，全面夯实航空货运枢纽发展基础，促进上海航空物流高质量发展；安徽省印发《安徽省加快供应链创新应用行动计划（2023—2025 年）》《安徽省加快供应链创新应用若干政策举措》，明确航空货运资金补贴政策；青岛市推出支持青岛胶东机场航空货运发展 12 条措施，推进青岛航空货运发展，打造东北亚国际航空枢纽，助力上合示范区建设，服务黄河流域生态保护和高质量发展。

③ 17 日，鄂州花湖机场年度货邮吞吐量正式突破 10 万吨大关，货运能级再一次迈上新台阶！

④ 30 日，圆通货运航空和中原龙浩航空在广州分别接收了 1 架 ARJ21 客改货飞机，标志着 ARJ21 客改货飞机将投入航空货运市场，国产商用飞机系列化发展迈出坚实一步。

11 月

① 11 月，民航全行业完成货邮运输量 71.9 万吨，恢复至 2019 年同期的 102.8%，连续 4 个月超过疫情前水平，规模创历史新高。

② 8—10 日，第四届航空物流产业年会在西安举行，打造航空物流行业合作与交流的思想盛宴和高端对话平台，就航空物流行业发展趋势、技术创新、人才培养以及行业规范标准等方面进行了深入的交流和探讨。

③安徽省召开航空物流高质量发展研讨会，会议指出将从加快航空物流基础设施建设，提高航空物流服务保障能力，培育壮大航空物流市场主体，加速临空经济产业集聚发展和构建多式联运物流运输体系等五方面入手，促进航空物流行业实现高质量发展。

④ 19 日，合肥新桥国际机场年度货邮吞吐量正式突破 10 万吨大关，实现货运发展能级新提升。

⑤长沙市印发《国际（地区）航空货运发展专项资金管理办法》，加快培育长沙航空物流产业发展，规范国际（地区）货运航线开通运营，提高资金使用效益，合力推进国际航空货运高质量发展。

12 月

① IATA 北亚地区 CARGO DAY 暨广州国际航空货运枢纽高质量发展大会成功举办，会上《广州航空货运产业发展白皮书》正式发布，全面展示了广州航空货运产业发展现状、基础优势和未来前景，广州航空货运物流产业发展优势明显，潜力巨大，前景广阔。

②第一届航空物流大会在山东烟台举办，大会围绕航空物流枢纽建设、智慧物流及服务质量体系建设、无人机物流应用与技术展望进行了主题演讲，分享创新成果和经验，共话航空物流发展新路径，培育高质量发展新动能。

③ 13 日，温州机场首次突破年货邮吞吐量 10 万吨大关，在航空物流领域取得了重大进展，为温州及周边地区的经济发展再添动力。

④中通货运航司及相关产业项目在长沙签约，湖南首家货运航空公司落地，将强力带动黄花国际机场货邮吞吐量增长，进一步壮大临空经济，丰富临空产业业态，助力湖南打造国际航空枢纽。

⑤山东自贸区青岛片区航空物流超级货站通过民航专家组综合性评估，标志着青岛机场国内领先的“ 区港联动 ”航空物流服务保障体系建成，青岛空港率先在华东地区实现安检前置模式。

⑥商舟物流首架全货机正式入列商舟首架全货机、同时也是厦门市本土第一架全货机入列这一历史性时刻，标志着商舟即将开启货机运行的崭新篇章。

来源：航空货运资讯速递

十三、2023年上海物流业亮点

船货齐聚，四大亮点

本届展会以“集聚港航铁空 链接外贸货主”为主题，突出权威、专业、前瞻、务实特色，力求打造一场不同凡响的产业盛会。

2023年是共建“一带一路”倡议提出10周年。在10月18日于北京举行的第三届“一带一路”国际合作高峰论坛开幕式上，习近平总书记提出我国支持高质量共建“一带一路”的八项行动，其中第一项就是“构建‘一带一路’立体互联互通网络”。

行动方案中明确，我国将积极推进“丝路海运”港航贸一体化发展，加快陆海新通道、空中丝绸之路建设。可以说，交通互联互通是“一带一路”建设的基础支撑和重要保障，扮演着“先行官”的关键角色。

正是在这样的背景下，为链接外贸货主、船东、港口、跨境班列、航空货运、国际货代物流等产业链上下游资源，“2023国际港航物流产业（上海）展览会”（ISL Expo 2023）于2023年11月21—23日在上海跨国采购会展中心举办。

本届展会由中国航务周刊、中国交通运输协会航运物流分会、上海航运五十人发展研究中心共同主办，中国口岸协会、中国自动识别技术协会联合主办，中国对外贸易经济合作企业协会支持，深圳市前海深港现代服务业合作区管理局、上海市虹口区投资促进办公室（航运办）为政府支持单位，中远海运集装箱运输有限公司、中远海运港口有限公司、山东省港口集团有限公司、厦门港务发展股份有限公司、上海市国际货运代理行业协会、深圳市跨境电子商务协会、上海市报关协会协办，中远海运物流供应链有限公司支持。

据了解，本届展会以“集聚港航铁空 链接外贸货主”为主题，突出权威、专业、前瞻、务实特色，力求打造一场不同凡响的产业盛会，具有四大亮点：

第一，举办多场热门品类货主论坛会议，发起《船货诚信协同倡议》。

稳定的船货关系是当前产业链、供应链健康发展的基石，打造以“诚信和谐、互惠共赢、同迎挑战、相向而行”为原则的新型船货关系，是国际贸易高质量发展的重要推动力。

本届展会同期，将举办2023光伏行业供应链物流论坛、国际港航跨境电商（上海）发展高峰论坛、重工工程机械物流论坛、汽车出口领域物流论坛等专场活动，为货主企业和港航物流企业搭建务实平台，促进船货各方合作交流。

日前，组委会已公布六批、超过500家邀请货主企业名单，预计将吸引包括2000位生产制造和外贸企业供应链物流负责人在内的20000人次专业观众到场观展、洽谈合作。

值得关注的是，为促进船货命运共同体建设，中国船东协会、中国对外贸易经济合作企业协会、中国航务周刊，还将在本届展会上共同发起《船货诚信协同倡议》，鼓励船货各方以稳定、可持续的船货协同关系为基础，以平等订约、诚信履约为准则，结合市场环境和各方诉求，签订合理范围内且具备可操作性的长期合作协议等。

第二，关注行业低碳转型，促进港航物流绿色发展。

当前，航运业正在脱碳的航道上加速向前，各种绿色燃料动力船舶成为新宠。但与此同时，一些新型燃料在生产、加注、应用等方面仍存在瓶颈。

展会同期，由大连海事大学、上海海事大学、交通运输部水运科学研究院、上海航运交易所、中国航务周刊于 2013 年共同发起的“中国航运 50 人论坛”，将举办第十届年会，也将聚焦于“航运业绿色脱碳目标实现”这一主题，与会嘉宾将分享各自的真知灼见。

同时，本届展会鼓励参展企业展示各种符合绿色发展理念、助力行业减碳目标实现的前沿科技和装备。

第三，聚焦多式联运，展示数字化转型成果。

外贸需求日趋多元，不再局限于单一的运输方式，国际物流行业亦需紧跟趋势。本届展会同期举办的中国物流上市公司董事长圆桌会议，将邀请海陆空各种运输方式的上市物流企业掌舵人和知名专家共聚一堂，畅谈多式联运的高质量发展。此外，铁路运输企业、跨境班列平台、国际货代和货主共同参与的第三届跨境班列业务发展座谈会，也将如约而至。

同时，关注加快发展数字经济，是推动产业链、供应链优化升级的迫切需要。港航物流业作为保障国际供应链韧性的重要一环，数字化转型也已成为不可逆转的重要趋势。多家知名港航科技企业将在本届展会上设展，展示、推介各自最新研发的数字化新产品、新服务。

“港航物流数字化圆桌会”第二届年会，也将在本届展会同期召开。该圆桌会由中国航务周刊与上海、深圳、宁波、青岛、广州、天津等集装箱吞吐量前六位港口所属数据平台企业共同发起。本届年会将以“共创共享 协同创新”为主题，就行业数字化发展路径及趋势进行座谈。

第四，重点企业积极参与，范围覆盖海陆空。

本届展会总展出面积达 13000 平方米，吸引了近 200 家供应链上下游企业参展，涵盖海运、陆运、空运、铁路等多种运输方式。

包括中远海运集运、地中海航运（MSC）、阳明海运、海丰国际、上海港、中远海运港口、山东港口、江苏港口、湖北港口、广州港、厦门港、泛亚航运、外运集运、锦江航运、美森轮船、中联航运、盐田国际、大连港、福州新港等在内的诸多知名港航企业，以及中远海运物流供应链、达升物流、易豹网络科技、中远海运科技、美设国际、鸭嘴兽、海联智通、上海沃行、淳宏供应链、民航快递、君正物流、中联运通、慧咨环球、深圳市前海管理局等国际货代物流及供应链企业、单位，都将亮相本届展会。

值得一提的是，2023 年还是《中国航务周刊》创刊 30 周年。《中国航务周刊》是经国家新闻出版总署批准，在国内外公开发行的中国大陆第一本航运信息类媒体。作为中国航运业的见证者、参与者、记录者，《中国航务周刊》与中国航运业共经风雨、共沐阳光，与时俱进、不断创新。

为了感谢业界长期以来对《中国航务周刊》的关心、鼓励与支持，将于 2023 年 11 月 21 日在上海跨国采购会展中心举办“致敬 30 年”——《中国航务周刊》创刊 30 周年盛典晚会。邀请与会嘉宾走上精心布置的“蓝海大道”，回顾《中国航务周刊》30 年发展历程，同时颁发“致敬 30 年——值得尊敬的企业”等荣誉。

本届展会的其他同期活动还包括第六届全球贸易与集装箱运输大会、中国交通运输协会航运物流分会一届二次会员大会、首期国际贸易与供应链物流高级研修班、货代物流大讲堂等。

十四、2023年中国物流企业50强

《“十四五”现代物流发展规划》明确中提出，现代物流业是延伸产业链、提升价值链、打造供应链的重要支撑，在构建现代流通体系、促进形成强大国内市场、推动高质量发展、建设现代化经济体系中发挥着重要作用。

8月3日，2023年中国物流形势发展分析会暨物流企业50强论坛在武汉召开，会上重磅发布了2023 年度中国物流企业50强以及 中国民营物流企业50 强等榜单。其中，2023年中国物流50强排名前十分别是：中远海运集团、厦门象屿（连续6年蝉联第2位）、顺丰控股、京邦达贸易（京东物流集团）、中国外运、菜鸟供应链、三快智送（美团配送）、圆通速递、中通快递、中铁物资。

“2023年中国物流企业50强”由中国物流与采购联合会根据国家发展改革委、国家统计局相关通知要求，组织实施对全国重点物流企业开展统计调查，并根据调查结果确定2023年50强。入围企业不仅要求其经营规模、财务指标等达到同时期国内先进水平，且必须符合国家倡导的发展方向和政策要求。

此次发布的榜单以全国各大物流企业2022年度物流业务收入为依据进行排序。今年中国物流企业50强的企业的入围门槛达到77.4亿元，民营物流企业50强达到28.4亿元。

据统计，50强物流企业2022年物流业务收入合计23456亿元，按可比口径计算，同比增长13.4%。50强物流企业门槛77.4亿元，比上年增加15.8亿元。

民营50强物流企业物流业务收入合计10257元，同比增长18.7%，为历年最高水平。民营50强物流企业门槛28.3亿元，比上年增加13.1亿元。

从结构来看，物流业务收入千亿级的企业增加至5家，百亿级企业增加至34家，合计占比近八成，百亿级企业数量成为中坚力量，行业聚集效应持续显现，物流行业市场集中度进一步提升。

另外，民营物流企业发展作用突出。在中国50强物流企业中，有19家是民营企业，并且占比持续提升，成为物流头部企业的重要主体。

从物流数字化水平来看，大多数50强中国物流企业都已迈过数字化转型的初期阶段，数字化赋能降本增效，成为头部物流企业盈利模式转型的重要途径。预计2023年中国物流企业50强平均投资近亿元，同比增长近三成，有九成的企业投资同比增加。

值得一提的是，此次2023年中国物流50强及民营物流50强榜单中，有多家供应链概念企业入围。在中国物流50强企业中，有浙江菜鸟供应链管理有限公司、准时达国际供应链管理有限公司、日日顺供应链科技股份有限公司、安得智联供应链科技有限公司、上海安能聚创供应链管理有限公司5家。另外，还有一些企业从事供应链服务的企业入围，比如厦门象屿、顺丰控股、京东物流、中国外运、物产中大、百世科技等都是典型的供应链服务企业。

民营物流50强企业中，也有13家供应链企业，包括：浙江菜鸟供应链管理有限公司、北京京邦达贸易有限公司、准时达国际供应链管理有限公司、安得智联供应链科技有限公司、上海安能聚创供应链管理有限公司、深圳越海全球供应链股份有限公司、中通供应链管理有限公司、密尔克卫化工供应链服务股份有限公司、江苏飞力达国际物流股份有限公司、利丰供应链管理（中国）有限公司、上海则一供应链管理有限公司、荣庆物流供应链有限公司、深圳市东方嘉盛供应链股份有限公司。

表 9-1　2023 年中国物流企业 50 强名单

排名	企业名称	物流业务收入（万元）
1	中国远洋海运集团有限公司	57, 594, 190
2	厦门象屿股份有限公司	26, 907, 403
3	顺丰控股股份有限公司	26, 207, 974
4	北京京邦达贸易有限公司	13, 740, 200
5	中国外运股份有限公司	10, 881, 672
6	浙江菜鸟供应链管理有限公司	7, 397, 046
7	上海三快智送科技有限公司	7, 006, 390
8	圆通速递股份有限公司	5, 353, 931
9	中通快递股份有限公司	5, 307, 210
10	中铁物资集团有限公司	4, 871, 403
11	上海韵达货运有限公司	4, 743, 374
12	陕西省物流集团有限责任公司	4, 422, 013
13	建发物流集团有限公司	3, 925, 579
14	中国物资储运集团有限公司	3, 650, 133
15	申通快递有限公司	3, 365, 174
16	中集世联达物流科技（集团）股份有限公司	2, 934, 238
17	上汽安吉物流股份有限公司	2, 768, 908
18	全球国际货运代理（中国）有限公司	2, 421, 043
19	嘉里物流（中国）投资有限公司	2, 306, 053
20	极兔速递有限公司	2, 243, 050
21	河北省物流产业集团有限公司	1, 980, 586
22	济宁港航发展集团有限公司	1, 782, 488
23	准时达国际供应链管理有限公司	1, 779, 500
24	华远国际陆港集团有限公司	1, 711, 168
25	日日顺供应链科技股份有限公司	1, 684, 695
26	浙商中拓集团股份有限公司	1, 521, 583
27	上海中谷物流股份有限公司	1, 420, 892
28	安得智联供应链科技有限公司	1, 416, 000
29	湖北交投物流集团有限公司	1, 405, 439
30	宁波港东南物流集团有限公司	1, 334, 743
31	四川安吉物流集团有限公司	1, 310, 937

续表

排名	企业名称	物流业务收入（万元）
32	全球捷运物流有限公司	1, 240, 479
33	中国长江航运集团有限公司	1, 222, 963
34	中创物流股份有限公司	1, 185, 845
35	中铁铁龙集装箱物流股份有限公司	1, 159, 006
36	物产中大物流投资集团有限公司	1, 132, 407
37	中铝物流集团有限公司	1, 128, 903
38	一汽物流有限公司	1, 090, 000
39	上海环世物流（集团）有限公司	1, 074, 001
40	湖南和立东升实业集团有限公司	997, 529
41	湖北港口集团有限公司	994, 052
42	日通国际物流（中国）有限公司	988, 631
43	云南能投物流有限责任公司	961, 022
44	上海安能聚创供应链管理有限公司	933, 493
45	安通控股股份有限公司	917, 642
46	广州发展能源物流集团有限公司	896, 556
47	运连网科技有限公司	863, 399
48	四川省港航投资集团有限责任公司	820, 445
49	广西现代物流集团有限公司	781, 459
50	百世物流科技（中国）有限公司	774, 000

表 9-2 2023 年中国民营物流企业 50 强名单

排名	企业名称	物流业务收入（万元）
1	顺丰控股股份有限公司	26, 207, 974
2	北京京邦达贸易有限公司	13, 740, 200
3	浙江菜鸟供应链管理有限公司	7, 397, 046
4	上海三快智送科技有限公司	7, 006, 390
5	圆通速递股份有限公司	5, 353, 931
6	中通快递股份有限公司	5, 307, 210
7	上海韵达货运有限公司	4, 743, 374
8	申通快递有限公司	3, 365, 174
9	极兔速递有限公司	2, 243, 050
10	准时达国际供应链管理有限公司	1, 779, 500

续表

排名	企业名称	物流业务收入（万元）
11	上海中谷物流股份有限公司	1,420,892
12	安得智联供应链科技有限公司	1,416,000
13	全球捷运物流有限公司	1,240,479
14	中创物流股份有限公司	1,185,845
15	上海环世物流（集团）有限公司	1,074,001
16	湖南和立东升实业集团有限公司	997,529
17	上海安能聚创供应链管理有限公司	933,493
18	运连网科技有限公司	863,399
19	百世物流科技（中国）有限公司	774,000
20	深圳越海全球供应链股份有限公司	771,656
21	深圳市跨越速运有限公司	762,844
22	中通供应链管理有限公司	735,536
23	密尔克卫化工供应链服务股份有限公司	720,158
24	深圳市华运国际物流有限公司	701,858
25	九州通医药集团物流有限公司	693,880
26	江苏飞力达国际物流股份有限公司	677,246
27	林森物流集团有限公司	630,372
28	湖南一力股份有限公司	620,565
29	利丰供应链管理（中国）有限公司	600,469
30	湖南星沙物流投资有限公司	555,063
31	建华物流有限公司	535,690
32	恒通物流股份有限公司	526,944
33	浙江吉速物流有限公司	516,823
34	哒哒智运（黑龙江）物联科技有限公司	492,476
35	上海则一供应链管理有限公司	474,434
36	保定市长城蚂蚁物流有限公司	456,736
37	上海壹米滴答快运有限公司	435,698
38	嘉友国际物流股份有限公司	434,947
39	荣庆物流供应链有限公司	428,069
40	北京大田智慧物流有限公司	419,669
41	广东顺心快运有限公司	410,424

续表

排名	企业名称	物流业务收入（万元）
42	北京长久物流股份有限公司	393,676
43	四川通宇物流有限公司	389,775
44	远孚物流集团有限公司	355,268
45	九州恒昌物流股份有限公司	315,239
46	安徽灵通物流股份有限公司	303,383
47	镇海石化物流有限责任公司	297,845
48	驻马店市恒兴运输有限公司	290,647
49	广东高捷航运物流有限公司	286,772
50	深圳市东方嘉盛供应链股份有限公司	282,720

来源：中国物流与采购联合会

十五、物流基础概念解析

1. 什么是物流？根据国家物流术语标准，物流指物品从供应地向接收地的实体流动过程。根据实际需要，将运输、储存、装卸、搬运、包装、流通加工、配送、信息处理等基本功能实施有机结合。物流的本质是服务，物流是为了满足客户的需求，通过运输、保管、配送等方式，实现原材料、半成品、成品或相关信息进行由商品的产地到商品的消费地的计划、实施和管理的全过程。物流是一个控制原材料、制成品、产成品和信息的系统，从供应开始经各种中间环节的转让及拥有而到达最终消费者手中的实物运动，以此实现组织的明确目标。现代物流是经济全球化的产物，也是推动经济全球化的重要服务业。

2. 什么是物流活动？根据国家标准术语，物流活动指物流诸功能的实施与管理过程。主要由七大构成部分包括：物体的运输、仓储、包装、搬运装卸、流通加工、配送以及相关的物流信息等环节。

3. 什么是物流作业？根据国家物流标准术语，物流作业指实现物流功能时所进行的具体操作活动。王继祥用五字诀概括物流作业，即：分、合、搬、运、存。其中传统的物流作业主要是运输和存储。现代物流作业的魅力体现在分、合、搬；分与合体现在物流分拣作业系统，是物流技术集中应用环节，涉及大数据、云计算、智能分拣设备、机器人等先进技术；此外，物料搬运是现代物流技术设备主要领域，叉车、货架系统、托盘、堆垛机、AGV、机器手、输送系统等是主流的物料搬运设备。

4. 什么是物流模数？物流模数指的是物流设施与设备的尺寸基准。物流模数一般以托盘基础尺寸为核心，托盘标准尺寸规格需要与货架、叉车、货车、集装箱、物流周转箱、物品包装尺寸相匹配，是物流模数标准的核心。与物流模数相匹配的产品包装，在物流系统作业中具有效率高、成本低、适用于机械化和自动化等优势。以物流模数为单元模数涉及物流包装单元，在物流作业中，从出发点到目的地，物流包装基础单元保持不变的物流系统，是单元化物流。单元化物流是先进物流理念，是提升物流效率的基础。

5. 什么是物流技术？物流技术是指物流活动中所采用的自然科学与社会科学方面的理论、方法，以及设施、设备、装置与工艺的总称。王继祥认为，物流技术是应用技术，几乎包括了一切可以在物流中应用的技术，因此物流技术包罗万象，目前缺乏基础的分类研究。王继祥建议关于物流技术体系架构应该按照三维立体架构开展研究，其中第一个维度从物流作业对象“物”的角度，按照基础技术、设施技术、设备技术、信息技术、管理技术等展开；第二个维度从物流作业流程“流”的角度，按照运输、仓储、包装、搬运装卸、流通加工、配送等展开；第三个维度是行业维度，按照商贸、机械、钢铁、纺织、医药、服装、农产品、通信、电力等行业展开。

6. 什么是物流成本？物流成本指的是物流活动中所消耗的物化劳动和活劳动的货币表现。具体地说，它是产品在实物运动过程中，如包装、搬运装卸、运输、储存、流通加工等各个活动中所支出的人力、物力和财力的总和。物流成本指的是物流的成本，不是流通的成本，不是经济的成本。物流成本的高低与物流有关，比较物流成本必须同口径比较。同口径比较中国物流成本远远低于发达国家。中国物流成本占 GDP 比例高不是中国物流成本高，是中国单位 GDP 的物流量远远大于经济发达国家，因为中国制造业世界第一，中国经济结构中实体经济所占比例高，美国等国经济结构中虚拟经济和服务经济比例高。物流成本目标是追求在既定的服务水平下系统成本最优。离开物流服务水平比较物流成本也是不科学的。要想马儿跑，就得给马儿多吃草。进入高质量发展新时代，物流业高质量发展，应该增加物流成本而不是相反，即：增加物流运输费用、仓储配送费用和流通加工费用。新时代物流也要降本增效，但应该利用物流基础连接属性，为客户降成本，为自己创效益。如缩短供应链，利用物流连接属性短链直连降低流通费用，利用物流高质量服务降低客户货损成本，提升物流效率，加快客户库存流转，利用物流金融为客户降低资金成本等。

7. 什么是物流管理？物流管理指的是为了以最低的物流成本达到用户所满意的服务水平，对物流活动进行的计划、组织、协调与控制。物流管理的内容包括三个方面的内容：即对物流活动诸要素的管理，包括运输、储存等环节的管理；对物流系统诸要素的管理，即对其中人、财、物、设备、方法和信息等六大要素的管理；对物流活动中具体职能的管理，主要包括物流计划、质量、技术、经济等职能的管理等。物流管理科学是管理科学的新的重要分支。是从企业传统的生产和销售活动中分离出来，成为独立的研究领域和学科范围新的管理科学。物流管理科学的诞生使得原来在经济活动中处于潜隐状态的物流系统显现出来，它揭示了物流活动的各个环节的内在联系，它的发展和日臻完善，是现代企业在市场竞争中制胜的法宝。

8. 什么是物流中心？从事物流活动的场所或组织。应基本符合下列要求：（1）主要面向社会服务；（2）物流功能健全；（3）完善的信息网络；（4）辐射范围大；（5）少品种、大批量；（6）存储、吞吐能力强；（7）物流业务统一经营、管理。现代物流的出现让传统的仓储中心向物流中心转变，在物流中心物品由过去主要的存储功能向物流节点服务功能转变。现代物流中心已经成为物流数据中心、分拣中心、服务中心、金融中心、配送中心、集货中心、分拨中心。物流中心一词是政府部门、许多行业、企业在不同层次物流系统化中应用的十分频繁，而不同部门、行业、企业的人们对其理解又不尽一致的重要概念。概括起来，对物流中心的理解可以归纳为以下几种表述。（1）物流中心是从国民经济系统要求出发，所建立的以城市为依托、开放型的物品储存、运输、包装、装卸等综合性的物流业务基础设施。这种物流中心通常由集团化组织经营，一般称之为社会物流中心。（2）物流中心是为了实现物流系统化、效率化，在社会物流中心下所设置的货物配送中心。这种物流中心从供应者手中受理大量的多种类型货物，进行分类、包装、保管、流通加工、信息处理，并按众多用户要求完成配货、送货等作业。（3）物流中心是组织、衔接、调节、管理物流活动的较大的物流据点。由于物流据点的种类很多，但大都可以看作是仓库为基础，在各物流环节方面提供延伸服务的依托。为了与传统的静态管理的仓库概念相区别，将涉及物流动态管理的新型物流据点称之为物流中心。这种涵义下的物流中心数目较多、分布也较广。（4）物流中心是以交通运输枢纽为依托建立起来的经营社会物流业务的货物集散场所。由于货运枢纽是一些货运站场构成的联网运作体系，实际上也是构成社会物流网络的节点，当它们具有实现订货、咨询、取货、包装、仓储、装卸、中转、配载、送货等物流服务的基础设施、移动设备、通信设备、控制设备，以及相应的组织结构和经营方式时。就具备成为物流中心的条件。这类物流中心也是构筑区域物流系统的重要组成部分。（5）国际物流中心是指以国际货运枢纽（如国际港口）为依托建立起来的经营开放型的物品储存、包装、装卸、运输等物流作业活动的大型集散场所。国际物流中心必须做到物流、商流、信息流的有机统一。当代电子信息技术的迅速发展，能够对国际物流中心的“三流”有机统一提供重要的技术支持，这样可以大大减少文件数量及文件处理成本，提高“三流”效率。综上所述，在更一般的意义上，可以将物流中心理解为，处于枢纽或重要地位的、具有较完整物流环节，并能将物流集散、信息和控制等功能实现一体化运作的物流据点。将物流中心的概念放在物流系统化或物流网络体系中考察才更有理论和实践意义，物流系统是分为若干层次的，依物流系统化的对象、范围、要求和运作主体不同，应用其概念的侧重点也就有所不同。此外，社会、经济、地理、体制及其他因素，都可能对物流中心的组织设计、组建与运作产生影响，因而，对物流中心作进一步分析是很有必要的。

9. 什么是物流网络？物流网络指物流过程中相互联系的组织与设施的集合。从物流网络的覆盖范围上来看，物流网络可以分为全球物流网络、区域物流网络、城市物流网络等。随着经济水平的不断发展，物流网络设施的水平也不断提高，物流节点的规模、功能越来越具有多样性。不管属于什么类型的物流网络，都可以从层次上进行划分。从全社会的角度看，物流网络通常分成三个层次。在完善的物流网络中，各级节点承担着不同功能，这样可以促进物流活动有序的进行。一级物流节点（物流园区）的功能：具备集货、分拨、中转、储存、流通加工、配送、信息服务等功能；二级物流节点（物流中心）的功能：具备集货、分拨、中转、储存、流通加工、配送、信息服务等其中 4 项以上主要功能；三级物流节点（配送中心、货运站）：具备配送、中转、信息服务或集货的一项或多项功能。

10. 什么是物流信息？物流信息指反映物流各种活动内容的知识、资料、图象、数据、文件的总称。物流信息的基础体现的是物流大数据，目前物流大数据已经广泛引起企业关注，但是关于物流大数据所有权、使用权、定价机制、安全管理等都缺乏相关制度保障。物流大数据是未来物流系统的信息能源。物流的分类有很多种，信息的分类更是有很多种，因此物流信息的分类方法也就很多。⑴按功能分类。按信息产生和作用所涉及的不同功能领域分类，物流信息包括仓储信息、运输信息、加工信息、包装信息、装卸信息等。对于某个功能领域还可以进行进一步细化，例如，仓储信息分成入库信息、出库信息、库存信息、搬运信息等。⑵按环节分类。根据信息产生和作用的环节，物流信息可分为输入物流活动的信息和物流活动产生的信息。⑶按作用层次分类。根据信息作用的层次，物流信息可分为基础信息、作业信息、协调控制信息和决策支持信息。基础信息是物流活动的基础，是最初的信息源，如物品基本信息、货位基本信息等。作业信息是物流作业过程中发生的信息，信息的波动性大，具有动态性，如库存信息、到货信息等。协调控制信息主要是指物流活动的调度信息和计划信息。决策支持信息是指能对物流计划、决策、战略具有影响或有关的统计信息或有关的宏观信息，如科技、产品、法律等方面的信息。⑷按加工程度的不同分类。按加工程度的不同，物流信息可以分为原始信息和加工信息。原始信息是指未加工的信息，是信息工作的基础，也是最有权威性的凭证性信息。加工信息是对原始信息进行各种方式和各个层次处理后的信息，这种信息是原始信息的提炼、简化和综合，利用各种分析工作在海量数据中发现潜在的、有用的信息和知识。

物流信息管理是对物流信息进行采集、处理、分析、应用、存储和传播的过程，也是将物流信息从分散到集中、从无序到有序的过程。具有以下几个方面的要求：⑴可得性。保证大量分散、动态的物流信息在需要的时候能够容易获得，并且以数字化的适当形式加以表现。⑵及时性。随着社会化大生产的发展和面向客户的市场策略变化，社会对物流服务的及时性要求也更加强烈。物流服务的快速、及时要求物流信息必须及时提供、快速反馈。及时的信息可以减少不确定性，增加决策的客观性和准确性。⑶准确性。物流信息中不准确的信息带来的决策风险有时比没有信息支撑的拍脑袋决策更大。⑷集成性。物流信息的基本特点就是信息量大，每个环节都需要信息输入，并产生新的信息进入下一环节。所涉及的信息需要集成，并使其产生互动，实现资源共享、减少重复操作、减少差错，从而使得信息更加准确和全面。⑸适应性。适应性包含两个方面的内容：一是指适应不同的使用环境、对象和方法；二是指能够描述突发或非正常情况的事件，如运输途中的事故、货损、出库货物的异常变更、退货，临时订单补充等。⑹易用性。信息的表示要明确、容易理解和方便应用，针对不同的需求和应用要有不同的表示方式。

11. 什么是物流企业？物流企业指从事物流活动的经济组织，至少是从事运输（含运输代理、货物快递）或仓储一种经营业务，并能够按照客户物流需求对运输、储存、装卸、包装、流通加工、配送等基本功能进行组织和管理，具有与自身业务相适应的信息管理系统，实行独立核算、独立承担民事责任的经济组织。物流企业类型可分为运输型、仓储型、综合性三大类物流企业，一般从事物流技术装备服务的企业未纳入物流企业类型。运输型物流企业应同时符合以下要求：（1）以从事货物运输业务为主，包括货物快递服务或运输代理服务，具备一定规模；（2）可以提供门到门运输、门到站运输、站到门运输、站到站运输服务和其他物流服务；（3） 企业自有一定数量的运输设备；d）具备网络化信息服务功能，应用信息系统可对运输货场进行状态查询、监控。仓储型物流企业应同时符合以下要求：（1）以从事仓储业务为主，为客户提供货物储存、保管、中转等仓储服务，具备一定规模；（2）企业能为客户提供配送服务以及商品经销、流通加工等其他服务；（3）企业自有一定规模的仓储设施、设备，自有或租用必要的货运车辆；（4）具备网络化信息服务功能，应用信息系统可对货物进行状态查询、监控。综合服务型物流企业应同时符合以下要求：（1）从事多种物流服务业务，可以为客户提供运输、货运代理、仓储、配送等多种物流服务，具备一定规模；（2）根据客户的需求，为客户制定整合物流资源的运作方案，为客户提供契约性的综合物流服务；（3）按照业务要求，企业自有或租用必要的运输设备、仓储设施及设备；（4）企业具有一定运营范围的货物集散、分拨网络；（5）企业配置专门的机构和人员，建立完备的客户服务体系，能及时、有效地提供客户服务；（6）具备网络化信息服务功能，应用信息系统可对物流服务全过程进行状态查询和监控。

12. 什么是物流单证？物流单证指的是物流过程中使用的所有单据、票据、凭证的总称。物流单证通常有两类：一类为状态纪录类单证，一类是质量控制类单证。现行的物流单证大多数为状态单证。控制单证通常在状态单证的基础上进行汇总、分析。随着智慧物流发展，物流单证正向电子化方向发展，物流状态和流程控制全程数据化和透明化，体现出一些流程数据化，一切数据流程化，全程物流智能化特点。

13. 什么是供应物流？供应物流指的是为生产企业提供原材料、零部件或其他物品时，物品在提供者与需求者之间的实体流动。供应物流过程因不同企业、不同供应环节和不同的供应链而有所区别，从而使企业的供应物流出现了许多不同种类的模式。企业的供应物流有四种基本组织方式：第一种是委托社会销售企业代理供应物流方式；第二种是委托第三方物流企业代理供应物流方式；第三种是企业自供物流方式；第四种是近年随供应链理论发展起来的供应链供应方式。供应物流基本流程是相同的，其过程有三个环节：取得资源，是完成以后所有供应活动的前提条件；组织到厂物流，是企业外部的物流过程：组织厂内物流，从厂外继续到达车间或生产线的物流过程。

14. 什么是生产物流？生产物流也常常被称为线边物流，指的是生产过程中，生产线上原材料、在制品、半成品、产成品等，在企业内部的实体流动。企业生产物流的过程大体为：原材料、零部件、燃料等辅助材料从企业仓库和企业的“门口”开始，进入到生产线开始端，再进一步随生产加工过程各个环节运动，在运动过程中，本身被加工，同时产生一些废料、余料，直到生产加工终结，再运动至成品仓库便终结了企业生产物流过程。从物流的范围分析，企业生产系统中物流的边界起于原材料、外购件的投入，止于成品仓库。它贯穿生产全过程，横跨整个企业（车间、工段），其流经的范围是全厂性的、全过程的。物料投入生产后即形成物流，并随着时间进程不断改变自己的实物形态（如加工、装配、储存、搬运、等待状态）和场所位置（各车间、工段、工作地、仓库）。从物流属性分析，企业生产物流是指生产所需物料在时间和空间上的运动全过程，是生产系统的动态表现。换言之，物料（原材料、辅助材料、零配件、在制品、成品）经历生产系统各个生产阶段或工序的全部运动过程就是生产物流。从生产工艺角度分析，生产物流是指企业在生产工艺中的物流活动，即物料不断地离开上一工序，进入下一工序，不断发生搬上搬下、向前运动、暂时停滞等活动。这种物流活动是与整个生产工艺过程伴生的，实际上已构成了生产工艺过程的一部分。因此，生产物流是企业生产活动与物流活动的有机结合，对生产物流流程的优化设计离不开对企业生产因素的考虑，两者是不可分割的。生产物流的优化设计主要从三个方面入手：第一，生产流程对物流线路的影响；第二，生产能力对物流设施配备的要求；第三，生产节拍对物流量的影响。

15. 什么是销售物流？销售物流指的是生产企业、流通企业出售商品时，物品在供方与需方之间的实体流动。从物流的范围分析，企业生产系统中物流的边界起于原材料、外购件的投入，止于成品仓库。它贯穿生产全过程，横跨整个企业（车间、工段），其流经的范围是全厂性的、全过程的。物料投入生产后即形成物流，并随着时间进程不断改变自己的实物形态（如加工、装配、储存、搬运、等待状态）和场所位置（各车间、工段、工作地、仓库）。从物流属性分析，企业生产物流是指生产所需物料在时间和空间上的运动全过程，是生产系统的动态表现。换言之，物料（原材料、辅助材料、零配件、在制品、成品）经历生产系统各个生产阶段或工序的全部运动过程就是生产物流。从生产工艺角度分析，生产物流是指企业在生产工艺中的物流活动，即物料不断地离开上一工序，进入下一工序，不断发生搬上搬下、向前运动、暂时停滞等活动。这种物流活动是与整个生产工艺过程伴生的，实际上已构成了生产工艺过程的一部分。因此，生产物流是企业生产活动与物流活动的有机结合，对生产物流流程的优化设计离不开对企业生产因素的考虑，两者是不可分割的。生产物流的优化设计主要从三个方面入手：第一，生产流程对物流线路的影响；第二，生产能力对物流设施配备的要求；第三，生产节拍对物流量的影响。销售物流的起点，一般情况下是生产企业的产成品仓库，经过分销物流，完成长距离、干线的物流活动，再经配送完成市内和区域范围的物流活动，到达企业、商业用户或最终消费者。销售物流是一个逐渐发散的物流过程，这和供应物流形成了一定程度的镜像对称，通过这种发散的物流，使资源得以广泛地配置。

16. 什么是回收物流？回收物流指的是不合格物品的返修、退货以及周转使用的包装容器从需方返回到供方所形成的物品实体流动。回收物流系逆向物流的一部分。包含了从不再被消费者需求的废旧品变成重新投放到市场上的可用商品的整个过程的所有物流活动。回收物流是与传统的正向物流方向正好相反的系统。它的作用是将消费者不再需求的废弃物，运回到生产和制造领域重新变成新商品或者新商品的某些部分。回收物流体系将大量废旧品仅回收到掩埋或焚烧处理的终端，其不但达不到重新利用的效果，也达不到无害化处理的要求，反而对环境形成了很大的破坏。没有处理的大量废旧品占用大面积的山谷、沟壑和土地，造成了土地资源的严重浪费。虽然也有一些城市也按法规的要求，对废旧品进行了分类处理，但很难达到环保的要求。废旧品的回收处理过程是能源开发和再利用的过程，其虽然来源于生活，危害于人类，但是它完全可以成为人类可利用的不竭资源，是宝贵的物质财富。融智力、科技等要素于废旧品回收处理与再利用，可节约大量的土地资源，减少对环境的污染、破坏。

17. 什么是废弃物物流？废弃物物流指的是将经济活动中失去原有使用价值的物品，根据实际需要进行收集、分类、加工、包装、搬运、储存等，并分送到专门处理场所时所形成的物品实体流动。对于生产和生活中产生的废弃物，目前国内的处理手段和重视程度还远远不够，因其使用价值的丧失使现代物流企业很少问津。按产生的来源，中国对废弃物有三类划分：一是生产废弃物，二是流通废弃物，三是生活废弃物。与之相对应的法律法规有：《中华人民共和国固体废物污染防治法》《中华人民共和国清洁生产促进法》《城市生活垃圾管理规定》等。因为废弃物物流不仅涉及到物流企业和废弃物产生者的关系，而且直接涉及到经济效益和社会效益的关系。中国对废弃物处理的原则是："谁污染，谁治理"。对于工业废弃物，按照法律规定由产业部门自行处理，处理费用计入生产成本；而对于生活废弃物目前主要由市政环卫部门处理，处理费用由政府财政支付。

18. 什么是绿色物流？绿色物流指的是在物流过程中抑制物流对环境造成危害的同时，实现对物流环境的净化，使物流资源得到最充分利用。绿色物流落地实施需要具体化，中国仓储与配送协会近年来通过实施绿色仓储与配送行动计划，提出了绿色仓储与配送四大解决方案、十大重点措施和三大市场机制，推动了绿色物流发展。

19. 什么是企业物流？企业物流指的是企业内部的物品实体流动。是具体的、微观的物流活动的典型领域。企业物流又可区分以下不同典型的具体物流活动：企业供应物流、企业生产物流、企业销售物流、企业回收物流、企业废弃物物流等。企业物流活动是伴随着企业的投入→转换→产出而发生的。相对于投入的是企业供应物流，相对于转换的是企业生产物流，相对于产出是企业销售物流。物流渗透到企业各项经营活动之中的活动。

20. 什么是第三方物流？第三方物流指的是由供方与需方以外的物流企业提供物流服务的业务模式。第三方物流既不属于第一方，也不属于第二方，而是通过与第一方或第二方的合作来提供其专业化的物流服务，它不拥有商品，不参与商品的买卖，而是为客户提供以合同为约束、以结盟为基础的、系列化、个性化、信息化的物流代理服务。第三方物流是通过契约形式来规范物流经营者与物流消费者之间的关系。物流经营者根据契约规定的要求，提供多功能直至全方位一体化物流服务，并以契约来管理所有提供的物流服务活动及其过程。其次，第三方物流发展物流联盟也是通过契约的形式来明确各物流联盟参加者之间权责利相互关系的。合同物流：由于物流业的服务方式一般是与企业签订一定期限的物流服务合同，所以有人称第三方物流为“合同物流（contract Logistics）”。合同物流企业认为，物流的关键不在于基础设施的投资和建设，而在网络的建设和信息的沟通，因此他们可以和各种仓储、运输和简单加工企业签订合同来保证为委托方提供物流服务。这类企业在经营上具有很大的灵活性，并且因其不进行具体的管理，因此能更加集中精力来注重提高物流服务质量。

21. 什么是供应链？供应链指的是生产及流通过程中，涉及将产品或服务提供给最终用户活动的上游与下游企业，所形成的网链结构，是围绕核心企业，通过对信息流、物流、资金流的控制，从采购原材料开始，制成中间产品以及最终产品，最后由销售网络把产品送到消费者手中的将供应商、制造商、分销商、零售商直到最终用户连成一个整体的功能网链结构。供应链管理的经营理念是从消费者的角度，通过企业间的协作，谋求供应链整体最佳化。成功的供应链管理能够协调并整合供应链中所有的活动，最终成为无缝连接的一体化过程。供应链的概念是从扩大生产概念发展来的，它将企业的生产活动进行了前伸和后延。它开始于供应的源点，结束于消费的终点。因此，供应链就是通过计划（Plan）、获得（Obtain）、存储（Store）、分销（Distribute）、服务（Serve）等这样一些活动而在顾客和供应商之间形成的一种衔接（Interface），从而使企业能满足内外部顾客的需求。物流是供应链的一部分。

十六、运输与仓储基础概念解析

1. 什么是运输？ 运输是指用特定的设备和工具，将物品从一个地点向另一个地点运送的物流活动，它是在不同地域范围内，以改变物的空间位置为目的对物进行的空间位移。运输是物流的中心环节之一，也是现代物流活动最重要的一个功能。关于运输与搬运的区别：搬运作业对物品的空间移动局限在相距较近的区域空间内，往往指在库区和厂区内部的物品移动，使用的设备是叉车、手动托盘搬运车和小型牵引车等设备。关于运输与配送的区别：配送中包括了运输，主要是短距离和小批量的货物运输，体现在了配送的“送”；但是配送活动不仅仅是运输作业，配送的侧重点在于一个“配”字，往往与仓库作业关联密切，体现了仓配一体化的运作。具体参见“配送”的术语解释。运输方式有铁路、公路、航空、水路、管道运输等运输方式，或者综合采用上述两种以上方式的多式联运的综合运输方式。各种运输方式和运输工具都有各自的特点，不同类物品对运输的要求也不尽相同，合理选择运输方式，是合理组织运输、保证运输质量、提高运输效益的一项重要内容。运价是选择运输方式的重要因素。但是运输成本最低的运输方式通常会导致物流系统中其他部分成本的上升，因此难以保证整个物流系统的成本最低。所以，运价绝不是选择运输方式的唯一的因素。企业选择运输方式需要考虑运输服务的质量以及这种服务带来到对整个物流系统动作成本的影响。运输服务质量通常包括运输时间、运输可靠性、运输安全性、服务容易性等。

2. 什么是干线运输？干线运输是指运输网中起骨干作用的线路运输。按分布的区域范围划分，一般跨越省、区（市）的运输线（包括铁路线、内河航线、沿海航线、航空线以及公路线等）所完成的客货运输为干线运输；省、区（市）范围内的运输线上的客货运输为支线运输。按运输方式划分，一般铁路线，长江、珠江、黑龙江干流航道，沿海航线，跨省公路线以及国际航空线和国内特大城市间的航空线上的客货运输为干线运输；其余运输线上的客货运输为支线运输。

3. 什么是零担货运？当一批货物的重量或容积不能装满一辆货车时，可与其他几批甚至上百批货物共用一辆货车装运时，叫零担货物运输。零指的是零散的，担在古代指的是一扁担，古代人工货运常用扁担挑货，零担就是指不够一扁担的货。在现代零担即不够一车的意思。货主需要运送的货不足一车，作为零星货物交运，承运部门将不同货主的货物按同一到站凑整一车后再发运，需要等待凑整车，因而速度慢，为克服这一缺点，已发展出定线路、定时间的零担班车，也可利用汽车运输的灵活性，发展上门服务的零担送货运输。部分零担业务正在向快运方向发展，快运指的是面向单位及个人的快捷运输服务，是指承运方将托运方指定在特定时间内运达目的地的物品，以较快的运输方式，运送和配送到指定的目的地或目标客户手中。快运可以提供门到门的增值服务，直接送到终端收货人手中；也有指定收取货地点客户自己取货或送货到收货点。快运收费主要特点是基本上按体积和重量计算价格，所以有货要快运公司托运，基本上快运公司会问你是什么货？轻货还是重货？重货常按重量收费，轻货常按体积收费，也有整车快运等服务。从重量上讲，零担和快运的货物的重量、数量、体积都比快递运输对象大，一般是一次托运时计费重量大于快递规定的 100 公斤，又小于整车运输 3 吨的货物。

4. 什么是整车运输？凡一批货物的重量、性质、体积、形状需要以 1 辆或 1 辆以上货车装运的，均属于整车运输。在实际工作中，一般托运人一次托运的货物在 3 吨（含 3 吨）以上，或虽不足 3

吨，但其性质、体积、形状需要一辆3吨以上公路货物运输，一般都按整车运输处理。整车运输通常是一车一张货票、一个发货人。公路货物运输企业应尽量匹配额定载重量与托运量相适应的车辆，但当承担货运的车辆载重量较大时，货运量低于车辆额定载重量时，为合理使用车辆的载重能力，也可以拼装另一托运人托运的货物，即一车二票或多票，但货物总重量不得超过车辆额定载重量。一车两票或多票是，整车货物需要多点装卸，按全程合计最大载重量计重。整车运输由托运人自理装车，未装足车辆标记载重量时，按车辆标记载重量核收运费。整车货物运输一般不需要中间环节或中间环节很少，送达时间短，相应的货运集散成本较低。

5. 什么是快递？根据国家物流术语国家标准，快递指承运人将文件或货物从发件人所在地通过承运人自身或代理的网络送达收件人手中的一种快速的运输服务方式。《邮政法》对快递的定义是："是指在承诺的时限内快速完成的寄递活动。"寄递的定义是："是指将信件、包裹、印刷品等物品按照封装上的名址递送给特定人或者单位的活动，包括收寄、分拣、运输、投递等环节。"从收寄方式看，传统快递都是门到门的手递手服务，但是，随着智能快递柜、代收点等现代收寄方式的变革，现代快递服务也不一定都需要直接寄送到客户手中。根据快递的概念分析，显然目前城市的即时物流的配送服务也属于快递服务范畴。由于即时物流是一个新生事物，是否纳入快递服务业态需要讨论分析与界定。物流术语国家标准并没有对快递服务的货物重量做出界定，《邮政法》对快递包裹重量、体积有明确规定："其重量不超过五十千克，任何一边的尺寸不超过一百五十厘米，长、宽、高合计不超过三百厘米"。一般而言，根据惯例量在3千克以下的为小件快递，3-50千克的就属于大件快递了。虽然邮政法规定了快递包裹重量不得超过50千克，但随着快递服务发展，未来大件快递重量是否突破50千克也需进一步探索。

6. 什么是快运？快运指的是面向单位及个人的快捷运输服务，是指承运方将托运方指定在特定时间内运达目的地的物品，以较快的运输方式，运送和配送到指定的目的地或目标客户手中。快运货物的重量、数量、体积都比快递运输对象大（100千克—3吨），可以提供门到门的增值服务，直接送到终端收货人手中；也有指定收取货地点客户自己取货或送货到收货点。快运收费主要特点是基本上按体积和重量计算价格，所以有货要快运公司托运，基本上快运公司会问你是什么货？轻货还是重货？保险基本上是3‰，但是保丢不保损。快运主要以零担快运比较多，也有整车快运等服务。

7. 什么是甩挂运输？根据国家物流标准术语定义，甩挂运输指的是：用牵引车拖带挂车至目的地，将挂车甩下后，牵引另一挂车继续作业的运输。甩挂运输体现平行作业基本原理，挂车甩下后进行装卸作业，牵引卡车挂上新的挂车继续运输作业，挂车装卸作业实践不影响牵引汽车的运输作业时间，可加速车辆周转，提高运输效率。甩挂运输具备良好的技术经济优势，可以产生可观的经济效益和社会效益。在实践中，除了道路运输企业能够获得甩挂运输的各种效益外，通过将挂车作为集装化单元而进行多式联运，可有效地发挥不同运输方式的技术经济优势和整个综合运输系统的资源整合优势，提高综合运输系统运能资源配置效率和资源利用率。

8. 什么是快件？需要快速物流服务的物品成为快件，根据不同的运输类型快件所指内容也有所不同，如：邮政部门快件指快速投递的信函邮件，快递服务中指需要快速寄送的包裹，托运服务快件指凭火车票办理托运，物品随旅客所乘车同时运达的物品，零担物流中指零担快运的物品，等等。

9. 什么是仓储？根据国家物流标准术语的定义，仓储指的是利用仓库及相关设施设备进行物品的入库、存贮及出库的作业。现代仓储的内涵与特征已经与传统意义仓储有了很大变化，现代仓储指的是以满足供应链上下游的需求为目的，依托仓库设施与信息技术，对物品的进出、存储、加工、包装、分拣、配送及其信息进行有效计划、执行和控制的物流活动。仓储的本质特征是管理与控制存货。现代仓储具有四大基本特征：一是动态管理。传统仓储主要是对仓库与货物的静态管理，存储的货物越多越好；现代仓储是对商品的动态管理，核心是控制商品库存，实现快速周转。二是增值服务。传统仓储的服务功能单一，主要就是仓储管理；现代仓储服务是多功能、一体化、增值化，相对于传统服务，除了仓储管理，还有加工、包装、分拣、配送、信息资讯、融资监管等。三是机械化与自动化作业。传统仓储以手工作业为主，现代仓储以机械化作业为主，兼有自动化作业。四是信息化管理。传统仓储管理依靠台账 + 垛卡；现代仓储管理运用计算机信息系统（如 WMS）。仓储业的产业定性仓储业是国民经济中的基础性产业，与铁路、公路、机场、港口的性质一样，仓库设施同属于物流的基础设施。

10. 什么是仓库管理？仓库管理指的是对仓库货物的收发、结存等活动的有效管理、监控与控制活动，其目的是保证仓储货物的完好无损，确保生产经营活动的正常进行，并在此基础上对各类货物的活动状况进行分类记录，以明确的图表方式表达仓储货物在数量、品质方面的状况，以及所在的地理位置、部门、订单归属和仓储分散程度等情况的综合管理形式。现代仓库管理正在向信息化、网络化、智能化方向发展，全国联网、智能云仓、实时监控、实时盘点、无人和无纸化作业等成为现代仓库管理的发展方向。

11. 什么是库存控制？很多物流同仁常常把仓库管理与库存控制混为一谈，大错特错。库存控制指的是对制造业或服务业生产、经营全过程的各种物品，产成品以及其他资源进行管理和控制，使其储备保持在经济合理的水平上。库存控制与仓库管理的职能完全不同，库存控制重点是在满足顾客服务要求的前提下通过对企业的库存水平进行控制，力求尽可能降低库存水平、提高物流系统的效率，以提高企业的市场竞争力。库存管理重点是管理仓库物品。库存控制要考虑下面几个方面：销量、到货周期、采购周期、特殊季节特殊需求，等等。库存控制需要利用信息化手段，根据生产计划和采购周期安排采购，管控存货数量，确保均衡采购。实物库存控制只是库存控制的一种表现形式。库存控制应该是为了达到公司的财务运营目标，特别是现金流运作，通过优化整个需求与供应链管理流程，合理设置 ERP 控制策略，并辅之以相应的信息处理手段、工具，从而实现在保证及时交货的前提下，尽可能降低库存水平，减少库存积压与报废、贬值的风险。

12. 什么是存货质押融资？根据国家标准《物流术语》（GB/T183454 — 2006），存货质押融资是指需要融资的企业（即借方），将其拥有的存货做质物，向资金提供企业（即贷方）出质，同时将质物转交给具有合法保管存货资格的物流企业（中介方）进行保管，以获得贷方贷款的业务活动，是物流企业参与下的动产质押业务。动产担保（含抵押与质押）融资所涉及的担保存货第三方管理，简称“担保品管理”，由中国仓储协会与中国银行业协会共同组织制定的国家标准《担保存货第三方管理规范》(GB/T3100-2014) 自 2015 年 3 月 1 日起开始实施。担保存货第三方管理是为了保障存货担保融资的安全，贷款人委托第三方管理企业对担保存货实施的管理活动，包括监管与监控两种管理方式。

13. 什么是前置仓？根据中国连锁经营协会团体标准，前置仓被定义为：前置仓是一种通过企业总部线上经营，将顾客订单通过前置在社区服务站，实现商品快速到达的零售业态。

这个前置仓定义是不规范的，前置仓到底是仓还是零售业态？前置仓首先是仓，可能在特定条件下兼具零售业态的功能，但不能把前置仓定义成零售业态。也有人把前置仓定义成：前置仓是将仓库（配送中心）从城市远郊的物流中心，前移到离消费者更近、更快送达的一种仓储解决方案。这个定义也没有反应前置仓本质。前置仓是企业总部线上借助云仓管理技术手段，实现仓储服务向制造业和消费者两端前置，仓储服务前移到离消费者和生产商更近的仓储解决方案。前置仓不仅仅是仓储服务功能的前置，还可以与商流融合，借助大数据预测，实现服务前置；不仅可以向消费者前置贴近服务，还可以像生产基地和制造企业前置贴近服务。前置仓本质上是仓不是零售业态。

14. 什么是：DC、RDC、FDC？ DC =distribution center （物流专业词汇），是配送中心常用名称。RDC：指区域分拨中心（Regional Distribution Center，简称RDC），它是近年来一种极为重要的物流运作模式，是指物流公司具体进行业务运作的分发、配送中心，一般设有运输部、资讯部、仓务部和综合部。这种物流运作模式的权利集中在总部，业务开发、各种物流运作指令均来自物流公司的总部。各地的RDC只是按总部的指令，从事具体的物流服务操作。RDC物流运作有三大支撑系统，即仓储系统、运输系统和物流信息系统。FDC指前端物流中心，指零售企业分拣组合配送、并具体开展快递活动的环节是快递中心。FDC的主要功能是直接从生产商处接收进货，并进行相应的快递作业。

15. 什么是海外仓：在除本国地区的其他国家建立或租赁的海外仓库，一般用于电子商务。货物从本国出口通过海运、货运、空运的形式储存到该国的仓库，买家通过网上下单购买所需物品，卖家只需在网上操作，对海外的仓库下达指令完成订单履行。货物从买家所在国发出，大大缩短了从本国发货物流所需要的时间。海外仓储费用 = 头程费用 + 仓储及处理费 + 本地配送费用。头程费用指货物从中国到海外仓库产生的运费；仓储及处理费指客户货物存储在海外仓库和处理当地配送时产生的费用；本地配送费用：是指在英国、美国、澳大利亚和欧洲对客户商品进行配送产生的本地快递费用。

16. 什么是分仓：分仓是一个运转中心的概念，以北京为例：假如海淀区有一个点，某一天收了200个快件，这200个快件是到全国不同地方的，先在海淀打包运输到北京总部运转中心，分开打包，发往全国不同城市，分开打包的分拣过程叫分仓。

17. 什么是SKU：SKU（Stock Keeping Unit）指库存量单位，即库存进出计量的单位，可以是以件、盒、托盘等为单位。SKU这是对于大型连锁超市DC（配送中心）物流管理的一个必要的方法。现在已经被引申为产品统一编号的简称，每种产品均对应有唯一的SKU号。单品：对一种商品而言，当其品牌、型号、配置、等级、花色、包装容量、单位、生产日期、保质期、用途、价格、产地等属性与其他商品存在不同时，可称为一个单品。

十七、物流配送基本概念分析

1. 基本概念国家标准《物流术语》中对配送的定义是：配送是在经济合理区域范围内，根据用户要求，对物品进行拣选、加工、包装、分割、组配等作业，并按时送达指定地点的物流活动。它将“配”和“送”有机结合起来，配送是一种特殊的、综合的物流活动，是商流与物流相结合，包含物流若干功能要素的一种物流方式。配送与运输的概念区别：配送是拣选、包装、加工、分割、组配、送货等各种物流活动的有机结合，不是一般性的企业之间的供货和向用户的送货。配送是共同化的服务模式，物流配送共同化包括物流资源利用共同化、物流设施与设备利用共同化、物流管理共同化等等。

2. 配送要素 (1) 备货。是配送的准备工作或基础工作，备货工作包括筹集货源、订货或购货、集货、进货及有关的质量检查、结算、交接等。配送的优势之一，就是可以集中用户的需求进行一定规模的备货。备货是决定配送成败的初期工作，如果备货成本太高，会大大降低配送的效益。(2) 储存。配送中的储存有储备及暂存两种形态。配送储备是按一定时期的配送经营要求形成的对配送的资源保证。这种类型的储备数量较大，储备结构也较完善，视货源及到货情况，可以有计划地确定周转储备及保险储备结构及数量。配送的储备保证有时在配送中心附近单独设库解决。配送暂存是具体执行日配送时，按分拣配货要求，在理货场地所做的少量储存准备。由于总体储存效益取决于储存总量，所以，这部分暂存数量只会对工作方便与否造成影响，而不会影响储存的总效益，因而在数量上控制并不严格。还有另一种形式的暂存，即是分拣、配货之后，形成的发送货载的暂存，这个暂存主要是调节配货与送货的节奏，暂存时间不长。(3) 分拣及配货。是配送不同于其他物流形式的有特点的功能要素，也是配送成败的一项重要文持性工作。分拣及配货是完善送货、支持送货准备性工作， 是不同配送企业在送货时进行竞争和提高自身经济效益的必然延伸，所以，也可以说是送货向高级形式发展的必然要求。有了分拣及配货就会大大提高送货服务水平，所以，分拣及配货是决定整个配送系统水平的关键要素。(4) 配装。在单个用户配送数量不能达到车辆的有效载运负荷时，就存在如何集中不同用户的配送货物，进行搭配装载以充分利用运能、运力的问题，这就需要配装；和一般送货不同之处在于，通过配装送货可以大大提高送货水平及降低送货成本，所以，配装也是配送系统中有现代特点的功能要素，也是现代配送不同于以往送货的重要区别之处。(5) 配送运输。配送运输属于运输中的末端运输、支线运输，和一般运输形态主要区别在于：配送运输是较短距离、较小规模、额度较高的运输形式，一般使用汽车做运输工具。与干线运输的另一个区别是，配送运输的路线选择问题是一般干线运输所没有的，干线运输的干线是唯一的运输线，而配送运输由于配送用户多，一般城市交通路线又较复杂，如何组合成最佳路线，如何使配装和路线有效搭配等，是配送运输的特点，也是难度较大的工作。(6) 送达服务。配好的货运输到用户还不算配送工作的完结，这是因为送达货和用户接货往往还会出现不协调，使配送前功尽弃。因此，要圆满地实现运到之货的移交，并有效地、方便地处理相关手续并完成结算，还应讲究卸货地点、卸货方式等。送达服务也是配送独具的特殊性。(7) 配送加工。在配送中，配送加工这一功能要素不具有普遍性，但是往往是有重要作用的功能要素。主要原因是通过配送加工，可以大大提高用户的满意程度。配送加工是流通加工的一种，但配送加工有它不同于一般流通加工的特点，即配送加工一般只取决于用户要求，其加工的目的较为单一。

3. 配送形式。一、按配送商品种类与数量划分：多品种、少批量配送；少品种、大批量配送；成套配送。二、按配送时间及数量划分：定时配送；定量配送；定时定量配送；定时定量定点配送；即时配送。三、按配送地点与组织者划分：配送中心配送；配送点配送；仓库配送；商店配送；生产企业配送。四、按配送的服务对象划分：企业对企业的配送；企业内部配送；企业对消费者的配送。五、其他配送形式：共同配送；一体化配送；高频率、小批量配送。

4. 配送网络物流配送网络是配送过程中相互联系的组织与设施的集合。它的最终目的是为了使最终顾客满意，从而实现整个供应链的价值，并增强供应链的能力。商贸物流配送网络是整个供应链的末端，属于末端物流，是最接近客户，直接影响客户满意度，并能快速掌握市场变动的一个环节。配送网络需要从结构、选址、线路、运输等方面进行规划设计。结构：确定物品从生产区域到消费区域的空间转移过程中移动（运输）和静止（中转集运、换装、分拣、库存、包装等）的控制策略与组织方式。配送结构决定了不同层次的节点在整个配送网络中承担的任务是不同的。功能不同，配送需要的设施设备条件也必然存在一定的区别。选址：需要根据配送区域内各需求点已给定的配送需求条件，选择配送设施的数量和最佳位置，使配送设施的运作成本及运输成本降到最低。选址决策涉及到的影响因素非常多，其中运输成本和配送效率是配送设施选址决策中要考虑的重要因素。线路：这是整个配送网络优化的关键环节。合理确定配送路线就是用最少的动力，走最短的里程，花最少的费用，经最少的环节，以最快的速度把货物运至用户手中。合理规划配送路线对配送成本的影响要比一般运输大得多，所以必须在全面计划的基础上，制定高效的运输路线，选择合理的运输方式和运输工具。运输：运输优化主要包括运输方式和商品搭载的优化。在配送中心常将生产商送来的商品，按类别、品种分门别类地存放到指定位置。进行配送时为了充分利用载货车辆的容量和提高运输效率，配送中心常把一条送货线路上不同用户的货物组合，配装在同一辆载货车上，这样不但能降低送货成本，而且可以减少交通流量、改变交通拥挤状况。

5. 配送信息化：物流配送的许多环节都造成巨大的成本、人力、时间浪费，企业必须重视物流配送系统的信息化管理，推动物流配送的信息化来降低物流成本。随着电子商务和新零售的快速发展，配送信息化具有了巨大的发展机遇，引起了资本市场的广泛关注，推动了物流配送的智慧化创新。配送信息化创新推动的主要方向：一是用信息化推动共同配送发展，即利用互联网、移动互联网、大数据、云计算技术，全面推进城市智能配送，提高配送效率。二是利用信息化推动即时配送等。

十八、现代物流新理念解析

什么是协同物流？协同物流是在互联网+时代，传统物流边界被打破后，物流系统与商贸、金融、智能制造等系统资源融合和交换，以开放的物流系统为核心协调和配置各类资源，产生物流、资金流、商流、产品流在时间、空间和功能上优化重构的新物流系统。协同物流是新物流变革时代的新理念，是智慧物流的表现特征之一。协同物流是王继祥提出的现代物流新理念。互联网带来了社会经济资源的边界突破和相互融合，融合必然带来协同。从商贸物流角度，随着信息技术的发展，互联网技术的成熟，互联网+的推进，使得人们有能力从单纯关注商贸交易这一节点向关注商务全过程转移，这涉及整个供应链上各方业务之间的协作。从制造产业角度，在企业内部，有各部门之间的采购与供应协同，产品生产与销售协同，生产与物流协同、不同的业务指标和目标之间的协同，以及各种资源约束的协同。协同物流不仅关注物流系统成本，更关注整体商务系统的价值；不仅关注物流功能服务，更注重物流信息服务及物流信息与供应商、生产商、经销商信息共享与协同；不仅是物流系统简单地与生产、采购、营销系统的集成，更强调的是与企业商务系统的融合，形成以供应链链主为核心的商务大系统，使商流、信息流、物流、资金流四流合一。

十九、2023年物流科技新名词

1. 无源物联网

“无源物联网”是指接入网络的终端点设备在不带电源线和无内置电池的情况下，实现数据的采集、传输和分布式计算等功能。虽然不采用电源，但无源物联网设备工作并不是不用电，而是从周围环境中捕捉能源，以维持设备的正常工作。

无源物联网作为万物互联的关键技术之一，是推动产业数字化和数字产业化的重要抓手。在物流领域有着广泛的应用场景，如包装、仓储、运输等环节，将周围的环境上传至终端实现有效追踪，极大地推动物流信息全程数字化。

2. 下一代智能包装

“下一代智能包装”是指能通过物联网、云计算和人工智能技术来为物品提供保护和储存，是物流行业从数字化下向数字化升级的基础条件。

物联网时代，包装即媒介。通过包装实现人、物、场的交互。对企业端来说：帮助物流企业增加数据采集盒分析能力；监控和管理物流行为，提升运输的效率和可靠性。帮助跟踪、检测盒警报包裹受损等异常情况。能够自动化物流行为。降低人为失误的可能性。对消费端来说：带来个性化、数字化体验。消费者通过包装上被赋予的感知入口，就可以查询产品数字化信息、安全防伪、参与营销行为。

3. 多智能体系统

“多智能体系统”是一种由多个相互作用的智能体组成的计算系统，是分布式人工智能的一个重要分支。

4. 多智能体协同

“多智能体协同”是指多个智能体组成的集合，系统中的每一个智能体都是一个独立的决策个体，通过识别环境自主做出决策，并和其他智能体协作、协商、交流，共同完成一个复杂任务。智能仓库是多智能体协同技术在物流领域最具代表性的应用。

物流仓储中包裹种类繁杂、数量多、分拣任务重，在多智能体自主协同技术下，各智能体自主运行并避障提高物品搜索和拣选任务效率。

5. 交互式AI

“交互式AI”使用机器学习的子集深度学习，通过机器实现语音识别、自然语言处理和文本到语音的自动化。“交互式AI”在物流行业的运用主要包括聊天机器人、智能语音助手等形式，为客户提供快速准确的服务，创造更好的交流体验。

6. 数字孪生

“数字孪生”是指现实世界实体或系统的数字表示。形象的说，数字孪生是物理实体在数字世界的分身。“数字孪生”帮助我们在数字环境下映射重构物理世界，并且这种映射十三维的、实时的、智能的。物理世界正在发生什么，数字世界的“分身”也正发生者同样的事。“数字孪生”主要应用场景：工业制造、智慧城市和智慧交通。

7. 数字供应链孪生

“数字供应链孪生”是物理供应链的数字表示，它来源于物理供应链及其运行环境中的所有相关数据。它可以为企业提供一个创新智慧供应链的解决方案。

在数字虚拟世界里，实现供应链上下游全过程实时可视与协同，通过仿真模拟获得最优预测和决策，支持动态做出全局优化预测和决策方案。比如，最优供应链网络规划、最佳的运输途径、最合理的库存水平等。

8. 供应链控制塔

“供应链控制塔”这一名词最早来源于机场，即空中交通控制塔，用于指挥、调度机场内的飞机起降。IBM 对供应链控制塔的定义：“供应链控制塔”传统上被定义为整个供应链中数据、关键业务指标和事件的连接、个性化的仪表盘。简单来说，供应链控制塔是一种云解决方案。

数字化供应链控制塔利用 AI、机器学习和物联网先进技术，扮演了供应链大脑或操作系统的角色，打破信息孤岛提供所需可视性，帮助企业克服复杂性。其优势为：实时提供供应链“端到端”可视性；全面了解各环节情况；降低无法预料的“外部事件”发生可能性；提高供应链敏捷性、协作性。

来源：禹联网络

编 辑 说 明

《上海物流年鉴 2024》出版了，这已经是第十三本行业年鉴。

本年鉴选摘稿件信息主要来源于：国家统计局、国家发展改革委、国家邮政局、交通运输部、商务委、中国（上海市）发展改革委、市经信委、市商务委、中物联、工信部、市统计局、市交通委、市城市交通运输管理处、市口岸服务办公室、上海市邮电管理局、上海海关、上海市港口行业协会、上海市物流协会（学会）、上海市快递协会、上海现代服务业联合会等公共网站以及上海物流专业研究单位等公布和提供的大量资料，对上海物流行业的发展现状、发展动向、面临机遇及物流相关政策进行了整理和编辑。本年鉴采用的选摘稿件均注明数据信息来源出处。

根据行业发展实际，内容篇幅编排是在《上海物流年鉴 2023》基础上，在章节的框架及内容上做了不同程度的缩减与调整（本年鉴的信息和稿件收集的时间范畴主要为 2023 年全年）。《上海物流年鉴 2024》共分九篇：

第一篇为物流政策，分两个部分：2023 年国务院暨各部委局物流业政策文件选编、2023 年上海市人民政府暨各部门物流业政策文件选编。

第二篇为物流运行，分两个部分：2023 年中国物流业运行情况分析、2023 年上海物流业运行情况分析。

第三篇为物流统计，分五个部分：2023 年中国物流业景气指数、2023 年中国电商物流指数、2023 年中国仓储物流指数、2023 年中国公路物流运价指数、2023 年中国大宗商品指数。

第四篇为产业物流，有四个部份：交通运输业、水路运输业、铁路运输业、航空运输业。

第五篇为行业物流，有十三个部分：汽车物流、医药物流、冷链物流、口岸物流、生鲜物流、电商物流、危化品物流、邮政及快递物流、连锁超市及卖场物流、进口博览会、绿色物流、智慧物流、数字物流。

第六篇为长三角物流，有两个部分：长三角物流区域合作与发展综述、长三角物流区域合作与发展信息。

第七篇为物流装备、标准、技术和信息化，有四个部分：物流设施与设备、物流标准、物流技术、物流信息化。

第八篇为物流金融与保险，有三个部分：供应链金融、物流融资租赁、物流保险。

第九篇为物流综合，有十九个部分：2023 年中国物流行业十件大事、2023 年中国仓储配送行业十件大事、2023 年中国十大物流科技趋势、2023 年中国交通科技创新十件大事、2023 年上海国际航运中心建设十大事件、2023 年跨境物流十大事件、2023 年上海数据发展十件大事、2023 年冷链行业大事记、2023 年快递行业大事记、2023 年中国港口物流大事记、2023 年中国航空物流大事记、2023 年航空货运大事记、2023 年上海物流业亮点、2023 年中国物流企业 50 强、物流基础概念解析、运输与仓储基础概念解析、物流配送基本概念分析、现代物流新理念解析、2023 年物流科技新名词。

由于《上海物流年鉴 2024》编辑人员的调整，物流行业信息统计收集还不够全面、及时等因素，加之编者水平有限，难免存在诸多错漏之处，竭诚欢迎读者和业内外人士予以批评指正。

面对物流业的快速发展，《上海物流年鉴》将不遗余力地创新打磨，以创造物流新价值为己任，致力于推动物流业高质量发展，使其年鉴质量更上一层楼。

上海物流年鉴编辑部

2024 年 7 月 31 日